张骁儒 / 主编

深圳市民文化大讲堂
2012年讲座精选

上册

The Selections of
Shenzhen Civil Lecture on Culture
(2012)

社会科学文献出版社
SOCIAL SCIENCES ACADEMIC PRESS (CHINA)

【目 录】Contents

上册

一 民族文化

二 广东精神 · 深圳观念

三　经济·教育

下册

四　文学艺术

五　深圳学派 · 创意设计

六　科学生活

七　养生

一

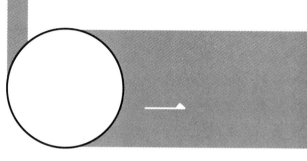

民族文化

中国传统文化的当代价值

刘余莉

刘余莉

中央党校哲学部教授，伦理学专业博士生导师。对中国传统文化及当代价值，尤其是先秦儒家伦理与当代西方美德伦理方面有着深入的研究。代表著作为《儒家伦理学：规则与美德的统一》《心态即命运：正说传统人生智慧》。曾应邀到英国、新加坡、加拿大、日本、美国作学术报告和进行学术访问。

今天主要把中国传统文化的精髓跟大家分享一下，看看对我们拥有幸福人生有什么帮助。我们用两个字来概括传统文化的精髓：道德。

什么是道

首先我们看看什么是“道”。在生活中，我们经常被人问：“你知道了吗?”我们回答：“知道了”。其实我们常常并不知“道”，如果我们真正知“道”，我们的生活一定幸福美满，我们的社会一定和谐、安定。什么是“道”？简单来说就是必然的规律。儒家更喜欢简单，常用“天道”来体现这种恒常不变的、本来如此的、必然的规律。中国有一句话说，“顺天者昌，逆天者亡”。什么意思？就是你顺应这个“道”去做就能够昌盛，你违逆了这个“道”，一定导致你灭亡。所以这个“道”不能够不学，学了之后可以帮助我们趋吉避凶，过上幸福的生活。

孟子把社会的人伦大道概括为五个方面，那就是：“父子有亲，君臣有义，夫妇有别，长幼有序，朋友有信。”

在我们生活的社会中，时时刻刻都存在着父母和儿女之间的伦理关系。父母爱儿女，儿女爱父母，他们之间存在自然的亲情。当然这并不是圣人规定下来的。怎样使自然的亲情保持一生而不改变？圣人观察到，只有做到父慈子孝，父子之间的亲情才能维系，不至于像现代社会出现的个别现象，有一个儿子从日本留学回来了，在机场竟然把母亲捅了很多刀。所以对这个词要作全面的理解，不要认为一味爱儿女就是“慈”，如果儿女做错事了，你打他骂他，让他改正错误，这也是对他（她）的慈爱。

司马光说了一句话，“爱之不以道，适足以害之也”，就是不用正确的方法去爱儿女，喜欢吃就满足他的口欲，喜欢穿就给他买名牌，希望到哪里去旅游就不惜重金带着他去，这确实满足了孩子的欲望。但中国古人说，“从奢入俭难”，一旦这个孩子骄奢淫逸的生活习惯养成了，再让他过节俭的生活就不容易了。所以对这个“慈”要有正确的理解，必要时打他、骂他、教导他，这也是慈爱。

“君臣有义”，告诉我们领导者与被领导者应该以什么样的方式相处。“义者宜也”和“适宜”的“宜”是相通的。就是做领导的有做领导适宜的责任，被领导者有被领导者应尽的本分，他们各尽其责这就是有义了。领导者应该怎么做？“君仁”，做领导的对手下要有仁爱之心。“仁”字是“亻”加一个“二”，“人”“二”什么意思？告诉我们两个人的相处之道，想到自己就要想到对方，能够换位思考，将心比心。所以做领导者不能够对手下呼来唤去，不把他当人看，这样做就错误了。被领导者竭尽全力完成领导者交给自己的工作任务，就是尽到了忠心。

不要简单把君臣关系等同于封建专制

很多人看到君臣二字，马上想到这是封建专制的产物，因为在封建社会才有君臣关系。如果这样去学习传统文化，从中就不能获得益处。松下幸之助之所以成为经营之神，就是充分把“君仁臣忠”的理念应用到了企业管理之中。他是怎么做的呢？有一次，有个中层管理人员没去上班，不巧企业正好着火，烧掉了大片厂房，给企业造成了严重的损失。松下幸之助没有马上追究责任，他很冷静，先调查起火原因，这个管理人员为什么没有来上班？结果调查后发现，管理人员的母亲得了重病，住进了医院，他需要照顾自己的母亲，不得已才没有来上班。知道这个真相之后，松下幸之助马上买了礼物，亲自到医院看望这位员工的母亲，并且安慰他说：“你的母亲得了重病，而且已经住进了医院，但是这件事我却没有关心到，我有责任，你就全心全意地把你的母亲照顾好，这件事等你母亲出院之后再说。”这个管理人员的母亲出院了，他又回到了工作单位，松下幸之助并没有严厉责罚他，因为他平时知道这个员工很尽职尽责，这次是有不得已的原因。他的母亲得了重病，松下幸之助懂得“求忠臣于孝子之门”，所以还是对他委以重任，只是把他调离了原来的工作。

松下幸之助实行的是西方式的管理方法吗？是“依法治企”吗？是给他严厉责罚吗？其实他推行的是中国式的管理。中国人判断案件时一定要考虑三个因素：人情、国法、天理，情、理、法都合适才能够最后下结论。这种理念使松下幸之助最终成为经营之神。

历史上中国为什么不提人权概念

在东南亚发生金融危机的时候，很多西方人还在批判中国不讲人权，明白了君仁臣忠的理念之后，我们就了解了为什么中国在历史上没有提出人权的概念。老板遇到“瓶颈”，发不出工资，西方员工讲人权，罢工、示威、游行，结果这种不理智的举动使企业雪上加霜，很多企业因此破产了。这时候韩国员工是怎么做的呢？他们不仅没有罢工、示威、游行，反而把他们平时的积蓄拿出来，交给了他们的老板。还对老板说，这几十年来我们之所以有一个稳定的收入养家糊口，都得益于您对我们的关爱，现在企业遇到困难，我们愿意同舟共济，共渡难关。这些钱您先拿去用，等这个企业经营状况好转之后再说。

这样感人的一幕，中国人听起来怎么既熟悉又陌生呢？因为那是我们丧失了的传统文化。看看某些历史剧，即使是演民国时候的电视剧，也有这样的故事情节：主人家境败落了，他的佣人、仆人不离不弃，并不因为他支付不起工资就离他而去，这是恩义、情义、道义。为什么我们现在的企业里不会出现这样感人的一幕？因为五四运动和“文化大革命”以来，我们对传统文化的过度批判，使我们一度丧失了对传统文化的自信心，结果有五千多年文明历史的国家，因为对传统文化没信心，反而要向仅200多年历史的国家去学习管理。诸位朋友，我们现在的企业，乃至于政府向谁学管理？学美国。好像一说起发达国家，那就是美国。其实我们更应该向有五千年文明历史的国家的企业学管理。我们不否认只有200多年历史的国家的企业也一定有成功之处，但是毕竟不如有五千年文明国家的文化更经得住历史的考验。这是不是很可悲的事情啊？所以在金融危机时期，很多企业家茫然了，以前做企业都是向雷曼兄弟学习，雷曼兄弟垮掉了，我们应该学习谁？我们当然应该向有五千年历史的中华文化学习。很多有远见的企业家把目光转向了中国五千年传统文化，创下中国式管理的很多经典案例，当这些案例普遍出现在大江南北的时候，我们树立了对传统文化的信心。

传统文化带动企业良性发展

北京有一位企业家，之前也和其他的很多企业家一样，为了获得生意，在饭桌上常常讲很多讨好领导的话，讲黄色的笑话，拍客户马屁。夜深人静，“人之初，性本善”，自己的良心被唤醒了，久而久之得了焦虑症，看了很多西医，没有把病治好。后来偶然一个机会，他接触到了中国传统文化，他就想用《弟子规》试一把。结果他做了一年，他的生意额攀升得很快，而且他在吃饭的时候不喝酒了，吃得也很简单，常常给一些领导送去很多有关传统文化的光盘和书籍，领导还很感动，你看人家请我吃饭不仅是让我帮他的忙，还关心我的健康、我家人的幸福、儿女的教育，所以对他的印象特别好。因此他的生意连年攀升，还应邀到中国香港、马来西亚、澳大利亚等地去演讲，他演讲的题目就叫“中国传统文化带动企业经济良性发展的经验分享”，结果感动了很多企业家。

五年之后，这个老板把企业的人力资源部改了名字，对外叫人力资源部，对内叫“送爱心部”。人力资源部的责任不再是罚款，把谁犯了条例、罚多少钱这样的事汇报给他，哪一个企业罚款能够罚出和谐呢？都是罚出对立、矛盾、怨气，所以人力资源部的责任变了，变成去发现哪个员工家里有困难，企业可以给予帮助。他还成立了爱心基金，专门用于帮助有困难的员工。他刚开始对《弟子规》的经文不熟悉，如果有人问他这件事情怎么做，他说：“你先出去等一下，我过一会儿告诉你。”高管出去了，他就翻《弟子规》找答案。有时候他也会和高管发生观念冲突，但是事实证明他的决断是正确的。

有一次某高管来了，他说有个临时工的母亲生病了要住院，家里很困难，需要不需要开启爱心基金来帮助他呢？这个老板就说：你看《弟子规》上有一句话，“凡是人，皆须爱。天同覆，地同载”，这个临时工就不是人了吗？他有困难我们当然给予帮助。所以在这个企业里老板和员工的关系越来越和谐。

他把对外关系部也改了名字，改成“舍得部”，因为他学习传统文化发现，不舍不得，小舍小得，大舍大得。他用大量的金钱制作《弟子规》的光盘和书籍。有一个老人家找到他的办公室，给他跪下，把他吓了一跳。老人家说：儿子从小不孝顺父母，而且态度不好，曾经想尽办法改变他，但是没有效果，结果看了你们的维修工上门维修炉子的时候送的《弟子规》光盘，孩子对他的态度一下子转变了，所以他特别感激这个公司有这么好的员工，有这么好的教育。这就叫“君仁臣忠”的理念。

中国历史上为什么没有提出人权的观念？因为没有必要。我们去一些企业参观之后发现，学了传统文化之后，他们遇到的问题，如劳资纠纷，明显减少了。他们的员工甚至说：年终发的奖金可以少一点，企业可以拿出更多的钱用来扩大再生产，弘扬传统文化。这是某北京公司出现的真实事例。这些员工对老板感恩戴德还来不及，还需要用人权和老板讨价还价？

为什么上访这么多

中国历史上，很多文化理念能够使领导者与被领导者的关系形成统一体，而不是矛盾的、冲突的、对立的关系。现在国内人权出现了危机，为什么上访的人这么多？因为领导有权有势了，但他们忽略了传统文化的熏陶，不知道做领导应该担起“君亲师”的职责，拿着自己的权力作威作福，欺压老百姓。因而我们不要向西方盲目学习，更不要盲目批判传统文化。

传统文化当中到底有没有糟粕？对传统文化要有正确的理解，能够传承到今天的文化，至今还被人们所学习，在生活中应用的东西，那是大浪淘沙的结果，能够经得起历史的考验，所以它没有糟粕。谈到经典与糟粕的关系，一个很有智慧的老者这样回答，哪些是糟粕呢？你看不懂的地方就是糟粕。我们现在对传统文化的批判有一种情况就是，无知者无畏！我们对传统文化的了解来自哪里？有多少批判传统文化的人真正去熟读过“四书五经”“十三经”，知道传统文化在讲什么，我们看的是二手学者的介绍。就像我们做学问的，经典基本没有读过，但是我们都可以写文章，评论传统文化，对传统文化断章取义，进行先入为主的批判。还有一种类型，批判传统文化，其实是不能体会圣贤的境界。圣贤站在20层上，我们站在2层，我们达不到圣贤所达到的境界，非要把圣贤拉到2楼。所以，批判传统文化，我建议先把它弄明白。文章的内容都没有读过，你就写文章评论，这是不科学、不理性的态度。

有没有更好的方法能够使领导者与被领导者之间的关系是统一的、和谐的、互相感恩的，而不是矛盾的、冲突的、对立的关系呢？我想还是向老祖宗学习，按照这种方式去治理。《史记》上提出有三种不同层次的管理。在西门豹治邺的时候，他把法律制度规定得非常严厉，老百姓一犯罪就给予严惩，最后把老百姓吓得战战兢兢，不敢去欺骗他，他做到了“不敢欺”；子产在治郑的时候，他做郑国的宰相，法律监督制度设计得非常严密，很完善，老百姓想欺骗他都不能，达到的是第二种“不能欺”的境界；但是孔子的弟子子贱治理单父（今山东菏泽单县）的时候，把孔子爱民如子的理念运用到管理中，最后老百姓对他感恩戴德，他达到的是“不忍欺”的境界，老百姓不忍心欺骗他！各位朋友，哪个是最高的管理层次呢？而我们的管理又在追求哪个层次呢？学习传统文化的企业家都追求达到“不忍欺”的层次。老板在不在，员工表现都一样，因为老板尽到了“君亲师”的责任，不仅是领导，而且像父母，教导员工做人的道理，身教胜于言教，老板首先要身体力行《弟子规》中的行为规范，才能更有说服力。如果老板同时兼有以上这三种职能，我们的社会还会出现“富士康”跳楼事件吗？那就不可能了。

教育孩子的职责不能推给自己的父母

第三是夫妇有别。“别”不是身份和地位的差别，而是职责上有分工。古人讲，男主外女主内。因为中国传统社会是农业社会，创造经济收入的职责主要靠男子来承担，但是一个家庭除了创造经济收入之外，还有一个更为重要的职责，就是要教育儿女。中国有一句话，“不孝有三，无后为大”，没有儿女是其中的一种情况。还有一种情况是，你生了七八个儿女，都是败家子、啃老族，不能把良好的家业、家风承传下去，还做了很多祸国殃民的事，这样的儿女与其有还不如没有，这才是真正的“无后为大”。所以，中国人对教育儿女这件事看得非常重要，这个职责不能推给孩子的（外）祖父母。因为上一代人教育孙子女都有隔代溺爱的倾向。也不能推给保姆。西方哲学家说过，如果你把儿子交给保姆来照顾，你将得到两个保姆！身教胜于言教，孩子的模仿能力特别强，结果自己也成了小保姆。更不能把孩子交给电视机。现在电视上有关打打杀杀的内容太多了，暴力、色情特别多。如果男孩子特别喜欢奥特曼一类的动漫片，你会发现他容易患多动症。女孩子也容易产生暴力倾向，原因就是看这些打打杀杀、暴力、色情的内容太多了。

六七年之前我在英国读书，我发现游乐场里面全是打打杀杀的游戏，都是以杀人、打人的次数多少作为晋级的标准。还有一种游戏，很强壮的男子把对方打倒在地，还踢上几脚，非常狠。男孩子很喜欢这样的游戏。你观察有这样经历的男孩子，他确实有一种暴力倾向，所以校园枪击案的出现不是偶然的，同社会环境潜移默化的影响有关系。

我回到中国一看，中国人的这些游戏比外国更加残忍，学西方坏的东西学得特别快。更可怕的是，孩子现在很容易从网络上获得色情内容，他们很容易被熏陶坏。中国古人说：“非礼勿视，非礼勿听，非礼勿言，非礼勿动。”过去觉得这都是对人性的限制，实际上恰恰相反，是对人的保护。《弟子规》里有一句话说：“斗闹场，绝勿近。邪僻事，绝勿问。”什么是“斗闹场”？像现在的网吧、KTV包间等好多不好的场所都是斗闹场。“邪僻事、绝勿问”，就是不该你问的不要过多了解，不要总是怀着好奇心，这都是为了保护我们。有个男孩子到西方去留学，西方有很多酒吧，大家端着啤酒、饮料聊天，有两个外国女子主动跟他攀谈，三个人谈得很投机，谈来谈去就谈到了宾馆里去，开了房。第二天他醒来的时候发现，自己被麻醉了一晚上，他的肾被人家摘走了。他如果学习了《弟子规》，他的人生就不会出现这样的悲剧。所以《弟子规》绝对是保护孩子的。

有一个企业家学习《弟子规》，身体力行，教导他的孩子也学习《弟子规》，结果他女儿特别聪明，很小就被大学录取了。很多年长的人过来诱惑她，说带她去网吧、游戏厅，她说：“我不能去，如果我去了，我父亲知道了会打断我的腿。”她通过学习《弟子规》，产生了一种免疫能力，知道有些事该做，有些事不该做。学习古代的礼都是可以保护我们的。

做丈夫的承担着创造经济收入的职责，工作中遇到很多人，见识很广，但不能够见异思迁，寻花问柳。相反，要有恩义，有道义，有情义。妻子承担教育的职责，要有良好的德行，这样言传身教才能共同把儿女教导好。这是夫义妇德的含义。

学习传统文化重形式更重内容

夫妻关系是五伦关系的核心。只有夫妻关系处理好了，五伦关系才能和谐，所以在婚礼的各个环节，传统文化很重视给人正确的引导和教育。比如说男女双方将结婚，双方前三天都彻夜不熄灯。诸位朋友，为什么三天不熄灯呢？很多人说这是迷信。我们的传统文化留下很多形式，但是不知道其中的内容了，就误以为是迷信。三天不熄灯就是因为，孩子要成家了，趁他们在父母家的时候，给他们婚前上岗培训，教导他们怎样去为人夫、为人妇。当然父母平时在家里和睦相处，通过潜移默化孩子会受到很好的教育。过几天要成家了，更要抓紧时间教育好他们。

迎娶新娘这一天，新郎要很早起来祭祀祖先，祭天祭地，就是提醒两个人的结合不仅仅是两个人的私事，还关系到家风的承传，甚至关系到整个社会的和谐，所以你不能不负责任。到女方家里，岳父岳母亲手郑重地把女儿交给新郎，意思是说，我女儿一生的幸福托付给你了，新郎带着新娘拜谢岳父母，感谢他们给自己培养这么好的贤内助。新娘上花轿，她坐在花轿里的时候，她把香扇从轿子里头扔出去。这是什么意思？因为她没出嫁之前，是千金小姐，是父母的掌上明珠，备受父母的关爱，天气热一点就拿着扇子扇一扇。但是从今天起为人妻、为人母了，需要把小姐的娇气扔出去，连同坏毛病、坏脾气随着香扇一起扔出去。

儿媳妇到了婆婆家里，公公婆婆从主人的位置退下来，退到了客人的位置，把儿媳妇迎上主人的位子。什么意思？从此我们这个家就托付给你了，你要上孝公婆，中和妯娌，还要辅助丈夫，下要教育好儿女，这是重大的职责，有良好的德行才能承担此重任，所以古人说"厚德载物"。女子越有德行，越能忍辱负重，儿女教育得越好，她的家庭才越和睦。

两个人要喝交杯酒了。交杯酒的容器是一个葫芦瓜切成两半，一人一半，意思是说，夫妻本来是一体的，不分彼此。这个葫芦瓜里面的酒是甜的，葫芦瓜的丝是苦的，喝了这交杯酒，意味着夫妻两个人从此以后要同甘共苦，互相呵护，互相扶持，白头偕老，共度一生。喝完酒之后把葫芦瓜挂在墙上，为什么？提醒在今后的日子里不要因为小小的矛盾就忘了两个人结合时的初心。两个人结婚的时候怎么想的呢？有没有一个人在出嫁的轿子上这样想：我一定把他家搞得鸡犬不宁。我相信没有一个人是这样想的，都是想两个人要互相呵护，白头偕老，共度一生。

婚礼的各个环节都是教育过程，但我们放弃了这么好的婚礼形式。西方所谓的"先进"观念反而流行起来，当然这个先进要加引号。什么观念？婚前财产公证！两个人还没有结婚，先要进行财产公证。言外之意，一旦我们过不下去，不要因为财产纷争吵上法庭，让彼此省一点心！看上去很先进，但是我们想想，一个人还没有结婚，就想到了以后可能会离婚，这个婚姻能够经营得好吗？中国人有个词叫“心想事成”，先有一种观念，结果这个想法真的发生在生活中了。现代西方心理学把它称为“吸引力法则”。中国人的传统观念是，夫妻一体，一旦结合在一起就不分彼此，当然坚持这样的观念才能够把这个婚姻经营得好。所以我们说中华文化博大精深，礼仪之邦，华夏民族，体现在各个方面的“礼”都起到了教育作用，都有文化的色彩。

心胸狭窄难有吉祥如意的前程

下面讲长幼有序。兄弟姐妹出生有一个自然的顺序，长者要给予尊重，不能颠倒。按照出生的自然顺序，兄长要友爱、关心、扶持弟弟妹妹，“友”在古代写作两只手相互搀扶，意思是说，你的弟弟妹妹有了困难，兄长应该给予帮助，这是天经地义的；弟弟妹妹对兄长要恭敬，要听从。

《弟子规》中有两句话，用于处理兄弟之间的关系特别好。一句话就是：“财物轻，怨何生。”如果兄弟姐妹更重视的是骨肉之情、手足之情，把财物看得轻一点、看得淡一点，彼此之间怎么会产生怨恨呢？另外一句话：“言语忍，忿自泯。”在相互交流、相互交往的过程中，言语上互相忍让一下，少说一句，那愤愤不平的心不就自然平息了吗？这两句话很简单，用于人际关系的处理肯定有很大的帮助。

中国历代的家规、家训有类似的话：“居家戒争讼，讼则终凶。”什么意思？兄弟姐妹一起居家过日子，最忌讳的是把兄弟姐妹告上法庭，起了争讼，“讼则终凶”。如果把兄弟姐妹告上法庭，即使这个案子判你赢了，家风也会衰落，这不是吉祥的事，后患无穷。为什么？中国古人有一句话，“观德于忍，观福于量”。一个人有没有福分，看他的量有多大，量大福大。这个人的心胸连自己的同胞兄弟都难以容纳了，心胸狭窄到一定的程度，他怎么会有吉祥如意的前程呢？这是很有道理的。判断这个人有没有德行，就看他这个“忍”字做得如何，“观德于忍，观福于量”，这是长幼之间的关系。

朋友有信。跟人交往的时候必须遵守道德规范，一定要诚实守信，所以“信”这个字是“亻”加一个“言”字，告诉我们什么是“信”。人所讲的话必须守信用，否则就不是人说的话了。

这五种伦理关系是任何国家、任何时代必须遵循的人伦大道，在古代适用，在今天也依然适用。这五种伦理关系处理好了，这个社会的人文秩序才是井然有序的。

什么叫“儒”呢？汉代扬雄的《法言·法言篇》对“儒”下了一个定义，“通天地人之谓儒”，即通过学习成为儒家的人并不是像鲁迅笔下的孔乙己那样非常迂腐，恰恰相反，他对天地自然规律、社会人伦关系通达无碍，这样的人才能称为“儒”。“儒”是“亻”和一个“需”，告诉我们学儒的人是人之所需、是社会所急需。很多人说，老师，你是学儒的，你才说学儒是社会所急需。其实我并没有夸张。“文化大革命”中批林批孔批周公，儒家被打倒了，五伦关系彻底颠覆了，出现儿女可以揪斗父母，学生可以批老师，甚至夫妻分成不同派别、同床异梦的现象。一直到今天，人与人之间的交往不能够完全推心置腹，为什么？因为我们刚刚经历了那个时代，我们最信任的人、我们最亲近的人都可以背叛我们，请问这个世界上还有谁值得信任呢？经历过“文化大革命”的人，对身边的人很难信任。年轻人要理解他们，其实他们也是受害者。

《周礼·天官》里有这样的话：“四曰儒，以道得民。”“儒”是干什么的？给大家讲的是道，所以深得民心，受到人民的支持。现在全国各地有很多传统文化论坛，其中某个公益性论坛会场只能坐1000人左右，采取网上自愿报名的形式，但是每一次自愿报名的人数超过会场容量的20倍，最后老师不知道剔除谁、不让谁来参加。到四天论坛即将结束的时候，人数不仅没有减少，而且越来越多。为什么？一些父母听了这个课后觉得很好，马上打电话让孩子赶快来听听。妻子听了这个课觉得很好，立即打电话给丈夫，让他快来听听。结果到闭幕式的时候，人们意犹未尽，恋恋不舍。这个论坛让我深刻体会到什么是“以道得民”。试问哪家父母不希望儿女孝顺呢？哪对夫妻不希望和睦相处呢？哪个领导者不希望手下竭尽全力完成自己的工作呢？哪个被领导者不希望领导者有仁爱之心？儒家恰恰讲的是这些道理。

经典写的是道，不会过时

“儒”给我们讲的是“道”，这种“道”就是恒常不变的规律，就像太阳从东方升起，从西方落下，自古至今都是如此。“道”体现在哪里？体现在我们的日常生活之中，但是我们有没有注意、留心观察？圣人观察出来，就记载下来，时间长了，就成了经典，因为经典写的是道，所以它没有过时不过时一说。

举一个例子。《易经》讲“一阴一阳之谓道”，不要看到阴阳大家觉得头都大了，觉得太玄了，其实都可以从自然界的现象得到启发。比如，有日就有夜，有寒就有暑，有春夏就有秋冬，有潮涨就有潮落，从这些自然界的现象来观察，都是一消一涨。我们通过这个道理观察人世间的变化又何尝不是如此？比如说，人心的一忧一喜，人世的一治一乱，以及我们所说的“富不过三代”，都体现了这样的规律，所以古人常用太极图表示阴阳变化的规律。太极图一半是阴，一半是阳，中间有一个界限，过了界限，就意味着阴阳失去了平衡，就引起变化，阴极则阳生，阳极则阴生，也就是物极必反，盛极必衰，消极必涨。

对这个道理体悟最深的人是曾国藩。他曾经对军中的僚属宣誓，说“不取军中一钱寄回家中”。我们相信曾国藩能做到不取军中一文钱寄回家中吗？很多人都很怀疑。为什么？因为我们对古人的认识又有一种可能出现了，就是以小人之心度君子之腹，因为我做不到，我怎么相信他能做到不取军中一文钱挪作私用？

曾国藩天资不是很聪明。有一次，他背诵文章时来了一个小偷，小偷在房上等着，本来想等他背累了再去偷东西，结果他背的这段就是记不住，久久没有入睡。小偷等不及了，就跳下来把他刚背的一段给背了一遍，然后扬长而去了。这个故事告诉我们，曾国藩小的时候天资不聪明，他一生有这么大的成就，得益于勤俭恭敬。所以他对四书《大学》的一句话一定不陌生，这句话就是，“货悖而入者，亦悖而出”。就是你的财货是以不好的方式赚来的，是不义之财，怎么办呢？你不用担心，不用着急，一定会以不好的方式败散掉。中国古人为了让我们看清这个事实，把那些不好的事概括出来，抛砖引玉，让我们体悟，概括有以下五个方面。

第一是官府。比如说这个钱是通过贪污受贿、违法乱纪而来，最后东窗事发，锒铛入狱，不义之财被没收，到你手了还没有等你享用，就“昙花一现”给你收回去了，还导致你身败名裂，得不偿失。

唐太宗李世民，因为早年从军，读书不多。当了皇帝之后不知道如何治理天下，他就让魏征等大臣编了一套书，叫《群书治要》，把唐朝之前修身齐家治国平天下的精髓都概括出来，他每天读这套书，手不释卷，非常喜欢。读完这套书之后说了这样的话，“为主贪，必亡其国；为臣贪，必丧其身”。当君主很贪心，最后的结果是亡国；当大臣贪污最后的结果就是丧身，身败名裂。他形象地比喻为珍珠蛋射鸟雀，比喻官员不珍惜自己的位置，去贪赃枉法，珍珠非常昂贵，但是他们拿这个不珍惜，拿着它干什么？去射麻雀，得不偿失。这个比喻告诉我们官府会把不义之财收回去。

第二是水灾。第三是火灾。这些不义之财被大火焚烧，被水卷走。第四是盗贼。中国古人讲，盗亦有道，这个盗贼也有“盗义”，专门劫富济贫。看这个钱来历不明，是贪污受贿而来，又没有拿着它去做慈善，还是一掷千金，盗贼都跟他过不去，他们专门偷盗、敲诈勒索为富不仁的人。第五，不肖子孙，不成才的败家子，也会把你的不义之财给败散掉。这个人有钱有势，但发的是不义之财，结果得了很多的病，看富贵病，一掷千金，花钱如流水。所以古人告诉你“货悖而入者，亦悖而出”，财以不好的方式获得的，一定以不好的方式败散掉。

曾国藩有个外孙叫聂云台，后来出任民国上海商会会长，因为他是曾国藩的外孙，又是上海商会会长，所以和清末权贵的后代子孙交往很多，耳闻目睹了他们家道起起落落的情景，非常感慨。他把这些案例总结出来，出了一本书——《保富法》，告诉你贪财容易，赚钱容易，但是保持富贵三代就难了。把这本书好好读一读之后，别人送给你的不义之财就不敢要了。古人即使没有读过圣贤之书，也知道不义之财是凶财，带来的不是吉祥如意，而是无尽的灾难。所以曾国藩做到了不取军中一文钱是有原因的。

曾国藩家书中说道，家败离不开一个“奢”字，人败离不开一个“逸”字，讨人厌离不开一个“骄”字。一个家庭破败是因为每一个成员过分奢侈、过分浪费，以至于入不敷出。一个人以前一直都在走上坡路，突然转折了，开始走下坡路了，这个转折点在哪里？感觉奋斗得差不多了，是该享受人生的时候了，从此过上玩物丧志、不思进取的生活，这个时候你人生的转折点就出现了。一个人讨人厌，是因为过分骄傲，自以为是，不把别人放在眼里，走到哪里都没有人喜欢。

《易经》上有六十四卦，每一卦都有六爻，六爻的爻辞有吉有凶，但是六十四卦中只有一卦是六爻皆吉的，这一卦就是谦卦。谦卦的卦象是地山谦，什么意思？平时这个高山都是在平地之上的，但是在谦卦之中这个高山宁愿居于平地之下。一个人才华横溢，有权有势，就像曾国藩那样做到四省总督，但是他不居功自傲，自卑而尊人，这样的人不会招来嫉妒、障碍，这是谦卦六爻皆吉的道理。所以《尚书》讲“满招损，谦受益，时乃天道”。骄傲给自己招来损失，一个人认为他比别人强了，不需要向别人学习了，那么他的人生很难再进步了。谦虚让自己受益，这是自然而然的规律。又说“惟天福善祸淫”。天道自然的规律给善良的人带来福分，给过分的人带来灾祸，这来自一阴一阳的规律。

得道之人坦荡荡

学习“道”对我们有什么好处？按照“道”去做，成为得道之人，我们就会立刻体会到君子坦荡荡的境界。《论语》说，“君子坦荡荡，小人长戚戚”。大家不要轻易把这两句话看过去就算了。它告诉我们人为什么有压力，人为什么会烦恼，人为什么得焦虑症，人为什么会抑郁。君子是在学道的过程中，虽然没有像圣人成为得道之人，但是可以做到助人为乐、成人之美。别人有困难、有需要，请给予帮助，无私无求，不讲条件，心胸宽广，所以他总是处在欢喜喜悦的状态。而小人最大的特点就是一心想着自己的利益，尔虞我诈，钩心斗角，想方设法谋算别人，这样的人始终处于郁郁寡欢的状态。现代社会无论是贫富贵贱，大多数人忧虑重重，压力不断加大，什么原因？很简单，我们都在学做小人而没有学做君子。

《论语》中记载孔老夫子最赞赏的弟子颜回，“一箪食，一瓢饮，在陋巷。人不堪其忧，回也不改其乐”，我们暂且不问颜回乐在何处，很多人体会不到他的境界。我们扪心自问，我们同颜回相比，有房子，有车子，有票子，有位子，为什么我们却活得压力重重，烦恼不断？不知足，把身外之物看得太重了。什么是身外之物？财、色、名、利。这些东西古人称为身外之物。什么是身外之物？你仔细想想，你连自己的身体都无能为力，还总想要自己青春永驻，永远停留在18岁，健康长寿，你能做得到吗？看脸上一天一天起了皱纹，然后一天天地衰老，时不时地健康出问题，我们盼望自己的记忆力永远很好，头脑很清醒，过目不忘，我们能做到吗？别人告诉你一件事，你转头就忘，还是这么愚钝，连自己也控制不了，请问在这个世界上还有什么东西是我们可以控制的呢？对于那些不可控制的东西，非要去获得，非要去占有，非要去控制，就是和自己为难。所以人都是在自找苦吃！为什么颜回活得很快乐？原因很简单，他把身外之物看破了，这些东西不足以成为束缚自己身心的枷锁了。财、名就是缰绳，如果看得很重，又把你捆了一道，把权势、位子看得很重，经过层层捆绑之后，你就被捆得喘不过气来，这不就是压力产生的原因吗？所以我们学君子要走在“道”上，我们才能够坦荡荡，如果学小人，偏离了“道”，我们就在压力之中。

总结一下。传统文化讲道德，道德就是宇宙、人生的规律。顺着自然的规律去做，那就是德。把道德的“德”，解释为获得的“得”，得到了什么？就是得到了“道”。得道之人所表现出来的品质，我们称为有德。人是不是有德，是不是得道之人，从两方面来看：外得于人，内得于己。从外在的方面来看，受到了众人的支持和拥护、赞叹、肯定。内在的方面获得的是心灵的安宁，所以得道之人，表现出来一定像孔子一样，走到哪里国君都不用他，但是三千弟子，72 个贤人跟他不离不弃，走到哪里追随到哪里。为什么？为他的德行所感召，因为他所讲的他都做到了。他走了很多地方，这些国君不重用他，但是孔老夫子没有怨天尤人的情绪。在《论语》的开篇还这样说，“人不知而不愠，不亦君子乎”。我走到哪里，即使人家认识不到我的德行和学问，但是没有愤怒的表现，这是君子的行持。

现在社会贫富贵贱悬殊，怨声载道，我们注意观察，就是在抱怨自己的利益没有满足，没有最大化，都是自私自利导致的。所以圣人没有把外在的东西放在心上，推广自己的学说是为了给社会带来和谐，让人民过上幸福的生活，人家不用他，他知道时节因缘没有到，但是他仍然活在欢心喜悦之中。

诸位朋友，我们今天有缘来到这里学习传统文化的精髓，学到了传统文化的精髓，我们就能过这样的生活，那就是，“宠辱不惊，闲看庭前花开花落；去留无意，漫随天外云卷云舒”。希望大家在学习传统文化的道路上越学越欢喜。谢谢大家！

传统文人精神的复原和创生

党圣元

党圣元

文学博士，教授，博士生导师。中国社科院外国文学所党委书记兼副所长，曾任文学所业务副所长，《文学评论》副主编，中国中外文艺理论学会常务副会长，中国古代文学理论学会副会长，中国《文心雕龙》学会副会长。曾获国务院政府特殊津贴，主要从事文艺理论和当代文化领域的研究工作。已主持国家社科基金重点课题和部级课题多项，科研成果多次获奖。已出版《在传统与现代之间——古代文论的现代遭际》《与古为邻》《中国古代道士的生活》《老子评注》等多部著作。

中国传统文化几千年发展的历史，汇成了一条流动的精神长河，表现出了极强的精神复原、衍生、创造能力。就在历史的风雨变迁中能始终保持精神的连续性、心灵的一贯性这点而言，中国传统文化与世界上任何一个民族的文化相比都是十分突出的。由此，对传统文化中道德理念和心灵价值的培养远甚于对传统文化的物质载体的重视，以至于形成了一种共同的重精神审美的心理倾向，并上升为一种价值观，渗透到文化个体的情感心理和行为模式两个层面，且与所依存的社会文化环境形成互动，渗透、影响了社会文化行为的各个领域。本文试图对此作一分析，祈请大家指正。

顺应与永恒——传统建筑思想和修史观念的精神性倾向

中国是一个负载着几千年历史记忆的文明古国。对于文化历史学家而言，当置身这块充盈着文化历史的土地上之时，无不被其所蕴含的呈非凡气派的文化精神所感动、激发、浸没，而产生难以遏制之情感的撞击。但是，与此同时，一个个耐人寻味的问题也会接踵而至：虽然历史和传统精神似乎渗透于一切事物之中，并且表现出令人惊愕的活力，然而对此又难以从实体上加以把握，似乎文化与时间、文化的精神内涵与其物质载体之间存在着一种隐而不可思议的关系，从而导致了传统文化精神特点的形成，即对作为一种文化内涵的精神连续性的重视远甚于对这种文化的物质载体存留的重视。这一特点植根于传统文化对于精神永恒性的价值理解，而这种价值理解又较为完满地体现于中国传统的建筑思想和修史传统观念之中。对此我们从文化意义上进行一定的反思，或许有助于加深我们对传统文化重精神审美特点的体认。

在欧洲，尽管经历了无数的战争和破坏，但是每一个时期都遗留下了大量的纪念性标志：古希腊和罗马的废墟、中世纪的大教堂、文艺复兴时期的宫殿、巴洛克时期的纪念像等等。所有这一切构成了一个不间断的历史文化的建筑学证据系列，成为历史的永久性纪念。而在中国，情况有所不同，虽然我们可以列出一个和历代王朝的显赫伟业联系在一起的长长的都市名单，而且著名的古代遗址分布广泛，但是缺乏对具有纪念碑意义的建筑物的保留。人们自然要把中国文化中这种精神性遗存大于物质性遗存的现象，归因于历史上一再发生的从物质载体上对过去文化加以剔除的事件。远的不说，单就“文化大革命”而言，就是最近一次全面而系统地对过去文化的物质载体的剔除，仅仅从极“左”的角度来判定这次历史的失常还没有深入文化的层面上来，它事实上是曾经在历代一再重演过的狂飙般的偶像破坏的古老文化现象的继续，如楚汉相争、黄巢起义、太平天国起义等，并非“史无前例”，而是“史有前例”。正是这些造成了中国历史上“别具一格”的文化物质载体周期性毁灭的现象。

然而，把原因仅仅归结于此，对问题的解析未免简单了些，这并不是导致传统文化向精神记忆、精神审美型发展的主要原因，根本原因在于文化共同体对于精神永恒性的价值理解。笔者在此所要着重指出的一点是，作为体现了传统文化特点之一的这种精神性留存大于物质性留存现象的出现，与传统的建筑思想有深刻的内在联系。在此，通过中西建筑原理、建筑思想的简单比较，对古代中国人对时空与文化关系的悟性作一窥视，以有助于说明这个问题。

中西建筑构思有显著的文化差异。从古埃及到现代西方国家，其建筑从观念到形式基本上是一种向时间的侵蚀提出挑战并征服之的主动的、具有进攻性的尝试，与中国古代的建筑姿态大异其趣，它在构思上的宏旨是欲通过选择最坚固的材料和使用能达到最高限度的复原能力的技术以实现使之亘古恒存的理想。而中国古代的建筑在构思中就服从于时间的急流，顺应而非逆抗之。从工艺方面讲，中国古代的建筑基本上以易腐、易毁坏的材料所构造，故需要屡屡重建。从观念上来讲，其中似乎包含着一种类似于希望陈废的思想。透过这一现象的比较，我们可以得出这样一个文化哲学结论，即中国传统建筑思想实际上传达了这样一种文化心理信息：永恒不会存留并体现于建筑物本身，而植根于建筑者的心灵之中。建筑物的短暂性、倏忽性是建筑者对时间之贪婪的一个主动奉献，以此祭献为代价，建筑者获得了自己精神意向的永恒。

在某种意义上说，明代刘世龙的小品文《无有园》为这种建筑观念提供了一个绝佳的文学证明。记写优美的庭园，在明清文人中风行一时，但刘世龙的这篇《无有园》却风格角度全新。“无有园”即意指这座庭园不存在，属子虚乌有。在文中，作者讲到过去的许多名园都不复存在了，仅仅存在于文学作品的叙述之中。因此，他突发奇想，为什么一座园子首先需要真正存在呢？此有何必要？为什么不可超越起始的实际存在阶段而直接跃入最终的作为所有园林的普遍结局的文学意义上存在状态呢？既然最后前后两者均须通过相同的文字媒介才能被认知，那么，一座曾经很著名但已不复存在的园林与文学作品作者自己描写的这座全然没有存在过的特殊的园林之间又有何差别呢？作者认为，任何一座园林都必须由具体时空存在状态上升为文学存在状态，以此实现从实到虚的辩证转化，才能达到一种永恒的存在状态。这里所言之文学存在状态实际上正是一种进入精神境界的永恒状态。

如果我们把考察的范围扩展到中国古代修史传统上来，便更可以窥探到传统文化关于精神永恒的价值认同。修史在中国古代是一个悠久的文化传统，其与中国文化中一种独特的历史意识血脉相关。中国从先秦时代起就开始了一项宏大的编史工程，而且就两千多年前世界范围的文化进程来讲，中国的史学家们就已经表现出在当时堪称非常科学的方法。然而，就其价值实现而言，无论是当时还是后来，修史在实质上都是以追求哲学和道德方面的精神价值为目的。远在孔子时代之前，中国文化内部就形成了这样一种价值心理，即认为永恒只有一种方式：由历史授予之。换言之，一个人的生命不可能超越自然，不可能依靠人为的方法使之不已，人仅仅继续存在于人之中，意即通过文字的媒介，永存于后世的精神记忆之中。《左传·襄公二十四年》记写的穆叔和范宣子之间的一段对话就突出地体现了这种观念：“二十四年春，穆叔如晋。范宣子逆之，问焉，曰：‘古人有言曰，死而不朽，何谓也？’穆叔未对。宣子曰：‘昔匄之祖，自虞以上为陶唐氏，在夏为御龙氏，在商为豕韦氏，在周为唐杜氏，晋主夏盟为范氏，其是之谓乎！’穆叔曰：‘以豹所闻，此之谓世禄，非不朽也。鲁有先大夫曰臧文仲，既没，其言立，其是之谓乎！豹闻之，太上有立德，其次有立功，其次有立言，虽久不废，此之谓三不朽。若夫保姓受氏，以守宗祊，世不绝祀，无国无之。禄之大者，不可谓不朽。’”两人对话集中讨论的正是如何“身死而名不朽灭”（韦昭注语）的问题。

这种关于“不朽”的独特历史意识与古代建筑构思“顺应”时间的观念共同体现了这样一种文化心态，即认为永恒不驻于香火延续和物质实体之中，而驻于人的精神意向的河流中；永恒并不排斥变化，反而充满变革；连续性并非由无生命之物的不朽所赋予，而只能通过世代相续、川流不息的精神、心灵的一往贯注而获之。正是受这种价值心态的影响，古人在追求、完善精神和道德方面修养的同时，慷慨地疏忽或漠不关心过去的物质载体，这种“重精神、轻物质”的文化心理结构最终导致了中国文化史上精神性留存大于物质性留存的现象，使传统文化呈现出一种重精神审美的特殊面相。可以看出，传统文化对于文化与时间、精神与永恒关系的领悟基本上是以“顺应”观念为哲学出发点的，充分体现了“天人合一”的价值理想。这种文化心态积极的一面是在保持精神、心灵的连续性、一贯性过程中促进了传统文化的长寿；但其消极的一面也十分明显，那种虔诚的对远古精神的道德和心灵价值的培养，编织了一条深藏于历史发展过程之中的精神纽带，穿越时空的沟壑，时刻把现实人的心灵与已经被超越、埋葬的人联结在一起，羁绊着感性的、自然的生命力。近现代以来的中国知识分子、改良主义者和革命者们无不感到被那似乎无敌的、弥漫四周而死气沉沉的传统精神所窒息，而寻觅精神、心灵反叛的途径。鲁迅即是这种要求摆脱过去精神传统最显著的典型，他以冷静的理性、深刻的洞察力分析了传统人令人绝望的性情，对于战斗的困境他亦非常清醒：敌人是强大的、无形状的，故终其一生而与这个看不见的幽灵、不可毁灭的阴影搏斗，致力于从心理、情感深层铲掉“不撄人心之治”的文化毒根。

危机与庇护——文人尚古情结的审美实质

在中国文化史上，对文化的物质载体或慷慨地疏忽之，或以近似于宗教崇拜的情绪嗜好之，这是两种平行并存的现象，而所显示的精神心理则具同一性，都是注重对传统精神的道德、心灵价值的培养，并由此而达到、保持精神意向的连续一贯性。这种对历史情感的执着，正是传统文化中重精神审美特点的表现。问题在于，这种对古代遗物的爱好如何发展为一种以古物嗜好、崇拜为外征表现的尚古情结？其在一定的时代空间中如何成为一种精神和道德记忆手段以实现特殊的心理、文化功能？如何对这种尚古情结及其体现的传统文化精神的特点所代表的价值心理作评价？这对于探讨传统文化精神及古代知识分子的文化心理结构特点是一个很需要仔细深入研究的论题，限于可能性，这里仅对尚古情结在中国文化史上产生的时间、形态、范围限制以及与儒家“复古”思想的关系等问题作一初步的说明。

在中国文化精神内部，尚古情结产生和发展的心理因素根源于对文化本体、传统精神的价值享用和记忆说明的需要。由于文化血缘与感情的关系，人们对本民族文化的物质载体总是具有某种惜恋的心理。在文人圈中，这种心理更为普遍些。但是，在一定的时空中，当这种心理发展成一种嗜好，以此完成对过去的回忆并全身心沐浴其中，变为一种心理庇护以解决现实的精神、价值危机之时，尚古情结就产生了。古代文人的尚古情结具体表现为对一切古代事物的嗜好与激情，以及由此而导致出现的文物收藏活动、考古学的发展、古董商人、拟古主义审美观、以旧为美、诗化过去等等。中国文化史上，这种心理症状较早出现于晚唐，特别是在文学作品中表现得较为突出。从宋初始，这种情况在知识分子中普遍蔓延。宋代知识分子对古物表现出了极端的兴趣，其热情与好奇心有了许多表达的途径，如最初的学术考古现象、青铜器的收集和研究、浩大而系统的古代碑文和铭文的编纂等，而对词的爱好及其情感表现形态更成了对过去的审美表现的新的崇祀方式。

问题的实质是尚古情结在宋代的普遍蔓延反映了当时一种极端反常的社会心态，它根源于社会的精神危机，表现了当时文人们欲对中国文化本体加以说明和肯定的殷切期望。宋朝是一个被胁迫的残缺不全的王朝，外族的侵犯向人们传统的世界中心观念提出了挑战，在一系列政治、军事危机的冲击下，关于世界顺序的普遍信念被深深地动摇，这在中国文化史上实属前所未有。大规模的文化倒退导致了时间上的后退，知识分子们在精神危机中通过沉浸于灿烂的古代精神之中，以及对壮丽的过去的系统审视而完成了一次后退行动，形成了一种坚固的文化本体主义。这种文化心理现象实际上是清代和近代出现的“排满”“排洋”民族主义文化心态的前兆。可见，中国文化史上的尚古情结主要表现为对于精神庇护和道德慰藉的一种寻觅，在一定的历史阶段，当文人们感到自己的文化本体受到威胁时，对古代精神的追求无疑成了他们十分需要的一种精神保险。从唐代始，历代的鉴赏家、收藏家以及唯美主义者们对书法和绘画表现出了极浓的兴趣，这种兴趣后来又扩展到青铜器以及其他古物上。这种兴趣在一些文人那里发展到极端的程度，以致虽身处忧患困穷而好古博雅之风不减，成了他们共同寻觅精神庇护和道德慰藉的寄托。

如果进一步考察，还可以发现这种尚古的爱好与兴趣无不与书法艺术有关。绘画在一定程度上只是书法艺术的一个扩展，它采用的基本上是书法艺术的工具和技巧。例如，李清照在《金石录后序》中讲述了她在北宋亡国南逃时对所收藏物品的选择是：“先去书之重大印本者，又去画之多幅者，又去古器之无款识者。后又去书之监本者，画之平常者，器之重大者。”当丈夫因公务不能伴随她时，则明确指示她：“必不得已，先弃辎重，次衣被，次书册卷轴，次古器，独所谓宗器者，可自负抱，与身俱存亡，勿忘之。”最不要紧的是印刷书籍，然后是画集，然后是不带铭文的青铜器，然后是由太学印行的书，然后是一般的绘画，而最为珍视的则是古代带铭文的青铜器、珍贵的绘画和书法作品以及罕见的手写本等。这种兴趣显然和书法作为一种“手写文字”的魅力相关，但在更深一个层次上却应看作是对这种“手写文字”即书法艺术所代表的文化本体的执着之情。

尚古情结及由之而导致出现的一系列文化现象，是传统文化重精神审美特点的表现之一。这种文化心理结构在追求和培养精神连续性、道德心灵一贯性的同时，无不造成了主体价值取向的偏差、历史意念的虚假以及理性的迷惘，以致忽视和抗拒对新的时代潮流的顺应和价值的认同，而最终不能超越精神世界的苦闷、危机，内心的封闭阻断了外界现实的投射，精神的畸形发展给传统思想带来灾难。以精神审美始，但在精神悲剧的演化过程之中，最终却为历史奉献了扭结、畸形化了的精神之丑，这种审美的悲剧在历代知识分子的内心深处一再重演，甚至直到今日。

健忘与创造——古代宫廷收藏的文化功能

中国传统文化能保持精神、心灵方面的一往贯注，在一定程度上反映了它的精神再生与创造能力。这当然主要得益于这个文化共同体历史上对精神审美及道德、心灵价值的执着追求。另外，这与中国文化史上一种我们称之为“文化健忘”的现象亦不无关系。这种现象就是历史上各朝各代极为重视的宫廷文化和艺术品收藏现象。这种显示着审美特权的文化垄断活动在完成其特殊的政治文化功能，以及给传统文化带来集中毁灭的可能性之外，在传统文化的发展过程中同时显示了一种不曾被认识和道及的“健忘”功能，正是这种“健忘”激发了精神创造的活力，诱导了对传统精神的回忆和说明，从而增强了传统精神的衍生能力及其质的流动性。对于探讨传统文化的精神审美特点而言，这是一个饶有意趣的问题。

史书中记载的最早的收藏活动是皇室的收藏，早期的收藏范围限于具有巫术和天象性质的象征之物，如占卜用具及“图”“册”之类的物什。统治者们的这种收藏具有重要的文化功能，即对这些物品的持有象征着政治权力的持有。在先秦时期，一诸侯国割让领地予别国时，必须举行一定的仪式，把这块土地的图像移交对方，因为在当时，持有一个区域的图像必须是实际控制着这块土地，故“图”在当时实际上具有“图”与“像”之复义。汉末，这种早期的巫术、天象收藏逐渐发展演变为书法与绘画艺术品收藏，以后，历代愈演愈盛。但是，巫术、天象收藏转变为艺术品收藏之后，它早期的文化功能或曰记忆功能并未完全消失，这里试举一例来说明。唐代宪宗皇帝既是一个鉴赏家，又是一个较为贪婪的收藏家，据张彦远《历代名画记》记载，当宪宗听说“张氏富有书画”“遂降宸翰，索其所珍”。张氏家族由是“惶骇不敢缄藏，科简登时进献”，并上表曰：“陛下旁求珍迹，以备石渠，祖宗之美，敢不献呈。”而宪宗却手诏答曰：“卿庆传台铉，业嗣弓裘，雄词冠于一时，奥学穷乎千古，图书兼蓄，精博两全。别进《玄宗马射真图》，恭获披捧，瞻拜感咽，圣灵如临。其钟、张等书，顾、陆等画，古今共宝，有国所珍。朕以视朝之余，得以寓目，因知丹青之妙，有合造化之功，欲观象以省躬，岂好奇而玩物。”最后，“其书画并收入内库，世不复见”①。宪宗在手诏嘉谕进献者的同时，特别强调指出其索要这些书画艺术品，并非是为了满足那种闲而无用的个人艺术珍品收藏爱好，而是在略尽作为一个统治者对子民的职责。由此可见，皇室收藏从未完全失去它使政治权力合理化的功能。

由于历朝历代的蒐集，皇室收藏成了古代艺术杰作的荟萃之处，实际上是对过去艺术遗产的垄断，这一情况产生了如下重要影响。

（1）除极少数人外，大部分艺术家、鉴赏家、批评家根本没有接近宫廷收藏的机会，故很难获得关于古代艺术的第一手资料。许多鉴赏家在笔记中提到他们曾有幸见到一些古画，而实际上这些画的年代很少能超过200年以上，即便是一些极有影响的批评家和收藏家亦言称他们几乎没有见过任何上一世纪前的著名艺术杰作。宋代米芾早侍内庭，曾任宫廷书画博士，得窥秘迹，但他承认一生中只看见过两

① 见张彦远《历代名画记》卷一。

幅真正的李成的画，而李成卒年距米芾出生之年还不足百年。

（2）古代艺术遗产再三罹受毁灭性灾难，与这种艺术财富高度集中在一起的情况密切相关，因为几乎每个朝代被推翻时宫殿都要蒙受劫掠与焚烧，先前的艺术精品在烟火弥漫中化为灰烬，这种令人惊愕的经常性灾祸皆记载于史书之中。

但是，当我们为中国以及全人类的文化遗产遭受如此苦痛的令人悲伤的损失而再三惋惜之时，产生了这样一个问题，即是否中国传统精神在整个历史发展过程中所表现出的不竭的创造力与这种防止传统精神在财富的历史积淀重压下变为停滞的“板擦”现象之间有某种肯定性的关系。回答是肯定的。如同个体的人一样，文化也确实需要一些创造力方面的健忘，太多的记忆可能反而会妨害智慧与精神方面的活力，完全无误绝对可靠的记忆实际上是一种灾祸，根本不可能会有想象和思想的活动产生。因此，要思想首先应该进行抛弃，要进行创造首先必须“健忘”，而历代的宫廷艺术品收藏及其影响正好起了这样一种“健忘”或“抛弃”的作用。其在清除传统精神在历史积淀过程中出现的“板结”停滞现象方面具有“活性剂”或“板擦”的作用，我们这里姑且称之为“文化健忘”，正是这种“健忘”带来了中国文化在整个历史发展过程中不竭的创造活力。

这里以一实例对这种“文化健忘”现象及其功能加以说明。王羲之（后官拜右军将军，人称王右军）的《兰亭集序》在中国书法艺术发展史上名声烜赫，具有奠基石的意义。它本身是王羲之在一次文人的雅集中受友谊、诗和酒的感召而灵感爆发的产物，然而，关于它的流传经过并对书法艺术发展所带来之影响却正是一种“文化健忘”现象。王右军死后，《兰亭集序》由他的后裔保存，继续收藏在王氏宗族内部，在它问世后的头两个世纪内，未曾被人提及，没有谁能有机会见到它。两个半世纪之后，它辗转到了一个僧人手中，这位僧人摹写了一些复本，这些临摹本流传于世。唐初，右军的书法风格得到太宗李世民的格外青睐，他广为搜寻王氏的真迹，然而在他已大致齐全的右军书法作品收藏中仍缺少作为冕上之珍的《兰亭序》，后通过御史肖翼从释僧辨才处赚得真迹，从而解决了阙缺之憾。太宗珍爱《兰亭序》，命令复制，包括临摹与自由书写两种，继之，这些复制品又被勒刻于碑石之上，然后再从碑石上摹拓之。这些原碑后来均失落或被毁，但仿照原先的拓片又重刻新碑，当原先的拓片消失了时，再从后来的碑刻摹拓，如此反复不已，随着时间的推移，反复衍生，形成了一个叠加传袭的复制系列，以致今天对这个复制系谱的研究已成了纠缠不清的专门学问。在这种情况下，王羲之的真迹反而长期置之秘阁，社会上无法加以参照。唐太宗生前要求把《兰亭序》陪葬，唐李绰《尚书故实》记："太宗酷好法书，有大王真迹三千六百纸，率以一丈二尺为一轴，宝惜者独《兰亭》为最，置于座侧，朝夕观览。尝一日附耳语高宗曰：'吾千秋万岁后，与吾《兰亭》将去也。'及奉讳之日，用玉匣贮之，藏于昭陵。"值得注意的是，《兰亭序》这件书法史上的杰作在它最终到了宫廷秘阁和永远消失于地下之后才通过各种各样间接的或不可靠的复制品产生极大的影响。在太宗的提倡下，群臣中之善书者皆资为模范而仿效之，如欧阳询、虞世南、褚遂良诸人皆摹习，从此王羲之之于唐贤，如至圣之集其大成，弟子各得一体，汇合而总名之曰唐楷。唐楷实际上是在右军的书法精神鼓舞下一种新的创造，其循规折矩动容中度，已非王羲之之本色，大体而言，它是"记忆"过程中新的创造性产物。在宋初，王羲之死后约700年之后，曾被苏轼誉为书艺"超逸入神""风樯阵马，沉着痛快"的北宋四大家之一米芾，又借讨论王羲之书法艺术风格而实质上展示了他自己的风格。祝允明曾评米芾所临的《兰亭序》云："老米临《兰亭序》全不缚律，虽结体大小亦不合契。盖彼以胸中气韵稍步骤于乃祖而发之耳。上下精神，互为流通。吾辈试窥其同异之际必有可言者，此正轮垩妙处也。"又有人评云，"比来米襄阳号知古法，然但能行书，正草殊不工，爱观古帖而议论疏阔，好摹古帖而点画失真"（《东观余论》）。然至此，《兰亭集序》的流传和影响达到了巅峰阶段。之后，《兰亭集序》的影响继续稳固增长，一直持续至今，从美学和技巧基础方面鼓舞了中国书法的发展。

问题是这一被奉为体式楷范的书法杰作被“健忘”之后所产生的实际影响，对于它的“回忆”过程实际上是一个无止境的充满变化与流动的创新过程，它的影响的持久性实质上表现为一种创造的永恒性，这种衍生繁殖力无不由“健忘”所带来。而这一事例给我们的最终启示则是，中国传统文化在几千年的过程中所表现出的生命强度、创造力以及似乎无限的变化与适应能力，可能正是根植于这种文化传统，由于不断的“健忘”而从未使自身局限于将会把它导向停顿与死亡的固定结构之中和静止对象之上。

以上从不同方面对传统文化重精神审美的特性作了一些考察。在方法上，笔者尽量避免采用那种仅拘泥于对传统史籍典章作语义辨析、选择抽绎，而与一种文化精神在历史时空中的具体表现及其在现实社会中遗存的具体表现相脱节的纯思辨的方法，注意把目光投射于一些体现了传统文化人群的心理结构、情感行为方式的活生生的实体文化现象之上，由此而察致其体现的文化精神实质。文中的一些结论难免带有几分个人感悟的色彩，故难作定论而仅仅作为一种尝试，更周密、更公允的结论还有待时贤来者。

孔子的歌与哭

——中国知识分子精神的形成

郦　波

郦　波

南京师范大学中国古典文学与文化专业博士，汉语言文学博士后，现为南京师范大学副教授，硕士生导师。代表作有《五代前的那些爱》《宋元明清那些爱》《风雨张居正》《抗倭英雄戚继光》《“救时宰相”于谦》《颜氏家训》《清官海瑞》《郦波评说曾国藩家训（上部）》等。曾担任江苏城市频道《万家灯火》节目主讲嘉宾，多次应邀到中央电视台《百家讲坛》栏目，主讲“大明名臣：风雨张居正”“大明名臣：抗倭英雄戚继光”“大明名臣：于谦”和“大明名臣：海瑞”“曾国藩家训”等系列节目，深受好评。

孔子临终前的意外表现

金秋时节来到深圳感觉特别舒服，因为这个时节充满了希望和收获。但秋天在传统文化中是主刑杀的季节。古人常说“秋后问斩”，因为秋天主刑杀，这个时候我们面对生命应该作出更多的思考。我突然想到前些年一个很有趣的约稿，有个出版社编辑跟我关系很好，约我写本书，也是在这个季节。当时特别流行日本的稻盛和夫写的《活法》，《活法 1》《活法 2》等，出了好几部。季羡林说稻盛和夫是企业家中的哲学家，哲学家中的企业家。《活法》当时非常畅销。但出版社编辑让我写什么书呢？他一跟我说计划，我当时就回绝了。为什么？让我写一本“死法”。别人写《活法》，让我写“死法”，这多倒霉啊！但是在后来研究的过程中，我想起《论语》里的一句话，子路问他的老师：“鬼神是怎么回事？”孔子说：“未能事人，焉能事鬼？”然后又问他死亡是怎么回事，孔子说：“未知生，焉知死？”我觉得从哲学意义上来讲，孔子错了，应该是：“未知死，焉知生？”首先要面对死亡、了解死亡，我们才能更好地珍惜生命。所以，死亡是避不开的一件事情。其实我对这个选题还是蛮感兴趣的。我后来发现，中国人面对死亡的态度同西方人不太一样。中国文化很超脱。除非到了国破家亡的时候，才杀身成仁，舍生取义。一般中国人不主张自杀，因为身体发肤受之父母。但真正要离开这个世界的时候，也很坦然。为什么？传统文化因素使然。

中国人喜欢谈人与自然的关系。真正到死的时候，不过是“天人合一”，归宿到祖先的河流里去。所以陶渊明说“死去何所道？托体同山阿”。陆游也说“死去元知万事空”。真正面对死亡的时候，中国人的心性大多很坦然。但是后来研究我发现一个例外，这也是我今天选题的出发点所在，就是搜集材料的时候，突然发现，孔子的死亡很例外，和大多数中国人不一样。

《韩诗外传》和《孔子家语》都记载了孔子临终前的场景。孔子 70 多岁身体不行了，眼巴巴地等着学生来给他送终，最后几天撑着，等他的接班人子贡，但子贡当时在卫国。子贡风雨兼程赶到鲁国之后，到了孔老师家，看孔老师拄个小拐杖，颤颤巍巍地坐在庭院的台阶上，然后子贡上前两步，握住老师的手。下面该发生什么？应该像电影桥段里那样：老师，我来晚了。出乎意料的是，司马迁只写到子贡握住老师的手，子贡该说的话一句都没有。但是孔老师却突然抢先说话了，孔老师第一句话是："赐，汝来何其晚也。"子贡姓端木名赐，所以老师叫他这个名字。这句话什么意思呢？就是端木赐啊，你个浑小子，老师都快不行了，吊了口气，撑了好几天等你来给我送终，你怎么来得这么晚？你到哪里磨蹭去了？你路上干什么呢？按道理，端木赐应该解释：老师，实在没办法，路上堵车。但子贡没有解释，根据司马迁的记载，接下来孔子突然掉了眼泪，涕下沾裳，潸然涕下，这个"涕"在古文里是眼泪的意思。边掉眼泪边唱一首歌。很多人都以为孔子到最后是写了一首诗。古代的诗就是歌，诗而歌之，所以叫诗歌。现在有门专门的学问叫吟诵学。我有一个导师是国学大师钱仲联先生的关门弟子，南派吟诵很著名的一个人。他讲古诗都是唱出来的。这首诗很有名，也很短："太山坏乎！梁柱摧乎！哲人萎乎！"很多人都知道这首歌，但是再深情的朗诵也不能达到2500年前孔子情感之万分之一，他不是故作深情状朗诵出来的，他是唱出来的。在座很多年轻朋友都是麦霸级的歌手，有人会唱吗？没人会唱，巧了，刚好我会唱：

太山坏乎！梁柱摧乎！哲人萎乎！

虽然掌声很热烈，但我还是看出来很多人脸上不屑的神情：你当时又不在现场，你怎么知道人家是这么唱的？纯属瞎唱！还真不是！我导师研究的是诗词吟诵。他推敲过，刚才我唱的这种方式是汉调，汉调当然是这么唱的，当然有人会说汉调毕竟不是先秦调子。为什么孔子应该是这么唱的？我要解释一下。三年前，有一天晚上我做梦，就梦到孔子临终这一段，真的不是撒谎。当时梦里自己掉眼泪听到孔子就这么唱，醒过来热泪盈眶，然后赶快摸着黑把调子记下来，所以我一直相信孔子当年就是这么唱的，他托梦给我，一切皆有可能。

庄子、老子对死亡的态度

什么叫信仰？就是“笃信之”，才能“仰之弥高”。孔子当时是掉着眼泪唱这首歌。你看子贡还什么话都没说，被老师叫过来，老师握着子贡的手，老师埋怨一句，又掉眼泪又唱歌。这已经很奇怪了，跟一般人的死法绝对不一样，但是接下来还有更奇怪的事。孔子唱完了歌，突然说了一段话。他说：“赐啊，我昨天晚上做了一个梦，梦到我死后你们把我用棺椁安葬。”儒家很重视丧葬礼仪，中国人讲入土为安。先秦时期，中国人没有宗教崇拜，也没有鬼神崇拜，中国文化是一种祖先崇拜，所以非常讲究安葬的礼仪。孔子说：我梦到你们给我做葬礼祭拜，你们把我的棺椁停在大殿两根柱子的中间。赐啊，到临死前，我才知道原来我是殷人之后。什么意思？“殷人之后”就是殷商时期的人的后人。先秦的时候，丧葬礼仪，棺椁停在大殿柱子的东边，这是夏朝时候的丧葬礼仪；停在大殿柱子的西边，这是西周的丧葬礼仪，所以停在两根柱子中间，这是殷商时期的丧葬礼仪。孔子说，“我是殷人之后”，这句话意义非常重大。为什么？因为孔子平常并不否认有鬼神，但他从来不谈。

孔子很关注现实，哲学的终极命题，必须面对从哪里来到哪里去的问题，孔子这时候说，我突然意识到我是殷人之后了。过了几天，一代哲人孔子溘然长逝。读司马迁这一段材料的时候，我觉得很奇怪。你说孔子多高的境界，万世师表。联合国教科文组织把他与老子、庄子、苏格拉底、柏拉图并列对不对？联合国教科文组织还把他列为“人类十大教育家之首”。孔子对中国文化有着奠基的作用，又是史学家，还编过《春秋》，也算文学家，还编过《诗经》。他这么高境界的思想家、教育家、文化宗师，临死还那么不甘心，埋怨学生，掉眼泪，还唱歌。

据记载，庄子死的时候也有好多学生给他送葬。庄子临死前表现得非常超脱，庄子临死前回光返照，就说你们看老师我马上要闭眼了，我死了你们这帮小子把我怎么办？学生们就回答说，老师死了，一定要把老师好好地用棺椁安葬，虽然老师穷，我们凑份子也要把你好好安葬。买上好的棺材，找墓地葬了。结果庄子却摇头，棺材那么贵，墓地那么贵，死都死不起，是不是？学生说，老师不用棺椁，总要把你埋了吧？庄子说，为什么非要把我埋了？学生答，不把你埋了，我们又不能天天守着你，过两天留你一个人，曝尸于野，老鹰、乌鸦来了把你的肉啄了，那多寒碜。你猜庄子怎么回答？庄子说，你们这帮浑小子，你们不把我埋了，我的肉会给老鹰、乌鸦吃了，你们把我埋在地底下，我的肉不一样被蚯蚓、蚂蚁吃了？你们怎么那么偏心，向着蚯蚓、蚂蚁，不向着老鹰啊？不要埋，不要埋！等我一闭眼，找个地方一扔得了。你看这个大哲人，庄生化蝶，不仅化蝶还化蚂蚁化蚯蚓。所以非常超脱，思想家嘛！

老子是怎么死的我们不知道。《庄子》和《说苑》都记载，老子死后，他的学生给他祭奠，其中有一个学生叫秦失，也有说是他的晚辈或朋友的。这个秦失特好玩，所有的学生都哭得眼泪鼻涕一大把，结果他进了灵堂，“三号而出”，“三”不是三声，代表多的意思，号哭了几声就出来了。所有的学生都骂他，你小子太没良心了，老师都死了，你不哭？古文中号和哭不一样，哭是掉眼泪的，号是不掉眼泪的。秦失却说，在你们的眼中老师死了，在我眼中，我们的老师他没有死。咱们的老师，他就像那冬天里的一把火，熊熊火焰已经燃烧了我，他那火炬熄灭了，但火种传承下来了。庄子说，“指穷于为薪，火传也”，典故“薪火相传”就是这么来的。作为老师，我也渴望教到秦失这样的学生，哪怕干号几声，只要能够传达就可，是不是？

老子的老师，也是大思想家，叫常枞。据说常枞死的时候，老子也是千里迢迢赶去给老师送终，你看大教育家、思想家，死的时候亲人可以不在身边，但学生一定要来。所以作为一个老师我认为最好的死法就是讲课讲到一半就自然死亡了，这叫“死得其所”，还省得学生们赶来送终。当一个人真正能够轻松地面对死亡的时候，死亡就不是一个太大的问题。当年老子千里迢迢赶到常枞那里，老子问：“老师，你也快要不行了，临终还有什么大智慧教我？”常枞于是教给他人生三条智慧。其中有一条特别有名，他笑着张开了嘴说，你看我牙齿还在吗？当时常枞 102 岁了，很长寿的一个人。李耳低下头看了半天说，牙齿都没有了。老师又说，我舌头还在吗？答：舌头在啊。老师一笑，你明白了吗？李耳绝顶聪明，恍然大悟。哦，我明白了，老师，你可以安息了。老子明白了什么呢？这个牙齿是至坚之物，舌头是至柔之物，至坚者无，至柔者在。《道德经》主要表达了什么样的思维方式？“柔能克刚”；“飘风不终朝，骤雨不终日”；“上善若水”。是不是？大智慧啊！

比较李白、苏东坡的情景

大诗人李白是怎么死的？喝了二两老酒，看江里的月亮很漂亮，去捞月亮，然后抱月投江。这是民间传说。史学家考证，李白其实是病死在丹阳郡他的叔叔李阳冰家。唐诗两座巅峰李白、杜甫，杜甫就磕碜多了。杜甫是怎么死的？到现在无定论，史学界现在主要有三种说法。其一是，安史之乱时期，杜甫全家在湖南耒阳江边上流浪，七天七夜没东西吃了，饿得非常惨。结果耒阳县令听说大诗人诗圣杜甫在耒阳县流浪，令衙役快马加鞭带了 20 斤牛肉，一坛白酒，沿着湘江边上找杜甫。杜甫饿了七天七夜，见 20 斤牛肉撒了欢地吃，吃完当天晚上就死了。主流说法是，杜甫是撑死的。

这么伟大的现实主义诗人，居然是吃牛肉撑死的，让人太难接受了。有一个读书人拍案而起，不同意，写了一本很有名的书叫《李白与杜甫》。这个人是郭沫若。他考证后说，杜甫死在农历七月左右，就是三伏天最热的时候。我的大师伯莫砺锋老师，就是国学大师程千帆先生十大弟子之首，他考证杜甫应该死在农历十月底。郭沫若说，正是盛夏时节，杜甫饿了好几天，衙役在江边找了好几天，那时候天很热，没有保鲜措施，所以肉交到他手上的时候，这个肉已经不亚于添加了瘦肉精的肉，已经变质了。但是杜甫饿了那么多天，吃下去之后，郭沫若说当天晚上就闹肚子，第二天死了。杜甫为什么会吃牛肉拉肚子以致拉死？有人说因为他写过一句名言“朱门酒肉臭，路有冻死骨”，这叫诗谶。其实“臭”这个字应该读Xiu，“路有冻死骨”，可以理解，冬天嘛，酒肉当然不会发臭。

苏东坡被流放在岭南广东，他是元祐党人，最后回到常州。他临终绝笔一句诗，“浮云世事改，孤心此月明”，不论世事如何变化肮脏，我的心永远都是那么纯净。秦少游呢，在湖南郴州的驿站里，历尽坎坷之后，家人来接他。在驿站里，八月十五，他坐在厅间。这个人内心其实很婉约，虽然他长得五大三粗，但是他受的折磨最多。他看着这一杯水酒，坐在石桌旁边赏月边看着杯中水酒月亮的倒影，突然莞尔一笑，家人看他好长时间这个姿势一动不动，一推他，他已经溘然长逝。虽然历尽磨难，但最后化解了所有的坎坷与磨难，怀着对生命的感激飘然而去。

当然，有些文人的境界就没这么高了。我前一段到沧州给他们开讲座讲纪晓岚，电视剧拍得神乎其神，叫什么“铁齿铜牙纪晓岚”，这纯属胡扯。什么铁齿铜牙？有一次乾隆要杀他，又让他回来修《四库全书》补过。后来他一直做到大学士。有一次他给领导提意见说，乾隆下江南不要劳民伤财，当时乾隆就火了，一拍龙案，指着他一顿臭骂。结果吓得纪晓岚浑身直哆嗦，终生不再说一个不字。据说他死的时候，两个儿子在旁边给他送终，有人就嘲讽他临终不言一语国事。他死前回光返照，突然精神很好，调侃两个儿子，他出了个上联“莲子心中苦”，但两个儿子半天还对不出来。纪晓岚说，何不对“梨儿腹内酸”。说完溘然长逝。千古绝对啊！梨子的核心是酸的，莲子的心是苦的，又是谐音：老爹我要走了，所以“怜子心中苦”，唯独放不下的是你们两个家伙，所以“离儿腹内酸”。

再等而下之的读书人，比如说《儒林外史》里面记载的严监生，中国十大吝啬鬼之一，他死的时候，也有儿子在旁边给他送终。但是他死的时候迷了心窍，说不出话来。儿子问他，老爹还有什么遗言尽管说，严监生指着那灯半天说不出话来。到最后还是他老婆比较聪明，那盏灯点着两根灯芯，挑掉一根。两根灯芯太费油了，是不是？严监生立刻就死了。

还有很多文人、政治家、军事家，死得都很让人感慨。比如，明代杰出的军事家戚继光，最后死的时候是八月十五。明朝万历十五年，他受张居正案的牵连，被剥夺兵权。老婆跟他离婚了，儿子又死了。一代战魂、一代英雄，晚景非常凄凉。八月十五晚上，海上没有升明月，只刮着大风，“风雨如晦，鸡鸣不已”。戚继光在蓬莱阁面对大海站了一夜，屹立而终。

就是一般的老百姓，也不像孔子这样又哭又唱的，还掉眼泪。孔子，你这个大思想家、大哲学家、大教育家，至于吗？又是掉眼泪又是埋怨学生，还唱歌！孔子死的时候 73 岁了，有人说是 74 岁，“人生七十古来稀”，你又不是断子绝孙，儿子孙子都有了，你又不是孤家寡人，弟子三千，七十二贤，孔门四圣四贤，孔庙四配十二哲，万世师表。

有人说，孔子到最后理想没有实现，所以不甘心，这是通常的一个答案。但是我不认可。为什么？因为哪个仁人志士到死的时候理想实现了？李白的理想实现了？苏东坡的理想实现了？真正的理想都是永远指导我们向前，但是永远都很难达到，那才叫理想。

孔子的哭其实饱含深意

我研究死法，孔子的死法很独特，不要问为什么。带着这个问题我作了一些研究，于是产生了这一个系列的讲座。我研究发现，文学史有一个固定词汇叫临终歌哭，孔子为什么临终要哭呢？出乎意料，原来他平常就喜欢哭。孔子是山东大汉，是一米九的男子汉大丈夫，平常喜欢哭。《论语》里就明确说道，孔子“是日哭，则不歌”，刘向也说过孔子“不歌之日则哭，不哭之日则歌”。

但是孔子为什么会哭？一般没有人爱哭，为什么孔子那么独特呢？我研究发现，孔子之所以爱哭，是因为他了解哭，知哭善哭。他了解哭到了什么地步，甚至他的上课内容、考试内容都有哭。在鲁国郊外他上课的地方，有时候在田野里，有时候在草地上，有一次，远处传来发丧队伍的哭声。我也到农村做过田野调查，我相信年纪大的都看过，农村上坟哭丧的时候，跟着一堆人，大家哭天抢地，孝子都是这样哭的。孔子一听，说这个哭声有问题啊，这个孝子哭错了！为什么呢？孝子的哭声不应该拖着长调，孝子死了爹，这时候应该内心极其悲痛。还能控制住的时候才会拖长调，控制不住就非常短促，所以民间那个哭拖着长调就太夸张了，说明还能控制住悲伤。所以我一直怀疑京剧里的哭腔，可能是跟这个学的。

孔子对哭很了解，别人一哭对不对他都知道，而且了解哭声里有什么样的内涵。有一次，孔子带着两名学生子路和子张，路过泰山脚下，子路和子张赶着车，孔子坐在车里，路过一处山坳，突然听到远处隐隐传来一个女子的哭声。孔子在车里一听到，立刻说停车，然后就坐在车里听。子路很奇怪，子路是孔门大师兄，只比孔子小九岁，很有发言权，这有人哭有什么好听的？结果让人奇怪的是，孔子本来坐在车里听，听了一会一掀车帘出来了，下了车站在那里听。让子路更奇怪的是，孔子不仅站在那儿听，还扶着车把手听。这就不得了了，在儒家的礼仪里头这叫“轼而听之”。孔子坐在车里听，站在地上听，轼而听之，这个礼仪一层层越来越高了。按儒家礼仪，一般是听长辈说话，长辈训示的时候，小辈要轼而听之。子路心里很奇怪，不过就是一个女人在哭嘛，老师你至于吗？而且还轼而听之！孔子说，“其哀似有数重”，这个哭声里头不简单，有非常丰富的内容，不相信你去打探一下。子路一听，跟子张说，师弟，照顾好师傅，待我前方打探一下。

子路转过山坳，果然一个女子在新坟前放了祭品痛哭失声。子路就上前问，你在哭何人？这个女子说，我的儿子死了，我来祭拜他。子路一看，新坟旁边还有一个老坟，也放了祭品，就问那旁边又是谁。去年我老公死了，我顺便祭奠一下我老公。子路一看旁边还有一座老坟，那一个又是谁？前年我老公公死了，顺便一起祭奠一下。

子路觉得此事大有蹊跷，那你儿子、老公、老公公都是怎么死的？妇人说，山中有猛虎，都是被老虎咬死的。子路一听就火了，大胆孽畜，待我去收拾它。中国古籍记载，只有两个人可以赤手空拳打死老虎，一个是子路，另一个是谁？有人答是武松。武松虽然三拳打死了老虎，但是三拳打死老虎之前，打断了一根哨棒，用过道具的不算。能够赤手空拳打死老虎的人，司马迁记载在《史记》里，是商纣王帝辛。当年商纣王最大的爱好是弄一大铁笼子，关一老虎，然后把自己关进去，上锁，交代手下，只许一个人出来。这个答案已经很明确了，只许一个人出来，打死老虎他出来。后来商纣王的笼子越做越大，里面放一群老虎，他一个人进去打。所以很多人都以为商纣王最大的爱好是妲己，其实错了，第一爱好是打虎，第二爱好才是妲己。这个子路也力能搏虎，但是转念一想不对啊，既然老虎这么凶猛，而且每年都吃一个人，你不能挪个地方？你为什么一直住在这里？这个女子含泪说了一句话，“此间无苛政”。然后子路回来告诉老师，老师轼而叹曰：“苛政猛于虎也。”你看这么经典的一句名言，这么深刻的判断，孔子是怎么得出来的？是从哭声里听出来的。你说他对哭有多了解、有多深刻啊！

有一次考试，孔子考什么？刚好他的朋友伯高死了，他问弟子，伯高死了，我应该怎么哭他？弟子回答，伯高如果是你父亲的老朋友，你应该到祭庙里去哭他；如果是你父亲的新朋友，你应该到祭庙外去哭他；如果是你的老朋友，你应该在寝室里头哭他；如果是你新结识的朋友，你应该在寝室外哭他。孔老师最后一笑，都错了！正确答案是什么？伯高死了，作为伯高的朋友他应该怎么哭呢？孔子说，伯高是我新结识的朋友，而且是子贡介绍我认识的朋友，所以标准的哭法应该是我到子贡家里去哭他。孔子对哭的这个研究，已经到了登峰造极、我们都无法理解的地步，所以他知哭乐哭，好哭善哭。

教育的终极理想是乐教

孔子的第二大爱好是什么呢？就是唱歌。有关唱歌的故事就更多了。孔子的音乐天赋高到什么地步？孔子也是有老师的，比如说他拜师襄子为师。师襄子不是姓师，师原来是个官职，是宫廷里头负责音乐的总管，音乐大师。比如师旷、师乙，后来就以职业为姓。孔子拜师襄子为师，师襄子一看这孩子不错，很聪明，收了。一上来教了他一首古琴练习曲。过了一个月来听，这孩子真聪明，一个月能把这首曲子弹得这么好，不错，换一首曲子弹弹。哪知孔丘同学一摇头，老师我不换，为什么？"吾知其曲，未得其数"，这个节奏我大体上把握了，但是技法还没有搞到非常通透的地步。师襄子一听，不错，有恒心，不像人家喜新厌旧，我看好你哦，然后师襄子走了。过两天又来听，这孩子真聪明，可以了，别练了。结果孔子一摇头，"吾知其数，未知其意"，技巧节奏我完全把握了，但是这个曲子的思想我还没有完全透彻领悟，我还要练。

又过了一个月，师襄子在外头一听，不能让他再练了，这孩子再练下去我有一天要失业了。让孔子换首曲子，结果孔子怎么说？"吾知其意，未知其人。"这个思想情感我把握了，但是创作曲子的应该是怎样的人，我还没有悟透，我还得练。

又过了一个月，师襄子来一听，求你了，别练了，当年老师也没弹这么好，你已经比老师水平高了。孔子又摇头，"吾知其人，未知其类"，这个人我把握了，但他是哪一类人我还没有把握，他表现哪一类人的情感我还没把握。过了一个月，师襄子来了，孔子的琴房他都没敢进去，听得失魂落魄。孔子弹完之后，酣畅淋漓，长身而立，他也不知道老师来了。自己感慨地说了一段话，"洋洋乎！桑桑乎！吾知其人矣"，就是浩浩汤汤的样子。孔子说什么？我穿越了，我看到那个人了，其人"黯然而黑，几然而长"，这个人长得乌漆嘛黑的，胳膊长长的："其势王天下服诸侯，其惟文王乎！"难道就是传说中的周文王吗？师襄子大惊失色，赶快打背包卷铺盖走人。为什么？他教孔子的这首曲子，他没告诉他叫什么名字，这个曲子就叫《文王操》！这是周文王编的一个曲子，孔子就靠自己揣摩，竟然能够达到如此高深的境界。

庄子经常讽刺挖苦孔子，但是庄子对孔子的音乐才能极其佩服。庄子《山木篇》里记载孔子和弟子到处流浪，周游列国，被围于陈蔡七天七夜没东西吃，饿得不行了。这个时候大家都饿得动不了了，孔子左手触地，右手敲木，靠着一棵大树，敲着那个木头，怡然而歌。这个歌听起来很和谐很振奋。子路一听，浑身来了力气，然后跑出去偷了一只烤乳猪回来给大家吃。孔子的音乐才能不得了。

我们讲了他的哭，讲了他的歌，我就想到一个成语，鲁迅先生讲的一句话叫“长歌当哭，乃在痛定思痛之后”。想到长歌当哭，我就奇怪，为什么长歌当哭，而不是长歌当笑、长歌当闹、长歌当叫呢？音乐也有欢快的音乐，为什么一定是“当哭”呢？我想来想去，这和孔子的“乐教”有关系。孔子教育的终极理想是乐教，他讲“兴于诗，立于礼，成于乐”，最后整个社会达到最理想的状态。要通过礼乐达到这种教化。为什么哭声和音乐结合得最紧呢？因为哭声具有悲剧美，同时具有崇高美，具有震撼人心的力量，才能直达人心，哭比笑更能震撼人心，更能净化心灵。哭的力量多大啊，就算你再能笑，也笑不倒长城啊！孟姜女一哭，哭倒了大半个长城，所以哭比笑力量大。当然，有人说，这只是民间传说，但我负责任地告诉你，绝对实有其事，还不是传说。古史辨派大家顾颉刚先生考证过，孟姜女哭倒城墙这一段实有其事。这个孟姜女，我们以为她姓孟叫姜女，错！你说孟子孟轲姓孟那是对的，但孟姜女不姓孟，孟姜女三个字不是本名，它其实相当于今天的网名，就像我们在座的起的网名“我是一只小虫虫”之类的。顾颉刚先生分析，这个“孟”是老大的意思，伯、仲、叔、季排序，既叫伯、仲、叔、季，又叫孟、仲、暮。你看孔子叫仲尼，因为他排老二。他哥叫什么？叫孟皮。他有个哥哥患小儿麻痹症，腿不好，所以叫孟皮，孟指老大。

孟指老大，姜指什么？姜是齐国国姓，姜太公姜子牙的后人。女是性别，意思是齐人一户人家的长女，叫孟姜女。顾颉刚先生说，这个事发生在春秋战国，并不是秦始皇时期。孟姜女的老公原来叫杞梁，杞梁是齐国的一员大将，后来战死沙场。当时，天子、诸侯、大夫、士分等级，他的老公是贵族等级，死后齐王没有按照他的等级标准安葬。他是贵族你就要按贵族标准安葬，是不是？他老婆孟姜女就不干了，我老公好歹也是处级干部，应享受处级干部待遇是不是？你不给他，她就到齐国都城临淄的城门外头抚尸大哭，表示抗议。哭了十天十夜，到第十天中午，请注意，下面是见证奇迹的时刻，突然齐国临淄的城墙崩塌了一段。

这事可能吗？科学吗？非常科学，这叫共振效应。这个哭声的震撼力，比其他的要大。所以孔子叫乐教，就是关注心灵，关注品格，关注德育，关注人生与灵魂。孔子的理想刚才讲了，是“兴于诗，立于礼，成于乐”。

改革走到十字路口

说到这里我就觉得悲哀了。我想到了一个案例，就是药家鑫激情杀人案。药家鑫的音乐天赋其实很好，钢琴已经弹到十级了，对吧？“既知其曲，又知其术”，问题是钢琴技巧如此娴熟的手，却去激情杀人。而他的同学只是因为他们是药家鑫的同学，而不是遇害者张妙的同学，他们就在法庭上为他求情。我是教育工作者，这个事对我刺激很大。你看当前的社会，精练地说，东边出了“烂皮鞋”，南边出了“地沟油”，北边出了“毒钙奶”，西边出了“毒胶囊”，金庸先生说的东邪西毒南帝北丐齐出江湖是不是？中国人号称“中神通”是不是？（鼓掌！）

中国人的神通在哪里？我觉得中国人的神通就在《舌尖上的中国》，但问题是有两个“舌尖上的中国”，一个是纪录片里的，充满乡情、温情、亲情的美食中国；还有现实生活里充满了地沟油、添加剂、反式脂肪酸、苏丹红加工的毒食，是不是？以史为鉴，我当时之所以要讲曾国藩，就是因为我们改革走了34年，改革走到十字路口了。而曾国藩当年开辟“洋务运动”闹了34年，也是34年之后土崩瓦解。

孔子当年面对那个社会，他的理想是礼乐治国、礼乐教化，他的教育叫乐教，不光通过音乐，还通过歌哭。还有一个例证证明他在人类教育史上的伟大：他是人类教育史上第一个课程改革专家。我们一般认为孔子上课都说《论语》上的“孔门四科”——德行、政事、文学、言语，其实孔子上课上什么呢？其实是小六艺大六艺。小六艺在孔子之前就有了，但儒家作为一种学派，自孔子开始。当然儒生这种职业早就有，在孔子之前就有。孔子小六艺也教，大六艺也教。小六艺是什么？礼、乐、射、御、书、数。又分五礼六乐、六书九数、五射五御。什么意思呢？这个礼和后来的《礼记》和仪礼等不是一回事，这个礼特指天子祭祀天地祖先时专用的丧葬礼仪以及国家大事中专用的礼仪。这个礼仪一般人不会用，只有儒生会，所以儒生那个时候很走俏，他就相当于国务院礼宾司司长，所有国家重大的活动流程是由他来安排的，所以这个礼仪跟一般人没关系，是天子祭祀天地祖先专用的。

这个乐也不是普通的音乐，和一般人没关系，是重大活动中祭天祭地专用的音乐。孔子后来为什么离开鲁国？因为季孙氏是三桓之一，在家里，奏八佾舞于庭，就是摆天子的排场。孔子说，“是可忍孰不可忍”。八音八佾是天子用的丧葬礼仪，你怎么可以在家里头用呢？所以他恼火起来，离开了鲁国。所以“乐”也是专指这种音乐。礼、乐、书，“书”是指书法，不是我们现在讲的书法艺术，就是书写，写字的几种方法。当时会写字就不得了，就是大知识分子。孔子刚开始的时候到季平子那里给他当家宰，给他当会计，管牧场，为什么？他既会写字又会算，“数”就是计算。“射”是射箭，不用说了。所以孔家军很厉害，射箭功夫很高。“御”就是驾车，很多人还跟他学怎么驾车，那时候他就相当于车管所所长，“考驾照”都要找他。

这六门课有什么特点？你掌握了这六种技能才能为王族服务，为贵族服务，等于公务员考试课程。你要帮他设计祭礼，需要什么样的音乐，你要帮他整理文件，你要帮他理财，你要保护他，你还要给他驾车。就是六门技能课程，如果没有孔子出现，中国的教育如果一直沿这个路子发展下去，我估计我国现在和德国一样，有很多职业技能学院。

所幸的是孔子出现了，孔子改革了这六门课程，改成大六艺。大六艺大家都知道，高考经常考，诗、书、礼、乐、易、春秋。是不是？这里头有三门课名字没有变，礼、乐、书。有三门名字都变了，诗、易、春秋。但即使这三门没有变名字，这个课程内容也变了。孔子讲的礼是什么？我举个例子。孔子作为老师是非常和蔼的，但是作为父亲非常严格，对待儿子挺凶。有一次，孔子正在院子里散步，突然看到他儿子孔鲤从门口走过，他大喝一声："孔鲤，站住！"孔鲤吓一跳，转过头来，问老爹嘛事。孔子说："学礼乎？"学礼了吗？"没有。""不学礼，无以立。"意思是不学礼，别活着，死去算了。第二天，孔鲤又从门口走过，老子看见又大喝一声：站住！"学诗乎？""没有。""不学诗，无以言！"不学诗不许说话。所以你看，孔子讲的礼是什么？是立身处世的根基所在，立于礼，他的礼仪是面对所有人的，面对所有人的生活。

知识分子品德这样形成

儒家讲仁义，"仁"是什么？我们都解释成"仁者爱人"，其实"仁"很简单，你看汉字怎么写？仁者二人也，就是讲人与人之间的关系。不论我们相识与否，不论我们贫富贵贱、高低差别，只要此刻你能坐下来，我能坐下来，你能理解我，我能理解你，我们就立地成仁。所以孔子才是人类最早的公共关系学大师。

"书"是什么？不是书写，孔子所说的书是《尚书》，六经之一。《尚书》是什么？就是商周以来那些古代的贤君贤王发布的诏令，说过的话，他们写的文章等。之前夏代没有文字资料，“诗”就不用说了。“易”是什么？“易”就是《周易》《易经》，易就是占卜，是宗教。宗教本质上是什么？是哲学。《春秋》是什么？中国最早的编年体史书。孔子的大六艺是什么？原来是小六艺——六门职业技能课程，后来孔子改为大六艺。礼：公共关系学。乐：艺术修养学。《尚书》是什么？古代经典作品导读。《诗经》是文学，《周易》是哲学，《春秋》是史学。人类历史上有史可考的第一个把文史哲作为教育的标准课程、核心课程的不是别人，是我们伟大的祖先孔子。人类历史上第一个把关注心灵的成长、关注精神的归宿作为教育旨归的不是别人，也是我们伟大的祖先孔子，我觉得应该为我们的祖先鼓鼓掌。（鼓掌！）

孔子是真正的大教育家。但仅有这样的教育理念不行，还要看教育出来的人是什么样的。孔子之后，中国真正的士大夫也就是知识分子才开始出现，知识分子的品格才开始形成。当然孔子教育的学生很多，孔门弟子三千、七十二贤、四圣四贤太多啊，我们只选三个代表来讲一下。

第一个代表是我们刚才讲的子路。子路的性格很莽撞。在《论语》里，子路出现最多，达 41 次。但他出现的时候，大多是被孔老师在骂。为什么孔老师特别喜欢骂他呢？因为所有的弟子里，只有子路敢骂老师。我甚至怀疑子路拜孔子为师之前大概是混社会的。史料证明，孔子收子路做学生之前，他经常被人欺负，自打收了子路为学生，再也没人敢欺负孔老师了。所以《韩诗外传》里头记载子路去拜师，很有意思。

子路只比孔子小九岁。子路初次见孔子，他其实是去挑事的，为什么？你看他那身打扮！史料记载，子路第一次见孔子，头上插了两根野鸡毛，光着膀子，身上文了两条带鱼，腰间还插了两根野猪牙。先秦时期，野猪和野鸡都是好斗的，是勇猛的代表。我估计他原来是混黑社会的。孔老师看了他半天，说了一句话：“子其人乎其野人乎？”你是人还是鬼？子路一下愣了，想了半天，扑通跪下，拜孔子为师。

孔老师有时候也觉得子路很头疼。林语堂专门编了一出独幕历史剧：《子见南子》，演出后影响很大，以至于孔家的后人去砸剧院，其实林语堂是很推崇孔子的。但圣人也不是完人，《论语》记载，孔子周游列国到了卫国，卫灵公其实是个傀儡，卫灵公的夫人南子主政。南子在《春秋》里以荡妇著称，南子一听孔子来了，我是“白富美”，见一面吧。孔子不好拒绝，她执政嘛，寄人篱下。但是南子名声不好，孔老师这样的道德完人怎么能去见南子呢？所以也没敢告诉学生，就自己悄悄地去了，打算神不知鬼不觉地见完就拉倒了。但是没有不透风的墙。孔子没敢走正门回来，走后门进来。一进来，看子路站在院子里，孔子吓了一跳，也没吭声，顺着墙边打算溜进去。结果子路一咳嗽，老师，你刚才去哪了？你去见谁了？去见南子了？子路说，你像话不像话，居然去见南子！孔子当时就急了：子路，你听我解释，是执政她非要见我啊，我们虽然独处一室，我跟她真没干啥。要有什么，“天丧予，天丧予”！天打五雷轰啊！结果子路一甩头掉头走了，孔老师很尴尬。

子路最后是怎么死的呢？孔子到鲁国之后，子路在卫国执政大臣孔悝家做家臣，后来卫国发生内乱，子路刚好出差不在，回来走到城门口看到大家都在逃难。孔子的另外一个学生叫高柴，他碰到子路说，别凑热闹了，找孔老师一起跑吧，背包我都给你打好了。结果子路一听就火了，拔出剑来说了一句话：“食人之禄安能避人之难！”子路一个人往上杀，蒯聩手下好多人围着他打，但是子路功夫非常厉害，力能搏虎，一般人打不过他的，是不是？所以即使救不出人，自己全身而退应该没问题。出人意料的是，打到正激烈的时候，子路突然大喝一声，暂停！我的帽子歪了，系帽子的带子松了，我把带子系好，我们再接着打。儒家讲究什么？正人正衣冠，立身处世“人间正道是沧桑”。很多人都说孔子是官迷，是，但是他认识的政治是什么呢？政者正也，正直的正，是正直之道。关键时候帽子歪了，即使危险之际，我的品行不能歪！结果有两个家伙不讲道义，偷偷从背后摸上来，从他背后一刀捅进去，然后子路被乱刃分尸。消息传到鲁国，孔老师正在吃饭，当时泪如雨下，让人把肉拿开，孔子平常很喜欢吃肉的，感慨：季子大勇也。子路是真正有大勇的人，有担当的人，不愧是我的学生。这是第一个代表，勇者的代表。

孔子否定有能力的子贡

第二个就是子贡。子贡的能力非常强，学问也很好，以至于孔子死后，鲁国人都认为子贡的水平比孔子高。但是子贡推举自己的老师，说我只是个小矮房子，门口有道小篱笆墙，你们看得一清二楚，我老师孔仲尼，那是高高的院墙，后面是庭院深深，你们看不到。有个成语和他有关，叫分庭抗礼。什么意思？一般使臣到各诸侯国，讲究什么礼节？王坐在大殿上，使臣在大殿下行礼。唯独子贡是个例外。子贡到哪个诸侯国去，王从大殿上下来，王站在大殿的左侧，左为上，子贡站在大殿的右侧，就是我们现在这样的位置，互相面对面，拱拱手说：Hello，Hello，这叫分庭抗礼。为什么唯独子贡是个例外，可以分庭抗礼呢？据司马迁先生说，子贡是先秦时期福布斯世界富豪排行榜排名第一的富豪。他的理财能力不得了，活到现在比巴菲特还厉害。孔老师周游列国 14 年，特别喜欢旅游，但他不是一个人在旅游，他带了个庞大的旅行团，没有子贡的经济支持，根本做不到。

子贡特别有能力。有一次齐国大将田常率兵攻打鲁国，齐国国力很强，鲁国很弱，所以鲁国麻烦了。孔子虽然在流浪，但那是父母之邦、故国之邦啊，对不对？不能不救！他立刻把所有学生都召集在一起开会，商量谁能去救父母之邦。宰予说我去，宰予是军事家，孔子摇摇头；子路说我去，孔子又摇摇头；子张说我去，还是摇头；最后，子贡说我去吧，孔老师才点了头。子贡骑个小毛驴跑去见齐国大将田常，哎呀，田将军，你看鲁国兵少将寡，城墙又矮，国力又衰弱，鲁国多难打！你看看吴国，幅员辽阔，兵精将足，吴国多好打。

田常说，是你弱智还是我弱智？鲁国兵力弱难打，吴国兵力强好打？什么逻辑？子贡说，看你这仗为谁打？要为齐王打，你当然打鲁国，很快就赢了，战事顶多十几天赢了，但是回去之后，过不了几天就有人忘了你的功劳了，你的功劳永远属于上级领导的。你看吴国势头越来越旺，战事要旷日持久，打的时间长，齐国的国力、经济全要支持你，你渐渐地就把齐国的大权控制在手上。田常一听，有道理，有道理，是不是？后来存鲁乱齐就从这开始，是子贡这家伙出的主意。

田常又一想，说我已经跟大王请了令来打鲁国，我怎么去打吴国呢？师出无由没道理。子贡说，简单，你不好去打他，我叫他来打你不就行了吗？然后他骑个小毛驴跑到江苏苏州姑苏城下，见到吴王夫差说，你惨了你惨了，你还想称霸，你看齐国要收拾鲁国，鲁国本来是倾向你这边的，附属国你保护不了，谁还听你的？夫差野心勃勃，那我应该怎么办？子贡说现在去打正好，你抄他的后路，一战必可胜，从此奠定春秋霸业。

夫差一听有道理，但他一想不对，先生你这条计策虽然很好，但是我屁股后面有个越国，他万一再来，我不放心。子贡说，简单，我去让越王发倾国之兵跟着你去打齐国，你打仗用他的人来打，一石二鸟！夫差说行，只要他愿意出兵，我就打齐国。然后他骑个小毛驴跑去见越王勾践，勾践一听中原的子贡来了，倒履相迎。子贡说，吴王要发兵去打齐国，只要你派兵跟着他，他就发兵，让他国内空虚你就可以报一箭之仇。勾践比较贼，一听不对，先生你来诓我了吧，我派兵去跟他打，吴兵很厉害，战斗力很强，上次你不知道，我曾经好惨才逃命，又是献美女又是吃大便才回来，这种招不能用第二次。他万一用了我的兵，万一打胜了齐国，回来再收拾我不是更惨？

子贡就说，简单！你放心，第一，你派兵，只派老弱残兵给他。你说你惨败了之后，没有什么兵，老弱残兵给他一些。第二，吴王这个人好高骛远，他打败了齐国之后，一定会越齐攻晋，取霸主地位，晋国他怎么能打得过呢？他必然大败，你在后面偷袭他。

勾践还是不相信，万一他再打败了晋国了呢？子贡说，简单！我马上去晋国教他们两招，保证他们能打败他。然后他又骑了个小毛驴跑到晋国，说你们惨了惨了，你们马上要完蛋了。吴王马上要打齐国，打过之后就要来打你们，晋王大惊，先生，何以教我？可以在曲池设重兵，可大败吴兵。以逸待劳，设埋伏，大败吴兵，交代完之后，骑个小毛驴走人了。当时没有高铁，他骑个小毛驴走得慢，过了半年，才回来见孔老师交令。结果回到孔老师这儿，所有战事已经打完了，果然吴国去打齐国，打败齐国，越吴攻晋，中了埋伏，在曲池大败，然后越王勾践起倾国之兵，兵临姑苏城下，吴王紧急回兵救援，三战皆败，吴国灭国，吴王夫差战死，然后越国称霸，成就春秋五霸之一！所以司马迁佩服子贡，说子贡不出则已，子贡一出，存鲁、乱齐、破吴、强晋而霸越，天下形势，为之一变！这样的人才不得了。

但是子贡自己不知道，路上时间长，回到老师那儿，他还不知道仗打完了，消息比较闭塞。回去给孔老师交令，一看孔老师满脸不高兴。孔老师拍案大怒，我只让你去保存鲁国，谁让你干后面那么多事，把天下形势搞得一团糊涂，画蛇添足！

修身是儒家最重要的精华

子路大勇，子贡能力这么强，但孔老师最喜欢的学生，既不是子路也不是子贡，是颜回，但颜回死得早！有学者说，之所以最喜欢颜回，因为颜回是他母亲娘家人，孔子的母亲叫颜徵在。这样看，把孔子的境界看得太低了！为什么喜欢颜回？道理很简单，如果说子路体现的是勇，有担当，子贡体现的是能力，但颜回身上体现的是两个词：修身与学习。《论语》里说："一箪食，一瓢饮，在陋巷，人不堪其忧，回也不改其乐。"很多人以为这是隐逸之乐，隐者之乐，逍遥之乐，非也非也！颜回不改什么乐呢？问道之乐，求学之乐，读书之乐，学习之乐。孔子一生的成就建立在什么之上？十五有志于学。儒家学说，虽然有精华有糟粕，但我个人认为最好的精华，是《大学》里记载的儒生八条，是什么？前四条“格物、致知、诚意、正心”，后四条更有名，“修身、齐家、治国、平天下”，修身是最重要的精华，而且修身不是靠别人来教你，是靠自我教育。

西方教育学直到17世纪才提出自我教育，孔子早在2500年前就提出最大的教育是自我教育。自我教育的方法是什么？学习！学习不仅是一种自我成长的方式，而且应该是一种生活的姿态、生活的方式，而且是生活最大的乐趣所在。佛祖说过一句话：生命其实是一个痛苦的旅程。生命其实是很痛苦的，但圣人则说学习其实最快乐。所以“佛言生实苦，圣言学至乐”。但你看看我们现在的孩子们，只要不学习，只要不读书都很快乐，是吧！只要学习都痛苦不堪，是不是？我们完全把这个真理搞颠倒了，这就是现实的悲哀所在。

所以孔子虽然弟子三千，但从这三个代表就可以看出真正知识分子的品格：有能力，有担当，有大勇，有信仰，知行合一，修身成长，以及强大的使命感。

老子给人思维方式，庄子给人自由，而孔子给人的是使命、是信仰。现在我们可以这样解答这个终极疑问了——谁的眼泪在飞？我们开始说孔子为什么临终歌哭，又唱歌又哭？第一个答案，是因为哭惯了，也唱惯了。哭惯了，惯性，刹不住了。当然这是开玩笑，我个人认为，最重要的答案是三条。第一，孔子临终歌哭，他的着眼点不在己而在人，他最后关心的不是自己的问题，而是天下苍生的问题。什么叫儒家？看“儒”这个字怎么写？儒者人之所需也！为什么释迦牟尼、孔子、苏格拉底并称三大文化巅峰，因为他们心怀的是天下苍生。我自己写过一首诗：“但为苍生不为己，仲尼归处即牟尼。”孔仲尼、释迦牟尼他们的归宿是相同的。其实佛祖大家不知道啊，他本身也是一个老师，他原来是王子，放弃王位后带着他的学生周游列国，跟孔子一模一样，讲经说法。他讲学49年，他的职业应该就是老师。第二，孔子之所以临终歌哭，他的着眼点在生不在死，他的理念还是一以贯之的，他关注的是生命的状态，生命的价值和意义，燃烧的光亮，生命灵魂。死亡之后的事他不太关心。他关心的是儒家理想。每个人生命的成长是他的着眼点所在。第三，孔子临终歌哭，我觉得他的着眼点不在当下，而在于永恒。这一点是知识分子最重要的品格。其实我们追求光明温暖，追求永恒，但悲哀的是什么？现实生活是什么？我们追求光明，你看宇宙，无边无际的其实是黑暗，局促的是光明。即使有恒星的光亮，在广漠的宇宙也是微不足道的，而无边的是黑暗。我们追求长生不老，但是生命从时间的角度来讲是短暂的，永恒的是死亡，所有的物种终将归去。但人类和其他的物种不一样在哪里？就是人类有一种特殊的能力，可以让我们在有限的生活和局促的光明里追求无尽的回响、永远的回响。所以动物死了，它传承不下什么，但人类虽死犹在，千古犹存！孔子、孟子、庄子这些人，李白、杜甫、苏东坡这些人，他们虽然人死了，但是他们的精神、他们的思想、他们生命的光芒照耀千古，并将永远这样照耀下去！所以我们在局促的光明里、短暂的生命里，达到了永远无限的生命价值，这就是人之为人的独特意义所在。所有其他物种都做不到，狮子王也做不到，因为没有真正的狮子王，辛巴那只是被赋予了人性意义的狮子王。我个人非常喜欢的哲学家是马克斯·韦伯，注意不是那个卡尔·马克思啊，他说过一句话：什么叫知识分子？就是每个族群里引导所有人奔向光明、奔向永恒的那一批人。虽然不能达到，但可以指明方向。孔子临终歌哭，正是留一声绝响浩荡永存！而孔子赋予中国知识分子的这种品格，用孟子的话说，就是“穷则独善其身，达则兼济天下”；用《左传》里的话说，就是“太上有立德，其次有立功，其次有立言。虽久不废，此之谓不朽”；用北宋大儒张横渠的话说，就是“为天地立心，为生民立命，为往圣继绝学，为万世开太平”！

谢谢大家。

老子与大国风范

刘笑敢

刘笑敢

博士，香港中文大学哲学系教授，中国哲学与文化研究中心主任，《中国哲学与文化》的创刊主编。曾在北京大学、哈佛大学、普林斯顿大学、新加坡国立大学从事教学与研究工作，兼任美国、欧洲、亚洲数十个大学或研究机构、刊物的顾问、委员、评审人、主持人、兼职教授。主要著有《庄子哲学及其演变》《老子古今》《诠释与定向》《两极化与分寸感》等。

我们民族的思想文化也可以培育出曼德拉

今天的话题是“老子与大国风范”。多年来我一直在研究老子，我总觉得没有研究完，有很多话可以讲。恰巧有一个人读了曼德拉的传记，他谈读后感时说过一句话，对我有一点刺激。他的意思是说，中国没有产生曼德拉这样的人的社会土壤。这句话对不对呢？我想讲老子和大国风范的关系就会涉及中国有没有产生曼德拉这样人物的土壤。

这个人在谈到曼德拉时讲了三点。第一，曼德拉得到本国人民的拥护，而且得到国际社会的赞扬。第二，他得了100多项奖，包括诺贝尔和平奖。第三，他还得到了敌人的赞赏。在他就任总统的典礼上，他请了三个嘉宾，是他坐牢27年中看守他的三个白人狱卒。他请他们上台，向他们致敬，当时全场震惊。另外，原来南非的白人总统跟他关系也很好，他们同时获得了诺贝尔和平奖，曼德拉做民选总统后和原来的种族主义白人政府实现了和解。曼德拉出狱的时候说，一定要忘掉仇恨，不能永远生活在仇恨的牢笼里，否则一辈子不能获得真正的自由。他出狱的时候，就已经决定跳出仇恨和报仇的牢笼，推动民族和解。他的态度赢得了敌人的尊重，本国人民的尊重，以及国际社会的尊重。这篇读后感说，中国没有这样的土壤，没有这样的人。我想这一点大家可能有不同意见。比如，周恩来算不算？孙中山算不算？大家可以见仁见智。

中国有没有产生这样人物的社会土壤？实际上这超出了我的知识范围。社会土壤比较复杂，我是搞思想文化研究的，社会土壤我不敢肯定，但思想文化土壤是有的。我长期研究老子，其实很多人对老子的理解是片面的，老子有很多思想被我们忽略了，被我们忘却了，被我们误解了，所以我们看不出他精神的伟大之处。如果我们重视老子，有助于我们理解曼德拉精神，也会让我们的民族文化土壤中多一点培养曼德拉这样伟大人物的精神资源。

什么是“大国”和“风范”？大国可以是客观描述的词，可以按人口、按土地面积来排序。但是我们讲到大国风范的时候，“风范”这两个字应该是一种精神，一种襟怀，一种行为方式，一种良好心态的外在表现，有赞扬的意思，是褒义词。什么是强国？强国表现出来的可能是强权、霸权，不是大国风范，大国风范跟强权、强国不一样。国家不一定很大，德国算是强国，但不算是大国。是否是大国又有另外的标准。经济、政治大国，或者人口、土地大国也不一定具有大国风范。大国风范不是自封的。大国风范是别人看你有，你才有，别人不承认你有，你自己说有没有用。什么样的风范才是大国风范？大国风范应该有哪些表现？这是一种气度、一种襟怀，是自然而然形成的。大国风范意味着一种公认的正面的价值，正面的风格和态势。

老子其实非常关心大国治理

很多朋友读过《老子》这本书。老子曾经讲过“小国寡民”，“小国寡民”跟“大国风范”挂得上钩吗？他讲的“小国寡民”相当于小的封建领地，老百姓安居乐业，不需要战争，不需要军队，“鸡犬之声相闻，老死不相往来”，那是一种自给自足的田园生活。那个小国的“国”跟我们今天的“国”完全不同。老子时代讲的“国”是封国，是邦国，是诸侯领地，不是我们今天讲的“国”。今天讲的“国”是主权国家，出国要拿护照，进来要办签证，有海关检查，100 多年前没有这些复杂的文件和手续。100 多年前，福建人、广东人坐小帆船去南洋，上岸就到了，想回来就回来，不需要护照、签证。老子生活的两千多年前更没有这些东西，他的周围就是周天子封的很多小国。老子的“小国寡民”不能代表老子的主要思想，老子讲“大国”讲了很多次，讲“天下”也讲了很多次，他关心的不是一个诸侯的领地，而是天下。比如说“治大国若烹小鲜”，说管理大的国家好像煎小鱼一样要小心，不然小鱼就煎破了。

我顺便讲一个故事。美国里根总统第二次就职演说的时候曾经引用过这句话：“治大国若烹小鲜。”美国有个出版经纪人，约请出版商找著名诗人米切尔，请他翻译《老子》，稿费开价 100 万美元。这个事情不仅本身变成一个新闻，100 万美元翻译 5000 个汉字，更有意思的是，这个诗人完全不懂中文。

再顺便说得远一点。宾夕法尼亚州州立大学有个教授上亚马逊网查询，发现卖得最好的五种《老子》英文译本，前四种都是不懂中文的人来翻译的。美国诗人米切尔的英文技巧非常好，他知道英文该怎样表达才漂亮，所以他的书卖得很好。2008 年我在加州大学伯克利分校做客座教授的时候，该校有个教授跟我讲，他认识一对美国夫妇，他们的婚姻非常浪漫，因为在书店里相遇，都非常喜欢米切尔翻译的《老子》，因此相爱了、结婚了。但是这个教授不识时务，告诉他们这个翻译的人其实不懂中文，这对夫妇脸色一变，还好，没有影响到他们的婚姻。这是真实的故事。说明《老子》在国际上影响很大，但是我们距离真正理解它还很远。虽然翻译不准确，有总比没有好。这是初级阶段，我想以后会有越来越深入、既流畅又比较准确的翻译。

于丹普及传统文化功劳很大

严肃的学术翻译永远不会比通俗的翻译更流行。刚才我到图书中心看了一下，有很多老子、庄子的读本，达几十种之多，非常通俗。像于丹讲《庄子》、讲《论语》，很多学者说她讲错了，也有人说于丹贡献很大，普及中国文化，引起了大家对《庄子》《论语》的兴趣。两种观点都对。我觉得于丹的功劳很大，在以前那个年代，没有电灯、没有电影院、没有电视，老奶奶在村口大树底下边乘凉边给大家讲故事，讲东周列国，讲三国，文化本来就是这么传承下来的。于丹至少起到了这样的作用。所以要肯定她的贡献。你把她的讲解当成学术研究对象就不对了，她不是研究古代思想经典的。

我作为学者，永远在研究老子讲的话到底是什么意思，要不断地思考。有其他学者问我："刘老师，您为什么老研究道家，不研究儒家呢？"我说，我不是不想研究儒家，我也涉及了儒家领域，但我觉得道家还没有研究好，《老子》研究没有做完。我现在还有好几本书想写，没有时间写啊！《老子》这本书只有 5000 个字，我们的副校长说："才 5000 字，做梦都能背下来，但背下来还不行，不见得真的读懂了它。”我今天讲的老子思想，严格地依照《老子》原文，我尽量讲得不要太学术，但是即使讲得再通俗，我的底子还是以《老子》的原文作基础。我的原则是，在忠实理解《老子》原文的基础上，尽可能讲得通俗些。《老子》是这样讲的吗？《庄子》是这样讲的吗？《论语》有这个意思吗？我常常这样问自己。我的讲解可能不够潇洒，不够随性，我的原则是只能依据文本。别人怎么知道我依据的是文本？现在有一种流行的理论，100个人读《论语》，就有100种《论语》；100个人读《莎士比亚》，就有100种《莎士比亚》，当然不等于历史上有100个《莎士比亚》，《莎士比亚》还是一个。《莎士比亚》到底该怎么讲解呢？这是学者要思考的问题。我想要说的是，老子的思想可以为中国或者华人文化培养大国风范提供文化思想资源，当然这不是唯一的资源，不是说只有《老子》提供资源，《论语》、佛教、儒家，其他主义也有，老子思想中确实有这种资源。

不要以为老子只讲“小国寡民”，其实“小国寡民”他只提过一次，他讲过很多次类似于“治大国若烹小鲜”的话，如“圣人抱一以为天下式”。“为天下式”，就是要做天下人的楷模，圣人做了天下的楷模，就是道家的圣人，天下的圣人。

“知其雄，守其雌，为天下溪。知其白，守其黑，为天下式。”讲的都是怎么看待天下，还有“不欲以兵强于天下”，“将欲取天下者，常以无事”，经常讲天下，这个“天下”，用今天的话讲就是国际化眼光、全球性眼光。以前的天下就是整个世界。我想强调老子的确有很多关于天下、关于整个世界秩序的思考，这些思考对于我们培养大国风范会有积极意义。

从三个角度解读老子思想特色

下面分三点来讲，老子思想为什么可以为大国风范提供一种思想文化土壤。

第一，濡弱谦下之心境。强调要有比较柔和、比较舒缓、比较谦卑，甘心处于下风的那种心境，而不是追求天下第一、天下最强的心境。

第二，不尚武力之原则。老子的思想原则是不喜欢武力，反对战争。他不是要取消一切战争，敌人真的打过来了，还是要坚守，要打胜仗，但是打胜仗之后不要开庆功会，要以丧礼的心态处之，用办丧事的态度面对胜利。

第三，包容天下之胸襟。

《老子》的原文是这样的。你们可以思考我讲得对不对，我的依据是什么。虽然今天的演讲不是一个学术研讨会，但是我的原则就是把我的根据也都讲出来。先说濡弱谦下之心境。老子讲过，“大邦者下流”，这个下流不是卑鄙下流，他的意思是大国要甘心处于江河的下游。“天下之牝，天下之交也。牝常以静胜牡”，老子在这里以雌雄关系来比喻说明大国应该采取的外交原则。老子强调，大国应该甘居下游，以濡弱谦下为国策。河流之下游已经是比喻，“天下之牝”则是进一步的比喻，是为了引出“牝常以静胜牡”的道理，从实际效果的角度来说明大国濡弱谦下的意义。雌性在性交活动中表面上是被动的，然而，“牝常以静胜牡”，实际上是女性在生育过程中扮演着引导的角色，靠着这样的过程，空虚引起了充实，安静引起了行动，“一”引出了“多”。老子讲“天下万物生于有，有生于无”。“道生一，一生二，二生三，三生万物”，“天下万物生于有，有生于无”，这个“无”的象征就是山谷、空虚的地方，而这个往往跟雌性的特点和原则联系在一起。有人把雌性理解成女性，这是不对的，老子只讲雌雄牝牡，反映的是雌雄两性的普遍特点，不是专指人类社会的男女。大国像天下的雌性一样处在下游，是所有河流交汇的地方，百川入海都向低处走。“牝常以静胜牡”，这个“牡”是雄性的，这个雌性的经常能够战胜雄性的，靠什么战胜的呢？靠静，靠它的“下”来战胜雄性。雄性很积极、很主动、很昂扬，往往占上风，但是最后常常被雌性征服。而雌性征服雄性是靠在下、守静的原则。因为大国应该处于河流的下游、处在下风，这是守静的原则。“故大国以下小国，则取小国。”大国以下的姿态面对小国，它就能够得到小国的信任与合作，小国就比较愿意拥护它、跟随它，成为它的盟国。

“小国以下大国，则取于大国”，如果小国姿态低，大国觉得你好欺负，大国会吃掉你。所以老子的意思不是说小国要取在下的原则。老子或许认为小国要有自强的意识，不能一味示弱。老子的思想重点在于大国本来很强，反而不必逞强。意思是，大国要处在下游，处在弱势，来表现自己的襟怀，这样才能包容小国，小国也愿意与你合作。“大者宜为下”，大的应该处于小端，也是说君王（老子称圣人）要领导天下，应该甘居于老百姓之后、之下，你不追求利益、不追求发号施令，才可能领导老百姓，而老百姓才不会觉得你给他们带来负担，这是老子的思想。

强国、强者要安处弱势状态

“知其雄，守其雌，为天下溪。”你是雄性的，会比较强势，但是你要守其雌，即守住雌性的原则。老子有很多次讲到雌雄、牝牡。在这些方面他总是倾向于雌性，而不提倡雄性这方的优势。有人说，老子是女权主义的代表。这其实是错误的。表面上，老子提倡雌性优先，好像有利于女性，但老子不是在讲男女问题。老子讲“知其雄，守其雌”，是跟男人讲道理，《老子》是男人写给男人看的书，不是写给女人看的。《老子》的对象是天下的人，特别是那些诸侯王。坦率地说，古代女性还没有进入正常的社会政治生活里来，所以在话语体系里还不会涉及。老子面对的男人，是强人，是那些有权力、有地位的人，是雄性，有很强的攻击性，但是要坚守雌性的原则。面对天下的问题也是一样，大国、强国应该守雌性之道，你强势，不一定要充分显示你的强大，或强迫别人接受你的价值观念，甚至打到别人家里去。即使你在主持正义，你打到别人家里去，也不太好，还会引人反感。《老子》第28章所谓“知其雄，守其雌”，意思就是，强国、强者要处于下势、弱势，要处于雌性那种比较温柔、比较被动、比较宽容、比较包容的姿态。

《老子》中还有类似的话。“上善若水”是最好的善，这样的善表现得要像水一样。“水善利万物而不争。”在农业社会，一下雨就丰收，没有雨就是旱灾。而下了雨，万物生长，各地大丰收，这时候水不会要求任何报答、承认和奖励，所以水是善利万物而不争，水跟别人不争，“处众人之所恶，故几于道”，水总是往下流，往湿的地方去，而人往高处走，水往低处流。老子强调的是水往低处流的趋势，它不与万物相争，甘于处一般人所不喜欢的角色、位置、处境，所以接近于道。老子心目中最高、最根本的“道”，就是生天、生地、生万物的道，这是最根本的“道”。还有一个人世间的“道”，是由根本之道派生的社会、人事、人间应该如何做的原则。现在“水善利万物而不争”，而且甘于处一般人所不喜欢的“下”的位置，所以接近于“道”的原则。“道”的原则就是“无为”，“道法自然”，意思是，“道”体现自然而然的原则，也就是“道”给世间万物提供自然发展的条件和空间，而不去干涉、改变它们。

领袖不能自认为可以主宰万物

《老子》还讲，“夫唯不争，故无尤”，因为你不争，你就没有麻烦。你要去争就会有很多麻烦。我顺便讲一下，“玄德”在《老子》中出现过四次，它所表达的就是道之原则的极致，是这种极致在人世间比较具体的体现。为什么道的极致会叫“玄德”呢？“玄”是玄妙的意思，是“有”和“无”的总称，事物发展到极大就变成了极小，就会变成了“无”；而看起来是“无”的东西可能发挥巨大的作用。这个看似难以理解的形态却真实地存在于我们的宇宙。《老子》在讲到“玄德”这个概念时明确讲到“玄德”的特点就是“生而不有，为而不恃，长而不宰”。就是说，产生万物，但是不占有万物。它是万物的领导、领袖，但是从来不自认为可以主宰万物，这就是“玄德”。为什么？第一，这是道的原则的体现。第二，一般人做不到。一般人说我为你做了好事我希望你承认，你不承认我就会生气，就要批判你，跟你斗争，或者变成敌人了。简单说，“为而不争”，“利而不害”，对万物有利，但是从来不争，从来不对万物做有害的事情。

其实人类社会很多情况、很多冲突不是因为大家天天做坏事，而是做了好事之后希望得到别人的充分承认，问题是“充分”两个字很难确切把握。比如说，太平天国这么短的时间把清政府打得落花流水，占领这么多城市，几乎要推翻清朝，但最后内部争得一塌糊涂，四大天王打得一塌糊涂。为什么？就是争功劳。大的运动中，每个人都有贡献，你做100件事，别人可能只看到30件、20件，没有应有的回报，所以不高兴。你做得并没有比我多多少，你为什么当天王，为什么当皇帝，为什么当总统、当书记？这么一来斗争就开始了。争的人当然不高兴，被争的人也不高兴，所以人类社会有很多冲突就是“争”引起的。怎么样才“不争”？像水一样，“水善利万物而不争”，我是大国、强国，我是领袖、强人，我甘愿做大家之后，在大家之下。处在这样的位置，这时候最太平，你自己太平，天下也太平。若认为我有这么大的贡献，你们应该拥戴我、歌颂我，这可能就会有点麻烦。老子主张，“生而不有，为而不恃，长而不宰”，这是常见的道德行为方式。“玄德”与“上善若水”“水善利万物而不争”是一致的。

以上讲的是心境问题。明明你是雄性的强者，但是你要甘愿处于弱势地位，这样就会减少很多矛盾。你为什么要这样？是不是韬光养晦？韬光养晦是比较委婉的词，直接说就是一种谋略、策略，或者一种暂时的隐忍不发的态度。这与老子思想完全不同。老子是诚心诚意的，不是耍谋略。老子认为“玄德”本来就是这样，“生而不有，为而不恃，长而不宰”，“水善利万物而不争”，你就应该不争。一般人做了好事，希望大家表扬他，希望给他奖金、给他地位，老子说没有必要，老子的原则恰恰相反。这种“水善利万物而不争”的心境，与儒家的道德似乎有点接近，但是也很不同。儒家讲究依据一个人的道德修养境界评价一个人，给他相应的地位和荣誉。道家没有这种观念，看不起这种观念。以上讲的是心境问题：濡弱谦下。

以丧礼那种方式对待胜利

下面我讲“不尚武力”的原则，老子不崇尚武力。他讲“以道佐人主者”，用道的原则来辅佐君主的人，“不以兵强天下”，不愿意以军事力量强行于天下，所以他是不尚武力的。是不是别人一来就投降？绝对不是。老子的原则是，别人打过来要守得住，不得不打仗的时候一定要打胜仗。老子有三条宝贵的原则，一直持守而珍惜着它，“一曰慈，二曰俭，三曰不敢为天下先”。因为慈爱所以勇敢，因为俭朴所以宽广，因为不敢自傲居天下之先，所以能成就大器。要是你舍弃了慈爱却好勇，舍弃了俭朴却只浪费，舍弃了谦让却只争先，这么一来，你就死定了。要是能够慈爱，那一旦战争得胜，守护起来也才坚固；上苍救人是用他的慈爱之心来护卫他的。

“杀人之众，以悲哀泣之，战胜以丧礼处之。”老子说，杀人太多了，我们要以悲哀的心情看待这件事，打了胜仗要以办丧礼的心情来处理它。当然不是说一定要举行丧礼，而是以丧礼那种方式、那种态度来对待战争、对待胜利。为什么这样？他说，杀人太多了，我们要用悲哀的心情来面对生灵。“杀人之众”是什么意思？不仅是说自己一方的士兵死得太多了，还包括对方的人。悲悯的心情包括了敌人的生命，这点也值得我们思考。上了战场我们只有跟敌人战斗，但取得胜利之后，是不是要把敌人一方赶尽杀绝？值得我们思考。

美国南北战争期间，南方有一个将军姓李，当时林肯想让他当北方的统帅，他不干，他说他是南方的，不能带着北方的联邦军队去打他的父老兄弟。他带着南方的军队跟北方打仗，后来南方投降了，投降仪式非常庄严，双方把全部的军事仪式展现出来，北方军队要放炮庆祝，林肯说不能这样。仪式完了之后，南方军人放下武器，回家当农民去了，李将军也回去了。我到美国参观的时候，在南北战争纪念馆看到，李将军的油画肖像很大，有一人多高。以我们今天的话来讲，他是“分裂分子”，而美国联邦政府没有“宜将剩勇追穷寇”“痛打落水狗”。我当时看了之后有点意外，有点感动。这样的事情在世界上还有不少，像曼德拉，他没有对关押他27年的白人种族主义者实行报复，否则他就不是今天我们所说的曼德拉，而报复是一般人想到的事情，也是很容易要做的事情，仇我可以不报，但是恨我放不下，能够放下心中的仇恨是很不容易的事情，所以说曼德拉这样的人在人类历史上也不多。

《老子》讲，“杀人之众，以悲哀泣之，战胜以丧礼处之”，这种态度可以启示我们怎样用更宽广的胸怀面对世界、面对战争，而不是把战争当成很伟大、很了不起的展现我的能力、展现我的功绩、提高我人生地位的手段。所以有“一将功成万骨枯”的话，你成了著名的将军、元帅，在你成名的过程中多少将士牺牲了，有的连名字都没有留下，他的妻儿老小没有办法生活，但是你变成将军名载史册。有的将军觉得这是理所当然的，有的将军就不这样想。我看过有关刘伯承的回忆录，说刘伯承元帅在家里从来不谈自己军事上的成就。他的子女问他，为什么听不到你讲打仗的事？他说：“我有什么可讲的？这么多的母亲找我要儿子，我没有办法还她们儿子，我还有什么值得骄傲的？”这样的元帅和打了很多胜仗就自以为了不起、到处炫耀的将军不一样。刘伯承比炫耀战功的人境界高了一级，这种人更接近大国风范的领袖应该有的胸襟。

大国风范体现在什么人身上？只能体现在总统、总理、部长身上吗？还是可以体现在全体国民身上？一般说来，要是这个国家称得上大国风范，这个国家的领导人也称得上大国风范，那么百姓和领袖之间应该有一致性。如果领袖有大国风范，百姓没有的话，百姓会骂领袖。所以百姓和领袖之间存在一个文化共识，这个国家对外才能呈现大国风范。这种“战胜以丧礼处之”的原则值得我们思考。

我再讲一遍，老子不是主张投降，老子不是主张放弃一切战争，他的“以战则胜，以守则固”这个原则没有丢，但是打了胜仗以后要有悲哀的心情，这点值得现代人思考。

包容天下一切生存

前面首先讲了濡弱谦下的心境，第二谈了不尚武力的原则，第三就是包容天下的胸襟。

老子那个时代有很多诸侯国。老子的时代没有今天国家疆界、领土的概念，一讲就是天下，天下原来是几百个、后来是几十个诸侯国。老子的天下不是指某个国，而是所有封国。

《老子》中有句话叫“是故圣人能辅万物之自然，而弗能为”，圣人可以辅万物之自然，但不能乱为。“辅”不是一种为吗？但在老子的语境里，强调“辅万物之自然”和一般的“为”是不同的。圣人只能“辅万物之自然，而弗能为”。所以圣人的能和不能是相对的，能这样，不能那样，而这个“能”不是指能力，讲的是道德原则。比如老师不能打学生，这是职业道德决定的，不是我体力上不能，不是我打不过学生。我打不过小伙子，我打一个小姑娘还是可以打得过的，但是我不能打，这是遵守职业道德、操守原则。所以，“圣人能辅万物之自然，而弗能为”，就是说他不能做一般人所做的事，他只能“辅万物之自然”。

“辅”是什么意思？不是操纵、控制，不是干涉、强迫；反过来，也不是溺爱，不是宠爱，不是包办代替，也不是过分保护。老子的“弗能为”所否定的这个“为”就是一般人的“为”。“辅万物之自然”还有一个值得注意的是“万物”。“万物”当然包括人类。人类和万物是一体的，“辅万物之自然”，不是只“辅”人类，人类只是万物之一。“辅万物之自然”，这个“自然”不分高低贵贱、尊卑强弱，所以我说这是一种包容天下的胸襟，对象是“万物”，“万物”当中包括百姓。对万物都不分高低贵贱上下，对百姓更加不能区分，一视同仁地“辅”，这是“辅”的原则。圣人怎么“辅”得过来？当然不是一个一个"辅"，而是他的原则，他的做法是给万物正常的生存发展提供最好的条件，这就是"圣人能辅万物之自然"，就是包容天下一切生存。

今天怎么"辅"万物？今天"辅"张三，"辅"李四，应该"辅"，但不应该操控、控制、干涉，也不应该包办代替、越俎代庖、过分宠爱。"万物"在今天，我们可以重新解释它，我觉得老子"辅万物之自然"的思想拿到今天，把"万物"两个字重新界定一下，"万物"可以界定为一切生存个体、一切活着的个体，除了动物、植物以外，还包括一切人。一个人是生存个体，一个家庭也是生存个体，一个学校、一个公司、一个工厂、一个城市、一个地区、一个国家也是生存个体，都是有生命的单元。今天如果一个领导人要学老子的思想，就应该用"辅"的方法，而不是干涉、控制、操纵，或者包办代替，或者用溺爱、放纵的方式来面对一切生存个体。也就是说，用"辅"的方式对待一切学校、一切个人、一切公司、一切工厂、一切政府机构、一切城市。这样去理解，一方面符合老子思想的核心精神，另一方面也可以让老子思想在今天变得更容易操作，也可以获得新的更大的意义。

老子讲，"是以圣人常善救人，故无弃人；常善救物，故无弃物"，圣人经常善于拯救、帮助别人，也善于拯救、帮助万物，没有什么人是应该抛弃的，或者没有什么东西是应该抛弃的，所以常无弃人，常无弃物。在老子那里没有什么人应该抛弃，没有什么东西应该抛弃。"辅万物之自然"就是不分高低贵贱、善恶对错，同等对待所有的生存个体。这是老子包容天下的胸襟。

"圣人恒无心，以百姓之心为心。"有一些朋友可能看过老子的书，认为老子讲的是愚民政策，因为老子讲"愚人之心"，好像治国不要用智治国，老百姓不要太聪明了，所以要愚民，这是对老子思想很片面的理解。老子讲圣人要"恒无心"，圣人无常心，现在新出土的读本讲圣人常无心。"无常心"和"常无心"意思好像差不多，但是圣人恒无心或者常无心，是讲圣人本来就没有自己的心，以百姓的心为心。过去旧的流行版本认为，圣人无常心，圣人没有固定、不变的心，而是以百姓的心为心。现在最新发现的版本是圣人常无心，圣人本来没有自己的心，这个心代表他的意志，代表他的偏好，代表他的选择，而是以百姓的心为自己的心，所以圣人百分之百以百姓的心为自己的心。这样一来，“善者吾善之，不善者吾亦善之”，对好的人我善待他，对不好的人我也善待他，对于可信的人我信任他，对于不可信的人我也信任他，这样才能得到善。是不是有点荒谬了？为什么对不好的人也要善，对不可信的人也信？这个不利于提倡善和信，不分善恶了。但是老子有老子的思考，有老子特殊的角度，等一下再来讨论。

圣人其实只是理想中的人

老子讲，“为无为，事无事，味无味。大小多少，报怨以德”。你不管大小多少，要采取“报怨以德”的原则来面对，即面对别人给你造成的怨恨，对你的伤害，你以一种德行来回报他。“报怨以德”这个话对不对？孔子不同意。有学生问孔子，以德报怨怎么样呢？孔子说，如果你以德报怨，报德怎么报？没有办法报。所以孔子主张以直报怨、以德报德。对伤害、对仇恨，我们要用正确的原则、正义的原则来面对，不是老子所说的“以德报怨”。两个伟大的中国文明的代表人物，老子说以德报怨，孔子说以直报怨、以德报德，看起来有分歧。孔子对还是老子对呢？他们两个人必有一个对、一个错吗？我的看法是两个人都对，但是两个人不是在同一个层次谈这个概念，儒家谈的是修身问题，是个人道德问题，你在日常生活中不能没有善恶是非观念。在日常生活中与人相处、做事，假如没有是非善恶观念，这个社会不可能和谐，也不可能太平。但是老子的思想跟孔子的思想不在同一个层次。老子讲的是玄德、圣人。很多人读《老子》的时候会把老子所说的圣人当作统治者，这又是一个误解。中国古代讲的圣人从来不是现实生活中的活人，都是理想中的人。孔子说尧舜都够不上圣人。在孔子看来，不仅个人道德修养要好，而且圣人要能

“博施于民而能济众”，能给老百姓带来实际的好处。道德修养境界很高，“己欲立而立人，己欲达而达人”，孔子认为这样已经符合君子的标准了，但是距离圣人还很远。在孔子看来，圣人给老百姓带来的实际好处，就是“博施于民而能济众”，能够实际救济老百姓，这个不是所有的君子都能做到的。

为什么这样呢？你自己道德修养好，这是可以的，但是你未必有机会救济天下的百姓。在孔子看来，只有给天下百姓带来好处，你才够资格称为圣人，所以圣人不是真实生活中的人。老子讲的圣人体现的是玄德，而玄德是道的体现，所以圣人是道的人格化的体现，不是现实生活中的人，也不是现实中的统治者。圣人是社会治理者的理想楷模，是理想原则的体现，如果把老子讲的圣人当作现实的统治者，这是不对的。

为什么过去把老子讲的圣人当成现实的统治者？根据汉代对道家的解释，汉代时的道家已经是黄老之学，黄老之学是统治术，而《老子》还没有到这一步，《老子》讲的是理论、是学说、是理想，而不是现实的统治术。现在的学术研究中，我发现很多人根据后面的理解来解释更早期的东西，比如说用黄老之学解释老子，却把老子真正的思想掩盖了，加上后人不准确的理解，把自己的理解当作老子的思想。我再强调，老子的圣人是理想社会的治理者，关心的是万物，是天下，是天下的秩序，所以绝对应该以德报怨。

以德报怨非常有意义

个人之间的冲突、个人的行事原则和整个天下、整个社会的秩序处理原则应该是不一样的。最高的统治者如果以直报怨，今天你不喜欢这个人，你惩罚这个人，明天不喜欢那个人就惩罚那个人，怎么治理天下？讲最简单的事情，我在学校要招一个老师，我当然要找最好的。问题在于，如果市长、省长只要最好的，把不太好的人往哪里送？那些不太好的、有残疾的、有智力障碍的、从监狱里出来的人往哪里送？厂长可以不管这个事，村长可以不管这个事，而老子作为圣人，必须要考虑整个天下一切万物的存在，考虑整个天下的秩序，那就跟人和人之间以直报怨还是以德报怨不同，这是两个层次的问题。在个人道德修养的层面，在社会生活中，我们每个人的行为要遵守一定的道德，有是非观念。在这个层次讲，孔子是对的。但是从整个社会、天下秩序、万物的生存角度看，老子也是对的，这是两个不同层次的问题。如果你放在一个平面，两个人就打架了。孔子批评老子，我觉得是没有看到老子的核心思想，在任何社会、任何大的环境下，都会有一些不太理想、不太好的人，或者犯过错、犯过罪的人，如果枪毙、砍头也就拉倒了，如果没有枪毙、没有砍头，总要给他一个生存空间。一个公司老板可以不想这个问题，但是社会的治理者、管理者要考虑这一问题。别人家有残疾孩子跟我没有关系，如果自己家里有残疾孩子怎么办？你必须面对。作为大社会，民众有各种各样的，比如说深圳市市长就不能说把残疾人送到广西去吧，你就要想怎么处理这个问题。

我看到新加坡一个报道，最近几年来，刑满释放人员的重犯率下降了50%，因为他们意识到要给这些前囚犯一个生活的空间，考虑他们的生存，而且鼓励一些公司雇用这样的人，这样他们出狱后的重犯率就明显降低了。我认为以德报怨、报怨以德非常有意义，值得我们思考。

《老子》还讲到“圣人不积，既以为人，已愈有；既以与人，已愈多”。圣人给予人的越多，自己得到的也越多；越为别人做事，自己得到的越多。并不是说，我为你服务了，我就失去了。我为辅万物付出很多，得到的越多，所以“天之道，利而不害。圣人之道，为而不争”。“天之道”就是有利于万物，但是不害万物。什么是“圣人之道”？要做事，但是从来不会跟万物争功劳、争名利、争地位。这里面又涉及“天之道，利而不害”。怎么理解“天”？这就涉及“自然”的问题，这里讲的是“道法自然”。很多人把“自然”理解成大自然，这不对。因为，“天之道，利而不害”，天有阳光、雨露，滋润万物，但是天也会有海啸、龙卷风、暴风骤雨、日食、月食，怎么说“利而不害”呢？我们要知道，哲学家讲的“天”已经是哲学家思考过、过滤过的天，而不是大自然的原始的天，大自然的原始的天不可能只有利而无害。所谓“道法自然”，你不能把“自然”理解成大自然。“人法地，地法天，天法道”，法道的天和地，也不是物理世界、真实世界的自然的天和地，是哲学家思考过、过滤过，已经赋予概念化的天和地。

“天之道，利而不害。圣人之道，为而不争。”这是包容天下的胸襟，不仅包容，而且是无条件为天下万物着想，不会为天下万物带来不利的东西。

我简单作一个总结。老子的这些思想为我们培养大国风范提供了一种思想文化的资源，一种精神资源。其中包括濡弱谦下的心境，不尚武力的原则，还有包容天下的胸襟。我就讲到这里，谢谢大家！

《近思录》中的儒家人生观

杜保瑞

杜保瑞

台湾大学哲学博士，曾任华梵大学哲学系主任、文学院院长，现为台湾大学哲学系教授兼台湾大学学生事务处副学务长。主要研究中国哲学史、道家哲学、禅宗哲学、宋明儒学等，著有《庄周梦蝶》《基本哲学问题》《北宋儒学》《南宋儒学》等。

1961 年出生在台湾的我，曾在台湾大学念书，原来就读政治系，三年后改念哲学专业，直到博士毕业。我的专长是中国哲学，硕士论文和博士论文都是研究儒学理论，包括刘蕺山、王船山这两位儒学大家的理论，后来在华梵大学工作。华梵大学是一所佛教人士办的大学。其间我接触了道家哲学和佛教哲学。应该说我对儒释道三家都有所接触，最近把重点放在了儒家哲学方面的研究，写有关北宋和南宋儒学的书，我也进行儒释道三家比较方面的研究。

中国的儒释道哲学其实都是人生哲学。人生哲学充满人生智慧，可以运用在日常生活中，用来指导实践。我们研究哲学理论，要面对很多艰深理论问题，跟西方哲学作比较，儒释道三家彼此之间常常吵架，争议谁讲得对或不对。我今天以《近思录》为主题给大家作报告，不是讲哲学理论，而是谈儒者的人生智慧。

《近思录》这部著作是朱熹和吕祖谦合编的一部书，以《论语》为典范。其实就是把北宋几位儒学家在研究儒学精深理论之余写的关于人生智慧的宝典、语录，作为心得记录，共同分享，由朱熹集结起来，让年轻学者能够感受北宋大儒学家们的人生体验、人生智慧，从而作为自己修身养性的参考。这是朱熹的用意。

朱熹另外一个伟大的学术工作就是编四书，做《四书集注》《周易本义》等很多学术理论研究。读书人如果要读书，进德修业，可以通过四书、《易经》来了解理论研究的问题，这是《四书集注》的目的。《近思录》也是朱熹自己借由北宋儒学家们的人生智慧、语录来讲解自己的人生观。

今天，与其说我给大家讲儒学，不如说我在这里跟大家分享、关心中华文化的氛围，是你们的出席和聆听，让中国文化在今天这个时代充满活力。

《近思录》跟四书非常接近，先介绍一下这本书。

程颢、程颐是两兄弟，程颢也叫程明道，是老大。程颐即程伊川，他这个人比较严肃一点，他的哥哥程颢比较开朗一点，他们俩个性不同。另外一位是张横渠（张载），张横渠也是非常严肃的人，他写的哲学理论作品非常难读。最好读的是程明道的文字，程伊川介乎中间，但是他们三位都是非常好的学者。在他们之前有一位周敦颐先生，周敦颐年轻的时候曾经是程颢和程颐的老师。而张载即张横渠又是程颢和程颐的表叔，所以他们四个人其实有非常密切的关系。邵雍是他们的好朋友，不过朱熹在《近思录》里面没有收集邵雍的语录。

先看程伊川的话："君子之遇艰阻，必自省于身，有失而致之乎？有所未善则改之，无歉于心则加勉，乃自修其德也。"意思是，读书人就是要做君子，君子就是要为社会服务。碰到困难，有一些事情推不动，或者自己的好意被误解，事情办不成，是社会问题吗？是别人的问题吗？还是自己的问题？当然都有问题。但君子第一件事是要自省于身。程伊川、程明道、张横渠自省于身的重点在哪些事情上？就是功利心、好胜心，我们为社会服务的时候想的却是自己的功名利禄，想得越多，艰阻越大。而用不正当的方式克服艰阻，那我们离君子的境界愈远了。所以，遇到艰阻是一定的，社会不理想，需要改善，我们才需要服务，当然会有艰阻。这时候要想想，是不是我们用的方法不对，或者我们太贪心了，太好胜了，不是真心地为别人服务。因为君子就是为别人服务的人，就是要让社会变得更好的人。

儒者追求的事业，从孔子、孟子以来发展了两千年。中国儒家文化就是主张要有追求，一个人要成为人才，对社会有用，你会有功名利禄、位子、薪水、酬劳等，但是目的应该是为社会服务，而不是为了位子、酬劳。为社会服务要有能力，需要努力学习、锻炼培养为社会服务的能力。这个过程是艰苦的，忽略了自我成长的过程，而仅仅注意到自己的社会服务应该得到多少利益的回报，这不是儒者的情调。要把自私自利的部分丢掉，自修其德。好人也会有一些杂念，要自己克制，提高自身的修养。事情做得越多，越容易发现自己的缺点，改正缺点就能够自修其德，提升我们的思想道德境界，"修养"我们的品德。

"古之学者为己，今之学者为人。""学者"就是指读书人、知识分子、君子、人才，就是儒者。"为己"的意思是，我自己作为儒者，为社会服务，我在这个过程中成德成才，提升了我的境界，从君子成为贤人甚至圣人，（所以是为己）而不是为人。什么是"为人"？人们追求学问就是为了提高声誉，获得别人的赞赏或金钱上的利益（这就是为人。为人还有另一个意思，就是真心为人服务，但本文不是这个用法）。我当然为人，作为君子本来就为人服务，因为君子把自己比得天一样高，“天人合一”。人就是天，人做合天道的事情，天自然是照顾百姓的，所以君子也会照顾百姓，照顾百姓是天的责任，也是君子的责任。但古代人学习不是为了别人，而且为了提高自己的知识和人格。“欲见之于人也”，如果让别人看到我们的能力，是为了他们崇拜我们，给我们很多酬劳，更大的权力，这就搞错了方向。所以要“为己”，而不是“为人”，我们都是为别人服务，但是为别人服务是为了延长自己的生命，而不是做给别人看。

虽然是为社会服务，但在态度上我们要从容一些，要悠游一些。“志道恳切，固是诚意。”我们为别人服务，为社会服务，有时候太认真了，太着急了，一旦别人不合我们的意，就指责别人，或别人一时不配合我们为社会服务的进度、程序，或者是资源调动，我们就发怒。这个发怒，这个急迫，代表了我们太好强、太好胜，可能不能体会别人的难处，可能是我们对成功的欲望太强，所以必须悠游。“若迫切不中理，则反为不诚。”社会本来就运作得很慢，好事情本来发展得很慢，你要它快，让它变好是你的理想，但是它有一个过程。改正我们缺点的过程很慢，要有等待的胸襟，不要太迫切。“盖实理中自有缓急，不容如是之迫。”各种事情有各种结构、各种环境条件与因素、各种难处。我们做对的事情，绝对是对的事情，那就是实理，但是这个实理在实现的过程当中自然有轻重、有先后。如果你太急迫了，事情反而弄僵了，那表示我们对人生的体会不够深刻，所以要把事情做对，要把事情做好，就要等等那些慢的人，有一些事情慢一点才会成功。如果一慢就感到没劲了，一慢就放弃了，那还是我们诚意不够。“盖实理中自有缓急”，这是伊川先生讲的话。

明道先生讲：“所见所期，不可不远且大。”每个人都希望在专业上做得最好，对自己的期许要远、要大，这就是励志的意思。不管我的专业是什么，不管我的职业是什么，我都要把这个角色扮演好、把我的工作做到最好，有这种心态的人就是儒者，就是社会的栋梁、社会的人才，就是君子。“然行之亦须量力有渐。”好高骛远是缺点，看大不看小是缺点。当我们希望自己所处的环境变得更好，我们自己在这个领域里头做到最好，出人头地，如果我们给自己定一个很高的目标、很难实现的理想，结果我们实现不了，整天瞎忙，不能实现的方案，就会心劳，“恐终败事”。

该怎样恰到好处地处理一件事情呢？什么是开悟？什么是领悟？“开悟”就是对于你要做的事情想得非常清楚，不管碰到什么困难你都不会却步，这就是“开悟”。在这样的情况之下，你要做的事情，不管志向多大、目标多高远，你都心甘情愿，一步一步、脚踏实地地来做，这是“志大”。

人生以为人民服务为目的。为什么要为人民服务？因为你也需要别人的服务啊，你把小孩送到幼儿园，需要幼儿园老师的服务；你爸爸妈妈生病了到医院看病，需要医生、护士的服务；你的孩子去外地读书，搭车需要司机的服务；等等。每个人都需要别人的服务，如果我们不懂服务别人，就变成糟糕的社会。儒者的社会就是建立礼乐教化、仁文化、礼仪三百、威仪三千（意思是“礼”的总纲有三百条之多，细目有三千多条，形容礼仪的项目很多，内容非常全面和细致），建立以为人民服务为目的的社会，你走到哪里都会碰到好人，这就是服务的社会。你希望能够为更多的人服务，希望你的服务品质更好，你就要努力学习。“聪明才智略小者，当服十人之务，更大者服百人之务，更大者服千人之务，更大者服亿万人之务。”科学家发明很好的东西服务亿万人之需，要为人民服务就需要努力。

程明道讲，“懈意一生，便是自弃自暴”。什么是“懈意一生”？各位市民朋友，你手上有没有很重要的事情要完成？可能花一个星期，或者一个月，或者三五年的时间，在这段时间内你很认真地对待这件事情，如果你在努力、在学习，就不是“懈意一生”。每天都有重要、该做的事情要做，但是不能急迫，也不要事事冲突，如果这样那是贪心。但是永远有该做的事情，想做的事情，要做的事情，而且非常清楚该怎么去做，无论碰到什么困难都会持续做、坚定地做，这就是君子。

懈怠的状态就是自弃自暴。孔子、孟子讲，“人人皆可为尧舜”。

只要是人就应该是人才，就应该是有用的人。如果有事情要做，就会积极向上、不断努力，就不会懈怠，就不会放弃。每个人都应该做有用的人，这是儒家最简单的价值立场。

程明道先生警告我们，“不学便老而衰”，不是年纪大老而衰，年纪大的人很有用，不是老而衰。相反，年纪轻轻的，没有人生努力的目标，这就是“老而衰”。

“人之学不进，只是不勇。”要做君子，要为社会服务，就要学习，提升能力才能够为社会服务。程明道说，学习需要勇气。一年前不会讲英文，一年之后会讲英文；一年前不会用电脑，一年后会用电脑；一个月之前不会开车，一个月之后会开车。假使因为害怕，你就不去学，就是“不勇”。因为不会才要学。如果你什么都不会，就没有办法帮助家人处理事情，你的公司就停止在那里等着坐吃山空。你一定要让自己不断学习，在学习过程中你才能进步。自己阻碍自己学习，就是没有勇气。学有所成，需要非常顽强的意志力量，这就是勇气，你要有勇气！因为你的家人需要你，社会需要你。你要有勇气继续成长，社会才会进步，你、你的家人、你的同胞才会更好地生活。

“学者为气所胜，习所夺，只可责志。”“气”跟“习”加起来是“习气”，“习气”就是不好的个性。有不好的个性就很容易嫉妒别人，很容易逃避责任。如果要为社会服务，做很多事情，就要努力学习，这样时间肯定不够用，当然没有时间去嫉妒别人，没有时间说别人坏话。之所以有不好的个性，当然是过去形成的不好的习惯，而且习惯是你自己把它养成的，不良习惯后来成了你的主人，来主宰你。

老子说，“胜人者有力，自胜者强”。你赢过别人，没有什么好讲的，但是能够克服自己缺点的人才是真正的强者。克服自己的缺点，就是赢过自己的习气，习气就是个性，自己过去养成的不良习惯，反过来它主宰你，而不是你主宰它。这些不良习气跑出来会给别人造成痛苦，伤害了别人。

为什么说“只可责志”？意思是说，要是你的个性阻碍了你的成长，就是你的志气太小了。如果我们连习气、个性的缺点都不能克服，还说我们理想很远大，这句话显然是假的，其实我们根本没有志向。在座各位朋友的志向应该是什么？不是功成名就，而是有能力为社会服务。没有能力怎么为社会服务？能力从哪里来？从你努力学习、成长，积极克服你的缺点中而来。真有远大志向就一定要把该办的事情办好，事情办不成不是儒者，儒者就是能把事情办成的人，要是总办不成事，就不是人才，不是儒者，所以一定要把事情办成，这才能说你志向远大。事情办不成，有时候是由于别人的缺点，有时候是缘于我们的个性缺陷，如果因为自己的缺点而事情办不成，说明志向不够远大、意志不够坚定。

明道讲："内重则可以胜外之轻。""内重"就是志向远大，理想高远，心胸开阔。为社会服务的时候常常有很多诱惑，你要做到不被引诱。"得深则可以见诱之小。"外面的诱惑是很小的事情，关键是你要把自己要做的事情看得非常清楚，这就是"开悟"了。任何困难你都会突破，包括别人来怂恿你、利用你、引诱你、贿赂你，都是小事，你都可以突破，这是"内重""得深"的意思。

伊川先生说："莫说道将第一等让与别人。"意思就是，不管你在什么行业，不管你现在的位置是什么，你都要把工作做得最好，就是第一等人，不要做第二等人。我们自视甚高，我们认为自己是有用的人，是可以办成事情的人，如果我们觉得自己是第二等人，那就是自弃。"言学便以道为志，言人便以圣为志。"儒家基本的价值观就是这样的。如果整个社会没有任何人坚持这样的价值观，这个社会还能维持下去吗？当然不会。儒家思想讲清楚了，社会必须和谐、社会必须进步、社会必须发展、社会必须安全、国家必须安全、人民必须富庶，所以需要很多人来做有用的人，很多人都做第一等人。做第一等人必须"以圣为志，以道为志"，这是儒家的基本价值立场。

明道说，"仁者先难而后获"。什么意思？为社会服务可以得到酬劳、别人的尊敬，但你不是为了获得酬劳和尊敬才把事情做好，这就是君子的胸襟。"古人惟知为仁而已。"古代人最先考虑的是照顾好别人。“今人皆先获也。”现在的人常常是先考虑自己的利益，这是“先获”，这是“为人”之学，而不是真正的“为己”之学。

“为己，其终至于成物。”“为己”就是说，我为社会服务，是我人生的价值和目的，结果我真的把事情做好了，这是“成物”。“为物，其终至于丧己。”为什么说丧己？就是失去了人之所以为人的尊严，丧失人之所以为人的功能，人之所以为人的价值，人之所以为人的角色，这不是个儒者。你可以得到很多，但是不受人尊重。你可能生活得很富裕，但是你可能不快乐，所以追求大家都富裕，大家都过好的生活，才是儒者的目标，那就是“成物”。

张横渠说：“人虽有功，不及于学，心亦不宜忘。”人们在社会上做各种事情，但是如果学习不够努力，没有时间来学习，没有时间来促使自己成长，或者是觉得自己没有做到最好，在这种情况下就会“心亦不宜忘”。“不宜忘”的意思是说，其实他是很好的人，他也为社会做了很多的事情，但是他总觉得自己做得不够好，时时刻刻在自我提醒。所以今天做一个人首先要为社会做好服务。“则虽接人事即是实行，莫非道也。”假如一个人对任何一件大事小事都认真做好了，儒家的仁义价值也就彰显了出来，“莫非道也”。如果你没有想到你做这个事情有意义、有价值，那么你所做的事情叫“则终身由之，则是俗事”。什么是俗事？俗事就是满足自己利益的事，利益有满足的时候，满足就会停止进步、停止成长，不学便“老而衰”。你做任何事情要想到会影响别人的生活，于是会更加努力，这个事情就变得非常有意义，那就不是俗事，而是圣人的事业。

横渠曰：“耳目役于外。揽外事者，其实是自堕。”“耳目役于外”，耳目是人的器官。“心之官则思”，心才是最重要的。用我们的耳目、口鼻、身体践行，要做一个有用的人、做有用的事情。但是我们眼睛看到别人有什么好笑的事情就跟着去笑，耳朵听见什么好笑的话马上就传开了，我们把很多时间浪费在言人长短上，这叫“耳目役于外”。为了一时的好胜，同你没有关系的事你去掺和；该你办的重要的事你却没有勇气去应对，而是逃避；该你办的事不见得做得好，但是不需要你搅和的事，甚至比你小十岁、五岁的人就可以办成的事，你却在那里搅和，这样既阻碍了别人成长，你自己也没有成长好。搅外事者，其实是自堕。年长，能力一定要成长，服务层次再提升，如果没有提升，停留在原来的水平，甚至做需要比原来能力更小的事情就是自堕。每个人要成长，重要的责任需要有人承担，老一辈从职场上退休，他们的经验、能力需要后来人承接，一定要有人接上啊。说穿了，只想做最简单的事情，就是志气不够大，只想做受众人注目的事情，这是自堕，做的都是俗事。

“不肯自治。只言短长，不能反躬者也。”“长短”就是言人长短。言人长短的时候自己会非常兴奋，这是在退步的状态中，而且会得罪人。

“不宜志小气轻，志小则易足”，意思是志气很小，容易满足。觉得我已经非常好了，就不会去努力。“易足则无由进。”太容易就不会想应努力学习，这样就不会进步，所以志向要大。志向不大你不会想进步，这就是人生的懈怠状态，经常处于懈怠状态就显得“老而衰”。

“气轻”是沉不住气，容易满足。“以未知为已知，未学为已学”，你很想在别人面前表现出能力很强的样子，准备好就上场了。“以未知为已知，未学为已学”，这是气轻、志小的表现。

程伊川说，“欲知得与不得，于心气上验之”。意思是，要看这个人怎么样，就要看他的行为、举动、气度、讲话。想事情想得很深刻、透彻、开悟了。思虑有得，会消耗一些力气。“思虑有得，心气劳耗者，实未得也，强揣度耳。”真的把事情想透彻了，就了然于胸，不需要再多说，别人怎么跟他讲，也不会改变他的想法。他完全不需要再花力气说服自己和说服别人，力气永远直接花在那件事情的进展上。该做什么，跟别人讨论、辩论，搞得自己很累，一件事情都没有做，还要辩论自己做的事情对，这是没有开悟，叫“实未得也，强揣度耳”，所得不实在。其实我们所谓的开悟，就是对于你所做的、要做的事情想得非常透彻，不管怎么样你都会做到，不用再花力气讨论、辩论、说服别人，或者说服自己，你就会认真地、一步一步地去做。

程伊川说，人的身体血气固有虚实，圣贤也不免会有生病的时候，可是“未闻自古圣贤，因学而致心疾者”。我们身体累了休息一下就好了，不会因为学习、为社会服务而产生心病。什么是心病？事情想不清楚就是心病，容易骂人就是心里有病。对于该做的事情、理想的事情、为社会服务的事情，对就是对的，没有人因为想这种事情想破头脑。如果把头脑想疯掉了，那是因为欲望太强，患得患失，绝不是为追求理想而把自己伤破脑袋。“我欲仁，斯仁至矣”，这只是态度而已。

“诵诗三百，授之以政，不达。使于四方，不能专对。虽多，亦奚以为。”这是程伊川引用的《论语》中的一句话，太精彩了。意思是，读了书就要会做事。《诗经》里面这么多的文章，很多篇章是讲述处理人际关系原则的内容。什么情况下产生什么样的感觉、什么样的感受，每个人有不同心思，你要了然于胸，才能够跟别人应对自如，才能够做外交官。读《诗经》读了那么多，还不能应对自如，说明根本没有读通《诗经》，不过是练习读古文而已。

让你做一件事情，为什么不能办成？“授之以政”，就是给你一件事情让你办成，你要知道事情难在什么地方，关键环节在什么地方，什么事情需要你自己努力，什么事情需要把程序安排好，这是你能力的展现。各位朋友，你们可以检查一下自己是不是个儒者，或者是否是有能力的人。很简单，看看你自己的事情常常办得成还是办不成，公家的事情你常常办成了还是办不成。给你一个评判标准，公事你常常办不成，说明你肯定偷了懒，事情当然办不成；如果你害怕了，也办不成；你自私，更办不成。读了《诗经》，人与人之间互动产生的感受就是读通道理。人是很复杂的，不同的人有不同的感受，跟别人互动的时候，应该知道别人的心态，所以“使于四方”。做一个儒者、君子，你自己要单独就能够把各种场合下的事情处理好。

前面讲的都是理想，现在讲方法。方法很简单，存养，就是好好吃饭，好好讲话，做一个身体健康的人。乱吃东西，病会从口入，食物是最好的钥匙。

“慎言语以养其德，节饮食以养其体。”提醒一下大家，因为我们太容易吃到很多不利于健康的东西，好吃的食物不一定有利于健康。如果长官让你报告的时候你精神萎靡，老师让你回答问题的时候你打瞌睡，这说明精神没有养好，身体没有养好。怎样把精神和身体养好呢？最简单的办法就是把握好该吃什么不该吃什么。

“事之至近而所系至大者，莫过于言语饮食也。”这句话非常有道理。“事之至近”，我们每天都吃东西，“所系至大”，影响我们的身体健康。更严重的是，一天吃东西只有三次，我们一天讲话几次？3000 次，每一句话将形成别人对我们的观感，形成老师对我们的观感，长官对我们的观感，部下对我们的观感，学弟学妹对我们的观感，决定了我们办事成不成，所以言语是很重要的。言语反映了我们的个性、能力。不要把力气花在说别人的缺点上，要把力气放在发现自己的缺点上。你的个性，在讲话的时候一定会表露出来，形成你的社会形象，决定你命运的好坏，所以讲话要谨慎。讲话完全是你的个性在主导，如果你个性好，是照顾别人、为别人服务的个性，你讲话就会让别人很舒服，社会会因你而进步。你个性不好，你一讲话就伤人，很容易伤害别人的自尊，所以言语非常重要。

“邢和叔言：吾曹常须爱养精力。精力稍不足则倦。”你累了，体力不支，你的体力耗在哪里了？或许是揽外事，言人长短。如果体力耗费在这里，重要的场合你可能没有充沛的精力，怎么能把事情处理好呢？

以上讲的都是方法。身体要照顾好，讲话要小心，吃东西要注意，平常该休息的时候要休息，不要熬夜，该干事的时候要精神昂扬，不要萎靡。这个话太简单了，太平常了，但是太有道理了。

“精力稍不足则倦，所临事皆勉强而无诚意。”你有诚意为社会服务，但是你为百姓说话时精神萎靡，这不是有诚意的表现。相反，你没有诚意，你的力气用在吃饭、睡觉、聊是非上，没有用在为百姓服务、为民众服务、为自己的社团服务、为班级服务、为家庭服务的重要事情上。重要的场合没有力气，就是没有诚意。

“接宾客语言尚可见，况临大事乎。”跟别人应对进退，接待一下朋友都可以看出你这个人精神状态好不好，何况做国家大事，更需要精神状态饱满。

“圣人不记事，所以常记得。今人忘事，以其记事。”“圣人不记事”是指圣人不记小事、琐事、好笑的事，用来聊天的事、八卦的事，因为圣人要做的事情非常清楚。就像刚才问过在座的各位，三五天内大家有没有重要的事要做？一个星期内有什么重要的事情要做？今天晚上有没有重要的事要做？要记得重要的事情且都要做好。圣人不记不需要记的事，对自己重要的事情不必强调，在心里头清清楚楚，重要的事情一件都不忘。圣人不会把力气放在无谓的事情上。“今人忘事，以其记事”，重要的事情做不好，因为他的精力都放在不重要的事情上。“不能记事，处事不精，皆出于养之不完固。”记不住重要的事情，或者是做事情的时候没有到位，马马虎虎，那说明自己志气不够远大。志气远大须符合很多标准、很多条件，不是一件容易的事情。

“人主心不定，识心如寇贼而不可制，不是事累心，乃是心累事。”意思是说，做事情做不好，慌里慌张，忙忙乱乱，明明在做这个事，心里却想着另外一件事情。重要的事情做不好，借口说被别的事情耽搁了，这叫“事累心”。程伊川说，“不是事累心，乃是心累事”。重要的事情记不住，办不成，是你自己的心耽搁了重要的事。调整心态很重要。

如果讲话不能感动别人，是因为你诚意不够。做事情一做就厌烦，也是没有诚意。我们哪怕是例行公事，哪怕是每天做同样的事情，都是为社会服务，不能厌烦。你一厌烦，就会影响到跟你互动的人，服务品质就不好了。所以做本分的事情，要认真做，认为这是很神圣、很伟大的事。你家孩子到学校念书，老师哪天厌烦了？你爸爸妈妈到医院看病，如果有一天医生、护士很累，不想理你，那怎么办？我们在工作岗位上不要厌烦，厌倦也表示无诚意。人就是要做事，不做事，社会就没有办法变好，所以人人都要把事情做好，不要厌倦。

人做事情往往容易发怒，因此要克制。程明道讲，“制怒为难”，要克己，特别是在做公家的事情时，如果不能够克制自己的愤怒情绪，那你要小心了。什么意思？因为做公事导致自己的私利没有顾及而愤怒的话，你会责备人，而且头头是道，其实是自己的私利没有顾及。当你在发怒时，别人在道理上也许说不过你，但是心里头都明白、都会看得出来你的意思，这等于你把自私之心赤裸裸地用愤怒的语言、放大的声音让别人看得清清楚楚，你用语言伤害的是自己。所以愤怒是很可怕的，大家一定要注意，究竟为了什么事情而愤怒，特别是在公开场合、大庭广众之下愤怒，简直是你在向别人坦白、交代自己的自私自利。你发怒的时候一定提醒自己，因为你正在暴露你自己，正在形成不好的个性，一定要克己、制怒。

程明道说，君子碰到困难，就像“他山之石，可以攻玉”，用粗糙的石头来磨块玉石，那块玉石很快就很光滑了。君子天天跟小人相处，受小人折磨，不发怒，而最终能够引导他，还能够把事情办成，胸襟扩大，能力提升，才是真正成就了这个君子。所以“古之学者为己”，要提升自己的境界，愿意忍耐，困难越大受磨炼越多，成就越大。所以君子会甘心被磨炼，而不是一看到别人的缺点就暴怒、责备，看到别人不进步就暴怒、责备，当你在暴怒的时候你已经充分展现了自己的欲望，反而是让人感到可耻的事情。

“责己者当知天下国家无皆非之理。故学至于不尤人，学之至也。”懂得责己，懂得反省自己的缺点，而不是只看到别人的缺点。不要一碰到难处就发脾气。“学至于不尤人，学之至也”，为社会服务，不以暴怒的方式处理，要以和谐的方式处理，才是社会的进步。

张横渠讲过一段寓意很深刻的话，各位在座的爸爸妈妈应该知道，孩子从小不要太骄纵他，否则长大了，坏脾气、坏习性改不了。个性的缺点常常是小时候养成的，“世学不讲”，儒家的道理不讲究，从小、从幼娇惯坏了，长大之后更加凶狠。如果你小学同学过去就是这种习性，二三十年后，他的毛病会跟小时候一样，并且会变得更严重。

“到长益凶狠，只为未尝为子弟之事。”小孩就应该做小孩的事、子弟的事，应对进退，对长辈有礼。“则于其亲己有物我，不肯屈下。”小时候不肯屈下，没有孝心、没有敬意，这个病根将跟随他一辈子。

“随所居而长，至死只依旧。为子弟，则不能安洒扫应对”，不懂礼让朋友，不能欣赏朋友的优点，不能够成全朋友的美事。“有官长，则不能下官长”，对长官没有敬意。这是最笨的人，太骄傲了，不知道长官操自己的生杀大权。“为宰相，不能下天下之贤”，天下事天下人做，宰相一个人做不了几件事，要有君子在各个岗位，每个岗位的执事者都是宰相，应该是尊敬、礼贤的对象。没有这样的敬意，就是“从小骄惰坏了”。

家道，同父母亲人怎么相处，在这里跟大家分享一下。

“人无父母，生日当倍悲痛，更安忍置酒张乐以为乐?”人都有父母，若父母不在了，过生日应该悲痛一些，因为父母照顾了我们，把我们养大，这种情况下过生日，怎能忍心置酒长乐？过生日的意义是什么？如果父母不在了，生日这天应该要思亲恩，而不是喜乐。“若具庆者可矣”，除非父母都在。

“病卧于床”，父母亲病卧于床。“委之庸医，比之不慈不孝。事亲者亦不可不知医”，每个人都要成为家庭医生。当然今天的社会不可能这样，我们只好信赖医生和护士，让医生和护士很有耐心地照顾我们的家人。我们期许自己，也可以期许别人，先把自己的角色扮演好。

“人之于患难，只有一个处置”，碰到困难，要坚持走正道，不能妥协。不要以极端方式来解决问题。“只有一个处置”，处置好了以后是“尽人谋”，“尽人谋之后，却须泰然处之”，就是接受这个结果。可能会有一些不好的状况发生，没有关系，只要我们选择的路是对的。

“有人遇一事，则心心念念不肯舍，毕竟何益?”我们为社会服务，若无法立刻完成，该怎么做就怎么做，还有别的事情要做，不要整个脑子想这件事情，否则可能耽搁其他同样重要的事情。“不会处置了放下，便是无意无命也”，假如“只有一个处置”，只有这样做才是对的，那我就这样做，没有效果没有关系，受到一些损失没有关系，这就是“意”。“命”就是知道环境中有阻碍，命中如此只好这样，暂时搁着，去做别的事情。

张横渠说，“人多言安于贫贱”，其实没有人愿意安于贫贱，他只是看透了人生，“其实只是计穷力屈，才短不能营画耳”（其实只是能力不够），没有办法致富，其实每个人都应该安于贫贱，（贫贱）也没有问题啊。“邦无道，富且贵，耻焉。”有一些富贵是可以拥有的，有一些富贵不能要，那叫安于贫贱。一般的人“若稍动得，恐未肯安之”，如果有机会用不好的方式变贫贱为富贵，通过不正当的方式，不见得能够安。什么人才能真正安于贫贱？“知义理之乐于利欲也，乃能”，什么是“义理”？对的事情，应该是对大家都好的事情。

张横渠把人生看得很透彻，“天下事，大患只是畏人非笑”。怕别人笑我没有车子开，怕别人笑我没有去饭店吃饭，怕别人笑我住的地方不好，其实完全没有必要。“不知当生则生，当死则死。今日万钟，明日弃之。今日富贵，明日饥饿。亦不恤，惟义所在。”在现实社会中只要我们有能力都会有一份工作，有工作就有报酬，有报酬就能够照顾好个人的生活，然后用心把事情做得更好。如果每个人都这样，这就是理想的社会。可惜我们常常把力气用在追求车马衣食上。

程伊川说，“人恶多事，或人悯之”。事情太多，常常很烦恼，但是，“世事虽多，尽是人事。人事不教人做，更责谁做”？处处都有事要人做，人就是要办事，儒者就是要把事情办成。你稍微骄傲一下事情可能会办不成，你稍微自私一下事情也可能办不成，你稍微懒惰一下事情也办不成。“美成在久，恶成不及改”，要做好一件事情很辛苦，但是破坏一件事情非常容易。

“圣人之责人也常缓。便见只欲事正，无显人过恶之意。”不要骂人，公开场合随意骂人，很伤别人尊严，私底下好好讲就可以了。你的目的是让他进步，借责备别人显现自己是什么样的人物，就是自私心在作祟。在这里要提醒大家，当你生气的时候，是暴露你个性缺点的关键时刻，不要以为生气时自己理直气壮，自己辨别是非，常常并非如此，为什么不习惯和颜悦色呢？

“富贵骄人，固不善。”富贵常常让人骄傲，富贵了，要把缺点改掉。“学问骄人，害亦不细”，要有资质、天分、时间、环境的配合才能够做好学问。做好学问的目的是什么？学问都是别人努力研究出来的成果，当然还有自己研究出来的成果，学问就是为社会服务的工具，不是拿来向别人炫耀的工具。有学问才有能力，有能力才能为社会更好地服务。不需要学习、不需要能力，就能过很好的生活，这肯定不是通过好的方式获得的。用暴力的方式就可以得到利益，那是流氓，不是为社会服务，更不是有学问的表现。学问都是辛苦、艰苦得来的，但是得到学问的目的就是为社会服务。你为别人服务，别人不花一毛钱可以得到你的服务，你的服务才真正到位。你的服务需要别人低声下气地求你，说明你为别人提供的服务非常不到位，这无非是你借服务别人在满足自己的私利。“学问骄人”是很不好的习气，做学问做好了，能力强了，就有可能变得富贵了，做学问是为人服务的，不是拿来轻视别人的。

程明道借用庄子的话说，“其嗜欲深者，其天机浅”“阅机事之久，机心必生。盖方其阅时，心必喜。既喜，则如种下种子”。如果我们自己的欲望太强，我们很难明白很简单的道理。心思太复杂，城府太深，“嗜欲深者，其天机浅”，反而很简单的道理都不能够明白，很简单的快乐都不能够享受，很单纯的人生都不能够去品味。心机太多，常常是为了欲望。心机越多，人越虚伪、活得越辛苦、越不自在，整天脸上的表情越奇怪。不要“阅机事”，何必要知道别人的隐私？“方其阅时，心必喜。既喜，则如种下种子。”你知道了别人不知道的事情，你可能去讥笑别人，要挟别人，容易产生害人的念头。各位朋友，回家照着镜子尝试一下，去想一些很复杂的事情，或者是心机很深的事情，看看你想的时候你脸上的表情是否开始改变，是否变得很奸险？我们的心思会带动我们的相貌，带动我们脸上所有的神经，慢慢形成我们新的面相。40 岁以前的面相父母亲负责，40 岁以后的面相自己要负责，试想我们每天想邪恶的事情，我们的面相就会变得很可怕。爱美是人的天性，美貌是人的天职，用现代的话讲，你应该是个漂亮的人才好啊。心机太多，相貌不好，会让人非常不舒服。

接下来我补充一点胡宏先生的东西。

胡宏是这几位先生的晚辈，他的父亲是程颐和程颢的弟子，胡宏在长沙岳麓书院，秦桧曾经受到过胡宏父亲胡安国的提携，所以秦桧当权以后，想让胡宏入京为官，胡宏宁可在家乡教书、教子弟，也不愿配合秦桧的决策，所以没有入朝为官。他是对人性、对历史了解很深刻的儒学思想家，他的一些言论非常深刻。

“从人反躬者，鲜不为君子；任己盖非者，鲜不为小人。”看到别人的缺点先想自己是否有这方面的缺点，这样的人会成为君子，碰到什么事情找理由责骂别人的人，会变成小人。

“处己有道，则行艰难险恶之中无所不利。”一旦把握事情该怎么处置，就勇于承担。如果眼前非常艰难，没有关系，当我们已经知道该用什么态度，就永远坚持这个态度，哪怕受到一些损失也没有关系，人生的路很宽广。“处己有道”，就是用对的方式做公家的事。“失其道”，就是用不对的方式做公家的事情。“则有不能堪而忿欲兴矣”，你用了不正当的方式，说明你急功近利，利益没有到手你居然会非常愤怒，而且忍不住把愤怒公开宣泄出来。你宣泄出来又怎么样呢？宣泄是因为公家的事就没有关系吗？错了，你宣泄了，就是“失其道”。你用不对的方法做公家的事情，如果办不成你会更加生气，而且你没有办法忍受这个气。真正为公家服务，用对的方法，事情办不成你可能会感慨，也许会很伤心，世道真的不好，但是他不会用不好的方法去解决。不会很愤怒，愤怒常常是因为私利暴露了，因为“是以君子贵有德也”，否则，被看穿了不是丢人吗？

“有之在己，知之在人。”有没有能力，有没有诚意是你自己的事情，我们不但要有诚意，并且要有能力。“知之在人”，别人的事情我们管不了，也不是我们应该努力的目标。我们是为己之学，而不是为人之学。“有之而人不知，从而与人较者，非能有者也。”你有能力很好，但是人家不知道，没有人来歌颂你，你很不高兴，或者别人说的没有你想的那么好，你很不高兴，从而与人计较，说明你的修养程度不够。“非能有者也”，你认为对的事情态度应该很坚定，但是要心平气和，不要辩论，不要跟别人炫耀，更不要去吵架，强调自己多么正确。“与人较者，非能有者也。”

要做有仁德的人，就要为社会服务，多为别人办事，把好的东西传给民众，就是行仁政、仁德。仁者君子，君子做事时很认真，否则就是不仁。要把公家的物资发给百姓，要成为有仁德有胸怀的人。“不仁见天下之事大”，他手中的事情最重要，大家都得注意他，都得感谢他，都得求他。“而执天下之物固。”他手上握有的资源不容易发出去，一旦别人没有经过他的许可把东西给百姓，给该用的人使用，“故物激而怒，怒而不能消矣”，他就非常生气，没有经过他的同意，没有来感谢他，上面没有刻他的名字，“物激而怒”。“感物而欲，欲而不能止矣”，背后隐藏着他的私欲啊！

仁者就不是这样子。“穷理尽性以成吾仁，则知天下无大事，而见天下无固物。”他做的每一件事情都是为大家服务的，不需要人感谢他。“见天下无固物”，这都是你该得的，没有关系，你拿去，道路应该修好，房子应该盖好，这是该做的，为了自己我办这么多事，都是小事，所以有仁德胸怀的人，“知天下无大事，而见天下无固物。虽有怒，怒而不迁矣；虽有欲，欲而不淫矣”。仁与不仁的差别在这里，仁者为社会服务，不为报酬不为名誉。小人为社会服务，需要别人非常尊敬他，这有点老子的味道。老子说：“太上，不知有之；其次，亲而誉之；其次，畏之；其次，侮之。”有能力的领导者不需要大家感谢他，大家都不知道他的付出也没有关系。“其次，亲而誉之”，需要人家来感谢他、称赞他。不好的领导者有不好的欲望，用不好的手段，“其次，畏之”，大家会害怕他，这比较像法家心态。“其次，侮之”，没有能力还坐在位子上，事情又做不好，这是“其次，侮之”。遭人侮辱，早就不应该坐在位置上。这个话非常深刻，我很乐意跟大家分享。

“有德而富贵者，乘富贵之势以利物”，有品德的人得到了财富是用来服务社会的。“无德而富贵”，有了财富之后过奢侈的生活，“乘富贵之势以残身”“以富贵骄人”，向别人炫耀，过很萎靡的生活，结果拥有财富反而伤害了自己。“乘富贵之势以残身。富贵，人之所大欲；贫贱，人之所大恶。”大家不喜欢贫贱，但人贫贱仍然可以修养品德，而使自己的品德得到提升。“而不失于昏淫者寡”，富贵了通常会把持不住，有时候因为富贵反而把身体搞坏了，意思是说，不是不要追求富贵，而是要注意这种现象。“则富贵也，有时而不若贫贱矣。”

人生的路很宽广，为什么有时候会心急，患得患失？无非是利益在脑子里作祟。如果想的是为社会服务，那么事情很容易想清楚，不会产生焦急的心情，也就不会不知道该怎么做。懂得反省自己的缺点，把它克服掉，为社会服务，人生的道路是宽广的，否则把责任推给别人，一味指责别人，人生的路就不明了了。这个人你指责他，那个人你得罪他，以后没有人跟你合作了，你也办不成什么事，人生的路越走越窄。经常检讨自己是修身之本。“本得，则用无不利”，“君子务本，本利道生”，这是做人的根本，是基础。

“以反求诸己为要法，以言人不善为至戒。”言人不善的时候，我们经常想别人可笑的事情，自己脸上的肌肉线条开始刻画出奸险、邪恶的样态，我们不是在丑化自己相貌的同时也得罪别人吗？所以“以言人不善为至戒”。

一件事情要取得成功很困难，自己要付出很多努力，社会环境各方面也要配合，但是破坏它很容易。“升高难，就卑易。舟之行也亦然，溯流难，顺流易。是故雅言难入而淫言易听。”对的话你就得努力，你得早睡早起，你就得做事，你就得谦让，你就得付出，你就得忍耐，所以不容易听得进去。辛苦！算了！不要早起，这个话容易听。“雅言难入而淫言易听，正道难从而小道易用。”在座的各位朋友，作为君子就是要把事情办好，你一定要常常问自己，你把事情办成了，还是办不成？如果事情到你手上办不成，你还有很多言语来推卸责任，你是虚伪的人，不是真诚的人，不是儒者，也不是君子，所以我们一定要反思，改正自己的缺点，然后懂得付出，把事情办成，这才符合儒者的标准。

“能攻人之实病至难也。”朋友之间相处，他有缺点，你看得很清楚，能够讲给他听，这件事情不容易，这是第一。第二，他不听那就更难了。“能受人实攻者为尤难。”每个人做到有修养很难，也不容易听得进别人对自己的指责，所以人能攻我实病，我能受人实攻，这才够朋友。人长大了，不喜欢听别人讲自己的缺点，年纪越大越听不进去，反弹越大。我们在生气的状态下过日子，就不会有机会听到别人对你的指责了。

可是大家也想想，你处在生气的状态下，你回家照镜子，进入生气的状态，看看你的脸是什么样子。你用不好的神经线条刻画你的面相，长得好看是你的责任，不要靠生气来讨生活，要听得进别人“实攻”，这是我们的修养。“人能攻人之实病，我能受人实攻”，这才是真正的朋友。否则“其不相陷而为小人者，几希矣”。小人甜如蜜，整天说你的好话，但是“巧言令色鲜矣仁”，因为君子不会随便说你的好话。“君子之交淡如水。”当你有缺点他帮你指出来，如果你是进取的人，那你就听得进去。如果你常常生气就听不到，如果要想听到别人讲实话，告诉你一个简单的方法，就是常常面带微笑，别人有话才愿意跟你说。如果你常常做坏事，不想被人家指责，很简单，你只要表现出正在生气的样子就行了。一只小狗得罪你，你正在生那只小狗的气，这时候别人不会跟你讲真心话，况且生气会让你变得很丑，“能攻人之实病至难也，能受人实攻者为尤难”。

刚才讲的都是老掉牙的观点。也许你爸爸妈妈讲过，或是老师讲过，确实这些都是儒学家传下来的经验，它们离我们的日常生活其实很近。所以儒释道三家的思想都是人生智慧，人生智慧古往今来都很有用，我们讲这些话一点儿也没有隔阂的感觉。

庄子的生命哲学

陈少明

陈少明

博士生导师，现为中山大学哲学系教授，兼任中山大学中国哲学研究所所长，中山大学中国哲学学科带头人。长期致力于中国哲学、哲学史方法论的教学与研究。已出版《儒学的现代转折》《汉宋学术与现代思想》《反本质主义与知识问题——维特根斯坦后期哲学的扩展研究》（合作）和《被解释的传统——近代思想史新论》（合作）等多部专著。

大家好！非常荣幸来到这么优雅的一个地方，跟大家一起聊聊读《庄子》的一些心得。中国传统思想中儒家当然是主流、是最有影响的，但道家也是非常重要的思想门派。不了解其他的思想门派，我们也不能很好地把握儒家，所以，多讲一点儒家以外的思想作补充，其实非常重要。把经典与管理联系起来，当下是一种时髦。但我经常想，我们生活在不是管人就是被人管的一种社会关系下，读经典的时候，还要想着我们要怎样管和被管，会不会有点累？而庄子恰巧是宁愿做一只快乐的小猪，在泥土里打滚，而不愿意让人家捧到神庙上供奉的这样一个人。他没有管理意识，所以我们可以讲得轻松点。

庄子与孟子同一时代

第一个问题，要谈谈庄子这个人跟《庄子》这本书。为什么要把庄子和《庄子》分开呢？因为我们不能肯定，《庄子》这本书就是庄子自己写的，或这本书的思想都是他的思想。

先讲庄子这个人。对于庄子本人，我们知道得其实非常少。现在关于庄子的介绍，就是呈现在屏幕上的《史记》中《老子韩非列传》中的一段话。这个传记是这样说的，庄子是蒙人，名周。蒙人是古代安徽一带的人（这个地点是有争议的，但大致在这一区域）。庄子曾经做过蒙这个地方的漆园吏。可能那个时候漆园是由政府管理的，像今天的国有企业。他跟梁惠王、齐宣王是同一时代的人，所以跟孟子也是同时代的人。孟子在他的七篇里，经常提到齐宣王和梁惠王。其中很有名的就是那个“以羊易牛”的例子，就是孟子跟齐宣王的对话。但是，不管从孟子的书，还是庄子的书，我们都看不到两个人知道对方存在的记录。这是一个比较有趣的事情。庄子的学问非常好，无所不窥，但是他的思想倾向，按照《史记》的说法，归于老子之流。他的书有十来万字，大都是用寓言的形式写的一个个故事，每个故事里面都蕴含一些哲理。这样的题材《庄子》里面有，《韩非子》里面也很多。

《庄子》里提到的具体的人，不一定是历史上真实的人，历史上真实的人，其具体的事迹也不一定是真实的。所以我们一般不能根据《庄子》里提到的人、事来推测历史上的事实。除此之外，他分析问题和表达观点的能力很强，常常批评儒家跟墨家，当时的名人都不能躲过他的批评，而且他的话非常夸张。也可能因为这个方面的原因，他没有得到过比较好的官位。到底是他自己不想得，还是王公大臣觉得这样的人请不起，还不是太清楚。介绍庄子这个人的，首先是司马迁。可是司马迁的时代，离庄子的时代其实已经比较久远了。不过，了解庄子这个人，也并不等于了解《庄子》。这是我们对庄子思想、寓言等一些基本东西的概括。

《庄子》一书到底谁写的

我们今天看到的《庄子》这本书，通常写郭象注、成玄英疏。郭象是魏晋时期的一个玄学家，非常有名。成玄英则是唐代人。古人的书，因为写得早，后面的人要作“注”。时间拉长以后，那个“注”大家也有可能不懂，再后来就有人对着这个“注”再作进一步的解释，叫作“疏”。这样“注”跟“疏”不断地派生出来。为什么为《庄子》作注是从郭象开始的，以前情况是怎样的？还有一些疑问。现在我们知道的《庄子》，分内篇、外篇、杂篇，总共33篇文章，据说都是郭象整理过的。郭象统一作注的时候，把这些文章看成一个作者写的，就是庄子。事实上，这个书的内篇、外篇和杂篇所表达的内容，不管是从表达的水平，还是表达的思想立场上，都有一定的差距。所以，到了宋代，在《庄子祠堂记》中，苏东坡怀疑《庄子》后面的几篇文章不是庄子写的，认为水平很低，还经常丑化孔子。

后来就有人断断续续地注意这一现象。明清之际，著名思想家王夫之也关注过庄子，写了一本《庄子解》，还有一本《庄子通》。他认为外篇、杂篇多数不是庄子写的，只有内篇以及外篇中的一部分是庄子写的。这就等于说有两个《庄子》的版本。他的理由是，根据《庄子》中对待孔子的态度，《庄子》记载了大概46个关于孔子的故事，有些不统一，前后有点矛盾。

现代哲学史家任继愈把《庄子》的内外篇区分开来，告诉我们一个让人吃惊的消息说，内篇不是庄子写的，外篇、杂篇才是庄子写的。那庄子写的和不是庄子写的有关传统看法，整个就倒过来了。他说，司马迁讲到《庄子》篇章，庄子批评儒家和墨家，统统见之于外篇、杂篇。在司马迁那个时代，如果他不是断定这才是庄子写的，那为什么他要这么做？内篇中的文章，司马迁反而没有提到。这又是一个悬案。一直到了20年前，刘笑敢教授对这个问题作了一个全面的考证，他的考证办法是通过文字表达形式的分析来进行的。在《庄子》外篇、杂篇中，有一些文字，比如说我们今天喜欢提到的“道德”“性命”“精神”这样的词。在内篇里面，这些词都是单个的，有的讲“精”，有的讲“神”，有的讲“道”，有的讲“德”，可是没有“道德”“精神”“性命”这种表达方式。而外篇、杂篇就有“道德”“精神”“性命”。他比较了同时代比较接近的一些文本，结果断定，内篇中单字经常出现的那个时代比较早，而两个字连在一起的部分出现比较晚，这样一个观点大家基本上都接受了。我们在讨论庄子思想的时候，严格来说，应当是分析《庄子》的内篇部分，因为外篇、杂篇的思想跟内篇关系比较复杂。古人常常把自己写的东西说成是别人的，目的是为了更好地传播。庄子本人在历史上提供给我们的信息非常少，我们之所以重视他，就是因为他写了《庄子》这本书。事实上，我们讲庄子，就是在讲《庄子》这本书。《庄子》这本书提供的庄子思想，有一个比较特别的地方。这本书讲了庄子大量的故事，虽然这些故事不一定是真实历史的再现，可是故事的作者，不管是庄子本人，还是演绎他的追随者，他们都对庄子的生活态度以至于他对人生的看法，提供了一个大概一致的轮廓。在这样的背景下，我们讲庄子的人生哲学也好，讲生命哲学也好，就以这本书尤其是与之相关的故事为背景。

《庄子》并不只是写庄子

第二个问题，为什么要谈庄子的生命哲学？直接讲庄子的人生哲学，或者庄子的哲学不行吗？因为我要把《庄子》不同的内容概括在相对集中的范畴内，来讨论这个事情。讲到生命哲学，人家就会问：生命哲学是怎么界定的？其实非常难界定。不仅生命哲学难界定，“什么是哲学”更难界定。大部分学科知识都有一个发展过程，学科内部有争论，学者之间会互相批评。哲学领域的争论比较特殊，一个哲学家可能说另外一个哲学家不是哲学家。这就意味着对哲学这个概念的认识很不同，其他学科不是这样。

生命哲学这个概念，不是中国人提出来的，是德国人。狄尔泰讲历史，讲生命，他讲的东西叫作生命哲学，核心问题就是讨论生命的意义，当然首先是人生的意义，如讨论生死问题。人实际上是一个历史的过客，终有一天会消失的。可是我们又对这个世界之前的状况好奇，还有对我们离开世界后的状况非常焦虑。对这些问题的判断，影响着我们怎么生活。这样一个生死攸关的内容，是生命哲学必须要面对的问题。还有就是，你活在这个世界上，为什么一定要做好人？好跟坏的标准是什么？等等，这些都是值得讨论的问题。

概括起来，庄子哲学讲人生，还讲人和其他生命是什么关系，它是怎么具体表现出来的。

首先讲《庄子》的人生观，主要集中于讲人，但生命可以扩展到人以外的其他生物世界。《庄子》的人生观，我们想从庄子自己身上说起，尽管《庄子》并不只是写庄子，只有 26 个庄子的故事，还没有孔子的故事多。当然《庄子》对人生、对世界的看法，也不仅仅表现在这些庄子的故事上。因为时间限制，我们只好从他本身说起。

《庄子》中的故事有个特点，它以第三人称写对世界的看法。这种表达方式可能更加客观。在《庄子》的故事里，经常涉及对人生态度的说法。实际上我们大部分人都有对人生的态度，关键是怎么表达出来，每个人都有自己的思考和判断。有时候，你自己做过的事情，并不是按你的习惯本能来做，而是给自己找个理由。从这里出发，人不仅有人生态度，可能还有对人生哲学的思考。如果把这个思考表达得非常好，影响了很多人，我们可以说他是人生哲学家。人生哲学包含对人生的思考，而且思考的内容肯定跟我们有关联，否则凭什么会打动人？

庄子的生活态度

人生哲学和其他哲学相比，我们怎么衡量它的好坏，有什么不同？

人生哲学，不管我们信不信它，首先要考虑的是，哲学家本身能否做到“知行合一”？“知行合一”的概念是哲学家王阳明发明的。王阳明的说法就是，你知道道德的规则是怎么回事，但你不去做，你就不能叫作知道。比如人不能说谎，可是你想想，谁没有说过谎？按照王阳明的说法，明知说谎不对，你还说谎，就不能叫知道。这个规则是这样的，但你没有按照这个规则去做，就不能说你掌握了这个规则。伦理学也好，人生哲学也好，你告诉我们的东西，你自己不打算做，你这套东西就是蒙人的。当然有些知识不需要“知行合一”，比如自然科学知识，我们不一定需要根据它去做。我们知道怎么制出毒品，我们不一定做啊。或者说，有一些知识可以造福于人，也不一定马上去做。因为这个知识本身，跟我们怎么对待这个知识、怎么利用，是有区别的。接下来我们讲讲庄子的生活态度。

《庄子》里很多故事表达了庄子或者庄子的追随者对生活的理解和态度。《庄子》中《秋水篇》里面有这样一个故事。

庄子有一天在河边钓鱼，楚王派了两个大夫到他那里去，很客气地说，楚王想把境内的重担放在他身上，叫他去当官。庄子拿着竹竿根本不看他们，就问了一句话：“我听说你们楚国有一只神龟，已经死了三千多年了，你们的国王还把它包装得很精美，把它放在神庙之上。从龟的立场上考虑，这个龟究竟是希望在死后被人家弄得很高贵摆在那里，还是希望继续活着，在泥土里摇着尾巴打滚呢？”那两个人说，当然愿意活着在泥土里面打滚啊！庄子听了以后就说：“那么走吧，我就是希望继续翘着尾巴，在泥土里打滚的那个。”这就是庄子的人生态度。司马迁写庄子传记的时候，有一段内容是从这个故事改编的。

这个故事说明什么呢？从春秋后期到战国时期，很多人不想继续做贵族，而是离开政治，离开很风光的生活，愿意做隐者。历史上孔子和孟子的生平材料非常翔实，可是一说到老子，知道的非常少，对庄子的了解更少，因为这些人就是隐者，从来不想出名，不求名，也不求权贵。当然不是任何一个大家不知道的人，都叫作隐者。所谓隐者，“隐”，就是藏起来，而他本来应该是“显”的，而且他有“显”的本钱跟能力。隐者，是庄子他们那样的人，他们可以出名，但他们不想出名，这是他们最基本的生活态度。不出名的代价，当然生活过得比较差，至少在物质上比较清贫，对他们在生活上也是一种考验。

还有另外一个故事，这个故事来自《三木篇》，并不是《庄子》内篇里的故事。

庄子穿的大衣很破烂，但经过魏王旁边时，他还是把衣服扣好，鞋带系紧，表现得精神一点。可是魏王还是说：“先生，您的状态怎么这么疲惫？”庄子回答说：“其实我是贫，而不是惫。”“贫”是指物质生活过得不够好，但“惫”就是精神有问题。“士有道德不能行”那才叫作“惫”。而他为什么会“贫”，庄子认为是因为他的时运不好。他说，魏王，您没有见过那个猴子吗？在高大的树林里跑来跑去，可以称王称霸，古代射箭很神的人都拿它们无可奈何。但是，一旦这些家伙被赶到灌木丛，那它们就适应不了，非常谨慎了。其实不是猴子攀爬的能力突然有问题了，而是环境变化以后，它们没有办法了。现在时局有点乱，王国有问题，帮助国王佐政的那些大臣也有问题。我们怎么可能过好日子呢？古代的比干——非常能干的人，可最后还不是被纣王把他的心挖了？在坏的世道里，要做好人，要过好日子，不容易啊。庄子这是在探讨生活的另外一个问题。为什么当隐士？因为他们生活在乱世。如同《论语》里孔子经常说的，“天下有道则现，无道则隐”。只有政治清明，社会有秩序，才是做官的合适时机。庄子当时面对的世界，很乱。既然这样，他们就要忍受贫穷。他们的潦倒，同时反映了他们选择的人生态度。

惠子与庄子之间的哲学辩论

还有一段有趣的对话。生活无论怎样，你都应该快乐一点，可是怎么样才能快乐呢？

在《庄子》外、杂篇中有一段这样的话。有一天，庄子为别人送葬，路过惠子墓时，很感慨。惠子名叫惠施，在古代思想史中，他是名家的代表人物。他的代表性思想，基本上都在《庄子》里面，而且主要表现在跟庄子两人争执讨论哲学问题的过程中。惠子做过官，他比庄子先死。庄子路过他的墓时，他说："楚国晋人涂白垩，鼻尖上溅到一滴如蝇翼般大的污泥，他请匠石替他削掉。匠石挥动斧头，呼呼作响，随手劈下去，把那一小滴的泥点完全削掉，而鼻子没有受到丝毫损伤，郢人站着面不改色。宋元君听说这件事，把匠石找来说：'替我试试看。'匠石说：'我以前能削，但是我的对手早已经死了！'自从先生去世，我没有对手了，没有谈论的对象了！"庄子需要一个高水平的论敌，他才能把他的思想发挥到极致。他平时的生活就是聊天，跟这些朋友斗嘴，过这样的日子。这些内容在《庄子》中很多。

对死亡的恐惧永远是想象

所谓的人生观，其实就是对待死亡的态度。如果一个人得到消息，他的病让他只能活十天了，他一定不会很从容地坐在这里听别人讨论问题，会改变以前他的想法。庄子是怎么看待死亡的呢？

有个"鼓盆而歌"的例子。庄子的妻子死后，惠子去吊唁，看到庄子箕踞鼓盆而歌，就是坐在地上，两条腿圆拢下来，因为古代没有椅子，他不仅坐在那里，而且还敲着盆，唱着歌。而且盆还不是标准的乐器，而是一个破烂的器具。惠子看到以后，责备他说，人家跟你一起生活了那么长的时间，给你生了孩子，她死了以后，你不为她伤心也就罢了，怎么能够又敲盆又唱歌呢，你是不是太过分了？庄子说，她刚死的时候，我也感触很深，怎么可能没有感触呢？可是我想了一下，人啊，一开始本来就不存在，不仅没有生命，连形状都没有，甚至连构成那个形的气都没有，慢慢地变成有气，气又有形，形又变成有生命。现在死了，其实就是一个循环，从没有变成有，有了以后又变成没有，等于回到她的老家了。就像春夏秋冬，一年周而复始。现在人家都很坦然地睡在她的大房里了，为什么我要做出哭哭啼啼的样子？这段话是庄子对生命的解释，其实也是中国古人对生死的一种认识。

“气”是中国古典哲学常用的概念。“气”可以用在很多场合，有生命的，没生命的，成形的，没成形的。我们现在说，一个人死了，他没气了，就来源于此。庄子把生命这样一种现象，看成是一个自然的过程，他看待人的生死，就像看待植物生长、消亡的过程。

人很关心的一个问题就是，人死亡以后的世界到底是怎么样的？《庄子》也给了我们一个好玩的回答。

庄子到楚国，看到一个头盖骨单独遗留在路边。他看到以后踢了它一下，问它说：“你究竟为什么会是这个样子？究竟是你生前干了坏事，还是你的国家被人家灭亡了，你被人家杀了？还是饿死了、病死了？”为什么这么问？因为人死了尸首应该连在一起。现在只剩一个头盖骨，说明他死于非命。死于非命的人无非有几种可能性，庄子四个问题几乎把所有的可能性都给问到了。然而，梦中这个头盖骨却告诉庄子：“你所说的问题，正是人生的问题，叫作‘生人之累’，死亡以后的世界，与此完全相反。我在这里正乐不思蜀呢！”故事中的庄子没法再反驳它，因为人死了以后的世界，没有人知道。

《庄子》通过一个梦，借着死去的人告诉我们，死后的世界是怎么样的。按照这个说法，人死去以后，那个世界比我们活着的人的世界更美好。庄子告诉我们，死亡不仅仅是一个自然现象，而且，死亡以后的状况也不可怕。人类对死亡的恐惧、害怕，永远是我们活着的人的想象。但你怎么想象死亡，跟你对生活的态度，是非常不一样的。现在我们对死亡最美好的想象，就是做了一个长梦，睡去了。为什么我们这样想呢？因为醒的人跟睡去的人，无法交流。在这个情况下，我们只能把死亡最美好的一个状况跟长睡连在一起。这是庄子关于死亡的另外一个想象。既然是这样，庄子他本人对死亡的态度就显得很坦然了。

庄子自己是怎样对待死亡的？传说庄子快死的时候，他的弟子准备对他进行厚葬。他们不忌讳这个问题，因为他们经常讨论死亡的话题。他还没死，他的学生们就告诉他，你放心死吧，我们一定会厚葬你的。通常来说，当人寿终正寝的时候，由他的子女来安葬。为什么厚葬父母？这是孝的表现。对父母生前和死后的态度，你要贯彻一致。死的时候也要尽孝，因为死亡以后的世界，跟活着的世界是对称的，只不过我们不能随时交流而已。那个世界里面也有社会关系，也有生命，也需要享乐、拥有财富，各种各样的东西都要有。为了使亲人去世以后在另一个世界过得好，就要厚葬，棺木弄得像一个房子，里面放好多东西，像丝绸绫缎、珠宝等。今天有人去世的时候，我们象征性地也有这样的仪式，只不过现在是用纸来做的。这与古今传统思想其实是一致的。庄子听了以后跟学生说，我“以天地为棺椁，日月为连璧”，万物就是对我的馈送。我死了以后，躺在这个世界上，好像所有的东西都是我的，那我什么都齐备了，为什么还要加这些多余的东西？弟子们说，我们怕你死了以后，那些鹰会把你的尸体给吃了，所以我们要把你保护好。庄子说，放在地上会被鹰吃了，把我埋在地里，蚂蚁不把我吃了？为什么要厚此薄彼呢？给鹰吃跟给蚂蚁吃有什么区别呢？

庄子对死亡就是这样非常豁达的态度。他这样一种观念引申出很多东西，跟儒家所表达的方式非常不一样。

众生所有的东西是平等的

刚才说了庄子的人生态度，不为权贵，不想出名，只要有一些交流思想的朋友就行了。他对死亡也没有什么畏惧，非常坦然。我们通常说，这个人很达观，达观就是从庄子这里来的。《庄子》里面有一篇文章，叫做《达生》。我们今天说的达人，也是从这里引申出来的。庄子的精神不仅体现在对人对自己的态度，也体现在对其他事物方面的态度。

这里有一段比较难读的引文，来自《齐物论》，反映了他对其他生命的态度，他把人跟其他生命，在价值上，看成是平等的。

> 齧缺问乎王倪曰："子知物之所同是乎？"曰："吾恶乎知之！""子知子之所不知邪？"曰："吾恶乎知之！""然则物无知邪？"曰："吾恶乎知之！虽然，尝试言之。庸讵知吾所谓知之非不知邪？庸讵知吾所谓不知之非知邪？且吾尝试问乎女：民湿寝则腰疾偏死，鳅然乎哉？木处则惴栗恂惧，猨猴然乎哉？三者孰知正处？民食刍豢，麋鹿食荐，蝍蛆甘带，鸱鸦耆鼠，四者孰知正味？猨猵狙以为雌，麋与鹿交，鳅与鱼游。毛嫱丽姬，人之所美也，鱼见之深入，鸟见之高飞，麋鹿见之决骤。四者孰知天下之正色哉？自我观之，仁义之端，是非之涂，樊然肴乱，吾恶能知其辩！"

这段话有几个层次，第一个层次是，有个叫作齧缺的人（为什么叫齧缺？齧缺就是没有牙的人，《庄子》里面有很多人物，样子都长得不好看，或有残缺），对一个叫王倪的人，问了三个问题。

第一个问题："你知不知道人跟所有的生物一样，对待事物都有一些共同的判断，或者是评价的标准？"王倪说："我哪里知道。"这个齧缺继续问："你不知道的是什么东西啊？"王倪说："我哪里知道？”齧缺听了以后，又觉得不满足，再问他说：“各种各样的人，各种各样的生物，难道他们没有判断事物的能力和标准吗？”王倪还是说：“我哪里知道啊！”我们平时说的“一问三不知”就是从这里来的。其实这里问的是三个问题，不是“一问三不知”，是“三问一不知”。每个问题，他都说不知。可是他这个不知说完以后，他不是不知，其实他知的比这个问的人需要的答案要复杂，对“知”和“不知”的认识，很可能根本不同，因为“知”的意思究竟是什么，我们都没有共同的标准！我有什么办法回答你的问题呢？

接下来，他举了三种类型的例子。

第一，什么样的情况下我们有共同的标准。他说，人泡在水里，就会有风湿、生病，就会死掉，可是泥鳅就生活在水里。如果我们爬到树上去生活，我们肯定很紧张，很害怕，可是猴子在上面跟在天堂一样，非常自在。那你说，猴子、人、泥鳅，这三种生物，在哪里是最合适居住的地方，哪一种能够提供标准呢？

第二，从吃东西来说，美味的标准是什么。人吃的都是圈养的东西，牛、羊等。鹿等动物吃的都是草。蜈蚣吃的是小蛇。乌鸦或鹰喜欢吃的是老鼠。每一种生物都有自己的美味，究竟哪一种是美味的标准呢？

第三，“美”有共同的标准吗？你让古代的美女靠近鱼跟鸟，鱼见了马上就游走了，鸟见了马上就飞走了。意味着它们见到她，不觉得是美的，而且可能是丑的。既然是这样，我们凭什么说我们有一个“知”的标准呢？有个成语叫“沉鱼落雁”，原意就是美人把鸟和鱼都给征服了。

因为标准不同，庄子的这段话，有两层意思。

第一，在这个世界上，人跟其他生物一样，什么对自己有利，各有自己的标准。每个人、每种生物都有它自己的权利。你把泥鳅弄到房子里面生活，或把人放到水里，都不是正常的事情。

第二，人世间的所有人，处在不同的位置，有不同的文化背景，有不同的思想传统，也有不同的生活标准，我们不能把这个人的标准强加给另外一个人。在庄子的哲学中，这属于《齐物论》中的一个论证。要表明各种各样的事物、各种各样的人、各种各样的生物，对这个世界的看法、评判标准不是统一的。众生所有的东西都是平等的。

蝴蝶是中国文化中的符号

还有个非常有名的例子。这是个哲学问题，也是借人和生物对等的状况来讲的。

在《庄周梦蝶》里，有个叫庄周的人梦见自己变成了蝴蝶，这里要注意，不是庄子梦见了蝴蝶，而是他变成了一只蝴蝶，这是不一样的。可是一会儿醒过来以后，整个人又变成庄子了。这就有一个问题。究竟是庄子梦见蝴蝶，还是现在的庄子是蝴蝶做梦的时候，梦见变成了庄子？该怎么区分？这是一个非常有趣的问题。中国人对蝴蝶有着特殊的眼光，应该从这里开始，从庄子开始，后来我们知道梁祝变成蝴蝶。现在很多地方的人，家里人去世以后看到蝴蝶，会觉得是不是祖先的灵魂飞来了。蝴蝶是我们文化中的一个符号，把对一些美好的未知的想象寄托在这里了。通常人们觉得庄子这个问题是讲，我们睡觉时的感觉，跟我们醒来后的感觉，哪个感觉才是真实的问题。通常会这么想问题，可是这样想问题是错的，这样想问题有点类似于笛卡尔提出的问题。那么笛卡尔提出了什么问题呢？

笛卡尔在《第一哲学沉思集》里写过这么一段话，大概意思是说，他经常睡觉的时候做梦自己在火炉面前走来走去，可是实际上他当时躺在被窝里。他说，我现在醒过来，知道我是醒着的，而觉得梦中的时候，是不清醒的。他想说，其实在梦境中，也觉得很清醒，也觉得在过真实的生活。可是醒来以后，就认为不一样。为什么对梦中的清醒，我们现在就说是假的，我们醒过来这个清醒就是真的呢？他认为，醒跟梦其实没有太多区别。既然梦中的感觉是假的，醒着的感觉也不是可靠的，我们对这个世界所有的认识都是可以怀疑的，唯一不能怀疑的就是我在怀疑这个世界本身，所谓“我思故我在”，就是我现在想这个事情本身是不能怀疑的。我在想，我在怀疑，这个是不能怀疑的，其他都是可以怀疑的。感觉跟理性相比，他认为理性比感性更重要。

庄子的问题跟他的不一样。元代一幅有名的画叫《梦蝶图》，这是以前的人想象的一个庄子。现在我们来看庄子的问题，关键不是做梦的内容。既然梦中那个蝴蝶是庄子做梦变成的，那庄子醒的时候，这个庄子不也可能是蝴蝶做梦变成的吗？究竟是谁在做梦？从这样的角度看，做梦的不是一个人，而是两个，而且这两个一个是人，一个是生物。

一个人做梦的不真实性和醒来的真实性，我们怎么判断？原则上我们梦中的经验跟我们醒过来的经验是不连续的。简单来说，梦中你跟人家合伙去做事，醒来以后，你的合作还没有完成，你不能同那个人说，你刚才跟我商量好的，你继续跟我去做吧！因为那个人没有在你的梦中，没有在梦里跟你合伙过，情节不能延续。这样一来我们就知道，梦中的经验跟醒着的经验不同，我们是借着醒来的经验跟它的中断来判断的。但是我们没有能力判断，醒来的经验可靠，还是梦中的经验更可靠。我们只会判断，梦中的经验不是我们醒着时的经验，这两个经验是不连续的。究竟梦中的经验可靠，还是醒着的经验可靠，不是庄子的问题。庄子问题的真意，在于究竟是谁在做梦。这在哲学上，就叫作“对主体的怀疑”。

人怎么会觉得鱼是快乐的

下面我们来看另外一个故事，谈人跟万物的关系。这个故事叫《鱼之乐》。

蝴蝶是中国文化中常用的意象，鱼也是。世俗的《鱼乐图》固然是年年有余的意思，可是这里所讲的，更多的是鱼的快乐。中国人传统的宠物习惯，多是养鸟养鱼。养狗跟养猫是西方人的时髦。这个习惯跟庄子讲的鱼有很大的关系。在国外有很多所谓的中国花园、中国城，除象征性的屋顶特点之外，很多地方都会养一些鱼，特别是一些锦鲤，可以说它是中国文化的一个意象。这是怎样发展来的？

惠施死了以后，庄子觉得没有高手可以跟他过招了。鱼乐之辩是他生前他们的一次过招。庄子跟惠施有一次在河边走，庄子看到有一条鱼，摇头摆尾游出来后，他说鱼从容出游是鱼的快乐。什么叫作出游从容？鱼在游的时候，什么叫从容，什么叫不从容，这是庄子自己看出来的，而且他说是鱼的快乐。惠施就说："你不是鱼，你怎么知道这个鱼是快乐的？"庄子说："你不是我，你怎么知道我不知道鱼的快乐呢？"惠施就说："我不是你，所以我不知道，但你不是鱼，你也不知道，这不就对了吗？"结果庄子说："那你刚才问我说，我怎么知道鱼的快乐，那你就是知道我知道鱼的快乐，你才问我这样的问题。"其实他们在不断地转换概念，第一个关键的转换概念是惠施说"子非鱼，安知鱼之乐"的时候，庄子说"子非我，安知我不知鱼之乐"。两个人概念是不一样的。惠施跟庄子说，"你不是鱼，你不知道鱼的快乐"，是指人跟鱼不是同类，我们没法对它的感情进行理解。惠施跟庄子是人，原则上他们可以互相理解什么叫作快乐。可是庄子这么一来，就使鱼跟他跟惠施三者成了平等的存在物了。说我跟鱼不一样，那我跟你也不一样，就变成这样一个"同类"的问题了。庄子先偷换了一次概念，可是惠施没有把他偷换概念这个事情给说破，而是跟着绕下去。这样的话，按照他的推论，那我不知道，你也不知道那个鱼！就变成同意他说他们三个是平等的存在物，并以此来推论这个问题。按现代逻辑分析，庄子肯定是错的，尽管惠施的辩论也不够好。可是我们去看历代注释，没有一个人说庄子的论证有问题，包括很有名的郭象、王夫之，他们都觉得庄子的说法是对的。

"鱼之乐"涉及的究竟是认识论，还是世界观？认识论就是说，我们有没有能力知道鱼是快乐的。这个问题可以做心理学实验。世界观的问题是，我们为什么要认为鱼是快乐的？我们不知道鱼是不是快乐，可是我们可以把鱼看成是快乐的。第二个问题说明了我们对其他生命的看法，是世界观问题。这个辩论中，他们首先混淆了一个字，就是"知"。"知"就是"知"鱼之乐，"子非鱼，安知鱼之乐"这个“知”。“知”的这个概念，按照我们今天的理解叫作“知道”。可是“知道”这个词的用法，并不是所有的情况下都是一样的。举例说，如果我们说我知道门口有一只老虎，或者某个神台上的那个神牌，我知道这是谁的祖宗。“我知道”有完全不一样的意思。前面一个“我知道”，是一个经验事实的判断。后面这个“我知道”，是赋予事物以意义，只有在特定的礼仪制度中，它才是有效的；如果不了解中国文化，可能就不明白或不能接受。

庄子说他知道鱼的快乐，就类似于说我们认定的一种特有的信念，我们相信它是快乐的。他的意思不是说，我们可以证明它是快乐的，而是我们相信它是快乐的。你可能说，我不相信它是快乐的，可是你不能通过论证让他不相信鱼是快乐的。这个事情你做不到，这个“知”就是这样的意思。在英文中我们说“I see”，其实也是这个意思，我明白了。我有什么信念跟信念能否被证明，没必然联系。其实不是只有庄子一个人觉得鱼是快乐的。我们今天有很多人，到了锦鲤池边看到那些鱼在游的时候，扔一点东西给它们，很多鱼扑过来吃，我们也会觉得鱼是快乐的。我们怎么会觉得鱼是快乐的？其实我们不能证明，我们只能描述人类是怎么理解或产生“鱼有快乐”这种意识的。我们当然不太可能知道鱼是否是快乐的。有一种情况，我们不知道它是快乐的，可能我们会觉得它是痛苦的。你把一条鱼从水里捞起来，然后放在没水的地方，让它跳到死，我们会感觉它是痛苦的。这个看法的性质是什么？就是人类对其他生物有同情心，会把人对自己生命的理解，放到其他的生命上去，然后我们获得这个经验。这个绝对不是生物学上能够充分证明的问题。它最关键的问题，不是说被看的对象是不是这个样子，而是人对世界的一个态度。庄子的《鱼之乐》和《庄周梦蝶》这一类故事表达的就是对其他生命的看法和态度。

道家和儒家对生命看法不同

为什么我说它不仅仅是人生哲学，也是生命哲学？因为《庄子》把人对自身生命的体会，放到其他万物上去了。我们倒过来考虑，中国文化中是不是只有庄子是这样的？其实不是，对生命的看法，可以把道家和儒家作一个对比。它们也有共同的看法，当然也有区别。

如果我们不讲其他的派别，只讲儒家，我们对儒家的了解可能会把它平面化，可能了解得会比较浅。儒家极力想把人跟动物分清界限。中国人骂人最不好听的就是：这个人是禽兽。禽兽不是人，就是说你是动物。孟子认为，有没有良心，或者是否有恻隐之心，正是人与动物的区别。

可是庄子不同，他恨不得把人说成是动物。儒家为什么要把人跟物划清界限？因为关键的问题是，人本身就是生物中的一种，人自己觉得我们的人性发展有一些特殊的内容，包括文化，是用来控制人身体中的动物本能的。如果我们不划清界限，人身上的动物本能可能会控制自己，那么我们就放弃了人类文明建立起来的东西，我们就回到了动物的原始状态。

可是道家不是这样想。庄子强调人跟动物是不能分的，各种各样的人与动物没有谁高谁低的问题。从《庄子》那里看到，人类社会形成和发展起来以后，人类很多的问题并不仅仅是人身上的动物性本能导致的。人性中也发展出一些很坏的东西，伤害了别人。人有了智慧以后，如果干坏事的话，破坏力就特别强。而动物可能干坏事，但是，动物干的坏事跟人干的坏事不一样。动物的行为是本能活动，它是没有想法的，没有心机，有心机会算计别人的利益。所以庄子要特别强调，人发明出比动物更糟糕、更恶的那些东西，应该把它去掉。庄子宁可说，人不如动物，我们要跟动物一样。孟子与庄子，看到的是不同方面的问题。

庄子一直反对“知”跟“智”。因为他认为人类那个“知”是世俗的，懂得利弊的那种“知”。庄子要讲的是，人真有“知”，真正的大智，就是要撇开这样的东西，我们才能活得更快乐。

儒家跟道家的异同

进入另一个层次，在人与人之间的关系方面，庄子跟儒家的看法也不一样。庄子讲过一个寓言，泉水干的时候，泉中那些鱼会互相依偎在一块吐泡沫，让自己很艰难地维持生存。然后庄子就说：“与其相濡以沫，不如相忘于江湖。”“相濡以沫”是指在有限的条件里互相帮助，互相关爱。“相忘于江湖”就是各自孤立，各自过自己的生活，可以拥有更自由的状况。儒家跟道家讲的人与人之间的关系不同。儒家讲的是在有限的条件下，我们人必须这样做。庄子说，与其这样，我们还不如各自做自己的。当然，前提条件是人有足够的地方可以去。在庄子的心目中，“相忘于江湖”的这样一些人，他们对资源的要求非常低，不需要跟人家争。

儒家跟道家当然有共同的地方，就是提倡对于生命跟生活热爱的态度。在儒家《论语》里，孔子说，“一箪食，一瓢饮，在陋巷，人不堪其忧，回也不改其乐”。讲颜回在很贫困的状况下，也非常快乐。或者说他自己是“乐以忘忧，不知老之将至”。甚至说“仁者不忧”，都是讲关于快乐的。孟子不仅讲个人的快乐，还讲共乐，讲政治人物要跟老百姓共乐。道家谁先讲快乐？庄子先讲。而且庄子的快乐的形象，就是从《论语》里颜回那里搬出来的。《庄子》里面还有一篇叫作《至乐》，描述各种各样快乐的内容。儒家跟道家对生命都采取了一个快乐的、认可的态度，并且他们把对人的生命的看法，对人本身的看法推广到世界上其他的事物里去。比如庄子讲，“天地与我并生，而万物与我为一”。儒家也是不仅应该亲亲（有血缘关系的人），对其他人、对其他万物也要爱护。从这个意义上讲，庄子跟儒家差别又不是那么大。以至于历来有人认为，庄子其实就是儒家的代表，是儒家中颜回那一派的弟子发展出来的一个分支。

庄子哲学其实同大学里面念过的公共课哲学，或者现代哲学不一样。现代哲学跟生活没有多大关系，但古代哲学跟生活有很大关系。

其中非常重要的一个因素是，在古代，讲哲学不是职业，最多有一些教师在传播他们的理念。古代哲学不管是西方的还是东方的，他们讲哲学只不过是他们的爱好。古代哲学不是一种理论，没有建立一套学说，只是到了后来出现了很多哲学概念，一套一套推出来，让我们知道这个世界本质是什么样子、为什么这样。起初没有这样的内容，而是培养或者提倡一种生活态度。这就是在日常生活中体现出来的，如庄子和惠施整天辩论的问题，一会儿辩论鱼，一会儿辩论蝴蝶，一会儿辩论生死。这是他们对生活的一种态度，一种反思。

它包括多个层次的问题，包括我们今天做的事情对还是不对，或者说这个事情在道德层面上好还是不好。我们还可以想想对和好的标准是哪里来的，为什么这样做就是好和对？究竟在什么样的标准下我们该这么做？如果这个标准来自别人，我们还可以想为什么我要认同，为什么我要接受？还有进一步的问题就是，我是怎么样的一个人？怎样理解别人？我们知道一个人的相貌，这是最表面的。他从事什么工作？他有没有名望？再深一点，我们跟他有交往，我说什么事情，他会赞同还是不赞同？在什么样的情况下，我可以跟他一致？

我们怎么了解自己：第一，你不是靠你自己的名字；第二，你也不是靠你的相貌。你改变了你的容貌以后，你还知道你是谁，可是别人改变了容貌，你就不知道了。这样就会产生一个问题，你是怎么理解自我的？这个自我理解，跟你理解这个世界之间是什么样的关系？古代的哲学，就是从这里一步一步推导出来的。

现代哲学不是这样的。现代哲学已经是一门专门的学问，并且讲哲学是一门职业。现代哲学增加了大量其他的内容。这样就导致我们的文化中精神的东西、有创造性的东西，还有思想内容越来越与生活脱节。当今大部分人都不知道哲学是用来干什么的，哲学在我们的世界里，就越来越没有地位。如果我们愿意在公共场合讲哲学的话，我们希望这个哲学不仅仅是哲学家或者是哲学教师个人关心的事情，哲学同广大民众也有非常密切的关系。在大学以外，哲学工作者就存在推广哲学的一种冲动。这也是今天我愿意到这里来讲《庄子》很重要的一个理由。

超越宗教

——《金刚经》告诉了我们什么

张蕾蕾

张蕾蕾

宗教学博士，中共深圳市委党校讲师，中国社会科学院世界宗教研究所博士后。主要研究领域为宗教学、佛教与中国传统文化。代表作品：《近代北京佛教社会生活史研究——以馆藏民国档案为中心的考察（1912～1949）》。在《世界宗教文化》《佛学研究》等期刊发表论文十余篇。

《金刚经》具有超越宗教的智慧

现在已经到了深秋季节，在这个阳光灿烂的下午，我很荣幸能够“偷得浮生半日闲”，跟朋友们一起静下心来，探讨在中国历史上影响非常大、非常优美的经典著作《金刚经》。

我从事宗教学研究到现在已经六年，主要研究各种宗教的现象及其社会影响。在经过六年专业学习后，反过来再读《金刚经》，会发现它具有超越性，是超越神佛崇拜、超越宗派乃至超越宗教的大智慧。我个人深受感染和启发，我愿意把我的感悟同大家来分享。

从雕版印刷至今为止，《金刚经》是遗留下来的最早的印刷文本，原物现存英国大英博物馆，八百年前的书版至今极其清晰精美，足见《金刚经》在当时社会的流行之广、程度之深。事实上，这部经典著作在整个佛教中的地位非常高，在人类文化历史上产生的影响和作用很大。著名的六祖慧能法师就是因《金刚经》悟道的。

在《金刚经》里面，佛祖自身对本经的评价也非常高。佛陀在《金刚经》里亲口说，“一切诸佛及诸佛阿耨多罗三藐三菩提法皆从此经出”。“阿耨多罗三藐三菩提”的意思是“无上正等正觉”。佛陀本人说法 49 年，他说，我的这一切佛法，我讲的一切诸佛，无上智慧，都是从《金刚经》里得出来的。大家可想而知，《金刚经》在整个佛门具有无上的崇高性。

《金刚经》的全名是《金刚般若波罗蜜经》，它实际上并不是一部单独的经书，因为它的内容十分精要，所以就单列出来。事实上，它只是 600 卷《大般若经》中的一卷，但这一卷是整个《大般若经》卷的心眼。读通了《金刚经》，就等于把 600 卷都读通了。《金刚经》有若干个翻译版本，最著名的就是鸠摩罗什翻译的，玄奘法师也翻译过《金刚经》，因为此经在《大般若经》的第九会出现，其经名便叫《第九会能断金刚分》。还有一位著名的义净法师也翻译过《金刚经》，其经名完全按照梵文本意来翻译，叫《佛说能断金刚般若波罗蜜经》。但是鸠摩罗什觉得所有的经都是佛说，所以他把佛说两个字舍了。又认为金刚即能断，所以把“能断”两字也舍了，经名就题为《金刚般若波罗蜜多经》。大家可能会问，什么是金刚？现在有一种解释说金刚就是钻石。有一句广告词说“钻石恒久远，一颗永流传”，就是说钻石是非常坚硬的东西，又代表了一种恒心，成为爱情的象征。但是大家想一想，这么坚固的钻石，其实仍然可以被切割出各种形状。但是，金刚比钻石更坚硬，极其坚硬，能断一切却不被一切所断，称作金刚。金刚在这里比喻佛教的智慧。它能断什么呢？能断一切烦恼，能断一切苦闷。

按原意来翻译，“般若”是什么意思？“般若”在中文里可以解释为智慧，这种智慧当然不是一般的智慧。如果直接译为智慧，好像有一点不太对味。这也是中国古代翻译家非常高明的地方。就是说有一些意义特别多的东西，就把它直接译成“般若”，包括佛教中非常多的词语，这样的话也就丰富了中国的文学与文字。这些词汇如佛、般若等都是从梵文里面翻译出来的，但是根据我们的理解就成了自己的东西。“般若”就是这样，所以叫“金刚般若”。

“波罗蜜”是什么意思？在梵文当中就是“到彼岸”的意思。佛教认为我们生活的世界是一个现实世界，非常苦恼，他们修行的目标就是从此岸能够达到美好的彼岸。“金刚般若波罗蜜”是非常坚固、非常厉害的一种智慧，能够带着你解脱烦恼，到达智慧的彼岸。我们有一部非常著名的经卷，大家可能都听说过，叫《般若波罗蜜多心经》，其实波罗蜜也是梵文的音译，波罗梵文的音称叫“prajnā”（音译），鸠摩法师把“多”去掉了，在梵文当中，它是一个尾音，没有实际意义。但是在《心经》当中，玄奘法师翻译时把它留下来了。无论是“波罗蜜”还是“波罗蜜多”，其实都是一个意思。《心经》在《西游记》当中也是一部非常著名的经卷，大家把它叫作《波罗蜜经》，实际上就是《金刚般若波罗蜜经》。

鸠摩罗什的经典翻译

在阅读经典之前，我们应该对译师表示尊敬。莫言获得了诺贝尔文学奖。有人问他，你获得诺贝尔文学奖最关键的因素是什么？他说，“作品的语言和思想非常重要，但要让外国人能读懂，最重要的是翻译”。大家知道诺贝尔奖评委都是瑞典文学家，他们读不懂中文，所以就必须要借助翻译的语言。翻译的过程真的非常重要。陈安娜女士翻译莫言的作品，并不是逐字逐句翻译的，她阅读完之后，基本上从整体上再翻译成瑞典语，把思想翻译出来了。翻译得这么好，所以才能得奖。我们读佛经也是。大家知道，佛教其实不是中国本土原生的宗教，是从印度传过来的外来文化。当这种外来文化和中国本土文化相交融时，第一步是什么？就是翻译，如果翻译不好，就不能在本地流传下去。

举个例子。唐代时基督教就已经传到中国，西安碑林第二室里立着一通名叫“大秦景教流行中国碑”的著名石碑。当时的景教就是基督教，它为什么没有在中国传下去？就是因为当时翻译得太差了，文辞不够流畅优美。中国人看了之后，对这部经典完全生不起敬意，这样的话，怎么传播？但佛教经典的翻译就非常成功，为什么佛教能够成为中国文化不可分割的一部分，并对中国文化产生深刻的影响？出色的翻译功不可没。

三藏法师鸠摩罗什是一个很具有传奇色彩的人物。他的父亲鸠摩罗炎是印度天竺国丞相的儿子，鸠摩罗炎特别聪慧，但是他不太愿意停留于世俗的快乐，就弃相位于自己的哥哥出家了。出家之后游学到了西域龟兹，就是现在的新疆库车县。

龟兹国王非常喜欢鸠摩罗炎，聘他为国师。但是鸠摩罗什的母亲，就是龟兹国国王的女儿耆婆，特别爱慕这个国师，就用了各种方法逼迫他还俗，跟他结婚，生下了鸠摩罗什和弗沙提婆兄弟二人。鸠摩罗什的母亲醉心于佛法，在他 7 岁的时候，就抛下了他的父亲鸠摩罗炎，带着鸠摩罗什出家了。鸠摩罗什在母亲的辛勤培育之下，一直游学西域诸国，12 岁就已经名扬整个西域，20 岁就博览全经，基本上没有人可以辩过他。

鸠摩罗什的美名甚至传到了中原大地。中原大地那时有一个非常有名的皇帝，就是苻坚。他发动过最著名的一场战争就是淝水之战，最终失败了。在这场战争失败之前还有一场著名的战争，即公元 379 年在湖北襄阳发生的一场争夺和尚的战争。这场战争的起因是当时著名的道安法师。

道安法师佛学素养极高，在中国佛教史上地位卓著，威名远扬，苻坚非常仰慕他，就想通过战争的方式把道安法师抢过来。这个时候处于南北朝时期，战争频发。只要是个人才，统治者就非常重视。苻坚发兵10万攻打襄阳，就是为了争夺道安法师。得到道安法师后，苻坚特别高兴，跟道安法师说，“请你再给我推荐一个人才”。道安法师推荐了鸠摩罗什。于是，苻坚就于382年派遣骁骑将军吕光去西域请鸠摩罗什来长安。当时苻坚跟吕光说，龟兹国王如果同意，你就直接把鸠摩罗什带过来，如果他不配合，就把这个国家灭了。

吕光到了西域之后，因为龟兹国王不肯放人，就真的发兵把龟兹灭了。当吕光夺得鸠摩罗什的时候，看到他这么年轻，才20多岁，心生轻侮，逼迫他破戒。鸠摩罗什一生真的很悲惨，但他意志非常坚定，他7岁就随母亲出家了，非常痛苦，吕光还逼迫他跟他的妹妹结婚。因为和他的妹妹结婚，就破戒了。之后就更加羞辱他，鞭打他，辱骂他，用各种极刑对待他。鸠摩罗什在整个过程中，受到了很多伤害，但是他的道心依然坚固。后来吕光带着鸠摩罗什准备返回的时候，听说苻坚的大军在淝水之战中被灭了，他就建立了后梁，鸠摩罗什就在后梁被扣留了17年。在17年的时间里，他凭着自己的智慧，化解了无数吕光的刁难，并得到吕光和他的一些部下的尊崇。

前秦灭亡后，后秦建立了。后秦国王姚苌听说了鸠摩罗什之后，一直想迎请他回来，但是吕光不放人，姚苌最后抑郁而终。他的儿子姚兴继位之后，也极其热爱佛教，热爱人才，他又去跟吕光交涉，最后吕光依然不同意。姚兴就派10万大军到后梁，把后梁灭了，最后把鸠摩罗什带了回来。

从这样的反复争夺当中，可以感受到鸠摩罗什社会地位的崇高。为了他一个人，已经灭掉了两个国家。姚兴把他带回来之后，鸠摩罗什已经将近50岁了。姚兴专门给他建了一座非常美丽的园子，叫“逍遥园”，让他翻译各种各样的经典。鸠摩罗什翻译的经典，我们非常熟悉的有《佛说阿弥陀经》《佛说无量寿经》《维摩诘经》《妙法莲华经》等，由于译文非常简洁流畅，妙义自然诠显无碍，所以深受众人的喜爱而广为流传。鸠摩罗什的翻译用词真是非常优美。一会儿大家跟我读《金刚经》的时候，就会感受到那种凝练蕴含其中但自己又表达不出来的精妙。所以，鸠摩罗什对佛教传到中国，对整个中国文化的影响真的是至深至远。

鸠摩罗什在长安生活了 17 年后去世了。当时的译场规模非常大，最多有 3000 人同时参与翻译。当时的交流非常不方便，经书不像我们现在是可以随身携带的。那些人怎么把经书带来的呢？真的是完全靠记忆，专门要找到一个能够记住这本经书的人，这个记经的人把梵文文本念出来，之后就一句一句地翻译，3000 人分工协作，翻译了几百本经典。鸠摩罗什翻译的经典现今流传下来的有 367 部。

鸠摩罗什这一生波折不断，争议不断。他到了长安之后，姚兴非常钟爱他，觉得像鸠摩罗什这么惊才绝艳的人，归入佛教就不能留下后代，实在非常遗憾。他就逼迫鸠摩罗什结婚，送给他 10 个女人，希望能留下他的后代，要不然就很可惜了。鸠摩罗什也只好随他的意思，被迫破戒。当时有很多出家的法师看到鸠摩罗什非常羡慕，很想学鸠摩罗什，但鸠摩罗什说，“你们根本就不知道我在这样的情景当中的痛苦”，“我是臭泥中的莲花”，希望大家赞许莲花，勿取臭泥。

鸠摩罗什对自己翻译的经典，其实也没有信心。最后，他圆寂的时候，跟后人说，“如果我翻译的经典都能够按佛祖本意，那我死后，我的舌头不会被火化，而化成为舍利”。后来，他圆寂之后，火化他时，果然只剩下了舌头舍利。我们所说的“三寸不烂之舌”，也是从鸠摩罗什这里来的，这是关于鸠摩罗什的典故。

异域文化交流传播中的先行者们

我还想再讲讲玄奘法师。

看过《西游记》的都知道，玄奘法师是唐僧的原型。但是，他在西天取经的过程中，绝对没有像《西游记》描写的那么舒服。

他一个人西出长安，在上无飞鸟、下无走兽的大沙漠中艰难前行，水袋打翻，差点渴死。沙漠中没有路标，唯以遗留的人及牲畜的骨骸为路标前行，历经10余年才到印度。在那个时代，有无数前仆后继的取经人在做这样的文化交流，才能把异域文化留传给我们。

义净法师（中国唐代僧人，中国佛教四大译经家之一）有一首非常著名的《求法诗》来描述其中的艰辛，这里跟大家分享一下。

“晋宋齐梁唐代间，高僧求法离长安。”在南北朝的时候，大家求一种心灵的安慰或者求一种智慧，就离开了故土长安。

“去人成百归无十，后者安知前者难！”当时去的人有成百上千，但真正能安全回来的，连十个都不到。当时外出求法的义净法师已经60岁了，他还走海路航行去印度。跟他出海的十几个人都是他最亲近的弟子，他身边的弟子一个一个地死掉，看着同伴在身边不断倒下，难免产生那种痛彻心扉的感觉。我们后者怎么知道前者是如何艰难的？

“路远碧天唯冷结，沙河遮日力疲殚。”这种旅途上的困惑就不用说了，大家都可以想象。像古代交通那么不发达，自己全靠腿走路。

“后贤若不谙斯旨，往往将经容易看。”大家如果不知道这样一段历史，不知道这样一段经典来源的话，就可能把经看得很容易，不就是一本书吗？要看到这本书后面付出了多少艰苦和心血。

唐代女皇武则天也是信奉佛教的人。大家如果去过洛阳会知道，龙门石窟的主佛卢舍那佛，据称就是按照武则天的形象塑造的。她也是非常有才华的人，写了很多佛法经典，赞叹佛法的美妙，告诫自身要珍惜：“无上甚深微妙法”，意思是佛教的佛法非常精深、非常精妙。

“百千万劫难遭遇。”在佛教经典中有这样的故事。佛陀从大地中抓起一把土，告诫弟子说：不知佛法者，就如地下泥，能知佛法者，甚为稀有，如我掌中土。所以，大家能够有机会听到真正的佛法，是非常有福气的事情。

“我今见闻得受持。”

“愿解如来真实义。”

我们每次在读经的时候，都会讲一个开经偈，开经，就是翻开经典时，用非常珍惜的心来看待经典。

讲到《金刚经》，还有一个比较关键的人物，就是昭明太子。他的父亲是很著名的梁武帝。梁武帝与达摩祖师是同时代人，达摩祖师也是中国禅宗的初祖。当时梁武帝把达摩祖师请回去。梁武帝说：“我这个人特别恭敬佛教，建寺，供僧，还 3 次出家，有没有功德啊？”但达摩祖师说他“一点功德都没有”，于是一苇渡江去了少林寺闭关了。

昭明太子是梁武帝的儿子，非常有才华。《金刚经》刚翻译好时是通篇在一起没有分段的。昭明太子把《金刚经》章程按照经文意思，分成 32 品，而且每品名字都取得非常精妙，说明昭明太子是非常理解《金刚经》智慧的人。如果不能够理解《金刚经》这种智慧，怎么能够问出像梁武帝这样的问题来？所以我一直好奇梁武帝问达摩祖师故事的真实性。

接下来正式解读《金刚经》。

我们先看一下《金刚经》的情境。在每部经典的最初都有一个情境，佛陀在什么情况下说的经典？很多经典说的原因都不太一样。比如：《维摩诘经》的缘起是讲维摩诘生病了，佛陀派人去看病；《楞严经》是讲弟子阿难在路上遇到摩登伽女，佛陀以神力拯救他；等等。那么，《金刚经》是在什么情境下说的呢？

佛陀说法 49 年没有留下文字

“如是我闻：一时，佛在舍卫国祇树给孤独园，与大比丘众千二百五十人俱。”

首先，起始的第一句话就是“如是我闻”，它的意思比较多。按古代解经方法，“如是我闻”四个字就可以解读一个月。它其实就是每部经典都必有的一句话。佛陀说法 49 年，没有留下一个字，如古代孔子一样述而不作，他们的思想完全都是弟子后来再整理的。佛陀圆寂之后，弟子们才聚集在一起整理他的经典。佛陀身边有两个大弟子：迦叶和阿难。佛说的话，阿难都能原本不动地说出来。所以第一部经典第一句话就是“如是我闻”，交代经典的来源。阿难说这个可不是我自己说的，“如是”是这个样子，“闻”是听说，其实是一个倒装句，即“我听闻佛是这样说的”。鸠摩罗什翻译过来就是“如是我闻”，很优美文雅，妙趣无穷。

第二句话是“一时”，什么叫“一时”？“一时”也是很有意思的境界。“一时”是什么时候呢？就是这个时候，就是你在看的时候，就是佛陀讲的时候，也就是我带着大家一块读的时候，这就是“一时”，希望大家能够慢慢体会。

佛陀是在什么地方讲经呢？在舍卫国，位于天竺的一个小国。“祇树给孤独园”，它是什么地方？当时佛陀在外出传法的过程中，拥有非常多的弟子。其中，有一个著名的大居士叫须达多，他非常有善心，经常接济穷人和孤寡老人，时人尊称他叫给孤独长者。当时给孤独长者见到佛之后，对他非常崇拜，就请佛陀来他这个地方讲法。佛陀说：“好啊，那你让我在哪讲呢？”给孤独长者就说：“我一定拿出最好的园地。”他就跑到整个舍卫国转了一圈，发现最好的地方就是祇元太子住的园地。他跟太子说，我要请佛陀来讲法，请把园地让给我。太子说，不行，这是我的园地，并开玩笑说，除非你拿金子打成叶子，一片一片地铺满这块地，我才肯卖给你。给孤独长者一听，最后真的把金子打成叶子一片一片地铺，太子听说之后就特别感动，什么样的大人物能让你这样做？给孤独长者就告诉他佛陀的伟绩，太子也是特别恭敬，就说你别再给了，这些就够了，加上没有被金叶覆盖的树，算我们两个人一起供养佛吧！就把他们两个人的名字合起来，叫“祇树给孤独园”。佛陀有很多经典是在这个园地里讲的，这个园地在整个佛教历史上影响非常深远。

“与大比丘众千二百五十人俱。”佛陀有四众弟子，有出家与在家的；出家弟子又分为男众——比丘，女众——比丘尼，“比丘”是乞士的意思。大家看到的很多经典都是在这个地方讲的。我们可以说，跟随佛陀学法不离不弃的人越来越多了。佛陀有几个著名的弟子，包括舍利子。佛陀出名的时候，才 30 多岁，但是弟子好多人比他大，一些六七十岁的人也来向他求法。舍利子带来了 100 个学生，著名的三迦叶兄弟带来了 1000 个学生，也都全部归佛陀，还有目连尊者（目连救母的主角）也带来了 100 个学生，耶舍长者子也带来了 50 个人，全部都归附到佛陀的队伍当中。佛陀每次出游的时候，这些队伍跟随着，它是同佛陀关系最亲密的队伍，加起来正好是“千二百五十人”。

佛教传到中国后发生了变化

“尔时，世尊食时，著衣持钵，入舍卫大城乞食。于其城中，次第乞已，还至本处。饭食讫，收衣钵。洗足已，敷座而坐。”

“尔时”是指讲《金刚经》的那一天。尊者到了吃饭的时候，“著衣持钵”。大家知道印度的天气非常炎热，佛陀穿得比较随便，但出门的时候要把衣服穿得很整洁。到了吃饭的时候，佛陀就把衣服穿好，持着钵到舍卫大臣那里去吃。大家知道，佛陀他们生活的地方都是山林、树下，不会住在城里面。因为城市的车马、各种做生意的特别嘈杂，所以他们选择居住在幽静的环境当中。但是又不能离城市太远，因为他们自己不是生产者，所以要住在离城比较近的地方修行，方便乞食。

关于印度文化这方面，我给大家放几幅图片。到现在为止，东南亚佛教依然保持着持钵乞食的传统。在中国，大家看不起讨饭的人，但是在印度讨饭是最受尊崇的行为。因为他们是脱离了世俗的求道者，所以他们并不关心自己的饮食吃什么，吃饭完全靠别人来供奉以便专心求道。乞食对于僧侣来说是一种修行，对于供奉者来说也是一种修行。供奉僧人食物，对他们来说是非常大的福德。民众在供奉的时候常常抱以一种非常恭敬的心，很多人都是跪着在奉献食物。在佛陀那个年代，可能比现在更加虔诚。

“于其城中，次第乞已。”到了城里一家一户地去。如果你跳过这家，这家人心里就会很惶恐，就觉得自己是不是哪里做得不好，佛陀不接受我的食物，我就没有功德。佛陀很慈悲的，他每家每户都去乞讨。

佛陀提倡众生平等，大家知道印度当时包括现在，一直都流行着严格的等级制度。但是佛陀没有差别心，不论是贫穷的还是富裕的人家，都会进去乞食。佛陀有一个弟子是贫苦人出身，特别仇视富人，所以他乞食的时候专挑穷人家去乞食。还有的富家弟子，特别喜欢在能提供更好饭食的富人家乞食。但是佛陀无论贫富，一视同仁，也教育弟子这样。

佛教里有一种说法，叫“过午不食”。为什么“过午不食”？这也是佛教的一种慈悲，因为印度天气非常炎热，你如果去别人家乞食，不是在吃饭的时间，可能别人穿衣服就很随便，这样的话对别人生活影响就会特别不好。佛陀的一个弟子去乞食的时候，那一家有一个孕妇，肚子好大了。这一天天很黑，孕妇一看是法师来乞食了，她非常恭敬，也非常着急，但是当时家里只有她一个人，怎么办？就自己去帮师傅取食物了，结果不小心摔倒了，难产死了。这件事情发生之后，佛陀就制定了一条戒律：“过午不食”。吃饭时间是固定的，不能超过那个时间。在规定的时间内大家集中去乞食，大家都会有准备。不能随时去别人家，不然会成为一种骚扰，所以形成了这样一种制度，也是佛陀慈悲的体现。

佛教传到中国之后，因为中国的文化非常鄙视不劳而获的人，乞食制度在中国基本上进行不下去。当时，中国祖师就提出了“一日无作，一日不食”这样适合中国这片土地与文化的制度。现在，为了纪念佛陀，好多寺庙会在某个特殊的节日出来“托钵乞食”，当然只是一种形式，与印度的日日乞食不可同日而语。

乞完食了之后又怎么样呢？“还至本处”，又回到他们住的地方。

“饭食讫”，吃完饭了，“收衣钵”，把衣服收拾好，把碗洗干净。“洗足已”，大家刚才看到一幅图片，他们是光着脚走路。佛陀很慈悲，因为你一脚踩下去，泥土里面的虫子就被你踩死了，所以光着脚的话能感受到生命，就脚步轻轻地走。也是因为在印度的环境，在中国就不可能光着脚走了。每次回来脚上都沾很多泥巴，要洗干净。“敷座而坐”，要能平静下来。

《金刚经》是从吃饭开始的，这也是很有意思的话题。我们看，佛陀一点都不威严神奇，就像普通人一样，自己穿衣，自己持钵，还自己洗脚，吃完饭之后就席地而坐。在僧团当中有非常严格的作息规律，早上起来干什么，中午吃了饭干什么，下午干什么，都有一定的规律。下午休息后就是大家讨论佛法的时间。

佛教其实是一种修心的学问

“时，长老须菩提在大众中，即从座起，偏袒右肩，右膝着地，合掌恭敬而白佛言：‘希有世尊！如来善护念诸菩萨，善付嘱诸菩萨！’”

现在《金刚经》中的第二男主角出现了。在佛陀的经典中，不可能只有佛陀一个人自言自语，像我这样一直在说。实际上是有人跟他对话，他的智慧就体现在对话当中，孔子的教育就是跟弟子的对话，智慧都是在对话当中碰撞引发的。

《金刚经》中跟佛陀对话的人主要是谁呢？是长老须菩提。长老须菩提在中国非常著名，是家喻户晓的人物。《西游记》里孙悟空的师父就是须菩提祖师。须菩提祖师住的地方也很有意思。当你学过之后再去读一些古代经典，你会发现很多有趣的东西。须菩提祖师住在什么地方？书上说，他住的地方叫灵台方寸山。什么叫“灵台方寸山？”有这样一首诗：“佛在灵山莫远求，灵山就在汝心头，人人有个灵山塔，好向灵山塔下修。”也就是说，每个人都有一座灵台方寸山，就是我们自己，修法只是在向自己修行。孙悟空跟他学了什么？其实完全就是自己学。

须菩提祖师，在佛弟子中他被称为解空第一。好多人说佛教是一个空门，是讲“空”的宗教。其实不能这么讲。大家理解的“空”不是佛教的“空”，佛教的“空”在某种程度上也是一种“般若”，是一种智慧。比如说，须菩提祖师在佛陀的弟子当中，能够有智慧地讨论，所以这部关于智慧“般若”的经典，就是由须菩提和佛陀一块进行的。在这个时候，长老须菩提跟佛陀一起吃完饭，洗干净脚，出来之后，他“在大众中，即从座起”。这些都是印度的礼节了，右膝着地，我们现在叫恭敬，非常恭敬地对佛说。

我每次读《金刚经》的时候，都会感受到美妙的内容在其中。

如来、大雄都是佛的名号，如大雄宝殿。世尊也是佛法的一个名号。“希有世尊”，如来也就是世尊，非常善于护念诸位菩萨，也非常善于嘱咐菩萨。

菩萨也是梵文的音译，全称叫菩提萨埵。“菩提”就是觉悟，因为真的菩萨不是为了自己，而是为了启发众生智慧。所以，我们有时候说，作为菩萨是对大家的尊称和爱称。“善护念诸菩萨，善付嘱诸菩萨！”

《金刚经》完全围绕着须菩提的问题而来，须菩提提出了什么问题？当过老师的人知道，最怕的是提不出问题，当你知道这个问题是什么、问题的症结在什么地方的时候，这个问题其实就解决了一半。

须菩提说，“世尊，善男子善女人，发阿耨多罗三藐三菩提心”，须菩提刚才说过就是“觉”，这是佛教非常高的智慧。我如果发了这个心，我想要得到这样的智慧，我“云何应住，云何降伏其心”。如果我读了这个经，我想要成佛，我应该怎么样能够让这个心安住？怎么样能降伏其心？怎么样把心中的杂乱消除掉？变得非常安静？须菩提给我们提出了这些问题。

这些问题提得非常好，佛教其实就是一种修心的学问。

表达“经”是什么其实非常困难

我们深圳的印顺法师曾经写了一本很有意思的书——《在嘈杂

的世界安自己的心》。其实整个佛教就是关于安心的宗教，我们坐在这个地方，心不知道跑到哪去了？大家虽然坐在这里听课，心里却不知想些什么，总是跑来跑去的。

达摩祖师逃到少林寺后，慧可法师听说达摩祖师来了，就专程去拜望，但达摩祖师不理他。慧可法师就在雪地里站了三天三夜，雪都落在身上了，特别的寒冷，达摩祖师依然不为他所动。慧可法师于是一下子砍掉了自己的胳膊，这就是佛教里著名的“断臂求法”。砍掉胳膊之后，达摩祖师终于见了他，说你这么诚心过来，到底是要干什么？慧可法师说，“请祖师为我安心，请你安稳这颗躁动不安的心”。达摩祖师说，“将心来，吾为汝安”，把你的心拿过来吧，我帮你安好。慧可法师一愣，说找不到我的心在什么地方了。达摩祖师说，“与汝安心竟”（我已经把你的心安好了）。慧可法师一下子大悟。大家听懂没有？开悟了没有？到底安心是什么？

女孩子经常会哭，说其实你不懂我的心。有很多歌词是这样的：“我的心太软，你的心太硬”，有人说我的心都碎了，有人说心本来就是碎的，那心到底是什么？这是一个非常重要的概念。“心”是我们的心脏吗？肯定不是。但有时候，你会觉得我们的心好疼，心脏也会有一点点疼的感觉。那它是你的意识吗？好像也不是。是你这个人吗？这个人又怎么可能用“心”这个词来代替？所以，大家可以想，我们有很多的名词概念，你细究它到底是什么的时候？你其实说不出来。你说“经”是什么？很难表达出来。

就像“我”一样，佛教经常讲“无我”。我们经常说“我”，我怎么样，那“我”是谁？我是你这个人。那我如果是你这个人，你刚出生的时候，是小小的一点点，那是我吗？还是长到30多岁的我才是我？其实说不清楚，在概念上就会纠缠不清。《金刚经》其实就是破除我们这种对概念的执迷。

佛教讲六道轮回，把生命分为10类，叫六凡四圣。四圣是圣贤，是真正得到智慧开悟的人，这样的人不在六道之中。这四圣包括佛、菩萨、缘觉、声闻。“声闻”就是说，原来不能觉悟，但是听到佛陀说法之后就觉悟了。“缘觉”指的是没有听到佛在说法，但是自己能够观因缘而起悟者。剩下的生命分为六道。其中天人和阿修罗是一类，两者都是我们俗称的仙人，其区别在于阿修罗是特别好战的天人。然后是人、畜牲、地狱、饿鬼。佛教把人分了10类，这10类人其实都在一心当中。“心”是什么？其实就是你对这个世界的认知和看法，这是我自己的想法。

刚才讲到六道轮回，我的很多佛教朋友告诉我说，曾亲证六道轮回，见到生命就是在这六道之中不停流转。可是我觉得对六道轮回的理解可以换一个角度，生命是不是真的从一种形态变成另外一种形态？就像莫言的小说《生死疲劳》一样，一种动物变成另一种动物，或变成人，换来换去。这实在是超出我们正常认知的范围。我想，以我的经历而言，大家可以换一种角度来理解。

举例来说，有时候，大家的心会觉得很快乐，特别快乐的时候自己甚至飘飘欲仙。这个时候你觉得你是天人了。有时候你会觉得真苦真累，做牛做马，天天领导压着，难受啊，这不就是牛马的状态吗？有的时候饿得不行了，恨不得怎么样，那时候不就是饿鬼的境界吗？有时候非常凶，恨不得杀了那个人，这不是阿修罗的境界吗？其实，我觉得这种六道轮回，并不一定就是说在你的生命形态上转来转去，可能在一念之间，你的心就在六道轮回中，不知道轮回到哪里去了。历史在变，一直在变，但它能够引起你这种变化的是什么？你的思想、意识、行为，我们讲的因缘就是这样一种变化。如果我们能够把心安住，其实也就是觉悟了。

所以，我觉得须菩提真的是抓住了修行，抓住了佛教的重点，就是安心。怎么把这个“心”从轮回当中拿出来，让它变得非常平静，让它变得能够安住稳下，这是佛教最核心的问题。

佛法很简单但是我们做不到

我们现在来看须菩提的问题，佛陀是如何回答的。

佛言："善哉善哉，须菩提。"好啊好啊，须菩提你这个问题问得很好。"如汝所说，如来善护念诸菩萨，善咐嘱诸菩萨。汝今谛听，当为汝说。"说到这里，其实我们这部经典已经讲完了。大家有没有感觉？其实我觉得佛教真的很有意思，很美妙，因为它经常讲佛法第一义，是什么？就是不可说。不可说不可说，说出来，就已经不是那个了。

讲到这里，我又要举《西游记》的例子，唐僧师徒四人历经千辛万苦终于到达灵鹫山之后，当时负责看管经书的迦叶尊者说，你们必须要拿一些东西来换，我才能给你，不能无偿取经书啊。其实也是有道理的，大家看现在的上层佛教为了供养上士，可能身家性命都要交付出去。孙悟空不同意，唐僧就悄悄地把袈裟和钵交给了他，换了佛经。但是他们在回来的路上，经书箱子不小心开落，发现经书都是白纸，孙悟空大怒，跑回去向佛祖告状，你是怎么回事？我们冤枉死了，到了这个地方，不给你钱，你就不给我们经书，这哪是佛祖的做法？佛陀问迦叶，这是怎么回事？迦叶说，佛祖啊，你告诉我，要把最高深的经典给他们，我就把无字真经给了他们。佛陀就说，这些人太笨了，你给他们这些，他们怎么能看懂？还是把有字的给他们吧！

真正第一义的东西没有办法道出来，道出来的都已经落了下乘。

其实，我自己也在考虑佛法之第一义是什么。佛陀原本是印度一个小国的太子，经过很多年的苦行，瘦得只剩皮包骨头了，他在一番休整之后，坐在一棵菩提树下发出誓言，如果我不开悟的话，我就坚决不起。于是第 49 天，夜睹启明星而悟道。我就一直想，佛陀悟到的"道"到底是什么？当时佛陀只说了一句话，"奇哉奇哉，一切众生皆具如来智慧德性，只因妄想执着不能证得"。他说原来一切众生都有如来智慧的思想，每个人都可以成佛啊，只因妄想执着而不能自证。佛陀悟到了什么？我觉得他可能悟到自己原来的一切都是徒劳啊，本来每个人都可以成佛的，没有必要去讲什么啊。他觉悟之后，第一个念头就是要入灭。很多天人来请他讲法。佛陀很无奈，说我讲了别人也不一定听啊！

他讲了这么多，就是告诉你，每一个人都有佛性啊！在《金刚经》当中，佛陀说："如是灭度无量无数无边众生，实无众生得灭度者，何以故？"为什么？因为觉悟，只能是自己的事情。佛陀能帮你觉悟吗？不能。他能告诉你觉悟是什么吗？告诉不了，只能告诉你觉悟的方法和状态。但是这样的一种状态，你求这个，求那个，还是悟不了的，完全是你自己的事情。其实，佛教第一义讲得非常简单，就是告诉我们觉悟是自己的事情。

觉悟真正的方法是什么？在经中已经说到了，就是"善护念"。禅宗有一句话，"搬柴挑水无非佛法，行住坐卧均是佛道"。就会发现所有人的开悟都是在日常生活条件下开悟的。著名的虚云老和尚开始悟道的情境是端了一盏茶，"啪嗒"，茶杯掉地上了，他开悟了。好多这样的例子，就是告诉我们，觉悟不在乎高深，就在你的日常生活当中。如果你"善护念"自己的一心一念，其实也就能够开悟觉悟了。

还有一个法师开悟，是在上厕所的时候，突然一下子开悟了。我自己也常常觉得，真正的佛法，没有这么多高深的地方，非常平常。

有一个关于白居易的小故事。

白居易在杭州任太守的时候，去见鸟巢大师。鸟巢大师也非常有意思，他出名之后就看上了一棵树，这棵树真好，那么大，就自己在树干上做了一个蒲团，在上面修行，所以被称为鸟巢大师。白居易在杭州拜见这位大师，跟法师说："你住在这么高的地方，不怕危险吗？"大师说："我不危险，你才危险。"白居易说："我在杭州任太守，有什么危险的？"大师说："识性不停，譬如薪火炽燃，怎么不岌岌可危？"就是说，外面的事务纷纷杂杂，各种困惑摆在你面前，你内心的念头杂乱不堪，一会这个，一会那个，面对的环境就像干柴烈火一样，一点就着，稍不留心就出事了，能不危险吗？"白居易听了之后，真的有所感悟。我们老是看到法师住在这么高的地方很危险，那我们住在平地的人呢？我们生活的环境，内心杂乱，不是更危险吗？白居易就非常诚心诚意地请教大师："大师，请你告诉我，佛法真正的意义是什么？"大师说："诸恶莫作，众善奉行。"白居易一听，很不以为然。他说"三岁孩子都知道"。大师说："三岁孩子都晓得，但是百岁老人未必行得。”大家都知道这么一个道理，但是真正能做到的有几个人？

“诸恶莫作，众善奉行，自净其意，是诸佛教。”佛教了我们什么？其实就是这些。这个佛法是不是太简单了？佛法真的很简单，但是我们做不到，就只好说了。佛陀说了一大堆非常精妙绝伦的话，无数高深妙语，其实就是一个非常简单的道理。因为我们不相信它就是这么简单，总是要求个什么，你求得到吗？求不到。

所以，我有时候去体会佛陀的无奈，他自己辛辛苦苦说了49年的法，一直在讲的就是这样一个简单的道理，但是大家就不相信，真是没有办法的事情。

我们已经把第一段说完了。我念一遍经文，大家跟我念一下。

如是我闻：一时，佛在舍卫国祇树给孤独园，与大比丘众千二百五十人俱。

尔时，世尊食时，著衣持钵，入舍卫大城乞食。于其城中，次第乞已，还至本处。饭食讫，收衣钵，洗足已，敷座而坐。

时，长老须菩提在大众中，即从座起，偏袒右肩，右膝着地，合掌恭敬而白佛言：“希有世尊！如来善护念诸菩萨，善付嘱诸菩萨。世尊，善男子善女人，发阿耨多罗三藐三菩提心，云何应住？云何降伏其心？”

佛言：善哉善哉，须菩提，如汝所说，如来善护念诸菩萨，善付嘱诸菩萨。汝今谛听，当为汝说。善男子善女人，发阿耨多罗三藐三菩提心，应如是住，如是降伏其心。

“唯然世尊，愿乐欲闻！”

破除对佛的固有认知跟见解

唐代有个非常著名的大师，叫南洋珠禅师（音），他特别有学问。有人去拜访他，“禅师，我特别喜欢佛教，我要翻译佛教经典”。禅师说，“好啊”。他就让一个小徒弟端了一碗水，水里放几粒米。这个人问：“禅师，你这是什么意思啊？”禅师说：“你连我的意思都不懂，还懂佛的意思呢？”大家不要把我说的当真，听听就可以了。

在整部《金刚经》中，就我自己现在的感觉，它讲的主要就是破除我们对佛教的一些固执的认知跟见解。

关于什么是佛，要破佛相。佛陀在经典当中说：“若以色见我，以音声求我，是人行邪道，不能见如来。”佛陀告诉你，不能“以色见我”，“以色”是见不到我的。佛陀在世的时候，跟弟子讲过，你们看到我的时候，我是佛吗？不是。即使是佛陀本人在这个地方站着，你都不能说你见到佛了，因为“佛”归根到底是一种觉悟，而非眼所能看到的现象。佛像摆在大佛殿，大家觉得非常庄严。换一种情境，放在一辆卡车上呢？它就没有什么了，对不对？就是说我们对于佛的理解已经限定在一种偶像身上了，如果佛只是一个你能以“色”看到、求到的偶像，那还是佛吗？不是了。

一位母亲特别虔诚，每天坐着念佛，什么事都不做，天天要念个几千遍才行。有一天，儿子就在他母亲念佛的时候，喊了声“妈”，他母亲没有理他，继续念佛。儿子又喊了一声“妈”，老太太没有管，还是继续念。儿子就又喊了一声“妈”。老太太不耐烦地说：“干什么啊？”儿子说：“妈，我是你的亲儿子，我喊你三声，你都烦了。你天天喊佛，佛不烦死啊！”

其实，佛法真的非常简单，助我们开悟，而不是给我们束缚。有一天下雨，一个人在寺庙里拜观音菩萨：“保佑我。”拜的时候，他发现旁边有个人跟观音长得一模一样。就问：“你是观音吗？”这个人说：“我是观音。”“那你怎么还拜自己啊？”“我也遇到难事啊，但是我知道求人不如求己啊！”

大家去拜的时候，如果我们自己探究一下，是什么样的心态？这也值得玩味。

关于什么是法？要破法相。“实无有定法名阿耨多罗三藐三菩提，亦无有定法如来可说。”

佛陀说法 49 年，但他认为自己什么都没说：一切佛法都是法。这也是我说《金刚经》超越了宗教的原因，从来没有宗教界限。他认为一切法都是佛法。大家写字、大家工作、大家走路、大家吃饭，这些都是佛法。佛法就是一切法，它也不排斥基督教、伊斯兰教，这些法都是佛法，没有任何差异，只要能开悟你的法，都是佛法。也没有一个法叫“阿耨多罗三藐三菩提”，只不过我们给命名了一下。

两个开悟的法师扛着铁锹在路上走。这时候看到路上有一具死尸，其中一个人就赶快念往生咒，帮助这具尸体超生，又挖了一坑，把尸体掩埋了。另外一个法师看也没看一眼就走了。这两个人都是开悟的人，到底谁做得对，谁的做法是真的开悟呢？第一个埋人的法师是慈悲，第二个不管不顾的法师是解脱。到底解脱是佛法，还是慈悲是佛法？有一个标准的佛法吗？没有。所以，没有一个法叫“阿耨多罗三藐三菩提”。

有一句话：“知我说法如筏喻者，法尚应舍，何况非法。”知道我讲的佛法，就像渡河的船一样，你都已经到了彼岸，要船还有什么用呢？佛法都应该舍弃，何况不是佛法呢？

这是佛陀对法相的一个破除。

鸠摩罗什有一个非常著名的三段式命题：

> 如来说世界，即非世界，是名世界；
> 所谓凡夫者即非凡夫，是名凡夫；
> 如来说般若波罗蜜即非般若波罗蜜，是名般若波罗蜜。

这是什么意思？佛陀说般若波罗蜜并不是真的有一个般若波罗蜜在那个地方，我只不过这样说是为了大家容易明白和理解，给它取了一个名字而已。如果真的坚持认为有这个，那就错了。它只不过是我们一种语言的描述。就像我们现在一个现代学的大师说，语言是心灵的家，同时也是心灵的障碍。

到底什么是福德？福德是心中的一种平静，一种解脱。有时候说坏人不是不报，时候未到，为什么连坏人都不遭报应，好人却遭报应了？我看到一句话，“这个世界让这个人变成坏人，就已经是对他最大的惩罚了”。内心的挣扎就已经是非常大的惩罚了，并不一定是受到什么报应才行。我们毕竟不知道报应是什么？我觉得福德就是心的一种平静和宁静。

好比两家人打官司，这个求佛说，“佛，求你让我赢吧”，那个也说，“佛，求你让我赢吧”。你说佛到底让谁赢啊？凭贡品供得多的赢吗？不是。怎么衡量？包括梁武帝供僧建庙，目的是什么？你把佛教当作什么？当作一种商品吗？你往寺庙里捐钱，你就能够得到什么东西吗？这不就是一种交换吗？佛有这样的交换吗？佛是截然否定这样的交换的。做这种事情，只是要你自己心灵的一种平静，不要有所求。

印度有一个非常著名的贤王——阿育王。他小时候碰到了佛陀，心里非常恭敬，但是小孩子什么都没有，他就抓了一把沙子供养佛陀，佛陀非常慈悲地说，以此功德，你将成为转轮圣王。大家想，当时阿育王那么小的孩子，他供养佛，是发自内心没有任何功利目的的供养，这样的功德才是无量无边。佛教告诉我们的也是这个道理，如果你的心清净，做什么都是无穷大。

读中国的经典，跟大家一起感受《金刚经》的认知和智慧，真的非常美。我希望大家把经典带回家，从经典当中获得美好跟智慧。祝大家深入经藏，智慧如海，谢谢。

《坛经》导读

冯焕珍

冯焕珍

中山大学哲学系教授、硕士生导师。主要研究方向为隋唐时代的华严学和禅学，主要讲授“《坛经》导读”“中国哲学原著选读”“佛教导论”等课程。代表作有《六世纪华严学传承考辨》《于有限中体认无限之境》《从“四句教”看王阳明的宗旨与立言》《说“无念为宗”》《中华佛学研究》等。

今天要跟大家研究的题目叫“《坛经》导读”，所谓的“导”就是引导，“读”就是阅读。我今天谈不上“导”，因为我本人也没有开悟，所以“导”是万万不敢当的，但是我们可以共同来“读”。“读”有几层意思，一是我们所有人都理解的知识意义上的阅读，另外一种则是佛教常常说的体解，就是用身体去体会。我们一般用意识去理解，但如果真正深入佛法就需要体解。佛教讲三皈依的时候，第一皈依就是“自皈依佛，当愿众生，体解大道，发无上心”。佛教的经典阅读为什么强调用身体来“解”？原因在于佛教不仅是一种理论，严格说起来是释迦牟尼佛觉悟后对其觉悟内容的思想汇报。释迦牟尼通过艰苦思考与实践，觉悟到智慧、自在、慈悲的境界，认为人们应当按照这种境界来生活，就如实地将这种境界向世人汇报出来，于是就有了佛教。《坛经》也是这样产生的。希望我今天的讲座能达成让在座有缘人体解《坛经》的目的，至于体解以后是否悟到该经所揭示的境界，则要看往后的功夫和因缘，包括接下来遇到什么样的老师、结交什么样的朋友以及每天如何用功等，三者有一样不具备，效果就差了。

佛教不怕别人实践、验证

我们现在先理清几个概念，一个是禅，一个是禅学，一个是禅宗。

禅，严格说起来就是释迦牟尼佛在菩提树下悟道的时候，亲自用慧眼见到的宇宙人生的真相。如果我们用生活化的语言来讲，禅就是没有妄想的生活，或者说，在生活中没有任何妄想，这就是禅。它体现在理论上的概念有很多。比如说佛教里面常常称诸法实相，即诸法的真实相状，又叫“真如”，“真如”就是真实不虚、如如不二的意思，又叫大般涅槃，就是灭除烦恼、智慧慈悲具足的境界。从破众生执着的角度，还可以称之为空相或空性。

佛教认为，一个人悟道以后就能看见这个真相。那么，在没有悟道之前这个真相在不在呢？当然在。因为这个真相不生不灭，释迦牟尼佛出来也好，不出来也好，它永远如此，就像《般若波罗蜜多心经》所说：“是诸法空相，不生不灭，不垢不净，不增不减。”它从来就没有增加或减少过，既谈不上清净，也谈不上污染，任何名相或概念都挂不上去。既然如此，在没有见到这个真相的众生位上怎么命名它呢？名字很多，《坛经》里往往称为自性、本性，佛教经典更多叫作自性清净心、如来藏或佛性。这是从众生本性与释迦牟尼觉悟到的宇宙人生真相无二无别的角度说的。

释迦牟尼佛看到了宇宙人生的真相，为什么这么多众生没有看到呢？这需要两个条件：第一，必须要学习释迦牟尼佛传出来的经典，先了解释迦牟尼佛看到的是什么；第二，就是依照释迦牟尼佛所阐述的达到这个境界的方法去修行、去实践，可以形象地称之为“以身试法”，即以自己的身体去实验一下释迦牟尼讲的法到底灵不灵，到底是真货还是赝品。佛教不怕别人实践、验证，就怕人们只是坐而论道。这大千世界的本来面目就是禅，也是所有的佛教宗派追求的目标。

什么是禅学？禅学可以从以下层面来理解。禅学是指禅宗出现以前构成佛教修行体系的三大内容，即戒、定、慧三学中的禅定学这部分内容。禅定学告诉佛教的信仰者和修行者，禅定分世间禅定和出世间禅定，世间禅定就是不能断烦恼的禅定，出世间禅定是可以扫除一切烦恼的禅定。应当做一些什么样的修行才叫修行禅定？修习禅定过程中会出现什么样的境界？这些境界应当怎样处理、怎样超越？超越到什么地方才是成就？这就是戒、定、慧三学中的禅学，居于戒、定、慧三学中间桥梁的地位。佛教的禅定是出世间禅定，需要戒律作为基础，只有持守好戒律，待烦恼、杂念减少到一定程度才可进而习禅，否则根本静不下来。今天许多佛教徒不得禅定，很重要的原因就是没有守戒律。戒律怎么守？在哪一个位就守哪一个位的戒律。但这不是说只有佛教居士才能修禅定，甚至只有出家人才能修禅定，实际上，哪怕没有皈依佛教的人，甚至对佛教的一些见地都心存疑虑的人，只要持守了相应的戒律，都可以修禅定。为什么？因为修习世间禅定至少可以让我们修身养性、清净身心。禅定修习到一定程度就开了智慧，这就进入慧学。慧学是果，戒学是因，定学是连接戒、慧二学的纽带，这是禅学的第一层意思。禅学还有另外一层意思，禅宗出现以后，以禅宗的思想和实践为核心开展的种种学问都叫禅学。这是现代学术界所用禅学概念的主要意思。

禅宗，顾名思义就是以禅为宗。这里的“禅”不是前面所说戒、定、慧三学中的禅学，可以说也不是围绕禅宗而兴起的种种关于禅宗的学问。这个禅是我们最初讲的那个禅，因此所谓禅宗即以宇宙人生的本来面目为宗。这点对于了解禅宗是至关重要的，否则就容易把禅宗当成与其他宗派一样的佛教宗派，这势必导致禅宗面目的模糊。

六祖《坛经》怎么定义禅？“外离相为禅，内不乱为定。”“外离相”，即不执着于种种心外之相。例如，刚才主持人讲今天来的嘉宾不是太多，这就是一个“相”，如果执着于多少就是“着相”，远离这种执着就是“离相”；“内不乱”，就是不管外面是什么样的境界，内心都如如不动，都处于随缘与平静的状态。但仅仅如此还不是禅，如果光是如如不动的话，那石头就比人更加有定力了，因为有些石头多少万年以来就没有动过，但石头还是石头，我们不会说它是佛。禅还包括另一层意思，那就是智慧，心只有一方面如如不动，另一方面对种种境界清清楚楚、明明白白，这才是禅。禅定要从定和慧两面来理解。

禅宗的定慧关系不是戒、定、慧三学里面那种因戒生定、因定发慧的先后关系，而是平等互即的关系。什么是平等互即？比如，《坛经》所说“即慧之时定在慧，即定之时慧在定”。六祖以灯与光的关系来说明这种关系：灯是光的体，光是灯的用，如果没有灯，光就发不出来；如果没有光，这个灯就类似石头，是一个死物。灯譬喻定，光譬喻慧，定慧是体用不二的关系。这个禅实际上就是佛陀在菩提树下所觉悟到的宇宙人生的真相，禅宗每每称之为自性、本性、真性、本来面目、本地风光，等等。禅宗即是以这样的禅为宗。

禅宗还有另外一个特点，即在修行上“以无门为法门”。这听起来似乎有点矛盾：无门怎么叫法门？法门本来应该有门才对，没门怎么进？禅宗就是这么妙，就是以无门为入门之门。这道门是什么？无形无相而妙用无穷的智慧。如六祖所说：“自真如性，以智慧观照，于一切法不取不舍，即是见性成佛道。”念念都用般若智慧来观照，对一切法，不管多少、大小、厚薄、真假、美丑、善恶，既不讨厌，也不执着，但是清清楚楚。这就是禅宗所谓以无门为法门的内涵，一切参禅者如果不以此智慧为门，就不是禅宗的法门。

般若也是门，为什么叫无门？原因在于般若的本性是不二性。所谓不二性，就是没有对待的性质。比如前述对待性概念，它们产生于主客体对待的分别心。分别心又叫作识，识所生起的种种对待性的念头叫妄想或杂念，种种见解则是妄见。佛教认为，般若智慧超越了前述二元对立的陷阱，它是在能所双亡（用道家的说法是“物我两忘”），即既没有主体也没有客体的不二境界中观照世界，只有这种观照方式才能洞见世界的真相。由于般若的不二性不能用任何名相来命名，称之为“般若”或“智慧”也是一种表达的方便，不能真正达其实义，故禅宗干脆称此法门为无门之门。

禅宗是由六祖创立的

禅宗以为自家宗旨的禅，释迦牟尼佛已经发现了，所以佛教公推他为佛教教主。甚至禅的方法释迦牟尼也表演过了，这只要看看佛教经典就知道。这里，我不妨举个例子来说明。当佛圆寂时，举行一个涅槃法会，法会由佛的侍者阿难主持。法会到了瞻仰遗容环节，轮到一个百岁老太太瞻仰。这个老太太是佛陀的虔诚弟子，但家徒四壁，没有供养过佛陀什么东西。只有一次，为了表达自己的诚心，把自己的头发扯下一把来供养佛陀。此时，想到慈悲摄受自己的佛陀已经圆寂，不禁悲从中来，双手抱着佛陀的腿哭，眼泪鼻涕直往下掉，因此把佛陀的腿染黑了。四众弟子瞻仰结束，佛陀的法体就入棺等待荼毗了。当此际，远在外地弘法的大弟子摩诃迦叶赶了回来，并请求阿难允许他见佛陀最后一面，而阿难却不许。说来很奇怪，此时佛陀便将被染黑了的腿从棺材里伸了出来。迦叶一见此景，便心顿感疑惑：佛陀生前曾预言，他圆寂后身体是金色，如何现在却是这般模样？迦叶向阿难追问缘由，阿难向他叙述了刚刚发生的事情，摩诃迦叶就默不作声了。故事到此为止。我们现在关注的重点是，佛陀既然能够从棺材里面伸出腿来，他完全可以伸出另一条金色的腿，为什么一定要伸出那条被染黑的腿呢？我以为这就是禅的说法方式。还有佛经说，佛陀在有的世界里面不用语言说法，只要跟弟子眨眨眼、挥挥手就说完法了。我以为这也是禅的说法方式。

那么，为什么我们还说禅宗是由六祖而不是由释迦牟尼创立的？简单地说，释迦牟尼开的是百货商店，他那个地方什么都有，你需要什么都可以买到，但是他没有侧重于卖哪一种货品，比如五金、家电或食品，等等。佛陀之后，所有宗派的开宗立派者开的都是专卖店。所谓天台宗专门弘扬三止三观，华严宗专门弘扬法界观，禅宗则专门弘扬直指人心的禅法。这是一个原因。另外一个原因是，尽管从摩诃迦叶一直到五祖已有32代祖师，代代都以禅法教化众生，但只有到六祖才真正使得禅宗的基本理论和修行方法得到了完善，实现了成文的表达，此前都没有。也就是说，从修法来讲，到六祖才真正以顿悟为根本宗旨，也就是所谓顿教法门。

《坛经》传本展示了很多方面的差异

下面简单介绍一下《坛经》及其旨趣。《坛经》有很多的传本，有敦煌本、惠昕本、契嵩本、德异本、宗宝本等。不同传本展示出很多方面的差异：文字有多有少，最少的敦煌本1.3万字，最多的宗宝本2.5万字。敦煌本没有加章节名，惠昕本以后的本子都加了章节名。比如说我们今天看到的《法宝坛经》，第一品叫作“行由”，第九品叫作“宣诏”，敦煌本没有这些题目。还有各本内容也有差异。最大的不同之一就是，敦煌本里面慧能的得法偈是两个，一个是：“心是菩提树，身为明镜台。明镜本清净，何处染尘埃！”另一个是：“菩提本无树，明镜亦非台。佛性常清净，何处有尘埃！”而惠昕本以后的各本《坛经》只有一个偈颂，且文字有差异：“菩提本无树，明镜亦非台。本来无一物，何处惹尘埃！”看上去像是将第二个偈颂中的“佛性常清净”改成了“本来无一物”。敦煌本也没有下面几句被认为是慧能得到五祖衣钵的宣言："何期自性本自清净！何期自性本不生灭！何期自性本自具足！何期自性本无动摇！何期自性能生万法！"许多学者因此认为，后面的《坛经》掺入了后人很多东西，有问题。

我们怎么理解这些争执？学术研究越细越好，因为学术以讲差异为主，而且现今的学术是以肉眼所看到的历史文献为依据来讲问题。我以为，如果诸位不搞《坛经》的学术研究，完全没有必要关注这些问题。我可以这么讲，你拿到任何一本《坛经》，只要跟你的心相印，依照它来体解、修行就够了。有人会问：我怎么知道我碰到的不是掺了假货的《坛经》？那我告诉你，即使从学术研究的观点来看，学者的看法也是可以争论的。为什么？比如说学术界一般以敦煌本为真本来判定《坛经》的真伪，但是事实上此本的成立时间已是慧能圆寂一二十年后了。尽管此本只有1.3万字，后来的流行本有2.5万多字，但我们又怎么知道敦煌本就是真本，而后来的是真伪杂呈本呢？质疑者认为《坛经》是单线传播，一开始只有敦煌本，后来不断增益，变成多本流传。这个前提是不是成立？实际上这里面存在问题。很可能六祖在南华寺说法的时候，就像老师上课一样，许多弟子都记笔记，有的学生记得很详细，有的学生记得简略，同时形成了并行的广略两本。从这个角度来看，也许敦煌本《坛经》跟后面诸本《坛经》不是父子关系，而是兄弟关系。大家都是兄弟，都是直接听闻六祖说法的原始记录，只不过一个记录得详细一点，一个记录得简略一点罢了。

从教理上讲，佛教验证一部著作是否是真经，判断的唯一标准是什么？是看这本书所讲的中心思想是否符合佛陀在《杂阿含经》或《般若经》中所表达的中心思想。《杂阿含经》里表达的中心思想是"诸行无常，诸法无我，涅槃寂静"。"诸行无常"是说一切世间法都是刹那生灭无常之法；"诸法无我"是说刹那生灭的世间法中没有永恒不变的实体；"涅槃寂静"是明白了前述真理，进而断除执着种种境界的各种烦恼，最终进入的智慧、自在与慈悲境界。

这是佛教所谓印证佛法的“三法印”，凡是其思想符合这“三法印”的著作都是佛经。《般若经》判断佛经的标准是什么？实相印。这个实相如《般若波罗蜜多心经》简明扼要所示：“色不异空，空不异色，色即是空，空即是色”；“是诸法空相，不生不灭，不垢不净，不增不减”。一部书的核心思想只要符合这个标准，那就是佛经。龙树菩萨说，“三法印”与“实相印”并非两颗不同的“印”，而是同一颗“印”的两种形式，“三法印”是广说的“实相印”，“实相印”是略说的“三法印”。依我的见解，任何一本《坛经》都完全符合这个标准，因此不存在我们拿到的某本《坛经》掺入了外道思想的可能。

当然，这是我个人的看法，我不能将这种看法强加到诸位头上，更不能要求你们相信我。如每部佛经开头的“如是我闻”所示，它只表示这是我听到、我相信的东西，我有责任将我听到和相信的东西如实记录下来，但没有权力让别人相信。

《坛经》的终极归宿

如果读佛经不明白它的归宿，我觉得很可惜。为什么？佛经要带领人走向的目的地是刚才所说的智慧、自在、慈悲的境界，而我们却对此视而不见，甚至基本不关心，那不是很可惜吗？古人对于读经有一个法子，就是一定要了解它的归宿。《坛经》的归宿，我认为在其关于无上大涅槃的偈颂中得到了圆满表达：

> 无上大涅槃，圆明常寂照，凡愚谓之死，外道执为断。
> 诸求二乘人，自以为无作，尽属情所计，六十二见本。
> 妄立虚假名，何为真实义？惟有过量人，通达无取舍。
> 以知五蕴法，及以蕴中我，外现众色像，一一音声相。
> 平等如梦幻，不起凡圣见，不作涅槃解，二边三际断。
> 常应诸根用，而不起用想，分别一切法，不起分别想。

劫火烧海底，风鼓山相击，真常寂灭乐，涅槃相如是。

吾今强言说，令汝舍邪见，汝勿随言解，许汝知少分。

《坛经》追求的无上大涅槃境界，就是法身、解脱、智慧三位一体的境界。所谓"法"指诸法，"法身"即以诸法的本性空性（亦即实相、禅）为身体，指觉悟的圣人完全与诸法空性同体，因此叫作法身；"解脱"指觉悟了诸法空性的圣人获得的绝对自在、安乐的心境；"智慧"是觉悟的圣人以法身和解脱为基础，随缘发起的、度脱众生的当机教化能力。如果没有前面两者作为基础，这个智慧的妙用生不起来，做事情不会到位；只有以前面两者为基础，才能随时随地，凡有语言行为都能不偏不倚，恰到好处。这是它要达到的目的，亦即《坛经》的归宿。

慧能的思想直接来源于《金刚经》

《坛经》的根本见地就是所有佛经的根本见地。这个见地是什么？从执着诸相的凡夫这一面来讲就是无相。因为凡夫执着于种种相，为对治此执而方便称之为无相。《坛经》认为，整个世界的根本真相就是无相或空相，也就是无相之相。六祖慧能这个见地直接来源于《金刚经》。据记载，六祖早年卖柴的时候，听旁边人诵《金刚经》，诵到"应无所住而生其心"一语时言下大悟，才去湖北黄梅皈依五祖，向他求法。他言下大悟的是什么？我以为就是《金刚经》里的无相这个真相。对此，《金刚经》的经文这样讲："须菩提！于意云何？可以身相见如来不？""不也，世尊！不可以身相得见如来。何以故？如来所说身相，即非身相。""佛告须菩提：'凡所有相，皆是虚妄，若见诸相非相，则见如来。'"意思是，无论见到什么境相，都不把它们当成实实在在的相，而看成虚幻的相。

这个虚幻的相是什么？就是《金刚经》所谓"一切有为法，如梦幻泡影，如露亦如电”一语表达的内容。“一切有为法”即三千大千世界的一切现象，意谓所有现象都像梦、幻、泡、影、露、电一样。“梦”即人做的梦，那个梦境有没有？当然有，不然怎么叫梦？但是这个梦境是否可以执着？不能。因为它是意识中所显的一种相，本来是虚幻的，虽然宛然显现，但是刹那生灭，不能执着，你追梦是追不到的。“幻”就是幻术，类似于刘谦表演的魔术。刘谦表演的魔术你能执着吗？不能执着。但是你说他没有表演吗？当然有。更有甚者，大卫·科波菲尔把自由女神都变没了，但你能执着于它是真的吗？不能。海市蜃楼也是一样的，也是幻的意思。“泡”是水泡，水泡能说有吗？可以说有。但它不变吗？不能。水泡一见阳光就化了，手一摸就不见了。“影”是光投射到物体身上产生的影子，这影子不能说没有，但同样不能执着。“露”是朝露，“电”即闪电，它们无非刹那生刹那灭的相。《金刚经》从破斥众生执着的角度说，“一切有为法”的相就是丝毫不能执取的空相；从诸法真相的角度来讲，这就是佛教所说的实相。

我们现在来看看《坛经》关于无相的见地：“菩提本无树，明镜亦非台；本来无一物，何处惹尘埃？”“本来无一物”指每个众生的自性清净，心远离任何名相与思虑、任何对立的概念，如主客以及由此产生的真假、善恶、美丑等概念都挂不上去，它不在这两边之中，此谓“本来无一物”。既然“本来无一物，何处惹尘埃”？污染要有一个可以污染的对象，众生的本来面目本来无相，如何能污染呢？六祖的见地非常透彻，他见到佛陀所证超越了一切相的诸法实相。

相比之下，神秀的偈颂就有性质的不同：“身是菩提树，心如明镜台，时时勤拂拭，勿使惹尘埃。”他真安立了菩提树和明镜之相，所以这个相能够被污染。既然心会被污染，就要天天扫除污染心的灰尘，以保此心时时清净，是为“时时勤拂拭，勿使惹尘埃”。神秀在染、净二元对立的实体见中做拂拭尘埃的功夫，讲得不客气一点永远达不到目标，因为永远都不能从这个框框中超越出来进入不二法门，即所谓实相的境界。这也是为什么五祖弘忍没有将禅宗衣钵传给神秀的根本原因。

有人说，神秀的偈颂也不错，可以作为一种渐修法门；六祖讲的是顿悟法门，两者可以并行不悖。问题是，五祖当时考察的要点不是修行方法问题，而是见地问题。如何用功是依照见地而有的方法，如果见地错了，即使方法没问题也达不到目的。六祖开创的禅宗之所以被视为中国禅的正宗，根本原因正在于此。

六祖怎样得到五祖的衣钵传承

六祖是不是仅仅靠这个偈颂就得到了五祖的衣钵？不是。这个偈颂只是展示了宇宙人生的真相本身一尘不染的本性，还没有展示它跟三千大千世界的一切法的关系，尚不能算圆满。直到六祖三更到五祖方丈室，再一次听五祖给他讲《金刚经》，说到“应无所住而生其心”一语而言下大悟时，他才真正彻悟了。六祖这次的悟跟卖柴时听《金刚经》得到的“悟”是两个层次的悟，以前的悟是一种解悟；而当六祖听五祖讲《金刚经》时，他对诸法实相与大千世界一切现象的如如不二关系的觉悟，则是彻悟。

六祖用五句话来表达这种关系：“何期自性本自清净！何期自性本不生灭！何期自性本自具足！何期自性本无动摇！何期自性能生万法！”这几句话我们可以这样来体会，前面两句话讲自性本身本然清净、不生不灭；第四句话也是自性，说它具有坚固不坏、如如不动的特性，不会被任何境界所动；第三、五两句展示的是自性清净、如如不动、不生不灭的自性本身万法具足。这个“万法具足”是什么意思？自性跟三千大千世界一切差别的法没有隔离、没有鸿沟。这样讲好像还是两个东西，其实我认为最好的表达还是《心经》里面的“色即是空，空即是色”这两句话。

现在，慧能彻悟了真空跟妙有的不二性：真空即妙有，妙有皆真空。五祖看到机缘成熟，才将禅宗的衣钵传给了他。

读懂《坛经》还要实践才圆满

下面讲《坛经》的根本修法。讲这个问题以前，我要先说两句与之相关的话。我讲佛教、儒家、道家的思想时，都一定要把它的修法讲出来，因为中国的古典哲学都是生命哲学，生命哲学就是关乎人精神生命健康的哲学。如果我今天听了一个讲座，或者读懂了《坛经》，读懂了孔子、庄子、孟子，古人认为这是不够的，只有读懂后继续按照他们提供的方法去实践，并达到他们所追求的最终目标，才算是圆满领会了他们的思想，此即所谓“知行合一”。当然，我讲这方面主要是为了内容的完整，并不是要求在座听众去修行，今天的老师没有这样的权力。

我有一个肤浅的体会，那就是中国传统的生命哲学是为健康精神生命奠基的学问，不是某一个集团或者是某种持特别见解的人才应该去相信和实践的学问，而应当是被更多的人了解、学习和实践的智慧。特别是今天，人在工业文明的大机器生产模式下，已被高速运转的机器整合成一个零件，精神生命相当枯萎，西方有哲学家甚至说人已经变成工具了。孔子说：“君子不器。”不能把君子变成器皿。譬如茶杯只能装茶水，如果人一辈子只能够造某个零件，造 CPU 的一辈子造 CPU，造手机的一辈子造手机，就等于将自己变成了 CPU 或手机的化身，这太可怜了。因此，我觉得当今的世界，不管是东方还是西方，更加需要精神哲学、生命哲学的滋养。

《坛经》的根本修法是什么？这就是以摩诃般若波罗蜜为见实相的钥匙。什么意思？摩诃般若波罗蜜就是大智慧，要以大智慧为见到我们每个众生本来面目的钥匙。释迦牟尼是怎么成佛的？是因为开了智慧才成佛的。佛经里常常说智慧是三世十方诸佛之母，原因在此。六祖在《坛经》里也对大智慧大加赞叹。例如，其中有一个偈颂就说：“摩诃般若波罗蜜，最尊最上最第一，无住无往亦无来，三世诸佛从中出。”

智慧是什么？我前面已经讲过，这里不妨再温习一段《坛经》的原文："般若无形相，智慧心即是。若作如是解，即名般若智。何名波罗蜜？此是西国语（西国为印度），唐言到彼岸。解义离生灭，著境生灭起。如水有波浪，即名为此岸。离境无生灭，如水常通流，即名为彼岸，故号波罗蜜。"我们可以把它简单归纳一下，智慧这把钥匙就是对一切念念明明白白而念念不执着。一方面是明白，另外一方面是不执着，两面配合起来才是智慧。如果明白而执着，这就是所谓所知障，佛家说这是烦恼心而不是智慧心。"口头禅"就是这种人的形象化表达；如果执着而不明白，这是愚痴，愚痴就是根本没有开化。举两个例子：植物人的意识没有了，但我们为什么不能称为尸体？因为他的潜意识仍然执着生命的存在，希望继续活下去。这是极端愚痴的状态。还有一种情况，一个人被惊吓时，脑袋里一片空白，这也是极端愚痴的状态。这种状态有没有执着？有。只是其执着太过微细，一般人看不到罢了。

有了般若智慧这把钥匙，就可以按照《坛经》所说的"无念"法来修行。何为"无念"？无念就是没有任何妄念或杂念。我怎么知道我现在生起的念头是不是妄念？对此，六祖的徒孙马祖道一禅师有一个很好的解说来帮助我们判断。马祖道一说，无念就是没有任何对待之心。所谓的对待之心，从最浅显的层面看，指我们刚才讲过的大小、厚薄、多少等相对成立的概念；从深处说，则指真善美、假恶丑的对待，一切世间都是在真善美、假恶丑对待的场景中展开自己；从更深层讲，指的是时空的观念，时空是前述重重妄念的基础。古人云："上下四方曰宇，往古来今曰宙。"过去、现在、未来是时间，前后左右是空间，只有先有了时空观念，人才能确定自己的位置，才能进行对世界的观察，并建立起种种知识。

上述层层妄念从哪里产生？佛教认为产生于遮蔽智慧的根本无明。由于根本无明先天地遮蔽了智慧，人们率先生起能知主体和所知客体这对根本的二元对立观念，进一步在这对观念形成的世界里认识对象，由此形成时空、苦乐、真假、善恶、美丑等各层面的对待性见解与知识。佛教认为，人只有像剥茧一样，一层层将上述束缚自己的妄念剥掉，直到从主体与客体这对根本的妄念中跳出来，才能完全没有杂念。

不思善不思恶是悟道的前提

六祖的“无念”法直接来自《金刚经》，《坛经》曾直接说：“若欲入甚深法界及般若三昧者，须修般若行，持诵《金刚般若经》，即得见性。”到底《金刚经》的什么内容被六祖化用为“无念”修法了呢？我认为主要是下面几句话：“诸菩萨摩诃萨应如是生清净心，不应住色生心，不应住声、香、味、触、法生心，应无所住而生其心。”《金刚经》说人“应无所住而生其心”，即人的心不能住于一切境界，只有这样生心才是智慧心；反之，住于任何境界而生的心就是分别心。举例说，为什么有的人得相思病？就是由于他（她）所恋对象的相在他（她）心中挥之不去，这就是执着，就是烦恼心，就是不健全的心了，久而久之就得神经病了。六祖“无念”法的直接源头在此。因此我建议大家读读《金刚经》，这有助于全面深入领会《坛经》的思想。

“无念”的具体修法，六祖有全面的揭示：“我此法门，从上以来，先立无念为宗，无相为体，无住为本。”这“三无”中，最关键的就是无念，因为无住、无相是无念的结果。刚才我们讲了，所谓无念即无妄念，那么如何才能无妄念？六祖讲得很简洁：“无念者，于念而无念。”不管我们生起什么念头，我们都不去执着这个念头，这就是无念。例如，今天下午3点到5点钟我们做讲座，按照佛法的讲法，如果我们的念头从下午3点到5点一直保持在讲座这件事情上，这就是正念；如果我们在此期间生起了接小孩、会朋友、搞运动等念头，这就是杂念。

杂念产生了怎么办？一般人都会追逐自己的念头。怎么追？第一种情况：“我怎么生了这个杂念呢？”由是生起一个惭愧心。这其实已是追逐前一个念头的念头了。生起忏悔心后，不知如何用功，只能继续陷入长时间的追悔中不可自拔。第二种情况：杂念生起后，不生起惭愧心而生起对错心，继而用自己认为对的念头去打压杂念，或追寻这个杂念生起的原因，结果越打压越辛苦，越寻找越迷惑，因为在二元对立中永远不可能灭掉念头，念头刹那生灭、来去无踪，也不可能真正找到它的根源。禅宗说这叫枉用功。六祖说，只有在杂念生起的当下，远离对错善恶两边，用般若智慧观照这个念头，了知此念本是不可得的妄相，方可让心念清净下来。如《坛经》所说："汝若欲知心要，但一切善恶都莫思量，自然得入清净心体，湛然常寂，妙用恒沙。"

我们举一个六祖度人的例子来说明此义。六祖得到五祖衣钵后，五祖嘱咐他要南下，而且要隐居一段时间才能出来弘法，因为出家人中也有很多没有断烦恼的人，他们要争这个祖位，他们会伤害你，甚至要你的命。六祖遵循五祖嘱咐一路南下，后面果然有一大堆人追过来，最先追到他的人叫慧顺（后改名慧明）。他在大庾岭追上慧能。慧能将衣钵放在路边的石头上，说你要衣钵的话，你就去拿吧。慧顺觉得这个东西是个宝，禅宗的祖师以此为表证，他于是动念去拿，但连提三次都提不起，他就知道祖位绝非妄传、衣钵不能妄想，没有真才实学，拿到衣钵也没用。他毕竟是修行人，很快放下执着说："行者！行者！我为法来，不为衣来。"慧能于是从草丛里出来对他说："汝既为法而来，可屏息诸缘，勿生一念，吾为汝说。"慧顺心静下来后，六祖就对他开示道："不思善不思恶，正与么时，那个是明上座本来面目？"此处的"那"字就是"哪"字。六祖示问他："你静下心来，远离善恶两边，看看到底哪个是你的本来面目？"慧顺当时就大悟了，并且说了一句只有过来人才能说出的话："如人饮水，冷暖自知。"佛教所讲的觉悟境界，没有任何外在标准可以衡量，只有自己是自己的裁判，你动了杂念还是没有动杂念，只有自己心里清楚。比如，我们看到一个美女、帅哥，心跳是如常还是加快了？你旁边的任何人都无法判断，只有自己清楚。慧顺如果没有见到本来面目，不可能说出这样的话。慧能听他这么说，知道他真觉悟了，于是非常谦虚地与他同师五祖弘忍。

观六祖所施行“无念”禅法，重要环节有二。一是“屏息诸缘”，二是“不思善不思恶”。前者是基础，后者是关键，是悟道的前提。只有“不思善不思恶”，才能够悟到诸法实相，也就是六祖所谓众生的本来面目。

一念不执着，妄心就是真心

在佛教修行的过程中，要杜绝种种不正确的修法，六祖在《坛经》中对此说得很周全、清楚、信实了，只要切实依六祖《坛经》来修行，不会出现任何问题。

首先，六祖说“无念”不是执着于当下之心：“若言著心，心元是妄，知心如幻故，无所著也。”众生当下一念心本从无明中来，本是虚幻不实的妄心，因此若依“无念”法修行，只需不起执着此心的念头，进入无住的状态，就是本来面目现前。凡夫不知此义，执着当下一念心不放，妄中更增其妄，是为大错。

另一种误解以为，“无念”法等于“百物不思”。六祖说：“若只百物不思，念尽除却，一念绝即死，别处受生，是为大错。”这是什么意思？所谓“百物不思”在修行中是什么状态？表面上与刚才讲的“不思善不思恶”是一回事，实际上根本不同。前面讲的“不思善不思恶”是悟入本来面目的方便法门，并不是一种觉悟的境界，也不是说这个世间根本没有善恶两种价值判断的概念；这里的“不思”则是没有思想，把自己变成一根枯木或者一块石头，沦为禅宗呵斥的“枯木禅”。禅宗或其他宗派，乃至其他宗教的修行者，有许多都住于这种境界而不自知。

《坛经》里就举过一个活生生的例子。当时有一个法号卧轮的禅师，他以禅定功夫高而闻名天下，并自制一偈阐扬其禅法：“卧轮有伎俩，能断百思想，对境心不起，菩提日日长。”六祖认为这个见地完全是错的，遂针此偈说了另外一个偈：“慧能没伎俩，不断百思想，对境心数起，菩提作么长？”卧轮说“卧轮有伎俩”，有伎俩指有对治烦恼的办法，其实他以为真有办法就是执着，已住于分别心之中，因此六祖针锋相对地说："慧能没伎俩"，以破斥其实体见。卧轮的"能断百思想"一语，如果意指断除各种烦恼的念头，那么他以为真有念头可断也是一种实体见，也是一种执着；如果意指断除掉所有念头，势必等同于前面所说的"枯木禅"，亦非禅宗所谓禅。因此六祖说"不断百思想"，告诉人们根本没有任何实在的念头需要断。"对境心不起"即不动心，表明卧轮禅师证得的确实是"枯木禅"，不能够发起智慧妙用，因此六祖针锋相对地说"对境心数起"，即该见、闻、觉、知时就见、闻、觉、知，只是不执着于见、闻、觉、知而已。"菩提日日长"是说智慧天天增长，这完全违背了佛法所谓智慧不增不减的主张，因此六祖说"菩提作么长"，告诉人们菩提根本没有增长这回事。六祖的偈颂针对"百物不思"的禅法，将正确禅法和盘托出了。

"无念"也不是起心看净。六祖针对这种错误修法说了如下文字："若言著净，人性本净。由妄念故，盖覆真如，但无妄想，性自清净。起心著净，却生净妄。妄无处所，著者是妄。净无形相，却立净相，言是工夫。作此见者，障自本性，却被净缚。"这是说，有些修行者不知"但无妄想，性自清净"，以为自己现在的心不清净，有一与此心相对的清净心，并进一步在二元对立的真妄二心中舍妄求真。六祖说这是被"净"所缚，就是被自己的妄想安立起来的清净心束缚了。换句话说，这种清净心是行者在第六意识层面建立起来的一个境界，是根本没有的东西，寻找这子虚乌有的东西只会转嫁系缚。实际上心只一心，一念执着则真心就是妄心，一念不执着则妄心就是真心，这就是禅师们为何说"但除妄，莫求真"。

应当如何修"无念"法才对呢？六祖说："无者无何事？念者念何物？无者无二相，无诸尘劳之心；念者念真如本性，真如即是念之体，念即是真如之用，真如自性起念，非眼、耳、鼻、舌能念。真如有性，所以起念；真如若无，眼耳色声当时即坏。"这个真如就是禅或本来面目，六祖说禅既如如不动又智慧具足，不要担心除掉分别心后没有心，也不要担心断妄念后没有念头，相反，只有除掉分别心才能显现智慧心，只有断掉妄念才能现起真如本具的智慧之念。

经过“无念”的功夫，就达到所谓“前念不生，后念不灭”的境界，亦即再也没有妄念而纯任真如自性念的境界。此即智慧心的境界。智慧心的根本性格就是无住，就像流水一样，来来往往，川流不息，四通八达。我们看六祖如何描会这种境界：“无住者，人之本性，于世间善恶好丑，乃至冤之与亲，言语触刺欺争之时，并将为空，不思酬害，念念之中，不思前境。若前念、今念、后念，念念相续不断，名为系缚；于诸法上念念不住，即无缚也。”“若前念、今念、后念，念念相续不断”，指念念相续地住于一个对象，这不是讲无住，恰恰是讲执着；只有“念念不住”，已过去的念头不再思念，正先前的念头不生执着，未现起的念头不存期待，才是真正的智慧心现前。

无相是“无念”法的果

“无念”的最后结果是契合于佛教所说的三千大千世界的真相，用六祖的话说就是：“外离一切相，名为无相。能离于相，即法体清净。”意思是说，从根本的见地来讲，法界的真相本来无相；从修行的角度来讲，无相是圆满修行“无念”法的果。六祖说，只要达到无相境界，就成佛了。禅宗判断人是否成佛，根本判准正是看他是否契合无相，契合则已成佛，未契合就没有成佛。由于这个过程是刹那间完成的，六祖每每称为顿悟：“不悟即佛是众生，一念悟时，众生是佛。故知万法尽在自心，何不从自心中顿见真如本性？”又说：“悟无念法者，万法尽通；悟无念法者，见诸佛境界；悟无念法者，至佛地位。”

有必要问一下，禅宗所说的成佛是在哪一个层次说的？此佛等同于释迦牟尼佛吗？我以为两者性质相同，圆满与否有别。禅宗所谓见真相的佛，本质上与释迦牟尼一样，都证到了法身，此谓性质相同。禅宗认为，行者见到真相后，还需断除过去的种种烦恼遗留下来的习气。行者见到真相后虽已转凡成圣，不再生起新的烦恼，但过去遗留下来的烦恼后遗症很顽固，必须此后慢慢做功夫才能除掉。打个比方，一个长期吸烟的人，虽然因发起坚固心刹那间就戒除了吸烟行为，但是他长期吸烟留下来的后遗症还在，以致他举手投足都是老烟鬼的做派，这种做派要经过漫长时日的修炼才能销声匿迹。同样，禅宗所说见到空性的佛，也必须除尽习气才能像释迦牟尼佛那样圆满，此谓圆满与否有别。

从这里我们可以看出，禅宗所谓顿悟只是指觉悟真相而言，此前与此后都需要渐修。禅宗并不反对渐修，因为渐修顿悟、顿悟渐修本来是交互为用的两种修法。有些人看到六祖听人念《金刚经》就言下大悟，又看到他反对神秀的偈颂，就以为他此前此后都不用修行，这是天大的误解。佛教主张的是三世的生命观，认为众生只要没有觉悟，就会在烦恼苦海中轮回；在轮回的过程中，他什么时候遇到、相信乃至修学过佛法，这是凡夫无法揣测的。落实到六祖，这意味着他听《金刚经》之前已修学过佛法，只是在因缘时节成熟时听到《金刚经》而觉悟罢了。虽然他修学了什么内容、修学到什么层次我们均不得而知，但不能因此认为他根本没有修学过。同时，六祖反对神秀只是针对他的见地，并不会反对他的修学方法。

六祖说佛境

六祖如何描述圆满成就的境界？《坛经》说：“真如自性起念，六根虽有见闻觉知，不染万境，而真性常自在。故经云：‘能善分别诸法相，于第一义而不动。”这几句话是什么意思？就是禅定与智慧双双圆满：一方面如如不动，另外一方面能够当机说法度脱众生。这样的佛则与释迦牟尼佛无二无别了。

未尽的结语

六祖《坛经》的内容很多，后面还有各种修法的展开，如忏悔、四弘誓愿、三皈依、戒定慧三学、净土等等。这些法门都是顿悟法门，今天没能完全讲出来。还有禅的传授，以及《坛经》的地位与影响等问题，我们也没时间讲了。不过话说回来，今天已讲完了《坛经》的核心内容，我觉得作为导读来讲已经够了。

现在已经超过了主持人给我的时间，我挪用了你们的时间！请允许我对主持人和在座嘉宾说一声抱歉！谢谢！

漫谈中国家谱文化

王鹤鸣

王鹤鸣

上海图书馆研究员，上海历史学会副会长，上海海峡两岸学术文化交流促进会常务副理事长，国务院政府特殊津贴专家。先后任安徽省社科院历史所所长，上海图书馆党委书记兼历史文献研究所所长等职。长期从事中国家谱资料的整理、研究工作，撰写《解冻家谱文化》《中国家谱通论》等多部论著，主编《上海图书馆馆藏家谱提要》《中国家谱总目》等多部专集。荣获省部级以上奖项十余项，其中国家奖两项。

凡是中华儿女、炎黄子孙，我们都有一个寻根的情结，考虑我们的姓是怎么来的，我们的根在哪里，如果要回答这个问题，就要寻找家谱，这是寻根问祖的主要途径。什么是家谱呢？归纳一下有两个答案。第一，从狭义角度理解，家谱是同宗共祖的血亲集团，记载本家族世系和事迹的历史图籍。现在大量流传的都是书本家谱，这样的家谱属于狭义上的。第二，从广义角度理解，家谱是记载血缘集团世系的载体，涵盖面比较广。我们知道有一些家谱不仅仅是书本家谱，还有一些写在布上或纸上，或刻在石碑上。总之，家谱有广义和狭义之分。家谱包含三个要素：第一，血亲集团，是一个老祖宗传下来的；第二，记述了本家族的世系，是怎么由老祖宗一代一代传到现在的，这个世系要清楚；第三，要有载体，书本、布、石碑、青铜器等等。

今天我讲的主题是"漫谈中国家谱文化"，下面我侧重向大家汇报一下中国家谱的沿革。中国家谱的发展可以分为八个阶段。

①中国家谱的起源：原始母系氏族社会晚期至夏商。②中国家谱的诞生：周代。③中国家谱的勃发：魏晋南北朝。④中国家谱的兴盛：唐代。⑤中国家谱的转型：宋代。⑥中国家谱的完善：明代。⑦中国家谱的普及：清代及民国时期。⑧中国家谱的新修：近50年。

血缘集团为家谱的产生提供了条件

下面我就按八个阶段粗略地给大家讲一下。

第一阶段：中国家谱的起源。家谱起源在什么时候呢？前面提到家谱的关键要素是血缘集团。最原始的人类没有家族观念，不讲究血缘关系，像北京猿人可能有血缘集团吗？不可能。那个时候能不能产生家谱呢？不可能。因为家谱讲世系，讲同一血缘集团，从一个老祖宗传下来的家族世系。直到旧石器时代的晚期，随着生产力的发展，当时的人已经感觉到"男女同姓，其生不蕃"，即男女交媾如果不讲究辈分、亲属关系，子孙身体就不健康，寿命也不长。怎么办呢？要区分亲属关系，祖父是祖父，父亲是父亲，辈分要分清楚。这个家族跟其他家族也要搞清楚，这个氏族的人只能跟另外氏族的人结婚，同一个氏族的人不能结婚。血缘集团就是这么开始的。前面讲的家谱定义中的构成要素，关键就是血缘集团。血缘集团的形成客观上为家谱的产生提供了条件。

恩格斯说过，氏族是以血缘为基础的人类社会自然形成的原始形式。古人类学、社会学研究表明，中国家谱起源于母系氏族社会。但是母系氏族社会还没有文字，怎么记录自己家族的世系呢？古人就采取两个办法，一是口传家谱，另外一个是结绳家谱。

什么是口传家谱呢？口传家谱就是后面的子孙把老祖宗一代一代的姓名通过口耳相传的方式都记下来。我们现在看到的西南地区少数民族，他们的家谱没有文字记载，但是一些老人可以把自己的老祖宗背得滚瓜烂熟，这就叫口传家谱，而且是连名口传家谱。比如，父亲姓名后面两个字，是儿子姓名的头两个字，这样便于记忆与流传。

另外还有一种结绳家谱。就是用结绳的办法，让家谱留传下来。我们古代经历过结绳记事的时代。用一根绳子把老祖宗历代的情况记录下来，怎么记呢？在一根绳子上可以打几个结。比如，打五个结表示到我这一代经历过五代了。此外，在每一个结上面挂一个小弓箭，说明这一代有一个小男孩；在这个结上面挂一块小红布，说明这一代养了一个女儿。如果我们到东北地区采访满族、鄂伦春族，就会发现有的家族仍保留有结绳家谱，用一根绳子介绍他家族经历五代，有 18 个男子，有 15 个女儿等。这是一种最原始、最简单的家谱。

还存在一种甲骨家谱。在河南省挖出来很多甲骨文，在乌龟壳上面刻了一些世系的情况。例如，有块甲骨片上面刻了 11 代 14 个人的名字。按照家谱的定义，这个我们称它为甲骨家谱。

还有一种青铜器家谱，就是把世系情况刻在青铜器上面。本家族经历几代，他们叫什么名字，都呈现在这种家谱中。

综上所述，从原始社会发展到商代，出现了我们列举的四种家谱：口传家谱、结绳家谱、甲骨家谱、青铜器家谱。这个时期的家谱已经开始罗列家族的世系、姓名，所以称得上是原始状态的家谱。但是记录不完整，这是萌芽时期的家谱。

家谱在周代已正式诞生

第二阶段：发展到周代，中国家谱正式诞生。

中国家谱为什么在周代诞生呢？因为周代出现了分封制。周天子把自己同姓的子弟分封到各个地方去当王。有功劳的异姓也分封为王。周天子分封了大大小小很多的王。怎么分封呢？要讲究宗法，你是我周天子的弟弟，分封的地方就大一点，跟我亲属关系远一点的，分封的地方就小一点，关系更远一点的，分封的地方更加远一点、小一点。怎么区分是周天子的嫡系亲属还是跟周天子的关系比较远呢？客观上要记录每个家族世系的情况，避免非嫡系家族子女混进来，所以这个时候客观上需要能够分清家族世系情况，能够记载自己血缘情况的家谱。周代家谱有了相当大的发展，因为有客观现实需要啊！周代家谱刻在铭器上、刻在青铜器上，比商代的青铜器家谱内容更丰富，记载世系的情况更加具体。比如，有个墙盘上有一幅图，就记述了微氏家族的六代世系，内容比甲骨文家谱详细得多。后来还发现一个青铜器上有372个字，涉及8代人，世系情况就更加清楚了。为什么要把自己的父亲、祖父、曾祖父的姓名写在家谱上面，而且要把历代祖先的官位也写在上面？一方面是为了炫耀自己家族的地位，另一方面可以防止其他家族的人混进来，这对巩固自己的诸侯地位是必不可少的。

端午节是中国的传统节日，有一习俗为吃粽子。当年楚国大诗人屈原投江自尽，楚国的老百姓很想念他，所以丢了粽子到江里，让鱼吃粽子，不要吃屈原的身体。屈原何许人也？屈原是管理楚国王朝家谱的一个官。在春秋战国时期，国家对家族世系的情况掌管得非常严格，要有专门的官吏来管理。当时楚国有三个大家族，由屈原管理，屈原的官职是“三闾大夫”。

周代出了一本书叫《世本》，记录了黄帝至春秋战国历代帝王、诸侯、卿大夫的姓氏起源、世系源流、迁居本末、生前创制、死后谥号以及其他事迹。按照家谱的定义，家谱记载的是一个家族血缘世系的情况。

《世本》这本书把当时所有主要家族的情况记载得很清楚，所以《世本》就成为中国家谱的开山之作，标志着中国家谱在周代已正式诞生。

魏晋南北朝时期家谱的功用

第三阶段：中国家谱开始发展。“有司选举，必稽谱籍。”这句话是什么意思呢？就是一个国家挑选什么人来做官必须根据家谱，这是魏晋南北朝时期出现的情况。魏晋南北朝专门设立了谱官，管理修谱事宜。为什么出现这种情况？跟当时的政治情况有关系。魏晋南北朝实行九品中正制，把整个国家官僚分九个等级，选人才靠“推举”，同后来考科举不同。哪些人来推举呢？即各个地方有实力的人。推举什么人来当官呢？当然推举当地有名望、有地位的人做官。你的家族里面是否世代做官，这个很重要，要防止其他人冒名顶替。比如说崔氏家族，地位很高，有一个姓崔的人，不是这个家族里面的人想挤进去，他也想做官，是否应该推举他呢？一查家谱，结果发现不是真正崔氏家族的，就没有资格来做官。由于当时的政治情况特殊，这个时期写家谱是非常重要的工作。做官要依据自己的家谱，要被推选也要依据自己的家谱，这成为他们做官的工具。当时婚姻也讲究门当户对，汉族之间，少数民族豪族之间联姻，一定要查家谱。当时家谱有两个功用，第一是做官，第二是婚配。

唐宋八大家带头修家谱

第四阶段：中国家谱的兴盛。隋朝开始实行科举制度，科举考试不是按照血统、地位选拔官员，而是根据学识水平来决定是否被任命为官员。可是话又说回来，魏晋南北朝以来，几百年形成的社会习俗还是很看重山东的一些贵族，崔姓、王姓是很有地位的。李世民是从哪里来的？从山西过来的。当时中原的一些世家豪族瞧不起李世民，李世民很生气，怎么办？就编家谱。所以唐代曾三次编家谱，第一次是李世民，第二次是武则天，第三次是唐中宗。为什么要编家谱啊？主要是为了巩固新建帝国的地位，确立皇族的最高地位。因为当时社会上认为山东崔氏地位最高，所以通过编家谱排等级进行调整。第一等是姓李的，第二等是外戚，原来在社会上名望很高的山东崔氏等则降为第三等。通过编写家谱的手段来提高自己的皇族地位，把山东家族压下去，所以编修家谱成为他们进行政治斗争的重要措施。

武则天上台后一看，李世民编的族谱里面武氏家族榜上无名。怎么办啊？武则天决定再来修一部家谱叫作《姓氏录》，这部家谱里面主要是什么内容啊？武氏家族、李氏家族、武氏的亲戚都排在前面。另外，按照当时的科举制度，凡是五品以上的官员都可以入谱。通过修谱把李氏、武氏家族以及科举制入选的五品以上的官僚的地位提高了，把山东旧贵族势力压下去了。

第五阶段，中国家谱的转型。中国家谱在宋代开始转型。唐太宗很重视官修家谱，光官修就进行了三次。到了宋代，官僚通过科举制来选拔，已经步入正规化了，不需要像唐朝那样来编修官僚家谱。宋朝私修家谱发展得也很快，这跟当时两个人有关系，一个是欧阳修，另一个是苏洵。他们带头修家谱，他们是唐宋八大家中的两位，在社会上很有影响。他们带头修私人家谱，一下子把社会上修家谱的气氛带动起来了。由于他们带头修家谱，影响到后来明代、清代家谱编修的一些基本内容，一些基本规则也就是在这个时期形成的。因此，整个宋代在家谱内容、体例、世系等方面都逐步规范化。

另外，宋代家谱有一个很大的特点，就是朱熹“三纲五常”的内容也进入家谱里面。中国上下五千年，在社会上影响最大的思想家，古代是孔子，近千年来是朱子。宋代以后，朱熹“君为臣纲、父为子纲、夫为妻纲”的思想成为家谱的重要内容。

现在的家谱主要是在清朝修的

第六阶段，中国家谱的完善。

中国家谱在明代应该说已经完善了。明代的开国皇帝是朱元璋，他统治大明王朝时期采取各种政治措施，把江南豪族迁到凤阳。在思想文化上他提出“教化为先”的思想，颁布了“圣谕六言”，即“孝顺父母，尊敬长上，和睦乡里，教训子孙，各安生理，无作非为”。核心是提倡以“忠孝”为中心的伦理，使整个社会安定团结，教训子孙，和睦乡里，巩固大明王朝的统治地位。

朱元璋提出这六条要求，编修家谱大家也以此为依据。任何一个时代的家谱总是跟当时的主流思想、主流意识相接近，更何况封建帝王——天下第一的天子发号召了，大家写家谱也就积极响应了。明代的时候，家谱体例内容更加完整，比较成熟定型了。明清时代的家谱包括：谱序、凡例、姓原、世系、祠堂、墓图、诰敕、传记、诗文、像赞、家训、领谱字号等，包罗万象。明代家谱增加了祠堂的内容，中国的祠堂主要是从明代开始的，特别是广东，顺德地区祠堂很多，惠州地区祠堂也很多。北方山西祠堂很多。家谱里面把本家盖什么祠堂，祠堂有多大，方位在哪里，写得很清楚。对一个家族来讲，家谱是文本式的记忆，祠堂是家族的建筑记忆，文本和建筑相辅相成，到明代得以充分发展。家谱到明代续修也非常受推崇。

第七阶段，中国家谱的普及。民国时期家谱数量很多，现在保存下来的几万种家谱主要是在清代时期修的。民国时期的家谱有什么特点呢？那就是普及率很高。普及到各个省，各个村庄，各少数民族地区等。而且编写的工作量也很大，如 1937 年修孔子家谱，主编是孔子第 76 代孙，孔子家族 50 多万人的名字全部在里面，规模很大。到 2009 年又新修孔子家谱，达到 200 万人，规模更大。

清代家谱为什么能够发展得这么快呢？主要跟康熙皇帝有关系。康熙皇帝跟朱元璋一样，也提倡通过“教化为先”来治理中国，他专门讲“敦孝第以重人伦，笃宗族以昭雍睦，和乡党以息争讼”。到了雍正皇帝的时候，他把《圣谕十六条》逐条解释，强调“修族谱以联疏远”，认为修族谱可以把远方的家族亲戚都笼络过来。由于康熙、雍正这么积极提倡，清代的家谱迅速普及到全国各地。

第八阶段，最近50年来，中国普遍新修家谱。在我国大陆、在台湾、在东南亚，凡是有华人的地方都掀起了一个新修家谱的热潮。50年来，修谱比较早的是台湾，台湾人为什么出现修家谱的热潮呢？台湾2300万人，90%以上是从大陆过去的。1949年，大陆同胞到台湾有很多人，他们的根在哪里呢？在大陆。1988年之前台湾跟大陆来往很少，这些去台湾的同胞想念大陆、思念乡亲怎么办？写家谱。我统计了一下，台湾族谱有1万种，80%是最近50年修的。大陆修家谱什么年代热呢？最近30年，1978年党的十一届三中全会以后。在这之前大家几乎是谈“谱”色变，过去认为家谱是封建糟粕！1978年，思想解放了，认识到家谱有精华也有糟粕。最近30年农村修家谱的积极性比城市要高一点。因为经济发展了，他们有这个实力。还有一个原因是，海内外乡亲互相促进，特别是海外促进海内。台湾要修家谱，追根到什么地方呢？要追到大陆。1988年以后，台湾一些家族主动到福建、到广东来找同一个家族的人，因为只有台湾、大陆双方的家族合起来才能修好完整的家谱。这在客观上促进了家谱的发展。家谱在最近50年修得比较热，数量也很多，家谱的内容、形式都发展到了新的阶段。

家谱的五种价值

下面简单介绍一下中国家谱的价值。

家谱究竟有什么价值？我们认为对家谱应该坚持一分为二的观点。第一，它确实存在很多封建糟粕。首先是旧家谱宣扬封建主义、三纲五常、封建迷信等，这方面我们要否定。其次，存在攀附显贵，冒认帝王、名人为先祖的弊端。不管谁家的祖先总要找一个比较有名的吧！姓李的可以找李世民，姓朱的跟朱元璋攀攀亲，是不是可以拉到这个世系表里面来啊？攀附显贵，有真有假，所以对明清家谱要全面分析。再次，扬善隐恶、书善不书恶，对老祖宗只能讲好的方面，不能批评他们。这些家谱中的糟粕我们都是要注意的。

第二，胡锦涛同志提出，对历史文化要取其精华、去其糟粕。弘扬传统文化要跟当代社会相适应，与现代文明相协调，保持民族性，体现时代性。用历史唯物主义观点来看家谱还是有重要的价值的。

下面我们简单回顾一下党和国家领导人是怎么看待家谱的。

孙中山在他的讲话当中多次讲到家谱。1912 年，他辞去临时大总统以后，到广东来参加孙氏宗亲会，搞了一个家族活动，对家谱有很多论述。孙中山可以说非常重视家谱。

周恩来有一次跟鲁迅的弟弟周建人说："你是绍兴的，我也是绍兴的，我查了家谱，我们是一家人，我还要叫你叔叔。"

毛泽东是湖南人，他对家谱有专门的认识，认为通过家谱可以知道人类社会发展的规律，也可为人文地理变化提供宝贵的资料。1959 年，他回到家乡韶山，就问："毛家祠堂还在不在？"一个村干部说在，然后他来到毛震公祠，里面空空如也，但他依然鞠了三个躬。别人劝他，祠堂里已经没有牌位啦！他说："管他三七二十一，鞠三个躬再说。"又说："祖宗牌子是个纪念。"他到他父母的坟上也鞠躬致意。

1989 年 10 月，邓小平支持五妹邓先芙和女儿邓榕回到四川广安，寻找邓氏家谱，寻根谒祖。

江泽民于 2000 年 5 月 4 日视察上海图书馆，专门查阅了《济阳江氏金鳌派族谱》，这本族谱里面有他先祖的世系表，但是没有他的名字。估计江泽民的曾祖父是从徽州地区迁移到扬州定居的，当时修家谱时没有把这一支写上去。江泽民对家谱作了重要指示，认为对家谱要辩证看待。

胡锦涛在 1997 年参观上海图书馆时对工作人员说："我老家绩溪的胡氏祠堂非常漂亮，你们去看一下。"另外，他会见宋楚瑜的时候，向宋楚瑜赠送了一套民国 30 年刻印的《湘潭韶山宋氏石潭房七修族谱》，表明了海峡两岸同胞有着血浓于水的血缘关系。

以上党和国家领导人对家谱的论述，对我们很有启示。家谱今天来看有什么价值呢？

（1）文物价值。因为家谱中很多属于珍本，而且大多数都是孤本。早期家谱刻印多少套是严格限制的，每个家族的代表领家谱的时候都要签字盖章。如果丢掉了那是要严肃处理的。为什么家谱这么重要呢？必须防止其他人加入家谱里面。今天保存的家谱绝大部分是孤本，如果在明朝时期印的家谱更是珍本，这本身就是宝贵的文物遗产，我们应该很好地抢修，包括修补好、保护好。

（2）资料价值。广东中山徐氏族谱对中国参与世博会作了很大贡献，上海世博会期间专门展示了徐氏家谱，在家谱中可以看到，徐氏家族在1851年伦敦世博会上所获得的金奖证书是用英文书写的，具有极其重要的资料价值。

（3）道德价值。家谱里面保存的家族资料，有很多关于家训的内容。家训之类的内容要从两个方面看。一方面，旧家谱中主张“三从四德”，贬低妇女，妇女要服从丈夫，子女要绝对服从老子，做官的要绝对服从皇帝，这是封建思想的糟粕，要否定。另一方面，家谱里面还有很多道德要求，如尊敬父母、兄弟，尊重师长，重视睦邻关系，要爱劳动，禁止赌博，要照顾孤寡老人等，这些都是中华民族的传统美德。今天我们要建立社会主义的道德品质，建立社会主义核心价值体系，社会主义道德价值观怎么建立呢？肯定要吸收传统的好东西，家谱里面这些内容对于我们建设社会主义精神文明也有借鉴意义。中央精神文明建设领导小组提出吸收中华民族的优良传统美德，这些美德在哪里？在家谱里面写着。

（4）寻根价值。要寻根，最根本的路线图就在家谱里面。这是当代人寻根的重要资料。家谱里面保存了一个家族世系表，表明这个家族是怎么一代一代发展到今天的，要找自己的老祖宗，到家谱里面找才最可靠！举一个例子，1997年5月4日，荣毅仁到上海图书馆来了两个多小时，其中主要就是查荣氏家谱。我们事先把荣家的家谱都找出来，有三套，一套是1935年出版的，一套是光绪时期修的，还有一套更早。荣毅仁是1915年出生的，所以在1935年发行的家谱中找到了自己的名字和简况，他很高兴。第二天他对上海市领导说：

“上海图书馆帮我找到了家谱，我非常高兴！谢谢！”海内外很多人通过查家谱都找到了自己的根。

（5）文化价值。现在新修家谱，在农村比较普遍，对旧的家谱是继承、发展与创新。通过编修家谱的活动，在客观上也促进了海内外同胞的凝聚力、向心力，对弘扬中华民族文化，促进海峡两岸文化交流，促进道德建设、构建和谐社会能够起到一定的促进作用。

中国姓名文化纵横谈

余和祥

余和祥

中南民族大学民族学与社会学学院教授，历史学研究生导师。长期致力于中国传统文化和历史文献的研究，已出版《皇室礼仪研究》《魏征的人生哲学》《〈旧五代史〉考实》《古文今译学纲要》《中华传统性风俗及其文化本质》等专著，主编《中华膳海》《中国特殊文化史丛书》《中华民俗风情丛书》《中国封建社会病态研究》《纲鉴易知录全译》等多部著作。发表各种学术论文近30篇。

深圳的朋友们，你们好！我来自湖北武汉，在中南民族大学任教，30年来一直从事中国传统文化的学习和研究，今天就带着一种学习历史和传统文化的小小心得，就中国的姓氏名号这么一个话题和各位深圳的文人雅士、亲爱的朋友们作一番切磋，讨教于大家。

汉朝——姓、氏两者才合二为一

我们先谈谈中国的姓、氏。谈到姓和氏，今天往往合成一个词，但是在中国古代大不一样，“姓”起源最早，直到汉民族文化真正形成的汉朝，姓、氏两者才合二为一。

今天讲的姓氏文化和制度主要是以汉族人姓氏问题作为例子而谈的，关于少数民族的情况，我会用很短的时间补充介绍一下。

关于“姓”，它是氏族血缘关系的产物，又是宗法制度的表现，其历史渊源非常久远，是世界上最古老的姓氏制度之一。如果对某个姓想要追根溯源，少则上千年，多则上万年。这在世界各民族当中非常罕见。

在长期的封建社会中，“姓”与封建礼制相结合，从而标榜同姓同宗，抬高名门大族，成为维护封建统治秩序强有力的工具。而民间社会的习俗就是在姓氏制度的基础上形成的，名门大族制度有利于加强统治，如魏晋时期盛行的“门阀制度”。

“姓”虽然以汉族原有的姓氏为主，但是在历史发展过程中容纳和吸收了其他各民族有关姓氏文化的成分，因此中国的“姓”，现在已经成为各民族文化大融合的结晶。即使专门研究姓氏，也很难轻易判断出谁是汉族人或是其他族的人，尤其是在中国人数最多的大姓中，如王姓、张姓、刘姓，人口构成太复杂了，之所以大，是因为容纳了很多姓氏的小溪流，最后变成了大江大河。王姓的来源至少有十几种，不一定全是汉族人，包括很多少数民族人口。

姒是中国第一个姓氏

接下来跟大家谈一下中国人姓的起源。经过夏商周三代的积累，历史上的姓氏基本上大体形成了。最早只有“姓”，后来才产生“氏”。最简单的理解就是，姓氏是最早的血缘宗族的总符号，相当于家族的总徽号。最原始的姓往往追溯到8000年以前。这类最原始、最本真意义上的姓，在中国人的姓氏当中占有量不多，但是它们是姓氏中的老大，是最古老的。而且有一个特别容易辨认的外在形象、名称，或者是符号，或者是形状上的特征，就是“女”字旁的姓大多数属于原始的姓，只有它们才配叫姓，其他99%的姓其实都是氏，而不是姓，比如说姓姜、姓姚、姓姒、姓姬、姓嬴。这些都有“女”，像这类的姓都是最古老的姓，有“女”字旁表示一个共有的老祖母做祖先，她的后代，她的血缘关系变成一个大宗族。有血缘纽带、血缘关系，同姓的人就是标准的一个大氏族，他们同宗族绝对不能有婚嫁关系。所以最早的姓就有意义了，就是“明血缘，别婚姻”。

后来产生的“氏”是怎么回事？简单概括一下，它是姓的分支号。姓是有血缘关系的大宗族，传多了，变成儿子、孙子、重孙，一个村庄住不下，需要换一个地方；在这个山坡上只有一块田，只能养活这么几个人，那么下一个分支就会迁徙到另外一个地方，怕年代久远和地域分隔会导致同宗族的人不相认，于是在同一个姓之下再裂变为若干个氏。氏是以男子作为计算单位的，再也不以一个共同的女祖先作为计算单位了，所以不需要“女”字旁，往往根据其他种种理由决定，但是有一条，以男性作为氏族的首领。姓、氏在夏商周时期基本上纷纷出现，到了西汉，也就是司马迁写《史记》的时候，已经形成了社会共存现象，姓、氏再也不严格区分了。但在上古时代，在夏商周时代，姓、氏区分非常严格。同姓之间，比如说周族人的后代，周天子姓“姬”，即使下面分出了很多氏，在周朝的时候这个王国和那个王国的人之间照样不能通婚。比如说鲁国王族是周公的后代，晋国也是周天子的后代，他们都是姬姓，在历史上从来不可能记载两个国家哪一个公主嫁给某某王子，他们之间绝对不能通婚。有一个成语形容两亲家关系好，叫“秦晋之好”，为什么秦国的人和晋国的人可以通婚？因为秦的祖先姓嬴，而周的祖先姓姬，姓都不一样，当然可以通婚。这是“秦晋之好”的由来，而不能说是“鲁晋之好”，因为他们是一家人，不能通婚。

传说中的大禹治水，大禹姓姒，到现在为止，大禹的后代，血脉明晰的家谱传承，主要集中在浙江绍兴地区，第 144 代孙子叫作姒元翼，现在在哈尔滨医科大学当教授，这是大禹有明确传承的后代。这是中国第一个姓氏的来源。

姓赵的祖先在山西洪洞县

第二种以国邑作为姓氏。周朝建立之后，天子大封诸侯，封自己的同宗亲属还有异性功臣作为地方诸侯。夏商王朝的子孙都得到了封土，有了自己的国邑，后人就开始以自己祖先最早创造国家的封地、封国的国邑作为自己的姓氏，中国有很多著名的姓氏是从这里来的，如鲁、魏、虞、晋、齐、宋、陈，都是国民先有了封国，然后才有自己的姓氏。

举一个例子，姓赵的，它是百家姓当中的大姓之一。周穆王时代，赵国最早的祖先叫造父，跟周穆王同时代，他负责替周穆王赶车，就好像给领袖当司机。按照血缘关系，原来跟秦的姓氏一样，姓嬴。造父在穆王西巡的时候负责驾驶工作，很好地完成了任务，穆王高兴之余就给他封了一个国邑，就是山西的洪洞县，地名就叫赵。造父的后裔当了晋国的大夫。著名京剧《赵氏孤儿》曾经被陈凯歌改编成电影，写的就是晋景公时代，赵衰被杀了之后，他妻子肚子里面有遗腹子，赵氏家臣公孙杵臼和他的好朋友程婴为了保护唯一的赵家根苗，想尽办法让他摆脱灾难，保留赵家唯一的孩子。最后程婴拿自家一样大的婴儿调包，换了赵氏孤儿，从而让赵武得以存活，送往外地避难，逃亡山中。最后晋国为赵衰平反，赵武恢复了自己的爵位，传了三代之后，建立赵国。后人以赵作为自己的姓氏。最后赵国成为战国七雄之一。如果你是标准的汉族人，你又姓赵，你家里又有脉络可寻，建议姓赵的同志们有生之年去山西洪洞县拜一拜祖先，到大槐树下参拜一下，了却一辈子的心愿，因为你们姓赵的总根在那里。中国赵姓起源于山西，盛行于河北。在中国历史上了不起的名人，重要的执政者，如赵佗、赵云、宋太祖赵匡胤都属于那一带人。

“司马”和“程”本是一个姓

第三，以官职作为姓氏。比如说双字的司马、司空、司徒，还有史、理、钱、宗、师等姓。师姓最早的祖先是做国君的老师，宗姓的祖先就是管宗人府、宗族、宗庙的，钱姓的祖先就是管钱粮的，这是以官职作为姓氏。以“司马”作为例子，“司马”本来和“程”是一个姓，远祖是颛顼的曾孙重黎。周代封重黎的后人在“程”这个地方作为封地，“程”最早是地名，在今河南省洛阳市东。上个月我考察了一下，果真当地老百姓说他们那个地方老祖宗都姓程。唐代之后，大量的匈奴人又集中在那个地方，跟姓程的人杂居，所以姓程的人往往一半有匈奴血统，区分的标志是鼻梁特别挺直，跟汉族人的鼻梁特别不一样。周宣王时期，这个家族担任了周天子的司马这个职务，后人就以司马作为自己的姓氏，像著名的大史学家司马迁、三国时代的司马懿、宋代的司马光都来自这个司马家族。

孟子是庆父的第四代孙

第四，以祖父和父亲的名或者字为氏。根据宗法规定，天子的儿子就是王子，那时候不叫“帝”，只能叫“王”，王子的儿子叫王孙，王孙的儿子开始以祖父、父亲的名作为姓。诸侯的儿子在爵位上是公爵类的，所以叫“公子”。我们现在尊称对方的儿子为“公子”就是从这里来的。公子的儿子就是公孙，后来公子、公孙、王子、王孙都成为姓氏。唐朝有著名的“公孙大娘舞剑”的故事。“公孙大娘”就是公孙家大女儿、大小姐的意思，千万不要以为是“公孙大妈”的意思，因为古代的“大娘”其实是大姑娘、大女儿的意思。这是以祖父或者父亲的名作为姓氏。历史上像这样的名字不少，比如说创建梁山根据地的晁盖，姓本来是朝廷的“朝”，后来改成“晁”，王子朝的孙子以“朝”作为自己的姓氏。

第五个来源，是以排行次第作为氏。这是宗法制度的表现，而且也是中国宗法当中嫡庶制、长幼制的生动体现。在中国古代，姓氏不光可以区分血缘，也可以区分财产地位。同样是父亲的孩子，老大和老二、老三地位完全不一样，非常讲究这一点。几个夫人生的孩子，他们之间还有嫡庶关系，就是正室夫人生的孩子是嫡子，如果是姨太太生的孩子地位就不行，叫作庶子。中国人讲究排行次第，历史上的孟氏、伯氏、仲氏、叔氏、季氏都是有名的姓氏，现在最常见的是孟，姓季的也不少，而姓仲、姓叔的少一些。历史上鲁桓公的第二个儿子叫作庆父，读过《左传》的人就知道，其中有个典故“庆父不死，鲁难未已”。庆父特别爱搞朝廷内乱，庆父就是因为排行第二，所以称呼他为“仲孙”，就是老二的意思。比如说孔子，在家里是老二，所以字叫“仲尼”。因为庆父有弑君之罪，是最羞辱祖先的大罪行，庆父的后人深以为耻，怎么有这样的祖先呢？丢人，不把他放在老二“仲”的位置，只放在庶子中排行第一，所以改称他“孟孙”。中国人姓孟的不少，恰恰是从这个坏人开始有姓孟的称呼，所以姓孟的起源并不光彩。但是姓孟的后人特别争气，最早的祖先不光彩，但后来一个人出来一洗前耻，让全中国人敬仰这个好姓，这个人就是孟子。孟子是庆父的第四代孙。中国四大圣姓——孔、孟、颜、曾，四大圣姓团结为一家人，连辈、字都是一样的。

一些姓氏起源于爵号谥号或居住地

第六，以爵号谥号为氏。哪些姓氏属于这类起源呢？最有名的是王、侯，一听就知道是用爵号作为自己的姓。当然“王”这个姓的来源，我反复说过不止一个，有太多的原因导致选择姓王。但是最早的王姓跟爵位相关。谥号是著名的政治人物或者文化人物去世之后，概括他一生的生平和德行的重要的字，有时候是一个字，有时候是两个字，一个字的谥号特别高贵，两个字次之，三字、四字的谥号都有。不光是帝王，著名的文化人都有谥号称呼。周朝君王都是用谥号来称呼，如周穆王、周幽王、周厉王、周平王等，“穆”“幽”“厉”“平”全是谥号。有的帝王用庙号来称呼，死后把他作为祖先之一，供奉在太庙里，作为祖宗群体中的一员，叫什么祖、什么宗，也是称呼帝王的方法，像唐朝、宋朝都用这样的方法来称呼，比如说唐太宗、宋英宗、宋神宗。中国历史上称呼皇帝还有一种方法，是明清两朝特有的方式，就是称呼年号来指代这个皇帝。为什么只有明清称呼行，别的时代不行？其他时期皇帝喜欢换很多年号，汉武帝一生有七八个年号，以哪一个年号代表他？不好确定。武则天作为唯一的女皇帝，她最喜欢改变年号，一生改了十几个年号，过几年高兴了，全国改元年，叫某某元年；过两年又不高兴了，再改一个元年，女人善变就可以从这里看得出来。你看康熙皇帝，明朝的朱元璋，明清两朝的皇帝一辈子就一个年号，当了皇帝从执政到死是一个年号。中国历史上当皇帝最长的莫过于康熙了，康熙执政 61 年，年号就叫康熙，后人方便拿一个年号指代皇帝。现在反过头来问中学生，明神宗是谁啊？不知道，那万历皇帝是谁啊？哦，这个我知道；清圣祖是谁啊？可能不知道。康熙呢？这个我知道。年号反而更熟，别的不清楚。以谥号爵号作为姓氏，这些人肯定是很有地位、很了不起、很威风的人，文、武、穆、桓、闵、简等姓都是这个类型。

第七，以居住地为氏。最早创造这类姓氏的这批人，在上古时代没有资格得到天子的封赏，没有自己的土地，没有封邑，只好以自己居住地方的水文特征、地理特征来作为自己的姓氏。比如说住在傅岩的人姓傅，居住在池塘边就姓池或者塘，住在某一棵杨树边上就姓杨，住在某一棵柳树附近的人姓柳。城市里一般的普通百姓，他们不是贵族，是贫民，居住在某一个街坊，靠近西门那片的居民就姓西门，如西门庆。住在城的东郭，就姓东郭。还有南郭、东方，都是以居住地作为姓氏，这种姓氏不多，但是起源特别有意思。

日本人的名字，姓、名意义包含在几个字当中，往往是为了纪念最早的祖先所生存的环境，比如说居住在一片松树底下，就叫松下。如果是在码头边上、渡口旁边就是渡边，如渡边一雄、松下太郎。山田，因为在山脚下开辟了一块田，叫作山田。家门口有一株古老的松树，祖先居住过的，靠一口井养活一家人，所以叫松井。日本人的名字很多起源于居住地，这点跟中国的姓氏有点相似。

职业技能与姓氏

第八，以职业或技能为氏。比如说“张”，我们现在听人介绍姓“张”的时候，习惯问，你是什么张？我是弓、长（cháng）“张”。听了我讲座的张姓同志们，以后可以改过来了。人家问：你贵姓啊？可以回答：我是弓、长（zhǎng）“张”。你的祖先最早之所以姓张，是因为周朝善于制作的一批手艺人、工匠，被朝廷统一发放编户，你们这一家族世世代代负责打造兵器之一弓箭，封为弓长，有千弓长、百弓长，你管一千户人叫千弓长，管一百户叫百弓长，是一种小手工艺者的带头人，相当于一个承包商、工头，达不到贵族标准。弓长，就是造弓箭的长官、领头人，不要叫弓长（cháng）张，以后称为弓长（zhǎng）张，这样才符合文化的来源。再比如说“屠”，是屠夫所以姓屠，制造陶器的就姓陶，撰写历史、记载历史的姓史，还有驱除神鬼的姓巫。姓巫的人在上古时代是最高等级的贵族，除了君王就是他的地位高，甚至国王还要听他的。甲骨文上面都有裂纹，烧烤甲骨裂纹突然炸裂向哪里，只有姓巫的人来解释，该打仗了，该停战了，该结婚了，该退位了，国王也要听从上天的安排。一切都由“巫”来负责解释，所以“巫”在上古时代非常厉害，甚至“巫”派生了中国文化当中重要的医学文化，中医文化来源于巫。“医”的繁体字有“巫”的部分。这部分人以职业或技能作为姓氏。

事件与姓氏

第九，以事件为氏。突发事件偶然性特别强，这类姓氏来源不多，但是特别有意思。比如说中国大姓之一“李”，木子李，就是来源于偶然事件。其祖为少昊的后裔皋陶，原始血缘来源于嬴姓，在尧舜时期管理监狱牢房的官员，叫作理狱官，掌管刑狱，后人以官为氏，称“理氏”。到了商朝末年，因为得罪了商纣王，他的儿子理利贞只好往山中避难。他们躲在一棵树下，以采树上的果实为生，在树林里面生活了几个月，终于商纣王死了，内乱停止了，理利贞率领一家人重新回到朝廷，为了纪念这次大难不死，全家人血脉得以保存，后人就把“理”改成“李”，因为就是全靠树木结的子养活了他们一家人，从此以后不姓“理”了，姓“李”。中国道家的创始人老子叫李耳，他是理利贞的第 11 代孙子。还有林，也是在山中避难，靠树林过日子，他们感谢树林、树木，他们是比干的后代。

汉武帝时期有一个著名的丞相叫田千秋。田千秋年纪很大了，汉武帝舍不得让他退休。田千秋对皇上说：“皇上，我年纪大了，走路都走不动了，上朝很累，还要给您磕头，干脆让我退休算了。”皇上说：“如果身体不方便，老了，免磕头。”他又说：“但是走路也不行啊，深宫大院要走半天。”皇帝就例外赐他一辆车，只有他一个人上朝的时候坐着车子过来。这是皇上对他的特别的荣宠，满朝文武特别羡慕，只有他一个人可以坐车到皇上面前，所以后人觉得很自豪，他的孙子从此以后就不姓田了，他们家就改姓“车”了，“车”姓是这么来的。小说《红岩》里四川的地下党书记叫车耀先，就是田丞相的后代。田千秋当朝的时候，满朝文武，包括汉武帝都尊称他“车宰相”，常常向他请教，多荣耀啊！

避讳成为一种特有的现象

第十，避讳改氏和皇帝赐姓。避讳是历史上特有的现象，中国有两句话："为尊者讳，为贤者讳。"比你地位尊贵的人，他叫什么名你不能叫，你要避他的名。比如说孔子、老子、孟子，太让我们敬佩了，尽管他们不是最尊贵的人、最至高无上的人，但是他们的品德让我们敬仰，我们也自觉地别跟他们叫一样的名。还有家讳也要避。现代人经常不懂这些，比如说父亲叫王某华，自己取名也叫王某华，甚至有的人给自己的儿子也取名叫王什么华，儿孙与爷爷的名字不能听起来像兄弟俩的名字似的。全国有不少人请我帮小孩取名字或者改名字，我首先就要寻访一下，把你们夫妻俩各自的祖宗三代的名字告诉我，我不能取与他们祖先的名字近似的，否则我要犯讳了。我是个讲修养的人，如果取的名字跟他曾祖父是一样的，那怎么行？所以必须要避讳。避讳在中国成为一种特有的文化现象。在汉代，中国五岳已经形成，本来叫恒山，但是汉朝有个皇帝叫刘恒，就不能叫恒山，叫常山，整个汉代只能叫常山，如《三国演义》中说："常山赵子龙来也。"李世民叫世民，按照唐朝的六部制度，本来民部是管理全国老百姓户口的，后来改成户部，不能叫民部，因为要避李世民的讳。

避讳后来成了历史考古和搞收藏、玩文物的人判别文物到底是哪个朝代重要的铁的依据。有人发现唐代的卷子，上面写着："山不在高，有仙则名，渊不在深，有龙则灵。"有人说这是唐代刘禹锡的真迹，我一看，这是水货啊！为什么？刘禹锡是唐朝人，唐朝开国皇帝李渊的名字他敢写吗？只能老老实实改成"水不在深，有龙则灵"。敢这样写的人，除非不想活命。在清代，比如说线装书的清代版本，康熙皇帝叫玄烨，"玄"不用别的字改，用缺笔法避讳。避讳不光是一种办法，拿一个意思相同的字来换，还有一种缺笔法，最后一笔画不写。比如"玄"的最后一点不写了，表示是"玄"，整个清朝所有的文献、古籍全是这样的字，否则就不是清朝的，这很容易判断。今天我捎带介绍一下文物常识，大家以后收藏文物的时候可以注意一下。

还有一种皇帝赐姓。皇帝看中了哪个小姓，哪个大臣，尤其是看中少数民族的首领，你替我打仗，替我剿灭了哪一路起义军，你就跟我一起姓。唐朝皇帝姓李，就赐姓某某人为李姓，五代十国的后唐李存勖就是皇帝赐的姓，包括西夏首领李继迁也赐姓李。明朝末年的郑成功，最早赐姓朱，曾经叫朱成功，后来改姓郑。赐姓除了是表彰以外，还是惩罚手段、惩罚措施。比如说武则天有几个她不喜欢的儿媳妇做了皇后，她就迫害她们，这还不泄心头之恨，比如说韦皇后，不准她姓韦了，让她改姓蛇，表示蛇蝎心肠。还有人姓枭，隋末杨玄感起义反对隋炀帝，被赐姓为枭。所以赐姓有时候是作为惩罚的手段。

少数民族发音首字变拼音

第十一，由少数民族的称呼转化而来。各个民族的发音不一样，往往首字的发音变成汉语拼音，再由汉语拼音向类似于汉族人自古有的某一个姓靠拢。现在百家姓、千家姓当中大多数双字姓、三字姓、四字姓是由少数民族的称呼转化而来的，比如说宇文、鲜于、尉迟、慕容、长孙、贺兰等。这些姓有的改成一个字，跟着汉族人当中某一些著名的姓类推，比如说把以上姓氏改成穆、陆、贺、刘、楼、于、尉等。比如说政治局前常委尉健行，其实是尉迟健行。隋唐时期，西域有著名的九大虏姓，以后分别改为康、曹、石、何、史、安。史、安在唐朝搞了个“安史之乱”，把中华民族发展到最巅峰的中华帝国从顶峰上推下来了，就是两个姓安、史的人干的坏事，唐朝从此走下坡路。中国整个封建社会开始走下坡路了。现在全中国的历史学家有一个共识，中华民族像一座高山，从低到高不断上升这个过程中，即由远古到唐朝开元天宝年间，“安史之乱”成为一个分水岭，中华民族从此开始往下走，历经五代十国、宋元明清，逐渐下坡，当然是跟其他民族相比而言。其中走下坡的过程中虽然有过异军突起、一枝独秀，特别了不起、特别伟大的时候，但是综合评判打分，没有哪个朝代能够超过开元天宝年间。比如说富有，宋朝比唐朝富，但是宋富而不强，唐朝是强而不富。到了明朝、清朝，中国科技更加发达，疆域更加广大，康熙皇帝甚至把中华民族的疆域拓展到了让我们非常自豪的地步，但是人民不幸福、民族不融洽，文化自豪感没有了。反正一句话，中华民族除了在大唐王朝当了一回老大，变成世界上绝对的老大哥，从此以后中华民族再也没有过那把瘾了。所以中华民族要时刻记住一个根本任务，为了民族的伟大复兴而努力奋斗。什么时候重回“唐朝”，这是中华民族子孙的光荣使命。

王、谢门第之高连皇帝都不及

接下来谈谈中国姓氏当中的一个大问题，古代的望族和大姓。中国古代姓氏都有高低贵贱之分。你姓张，我姓李，你看李姓从来源讲比张姓高级，张姓是弓长而已；李姓是理利贞的后代，曾经掌管周天子王国的所有牢房，相当于司法部部长、公安部部长，至少是劳改局局长。姓氏的起源由于帝王、功臣、贵族、士大夫等因素，级别品级不一样，贵贱程度不一样。

有一些姓氏跟后代创造的业绩辉煌有关，所谓光宗耀祖。这几代人为本族光宗耀祖，做了很多争光的事，姓氏从此辉煌起来了，在民族的姓氏比较当中开始攀升，像排行榜那样排名越来越靠前了。

东汉时期，形成了豪族大地主制度，除了皇族刘姓是第一大姓以外，还有所谓“四姓小侯”（由于当时的外戚四姓不是列侯，故曰“小侯”），分别是窦氏、郭氏、阴氏、马氏。这“四姓小侯”基本上来源于东汉皇族当中的外姓，就是皇后家族的人。阴氏是东汉的第一代皇后，刘秀的原配夫人是阴皇后。刘秀在年轻奋斗的时候，他是有为青年，志向很大。别人问他的最高理想是什么，他说“做官当做执金吾，娶妻当娶阴丽华”，阴丽华就是阴皇后，阴皇后是南阳地区人。现在湖北枣阳、襄樊以及河南南阳盆地这一带都属于过去南阳太守管辖的地方。这个地方是刘秀当时跑得最远、最繁华的大都会，像赵本山说的“大城市铁岭”一样，他当时到南阳城转了一圈，发现南阳最高首长太守家的女儿在他心目中美若天仙，地位高极了，所以他立下豪言壮志，娶老婆一定娶阴丽华，做官要做执金吾。执金吾是管理京城治安的最高首领，就相当于首都公安局局长，骑着高头大马，身边带几个人，想抓谁就抓谁，想追谁就追谁，多威风！他年轻的时候去过几回京城，去长安看过。他当时最高的理想就是干这个工作，没想到自己竟然后来做了皇帝。但是娶妻还是非娶阴丽华不可，找到阴太守求婚，阴太守高兴坏了，三呼隆恩。马是指名将马援的女儿，也是东汉皇后。

到东晋的时候，原来中原地区的豪门家族随着晋元帝南渡江南，成为著名的侨姓，就是客居在江南的大姓。江南当时豪族大地主的姓氏，称之为土姓，或者是吴姓，主要有袁、萧等。在《三国演义》里，有很多大臣、大将军来自这些家族。而侨姓著名的就是王、谢家族，“旧时王谢堂前燕，飞入寻常百姓家”，王、谢是高门大户。王、谢、庾、桓都是当时著名的门阀大族，权势极大，尤其是琅琊的王姓。琅琊在地理上属于山东临沂地区，古称琅琊郡，其实诸葛亮也是琅琊郡人。东汉末年到三国初年，琅琊的王氏开始崛起，后来到东晋就更不得了了，变成了天下第一大姓，皇上姓什么无所谓，你姓司马也行，姓东马也行，姓王的绝对可以跟你共天下。当时流行一句话，“王与马，共天下”。著名的王敦、王导兄弟，中国书法之圣——王羲之、王献之父子，还有谢安、谢玄叔侄，谢灵运、谢朓这两大诗人，都来自中国历史上权势极大的家族。从东汉末年到隋朝，统治中国500年之久，不管是谁做皇帝，它们永远是第一大家族。以至于制造“侯景之乱”的大将军，当时左右朝政的侯景跟梁武帝说，他想找王、谢家族的人结亲，让皇帝做媒行不行？梁武帝求饶说：你别找我做这个事，要干别的事可以干，干这个事我完不成任务。侯景说：为什么？你是皇帝，我现在是侯景，我想杀谁就杀谁，我向他们提亲又不是害他们，还不行吗？皇帝说：你可以在朱、张以下随便选一门亲事，王、谢门第之高，不可以比的，你不配，连我皇帝都不配。所以这500年，除了皇帝以外，其他的将、相、重臣全是出自王、谢、庾、桓大家族。王羲之曾经当过中郎将，他一生都没有打过仗，连骑马都不会，靠人扶上去的，但是他生下来就可以做大官。用现在的话来讲，把全国军队分三大份，中间那一份由他来统率。把他扶上马视察城外的千军万马，他吓得颤抖，最后不小心从马上摔到地下。王羲之说：你们城里老是说缺菜吃，满田野全是韭菜，为什么不收割？连麦苗都不认识，这就是王羲之。他为人非常洒脱，平常也不修边幅，因为他身体肥胖，平常也不爱多穿衣服，怕热。父母给他寻访和家族相配的人，谢姓等豪族门阀的小姐选女婿，就在他们兄弟几个当中找，其他兄弟穿得衣冠整齐，只有王羲之受玄风影响，就是那种放荡不羁的态度，他一个人在最东边的寝室里躺在床上，赤膀拍着肚皮在那里玩。别人说这么重要的场合你也这样子，他说皇上来了也这样！结果一看这个孩子跟别人不一样，恰恰被看中了，这就是“东床快婿”的来历。

上品无寒门，下品无氏族

中国历史上各地有各地的大姓，山东地区、河北地区、关中地区，这是中国古代出门阀大姓最多的地区，所谓关中大姓、河北大姓、山东郡姓等。山东著名大姓有王、崔、卢、郑，这些是非常了不起的大家族。凡是姓王、崔、卢、郑的朋友们，打听一下祖籍是在山东这个地方，你们可以自豪一把，你们的祖上也曾光鲜过，有很多最牛的人。关中地区就是韦、裴、柳、薛、杨、杜六大姓，都是非常厉害的姓。《西厢记》里的崔莺莺，她爱上一个小伙子叫张君瑞，两个人很有感情，就是门第不般配。姓张的哪配得上崔莺莺的家族门第？崔姓是山东的大姓之一。历史上真的是这样，唐太宗执政之后，门阀制度遗风残留影响很大。唐太宗派人与崔家结亲，说让公主嫁到崔家去。崔家竟然派人回来谢礼，抬了大担、小担比皇帝家更重的礼物，到宫廷道歉，还写了一封谢罪信，要退亲，说崔家配不上金枝玉叶，崔家没知识、没文化，其实骨子里是不愿意跟皇家结亲，因为皇家姓李的太差劲了。你想连皇帝家人都瞧不上，怎么瞧得上张君瑞呢？所以老夫人极力反对。今天人客气时问你贵姓，因为确实历史上的姓有贵有贱，有一些姓确实高贵，比如说崔、郑都很高贵。唐代门阀大、高门大姓的作风还保留着，唐太宗很不服气，很不高兴，心想我打天下，开创了“贞观之治”，天下也太平了，为什么这个老观念改不了呢？通过立战功，通过读书，扶持起来的大臣、官员们还抬不起头，永远低人一等，不行啊，新兴地主阶级怎么办？所以他下令重新修改宗族谱系，按姓氏排列高低，而且怕这个任务一般的大臣完不成，就派自己老婆的舅舅去完成。趁改《氏族志》的机会，提高李氏皇族的地位。

家族文脉有特色、有传承

虽然社会进步，门阀制度早已衰亡，郡望、大姓制度也早已淡化，但刚才说的高门大姓后来又慢慢形成了历史上的“郡望”。“郡望”是指某一姓氏世居某郡县而为人们所仰望，就是这里最厉害、最让人敬佩的姓，实际指某一姓氏的社会地位和社会影响。所以人们注重出身，看重门第，成为中华民族一代又一代人固有的民族心理。比如唐代诗人韩愈，他本不是河北昌黎人，但是姓韩的郡望在河北昌黎，就是在渤海边上，是韩姓家族最了不起的一个县。当别人问他：韩愈先生，你是哪里人啊？韩愈会说：我是昌黎人。他不好意思说他是河南某某县人。其实他是河南许昌人。姓周的是以河南上蔡县的汝南作为郡望。柳宗元，人们称之为柳河东，其实他真正的出生地也不是山西河东，而是今天的太原，是郡望心理作祟。姓王的是以太原和琅琊为郡望，杜姓以京兆地区（今陕西省西安市）为郡望，等等。有一些家族，在自己的门楼或者是城堡上写几个字，往往是“彭城流芳”“颍川流芳”“太原流芳”，从这几个字你就可以猜出这家人姓什么了，太原世家肯定是姓王了。颍川就是姓陈的，等等。

像我们姓“余”的，一听就是南方的姓。而“于”姓百分之百是北方人。到现在为止，尽管中国人口流动、迁徙比较频繁。总体来看，同音不同字的“yu”字，南北方特色明显，我们的郡望最早出现在浙江余姚，兴盛于古代的新安郡，即现在浙江与安徽千岛湖那一带方圆 300 里是姓余的人的大本营。到了明朝李自成起义之后，逐渐内迁，大多数分布在江西，部分人继续北上，明朝末年，我们才在武汉定居，变成湖北人的一员。这是我们家的流徙路线图。讲到姓氏，在座的朋友有兴趣可以把自己的祖先、姓氏源流、迁徙、分布追溯一下，饶有兴味，估计你们家的老人特别高兴，因为他们最怕下一代数典忘祖。

门阀制度早已衰亡，但是有一些遗风变成社会习俗，现在依然在国人当中产生一些令人瞩目的影响。比如江浙一带著名的钱氏，至今仍有重要的影响。从明朝开始，严格来讲从五代十国开始就非常厉害，称霸江南，到明清之后文化人辈出。江浙过去最早吴越国的开国君主是钱镠，后来他把三十多个儿子分封在浙江、江苏、江南各个郡任职，江浙分布了大量钱姓的贵族。明清以来的江浙钱姓名人辈出，灿若星河，号称为天下文化人第一家，明朝以来一直兴盛，如明末清初诗人钱谦益，清代著名考证大师钱大昕、钱大昭兄弟，近代学者钱玄同，以及现代的钱学森、钱伟长、钱三强、钱基博、钱锺书，老水利部部长钱正英、前副总理钱其琛和在台湾的钱复、著名大学者钱穆等，都来自江浙钱家。姓钱的一级教授、著名艺术家、大画家、大戏剧家太多了。所以生为江浙的钱氏家人应该深感自豪。这往往形成良性循环，这个家族的文化强大，后人引以为豪，上小学、上中学的时候自我要求严格，我是钱家的后人，读书差那还像话吗？自然要超过人家，发奋刻苦。家族文化，还有家族文脉实际上是有特色、有传承的。

最常用的姓氏不过200个左右

谈到全国姓氏数量，根据中国的姓氏汇编，历史上一共有11969个姓，其中单姓是5327个，双姓4329个，三字以上的姓氏2313个，而且姓氏的数量还在迅速增长中，因为政府提倡大家改姓，尤其是大姓，比如说姓张、姓李的太多了，欧洲随便哪个国家的人口总数还没有我们姓李的人多，好几千万人，所以同姓、同名特别常见。改姓怎么改？改已有的姓可以，比如说跟妈妈姓是个办法，跟奶奶姓也是个办法，实在不行，跟你媳妇姓也行。再有一种办法，中国自古以来没有这个姓的，你创造一个字都行，因为姓较为集中在某些大姓上面。虽然有1万多个姓，最常用的姓氏不过200个左右，其中最常用的单姓只有100个。1987年5月3日《人民日报》公布的资料显示，全国汉族姓氏中以李姓最多，排名第一，一直到今天，这个格局没有被打破，当年被树上果子养活的家族，现在成为中国家族最繁盛的姓，约占汉族人口的7.9%，1亿多人。少数民族全部加起来还不到1亿人。其次是王姓，第三是张姓，分别约占全国汉族人口的7.4%和7.1%。其他姓的名次是刘、陈、杨、赵、黄、周、吴、徐、孙、胡、朱、高、林、何、郭、马，这19个大姓占了全国总人口的一半。虽然中国的姓有上万个，但是这19个姓把中国一半的人口包括了。而中国前50个姓氏则可占总人口的83.5%以上。比例很不均衡。

社会交往需要产生了“大名”

以上就是关于姓氏的内容，现在以最快的速度跟大家讲讲名字的问题。“名”的概念出现非常早，在原始社会已经出现了，姓是一个家族的，氏是一个分家族的，那么自己怎么办？个人的符号就是名。过去名平时不需要，我看得见你，我叫你过来就可以了，如“hello”“嘿”就可以了。名是怎么起源的？《说文解字》的解释是：“从口夕，夕者具也，其不相见，故以口自名。”什么意思？到了天黑了，夕阳西下的时候，人的眼睛看不到对方，因为上古人类住在山洞里头，突然冒出一个人来，不知道是不是外族人，或者是其他部落的。所以就要问：“嘿，是谁啊？”可以回答：“是我。”但如果太多的人说“是我”，声音评判不出来，所以名字就有必要了，如我叫张三、李四。过去人们常说“小名”（乳名），随便喊个代号，有些乳名叫得非常简单、质朴。后来随着社会的发展和社会交往的不断扩大，人的文化水平高了以后，才产生了后世通行的“大名”（学名）。

命名“五要六不要”必须讲究

自古以来，中国人对命名非常讲究，有系统有原则。周朝时，命名开始讲究“五要六不要”，五个要讲究的是：有信、有义、有象、有假、有类。按照出生时的情况，具体的情景，那是象。比如说今天的女主持人，据说姓许，是下雨的那天生的，所以名字带一个雨字。借用物体的名字为“假”，比如说生一个儿子，长得很结实，经得起摔打，就叫石头。如果姓王，叫王铁。类呢，取婴儿出生时的形貌等，比如说时辰、样子、啼哭的声音，跟父亲有什么相似的地方作为名字，这是“类”。这些规定在周朝已经出现。

同时也有忌讳。六个方面不能命名。

第一，国名，不能以一个国家的名字来命名。现在中国人给孩子命名不讲究了，但在旧中国很少出现以国名来命名的。著名大提琴家盛中国，他就敢叫“中国”，还有著名的钢笔书法家庞中华。古代人不敢拿中华、大唐、大宋作为名字。

第二，不能以官名命名，比如说某某丞相，某某将军。但是也怪，前不久我们学院里新考上的博士，姓葛，我宣布姓名的时候说“葛政委”，他敢叫“政委”，取这样的名字也挺好玩的。古代很少听说过叫某某丞相、尚书的名字，一生下来叫“王尚书”“张丞相”？那不得了了，所以官名不能命名。

第三，山川不能用于名字。当今的人们不信邪，叫胡泰山、潘长江。还有姓黄的人家，我的儿子就叫黄河。殊不知不符合中华民族的传统命名规则，比如党和国家领导人集体庄严肃穆地站在舞台上大合唱“黄河，我的母亲”，结果让你占便宜了（笑），变成歌颂你了。

第四，不能以隐疾、明显的隐私取名。不能把中华民族非常忌讳的、丢脸的称呼或疾病、隐私作为名字。当然这一点中国人没有违反规矩，我至今没有听说过有人叫张感冒、王肝炎、刘艾滋，这个挺自觉，都不触犯。

第五，牲畜。周朝的时候规定，不以牲畜的名字作为人的名字，现在小名当中牲畜遍地皆是，阿猫阿狗，变成动物王国了，狗狗、牛牛、小羊、灰太狼都出来了，爱以动物的名字作为小孩的名字，作为乳名可以，“贱民好养”，中华民族有这种说法。但是作为学名就不要这样了。比如说叫二狗、三牛，别指望他作为一个庄严肃穆的人物了，将来成为党中央总书记怎么办？国家元首王二狗会见外国领导人？非改名不可。

第六，不以器帛等祭祀礼仪场所用的仪器命名，如某某鼎、某某尊、某某爵。供果牺牲等东西不能做人的名字，因为它们通神，更具有神圣性。少数民族就不讲究了，因为汉族的规矩他们可以不讲究，比如说赛福鼎。

名字受时代风尚的影响

命名逐渐变成社会风尚。我考察了一下，中国几千年来不同的朝代、不同的时代有不同的风气。比如说春秋战国之交，由于农耕、铁器等农具先进的生产力出现，很多人取名跟农耕、铁器相关，如子牛，铁器方面，带“金”字旁的多了。到了秦朝、汉朝初年，姓和名之间习惯用一个虚字，某之某，像之、乎、也，没有任何意义，主要是表现一种文雅、高级。在战国、秦朝，如烛之武、介子推、申不害、吕不韦等，其中的“之”“不”都是助词。到了汉武帝以后，中国国家风气、民族风气为之一变，国家高枕无忧，强大了，每个人追求的是长生不老，追求的是富贵安康，所以叫“安国”“延年”“延寿”“千秋”“去病”等名字的特别多。西汉末年王莽爱复古，后来刘秀受到这个风气的影响，整个东汉一直延续了很长时间的复古之风，那个时候人的名字取双字以上觉得很土，很没有文化，优雅人士取一个字的名字最好听，姓加名总共两个字，所以大家翻翻整个东汉王朝的历史名单，看看《三国志》里面的人名，100%的人都是两个字的名字。马上有人反对，有一个人叫作“诸葛亮”，三个字，其实诸葛亮依然还是单字名，因为他姓诸葛，是复姓。王莽、刘秀、董卓、吕布、刘备、曹操、张飞、关羽、司马懿，单名成风，形成了时代的风尚，延续了100多年。到魏晋南北朝，由于单名重复率太高了，相同的名字太多了，于是双名、复名又兴盛起来，士大夫们受到玄风的影响，和佛教、佛学的影响，远离红尘，遁入山林，飘逸、优雅之风盛行，名字越取越雅致，远离尘嚣的名字多了，而且崇尚古老，爱在名字后面加“之”“者”“也”，或者是佛学当中的“僧”，如祖冲之、王羲之、王献之、顾恺之、裴松之、杨衔之、刘牢之、颜延之、寇谦之等都带“之”字。近代以来，尤其是新中国成立以后，名字受时代风尚的影响，一到新中国无数人叫“建国”“爱国”，“文化大革命”期间出生的人，很多人赶时髦，表示忠诚党中央和毛泽东，就叫“卫东”“学东”“向东”“卫红”“立新”“文革”等。甚至有人干脆赤裸裸地叫“文革”，比如说著名乒乓球世界冠军马文革就是那个时代出生的。他父母心想你们叫这叫那，都不足以表达我对“文革”的感情，干脆我的儿子就叫“文革”，这是时代的印记。

介绍几个取名字的好办法

说到最后，我说说大家比较感兴趣的事，介绍几个取名字的好办法，有哪些规则、原则。

一是不与已有的名词和概念雷同。有一些固有的名词概念不要与其雷同，不要以为这个事情好玩，一辈子使用起来并不好。但是也有部分人留下一个遗憾，让人觉得别扭，比如说跟胡锦涛总书记关系最铁的一位中办主任，原来叫令狐计划，改成汉姓叫令计划。据说他几个兄弟的名字当中真的是政治名词，如令政策、令方针、令计划，现在令计划最有名了，成为中央的高级领导人。

二是尽量不要取容易跟他人雷同的名字，你觉得好，意思是好，但是千百万人跟你孩子的名字是一样的，改一个不雷同的吧！比如说中国有无数的王刚、李强、陈勇、张波、王丽、张敏、陈红之类。据说叫王刚的全国达到了100万人，尽量不要找雷同的字。我自己的孩子，我取名字的时候怕有雷同，但是雷同往往走向负面的是生硬、偏僻、晦涩，全世界看不懂，那就过了。又要让全国人民读懂，又不轻易用，所以我受古代人的启发，喜欢上“子”这个字，“子”在中国文化里头慢慢变成贵族代号，单音节表示你来自一个文化家族。还有一个字“娲”，有“女娲补天”，大家都知道这个字，但是很少有人把这个字给孩子作为名字，我就想到了。只要百度我孩子的名字，从来没有雷同，仅有的十几条新闻、信息，都是我女儿的信息，她叫余子娲。

三是尽可能寻找有丰富的文化内涵、很深的历史意蕴的字眼，最好是由两个字组成，有回味余地。不能说名字只是一个代号。

四是不要崇洋媚外，一定要有本国和本民族的特点，不要叫张约翰、王玛丽之类的。据说上海有一些新打工白领，由于公司的需要，干脆以这些命名，起外国人通用的名字。

五是在发音上容易叫，不别扭，喊出来的声音不但不拗口，而且响亮、铿锵、顿挫。帮人取名字的时候试着叫他一下，想象着他在18层，你在1楼喊他的名字，以他听得到为原则。如果名字最后结尾是闭口呼，或唇音、齿音，叫不响的，比如说“张英”，“英”鼻音太重了，没有发出来。如果是“矩”更发不出声。有的人叫“吴虞”，大声叫不出来。有的名字顾此失彼，意韵很好，字形也很好看，但是喊起来不好听，不响亮，不铿锵。更可怕的是字写出来很有价值、很有意义、很美，但是一旦跟姓连起来一叫，引起很多误解，甚至是让人联想到不好的意思。历史上这类悲剧还不少呢！清朝时，有一年榜上的进士名单草拟出来了，请慈禧太后最后过目的时候，第一名姓王，名字是国家的“国”，千钧一发的“钧”字，一看这是什么名字？王国钧（亡国君）！不吉祥，不要他了。一句话状元当不成了，反而落到了三甲之后，影响了他一辈子的前程，你叫张国钧也好啊，恰好姓王，亡国之君，当然不好听了。还有一个人叫吴琴，也是被皇后娘娘知道了，驸马爷没有当成。本来公主看中了他，但是由于叫“吴琴”，“无情”的郎君，我们家不要这种人。你看，跟姓相连，由于读音上发生误解，导致命运的颠簸。当然姓白的可以叫个“云”字，姓袁的可以叫个“泉”字，姓吴的可以叫个“悠”字，但姓杨的人最好别叫“伟”了。

六是用字不生僻，更不要让人认不出来、读不出来。中国历史上最有名的，原来同盟会的前辈、国学大师章太炎先生，他给三个女儿取名字，全中国绝大多数人认不出来。大女儿的名字是四个“又”叠加，二女儿是四个“X”叠加，三女儿是四个“工”叠加，结果造成交流很不方便。有一年他开玩笑，在报上登一则启事说：我三个女子到了已婚之年，现在为她们公开招亲，谁认识我三个千金当中任何一个人的名字，我的女儿就嫁给谁。很多人觉得自己学富五车，结果一看这三个字《康熙字典》上也没有。这三个女儿不知道嫁出去了没有。所以字不能太生僻，不能让别人认不出来。过去有一个同事，他姓曾，给儿子取名字叫曾奭，一般的老百姓都不认识，幼儿园的阿姨也是中专水平，不像历史专业教授认识这个字。于是幼儿园的阿姨干什么都不叫他的孩子，参加什么活动，阿姨防止自己显得没有文化，不叫他儿子。有的人斗胆只好叫“曾二百”，或者“曾大二百”。

七是要有独特的本人信仰和寄托一定的内涵。如果你信佛教、道教，信孔孟之道，信马克思主义，在这些方面找很深意韵的字，让人慢慢品味，最后品出名字内部深藏的世界观、价值观、审美观，在这些方面得到体现。

八要遵守本人所在的亲缘关系当中的辈分，你祖宗用过的名就不用了。

关于辈分有些人取名必须要考虑，有些人不讲究了。祖先传下来一个传统，尤其是生儿子，名字当中一定要有字，叫行辈字或者是辈分字。比如说姓余的，流行在武汉、孝感、黄石、大冶这一带的余氏这一脉，我知道有一个顺口溜，就是16字的辈分口诀：格、致、诚、正、齐、治、均、平、和、清、康、乐、安、富、尊、荣。我就是"和"字辈的。但是这个辈分字用完了，因为像我的重孙辈都有了。在2000年某一天，余氏宗族召开联宗大会，推举我的老父亲再给后人选定20个字或者50个字出来。我父亲打电话征求我的意见，这是姓余的大事，你搞历史的，有文化，出个主意。我对这些东西不太感兴趣，后来他自己想办法编了几十个字。

孔、孟、颜、曾四大家族的人一直到现在用的都是共有的几个字，希、言、公、彦、承、宏、闻、贞、尚、衍、兴、毓、传、继、广、昭、宪、庆、繁、祥、令、德、维、垂、佑。

名和字、字和号还有不少讲究，限于时间，也许有机会我再继续跟大家讲，但是今天重要的目的达到了，我在讲座当中已经把中国人的姓和氏、名和字基本给大家作了简单的介绍。非常高兴，也谢谢大家今天的光临，谢谢！

漫谈中国茶文化

侯军　侯杰

侯　军

资深报人，散文作家，文化学者，艺术评论家。现任深圳市新闻学会副会长，中国报纸副刊研究会副会长，兼任清华大学张仃艺术研究中心研究员，深圳大学兼职教授，《中国茶文化》杂志顾问，入选《中国当代著名茶人名录》。已出版《品茶论道》等各类专著近20部。

侯　杰

天津孙中山研究会副会长，天津口述史学会副会长，中国妇女研究会理事，民革《台湾研究》特邀撰稿人，中国中山文化研究会理事等。承担过国家社科基金项目、教育部人文社会科学重点研究基地重大项目及国际海外合作

项目等十余项。已出版《大公报与近代中国社会》《台湾硕士博士历史学术文库》第一辑“妇女性别史”等著作二十余部。

侯杰：先说一下茶文化在中国的传播。茶之所以能够成为中国的饮品，不是件简单的事。中华文明创造性内容很多，为什么这种东西能够让大家接受，并在传播中不断丰富、发展？那么，茶文化究竟是怎么样发展演变的呢？我和大家分享一下。

茶的历史非常悠久。现在很难考证谁才是喝茶第一人，但是在很早以前，人们就已经把茶当成了生活的必需品。我认为中国的历史、文明是由中国人集体创造出来的，并不是靠一两位发明家躲在屋子里想象出来的。这是很多人共同实践、共同创造的结果，但是也不能简单排除一些杰出人物在其中所扮演的重要角色、发挥的关键作用。因此讲到茶，特别是茶道，如果上升到理论的层次，就不得不说起一些重要的历史人物，比如说陆羽。陆羽在唐朝就开始写《茶经》，因此他也成为中国茶文化中的标志性人物，被奉为“茶圣”。这个学期，我在香港中文大学任教，香港浸会大学历史系的李金强、周佳荣、林启彦，还有澳门大学历史系的何伟杰等几位朋友知道我喜欢喝茶，也特别想学习、了解中国茶文化，特意带我去了陆羽茶室一起饮茶。陆羽在《茶经》中对茶叶的历史，还有茶的很多功能都作了一些阐释。这对于中国人认识、了解茶文化，甚至包括茶本身的一些特色，应该说非常有帮助。实际上，当时有关茶的历史或者茶的品尝方式的认识也是比较丰富多样的。特别是在茶的集体意识形成之前，各种各样的想法都有存在的空间。在唐朝，据史料记载，茶有“比屋之饮”之称，也就是说喝茶的房子很多，几乎都连上了，喝茶的人也很多。不仅如此，中国历史上还用茶代表一些风俗，甚至是礼仪，并不只是把茶当成解渴饮品。有些统治者为表示自己对贤士的尊重，也是用茶表示，后来慢慢形成礼节性的分茶。当然，现在我们很难再现这样的历史过程，只能根据历史记载，加以理解和认识。

在唐朝就有一些关于饮茶的方法及其具体细节的描述和分析。这里面有一种说法是“煮”，把茶煮成粥，就是通过烹煮的方式来喝茶。此外，还有一种把茶叶放在嘴里面嚼的品茶方式，对于茶叶功能的认识也更加丰富。一些学者曾经提出，有的时候，人感到身体不舒服，通过饮茶可以达到医疗的效果，等等。总体来讲，中国茶道在流传过程中，一种是把茶叶用开水冲泡以后饮用，另外一种是在茶里面加入不同的物质。这样就使得中国茶文化变得非常开放，可以增加不同种类的物质，产生不同的味道，具有不同的内涵。现在年轻人喜欢喝的珍珠奶茶，就是通过添加其他物质而成。这种饮品更适合年轻人的口味，成为一种时尚。

足见，中国茶文化已经从传统走向现代，还要走向未来。而要想了解博大精深、源远流长的中国茶文化，恐怕还要深入了解以儒释道为代表的中国传统文化的思想观念及其表现方式。

侯军：中国有非常广泛的饮茶人群，有非常丰富的茶俗、茶风、茶礼，这是茶从生活现象上升为文化现象的基础。有广泛的群众参与，有众多的人民创造主体，才能形成一种文化，才能上升为道。关于茶，最早在一些神话传说中，它是作为药用的，比如神农尝百草，日中 72 毒，发现边上有一种树叶，拿过来吃了，竟然就把毒给解了。这些传说表明，最早茶的功效是药用，接着又成为食物，上古有“茗粥”之说，我想，这与现在还保存着的擂茶类似。茶最终脱离出来成为一种饮品，应当是在汉代。

在古籍当中，西汉王褒在他的《僮约》中有“武阳买茶，烹茶尽具”的说法，这篇文章是他给书童定的规矩，每天必做的工作中，就有一条是必须到“武阳买茶”。说明当时茶已成为普遍性的饮品，而“武阳买茶”则表明当时已经有了专门的茶叶市场。但是，这还是茶文化的初级阶段，还不能说有多高的文化。茶文化真正兴盛起来是在唐代，只有在茶文化兴盛之后，陆羽才能写出《茶经》。那个时候茶文化已经发展到可以论道的地步，并且迅速地和中国古代先贤思想结合在一起了。

茶文化是中国传统文化的一种外在表现，但它属于亚文化层，还不是最核心的内容。儒家文化，还有与儒家相对应的道家文化，以及后来传入中国形成的佛教文化，儒释道才是中国的核心文化，只不过它们都和茶发生了千丝万缕的联系。

我在这里想简单说一说茶和儒释道三者的关系，这是茶文化当中的核心问题。

“品茶悟道”，“道”之间都是相通的。通在哪里？我说茶和“儒”通，通在中庸，它的核心就在于“中庸之道”。孔子说，“中庸之为德也，其至矣乎”，中庸这种道德，该是最高的了。还说，“礼之用，和为贵”。中庸思想也有一个内核，就是“和”。《中庸》里说，“喜怒哀乐之未发，谓之中，发而皆中节，谓之和；中也者，天下之大本也；和也者，天下之达道也。致中和，天地位焉，万物育焉”。意思是，心里有喜怒哀乐却不表现出来，被称作中；表现出来却能够有所节制，被称作和。中，是稳定天下之本；和，是为人处世之道。这是中国先贤非常宝贵的思想，也贯穿了中华文化发展的历程。

在茶的理念当中，“和”是最常见的概念。茶性柔和，茶境平和。在日本茶道当中概括了“清静和寂”四个字，“和”字也在其中。中国茶学大师庄晚芳先生提出中国茶德四个字：廉美和敬，唯一重复的是“和”字。“和”是中庸的核心。因此要达到“和”的境界，必须经过“中”的修炼。在儒家看来，“中”就是不偏不倚，“中”就是过犹不及，“中”就是“己所不欲，勿施于人”，就是“温良恭俭让”。这都形成中国性格当中很重要的标志，这些品格在茶的身上都有体现。与“中”“和”紧密相连的还有一个“平”字，“平”才能“和”，平静、平和、平淡、平常，都是茶文化里面所包含的一种意境。

台湾人有一句俗话，“爱喝茶的孩子不打架”。日本人也有一句话，“一碗茶中有和平”。这全是“和”字，因此茶和儒相通就通在这一点上，它是中庸，它是一个“和”字，一个“中”字，一个“平”字，都在这当中体现出来了。

茶又与道家相通，通在哪里呢？通在自然。老子说，“地法天，天法道，道法自然”。“道法自然”是很大的命题，中国文化最核心、最宝贵的智慧，就是“道法自然”。西方一向是强调跟自然作斗争，要征服自然。而中国则讲顺应自然，这是非常重要的核心理念。

茶是什么性格呢？我们看古代先贤论茶，总有一些观点离不开恬淡为上。要淡要静，要从容要淡定。明代茶家熊明遇写过《罗岕茶记》，其中讲到“茶之色重、味重、香重者，俱非上品”。这个观点很值得现在做茶的人深思，味太重、色太浓的茶俱非上品。有些人嫌茶味淡就把葱、姜、橘皮之类的东西放在茶里面，这在早期很普遍。但在唐代，文人认为这样不好。陆羽的《茶经》里面讲，加进这些东西的那个茶是沟渠中的废水。因此，要保护茶的原汁原味还有原色，茶色也要以还原绿色为标准。

道家思想中有一个非常重要的观点，叫作“以柔克刚”。老子说：“天下之至柔，驰骋天下之至坚。”天下至柔的东西莫过于水，但是水攻坚破强，百战百胜，比如说水滴石穿，老子思想的核心就是“以柔克刚”。茶道也是这样，所以茶道和道家的思想是相通的。而且老子倡导返璞归真，这都是凝聚在茶的灵性中的品德，都是道家所重，也为茶道所特有。

茶文化还与“禅”相通。“禅”这个东西就比较悬了。佛教是外来宗教，进入中国以后经过千百年的演变，在唐代形成了禅宗的潮流，这是佛教在中国本土化的标志。禅宗跟茶道何以相通呢？首先，这两个东西几乎是同时产生的。唐朝有一个叫封演的人写了一本书叫《封氏闻见记》。书中说：“开元中，泰山灵岩寺有降魔师大兴禅教，学禅务于不寐，又不夕食，皆许其饮茶。人自怀挟，到处煮饮。从此转相仿效，遂成风俗。”也就是说，茶的大规模普及，和禅宗有关系。这是当时人的记录。所以说，茶驱除困魔提神醒脑的功效，首先被佛教徒利用了。加之“天下名山僧占多”，所有名山差不多都有寺院，名山出名茶，名茶都是和名山联系在一起的，所以，近水楼台，很多佛教寺院都有种茶的习惯，历史上就出了很多禅茶。从物质形态上看，茶和佛教确实有着直接关系。

然而，光有历史渊源还不够，还要在思想意念上有相通的地方。我认为茶与禅的相通，就通在神合。有一句非常有名的说法，叫作“禅茶一味”。这个说法在日本的影响比较大，在中国早期是没有的，是从日本传回来的。那么，禅和茶怎么能说是“一味”呢？禅宗讲究顿悟，也叫当下体验。中国民间的俗语“放下屠刀，立地成佛”“苦海无边，回头是岸”都是禅宗发明的。本来佛教主张多年苦修，方能成佛，我们却讲“放下屠刀，立地成佛”。这就是中国自己的发明了。为什么？禅讲顿悟，一旦悟到了，立马就成佛了。一讲顿悟，就涉及茶了。因为茶的味道要当下品味，一千个人品一千种茶能品出一千种味道；同样，一千个人品一种茶，每个人的感觉也会不一样。这就如同禅宗中的一句话，“如人饮水，冷暖自知”。

大约是在1990年，河北赵州柏林禅寺重建竣工举行开光大典，我当时被邀请去参加开光典礼。正好遇见了现在很有名的高僧净慧法师。在中国禅宗历史上，有个流派就叫“赵州茶”。赵州茶是什么意思？唐朝时期，赵州禅寺的住持是从谂老法师。那天，从外面来了两个行脚僧到这里来挂单了。老法师问其中一个人：“你到过这里吗？”他说没到过。从谂法师说：“吃茶去！”他又问另外一个：“你到过吗？”回答说：“我到过。”法师又说：“吃茶去！”两个人全被赶跑了。这时，他的助手就问，回答“到”也说吃茶去，回答“不到”也说吃茶去，到底您是什么意思？结果老法师说：“你也吃茶去。”从谂法师为什么这样说？这不是开玩笑，这件公案后来就形成一个禅宗流派叫赵州茶派。其意旨就是要打断你的颠倒梦想。禅宗的思维方式就是要把正常的逻辑思维打断，因为在禅宗看来，世间一切，按照正常人的生活逻辑，你要吃要喝，要男婚女嫁，要有七情六欲，这些都被认为是“六根不净”，都是颠倒梦想。而禅宗要打破人的颠倒梦想，就必须打破人们视为正常的逻辑链条，你说东我一定要说西，你顺着我说你就错了。如果我问你到没到过，你回答还没吃饭这就对了。你如果按照我的逻辑来思考来答，你就没有离开颠倒梦想，所以叫你“吃茶去”。“吃茶去”你才能体悟这层道理。我记得，在赵州柏林禅寺开光时，我曾当面向净慧法师请教“茶禅一味”的深意，他就跟我讲到了“如人饮水，冷暖自知”的道理。他说，在一杯茶当中，你要体味茶水的滋味，这个体味的过程很像禅宗顿悟禅机的过程，也就是当下的体验。因此，茶与禅在这一点上就一脉相通了。

由此可见，茶与儒释道三家全是通的。我们在喝一杯茶的时候，其实也是在体味中国文化。

侯杰：五四运动之后，中国新型知识分子对于以儒家为代表的传统文化批判得很彻底，颠覆了很多基本的认识，但是实际上，人们的日常生活包括一些为人处世的原则依然保留了很多传统因素。也就是说，传统文化还存在于我们的生命当中。对传统文化，其实我们要既批判又继承。喝茶的时候，我们常常会有这样的体会。你多喝一杯茶就多一份对中国文化的理解和热爱。

茶，确实是中国文化里面很重要的元素，在流传中，发生了一系列的变化。另外，佛教也是如此。佛教在从印度传入中国之后，迅速本土化，在中国大地上扎根，而且发生了很多改变。改革开放以后，很多朋友出去参访交流。如果您到韩国寺庙中就会发现，观音菩萨不是女的，是男的，而且还有小胡子。大家觉得这很奇怪，观音怎么会是男的呢？其实佛教传入中国的时候，观音也是男性。为什么会变成女性呢？因为中国人喜欢面容姣好的女性，所以慢慢地也就把神从男性改造成女性了。

佛教，在很多方面都跟中国人的文化或者生活息息相关。本来佛教在域外强调出家修行，但是中国人太喜欢家庭了，你让他出家修行比杀了他还难受。最后，佛教也不得不改变，可以在家修行。于是，中国有很多居士一边在家过着平凡的生活，一边从事着佛教信仰的神圣事业。家庭观念，在中国还是比较重的，所以说佛教也不得不有所迁就，体现在日常生活中。道家，准确地说道教是中国本土的宗教，与茶文化也有着千丝万缕的联系。这样在中国整个文化系统里面，各种宗教、文化都有相通之处。因此，要想真正理解中国茶文化，除了喝茶、品茶之外，还要借助于对中国传统文化，特别是儒释道，还有其他宗教对茶的阐释加深认识和理解。这对于我们理解中国茶文化是有好处的。

中国文化的表现方式有很多特别的地方，与茶也有各种各样的联系。我哥从20世纪开始研究茶诗、茶书还有茶画，很有心得。我比较倡导用新的观念来看中国的传统文化，也就是说，我们可以用“后现代”、用“新文化史”的某些方法帮助我们更好地解读中国的传统文化，发现它的价值，体会它的独特魅力。

侯军：中国诗人大多喜欢喝茶，“自古诗家多茶客”，诗人爱喝茶和他的天性有关，因为他要熬夜写东西要兴奋。茶跟酒真的是两回事，酒让人兴奋，结果是让人睡觉；茶也让人兴奋，结果是让人睡不着觉。因此，文人饮茶可能更合适。“李白斗酒诗百篇”，可是中国毕竟只有一个李白。常人喝酒后只能是烂醉如泥，再想写也写不出来。只有像李白这样的天才才能“斗酒诗百篇”。

中国历史上的诗人，几乎都是茶客，很少没有写过茶诗的。当初我研究茶诗，专门翻了全唐诗，以前没有“百度”没有“谷歌”，只能一本本去翻，茶诗之丰富确实浩如烟海，诗人们从茶上发现了太多的诗境，发现了太多充满诗意的东西。我们不能不惊叹，我们的祖先太富有想象力了，他们能在一杯淡淡清茶中，注入那么多深刻而玄妙的哲思与诗意：一会儿幻化成高雅之极的甘露，一会儿又令其蜕变为简朴之极的清汤，集大朴大雅于小小的茶杯，人间万象皆可在茶境中折射出斑驳光影，世间嘈杂亦足以在沸泉中归于沉寂。茶经过华夏文明千百年的筛选和提炼，终于在沟通民族文化方面担当起特殊的使命。茶让诗人们发现了很多能够寄托他们情感的东西。诗人一般都在醉与醒这两端徘徊。所有的诗人都是文人，从孔夫子开始，学而优则仕，恰如杜甫所说：“致君尧舜上，再使风俗淳”（辅佐皇上，使之成为堪与历史上的尧舜相比肩的有道明君，让老百姓过上男耕女织、秩序良好、民风淳朴的生活），这才是为统治者所喜欢的文人。可是，在实际生活中，文人却经常受到挫折，很多诗人一生怀才不遇，很多大诗人都受尽颠沛流离之苦，不管是李白、杜甫还是苏轼、陆游。苏轼一生流放了不知多少次，最后一直发配到海南的儋州，但他对茶的感情终生不渝。为什么？因为只有在茶的境界中他才能找到精神寄托。苏东坡不仅写了很多茶诗，自己有好茶还寄给朋友分享，茶成了文人之间联系感情的重要纽带。陆游是中国诗人当中写茶诗的冠军。他写了300多首茶诗，是当之无愧的茶诗冠军。

在《中国古代茶诗选》中，最著名的茶诗当推卢仝的《七碗茶诗》，说是喝茶喝到第七碗时，“唯觉两腋习习清风生。蓬莱山，在何处？玉川子乘此清风欲归去”。简直就要飞上天了，这种感觉非常好。因为这首诗，卢仝就被封为“茶仙”了。因为陆羽已经被封圣了，他就只能成仙。好像这位茶仙只留下这一首茶诗。他写得更多的是酒诗，实际上他一直是生活在醉与醒之间。

关于茶书，我也简单说一下。我们都讲陆羽的《茶经》是最早的茶书，其实之前也有人写过茶的文章。陆羽《茶经》实际上是集大成者。陆羽也是传奇人物。他是弃儿，被智积禅师捡回寺院里收养。他就跟着人家当小和尚。这个智积禅师特别懂茶，他就跟着学会了。他很想念书，13岁时就从寺院逃出去当了流浪儿，被一个戏班子收留了，他出演小丑，还写剧本，表现出文学才能。后来被一个叫李齐物的太守发现了，就送他去读书，学业大进，诗文俱佳。他的名字是自己起的，他以《周易》为自己卜卦，卦曰：“鸿渐于陆，其羽可用为仪”，意思是鸿雁渐渐降于陆地，它的羽毛可编成舞具。他看到卦辞和自己身世相合，便以陆为姓，以羽为名，以鸿渐为字。再后来，他萌生了撰写《茶经》的志愿，当时在湖州做官的大书法家颜真卿给了他强有力的支持，还给他建了一座“三癸亭”。陆羽在湖州待了10年，写出了《茶经》。没有颜真卿的扶植，他这本书也出不来。所以大书法家本身还对茶文化作出了贡献。

还有一部重要的茶书叫《大观茶论》，是宋徽宗赵佶的大著。宋徽宗才华横溢，他当皇帝实在是选错了职业，而当一个艺术家绝对是好样的。他这本《大观茶论》是对宋代文人茶艺的高度总结，主要讲怎么点茶，怎么斗茶。在宋代，上至皇帝大臣，中到文人士大夫，下至普通老百姓，全民性玩斗茶，成为一种民间娱乐。我们到现在也不能说完全明白，宋人斗茶是斗什么？标准是什么？只知道宋人用茶末置于碗中，注沸水，用“茶筅”搅拌，和匀，使茶汤呈乳液状，表面泛起白色泡沫，茶碗内沿与汤面沫花天然相接，无水痕，沫花持久不散，称之“咬盏”；直到花散水出，称之“云脚涣散”，由此评定茶的胜负高下。宋代蔡襄的茶书《茶录》开篇就说：“茶色贵白。”我以前想，茶都是绿色的，为什么要贵白呢？后来才明白，斗茶要搅出白沫，这就叫“沫沉华浮，焕如积雪”（杜育诗句）。宋代的龙团凤饼茶名重天下，是福建最早的贡茶。欧阳修曾经说，他当了这么多年的大官，只得过一饼。苏东坡也为得到龙团凤饼感到特别高兴，写诗记之。中国历史上有记载的茶书有120多种，但是流传下来的只有64种。元明清这三代茶书比较多，明代尤其多。中国的名茶当中，要数龙井名气最大，实际上它成名很晚。北宋中后期著名词人秦观曾经去过龙井，专门写过《游龙井寺记》，只写到龙井的泉水，并没写到茶。直到清末才有一个名叫程淯的人，写了一部《龙井访茶记》，那已经是宣统三年（1911年）的事情了。可见龙井在名茶谱系中，其实是个小弟弟。

中国茶书当中有四分之一是写水的，可见古人是多么讲究品泉。唐朝张又新的《煎茶水记》是说水的，五代人苏廙的《十六汤品》也是说水的。明朝人特别讲究泉水，田艺蘅写过一本书叫作《煮泉小品》，专门讲泉水，对各地的泉水进行了评定。徐献忠也写过《水品》。茶和水之间的关系，古人非常讲究，现在反倒不那么讲究了。

宋代的审安老人（姓名无考）写了一本书叫《茶具图赞》，这是中国历史上第一本写茶具的书。他用宋朝的官名给茶具一个个封官，上面写它的特色和功能。这是很有趣的一本书。明代周高起的《阳羡茗壶系》是第一部写紫砂的专著，而清代吴骞在前书的基础上加以增补，写成了《阳羡名陶录》，这两部书对收藏紫砂壶的朋友而言，是很有参考价值的。

中国的绘画很多都是文人题材，其中大部分都有品茶的图景。比如说最早的茶画是唐朝初年阎立本画的《萧翼赚兰亭图》，在画的一角，专门画着一个小童在泡茶，有茶炉、茶壶、茶盏等等，一应俱全。画面上方则是萧翼正在花言巧语地哄骗老和尚。这很清晰地描绘了唐朝人煮茶的场景，这幅画应当就是中国最早的茶画。新疆吐鲁番阿斯塔纳墓室中出土了一批帛画，当中有一幅《捧茶侍女图》。因为古墓的年份没有太确切的记载，到底谁早就很难说了。

总之，中国的茶文化和艺术，和诗书绘画有着密切的关系，互为表里、互为载体。人需要诗意的生活，那么，喝茶属于诗意生活当中的题中应有之义。

侯杰：结合我们今天讲中国茶、中国茶文化，可以重新审视一下我们对深圳的基本评价和概念。有人认为以深圳为代表的新型城市只有商业，没有文化。我不这样认为。商业和商路，其实也是一种文化，问题的关键是我们怎么理解这种文化。刚才我哥讲的都是惬意的生活，诗意的生活，或者是跟茶文化有关的文人雅士们的生活。但是这种生活之所以能够实现，有时候并不那么轻松惬意，也不那么充满诗情画意。

茶叶怎么从产地送到品茶者的手里？一定是浸透了一些普通劳动者的血汗。品茶、送茶的动作相对比较简单，但是扛运工作则比较辛苦，特别是经过崇山峻岭的艰难跋涉。在中国茶文化里面，有一个商路的名字，就叫“茶马古道”。从中国古代一直到民国时期，“茶马古道”曾经兴盛很长时间，并且跟川藏、滇藏、青藏这三条路线紧密地联系在一起。这也就把中国的西南、西北地区都联系起来了。还有被大家遗忘的一些商路，在历史上也曾发挥着积极的作用。其中就有从甘肃的河西走廊到敦煌然后到西藏拉萨，以及从新疆的喀什到西藏的阿里的商路。简单地说，“茶马古道”把产普洱茶的地方和消费茶叶的地方联系在一起。从地域的角度来讲，把中国和西亚、中亚、东南亚甚至欧洲都联系在一起。这些商路构成中国所谓的第二条丝绸之路。“茶马古道”成为世界上地势最高的茶文化传播古道之一。现代生活经验告诉我们：要想富，先修路。路修好之后，生活在道路两边的人们的经济生活就会发生改变，文化生活也会随之发生改变。因此，不能低估“茶马古道”的历史作用。

在贸易的过程中，中国茶曾对欧洲产生过重要的影响。中国人历来比较谦虚，特别是明清以来，对于西方文明多秉持谦卑的心态去学习、认识和理解。其实，中国文化对世界文明也作出了巨大的贡献。在明清时期，有一大批西方的天主教神父向中国传播了科学知识，同时带来一些文明进步的因素。同时，他们把中国传统文化中的精华——儒释道也带到了欧洲，“四大发明”经过他们和其他人带了过去，改变了欧洲，也改变了世界的文明进程。马克思在《经济学手稿》中写道：中国发明的“火药、指南针、印刷术——这是预告资产阶级社会到来的三大发明。火药把骑士阶层炸得粉碎，指南针打开了世界市场并建立了殖民地，而印刷术则变成新教的工具，总的来说变成科学复兴的手段，变成对精神发展创造必要前提的最强大的杠杆”。中国人的这些发明对于整个人类的文明、进步的意义也非常大。因为造纸术的发明，使一本书一本书的抄写跟大量的印刷复制成为可能，文明传播的速度和效率明显提高，阅读的范围和效果也截然不同。更主要的是，中国的儒家思想特别是人文主义思想，对于打破欧洲中世纪思想的禁锢非常有意义。现在总有人说：中国人不以人为本。其实早在若干年前，中国文化里面就有很多人本的东西。而以欧洲为代表的西方世界，则是以神为本。中国文化在和西方文化交流的过程中，价值和意义就体现出来了。具体到物质层面，中国园林、瓷器、丝绸等对欧洲影响很大。中国的戏剧，包括前几年拍摄的《赵氏孤儿》，在欧洲早就有译本了。狄仁杰的故事，也早就传到了欧洲，欧洲人对狄仁杰判案进行了很多的介绍。茶叶作为饮食文化中的一种重要物品，大概在1601年就从中国传到了荷兰，从中国传到俄罗斯大概是在1630年。当时茶叶是非常珍贵的物品。中国皇帝作为礼品送给俄罗斯的特使转给沙皇。毋庸讳言，在农业社会，茶叶还是非常高档的国际贸易产品。

在1727年，中国和俄罗斯曾经签过一个条约，共建买卖城，就是中俄贸易的地方，并且约定旧城归俄罗斯，新城归中国，贸易的主要产品就是俄罗斯的皮毛和中国的茶叶。清政府为什么总觉得自己是世界的中心，不需要跟其他国家贸易？因为中国有很多的物品是外国人需要的，而中国不太需要外国的东西。比如中国南方不需要皮毛，拿来皮毛还挺麻烦的。但是欧洲把茶叶当成高档消费品，很多人都喜欢茶叶，包括装茶叶的瓷罐子。在西方，很多皇家或者是贵族城堡最显眼的地方，放的是中国明清时期各种各样的瓷器，其中不乏具有一些实用功能和装饰功能的茶叶罐子。

18世纪中后期，茶叶成为英国等很多欧洲国家人士的生活必需品。光1848年这一年，就有600多万公斤的茶叶从中国输往欧洲。在这一时期，出现了一条商路。很有经营头脑的山西商人，把茶叶从茶叶产区运到通商口岸天津，再经天津运到俄国恰克图，进入俄罗斯和欧洲。因此，不产茶叶的天津成为茶叶贸易的中心城市。后来，福建商人在对外贸易中要将很大一部分茶叶运到苏联和欧洲，也是通过海路把茶叶运到天津，然后再运到张家口，出口俄罗斯。于是，在整个国际市场上，茶叶变成了一种非常重要的商品，天津成为中间站。

因此，在商业贸易当中出现一个越来越严重的问题：收支如何才能达到平衡？随着中国茶叶大量运到欧洲，欧洲商人都要带着威尼斯银圆等才能来中国贸易，因此很多钱都让中国人赚了。在这种情况下，急于占领世界市场的英国在跟中国贸易时遇到的问题越来越大，英国商人必须带着更多的钱来中国贸易。英国商人供给中国人的商品，中国人不一定买，但是英国商人必须买中国的茶叶，供应饮茶成风的英国人和欧洲人消费。时间长了以后，中英之间的贸易逆差越来越严重。后来，英国采取了非常不人道的办法，向中国输出毒品——鸦片。这是非常阴损的办法，对中国人和中国社会的毒害也很严重。

鸦片战争于是不可避免地爆发了。外国侵略者在第二次鸦片战争后逼迫清政府签订的不平等条约中就有鸦片贸易合法化等内容，使中国社会毒品泛滥。另外，还有一场战争也与茶叶有关，应该提出来。在18世纪中后期，美国还是英国的殖民地。英国在对外贸易中，常常把关税提得很高，其中就有一个茶叶条例，引起美国人的强烈不满。于是，有些美国人在波士顿行动起来，把从英国运来的茶叶扔到海里，这就是比较有名的“波士顿茶党事件”。这个事件成为引爆美国独立战争的导火索。

由此可见，茶叶在历史上被赋予很多意义，和一些重要的历史事件都有很大的关联。从这些方面来思考问题，我们对中国茶的认识和理解，就会更深刻一些。

从中国茶文化来讲，茶是不同的民族共同创造的。少数民族也创造出很多的饮食文化、茶文化，比如说奶茶和酥油茶等。在中国茶文化形成和发展过程中，少数民族起着非常重要的作用。蒙古族、藏族、达斡尔族、东乡族、鄂温克族、哈萨克族、柯尔克孜族、满族、撒拉族、塔吉克族、塔塔尔族、维吾尔族、乌孜别克族、锡伯族、裕固族、俄罗斯族等有喝奶茶的习俗。我们谈中国文化的时候，不同民族的文化创造应该引起大家足够的关注和重视。

讲到茶，大家都知道“奶茶”是一些少数民族同胞的最爱。在内蒙古，人们吃了很多的牛羊肉等肉食，需要喝奶茶作为调剂。我觉得少数民族的茶文化不仅丰富了中国茶文化的种类，而且极具民族风情，值得珍视。因此说，汉民族文化和其他民族的文化创造都应该受到尊重，文化没有高低贵贱之分。而不同的民族文化平等相处，彼此尊重，才能使各个民族之间的文化创造变成中华民族复兴的新力量。

中国茶文化既有传统的印痕，又有现代价值和世界意义。比如港式奶茶和台湾珍珠奶茶，都是对中国传统文化的丰富发展和延续。总体来讲，现代中国人的生活形态发生了很多改变，这样又为创造出种种新的文化形态提供了条件，而这同样也是中国文化、中国茶文化的重要组成部分。

二

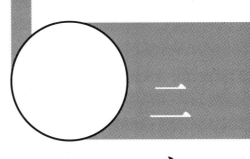

广东精神·深圳观念

广东的精神

陈　实

陈　实

广东省社科院研究员。

我讲三个问题：第一，为什么要谈广东精神；第二，谈谈广东文化创造或者思想创造；第三，谈谈广东精神的特质。

总结和提炼新时期的地方精神

首先谈第一个问题。2011 年 10 月中央开了十七届六中全会，六中全会有一项最重要的内容，就是《中共中央关于深化文化体制改革　推动社会主义文化大发展大繁荣若干重大问题的决定》正式出台。这个决定强调推进社会主义核心价值体系的建设，要巩固全党、全国各族人民团结奋斗的思想道德基础。我觉得这个决定表达了三层意思。第一，明确社会主义核心价值体系是兴国之魂，是社会主义先进文化的精髓，决定了中国特色社会主义发展的方向；第二，社会主义核心价值体系要融入国民教育，要融入精神文明建设和党的建设的全过程，要贯穿改革开放和社会主义现代化建设的各个领域，要使创造生产的精神文化产品传播到各个方面；第三，要以社会主义核心价值体系来引领我们的社会思潮，在全党、全社会形成统一的思想，形成共同的理想信念，形成强大的精神力量，形成基本的道德规范。

在这样的背景下，配合以前的文化强国战略，在决定的第二部分谈了文化强国战略。现在全国很多地方在建设文化强省的同时，也总结和提炼了新时期的地方精神。我稍微收集了一下。比如说北京精神：爱国、创新、包容、厚德。上海精神也是四个方面：公正、包容、诚信、责任。天津精神：爱国诚信、务实创新、开放包容。浙江精神：求真务实、诚信和谐、开放图强。山东精神：忠诚守信、勤劳勇敢、务实苦干、开拓创新。江苏精神可以概括为“三创”“三先”：创业、创新、创优，争先、领先、率先。内部西部省份，比如甘肃精神说是延安精神；山西精神认为是太行精神；重庆精神有三种描述，一是坚毅自强、勇为敢闯、重信尚义、兼容开放，二是坚毅自强、创新时尚、诚信正义、兼容开放，三是坚毅、自强、包容、开放。大家注意看一下，这些地方精神里面有一些词是共有的，比如说“开放”“包容”，说明它们符合这个时代的思想潮流。国家要有一种精神，一个省份，一个城市同样要有一种精神。为什么？精神就是核心价值观，思想的灵魂，是一个国家、一个地方、一个民族形象的体现。精神同时又代表了一个地域的品格，代表了凝聚核心的实力，决定了未来发展的方向。比如说广东、深圳，过去我们强调敢为天下先、创新，这样的精神造就了这30年改革开放的辉煌成就，整个广东处于排头兵的地位，归根到底是这种精神起作用的结果。

现在提出“以文化论输赢，以文明比高低，以精神定成败”。广东是改革开放的排头兵，也是实践科学发展观的排头兵，当然在社会主义核心价值体系的建设中，在精神文化的建设中，也要争当排头兵。

2003年时对广东精神有一个总结，叫作新时期广东人精神，有

16个字：敢为人先、务实进取、开放兼容、敬业奉献。这次我们提的是新时期广东精神，首先是句式很特殊，其他省市用的是两字、四字句式，广东精神用的是三字句式，“厚于德，诚于信，敏于行”。我个人觉得，这显示了广东人民的政治智慧，结合了时代的要求。我纯粹从学术的角度来进行解读。

“幸福广东”抓住了核心问题

实践广东精神是建设幸福广东的内在要求，在建设幸福广东方面，我觉得广东走在了全国的前列。最近我个人也进行了一些总结，广东不仅在前30年的改革开放实践中走在前列，尤其在近5年实践科学发展观中也走在了前面。我举个例子，包括政治体制改革广东都走在了前面。广东的政治体制改革是什么情况？是以党内民主来推动整个社会的民主，以行政的民主化来推动政治的民主化，以社会体制的改革来推动政治体制的改革，广东的工作基本走在了全国前面。广东通过一个区——顺德区，一个市——东莞市，还有副省级的深圳市，全面推进行政体制改革和政治体制改革，由这三个试点的改革来推动全省的政治体制改革，我觉得走在了全国前面。

广东在经济发展方面不用说了，实际上在社会建设、在政治建设方面都走在前列。这次十七届六中全会召开以后，在全国要求建立社会主义核心价值体系，这方面很难做。从各个地方的总结来看，我们要构建中国特色社会主义的核心价值体系不容易，都在努力做工作。提炼这方面的内容也可以引导我们形成共同的价值观，来建设一个幸福的广东。

清华大学哲学系主任万俊人教授是全国伦理学会会长，在岭南大讲堂的文化论坛上，他从哲学的角度讲，“幸福广东”抓住了社会主义的核心问题。现在我们处在全球一体化的环境中，什么是全球一体化？我觉得可以从四个方面来理解。第一，全球化将推动资本主义意识形态的全球化，不仅是经济发展的过程，也是意识形态的演变过程。比如说市场经济、新自由主义，这些年不仅在学术界很有影响，在我们的生活中也很有影响。第二，全球化削弱民族的向心力，一些优良传统丢失了，我们的道德观也在发生着变化。第三，全球化带来文化的趋同。尤其是年轻人的衣着基本大同小异，麦当劳到处都有，有人甚至担忧会不会出现完全的西方化、完全的美国化。这是全球化带来的忧虑。第四，全球化使文化的战争成为全球的潮流。法国学者马特尔写过《主流：谁将打赢全球文化战争》，按照他的说法，这场由软实力引发的世界大战不仅有可能，而且已经爆发了。什么时候开始的？我个人觉得，当美国总统克林顿提出“人权高于主权，为价值观而战”的时候，美国的全球战略，尤其是全球文化战略已经把这个棋子落下来了。我们怎么应对？我觉得十七届六中全会的决定从整个世界大局的角度进行了应对。

文化成为综合国力竞争的新焦点

当肯德基、麦当劳快餐文化随着《泰坦尼克号》驶入中国的时候，当迪士尼、好莱坞、NBA 吹着美国大兵的口哨，走近我们身边的时候，当“苹果”、耐克、阿迪达斯等品牌产品装点我们很多年轻人的青春岁月的时候，我们应该怎么应对？对于这类问题，历史上有不同的态度，有保守的，有激进的。在这样的情况下，我们不能搞“义和团”，也不能做“孔乙己”，我们不能自轻自贱，也不能仇外排外。鲁迅先生曾经讽刺过一种人，叫故意和洋气唱反调，他们活动，我偏静坐；他们讲科学，我偏要算卦；他们穿短衣，我偏要穿长衫；他们重卫生，我偏要吃苍蝇；他们壮健，我偏要生病。这样的情况我看是“喝高”了。

对待这个事情我们有不同的态度。中国决策层有一个判断，文化越来越成为民族凝聚力和创造力的重要源泉，成为综合国力竞争的重要手段，成为经济、社会发展重要的支撑。从国际竞争的角度看，国家之间的竞争和较量我们经过了 18、19、20、21 世纪，每个世纪有不同的特点。18世纪是比武力，那时候是殖民主义的天下，西方列强到处烧杀抢。19世纪比生产力，从蒸汽机、内燃机到电动机，看谁生产钢铁多，看谁的机器多，看谁的坦克、炮弹多，所以出现了德国、日本这样的军国主义。到20世纪，尤其是20世纪50年代以后，比的是什么？比的是制度，谁的制度更优越，谁在世界上就有发言权。21世纪，我觉得比的是文化，由过去的武力竞争、经济竞争、制度竞争转变为今天的文化竞争，就是刚才讲的三句话：以文化论输赢，以文明比高低，以精神来定成败。在经济全球化的情况下，文化就成为综合国力竞争的新焦点，全球竞争的大趋势就是文化软实力的竞争。

讲一个简单的例子。我们一年电影创造的价值总量加起来还不够美国的《泰坦尼克号》或者《功夫熊猫》多，尤其是《功夫熊猫》，“功夫”是中国的，“熊猫”是中国的，但电影《功夫熊猫》就是美国的，就赚你的钱，这就是软实力的较量。中央高层的文化自觉，以胡锦涛总书记在十七大提出的“两大一新”为标志。“两大一新”，即“更加自觉、更加主动地推动社会主义文化大发展大繁荣”“兴起社会主义文化建设新高潮”。在庆祝中国共产党成立90周年大会上，胡总书记提出，文化越来越成为综合国力竞争的重要因素，在新形势下，必须以高度的文化自觉和文化自信，以更大力度来推进文化改革、发展，在中国特色社会主义的伟大实践中进行文化创造。第一，强调文化自觉及文化自信；第二，强调文化改革；第三，强调文化创造。文化建设的核心是什么？就是我们讲的价值观，就是我们的精神，要激发全民族的文化创造活力，提高国家的文化软实力，要有具备现代品格的文化价值模式，要有现代性的精神文化结构。不仅是结构问题，我们需要新的现代话语来建构我们的精神。广东必须立足于经济发展基础，为我们国家、为我们民族扩展出能够支持经济稳定、协调、可持续发展的制度空间和文化精神。

谈岭南文化先想到的是广东

广东到底有没有文化？从 1986、1987 年开始连续讨论了 8 年。《广东当代文坛报》曾经发表过一篇文章——《广东文化沙漠化》。不久后，我的朋友也写了一篇文章——《广东文坛静悄悄》。围绕这个问题，连续讨论了 8 年，当时很多人觉得广东没有文化氛围。我到新疆去，新疆的朋友说：你们广东人给人的感觉是什么？就是夹一个小皮包，只会说一句“谢谢”。还有一个故事，我参加新疆哈密的广东援疆工作团，他们讲了一个故事，什么是广东人？广东人到村子里面去，那里有很多狗，别人一进去狗就围上来朝他一直叫，只有广东人进去没有狗向他叫，只要广东人一掏身份证，说我是广东来的，狗都吓跑了，因为广东人吃狗肉。

什么是广东文化？很显然，广东文化就是广东的文化，我觉得以岭南文化为代表。我们国家有两道大的山岭，北边是北岭，也叫秦岭；南边是南岭，就是我们讲的五岭——大庾岭、骑田岭、都庞岭、萌渚岭、越城岭。这两道岭有什么不同？北岭（秦岭）是长江水系和黄河水系的分界线，是中国大陆南北的分界线。五岭就是在湖南、江西、广东这三省交界一带，从广西桂林地区、泉州、鹤洲，再到湖南的永州、江华、郴州，穿过广东南雄市梅关古道就是江西了。五岭是什么？是中原和岭南的分界线，同时是长江水系和珠江水系的分界线。这是我们国家的两道大山岭。历史上的岭南地区包括福建武夷山、越南北部的红河三角洲等，越南红河三角洲是在宋以后才分出去的。现在岭南地区主要指广东、广西、海南。就像刘三姐变成广西文化的代表一样，广东就成了岭南文化的代表。大家一谈岭南文化首先想到的是广东，约定俗成。古代的岭南号称瘴疠之乡、蛮夷之地，岭南人都被称为“南蛮”。

我记得“文化大革命”闯练的时候，我住在石景山的工人家里，晚上来了一群老太太，每个老太太都摸了我一下，从脑袋摸到屁股，真就奇怪了。后来我才知道，她们知道我是从广州来的，传说广州人都吃蛇、吃蛤蟆，听说我们都长尾巴。原来她们来摸我长没长尾巴。说广东没文化是老早延续来的，这其实是误解。岭南广东这块，现在去南雄看梅关古道，一定可以看到张九龄的遗迹。自唐代宰相张九龄开通梅关古道，广东文化已经开始变化了，到了宋代、元代，已经大为改观，不像韩愈在潮州写《祭鳄鱼文》时的那样。明清以后，广东已经跻身全国先进地区行列，为什么？明清时期，广东农村出现了很多鱼塘，边上种荔枝、甘蔗，叫作桑基鱼塘，这种新的农业生产方式普及后，广东一下子成为富甲天下的地方。一直到现在为止，广东这块地方在全国都具有很重要的地位。比如说曾国藩时代，他派自己最贴心的将领郭嵩焘、刘坤一守卫。新中国成立以后广东也是很重要的省份。

明清以后，由于生产方式的更新，广州佛山等地经济最发达，比如说过去广西罗城码头很漂亮，就是受广东影响。晚清时期，广东更成为西方先进思想传入中国的桥头堡，成为民主革命重要的基地。改革开放后更不用说了，广东现在是中国经济强省，尤其是港澳回归后，现在所形成的岭南地区已成为中国最重要的地区，以粤港澳为核心的珠江三角洲，不仅是中国最富庶的地方，也是世界最富庶的地方之一，当然深圳功不可没。

伟大的迁徙广东表现最明显

广东文化按不同的标准划分为不同的类型。从地域来讲，有珠江文化和汉阳文化，从语言来看，有广府文化、客府文化、潮府文化，讲闽南话。从历史来看，有延伸文化，有本土文化，也有移民文化。为什么广东能够包容、开放？在中国历史上，曾经有过五次大移民，第一次是秦汉时期，即在秦末楚汉相争之际，时任南海郡尉的赵佗吞并桂林郡、象郡，于公元前203年建立南越国，定都番禺。南越王时期，仅秦朝军队就来了十万，后在这里定居。第二次是南北朝时期。

第三次是两宋时期及元代。第四次是明末清初，后来抗清。最后一次是改革开放以来，这里发生了最大的移民潮，珠三角地区号称移民两千多万，我看不止。我有一次跟原来的省委张书记谈这个问题，张书记经常下来作调查，他估计可能有4000万之多。所以这是伟大的迁徙，在广东表现得最明显。

珠三角地区是五邑文化、华侨文化的交会处。广东从秦汉时期已经开始对外贸易，有的说从王莽时期开始。明代以后，海洋贸易更加盛行，粤海关成为全国唯一的海关，这里成为经济最发达的地方。在古人的笔下，珠江上的繁荣景象比当年杭州、汴京更繁荣。广东文化应该成熟于明清之际，三大语系文化融汇交流，形成了自己独特的风格、精神，在政治、经济、社会、文化、艺术、工艺等各方面全面发展。晚清的时候形成了第一次高潮。广东的人才不断地往外输出，成就了中国的近现代革命。

广东究竟有哪些文化？秦汉以来，最早有记载的是大学者杨孚。杨孚大约生活在东汉末年至三国时期的吴国。他早年致力于攻读经史，钻研颇深。杨孚极力主张以“孝”治天下，认为朝廷应尊崇礼教，士民在父母病故时均要遵守守丧三年的定制。汉和帝采纳了杨孚的进言，下诏命令“臣民均行三年通丧”，从而以“孝治”为主要标志的封建礼教在君权的祖护下延续影响了两千余年。杨孚最大的成就在学术方面，他著有南海郡人第一部学术著作，也是我国第一部地区性的物产专著——《南裔异物志》。该书详细记载了古代岭南的物产及风俗，是一份不可多得的珍贵史料，开创了中国研究地区性物产之先河。另外一个是王莽时代的学者，岭南地区最早的经学家陈钦，是岭南学术界的拓荒者。陈钦确立了《左传》的官学地位，开了古文经学派的先河。东汉末期三国时期有一个叫牟子的人，他写了《理惑论》，一共37篇，综合了儒释道学说，开创了佛学先河。广东佛学不仅仅是从佛教六祖开始的，从牟子就已经开始了。葛洪，在罗浮山上写了《抱朴子》，主要内容包括内篇和外篇。内篇是写“道”，外篇是写“儒”，他的美学和艺术思想影响了南北朝文化以及后世的文学。我们搞文学的人知道，按章太炎的文学观点，最顶尖的是南北朝文学，包括艺术、包括书法。接下来大家都熟悉的人物是六祖，他进行了佛教革命，把佛教平民化。宋明理学史上，王阳明与陈白沙二人学术思想相近。陈白沙的学术意义在哪里？学术界都在讨论，事实上王阳明很多学说出自广东人陈白沙。朱九江，是康有为的老师，这位老先生是古代思想集大成者，又是处于中国大转变过程中的文学家，包括康梁。

广东文化更接近现代性文化

改革开放之后，广东不仅带动了中国经济的发展，也带动了中国社会、思想、文化的更新。从文化的角度来讲，广东对中国最大的影响是生活方式的改变。比如说，买单，现在全国都知道买单是怎么回事了。改革开放前，翻过五岭不知道买单的概念。所谓买单，就是我先吃完饭然后去算账交钱。可是翻过这条岭以北，所有的地方都是你必须先交钱，才能有东西吃。先吃饭再交钱，表面上是生活方式的转变，实际上是人与人之间信任度的转变，过去你不交钱我怎么给你吃的，你跑了怎么办？现在不是了，大家吃完自觉买单。还有饮茶，以前没有饮茶的习惯，晚上到处黑灯瞎火，现在很多小山沟里也有了饮茶的地方，我们到新疆也要饮茶，到西藏、云南都要饮茶。饮茶让中国社会活起来了。广东这个地方早有早茶，夜有夜茶，整个社会是喧腾的，热热乎乎的。《舌尖上的中国》于是就出现了，所以大家看了以后很过瘾。

在思想上、文化上又是怎么样的？20 世纪 80 年代广东出版过《春天的童话》，戴厚英的《人啊人》，人们排着队去买。出版过《雅马哈鱼档》，面市以后据说北大的学生在那里讨论，中国就得像雅马哈鱼档那样子。20 世纪 90 年代有《现代化的陷阱》，当然对作者何清涟我们对她有不同的看法，但是这本书是非常有影响的。还有一本书更有影响，就是陆建东的《陈寅恪的最后 20 年》，这本书几乎在中国知识分子中掀起了人文精神的大讨论。20 世纪到了 90 年代后，

21世纪初，《春天的故事》《走进新时代》这两首歌出自广东深圳，在音乐界被号称“国歌”，中国人有几首“国歌”？《东方红》，赞美毛泽东的；《春天的故事》，赞扬邓小平的；《走进新时代》，歌颂江泽民的，歌词写得都非常好，用老百姓的话来讲，即使是拍马屁也拍得恰到好处。广东人写出了《走进新时代》，北京慌了，怎么出在广东？出在深圳呢？

广东的《南方周末》《南方都市报》《南方人物周刊》《南风窗》《21世纪经济报道》《花城杂志》《随笔杂志》《同舟共济》，还有广州三大报《南方日报》《羊城晚报》《广州日报》以及《深圳特区报》，有一些报刊在意识形态方面常有犯规，打打擦边球，给你找点小麻烦。但在这些刊物、报纸里面，我们常常可以见到新思想、新发明、新发现。大家注意有一个现象，一旦全国出现了公共事件，在北京、上海，甚至东北、西北的公众都上网看南方的媒体说什么，看广东的态度，你说广东没有文化？

改革开放以来，我们经历三次理论飞跃，从邓小平的“南方谈话”到江泽民的“三个代表”重要思想，到胡锦涛的“科学发展观”，都诞生在我们这片热土上。这需要文化的积淀。用孙中山的话来说：“五邑之所以为全国重者，不在于地形之便利，而在人民进取性之坚强。不在物质之进步，而在人民爱国心之勇猛。”梁启超讲：“粤人者，中国民族中最有特性者也，其民族与他地绝异，言语异、风习异、性质异，故其人颇有独立之想，进取之志。”所以我觉得广东文化是更加接近新型现代化的文化。台湾学者提出一个观点，我非常赞同，但是不太同意他的结论。他说，中国的文化发展由西往东推，从河洛到山东，那时候“诸子百家”出来了；当文化沉淀以后，四书五经、十三经、孔子、孟子、韩非子出现以后，文化又由北向南推，比如宋代到江西，近代到湖南，再近一点就到了广东。这个文化更接近我们讲的现代性文化，所以过去说广东没有文化是一种误解，其实广东确确实实在中国的历史上越来越光彩，越来越为中国提供很多新鲜的东西。

广东文化的七大精神

广东文化的精神是什么？我总结了广东文化的七大精神：人本精神、建设精神、实践精神、创造精神、中和精神、民间精神、乐观精神。下面我逐一道来。

人本精神。广东做什么事都很讲究为人服务，以人为本。比如说骑楼，你看现在的建筑不拿人当回事，玻璃幕墙，跟人对立，人对现在的建筑没有感情。但是骑楼不一样，当你在骑楼下走的时候，这边是商店，那边是马路，人和商店、马路，人和人之间是交流的，是融合在一起的，这是“以人为本”的建筑。又比如说服装，翻过五岭，服装款式，广州也好，深圳也好，甚至香港也好，我觉得有一个最大的特点，以舒适为美，你到广州的上下九去看，你去天河中心去观察，怎么舒服人们怎么穿。从张九龄、陈白沙到康有为、梁启超，岭南文化对人内在的动力，人的认知结构，人的价值选择，人对理性、对自然、对自我的超越理解都是一脉相承的。有个例子很有意思，广州中山纪念堂，外面是一个柱子，一个长廊，很多年轻人喜欢在这里谈恋爱，叫晒月光，而且人家不管你怎么看，那确实是自由恋爱。如果在内地谈恋爱，在屋子里面，确实不一样。

广东有一个非常重要的精神——建设精神。它的建设理性、建设哲学充分反映在经济特区建设和改革开放的伟大实践中。深圳原来是破破烂烂的小渔村，资本主义也有，封建主义也有，社会主义也有，可是当我们坚持不争论，把这片土地建起来的时候，深南大道连续几十里，资本主义跑香港那边去了，封建主义看不见了，这些都是社会主义，以至于当年的将军们到这里来感慨，这就叫作社会主义。

我再讲一个很有意思的例子。援疆工作团，当时在哈密地区打造旅游业，想重新修建回王陵，周围的老百姓不肯搬，政府让他们搬也不走。有关方面就想了一个办法，把当地的阿訇请到广东、深圳来参观，参观完之后，他们没有想到共产党把中国治理得这么好，回去阿訇们一讲，所有人都搬了。所以我有一个观点，我觉得邓小平理论概括一下有两个核心，一是对外要开放，二是对内要改革。邓小平理论最大的贡献是建设哲学。中国五千年的历史是什么样的历史？是批判的历史，斗争的历史，革命的历史，都是一个王朝推翻另一个王朝的历史。用毛主席的话来讲，“破”字当头，“立”在其中。可是到邓小平这里不是了，改观了五千年的文化，建设起来再说，深圳的变化，1998 年以前我们到香港去，1998 年以后香港人开始过来了。所以建设哲学我觉得是邓小平的理论核心，也是广东的特长，在这片土地上迅速理解邓小平的理论，迅速执行，迅速产生了中国、广东的剧变。

实践精神，全凭事实，不尚理想。不唯书、不唯上、不争论，现在加一条不折腾。广东折腾得比较少。这种实践的理性、务实精神，我觉得汪洋讲得好，汪洋曾经说过，改革开放、思想解放，这是广东文化的味，广东文化之所以是先进文化，改革开放、思想解放，加上广东的务实精神，成就了广东的辉煌。这是广东的味，这种解释非常好，说明了广东人的实践理性。

文化的创造精神来自哪里

广东文化的创造精神来自哪里？六祖有一个故事，“心动旗动”。旗子为什么会动？有的人说是风吹的，有的人说是杆摇的，六祖说不是的，是你的心在动，就留下了这个哲学命题：心动旗动。我们过去解释这个故事，说是主观唯心主义，几乎把它划入反派了。我觉得不是的，这恰恰是岭南文化富有创造性的哲学反映。“心动旗动”是什么意思？用自己的眼睛为世界照相，用自己心中的蓝图来勾画这个世界，然后我再去改造这个世界。实际上强调的是一种主观能动性，这种主观能动性恰恰是广东的创造精神。

创新包括两种创新：一种是技术创新，就是熊彼特的创新理论。熊彼特的创新理论是什么？我的这道工序比你上一个工序只要有改进，有比你原来更好的地方就是创新。比如说，我这个杯子，我加一根管子，喝起来方便，里面加一个加热器，水可以随时加热，这就是创新了。可是文化创新不止这些，文化创新必须是有所发现、有所发明，人家没有做出来的，你把它做出来了。这还不够，在有所发现、有所发明的基础上你要找到一种新的方法来成就这个事物，这是创新。我觉得在这一点上，广东也是这样的。我讲了很多的例子，经济上不用说，在政治上、文化上我们都有很多的创新之处。

兼容精神，包容精神，我们有很多的描述，我用的是中和精神。在谈到中国人精神的时候，近代有一个文化怪杰叫作辜鸿铭，学贯中西，又极其保守，他会七国语言，出生在马来西亚槟榔屿，回国参观的时候刚好碰上张之洞，于是在张之洞这边做事。他有一句话讲得很有意思，他讲，英国文化博大不精深，德国文化精深不博大，中国文化又博大又精深。中国人的精神里面有一种温良精神。冰心有一个讲法，她提出中国精神里面有一种和平精神，跟我讲的中和精神比较接近，这种精神恰恰也是中国文化的精髓。在传统文化里面，《易经》里面说，“中高于正”，我们现在经常谈正义，但是在中国传统里面叫“中高于正”。我讲一个比较形象的例子，中国的称这边挂一个大头，这边挂一个小头，正不正？拿起来一看是正，但是不中，需要有杠杆来协调平衡；可是天平就不一样了，只要指针指向中，就是正。“中高于正”，但我们现在把这个传统丢了。

《三字经》里面讲，中不偏，庸不易。“和”，我们现在讲和谐文化，和而不同。现在讲广东，讲广州，都是中国民族最齐全的省和市，广东56个民族都有了，根据第五次人口普查数据，广州56个民族也都有了。在北京，进北京有门槛，上海虽然门槛没有那么高，但是进到那里的都有比较相近的文化，比如说江浙人。在广东，广州也好，深圳也好，下面的地级市也好，广东的打工队伍以西部十个省为主，我们看到这里的文化摩擦、冲突有什么？湖湘文化、巴蜀文化、云贵文化、桂林文化、荆楚文化、闽赣文化、豫皖文化、江浙文化，这么多的文化都在这里交融、碰撞。

有一次我问一个出租车司机，我问他你住在哪里，他说塘厦镇。我说你们那个地方乱不乱，他说："乱，吵架。""为什么？""因为话不懂就吵架啊。"我有一个朋友，也是外地来的，广东一个大姐跟他说，"你这个人好牛精"，本来有点带赞赏的话，他一听就恼火了，就骂了大姐，干吗骂我流氓？完全是两回事。文化冲突在这里经常发生，但是广东融合得很好，4000多万移民，从古到今没有这么大的群体在广东这样和平地融入，这太伟大了，反映了广东文化里面的中和精神。

广东的民间精神，很典型的如历史上的三元里抗英，是老百姓发动起来的，不是官府动员的。我有一个判断，由于广东的民间精神很强大，广东这个地方不出人物就不出人物，一出人物一定就出具有革命性的大文化人物，比如说六祖、白沙、康有为、梁启超等。

广东人很乐观，他们的口号是什么？见到红灯绕着走。有两部小说你们可以比较一下，一个是《芙蓉镇》，还有一个是《天堂挣扎录》，这本书写的是"文化大革命"中小村人的痛苦，可是在《芙蓉镇》里人们只有仰望天安门，天安门放光芒他们才解放。《天堂挣扎录》里面不是的，有多种办法生存，大不了还可以逃港。出现这种现象说明了这个地方的文化心理，不把灾难太当回事。还有一个说法是，"办法总比困难多"，非常乐观，非常积极地对待这个世界，非常积极地对待自己的困难，所以属于乐观主义。我觉得这是广东的精神，不一定是广东独有的精神，但是这七种精神广东体现得非常好。我也希望我们广东能够发扬此种精神，用这样的精神推动我们走向改革开放的后30年，我相信广东同样是排头兵，广东一定会更加辉煌。谢谢！

广东精神与草根精神

李萍　王硕

李　萍

哲学博士，教授，博士生导师，广东蕉岭人。1990～1991年，美国太平洋路德大学访问学者；2003～2004年，美国哈佛大学燕京学社高级访问学者。教育部社会科学委员会委员、国家哲学社会科学基金哲学组评审委员，全国伦理学会副会长、广东省伦理学会会长等。

王　硕

哲学博士，中山大学哲学系讲师，中山大学公益慈善研究中心研究员。目前主要研究领域是中国传统伦理思想史、比较伦理学、社会伦理学。

李萍：关于广东精神的概括，已经在2012年5月12日广东省召开的党代会上正式发布了。什么是广东精神，大家都知道，就是“厚于德，诚于信，敏于行”。怎么来理解广东精神？它与我们的生活有什么关系？这是一个理论概括，还是党和政府对老百姓的要求呢？

关于今天的话题——广东精神和草根精神，我们想从三个层面讨论它。

第一个层面，广东精神及其文化土壤。

当我们说广东精神，作出这种概括的时候，我自己的理解是，广东精神不是孤零零地离开生活、文化，去作一个所谓理论高度的概括，然后让我们按照这个要求来做。我自己的体会是，广东精神至少有两方面非常重要的意义。

一方面，它来源于广东历史文化发展的传统、实践的过程；另一方面，广东精神的概括，也将使在广东生活的人更有尊严、更幸福，过上更好的生活，有这个引领的意义在其中。所以它既是对传统历史的概括，同时对未来广东文化建设，或者说对每个人的文化生活都有重要的引领意义。

王硕老师是不是可以给我们先从哲学上讲讲，从伦理的意义上，具体解释一下广东精神的内在含义？

王硕：作为一个新广东人，听到广东精神这几个字，我的第一个问题就是广东是否有精神？全国各地现在有北京精神、浙江精神等，各地是否都应该有自己的地域精神？我对广东精神最深的印象来自林语堂先生一本著名的书——《吾国与吾民》。他在这本书中提到，在中国正南的广东，有另一种中国人，相对于江浙一带斯斯文文的儒生样的中国人不同，他们充满了种族的活力，人人都是男子汉，吃饭、做事都是男子汉的风格！

我当时读到这里很奇怪，因为在我的印象里，广东人都是黑黑瘦瘦的，他们的男子汉风格与山东大汉、东北大汉的男子汉风格是否不一样？他们是一种怎么样的情况呢？后来我在广东生活之后才真正理解了。王安石有句话说，“丹青难写是精神”。我们很难概括一个地域人的精神气质。对于广东精神，它选取了一个角度来概括，就是通常所说的“心”的角度。我们常说，“画龙画虎难画骨，知人知面不知心”，或者“画人画皮难画心”。这个“心”是什么？就是一种精神。而这种精神力量是指什么？在我看来就是一种价值的凝聚力和文化的感召力。广东精神被概括成“厚于德，诚于信，敏于行”，这个角度恰恰概括了我们所说的心、良知和道德。

但是我们想问，“厚于德”中的德是什么？“德”的一边是双立人，在甲骨文中，它像一个十字路口；中间是一个人瞪着一双大眼睛，走到了十字路口就开始想，往这边走还是那边走；后面慢慢就把这边的双立人去掉了，相当于走到了丁字路口，而不是十字路口，就有了这样的指向；接下来下面加了一个“心”，这说明当我们在判断往哪走的时候，不仅需要智慧的眼，而且还需要心的判断。所以“德”从甲骨文流传至今，这个字揭示了要直行而前视、从正而不从邪。就是当我们有了困惑的时候，遇到人生困境的时候，我们有一种直觉，有一种判断，让我们知道人间正道是沧桑，我要往哪个方向走！

“幸福”和“德”与我们对生活的睿智理解紧密相关，“德”与“幸福”相关。就像汪洋书记说的，“广东精神”和“幸福广东”是一对孪生姐妹，“广东精神”可以推动“幸福广东”建设。

我们接着再问一个问题，“德”从何来？按照传统的中国伦理学可从三个角度去理解。第一，德，是自然形成的。《周易》中说：“有天地然后有万物，有万物然后有男女，有男女然后有夫妇，有夫妇然后有父子，有父子然后有君臣，有君臣然后有上下，有上下然后礼仪有所错。”这意味着什么？意味着我们的“德”是在人与人的交往、互动当中自然产生的。所以我们在生活中，触及和他人的关系时，就需要处理这个利益关系，所以“德”就产生了。

我们为什么讲诚信？没有了诚信，人和人的交往就无法继续下去。我们可以想象一个场景。在远古时代，人是结绳记事。当我们的一个族人结绳，其他人看到这个结绳形状就知道这边有吃的。大家都会相信这位族人通过结绳告诉了准确的信息，大家就会奔向那个地方找吃的。假如我们奔向那个地方，发现那里有一只老虎，我们还会相信结绳记事吗？如果我们都这样互相不信任，不仅人被消灭了，我们的文明也没有办法进行下去。所以，美国总统林肯有一句话，他说："最高明的骗子可以在一段时间内欺骗所有人，也可能在所有时间内欺骗一小撮人，但是你不可能在所有时间欺骗所有人。"如果每个人都讲诚信，那么欺骗、谎言这些东西就没有办法普遍化。因此说，德是在生活中自然形成的。

第二，德产生于人的内心。孟子提示我们，人人都有恻隐之心。为什么发生在佛山的"小悦悦事件"让大家感觉那么愤怒？因为大家在想，为什么很多路人的恻隐之心没有了？看到一个孩子处于危险状态却不救！孟子当年说，如果看到一个小孩掉在井里，每个人都有"怵惕恻隐之心"。"怵惕恻隐"是什么？惊了一下，害怕，有些悲痛、有些担心。孟子并没有说每一个人都要去救这个小孩，但他认为每个人一定有一点点担心、不忍。没有帮助小悦悦的路人，我相信他们会有这样一种内心的反应。

看孟子举的例子，齐宣王问他："我可以做一个仁君吗？"孟子说："您当然能。"齐宣王于是问："你怎么知道我能够呢？"孟子说："我听说有一天，一个人牵着一头牛经过您堂前，这头牛要去做衅钟之礼。就是要把这头牛的皮剥下来，把它的血涂到钟上面去，来做一个祭礼。但您看到牛的腿在隐约颤抖，好像很害怕的样子。于是您很不忍心，说不要用这头牛了！"而其他人就问，那么要不要废除这个礼呢？齐宣王说这个礼也不能废！下面人又问，那怎么办呢？齐宣王说，那就换头羊吧！

这可能让人感觉他有点虚伪，但是孟子说，不，他这样做，不是心疼牛值钱而羊不值钱，而是看到那头牛的惨状，体现了他的这种不忍之心，这就是"人之端"！每个人都有这种内心的火焰。

第三，德通过先觉点醒后觉。也是孟子告诉我们的，以前的人吃饱了，穿暖了，每天闲来无事，但是没有教化，这个时候"圣人有忧之，使契为司徒，教以人伦”，即教大家五伦，包括父子有亲、夫妇有别等。所以说，这个“德”可以自己生成，或自然生成，还可以是先觉点醒后觉。

但是先觉也不一定先有德，尤其在我们这个时代，绝对不一定，包括我们这些老师。实际上，很多普通人，他们通过行动点醒了我们：这个世界有爱，也有德。

什么是“厚于德”？首先大家想到的一句话就是，“地势坤，君子以厚德载物”。那我们就要问了，为什么每次在讲厚德的时候，要打“大地母亲”这样的比方呢？老子给了我们一个很好的回答，因为她“生而不有”。大地生养了我们，但是她不去占有我们。这一点就是大地的一种美好德性，就好像我们说的母爱。

我们常常忽略了老子所说的“含德之厚，比于赤子”。“德”的最好状态是什么？像小孩子、小婴儿一样。刚出生的小孩子，充满了活力，充满了希望，他的整个生命是无拘无束的，是自由的，是准备拥抱这个世界的。泰戈尔说，人就是一个刚出生的孩子，他的所有力量就在于他的成长！当我们说“厚于德”的时候，恰恰体现了这样一个特性。

李萍：王硕老师把广东精神中“厚于德”这个方面最基本的内涵、意蕴，从中国哲学史、历史和传统的角度作了丰富的诠释。实际上给我们提出了一个问题，“厚于德”，为什么“德”是最厚的？因为没有德就不是人，人是因为有德才称其为人。德的这种精神，它植根于人们的生活中。为什么说厚德载物？就像大地养育、承载了所有的物种和人的生命，我们讲“厚于德”，它就是很典型、精辟的解释，把广东精神与人的生活，与我们生活所处的文化内在联系在一起了。也就是说，广东精神不是远离我们生活的，不是在我们的文化生活之外去提炼一个概念，又用这个概念来要求我们，而是在我们生活和实践的基础上提炼出来的。提炼出来的这种精神可以回归到生活，成为我们的文化。所以它与我们每一个人的生活息息相关，也就承载了我们所有普通人的生活和人生。

幸福不是孤立的，不是人坐在那里想幸福了就是幸福。它与文化相关，上与精神相关，下面要接地气，与我们每个人的真实生活联系在一起。什么东西把它们连接起来？这就是文化。什么是文化？这个概念可能有160多种解释。梁漱溟先生对“什么是文化”作了一个很经典、精辟的概述，他说文化就是人类生活的“样法”。简单解释就是，我们是怎么生活的，决定了我们就有怎样的文化。这种文化不是别人给我们创造的，样法和文化之间也是相互创造、相辅相成的关系。一方面，我们通过普通的生活，去创造一种生活的文化。另一方面，这种文化又使其中的人就是这样的，而不是那样的。

梁漱溟先生在《东西文化及其哲学》这本书中，作过一个比较。他说，世界上虽然有很多不同的文化，但是如果从人类生活的角度来区分，大致有三种路径样法。第一种就是我们遇到问题时，积极向前提要求，要去解决它。第二种就是，变换自己的意思，取一个调和、持中的做法。第三种样法是，转身向后提要求。例如，房子漏雨了，第一种样法是在这种文化上生存，他会想，这个房子太破了，我要想办法赚钱，买一栋新房子，从根本上改变这种状况；第二种样法，就是调和、适中，通过改变自己的想法来取得平衡，房子漏雨了，我躺在床上，听着风声雨声，可以享受、感受外面大自然的声音，通过调和自己的内心，来达到一种新的平衡；第三种样法，是从根本上取消这个问题，既不向前解决问题，也不改变自己的意思，而是要从根本上取消掉这种要求。他根本不需要买新房子，也没有争取更好的想法，而是让自己没有这种想法。这是梁漱溟先生提出的三种解决问题的不同生活样法。这里面就有三种文化。

不同文化本身是交融、互动的。我们现在处在社会转型的过程中，很多种文化在碰撞，也出现了很多不同的观点。文化和人的生活样式是有关系的。在传统社会中，在中国文化的氛围里，每个人都是不可替代的，每个人都是独立的，都有不同的社会背景，有自己的人生经历和不同的价值观等。但是我们作为一个“类”——在文化传统下的一个“类”，会有某些共同的或相似的东西。所以，我理解梁漱溟先生讲的意思。他认为，三种不同的文化就有三种不同的样法。他觉得中国人更多的生活样法是：当遇到问题时，我们常常会选择调试自己，使自己去适应这种环境，取一种持中的态度。

任何一种文化都与人的生活联系在一起，而不是脱离生活去凭空想象。当然在过去的传统社会中，生活不像今天这样开放，我们对问题的理解有限，知道的事情有限。在全球化的时代，每个生活在不同文化里面的人，所接受的信息是多元的，我们每个人都可以去选择和判断，它必然是一个交融的过程。这是一个历史的过程，我们也是从相对比较封闭的传统时代过来的。我高中毕业就开始上山下乡，后来赶上了恢复高考。这让我从过去的生活环境中走出，在那种情况下加深对生活的理解，进入一个新的更丰富、充满文化碰撞、交融的阶段。

记得小时候，老师每个学期都要给我们写鉴定，说你有什么优点和缺点。我在中学之前，老师经常给我写的一个缺点是，“不能大胆地同坏人坏事做斗争”。因为那个年代讲阶级斗争，但是这可能是我的天性，没有办法改变，加上我确实一直都是比较乖的、认真学习的孩子，老师也不知道写什么缺点，所以每次都这样写。这就是那个时代的一种文化，构成了那个时代人的生活内容。

经过30多年改革开放，中国的经济、政治、文化都发生了很大的改变。这种改变和进步，经过一个非常曲折的发展过程，这个过程最后还会凝聚在我们的文化里，表现出不同的文化观。

我于1990年第一次到美国去做访问学者。当我出国后，新结交的几个朋友也是女生，我们在一起也很亲密。在国内，同性的朋友亲密是很自然的。可是我在美国的那个朋友就提醒我说，不要在外面搂着女生肩膀走，别人会认为你们是同性恋！这就是两种完全不同的文化观，就是不同的判断。我们到了酒店，如果女人与男人一同进入房间，在他们看来是正常的，就像我们这边两个女生去了一个房间，没有人会说她们的绯闻，这里就有文化的差异。

王硕：文化有差异，但也是变动的。20多年过去了，现在的美国如果是同性恋出游，大家也不会用有色眼光看他们，而且他们也不认为这就是绝对不正确，所以说他们的文化观念也在逐渐改变。广东有什么样的文化特征？我们过去往往是从一种中原、北方的视角来看待广东文化。实际上，广东这个地方非常不同，可以说是南中国海洋文明的中心，处在一种完全不同于北方黄土地文明的样态下，广东文化到底有什么样的核心特性呢？

李萍：王硕说的问题，就是我们想和大家谈的第二个问题——广东文化到底有什么特点。我们可以从不同的角度看，广东文化有很多特点。通过我们两个人的学习，觉得它有一个特点非常鲜明，这就是广东文化的草根性！

其实在西方讲草根是相对于精英而言的，“草根”与“精英”是对应的概念，而且草根与贵族也是对应的。在中国，因为我们过去的封建社会历史比较长，有两千多年，所以这种等级性不同。我们讲草根，常常是与官方相对应的，与西方草根与精英、贵族对应不同。

广东文化的草根性到底是什么？怎么来理解？

王硕：一提到草根，就会想白居易写的一首诗，“离离原上草，一岁一枯荣。野火烧不尽，春风吹又生”。我觉得这首诗能够体现出草的一些特点，说明草根性是非常广泛的，大草原上茫茫一片全部是草，每一棵都非常普通。这种草在白居易的诗中，还有一种弱小的悲壮感，小草体现了我们生命中的伟大力量。唐代，广东韶关的张九龄也写了一首关于草木的诗：“兰叶春葳蕤，桂华秋皎洁。欣欣此生意，自尔为佳节。谁知林栖者，闻风坐相悦。草木有本心，何求美人折？”张九龄诗中的草体现了什么样的精神？当草自然自足地生长在这里的时候，人坐在它的面前都是平等的，它不求任何人来垂怜它，它就是这样自足自在地生长。怎样才能让草木真正茂盛？是这种平等、自由、自在的精神，让草木变得如此茂盛。

通过广东精神的草根性，我们可以看到这种平等性、自足性，这种能够让社会发展的广阔空间、务实和包容的精神。这些方面充分体现了这种草根精神。

李萍：广东文化的草根性表现在生活中。在广东生活时间越长，对此越有一种深刻的理解和体会。过去大家讲广东只会生孩子，不会给孩子起名字，实际上广东人不是没有给孩子起名字的能力、本事，这种文化已经融渗到普通人的生活中去了。不是要凸显某一种东西，而是从普通人的生活中逐渐形成一种文化，这种文化又能够回到普通人的生活中。每个人在生活中能够找到自己的位置，这一点是广东很特别的地方。

过去我们一讲英雄，就把英雄变成了“高、大、全”的人物，这让我们觉得不是很真实。因为人是有血有肉有情感的，不等于说他在每个方面都是最好的。所谓广东文化中的草根性，来源于生活，最终回归到生活。让你觉得每个人的形象都是活生生的，是真实的。

汪洋书记在某地的讲话中，有一句话让我印象很深刻。他说，应该让人民群众自己去创造幸福生活。当然政府有自己的责任，但每一个普通人应该都是创造幸福生活的主体，每个普通人都是有活力的、有创造力的，这刚好与我们的文化草根性联系在一起。

王硕：《论语》中说，“君子之德风，小人之德草”。这里所说的“君子”和“小人”有两种解释：一种是真正在德行、道德上好的人和一般的或不好的人；还有一种解释是，在位者和不在位者（平民百姓）。《论语》是对在位当权者说的，这些有权、在位的人，他们的道德就像风一样，平民百姓这种无权的人就像草一样。当权的人引领什么，风往哪个方向吹，草就向哪个方向倒。这就是《论语》里这句话的含义，

我们也可以反思，“德风”和“德草”的关系，是否像《论语》中讲得这么简单。《论语》是后人收集的孔子与学生的对话语录，不一定完整体现出孔子所有的思想。像草一样的平民的德，和政府、当权者的德有什么关系？一般的草，风吹过去就倒了，但是如果是一片树林，或者说就是一片森林呢？如果改变了这个场域，风就会改变它的方向。我们常说，广东得风气之先。而北方人常说，你们有很多政策因素，才走在前面。我想，这些政策能给广东，与广东人的这种素

质分不开。温家宝总理说过："我深知改革的难度，主要是任何一项改革必须有人民的觉醒、人民的支援、人民的积极性和创造精神。"改革能首先在广东起步，肯定有悠久的历史渊源。为什么广东文化里会有这样一种平等的、相对平民化的倾向？这与历史上被贬斥来的人有关系。

举个典型例子，六祖慧能的父亲就是被贬到广东来的。六祖慧能3岁时父亲就去世了，他是在单亲家庭长大的一个小男孩，什么苦都吃过，只能做砍柴一类的粗活，而且一字不识，用今天的话说就是典型的"矮矬穷"。但是当六祖慧能面对五祖时，他想学佛，在33岁时埋葬了自己的母亲。五祖问他："你从哪里来？"六祖说："我从岭南来。"当时的人们都认为岭南是蛮荒之地。五祖马上就说："你从岭南来，想干什么？"六祖说："我不求他事，我只求做佛！"五祖说："岭南来的人，看起来与山野樵夫一样，你也能做佛吗？"六祖马上就说："人有南北之分，佛性焉能有南北之分呢？"

广东人的祖先很早就有这样的平等意识。每个人的权利、人性本身的光辉，不能用一个标签来限定，不能够被随意践踏！这就是历史上广东人给我的一个非常深的感受。

李萍：我刚才讲到广东文化里的这种平民化、生活化，还有一点是普通化。这种普通化不是少数人才拥有的，而是所有人都可以做到的。因为我们来自那种生活，这种草根性体现了普通化的特点。

我还记得深圳的"最美的哥"，当时记者采访他时，他说："我只是做了一点点小事。我希望大家一起来做，做好自己的本分，能出手帮助时就出手帮助。"这话很朴实，但是这种思想境界，并不比讲了很多伟大意义、高尚原因的人低，甚至这种朴实更高尚。文化的草根性，在他对这个问题的回答中体现了出来。他们的境界其实非常高，他们都是最普通的人。广东还有很多做慈善的企业家、普通百姓，他们做了很多好事，从来不去登记、登报，因为他们不希望被宣传，他们觉得这是应该做的。从人性上，从自己的价值观上，觉得这样做是生活的一种应然，所以就去做了，没有把这个事情变成很特别、特殊的事，很务实、低调。这与他们的草根性是联系在一起的。

关于广东文化的特点，我们就从这几个角度和大家作一个分享。

广东精神概括来讲就是来源于生活、普通人，来源于广东的历史文化发展和改革开放的历史进程，是同时代进步和文明进步联系在一起的。凝练之后，怎么用广东精神去引领我们的生活？它们有互动的关系。既然来源于生活、普通人，来源于历史传统，也是我们在新的历史时期共同创造的一种文化精神，那么我们如何让广东精神回归生活，回归到自己的文化中来，怎么来理解？它的生长点、植根点、切入点到底在哪里？

第一，在日常生活中。第二，在职业生活中。就像“最美的哥”讲的，做好我们的本分。第三，在做公益慈善、全民公益的活动中，共同来关心公共生活。我们依赖、植根于公共生活中共同的东西。

王硕：从日常生活到公共生活，二者其实并不是完全割裂的，而是一脉相承的，因为这共同体现了每个人的生活面向。每个人能够过一种有德的生活，作为一个草根，我们的力量在哪里？这个动力的来源是什么？有一个非常感人的台湾广告，是以台湾的一个真实故事来呈现的。这个故事描述了一个母亲在委内瑞拉机场被逮捕了，因为警察认为她带了违禁品。这位母亲一句英文都不会说，她挣扎着说，我没有带违禁品！这时来了一个华裔警察，才知道这位母亲的来意，她带了一包用于煲汤的草药，因为她女儿刚刚生了小孩，所以她要把草药带给女儿！我还想到一个真实的广州版本，就发生在我的身边。我有一位好朋友，去了非洲塞舌尔做志愿者。她的母亲已经是五六十岁的阿姨，不懂一句英文，从来都没有坐过飞机，但是她想去看望自己的女儿，于是朋友就从网上查找给她打印了一份行进路线。她从广州坐飞机到了非洲的这个岛国，这中间要经历多少波折！她就这样去了！当她站在女儿面前，从兜里面掏出一瓶茂德公辣酱摆在女儿面前时，所有的志愿者都流泪了！是什么支持着她？和台湾的那位母亲一样，这种草根性代表的是什么？是爱、勇敢和坚忍。草根阶层往往压力很大，有时候也有很大的不满，但是我们的爱、勇敢和坚忍在驱动着我们，我们在做好本职工作的同时，会投入到我们的社会公益生活当中。什么是公益？公益是追求公共善的志愿行动。它可以有两个面向：一是我们觉得生活出了问题，是面向生活问题、社会问题的一种回应；另外一种方向本来没有什么大问题，但是我们觉得生活可以更好！我们对生活有什么样的美好憧憬？于是我朝着这个方向去努力。那位广东母亲仅是出于对女儿的思念，怀着这种勇敢就奔向了非洲。她到了非洲之后，和女儿一起做了志愿者，她从日常生活进入公共生活当中。在这个过程当中，她从一个普通母亲成为一个真正意义上的公民，甚至是一个世界公民。我感觉到我们每个人都有这样的力量，但这还不够，我们还要有一种“草根”的联合、表达方式，甚至仅仅是围观、转发，我们把它表达出来，就能够改变很多的东西。

李萍：践行广东精神，比我们去概括、诠释更有意义！因为践行的过程中就形成了一种新的文化，丰富了广东文化、道德的内涵。因为道德和文化都是由我们普通人的生活、我们的实践创造出来的。我为了和大家交流，查看了改革开放30年以来的历史，我看了一些材料。1979年，中共中央、国务院决定对广东实行八项特殊措施。时任广东省委书记的任仲夷根据这种精神作了部署。因为有了这项政策，才有了深圳的发展，关于这一点，深圳人会有更深切的体会。当时任仲夷把中央的“特殊政策、灵活措施”八个字诠释、概括为三句话：“对外，更加开放；对内，更加放宽；对下，更加放权。”其实，不管是中央当时讲的“八项放权”，还是广东的“三个更加”，其实在那个时代都是一些很模糊的概念。因为我们一直实行的就是计划经济，在1979年中央提出这个问题之后，有很多具体的措施没有参照物，具有非常大的弹性。换句话说，到处充满了困难。政策很模糊，随时都可能触及禁区，踩上地雷，甚至越过“左”倾教条的底线。当时广东主要领导号召老百姓要用好、用足这些政策，要增强广东的政治承受能力。所以要求广东省各地领导，遇到下面三种情况都应该变通处理。第一，政策规定有许多条，为了办成于国于民都有利的事情，要多方查阅各种规定，这一条不行就用那一条，要积极地找根据，把事情办成。第二，政策规定本身有幅度。只有法律的底线是绝对的。政策规定本身允许灵活，应向有利于生产发展和搞活经济的方面灵活执行。第三，确实利国利民的改革，如果从现有的文件中找不到根据，还可以搞试点，允许突破现有的规定。

这就是1979年提出的三条原则。我于1978年上大学，这个过程我刚好在广州上大学时目睹了。大家也可以理解，邓小平1992年南行，其实当时的改革遇到了很多阻力，有很多不同的看法，各种力量都在博弈。改革本身肯定也会出现一些新的矛盾和问题，我们不断地深化改革，也会不断地发现很多新问题。遇到问题我们不是退缩，认定了这个大方向就要向前走。为什么邓小平又来南方讲话，一锤定音？或者说“画一个圈”，实际上没有这么简单！我们在文学上形容是在广东“画一个圈”，实际上是因为广东有这个文化土壤。这两种关系是分不开的！

广东人务实和低调，也可以说是低调的务实。改革开放到现在30多年，一直是这样的。有人概括为我们是“只干不说，先干不说，多干少说”。因为说多了，一争论，要统一所有的认识也是不容易的。经过科学的论证之后，我们完全可以积极探索。广东人这种“敏于行”的精神，真的把广东发展的历史过程中形成的文化凝练出来了。

李萍：我刚才讲到，我们在践行的时候要回归到日常生活。个人生活与社会生活、公共生活都是联系在一起的。我自己的感受是，为什么现在的社会中人和人之间的信任没有了？每个人本来都有同情心，但是后来我们发现被骗了，这种被欺骗的感觉容易产生很大的精神刺激，受骗者会感觉非常懊恼。我们日益从日常生活中体会到广东精神。每个人的日常生活、家庭生活，个人在家庭中的言行与公共生活中大的文化都有很大关系。每个人都“厚于德，诚于信，敏于行”，每个人都讲道德、有诚信、不骗人，每个人都把这样的精神贡献到文化中，人和人之间就会慢慢产生一种新的信任。如果今天你骗我，明天我骗你，今天你用这种方式，明天我用另外一种方式，我们个人的生活幸福感肯定没有了。你做了好事，未必得到好报，你诚实待人，人家却用虚伪和欺骗来回报你，那你会觉得这种生活太可怕！我们不知道每天应该说什么、干什么。

我们在本职工作中践行广东精神，不能说一套做一套。我们以前对道德认识有个很大的误区，把它看作是自上而下的要求，其实道德是要求自己的，不是要求别人的！我们过去讲“修身齐家治国平天下”，儒家讲的路径是先从自己开始，这与道德的本性、特点联系在一起。

每个人做好了自己的本职工作，在自己的职业生涯中践行广东精神，各个行业之间也将充满理解、尊重。其实每个人都很不容易，我年轻的时候，当时孩子小，每天上班前都会给他买鱼腩煮稀饭。看到卖鱼人的手常常被水泡得似乎要烂掉，我觉得很不忍。有人说他们赚了很多钱，但我觉得他们通过劳动来诚实赚钱，不卖假货，我们应该从心里尊重他们的劳动，他们做这个职业的诚信就体现在这里。如果不要钱，怎么能养活家人？不能说不要钱就是高尚的。我们应该在不同的职业生活中去践行广东精神。

最后就是它的公益性，有一种全民公益，这可能也是我们在今天新的历史时期践行广东精神的一个重要切入点。

大家知道，公益事业与我们传统讲的慈善事业有一点不同。根据我自己肤浅的研究，“公益”有几个关键词，一是公益基于个人和组织；二是它基于某种价值观，是一种志愿行为。同时，它也实现了公共利益。现在有很多公益组织。例如，一些人基于共同的价值观，一起做环保公益活动。结果是，让在这里生活的人都能够享受到美好的生活，所以它是实现公共意义的行为。

公益行为与慈善的不同之处在于，慈善过去是讲捐钱捐物，公益的范围与捐钱捐物有关系，公益行为有时候我们也表达为捐钱捐物，但是公益也不一定是捐钱捐物，还有一个更宽泛的范围。

广东精神的价值追求和现实意义

李宗桂

李宗桂

中山大学哲学系教授、博士生导师，中山大学文化研究所所长，广东省政协委员，享受国务院政府特殊津贴专家。国务院学位委员会和国家教委联合表彰的在工作中作出突出贡献的中国学位获得者。中央马克思主义理论研究和建设工程中国文化概论课题组首席专家，“广东省优秀中青年社会科学家”，《人民日报》向海外介绍的中国学者之一。

今天下午的这个话题，我想从三个方面来同大家交流一下。第一，广东精神的由来，为什么要提炼、宣传、实践广东精神；第二，广东精神的内涵和价值追求；第三，广东精神的现实意义。

广东精神提出的时代背景

广东精神提出的时代背景，大致有四个方面的因素。第一，时代精神引领的结果；第二，广东时代文化精神激发的产物；第三，广东经济社会发展过程中的现实需要；第四，为提炼当代中国的核心价值观创造条件。

第一，为什么说是时代精神引领的结果？改革开放时代有它独特的精神，按照官方的表述、学术界的研究以及民间的共识，大家一致认为这个精神就是“改革创新”。适应全球化时代发展的潮流，满足中国人民的意愿，我们要打破旧体制、旧思维，迈向未来，就要改革创新，开创新的局面。所以，改革创新是我们时代精神的核心。如果没有改革创新，就没有深圳，也没有中国今天在世界上和平崛起的大好形势。因此，广东精神的产生是时代精神引领的结果，我们要以改革创新精神来引领社会进步。

第二，广东精神的产生是广东时代文化精神激发的产物。说它是时代精神的产物，是从整个国家民族范围来谈的。“广东时代文化精神”是什么意思？就广东省来看，这个时代文化精神的概念不是学术界提出来的，是政治家提出来的。省委书记汪洋同志前年提出：“要弘扬广东的时代文化精神。”当时，大家有些纳闷，我们学术界搞研究，一般不这样谈。要么谈时代精神，如广东时代精神，要么谈文化精神，如广东文化精神或者中国文化精神。一般没有人把时代精神和文化精神这样连起来讲。关于广东时代文化精神，汪书记要表达什么诉求？要引导大家怎么干？按照他的意思，就是解放思想、改革开放。他说这就是广东时代文化精神。当时，我们就明白了，政治家重现实、讲实际。汪洋书记强调的广东时代文化精神，就是改革开放以来，在广东的土地上生长起来的、创新型的、推动社会不断进步的、引领人民不断向上的健康价值理念。这个健康的价值理念，就是广东时代文化精神，就是解放思想、改革开放。

我们今天来提炼总结、践行、宣传广东精神，是和广东时代文化精神的激发分不开的。

第三，广东精神的产生，是广东经济社会发展的现实需要。我们今天的发展正在加快转型升级，建设幸福广东，这是全省上下都认可的理念。但为什么转型？为什么升级？因为原有的经济生产方式，原有的劳动力资源配置和使用方式，原有的发展模式，都已经不适应新的要求，需要改变，需要提升，包括劳动力转移、产业转移。不仅如此，在文化方面，在生活方式方面，我们也要转型，彻底否定低级的、原始的、粗放型的经济增长方式影响下的粗俗的文化、生活方式以及价值追求。建设幸福广东已经是当前广东社会发展的总趋势，也反映了全省人民的共同诉求。建设幸福广东、追求幸福生活，应该是大势所趋，人心所向，所以我们说它是经济社会发展的现实需要。

第四，提出广东精神，是要为提炼当代中国的核心价值观创造条件。我们这些年大讲特讲社会主义核心价值体系，强调核心价值体系要引领社会市场，把这个体系贯彻到社会的方方面面，这是不可动摇的。那么，社会主义核心价值体系是什么？我估计在座的很多人回答不了。我告诉大家，主要包括五个方面内容：马克思主义指导思想、中国特色社会主义共同理想、以爱国主义为核心的中华民族精神、以改革创新为核心的时代精神、社会主义荣辱观。

马克思主义指导思想是不断发展的丰富严谨的庞大的系统。马克思、恩格斯创立的马克思主义我们叫原生形态的马克思主义，后来是由列宁、斯大林赋予了革命、专政、武装斗争为内涵的马克思主义，又叫列宁主义，我们称为次生形态的马克思主义。以邓小平为代表的中国共产党人所形成的以改革开放为动力、以经济建设为中心，拥抱世界文明的马克思主义，叫作再生形态的马克思主义，也就是人们常说的中国特色社会主义。继而，还有“三个代表”重要思想和科学发展观，它们一起构成非常丰富严谨的体系，经历了一个非常漫长的发展过程。可见，内涵丰富、内容宏阔的马克思主义，不是三言两语能够说清的，一般的老百姓、一般的公务员，谁有时间有能力去全面地研究这些理论？专家学者们出了无数的书，大家没时间看，一般人也难以看懂。同样，中国特色社会主义内容也十分丰富。社会主义从空想到科学，发展了整整500年！世界上各种各样的社会主义理论姑且不说，就是我们这些年大讲特讲的中国特色社会主义，其精神实质和内容，也不是一般人不经长期研究就能掌握的。而以爱国主义为核心的中华民族精神，同样体系宏大、内容极为丰富。我主编过一套丛书——“中华民族精神建设丛书”，预计出版10本，已经出了7本，专门对中华民族精神进行了讨论。就我的感受而言，一般人要去阅读我们撰写的关于中华民族精神的系统性丛书，不太现实。这就给我们提出了一个现实难题，就是如何把我们党和国家所倡导所坚持的正确的价值观、崇高的理想、美好的情操，变成通俗易懂、便于实践的理念。从全社会来讲，我们要简明扼要地表述我们的观点，提炼出一个核心价值观，注意是“观”而不是“体系”。用简明扼要、通俗易懂、朗朗上口、便于记诵、便于传播的方式，表达我们最基本的理念。于是，需要在核心价值“体系”的基础上，提出核心价值“观”。现在我们看到的各个省市区提出的各种“精神”，就是对于核心价值观提炼的一种尝试。比如，大家很熟悉的北京精神、上海精神、广东精神。北京精神是：爱国、创新、包容、厚德；上海精神是：公正、包容、责任、诚信；广西精神是：团结和谐、爱国奉献、开放包容、创新争先。各个省市都在概括本地的地域精神，为未来中国核心价值观的提炼创造条件、提供范例。我们广东提炼的广东精神，也是这一工作的重要方面。各个省概括、讨论、践行各自的“精神”以后，经过进一步的实践和理论提炼，我们将可以形成一个具有共识的核心价值观。

广东精神的内涵和价值追求

广东精神的内涵和价值追求，分两个层次来谈。

第一，如何理解广东精神丰富的内涵？

“厚于德，诚于信，敏于行”，这就是广东精神的内容。广东精神的正式说法叫作“新时期广东精神”，就是汪洋书记在省党代会上的报告中正式公布的。广东精神的表达形式为什么是三字句？因为有关人士提出，提炼广东精神，我们能不能在形式上有所创新，反映广东的创新思维？大家选择认可了三字句。当然，过程很复杂，在座的可能投过票，通过网络、报纸都可以投票，也可以直接写信寄到省委宣传部，有很多方案。

之前，有一个我所知道的广东精神的版本是：“先天下、纳百川、重实事”。在一次座谈会上，我提出，如果用三字句式，我个人倾向于把“重实事”后面的“事”改成“干”：“先天下、纳百川、重实干”。这个版本也曾得到很多专家学者和政界人士的认可。但从各方面的因素综合考量，最后形成了现在大家看到的这样一个版本，这就是“厚于德，诚于信，敏于行”。“厚于德”，这个“厚”是指宽厚、豁达、博大，也可以引申为丰厚，丰富自己的品德。“诚于信”，信是指信用、信任、信诺。“敏于行”，这个行就是指行动、实践。“厚于德，诚于信，敏于行”，这就是新时期的广东精神。广东精神当然也可以是理论、见解、思想。“敏于行”就是具体的行动、实践，二者合起来就是知行合一，理论和实践的统一。

很多人问过我，为什么没有提到包容、实干？《南方日报》记者专访我的时候，我曾回应过这个问题。现在公布的新时期广东精神中，“厚于德”已经包含了包容，“敏于行”本身就是实干。我们广东有个很重要的特点，就是具有很强的包容性，不夸夸其谈，重视实干。其实我们对很多问题的概括不可能面面俱到。你只有在那样的一个框架内、一种表述中，逻辑上包含着它就可以了。因为任何概括都是抓本质特性，或者抓主要特征，不可能面面俱到。不一定非要使用包容、实干、务实之类文字，我们使用别的文字也可以表达同样意思。

第二，广东精神的价值追求是什么？也就是说，通过广东精神的表达，我们要追求什么？

一是崇德尚义，就是推崇美德、崇尚道义。在今天这个社会，诚信是美德，这是非常稀缺的资源。“厚于德”，就是以宽厚的品德、博大的胸怀，去待人接物，去处理人与人之间、人与单位之间、人与社会之间、单位与单位之间、地区与地区之间的关系。“厚于德，诚于信”，就是对崇德尚义的一种追求，一种美好的价值追求。20世纪80年代前期，有人在报纸上发了一篇文章，很短，很轰动，题目是：“广东姓什么？”对于广东当时的许多现象，很多人不理解，于是就展开了姓“社”还是姓“资”的讨论。当时确实有一部分人一切向钱看，忘了社会责任，忘了道德良知。那么广东姓什么？姓“钱”还是姓“德”？确实需要斟酌。广东官方非常鲜明地回应了这个提问：广东姓“德”不姓“钱”，广东人崇德尚义。

二是追求幸福，不同的幸福追求有不同的感受。一个干部当了正处长以后，如果变为副处长、科长那是不幸福，变成厅长、局长那是幸福。但是，在立交桥下睡觉的民工，他们希望有一间房子，而且是廉租的，最好是不收钱的，这就是幸福。春节期间，我们回家买到飞机票，按时飞回去全家团圆了，而广州火车站广场上寒风呼啸，一些人露宿在外等了3天也没有等到票，如果能够拿到一张票就是幸福。所以，对于幸福有不同的理解，或者有不同的感受，有很强的主观性。追求幸福，这是“人同此心，心同此理”，没有争议。不过，今天的幸福广东建设，需要文化支撑，不单是物质层面的，它是身和心的合一。身体健康，心情愉快，人格健全，这才是幸福，是主客观统一的幸福，是精神家园的见证，是我们安身立命的精神支柱。不管在什么岗位、什么处境，我们都能够坦然面对，让我们战胜困难，推动我们更上一层楼，做一个人格健全、心理健康、体格强健的人，这才是幸福。提出“厚于德，诚于信，敏于行”，是要把我们的社会建设得更好，更有文化底蕴，所以追求幸福，就是广东精神的价值追求，要整合价值、凝聚人心。这些年，由于种种因素的影响，很多人的社会价值观是颠倒的、混乱的，美丑、好坏、善恶，很多人分不清楚，乃至颠倒过来了。广东省高级人民法院院长说，现在一些人不诚信，当骗子还很得意，不诚实的人得好处，应当给诚信立法。所以，我们今天要整合机制，凝聚人心，倡导并践行广东精神。

三是树立良好的文化形象。广东经济发展很快，但是有一些负面现象给人很不好的印象，汪洋书记多次提出提升广东的形象。用什么方式？当然不是用钱，而是用文化，通过提出和践行广东精神，来树立广东形象。

四是改革创新。广东精神的新意在哪里？在新的条件下，在经济发展踏上更高平台的时候，讲诚信讲厚德，二者结合起来那就是创新。12 年前，省里统一发布了新时期广东精神，“敢为人先，务实进取，开放兼容、敬业奉献”16 个字的新时期广东精神，是张德江任省委书记时提出来的。在今天的条件下，我们的社会诚信缺失非常严重，提出厚德、诚信有很强的现实针对性，体现了新的条件下新的价值追求。还有深圳精神，1990 年正式公布过一个版本，“开拓创新，团结奉献”，激励团结了整整一代人。2003 年，根据新的条件，提出了“开拓创新、诚信守法、务实高效、团结奉献”这样新的深圳精神。为什么 2003 年和 1990 年不一样呢？很重要的不同就是诚信守法、务实高效，诚信守法是 2003 年市场经济发展起来 10 多年以后才提出来的，在 1990 年我们没有谈诚信，没有谈守法，这些问题在当时还不是非常迫切的问题。但到了 2003 年，12 年过去了，出现了新的状况，需要我们及时去回应，要求我们诚信守法，这就是创新。广州精神也是一样，1990 年广州精神公布的版本是：“稻穗鲜花献人民”，2003 年的版本是：“敢为人先、奋发向上、团结友爱、自强不息”。

不同城市的城市精神以及不同地域的地域文化是不断发展的。广东作为有独特文化传统的省份，根据新的历史条件，提出新的广东精神，追求改革创新，深刻反映了时代的变化。

广东精神的现实意义

通过对广东精神现实意义的挖掘，我们可以更好地理解广东精神的深刻内涵，更加了解我们为什么要这样做，了解我们的社会现在最稀缺的精神价值是什么，最应该弘扬、最应该彰显的是什么。

广东精神的现实意义，不同的人有不同概括。我个人认为，主要有六个方面的意义。第一，弘扬了优秀传统文化；第二，光大了当代中国的文化新精神；第三，弘扬了广东时代文化精神；第四，引导广东社会的进步，增强价值引领和文化引领能力；第五，为当代中国文化建设和社会发展提供了价值标准和行为示范；第六，推进了社会核心价值体系的建设。

今天提出的广东精神，在我等研究文化问题的读书人看来，它弘扬了优秀的传统文化。先说第一句："厚于德"。在《周易》里有一句话，"君子以厚德载物"。大家知道《周易》是算命卜卦的，是用来预测吉凶的书。古人认为，大地很厚实很朴实，承载着万物——河流山川、猪牛羊马、人物、房舍等等，大地从不叫累，而且春夏秋冬周而复始，不知疲倦。古人讲天人合一，既然大地如此厚实广博，胸襟豁达，那么我们人道要效法天道，就应该以宽厚的品德对待外界，包括人、事、物。厚德载物的思想，对于后来的中国社会有很深的影响。中国古代经典《中庸》有句名言："万物并育而不相害，道并行而不相悖。"各种事物共同发育，而不相互伤害，各种理论、各种观点、各种意见共同存在，而不相互悖反争斗。另外一本古代经典《尚书》讲到"正德、利用、厚生、惟和"，这是说，为人要端正品德，弘扬美好的品德；要善用自然条件、社会条件，要丰厚自己的人生，关爱生命；要追求和谐，"惟和"的"惟"，是思考的意思，引申为追求。这些，都是"厚于德"的范畴。可见，"厚于德"的理念很自觉地蕴含了优秀的传统文化。

"诚于信"，在古代也有深厚的传统。孟子说过，"诚者，天之道也；诚之者，人之道也"。"诚"是什么？是天的原则和方法，至高无上，神圣不可动摇。"诚之者，人之道也"，这是说实践诚，按照诚的原则去做事，这是做人的原则和方法。孔子的学生请教什么是仁，孔子回答说，能实践五种品德，那就是实践了仁。那么，是哪五种品德呢？“恭、宽、信、敏、惠”。“恭则不侮”，恭，待人恭敬、为人庄重，就不受侮辱；“宽则得众”，宽，为人宽厚，就得到大家拥护；“信则人任焉”，为人诚信，别人就信任你；敏，“敏则有功”，办事敏捷，就有效率；“惠则足以使人”，惠，能够给人实惠，就能够调动别人跟你干，别人就会跟你走。恭、宽、信、敏、惠，信是这五种品德之一。

“敏于行”，源于《论语》。《论语》里说，“君子欲讷于言而敏于行”。君子少说多做，不夸夸其谈，不巧言令色，但是，他最善于敏捷地行动。“敏”是敏捷，“行”是行动、实践。毛泽东有两个女儿，一个叫李敏，一个叫李讷，其名字渊源就是这句话。《中庸》里面有一句话说，“博学之，审问之，慎思之，明辨之，笃行之”，广博地学习，详细地探问，慎重地思考，明智地分辨，为了什么？要干什么？要去实践，要“笃行之”。“笃”即扎实、切实、实在，扎扎实实地去干、去实践。

由上可见，新时期广东精神自觉地衔接了中国优秀传统文化，弘扬了中国优秀传统文化。不过，新时期广东精神的意义主要并不在这里，而是在于它巨大的现实意义。

改革开放30多年来，广东经济社会文化不断发展，产生了很多新的价值理念，我们叫文化的新精神。比方说，契约精神。我们订了合同，签了字，就要照办，不然就可能被告上法院。朋友之间借钱，达到一定数额要写个借条。古代也讲诚信，但是口头的，“君子一言、驷马难追”、一诺千金等，都是口头的。今天当然也有并且也认可口头承诺，但更多的社会关系、人际关系特别是商业关系，是通过契约来确定。契约精神是对传统诚信理念的超越，是现代意义的诚信。广东人文精神的重要内容之一，就是契约精神。当然，还有我们熟知的法治观念、效率意识、竞争意识等等。在我看来，就地域而言，当代中国文化的新精神是从广东开始的，具体说是从深圳蛇口开发区开始的。“时间就是金钱，效率就是生命”，这个理念在提出的当年，真正是石破天惊！深圳人居然敢公开谈钱，而且鼓吹时间是金钱！有人说这不是万恶的资本主义吗！当时全国很多人都在声讨和批判。实践证明，深圳做对了。为什么要讲究效率？人不能每天无所事事，效率意识是当代文化的新精神。还有竞合精神，既竞争又合作的精神。同行不是冤家，同辈相亲不是相害，能够既竞争又合作的精神，这就是厚德，宽厚的品德。我们反对“麻将文化”。有人说，打麻将就是集中精力，全神贯注，盯住上家，防住下家，自己糊不了，也绝不让任何人糊，这就是“麻将文化”。这是不行的，最后是两败俱伤，同归于尽。市场经济条件下产生了新的文化精神，叫“既竞争又合作”，要竞争就堂堂正正地来，但是按法律按规则来，同时也要合作，竞合意识是中国文化的新精神。中国传统文化有没有合作？有没有和谐？中国文化有非常丰富的关于和谐的理论。但是，中国传统文化的和谐思想有一个明显的缺陷，就是反对竞争，取消竞争，以牺牲效率为代价。只要有利于封建统治阶级，有利于封建秩序的和谐，不怕有多大代价，不怕人民受什么伤害。我们今天是既竞争又合作，要讲和谐，也要讲规则、竞争。此外，我们还能举出很多例子。比如，日益光大的慈善精神，逐渐发展的公民意识，都是当代文化的新精神。很多年前，由广东省委主导出版过一本叫《公民道德格言》的书，对现代公民教育提出一系列既包含传统又超越传统的新的文化观念。我们今天正在努力弘扬公民意识，提升全社会的公民意识，构建公民社会。这些理念慢慢渗透到社会上，变成现实的生活，现实的行动。广东主办亚运会，工程浩大，花了很多金钱，让老百姓认同要有个过程。比如说，我们要扩路，原来两车道变成四车道，四车道变成八车道，扩建施工过程中很容易造成堵车，老百姓一度怨声载道。还有“穿衣戴帽”工程，为了城市更美观，市政出钱把一些临街的墙面重新粉刷，把屋顶美化，弄成彩灯、射灯，钱由政府出，这很好啊，但也有人骂。有关部门都是接受意见，能改就改，不改就给你解释清楚。整个2010年广东亚运会从酝酿筹办到最后成功举办，广东一夜成名。可以说，这是在市民和政府的公民意识引领下，在批评和反批评的良性互动中胜利完成的，反映了现代社会公民意识健康成长非常好的一方面，反映了当代广东精神的新面貌、新变化。对照两个月前，内地某市有两个市民，给市政府送了一面锦旗，锦旗上写的是“截访先进单位”，后来这两个市民被所居住区的公安分局给抓了去，行政拘留了 15 天，理由是他们扰乱公共场所的治安秩序，这在广州是绝对不可思议的。从这些例子中，说明广东确实有一些新文化新理念，需要很好地总结，进而去引导社会进步。总的来说，我们今天讲“厚于德，诚于信，敏于行”的广东精神，有利于发扬光大当代中国文化的新精神，有利于广东社会的科学发展。

广东精神的提出，有利于引导广东社会的进步。换句话说，它有利于增强广东全省人民的价值认同、文化认同。在我们现在的社会环境下，更需要的是厚德、诚信，人不但要有博大胸怀，要以宽厚的品德去待人接物，还要以诚实信用的原则做人经商。现在很多问题都是因为诚信缺失而造成的，也有的是因为心胸狭隘而造成的。这个“厚德”，我们往往会说从个体出发，每一个人要心胸宽广，有宽厚品德。其实，今天讲创新，我们要提到更高的层面，政府也要厚德。“德”是创新型的德，政府要厚德，不与民争利，要关注民生。

汪洋书记前几天讲了一段很真诚的话，大白话、大实话。他说：“追求幸福，是人民的权利；造福人民，是党和政府的责任。我们必须破除人民幸福是党和政府恩赐的错误认识。”学术界和政界不少人对汪洋书记这个讲法评价很高。本来这就是实话，党和政府引领人们去争取幸福生活，反映民众的需求，人民是创造历史的主体，只有人民才是历史发展的动力。但这些年由于种种因素的影响，一些错误的价值观、历史观误导社会，好像现在的官员都成了父母官，老百姓的好日子是某些官员恩赐的，这是不对的。

诚信是道德问题，但道德和法律紧密相关。我们不能孤立地去谈，首先是要守法，信仰宪法和法律。广东正在开展“三打两建”工作。“两建”是建什么？建立诚信体系和监管体系。省高级人民法院院长要求为诚信立法。他说，现在社会上很多人都在骗，骗来骗去经济会崩溃。2011 年轰动全国的“小悦悦事件”，对广东的形象影响非常之大。根本问题是人性冷漠，因为缺乏人际信任，我去把她救起来，万一她赖上我了呢？万一是黑社会搞的一个圈套呢？人与人之间互不信任，叫“社会墙”，无形的墙我们应该拆除。我们今天应该追求崇高，推崇诚信。不然的话，这个社会就不会发展起来。

广东精神的提出，它的一个重要意义，是为当代中国的文化建设和社会发展提供价值标准和行为示范。开头我提到，广东是改革开放的前沿阵地，很多事情先行一步，率先获得经验获得成功，然后向全国推广。我们今天的文化建设和社会发展，也可以为全中国提供一个价值标准和行为示范。先行一步有两重性，何为先行一步？改革开放初期，要打破旧体制、冲破旧观念，邓小平要求广东勇敢地试、大胆地闯。广东人发扬敢为人先的精神，借鸡生蛋，借船出海，利用外资发展经济。在规则上，见到红灯绕道走，见到黄灯快步走，实事求是，怎么有利怎么干，经济很快发展起来了，为改革开放、为当代中国社会的转型，杀出了一条血路，完成了伟大的历史使命。这是积极的一面，值得充分肯定的一面。当然还有一些负面的东西。比如说，市场经济很需要诚信，但是诚信大量缺乏，有的事例特别典型，需要我们很好地去总结，去找到解决问题的方法和对策。刚才讲到要拆“社会墙”，我觉得有许多东西需要推广。比如说，平等的理念。要为当代文化建设提供示范标准。在广东，平等观念在每个人的潜意识里是很强的。我们广东是个非常平民化的社会，不故弄玄虚、故作奢华，非常平等，理念也很平等，行为也非常淡定，非常实际。有个著名的媒体人在报上说，当全国人民还都在以“同志”相称的时候，广州人就叫开了“先生、小姐”；当全国人民相互之间“先生、小姐”叫个不亦乐乎的时候，广州人早就以“老板”相称了，哪怕你是捡破烂的，只要走进任何一间大排档，伙计都会热情地问：“老板，你想吃什么？”最后，当全国人民都互称“老板”的时候，广州人早就觉醒了，觉得人人都当老板很不实际，于是把男的改称“靓仔”，女的改称“靓女”，年纪大的一律称“靓叔”或者“靓姨”。“靓”是什么？是漂亮，众生平等，人人有份，永不落空。我看确实如此。你在广州大街上叫“靓女”，周围不分老少一大片女性就会回头，以为叫她呢。大家没有觉得有什么很大的差异，人人有份。这就是平等，这就是务实。

我们今天建设新时期广东精神，弘扬“厚于德，诚于信，敏于行”这样的价值观，是非常重要、非常有意义的，有助于我们推进社会主义核心价值观的建设。核心价值观念是什么？还在提炼中、摸索之中。自2011年以来包括北京、上海、广西等诸多省市区提炼概括的“精神”，实际上是为未来的核心价值观提炼创造条件，我们广东提炼并践行新时期广东精神，也是如此。

我相信，新时期广东精神的提炼和践行，必将为广东经济社会的发展提供新的动力和价值支撑，为当代中国文化建设提供创新性思想。谢谢大家！

广东精神之创新版

刘若鹏

刘若鹏

美国杜克大学电子与计算机工程学博士，超材料领域专家。深圳光启高等理工研究院创始人、院长，国家高技术研究发展计划（“863”计划）新材料领域主题专家组专家，享受国务院政府特殊津贴专家，超材料电磁调制技术国家重点实验室主任，广东省超材料微波射频重点实验室主任。2010年1月至今在深圳光启高等理工研究院主要从事新型人工电磁材料（超材料）、复杂渐变材料、等效介质理论与光学变换理论及快速设计算法，大规模复杂人工材料的计算机辅助设计，新型人工电磁材料的实现工艺和方式、射频应用与系统集成，超材料应用技术开发和产业化。

感谢今天在座的各位市民还有专家来和我一起共同分享关于创新的一些想法。我觉得自己有责任和更多的人一起分享关于创新的最新理念，至少从全球范围内看一下我们的创新和创新产业发展的情况。

我是在深圳长大的，我对这个城市的感情极其深厚，通过观察这个城市的成长，我也的确学到了很多东西。当然我今天想与大家分享的，更多的是深圳过去如何锐意进取、拼搏；再往前看，在新的历史起点上，我们怎么更加努力，通过创新去取得更大的成就。我非常想谈一下未来，我们的未来该如何去实践。

厚德是我们奋斗的价值观

关于广东精神，我想从创新、创业的角度谈一下我自己一些比较肤浅的看法。

“厚于德，诚于信，敏于行”，就我自己的理解，它实际上是三个层面的架构。从最基本的价值观，到每个人、每个企业最基本的操守，以及我们最后实践的基本行为，从核心的文化理念价值观到具体的行为，实际上都包含在里面。

“厚于德”对于我们创新、创业的人群来讲，可能最需要回答的是，我们到底为什么要奋斗。我们通常说，深圳是创造奇迹的地方，30 年改革开放使深圳发展到今天这么繁荣，非常了不起。在全球非常激烈的市场竞争环境下，尤其是面对创新科技产业的竞争，虽然我们感觉到我们变得有实力了，我们有了一批非常优秀的高科技企业，但同时我们也隐约感觉到我们缺了什么。比如说，我们看 Facebook，我们看 Google，包括早期的路森特等企业，这些新兴企业、新兴产业在美国成长非常快，5～10 年的时间，从一个默默无闻的小公司，就可能变成有全球影响力的企业巨头。相对而言，深圳已经 32 岁了，但它的快速成长也就是在短短几年内。

对创新、创业来讲，“厚于德”也是我们所有人都要面对的，我们到底为了什么要奋斗？我们创业为 IPO（首次公开募股）奋斗，为迅速融得资金奋斗，为高额利润、为价值翻倍而奋斗，或者为生存而奋斗，这些都没有错。任何一个企业都应该逐利，这是我们不得不去做的事情。但是像Google这样的企业，它们的奋斗目标肯定会多一层，它们是为了改变而奋斗。所以，“厚于德”也是我们奋斗的价值观，到底我们奋斗是为了什么？在深圳起步初期，我们谈为改变世界而奋斗，可能是不现实的，也不具备这样的基础，首先应该为了生存、为了改变生活状态、为了基本的温饱，我们一起去奋斗。于是我们率先在全国进行了体制改革，放开了束缚，大家用自己的奋斗，自己的模式，自己的方式，做各种各样不同的尝试和创新，终于创建了现在这样一个城市。

那么，我们为什么还要继续奋斗？当前我们的科技产业，或者说我们最具活力的中小微科技创新企业，不能说所有企业都是为了改变世界而奋斗的，但我们的这些企业天生有一种境界，就是“厚于德”。

诚信能够让我们走得更远

“诚于信”，这是创新企业基本的道德操守。在我们努力、奋斗的过程中，我们用各种策略也好，方法也好，需要不断地实现阶段性的目标，但是我们在“诚信”这方面选择什么样的道德准则，实际上是一个非常大的挑战。

我用科技的语言解释一下“诚于信”。我在美国实际上是专门做人的头脑研究的，做了很多模拟人的行为的实验。在模拟的单元中，通过一些芯片，我能够获取非常多的收益，在概率比较小的情况下，我宁肯按照诚信的原则，哪怕自己有损失，也愿意承担风险以遵守“诚于信”。在做计算机模拟系统和模型时，它有不同的策略，在一些设置的模拟企业或者模拟人的单元中，有很大的比例都是选择宁肯相信别人、自己吃亏的角色。在前期的研究工作中，很多人不想自己吃亏，宁肯不相信别人，宁肯负别人。在这种情况下，做了很多的模型，然后放在一起开始实验。在整个研究过程中，随着时间的推进，我们观察各个采取不同策略的族群，哪些能够生存下来，哪些不能。

最后发现，在最开始的时候，不讲诚信的族群成长得非常快，很快就会抑制和压制那些讲诚信的族群，但是时间越长，不讲诚信的族群越萎缩，最后不讲诚信的族群基本上都消亡了，而真正能够生存下来，共同存在、共同发展、健康发展的，一定是遵守诚信的族群。这是用超计算机模拟出来的结果，可以分别从短期和长期看到不同的结果，可见这个诚信体系对于整个社会发展和每一个人的发展，它所给我们带来的这种回报和收益到底有多大。这种基本操守，从道德和理念层面来讲，讲多少遍都是应该的，但实际上更深层的是从社会结构来看，这可能是构建整个社会健康发展的最根本的操守。我相信，随着整个社会经济的发展，以及时代的变迁，我们刚才谈到的用计算机模拟实验的族群和现实体系竞争的结构一定同样，从较长时间段来看，诚信一定能够让我们的社会、让我们每一个人走得更远。

“敏行”是极重要的行动准则

“敏于行”，是我回国之后听到的最多的词。有一些机构想做新的创新技术和项目，论证需要多长时间呢？需要两年时间。这个“敏于行”也是非常重要的准则，教会我们到底如何去奋斗，如何把正确的、急需挖掘和探索的行为变成奋斗的结果。

“厚于德，诚于信，敏于行”是在教我们为什么去奋斗，如何去律己，获得长远的发展。从顶层的价值观，一直到具体怎么去实践，给了我们很多启示。

我一直在微观领域做企业，做技术，对很多非常宏观的理论并不是特别擅长。基于我对广东精神的理解，我想谈一下深圳发展源头科技创新产业的机遇。这实际上是践行广东精神、深圳观念非常重要的问题。

我想具体结合和我研究领域相关的一些事情来谈，深圳如何为我们国家开辟源头科技创新产业的道路。

深圳有非常好的发展模式。开放的市场环境，良好的商业氛围，都是这个城市之所以有活力的前提条件，也是有这么多人都愿意到深圳来创业实现梦想的很重要的原因。

但是撇开这些优势不谈，回过头来看一下，我们的土地几乎已经满负荷开发，我们的环境一直在污染与发展之间找平衡，越到后面，这个平衡越难找。还有人口多，过于拥挤，硬件资源有限。要想整个城市长足发展，整个区域有活力创新，我们迫切需要彻底改变比较粗犷、靠资源要素投入的发展模式，深圳必须要有忧患意识。

为什么必须发展新兴产业

但是这种转变谈何容易！同样是这些人，同样是这些企业，同样是这些土地，凭什么第二年就要比第一年增长20%、30%？实际上这个目标挑战每个人的能力，每一个企业的极限。深圳的高科技产业，或者源头创新产业，它的实践，它的发展，有别于北京或上海，它一定是从市场、销售这些环节先入手，确保有产品之后，我们再考虑一些产品功能性的改进，从整个创新链中，逆向上行、逆向上推这样一个过程。这个过程中我们也看到了我们的社会、我们的企业正在付出巨大的代价。

第一，爬坡代价巨大。本来各行各业都已经有巨头、垄断性的企业或者产业了，我们怎样能够进入这些行业呢？我们只能用更低的价格和更好的服务进入这个市场，只能以牺牲大量的利润和以廉价劳动力作为市场的门槛和前提条件。改革开放初期，我们有这样的优势，很多科技型产业和企业发展起来了，但这不等于说我们发展了源头科技创新产业。

第二，爬坡难度巨大。在现代社会分工的产业链里，有专门搞设计的，有开发产品的，有生产部件的，有做产品集成的，分工和角色越来越细化。我们如何把制造型的、复制型的企业，或者中低端生产企业，升级成高端品牌，做大研发，控制知识产权，建立标准，组建联盟？这需要我们在整个企业架构、业务形态、指导思想等方面进行根本性改变。

第三，爬坡需要资源。做这些事情需要大量的创新、大量的资源、大量的人才支撑，我们现在这种微薄的利润非常难支撑这种战略性的投资。

以上三个难点，给追求创新创业的整个城市带来了极大挑战。如何把原来从中低端开始的产业结构，构建成为高端的、高附加值的，在创新链上处于上游地位，对产业发展非常重要。以上三大难点是非常大的制约因素。

做什么产业并不是关键，关键在于我们在这个产业链、价值链、创新链里到底属于上游、中游还是下游？任何行业的上游当然都是非常棒的，我们要为之努力、为之奋斗。但这些产业如何布局、如何创建，我觉得极其关键。在新兴市场中我们有可能摆脱知识产权的束缚和覆盖，这是我们从发展新兴产业中可能获得的极大好处。

新兴技术具有极高的风险

我们在发展新兴产业过程中，有可能主导、控制一些产业的分工和产业链在地域上的布局，来避免严重的城市污染等不利因素。比如，我们研究航空航天发动机一些核心的关键材料，我们完全可以吸取之前各行各业发展的历史教训，通过发展新兴科技，夯实我们的工业基础，而非仅仅依赖规模、成本和销售渠道为核心价值的市场导向。

新兴技术也叫作刀刃技术，它的定义并非像我们传统上所认为的，“新兴技术就是别人没有，你独有的，然后用上去非常好使，能挣很多钱的技术”。并非如此，新兴技术反倒是具有极高风险和不稳定性，且需要大量投资才可能使用的最先进的技术，它实际上有非常多的定语和前提条件。我认为有三个基本的特征。一是缺乏共识，甚至没有明确的市场方向，没有明确的产品认知。二是缺乏知识，对这一类技术，或者是产品，它没有非常明确的正面或者是负面认知。三是工业界对它都具有抗拒的阻力。这也是各种理论和实践证明的，最具有创新活力的企业并非是规模最大的企业，反而是小微科技企业和中小型创新企业。

有一些组织，因为相信技术具有先进性，仍继续投入、实践，改变产品，这实际上是一种冒险行为。当然新兴技术会给我们带来非常多的好处。但新兴技术有什么样的特点呢？一是回报率非常高，通常以行业标准、知识产权垄断、技术发展方向话语权为标志，它不一定是以占多少市场份额作为标准，而要看这个企业是不是源头，是不是真正最强的企业，或者是不是最高端企业的标准。二是周期极长。从三五年到半个世纪不等。比如说半导体产业，从整个固态物理学开始诞生，到半导体 IC 产业真正形成，这个产业链花了半个世纪才走到了今天这一步，它的工艺和设计都可能成为阻碍发展的瓶颈。三是风险极大。风险来自资源投入、多变的市场等，而且新的竞争方案有可能突然冒出来。

做知识的创造者和整合者

我也非常愿意和大家分享一些和未来相关的技术。

哈利·波特的隐形衣这些东西有没有可能成为现实？现在答案已经非常肯定了。用一种全新的材料，我们叫作超材料，可以让光线绕过我们的障碍物，像流水一样继续前往他的身后，让后面的人仍然可以看到被遮挡的这部分光，这种隐身衣的研究是现在国际上比较前沿的技术。在美国有非常多专业的科技类媒体，它们专门不断挖掘这些新闻去报道，和公众沟通，非常负责任地看待这个新生事物的科学本质，这个绝对不是忽悠大家。

美国在 1999 年启动了一个计划，专门研究人的大脑，实际上也是美国中央情报局（CIA）资助的计划，希望读出人脑里到底在想什么。根据最新的科技成果，据说已经可以读取人们大脑里想的东西，当然还不是百分之百准确。这些高科技在国际上竞争非常激烈，但是到现在为止，还没有形成全新的科学突破，但可怕的是它和我们以后的产业非常接近了。

以上列举的这些新技术，一旦投入使用，人类的生活都要被改变。可能人们马上会问，这是不是靠谱啊？怎么判断呢？第一，你有产品了吗？第二，你的产品一致性能保证吗？第三，便宜吗？第四，哪里有卖啊？第五，怎么证明这是你发明的啊？再一个问题，连美国人都没有做出来，你怎么可能做出来？这是我们经常碰到的各种各样的问题。所以我想说，从现状来看，没有一项技术可以说是完全成熟的。但是有一点我觉得稍微靠谱，就是这些技术没有一项起源于、主要研发于、产业化于我们的城市，或者我们的国家。

一个企业，一个产业，或者一个城市，它的核心竞争力可以来自很多方面，这是我们特区所有人需要为之努力奋斗的方向，我们需要引领产业升级和发展的趋势。未来的核心竞争力，一定在于底层掌握核心技术的领袖，不是物流，不是低成本，不是高效运营。核心的领导层几乎都是核心的创新人物，而不是单纯的运营管理者，比如说Google的创始人、英特尔的创始人、“苹果”的创始人。从基础研究向科学突破，向新兴产业转变是一个过程，我们应该到这些领域去突破、去创新、去推动，前期我们需要做知识的创造者，后期我们需要做知识的整合者，这个角色的转变极为关键、极为重要。

关于分布研发和知识整合的创新体系，发达国家为我们提供了很多值得借鉴的模式。当然完全照抄非常难，因为模式可以照抄，土壤不可复制。我们需要不断转化一些模式，变成更适合深圳、更适合特区、更适合我们国家特色的模式。目的非常明确，一定是通过我们的实践，通过整个城市的实践，通过整个城市科技企业的实践来缔造。

先驱们开辟了全新的产业

具体到我自己研究的领域，对于超材料来讲，我们现在处于一个非常好的发展机遇期，从深圳制造、深圳创造，到深圳缔造，它非常像30年前半导体产业方兴未艾时非常关键的历史转折点。超材料的技术研究是超材料产业群诞生的非常重要的前沿工作。如果深圳市在全球率先实现，建立类似像超材料这样的产业示范基地、产业应用基地，让深圳市民能用上新兴产业生产的最新产品，享受最新的服务，并把它变成一种时尚，让全世界向我们学习的话，那我们整个城市的发展，城市的时尚，城市的智慧，城市创造的价值，这种生产力就是一个闪光点。深圳在这方面急需全新的探索和尝试。

源头科技创新企业，要特别注意那种小微企业创业发展壮大的案例。包括波音公司，创建者是威廉·爱德华·波音，想象一下当年，飞机在天上飞，把老百姓从一个地方带到另一个地方，这是多可怕的事情。当人们尝试，并积极实践的时候，它的变化就是人类从没有飞行到有飞行。第二个案例是英特尔，当年谁能想到，在这么一个小芯片上能够集成上亿个电脑芯片？这些发展都是从早期让人觉得不可思议的技术转化过来的。当然苹果公司离我们更近了，开始没有人去考虑把个人手机做成一种时尚，他们开辟了一个全新的时代，这是非常伟大的壮举。他们这些人都是先驱，开辟了全新的产业。我非常希望这个故事接着讲下去，后面可以举例子说，深圳怎么样了，宝安怎么样了，罗湖怎么样了，梦想和愿望能够在这里完美实现。深圳其实有很多相似的企业，在不同的领域里面，如华大基因研究院，开始冲击我前面说的那些案例，这应该是我们践行广东精神、广东文化，对国家未来发展做的全新诠释和解读。可能这些尝试中有些会失败，但是这个城市从来都是宽容失败的。话说回来，这些领域，只要在一个领域成功了，对我们的经济发展，对我们巩固国防，一定将产生非常大的影响。为了实现这个目标，我想向整个社会呼吁，希望更多人怀抱这样的理念并且行动起来。

要关注、追逐创新和结果

最后我们得出结论。一是我们特别需要引进尖端的技术研究，扩大社会对源头创新技术零距离的关注。我在美国的时候，最新的技术，最新的尝试，美国老百姓都可以很容易获得，很多人会去演讲，企业推出新产品都会有人去解释。但在深圳，这样的机会特别少。我强烈建议社会对这种源头创新，或者说这种未来的技术，要有零距离接触，要关注、追逐这些创新和结果。通过倡导创新，通过学习科技产业发展的历史和规律，我们将熟悉发明、创造、产业、规模等的一些基本规律，源头创新成果不能保证50%以上的成功率，也不能说可以在一两年内就实现产业化，但只有源头创新的成果，才可以真正发展成为全球领军的企业，这都是基本规律。

在过去的企业发展中，我们有很多优势，有很强的竞争力，科技创新、物流、劳动成本、市场渠道，都可以成为核心的价值，但我们非常需要让科技创新，尤其是源头创新作为根本的核心竞争力，我们真的非常需要有一批创新企业。

我们也要引进一批真正从事战略性新兴产业的人才，引导市场对创新型产品的追捧与消费，搭建平台，真正组合源头创新与产业化工作。尤其是在基础研究到技术研究之间这样一个跨越的过程中。

以上是我对国际上关于新兴产业产生源头创新的重要性的梳理，源头创新的产生，以及我们自己做的一些初期的、初步的尝试，来回应广东精神、深圳观念，我们急需理念上的根本变革。展望未来，希望所有市民朋友共同促进我们的国家向创新型国家转变。谢谢大家。

朝气蓬勃的文化记忆

——现阶段文化建设需要弘扬“深圳观念”

于　平

于　平

文化部文化科技司司长，曾任文化部艺术司司长。1996年被评为文化部优秀专家并获国务院政府特殊津贴，1998年被评为“国家有突出贡献的中青年专家”。主要著作有《中国古代舞蹈史纲》《中国古典舞与雅士文化》《中外舞蹈思想概论》《中国现代舞剧发展史》《舞蹈文化与审美》《高教舞蹈综论》《舞蹈形态学》等。

我在准备这次讲座的过程中，把“深圳观念”称为“朝气蓬勃的文化记忆”，我觉得这个命题是比较准确的。可能有人觉得，深圳这30年从一个小渔村成长起来，作为城市来讲谈不上什么“文化记忆”，但我不太认同把这种状况称为“文化沙漠”的说法。什么是文化沙漠？沙漠是指原有的植被被破坏了，不再适宜生长新的植被了。深圳其实是尚待开发的文化处女地，是如“北大荒”而非“撒哈拉”这样的“沃土”。深圳是开拓者的文化沃土，是可播种、能收获的。我们讲深圳文化建设的时候，不要把缺少文化记忆当成一种抱憾；缺少了文化记忆，或许你没有那种因循的惯性，也没有可以依赖的惰性，反而更可以激发你的斗志和原创精神。如果文化记忆厚重，有时候就很依赖它，就要守望它，认为缺失文化记忆就会数典忘祖，这就难免造成文化“啃老”现象。关于“深圳观念：朝气蓬勃的文化记忆”，我想结合在全国有影响力的“深圳十大观念”评选及观念本身内涵的提出来谈这个话题。

“深圳观念”是深圳市民共同的文化记忆

“深圳十大观念”出台之后，大家都认为这是深圳市民共同的文化记忆。“深圳观念”产生于过去的30年，这30年的历程比较短，作为文化记忆虽比较浅近但比较鲜活。我们注意到，“深圳观念”中不少观念是以标语口号的方式出现的，这说明它是以标语口号的形式高度凝练并广为传扬的深圳价值观。在“深圳十大观念”评选出来后，《人民日报》作了报道，认为这是“时代精神的高度浓缩”和“改革历程的生动注脚”。这种评价我觉得非常实事求是。《人民日报》作为党报给予这样的肯定，是站在了更高更宽广的视野上。

广东省委常委、深圳市委书记王荣同志认为，“深圳观念”集中反映了深圳人的精神奋斗史，是全体市民共同创造的精神财富。他还认为“深圳观念”与深圳30年发展所创造的物质财富一起，成为深圳对全国改革开放和现代化建设作出的重要贡献。我觉得这两个评价非常到位。“深圳观念”不单纯是作为精神观念提出来的，实际上这个观念在当时也推动着物质财富的创造。这给了我们一个启发，和物质财富创造密切结合的观念超然升华为纯粹的精神观念，会产生更大的价值。这个启示说明，当你专门琢磨精神观念的时候，未必就能产生有价值的观念。

深圳市委常委、宣传部部长王京生同志进一步分析，“深圳观念”之所以产生广泛影响和受到普遍认同，或者说我们今天之所以有深圳观念，是因为有几方面原因：一是唱响了改革开放的时代最强音；二是凝练了走向改革开放的中国人民的共同记忆。它不是事后对中国人民改革开放共同记忆的凝练，而是深圳作为改革开放的试验区，在观念的开拓上树起了一面大旗。

“深圳观念”开启了中华民族伟大复兴的崭新征程。这些观念里面，有一些在当时确实是振聋发聩的。“深圳观念”不仅凝聚了深圳市民的共识，而且昭示着中国城市发展的未来。今天讨论“深圳观念”，意义十分重大。如果仅仅是深圳市民回忆过去的30年，那我觉得不会产生这么大的作用。中国在经济建设、政治建设、文化建设和社会建设的过程中，非常注重城市化进程和全球化进程。深圳地处前沿、站位高端，不仅对于当代中国经济建设的意义举足轻重，对文化建设的意义也不同凡响。

从“杀开血路”到“踏平坎坷成大道”

“深圳观念”不仅是口号式传扬的观念，而且昭示着城市发展的未来。“深圳观念”凝练和传扬的不是一般的城市观念。中国各个城市也在提炼自己的城市精神和价值取向，而深圳这个具有特殊使命的经济特区的价值追求，就是在“杀开一条血路”的奋斗史中凝练出市民共识。作为市民共同的文化记忆，它的独特性在哪里？作为经济特区的价值需求，作为“杀开血路”的奋斗史，“深圳观念”建立了独特的价值坐标。

“深圳观念”作为特区经验，我们从中感觉到了小平同志的高瞻远瞩、魄力胆略。在谈这些观念的时候，观念背后的故事也好，学者谈话的哲理也好，在市民共识当中似乎更铭记着吴南生、梁湘、袁庚等拓荒者思想的火花和实践的足迹。他们本身就魄力十足，认识这一点很重要。假如说“深圳观念”被后来的城市，特别是新兴城市、没有厚重文化记忆的城市所追随的话，主要是追随这种“杀开血路”的精神。在“深圳观念”里，追根溯源，有一些的确不是我们先提出来的。比如说，“赠人玫瑰、手有余香”就是印度谚语，但我觉得这没有什么，我们不求“发明领先”而求“应用制胜”。深圳这座城市不一定有自己城市的文化记忆，但是各地来的移民，他们带着个体的文化记忆，来到这里通过交流交融，形成一种凝聚力，然后产生奋斗力。这些东西的产生不在于曾经有过的历史，而在于当下发生的作用。谈到观念，作为学者来考量它，都会分析“深圳十大观念”涉及哪些方面，反映了什么历程。王京生同志认为有三个发展阶段，是从拼经济、拼管理到现在拼文化三个发展阶段的风向标和见证物。从纵横两方面来说，纵的方面体现出城市精神的发展历程，横的方面则涵盖了城市文明的价值取向。实际上这些观念是在历史的过程中慢慢积淀下来的。尽管只有 30 年积淀，但文化记忆也会形成某种惯性，新的文化建设可能还会出现更有冲击力的新观念。

“深圳观念”是一种直面经济实践和社会实践，同时挑战和完善规制形态的观念。挑战就是突破，好多观念的出台都带来了一种风波，比如有引进外资开发特区的“租界风波”，有投身特区献身创业的“蛇口风波”（或者叫“淘金风波”）等。每一项挑战，通过实践经验的总结，在调整某种规制形态并促其完善后，可能会遭遇到新的挑战。改革是一个相当长时期的主题，尤其是我们这种渐进式的改革。它所体现的城市精神发展历程，我自己的感觉是“踏平坎坷成大道”。今天的成就比较多，现在我们形成了某一些共同记忆，我们还要维护、爱护我们的家园，走向“遍植温馨护热土”。

要保持“敢为先、能为先、善为先并且誉为先”的特质

从“深圳观念”能提取一些主题词。深圳某基层领导同志讲，

他从“深圳十大观念”中提炼出六个关键词，即效率、务实、创新、文化、包容、关爱。我同时也看到了其他一些主题词，如实干、创新、尚义、崇文、开放、包容、敢为先、不怕输等。这些主题词出现之后，要找到里面贯穿性的东西，包括王京生同志谈到移民来后都有自己的深圳梦。“深圳观念”是由“深圳梦”驱动的观念，这些观念也营造了“深圳梦”的佳境。从“把深圳带回家”到“把深圳当我家”，在当年深圳创作的舞剧《深圳故事》中就有表现。舞剧的内容反映了：一是“把深圳带回家”，我到这里来创业，赚了钱，但是我在深圳改变了观念、学到了技术，回家乡后把家乡建设得更美好；二是“把深圳当我家”，自己真正融合到深圳的建设中。“把深圳带回家”，我们没有充分注意到这方面的意义和价值，因为我们关注的是深圳当下。如果做个统计，把曾经在深圳打过工、回到自己家乡创业并在家乡做出业绩的人统计出来，那么对深圳改革开放或者大众观念的推动作用可能不止这些。我们对深圳“观念”重要性的估计还远远不足。

我仔细想过“深圳观念”在集成意义上的特质。过去很少用“集成”的概念，但我们目前文化科技中较少有原始创新，多的是集成创新。“深圳观念”出台，我们能不能在集成的意义上来想想它的特质？这是最本质的东西。无论是“时间就是金钱，效率就是生命”，还是“鼓励创新，宽容失败”，也无论是“送人玫瑰，手有余香”，还是“来了就是深圳人”，其特质就是“敢为先、能为先、善为先并且誉为先”。如果我们只是“敢为先”，总是失败，总是让人宽容，我估计也没有深圳的今天。我觉得深圳走的就是探索的路，有“敢为先”的胆量，我们也“能为先”，有能力；“善为先”，我们知道怎样“为先”是一种智慧、谋略，什么样的“为先”能够取得成功。“誉为先”，在这样的环境里，对“为先”者，不管是成功者还是失败者，我们都赞誉。中国智慧中，从老子说“不敢为天下先”之后，衍生出很多格言或曰处世之道。有“树大招风”“出头的椽子先烂”等，就是说我们很缺乏“为先”的环境。从“不敢为天下先”

到“以其不争，故天下莫能与之争”就是如此。如果把握好了深圳的特质，如果让深圳在今后还能提出更能解决深圳问题，也更能在全国有号召力、示范性的观念，我们就要保持“敢为先、能为先、善为先并且誉为先”的特质，这样才会不断出现更能体现深圳价值的新观念。

“深圳观念”是“国家立场的深圳表达”

“敢为先、能为先、善为先并且誉为先”作为“深圳观念”的特质，根源在于“深圳观念”是党中央战略思想的集中表达，也是王京生同志所说的“国家立场的深圳表达”。“敢为先”，不是我们敢“越界”，而是按照中央的授权先行先试。

深圳是一个被“设计”出来的城市，如《春天的故事》所歌：“有一位老人在中国的南海边上画了一个圈。”这个“圈”画的是一种使命，一种责任，是要求将特殊的政策体系与地缘经济的优势相结合，探索改革开放的“摸着石头过河”。深圳城市创建到今天，以其辉煌的成就证明这条路走对了。路子正确当然绝不只是物质财富上的成就，还包括思想观念上的收获。2010 年 11 月提出评选“深圳十大观念”，王京生同志就对“深圳十大观念”和社会核心价值体系作了解读；接下来他又提出建设“深圳学派”，也提到文化选择和文化强国，特别是提出深圳文化发展战略的观念，这也是前述思想观念收获的延续。

王京生同志把深圳比作文艺复兴时期的佛罗伦萨。佛罗伦萨当时出现了新的学派，是不同于传统学派意义上的新学派。他认为深圳同样具备了新观念产生的现实条件，“深圳观念”实际上都是作为新观念提出来的，尽管其中有一些观念跟传统理念背道而驰，有一些在其他地方或其他历史时期被提到过。他认为，在现实条件下，新经济形态不仅在深圳产生、发展，新文化因素也在深圳孕育、成熟。更为重要的是，深圳作为改革开放的“特区”，在政治观念上具有了“试验权”的授权与保障。用我们的话来讲，这些观念不是为着标新立异而提出，而是根据经济建设实践、社会管理实践发展而实事求是构建的观念形态。

“深圳观念”具有新启蒙意义

没有党的十一届三中全会以来的“思想解放运动”，就不会有今天的“深圳观念”。有学者认为，新时期“思想解放运动”是五四新文化运动之后的“新启蒙运动”。在我看来，“深圳观念”也具有新启蒙意义。“时间就是金钱，效率就是生命”，在当年很有必要践行，但是人们现在谈论更多的不是效率问题，而是公平问题。深圳人如何解决自己的实践问题，在实践中去摸索一条路，是否具有普遍性意义，通过这些问题都可以看出来。我之所以认为“深圳观念”具有新启蒙意义，在于它不仅体现为口号的先声夺人，更体现为实践的率先垂范。

“深圳观念”提出之后，还有一个很值得去做的工作，就是怎样梳理内在的逻辑联系。“赠人玫瑰、手有余香”讲的是社会道德。有人讲现在社会道德“滑坡”，也有人讲不是“滑坡”是“爬坡”。我们现在碰到的是新问题，按照原来的路，无法走了，现在必须要有新的社会道德建设，这是“爬坡”。“赠人玫瑰，手有余香”是比诚信更高的理念，更应在公民社会中倡导。

“深圳观念”是“杀开一条血路”的产物。这条“血路”，便是国家建设向市场经济观念的重大转型，是以中央控制型的地方局部改革模式来启动“市场机制”助推“经济建设”。当时的经济特区设了不少，都在“摸石头”“杀开血路”，为什么深圳做得这么好？如果研究一下也是蛮有意思的事情。一个工作没做好，有人会说“‘经’是好的，和尚把它念歪了”；而在深圳，则体现为“‘经’是好的，和尚念得更好”。经济学家于光远当时戏称深圳的探索，说是“只有向钱看，才能向前看”。

我们之所以认为“深圳观念”具有新启蒙的性质，是因为“启蒙”意味着让大众从某种宗教般的迷信和狂热中回到现实，学者们借用韦伯的说辞叫“脱魔”（或近似音译的“祛魅”），大家也理解宗教般狂热的意思，不是谁操控你，是你自己愿意自投罗网，而且绝不醒悟。我们不要把一种观念是不是具有新启蒙的性质看得多么高深，在某种境况中回到常识就具有启蒙的意义。“深圳观念”中有好多话语读起来特别口语化、大众化，这说明它具有重建常识的品格。我们一讲常识，就会回到文化记忆，而现在更多的文化学者认为，当代人需要文化，关注文化，应该更加关注作为生活方式的文化。“深圳观念”让我们回到常识，不是回到文化记忆的常识，而是回到生活中可以感受的应当如此的常识。

重建常识要回到当下的生活实践

“深圳观念”重建常识不是回到文化记忆中的常识，而是回到当下的生活实践。我曾经做过书斋式的学者，做书斋式的学者跟现在要研究对策性问题的学者不一样。我在艺术司工作的时候，许多决策特别需要咨询学者们的对策研究意见。比如说，韩国电视剧在中国热播的时候，我们就需要分析“韩流”热的原因是什么，有人认为涉及新儒家的伦理，小人物的亲情，青春版的偶像，这种分析就为对策提供了前提。

需要“杀开一条血路”来重建常识。回到常识很容易，但重建常识真的不寻常，非常不容易。最初的“深圳观念”大多有“风波”相伴。有引进外资开发特区的“租界风波”，非议者说是“出卖”国土；有投身特区献身创业的“淘金风波”，当时叫“蛇口风波”，讲创业者不是来建设深圳的，而是淘金者……这使得最初的“深圳观念”大多具有挑战的姿态和松绑的诉求！我觉得“深圳观念”挑战的姿态显得更强烈些，挑战之后松绑不松绑你看着办，我总归是要干。

王京生同志提出怎么看“深圳观念”所折射出的价值坐标系，

他提出三条：一是以人的智识理性为基础，二是以人的创造性为宗旨，三是以人的勇气和血性为支撑。这三方面共同铸就了深圳智慧型、创造型、力量型文化的特质。我觉得“力量型”特别有意义，因为“创造性”是显而易见的，不用说。文化，无论是哪个地方的文化，肯定也都包含智慧因素。“敢为先、能为先”是智慧，这不是书本记忆，是解决实践问题的需要。我从事教育工作多年，教书育人的一个核心问题，就是关于知识传授和能力培养的问题。知识是我们的文化记忆，能力就是我们的文化想象。没有知识不会有能力，但有了知识也未必有能力，很多人就死在知识里头了。高分低能就是知识不错而能力很弱。我们认为智慧是体现解决问题的能力的智慧。深圳文化的“三型”特质，本身体现出“杀开一条血路”的深圳实践的特质，所以文化的特质不能就文化本身来讨论，要体现为引导实践、能够被实践证实的观念形态。

文化自觉比文化记忆更重要

有人认为，“没有文化记忆的民族是悲哀的民族”，这句话当然有道理，我们民族是文化记忆深厚的民族。但可以肯定地说，“走不出文化记忆的民族却可能造成民族的悲哀”。没有文化记忆，这个民族会活得很苍白，但是老走不出记忆，老是在文化记忆里头生活也不行。

必须承认“深圳观念”是深圳市民共享共有的文化记忆，这记忆虽然浅近但却鲜活。实事求是地说，与五千年不间断的中华文明相比，世界上也有很多历史悠久的文明，我们文明呈现的特殊性叫“五千年不间断”，“不间断”作为文化记忆的延续，对一个民族而言是很重要的。深圳的文化记忆虽然浅近但不失宽厚，不失敏锐但更具韧性。

“文化记忆”是历史留给一方水土的文化植被。缺少历史的文化记忆并不意味着是“文化沙漠”，而极可能是一块地力肥沃的“文化热土”，是一块亟待开发的“文化处女地”。我们不把文化记忆当作“负担”，但缺少历史的文化记忆也不意味着缺少文化建设的想象和文化发展的动力。深圳的文化建设没有文化惯性，也没有文化惰性。“文化自觉”的口号谁都接受，做不同的文化工作会强调不同的文化自觉。文化自觉的反面是文化的不自觉，不自觉就是顺着惯性，就是沿袭因循，文化惯性体现的是文化的不自觉，也体现为文化惰性。

试验田文化非常关键

深圳作为迅速崛起的移民城市，缺少历史悠久的城市文化记忆，但并不缺少个体多元的文化记忆。“深圳观念”其实透露出建设城市文明共同体的信息。有一些城市有很厚重的文化记忆，是不是一定要它的城市新移民必须认同它的文化记忆才能去接纳呢？这个问题值得反思。城市文明的共同体如何建构，“深圳观念”透露出通过运行“轨迹”的营造来吸纳多元个体的“原子性”。每个人从不同的地方来，有自己的文化记忆，但融入一个共同的时空后，也会重新建立各种各样的关系，建立新的亲缘关系、利益关系等，这会形成一种新的轨迹、新的规则。

从“来了，就是深圳人”到“深圳，与世界没有距离”，都体现出一种“开放性”的凝聚力。凝聚力我认为不是一定要依托文化记忆才能形成。深圳的凝聚力，深圳的城市文明共同体建设，好就好在是一种开放性的凝聚力，是一种共同文化想象促成的凝聚力。早些年在一篇文章中读到一个看法，那篇文章的标题是“关中情”。作者说了一段话，说是看十年的中国看深圳，看百年的中国看上海，看千年的中国看北京，看五千年的中国则要看地处关中的西安。这个看法给我们的启迪是，到底谁有更厚重的文化记忆，《关中情》强调的是这一方面。但另一方面，文章给我们的启示是，我们文化建设的重心在不断地东移与南迁，就其根本而言，是在融入一种世界性的格局和对话全球化的进程。因此，中国的文化形象也由重“文化记忆”向重

“文化想象”进行。我在刊于《光明日报》的文章中就讲，我们不要认为只有博物馆文化才是文化，我们需要博物馆文化，但可能更需要“试验田文化”。试验田文化更是看重文化想象的文化。

不久前我参加了上海主办的一个城市文化高峰论坛，探讨城市文化建设。我表达了一层意思，有人认为中国的城市文化共同体是一个样式，有一个轨迹，西安和北京是过去的皇城文化，上海的买办文化痕迹比较重。上海过去叫“冒险家的乐园”，体现为西方殖民文化的渗透。深圳没有人叫“冒险家的乐园”，体现为“开拓者的热土”。从“深圳观念”看深圳文化建设，显而易见不是依托文化记忆而是驰骋文化想象。辩证地来看，文化想象不是凭空的想象，它需要文化记忆来驱动和支撑。提出“深圳观念”的人有文化记忆，只不过那个文化记忆已经升华为文化想象，用来解决现实当中的问题。文化记忆也不会是冷却的固化物，它必然在文化想象中燃烧和沸腾。在一定时期、区域、群落的文化建设中，有人会撷取文化记忆的碎片来充当文化认同的符码。有的时候，我们看国外一些作品当中有一些中国文化元素，认为是我们影响力的实现，但很多情况下是别人的一种文化营销策略。

市民有尊严的城市才会受人尊重

从2011年12月到2012年4月，我先后读过王京生同志3篇长文：《“十大观念”与社会主义核心价值体系建设》《从百家争鸣到深圳学派》以及《关于深圳文化发展战略思想的几点思考》。在阅读《深圳十大观念》这部大书中，我已经注意到那些直接关系文化建设的观点基本上由王京生同志率先提出，比如“让城市因热爱读书而受人尊敬”“实现市民文化权利是文化发展的根本目的”等。

“让城市因热爱读书而受人尊重”和“实现市民文化权利”是直接指向文化建设的两个观念。如果说“深圳十大观念”的评选本身是一次重要的文化建设的话，那么直接指向文化建设的那两个观念则是其根本取向。它考量着市民的文化趣味与城市的文化品格，也考量着政府的文化责任与市民的文化渴求。

关于“实现市民文化权利”和“让城市因热爱读书而受人尊重”，我觉得是涉及文化尊严和文化权利的问题。过去艺术家在艺术创作的时候，他们塑造人的时候特别强调尊严。我觉得实现市民文化权利，王京生部长是把它当成文化发展的目的来谈的，实现市民文化权利其实是保证市民文化尊严的最重要途径。人活着，并不是只要求经济上解决温饱问题，还要有尊严。“让城市因为热爱读书而受人尊重”，相关的命题是，有尊严的城市，才是受人尊重的城市，市民有尊严的城市才会受人尊重，通过保证权利来实现市民的尊严。我觉得确实有这么一层意义。

从王京生同志的几篇论述中，可以看到他由对“深圳观念”的礼赞深入到对“深圳学派”的吁求，再以对“深圳使命”的审视来凸显“深圳学派”的定位。他充满自信地强调：“深圳未来文化的构建，不是整理和批评，更多的是从现在就开始的新方式的探求。”

不能忽略文化想象的开发

不久前，深圳市委常委会讨论通过了《关于深入实施文化立市战略　建设文化强市的决定》，提出“努力实现城市精神凝聚力更强、文艺精品创造力更强、公共服务能力更强、文化产业竞争力更强、改革创新引领力更强、国际文化影响力更强”的“强市目标”。这六个“更强”是指向未来的文化建设，而“深圳观念”将在建设中发挥重要作用。

王京生同志在吁求“深圳学派”之时，也清醒地认识到，深圳是一个文化底蕴尚薄的城市，浮躁的趋利心理还左右着这个城市新市民的价值取向和行为。他转述余秋雨先生的看法，“深圳文化是中国文化处于转型期的地域性亮点，能够避免内地文化发展所出现的黏滞状态，并能创造出新兴学派充满活力的成长机制”。所谓黏滞状态，就是更多地沉湎于文化记忆，容易忽略文化想象的开发。

2012年4月6日《光明日报》以“目标明，决心大，有实招”的醒目标题，报道了深圳从七个方面全力推进“文化强市”建设。我注意到，“深圳观念”作为熔铸“文化强市”灵魂的举措放在了首位。我还注意到，从文化产品的生产和供给两个主要方面，深圳的“文化强市”建设也在“文化强国”建设中标异领新和求是创新。我提出双轮驱动的概念。第一，建立国家级文化与科技融合示范基地，使深圳成为重要的文化创意产业创新中心和应用研发高地；第二，大力实施劳务工文化服务工程和关爱工程，创建国家公共文化服务体系示范区。我认为这是深圳文化建设最有特色的“双轮”驱动，它必将加速由“深圳观念”导引向“深圳学派”挺立的进程。

文化科技、劳务工文化是当代中国城市化、全球化进程中普遍面临的问题，在解决课题的过程中，我们本身就能够进一步领先，保持我们“试验田”的性质和“敢为先”的品质。我就谈这些，谢谢！

精神的共振对谈

——广东精神与深圳观念

陈金龙　张　清

陈金龙

华南师范大学政治与行政学院副院长，教授、博士生导师，历史学博士，国务院政府特殊津贴专家。主要从事中共党史、中国近现代史、马克思主义中国化研究。曾主持国家社科基金项目和教育部人文社会科学研究项目。已出版5部专著，在《马克思主义研究》《中共党史研究》《近代史研究》《民族研究》《世界宗教研究》等刊物发表论文近百篇，多篇文章被《新华文摘》转载。

张　清

现任《深圳商报》“文化广场”主编、文化新闻部主任，参与组织“深圳最有影响力十大观念”评选活动和《深圳十大观念》一书编写工作，《深圳十大观念》执行主编之一。

陈金龙：我讲的题目是“培育广东精神推进社会主义核心价值体系建设”，主要谈以下几个问题。第一，广东精神提出的背景是什么，为什么现在提出广东精神？第二，广东精神的基本内涵、内在关系是什么？第三，广东精神有怎样的特点？第四，践行广东精神的具体要求是什么？

吸取了古今中外治国的经验

关于广东精神提出的背景，有三个方面。第一，从宏观背景来讲，它是社会主义核心价值体系建设的需要；第二，是广东经济社会发展的现实诉求；第三，是提升公民道德素养的需要。

这些年，我们的主流话语里面多了一个词，就是社会主义核心价值体系。2006 年 10 月，党的十六届六中全会通过的《中共中央关于构建社会主义和谐社会若干重大问题的决定》，第一次明确提出“建设社会主义核心价值体系”这一重大命题和战略任务。当时只是提出问题，还没有解题。2007 年 6 月，胡锦涛在中央党校省部级干部进修班发表讲话：要大力建设社会主义核心价值体系，巩固全党全国各族人民团结奋斗的共同思想基础。党的十七大报告强调，建设社会主义核心价值体系，增强社会主义意识形态的吸引力和凝聚力；社会主义核心价值体系是社会主义意识形态的本质体现。2011 年召开的党的十七届六中全会，审议通过了《中共中央关于深化文化体制改革 推动社会主义文化大发展大繁荣若干重大问题的决定》，把核心价值体系提到了一个新的高度，强调“社会主义核心价值体系是兴国之魂，是社会主义先进文化的精髓，决定着中国特色社会主义发展方向”。

为什么要提出社会主义核心价值体系的问题？当然有它的历史背景和现实诉求。我认为它吸取了古今中外治国的经验。中国古代社会是超稳定的社会，中国封建社会延续了两千多年。1640 年英国爆发资产阶级革命，中国直到 1911 年才有辛亥革命。中国封建社会比欧洲延续的时间长，为什么？原因很多，从治国经验来讲，一个重要原因是有它的核心价值。中国封建社会倡导“三纲五常”，“三纲”就是“君为臣纲、父为子纲、夫为妻纲”，这里的“纲”，一方面强调服从，比如说臣要服从君、子要服从父、妻要服从夫；另一方面也强调榜样和表率作用。也就是说，为君的要给臣做出表率，臣才真正服从君。这样，君臣之间、父子之间、夫妻之间的关系应该说就比较好协调，这几大关系构成中国古代社会基本的社会关系。我们常讲中国古代社会“国”是“家”的放大，君臣关系是国家关系之中主要的社会关系。同时，中国古代社会还强调“仁、义、礼、智、信”，这几个方面涉及为人处世的基本德性。有了“三纲五常”，中国古代的社会关系、社会秩序就容易协调，这是中国古代社会国家治理的成功经验。

就西方而言，近代资本主义的发展应该说是成功的，为什么能够成功？有人说西方人信教，刺激了资本主义的发展；有人说西方人精打细算，促进了资本主义的发展；也有人认为开拓精神、进取精神、冒险精神促进了西方国家发展。其实，西方发展有一个根本的精神在支撑，这就是个人主义。

西方人讲平等、自由、博爱，但核心是个人主义。为了彰显个人的才能，实现自己的理想，或者是追求自己利益的最大化，他们会不惜代价去开拓市场，寻求原料产地，寻找市场，实施殖民统治。可以说，个人主义对于资本主义的发展起了积极作用，这是西方近代发展的核心价值。但西方的个人主义发展到今天，走向了反面，即极端个人主义。因此，当前国际社会有一些思想家对西方个人主义进行了批判。

美国为什么能够成功？一个重要原因是有它的核心价值，美国现在推行的是集体个人主义。日本是一个岛国，资源贫乏，拓展空间有限，为什么能快速发展？因为日本人非常强调价值观教育。原来日本强调绝对忠诚天皇。第二次世界大战结束后，他们把这种对天皇的忠诚转化为对国家、对社会、对企业的忠诚。新加坡为什么能成功？1965年新加坡独立后，非常重视核心价值观教育。1991年，新加坡国会发表《共同价值观白皮书》，内容包括：国家至上，社会为先；家庭为根，社会为本；关怀扶植，尊重个人；求同存异，协商共识；种族和谐，宗教宽容。新加坡核心价值观的主要内容来自儒家文化，这种共同价值观的建构在一定程度上促进了新加坡的发展。因此，美国、日本、新加坡为什么能成功？一个重要原因是重视核心价值观建设。相反，苏联为什么解体？一个重要教训在于没有重视核心价值观的提炼与建设。因此，古今中外的治国经验告诉我们：国家治理、社会稳定、社会秩序的维持需要核心价值，这是一个大的背景。

经济社会发展需要价值观引领

第二个大背景，建构核心价值体系是当代中国发展的现实诉求。我觉得有三点。一是市场经济的发展、社会的变迁导致了价值取向的多元化和价值冲突。当前，各人都有不同的生活追求、不同的生存理念，这中间包含不同的价值取向。具体来说，当前集体主义和个人主义的价值观同时存在，追求理想和追求现实的价值观同时存在，注重精神和注重物质的价值观同时存在。有一个电视节目叫《非诚勿扰》，其中一位女嘉宾就说过这样的话："宁可坐在宝马里哭，不愿坐在自行车后笑。"这句话反映了当前一些年轻人的价值取向：注重现实的物质生活享受。有没有道理？有一定的道理，甚至也可以给予理解和同情。但从传统的眼光来看，过于注重现实、注重物质享受。公平优先还是效率优先，也反映了价值观的冲突。当然，这种价值观冲突是正常的，因为经济多元化、文化多样化，反映在我们的价值观上也呈现多元化的特征。同时，经济社会的发展、科学技术的发展，需要价值观引领。经济发展能够解决什么问题？只是能够解决数量增加的问题。经济总量上去了，但总量增加的目的是什么？需要价值观来引领。科学技术是一把“双刃剑”，怎样使科学技术的发展造福于人类，需要价值观的引领。有的技术人员掌握了技术，不是造福于人，而是危害人类。比如说，新型毒品的生产，如果缺乏高智商是合成不出来的，这样的技术就成为危害人类的工具，危害我们的身体健康。因此，经济社会的发展、科学技术的发展，需要核心价值观的引领。

同时，人的全面发展需要精神家园，需要精神支撑。没有自然家园，我们没有安身之所；没有社会家园，我们会变得非常孤独；没有精神家园，我们会非常空虚。核心价值观解决的就是精神家园问题。

当前国际竞争的背后实质上是价值观的竞争，价值观反映了国家文化软实力，只有构建社会主义核心价值体系，才能提高国民的文化素养。

社会主义核心价值体系的内容是什么？包括四个方面。第一，马克思主义指导思想；第二，中国特色社会主义共同理想；第三，以爱国主义为核心的民族精神和以改革创新为核心的时代精神；第四，社会主义荣辱观，也就是“八荣八耻”。

社会普遍焦虑，幸福感下降了

社会主义核心价值体系的内容和表述，我感觉存在一些问题，一是主体的模糊性。这里的“社会主义”是指中国的社会主义还是世界的社会主义，是社会主义对人民的承诺还是社会主义对人民的要求？不甚明确。二是内容存在错位、重复。比如说，核心之中有核心，“爱国”之下有“爱国”，表达不够精练。所以，社会主义核心价值体系提出之后，社会的实际影响比较低。中国社会需要核心价值观，这是解决当前思想道德领域问题的关键所在。在此基础上，我们需要进一步提炼社会主义核心价值观。党的十七届六中全会召开的时候，本来准备提炼社会主义核心价值观，但意见很难统一。据说当时提出了29种方案交会议讨论，没办法取得一致意见。在这种背景下，高层领导想了一个办法，在全国范围暂时难以达成共识的情况下，每个地方先提炼自己的地域精神或者行业精神。在这个背景下，才有北京精神、福建精神、广东精神的出台。“爱国、创新、包容、厚德”，这是北京精神的内涵。“爱国爱乡、海纳百川、乐善好施、敢拼会赢”，这是福建精神的概括。2012年5月，在广东省第十一次党代会报告中，汪洋同志提出新时期广东精神的内涵是“厚于德，诚于信，敏于行”。

具体来说，提出广东精神有广东经济社会发展的现实诉求。广东这些年经济发展总量上去了，2011年GDP达到了5万多亿元，但是存在的问题不容忽视。广东的发展模式还是粗放型的，资源消耗大，环境污染严重，贫富差距也大。汪洋同志说过，全国最富的地方在广东，最穷的地方也在广东。珠三角和粤东、粤北、粤西之间的发展差距大。同时，异地务工人员为广东的发展作出了很大贡献，但是其中很多人没有享受到广东经济发展带来的实惠。

现在整个社会处在一种普遍焦虑的状态，大家的幸福感下降了。同时，创新创业的动力与欲望也在慢慢衰退，包括深圳一些富裕的村，年轻人的创业精神、进取心不足，父辈留下的财富足够他们生存，所以不想干事，坐享其成。

改革开放以后，道德是“滑坡”了还是“爬坡”了，我觉得两方面都有。广东佛山“小悦悦事件”，各地暴露的食品安全事件，一些官员的腐败问题，说明道德有滑坡的一面。现在到商店买东西，我们手中并不缺钱，首先担心的不是价格，而是这个东西是真的还是假的。有人调侃说：除了“假”字是真的以外，其他可能都是假的。这就反映了整个社会诚信的缺乏、信任的缺乏。但是，随着经济的发展，道德也有提升的一面。比如，汶川地震后，“一方有难，八方支援”，充分展现了国人的道德素养。当然，现在的道德水平与经济发展状况、与幸福广东建设要求相比，还有比较大的差距。广东精神是我们精神上的一种追求，也是提升公民道德素养的需要。

广东精神的表述是怎么来的

广东精神的基本内涵与内在逻辑关系是什么？新时期广东精神的提炼从2010年10月就开始了，中间经历了几次反复。2012年春节期间，《南方日报》有几组关于广东精神的表述征求大家意见，原来大家比较认可的表述是“先天下，纳百川，重实干”。“先天下”，就是广东人敢为天下先；“纳百川”，说明广东人胸怀博大，能够接纳外来文化、外来人；“重实干”是广东人的显著特点。针对“小悦悦事件”，广东需要提升自己的道德形象，所以有人提出增加三个字“乐善施”。广东市场经济比较发达，有人提出来加一个“讲诚信”或者是“重契约”。但省领导觉得，“先天下、纳百川”这个提法调子太高、口气太大，可能与广东务实的风格有一定距离。经过学者们的讨论，最后经过省领导讨论决定，广东精神的表述就是九个字：“厚于德，诚于信，敏于行”。

“厚于德”出自《周易》。作为君子来讲，应该同大地一样有宽阔的胸怀，能够包容万物。我的理解是：第一，要崇尚道德，重视道德的作用和价值；第二，要修德，道德有它的作用和价值；第三，要包容万物。深圳在这方面表现比较突出，因为深圳是新型移民城市。大家为什么能和谐相处？就是有包容精神。

“诚于信”这句话出自《管子》。《管子》有“先王贵诚信”之说。古代君王是重视“诚信”的，把诚信作为维系天下团结的重要纽带。“诚于信”是内诚于心（内心要诚），指的是内修功夫。信是外信于人，取信于人，自己的内心先做到“诚”，然后才能赢得外人的信任。“诚于信”本身是市场经济、商品交易过程中的基本准则，现在把它作为广东精神的内涵之一。这里的“诚于信”，首先是要真诚，要有诚意；其次是要有信，要守契约讲信誉。同时，“诚于信”

要求我们相互之间要合作，如果不合作，一方讲诚信另一方不讲诚信，那么这个生意就没办法做了。因此，诚信要求真诚有信和合作。

“敏于行”出自《论语》，即“君子欲讷于言而敏于行”。广东精神“敏于行”的基本内涵，主要表现在三个方面。第一，敢为人先。广东自晚清以来直到改革开放时期都是敢为人先，广州的“十三行”在闭关自守的背景下，开始对外做生意，这就是敢为人先。近代以来，在民主革命过程中，广东人起了非常重要的作用，康有为、梁启超、孙中山都敢为人先。中国改革开放的很多经验出自广东、出自深圳，这也体现了敢为人先的精神。第二，注重实干。大家都说广东人会生孩子不会起名字，这一调侃反映了广东人的性格。广东人比较务实，很多企业家有钱但是生活很朴实，其他地方可能就不一样，尽管没有钱但外表非常光鲜、穿着非常时髦。第三，善于应变创新。广东为什么能够发展？就是能够抓住各种机遇，在政策允许的范围内灵活应变，造就了广东的发展。

“厚于德，诚于信，敏于行”三方面的关系是什么呢？“厚于德”是广东精神的灵魂，我们骂人的时候，常常骂人家缺德，说明德在个人行为中的重要性。“诚于信”是广东精神的根本，市场经济运行没有诚信精神很难走向成功。企业之间合作为什么会出现一些麻烦，就是诚信还不够。“敏于行”是广东精神的特征。“厚于德”是指道德的要求，“诚于信”是要讲规则，遵守市场契约，“敏于行”就是要敢于创新。

广东精神的特殊性

广东精神的特点有三个方面。

第一，广东精神是特殊性与普遍性的统一。广东精神首先有它的特殊性，体现了广东的历史传统、现实诉求、未来趋向。岭南文化历来崇尚道德、提倡行善，由此造就了广东人的精神品德。岭南文化也非常讲诚信，广州十三行为什么生意能做得这么大？一个原因是商人讲诚信。比如说，怡和行老板伍秉鉴，当外商经营遇到困难的时候，到了中国回不去，他会把外商原来的欠条撕毁，并给路费让他们回家，这体现了广东人经商是非常讲诚信的。“敏于行”体现了广东的历史传统，也反映了广东的现实诉求。因为广东发展到今天，要加快转型升级，建设幸福广东，没有道德水准的提高、没有诚信意识的提升、没有化解难题的敏捷，会遇到不少困难，这一内涵反映了广东的现实诉求，也体现了广东未来的发展趋向。有了“厚于德，诚于信，敏于行”的精神，广东才能走得更远。但是广东精神和其他地域精神有相通的地方，这个相通就反映了它的普遍性。为什么会有普遍性？因为广东是中国之下的广东，和其他地域一样都处在中国传统文化的熏陶之下。广东精神，也要与社会主义核心价值体系相衔接，这就导致与其他地域精神有相通的地方。

第二，广东精神既是一种道德水准也是一种行为特征，是道德水准和行为特征的统一。“厚于德”反映的是什么？道德水平、道德水准。但是，“厚于德”要见之于行动，才能体现出来。很有德性但不行动，人的德性就反映不出来。“诚于信”既是道德要求、道德水准，也是一种行为特征。“敏于行”首先是一种行为特征，但也包含道德的因素。

第三，广东精神表达方式的独特性。北京精神是两个字句式、福建精神是四个字句式、上海精神也是两个字句式，但是广东精神是三个字句式。现在还没有其他地域精神的表述是三个字句式。为什么取三个字句式？中国历史上的《三字经》流传甚广，有它内容上的独到之处，切合了生活需要，三字表述方式有它独特的地方。三字表述比两个字、四个字表述能蕴含更为丰富的内容。

倡导广东精神，最关键的是要靠大家去实践。怎么实践呢？我们要有践行广东精神的文化自觉。因为广东精神是价值引领，大家接受不接受它、认可不认可它，个人有选择的权利。当然，有关部门要教育、要引导，真正落实到大家的行动上。我们首先应该认识到，广东精神对于广东经济社会发展的重要性和必要性，要重视它的价值，同时要理解它的内涵，明确它的实践方式。践行广东精神，政府企业首先要行动起来。因为广东精神实际上是建设文化强省的重要举措，要落实到行动上，首先政府要起表率作用。政府首先应该是守诚信的政府、负责任的政府、真正为民的政府，能够真正把老百姓的事放在心上，以厚德的精神关怀老百姓的生存，以诚信的态度对老百姓作出承诺，并且以敏行的精神解决发展中的问题。如此，广东精神践行就有了很重要的支撑。同时我觉得，践行广东精神，企业是重要主体。现在，部分企业没有遵守基本的道德底线、商业底线或者是市场准则，因此，企业在这方面应该大有作为。我们要赢得市场的信任、赢得消费者的信任，企业在这方面要先行一步。践行广东精神与每个人密切相关，需要我们每个人努力，公务员、知识分子、企业家、白领阶层，这是实践广东精神的重要群体。作为个人来讲，要尚德、修德、行德，人与人之间要信任、要信赖、要合作。同时每个人在自己的工作岗位上要实干创新，把广东精神真正引入我们的日常生活。

践行广东精神还有一些问题值得我们讨论。比如，深圳异地务工人员比较多，人口超过深圳户籍人口。有人提出，湖南人、湖北人要不要践行广东精神？湖南有湖南精神、湖北有湖北精神，湖南、湖北在广东的务工人员如何选择？我们的回答是：只要生活在广东这块土地上的人，都应该践行广东精神。

国外心理学家做过一个“破窗实验”：心理学家将一辆完好无损的汽车摆放在某社区，几天后发现这辆汽车仍然完好无损。于是，心理学家将这辆汽车的一个窗户打破，结果没过多久，这辆汽车的其他几个窗户也被打破了。又没过多久，这辆汽车被人偷走了。广东精神的践行也是这样，假如有一群人不践行，那么广东精神的实践就会遇到比较大的问题。践行广东精神，要不要制定一些具体的要求和标准？我觉得很难，但是我们可以提出一些大致的要求。比如，见义勇为要奖励，但有人见死不救要不要惩罚他？我觉得这些都是可以探讨的问题。

总的来说，践行广东精神任重道远，广东精神的培育需要一个过程。我们现在就要开始宣传，直到大家理解它、认同它、实践它，成为德行，成为我们的追求。谢谢各位。

张清：陈老师从为什么提炼广东精神、广东精神的内涵以及践行广东精神的现实性、必要性几个方面谈了一下，因为陈老师是哲学社会科学教授，从哲学社会的高度给我们作了很深入的阐述。我就重点讲“精神的共振”，为什么讲共振？这也是今天大讲堂的主题。从北京、上海、广东到深圳，还有其他各地，都在总结提炼自己的城市观念，这就像一场共振。共振的目的实际上就是针对当前社会的需要，形成我们这个社会的一种精神力量，明确现在的价值追求。下面跟大家交流三个方面的问题。第一，对广东精神的理解；第二，广东精神和深圳观念的对照、对比，在共振关系里面它们之间有什么呼应；第三，广东精神、深圳观念的核心价值观和核心价值体系建设的意义。

文化的精髓是培养君子人格

什么是广东精神？就是“厚于德，诚于信，敏于行”。汪洋书记说这是新时期的广东精神，确实它给人耳目一新的感觉。

广东精神，三个字一句，一共三句，加到一起九个字，实际上是非常凝练、高度概括的，大家很容易记。其实省略掉那个“于”字，也并不妨碍我们记住广东精神，也不会失去它的内涵。比如说，“厚德、诚信、敏行”非常简洁易懂，这个简洁性是广东自古以来特别是改革开放以来，所体现出的务实精神传统，就是少说多做、多干事少说话这样的传统，实际上承接了中国自古以来一种优秀的道德经营。在我看来，这三句话是对君子人格的召唤，是对自古以来中华文化中非常优秀的君子修养、君子人格的继承和发扬。

几千年来，中华文化一直追求高标准的自我修养，用道德追求来化成天下，中国文化的精髓就是要培养君子人格。“君子”这个词延续几千年到现在，还是我们的日常语言之一。君子人格的主要内涵是什么呢？广东精神恰恰比较集中地体现了君子人格的价值内涵。

对中国文化，对儒学传统、儒学教义了解多一点的人就知道，君子人格主要包括“厚德载物、温柔敦厚、诚心敬意、正心诚意、人以信立、人无信不立”，“天行健，君子以自强不息”等内容，孔子、孟子，以及几千年优秀的传统文化文献里对君子人格的追求，实际上集中在这些方面。广东精神这三句话九个字，实际上就是当代广东的一句简洁“三字经”，是《三字经》的精要版本。说起《三字经》，实际上有一个公案，《三字经》的作者是哪里人？这几年一直在争论，这个争论主要发生在广东学者和浙江宁波学者之间。有两个人可能被认为是《三字经》的作者。一个是王应麟，南宋末人，浙江大学者，写过一部非常著名的书叫《困学纪闻》，有文献记载说他是《三字经》最早的作者。因为中华文化博大精深，我们的文献很多，南宋末年也有一些历史文献记载《三字经》的作者是广东顺德一个叫区适子的人。还有另外一个可能的作者叫黎贞，他是明代广东新会人。在这场争论中，三个人都有可能是《三字经》的作者，其中两个是广东人。黎贞是明代人。有专家就说，就他的学识水平修养来讲，他对典籍的熟悉程度和把握程度，以及他对中国精神深入的领悟和表述能力不一定到位。所以又有一种说法，《三字经》是区适子写的，黎贞增加了内容。

可以说，用三个字来作为一种表述形式，在广东有很悠久的传统。现在新时期的广东精神恰恰也用三个字来表达，我觉得是对广东历史文化的一种传承，体现了广东悠久的文化、文字风格。

广东精神这三句话，正好概括了我们为人处世的三个方面：对己、对人和对事。一个具体的人生活在这个世界上，我们要处理好各种关系，一是对待自己、一是对待他人、一是对待事情。这三句话，从三个方面为我们对人、对己、对事确立了一个价值规范。“厚于德”就是一个人如何对待自己；“诚于信”是如何正确对待他人；“敏于行”，就是在做事方面我们要勇于行动，敢于行动。这三句话恰恰是对人生三个方面作了一个简洁的、高度的概括。

广东精神有很明确的现实意义，针对的是我们当代社会现实生活中的一些问题，是有感而发、有的放矢。这一点刚才陈教授讲得非常全面，也非常有条理，讲的也很透彻，我就不再讲了。

十大观念和广东精神形成互补

从共振的角度来讲，我们要学习广东精神，也要学习“深圳观念”。这两方面放在一起让大家学，大家觉得内容是不是太多了？将来国家可能也会有国家的某些更高层面的一些东西，比如说国家精神，还可能有珠海精神、汕头精神等，会不会乱？在我看来，深刻理解“广东精神”和“深圳观念”，应该透彻地去学习、去梳理、去分析，看它们有没有对应关系。

我感觉两者在精神上确实存在一种契合。关于“深圳十大观念”，我把它分成三层意思来理解。

第一，“让城市因热爱读书而受人尊重”；“鼓励创新，宽容失败”；“送人玫瑰，手有余香”。这三个观念基本上是对个人修养的要求。精神上就和广东精神的“厚于德”比较契合。“厚于德”比较抽象，“德”是什么？“德”有很多内容。刚才说的这三条，我们要通过读书赢得别人的尊重，那就要通过学习加强自己的修养，提高自己的道德水平。“宽容失败”，我们就要有宽阔的胸襟，不计较、不狭隘，要能够包容别人，即使别人犯了错误也要看到这个错误是善意的还是恶意的，对善意的错误肯定要宽容。“送人玫瑰，手有余香”，这是什么精神呢？是助人为乐的精神。这三条精神我认为契合“厚于德”。

第二，“时间就是金钱，效率就是生命”“空谈误国，实干兴邦”“敢为天下先”“改革创新是深圳的根，是深圳的魂”。这四条讲的是什么呢？强调的是效率观念，敢于争先是实干。它可以说和广东精神的“敏于行”在逻辑上是一致的。

第三，“实现市民文化权利”；“深圳，与世界没有距离”；“来了，就是深圳人”。这三条观念我认为在精神内涵上能够与“诚于信”一致，能和这样的精神融合。这一点大家可能比较费解，我就稍微展开一点讲。“实现市民文化权利”，怎么和“诚于信”相关呢？我们从小就知道，社会主义发展的目的，就是“要不断满足人民群众日益增长的物质文化需求”。改革开放30年，鼓励一部分人先富起来，这就实现了每个人的经济权利。那么文化权利呢？政府明确提出来，要实现市民文化权利，这是政府的责任。我觉得这是一种诚信的态度。还有，“深圳与世界没有距离”，怎么理解它也反映了诚信呢？这个口号是我们申办大运会的口号，实际上就是我们对全世界的一个非常庄重的承诺：深圳承诺会遵循国际规则、国际惯例。人类社会共同遵守的一些价值，也是深圳的价值，也是我们的共识。大家都熟悉一个词叫“普世价值”，就是全人类都认同的一些价值。自由、平等、博爱是被人类普遍认同的价值，但“诚信”“诚实”“互信”也是人类共同的价值，不管你走到非洲还是拉丁美洲，互信诚实是人类对道德的普遍价值诉求。我们提出“深圳与世界没有距离”，也是对诚信价值的高度认可。

“来了，就是深圳人”，这很简单。我们都来自五湖四海，深圳提倡这样的口号来对待移民，就是愿意以宽广的胸怀接受他们，但前提是什么？是你相信他们，否则你怎么接受他们？

在精神内涵上，在内在的逻辑上，深圳十大观念与广东精神有这样的呼应、对应，以及精神上的契合。当然“广东精神”和“深圳十大观念”，实际上也有一些微妙的不同。“广东精神”，这种精神的行为主体可以是任何具体的人，也可以是政府或者任何的机构、企业、集体等。要求一个集体、要求一个政府要“厚于德，诚于信，敏于行”都可以，也可以要求任何一个具体的人“厚于德，诚于行，敏于行”。但“深圳十大观念”不行。“深圳十大观念”鼓励创新、宽容失败，宽容失败是对个人的要求，通过学习赢得别人的尊重，是对个人，也可以是对政府、集体的要求。“深圳十大观念”里有一些条目，不管行为主体是集体还是个人，都是普世的。但“深圳与世界没有距离”，这显然不是诉说个人。“改革创新是深圳的根，是深圳的魂”，也不是诉说个人。实现市民文化权利，这更不是个人的事情，是对这个城市的要求，对这个城市的期许。“十大观念”和“广东精神”有这样的差别，正是因为“深圳十大观念”有些条目有明确的界定，也就有了一些具体指向和意向，可以形成对政府集体行为的道德诉求、精神诉求，就和“广东精神”形成了互补的关系，因为“广东精神”是高度概括的。

构筑价值体系及拥有核心价值观

“广东精神”和“深圳观念”的核心价值观和核心价值体系建设的意义，不管是“广东精神”还是“深圳观念”，实际上都是总结出来的时代应有的一种精神风貌、一种精神理念。也就是说，我们应该有价值追求，这个价值是什么，我们应该追求什么，这样的探索是非常有必要的。现在中央提出要建设核心价值体系，要树立社会主义核心价值观，实际上这是两个不同的概念。核心价值观可以是简洁的、高度概括的、凝练的，但是核心价值体系是一个工程，它的内容应该比较复杂，甚至是很繁复的一个系统工程建设。这个核心价值体系应该包括哪些内容？可能涉及人类生活的方方面面，政治的、经济的、文化的、社会的、家庭的、个人的，我们都应该在这些方面确定一个价值核心。比如说经济，我们应该认同什么样的经济发展模式？什么发展模式对老百姓能普及，能让老百姓得到更多的幸福，能实现共同富裕？什么文化模式能够成为全民认同的追求目标，能够提高每个人的修养，每个人的道德水平，同时提高整个社会的道德水准？在方方面面都需要确立价值追求。我想这个核心价值体系建设就应该是更详细、更具体的，把人类生活每个系统里面确立的价值核心作一个综合考虑，同价值观不同。价值观是高屋建瓴的一面旗帜，在最高端，是金字塔的塔尖，但是体系是金字塔的塔座，这样的价值体系是比较复杂的。“广东精神”更多体现的是价值观。而“深圳十大观念”提炼的内容对我们构建价值体系有更多的贡献、更多的探索，因为“深圳十大观念”涉及十个方面，涉及经济、文化、社会，还涉及对每个人的行为要求，我想“深圳十大观念”在构建价值体系方面有自己的探索。

构建社会核心价值体系，树立社会主义核心价值观，最终目的就是要明确，在这个时代当代中国人的价值追求是什么。我们有了核心价值观，有了一个稳固完善的价值体系，我们才可能有更加明确的目标追求，我们才可能站在更高的精神高地、道德高地上高瞻远瞩。因为，不管是国家的生活还是每个人的生活，未来我们都可能遇到各种各样的困扰、各种各样的问题，但是有了核心价值观，有了核心价值体系，我们就不会在风云变幻、种种诱惑、种种问题中迷失方向，我们才有前进的目标。我愿意用一句诗来结束我刚才的讲话：“不畏浮云遮望眼，自缘身在最高层。”我们要站在最高层，我们就必须构筑价值体系，拥有我们的核心价值观。谢谢！

时代与道德

吴灿新

吴灿新

中共广东省委党校哲学部教授，兼任中国政治伦理学研究会副会长、广东省伦理学会名誉会长、广东省精神文明学会副会长。国务院政府特殊津贴专家，广东省优秀中青年社会科学家，全国优秀社会科学普及专家。主要从事哲学伦理学研究，已出版相关著作50余本，发表论文300多篇。

我们这个时代究竟得了什么病

中央电视台综合频道曾播放过一部电视剧——《知青》。这部电视剧虽然有争议，但收视率还是挺高的。它里面有一句话，就是主人公赵天亮的哥哥讲的一句话，他在当时的书信里面偷偷地评价中国："中国病了。"在那个时代，说这句话不得了，搞不好就是反革命，这样去评价中国，罪过很大。当时中国的确是得病了，得的是“极左思潮”的病，很多人遭了难。其实国家像人一样，不可能永远都健康，时时会有点这个病那个病。现在我们这个时代的“病”是什么？我把它叫作“道德病”，就是在道德层面上我们出了问题，我们有一些缺失，给我们的社会生活带来许多的困惑，甚至是灾难。

2011 年，中国的 GDP 已经有 47 万亿，中国成了世界第二大经济体。在巨大的成就面前，我们必须要有忧患意识，要有自觉的精神，就是善于反思自己。在反思当中，我们发现目前我们有了“道德病”。

不久前，佛山出了“小悦悦事件”，一个小女孩被车撞了以后，18 个路人经过，居然没有一个人伸出援手。这个事件被报道后，不仅震惊了中国，也震惊了世界。之前，2011 年 4 月 16 日，温总理在同国务院参事和中央文史研究馆馆员座谈时，他在谈到近年来我国相继发生的毒奶粉、瘦肉精、地沟油、彩色馒头等事件时说，这些事件足以表明我们社会诚信的缺失、道德的滑坡，已经到了何等严重的地步。温总理提出，一个国家如果没有国民素质的提高和道德的力量，绝不可能成为一个真正强大的国家、一个受人尊重的国家。

建设幸福广东，那就必须要弄清楚这个病的病根在哪里，要对症下药才能治病救人。这就要从我们的时代背景谈起，特别是要抓住最主要的时代特征。

市场经济最大的问题是双重效应

对我们这个时代来讲，我们国家现在主要有四大特征：对外开放、市场经济、法制社会、商业文化。我们下面分别来谈这四个方面是怎么对道德产生影响的。

第一，改革开放以来，为了赶超世界发达国家，我们必须打开大门去吸收世界上先进的文明成果。我们采取了特殊的发展战略，叫作跨越式的发展战略，用 30 多年的时间追赶西方世界 300 多年的发展程度。在这个过程当中，我们没有充分的思想道德准备，在接纳西方文明的同时，西方大量腐朽落后的东西也影响到了我们的国民。加上在急剧变化的时代里，新旧价值观猛烈碰幢，使我们一时无法分清哪个是好的、哪个是坏的，哪个是真的、哪个是假的，哪个是美的、哪个是丑的，哪个是善的、哪个是恶的，导致我们无所适从。20 世纪 80 年代末 90 年代初，很多人喜欢讲的一句很时髦的话就是“跟着感觉走”。感觉有时是对的，但并不总是对的，甚至很多时候是不对的，结果就造成中央反复讲到的道德失范现象。就是说，社会规矩乱了，人们又陷入道德困惑中，大家很难按照规矩去做事了。

第二，市场经济方面，市场经济的发展的确给我们带来了奇迹。我们真正搞市场经济是在 1994 年以后，市场经济最大的优势在哪里？最大的弊病又在哪里？就是它的利益驱动，利益驱动历来是“双刃剑”。过去我们吃“大锅饭”，搞物质刺激要被批判，主要是精神鼓励。市场经济我们过去没有搞过，从这个角度讲，我们首先要转变观念，鼓励大家去发展市场经济。实际上，市场经济最大的问题就是它有双重效应，它是利益的“双刃剑”。一方面把每个人生产劳动的积极性、主动性都调动起来了，生产力得到极大的解放。但是另一方面，市场经济的本性决定了市场经济绝不是慈善经济，市场经济是利益经济。每一个经济主体在市场经济中都是千方百计赚钱，当然赚钱没有错，问题就是怎么去赚钱。由于利益的诱惑，我们赚钱的时候容易走邪路。资本家的本性就是资本的本性，也是经济人的本性。为了遏制这种本性，我们必须要以刚性的法律抑制人们通过恶手段去赚取利润，把赚钱的手段控制在合乎法律、合乎道德的层面上，使市场经济健康持续运转起来。中国人过去穷怕了，现在有了发财机会，每个人都在做发财梦，这本来是好事，但你用什么手段去完成发财梦，这才是问题的关键。在这个过程中，不少人不择手段地去实现财富梦，造成了很严重的拜金主义、极端个人主义和享乐主义倾向。在这些负面思想影响下，我们的道德要求就被挤到了边边角角上。

在 20 世纪 90 年代初，我作为研究伦理学、道德的学者，看到报纸上登了两个标题的内容，我的心都碎了。一个标题是“雷锋精神已经过时了”，还有一个标题是“良心究竟值多少钱”？一个民族到了这个地步，很可悲。市场经济给我们带来了光明，也给我们带来了黑暗。

道德能够约束我们的灵魂和心灵

第三，我们为什么要搞法制社会？首先是由于市场经济这只猛虎，我们不得不用铁笼子把它关起来，让它在有限的范围内活动。建设法制社会根源就在这个地方。当然，西方人认为这是人性的原因。法制社会有一个重要的东西，跟市场经济相关，就是民主制度。对现代法制社会来讲，市场经济、民主政治、法制社会相互联系。既要搞市场经济、民主政治，也必须搞法制建设。只有法制才能保证民主政治的正常运行。所以，重视法制是我们这个时代的要求，也是时代的特征。改革开放以来，我们出台的法律法规多达千部，从事公检法的人员夸张些说是呈几何基数增长。有法律坚强的后盾，我们的经济建设取得了辉煌的成就，人们总体上呈现安居乐业的状态。但是，我们也不无遗憾地看到，法制目前并没有有效地遏制违法犯罪现象的发生。违法犯罪现象呈现波浪式上升或者螺旋状上升趋势。从青少年犯罪来讲，全国是以12%的速度上升，广东最厉害，达到20%的速度，超过GDP的增长速度了。为什么法制建设大踏步前进，这些问题还会层出不穷？一个重要的原因，就是我们的法制建设没有与道德建设相匹配。历来治国靠两手，一硬手，一软手。硬的这一手就是法律，软的一手就是道德，两手刚柔相济，一个社会才能治理好，完全靠法制的社会是不行的。秦始皇时代，讲法制不讲道德，二十来载就灭亡了。古罗马时代，法制也很发达，但古罗马帝国最后也分崩离析了。

为什么呢？法律在某种意义上讲，它约束的是我们的肉体。但是，道德约束的是我们的灵魂，我们的心灵。法律制裁行为的后果，这个行为没有产生后果，法律就管不着它。而道德什么都管，从你念头一闪，道德就开始管你了。法律的优点是见效很快，总体来讲却治标不治本。为什么现在很多地方政府不重视道德的作用？因为在任期制下，出政绩要快。政绩出在哪里？一是GDP，这是硬指标，另一个是城市面貌。“十年树木，百年树人”，道德建设用5年也很难见成效，需要一点一点去改变。这种情况客观上造成了大家把道德建设放在“说起来很重要，干起来就忘掉”这样一个尴尬的位置。

在“文化大革命”期间，我当过武装民兵。每次开宣判大会，我都会持枪站在主席台上。那时候我看到一个场景，这个场景是没有例外的：当每一个死刑犯被宣判执行死刑的时候，我注意到，他们的脸色变成了死灰色，很难形容，有点紫有点蓝有点白，看他们的脸色感觉他们的灵魂快出窍了，瘫在那个地方，拉他们出去枪毙，一般都是拖着走。改革开放以后，死刑犯站在台上，脸色不变了。再过一阵子，以前低着头不敢看人，现在他敢抬起头来看人了，他瞪着你，心想只要老子不死，还要整死你呢！再以后，送他们上刑场的时候，他们甚至面带微笑，这在过去共产党人才有这种情况。为什么？说明我们的法律可以管生死，可以消灭他的身体，但是消灭不了他这种根深蒂固的被毒化的灵魂，你改变不了他。所以，就会出现你干掉一批，又会出现新的一批。古诗说，“野火烧不尽，春风吹又生”。过去都是放在正面讲的，现在我是反过来讲。

那么，怎么才能除根这些“野草”？只有通过道德的教化才能除根。管理社会、国家，都离不开“法”和“德”这两个字，偏向哪个方面都不行。

我从来就非常肯定法律的作用，因为法律和道德本来就是一家，法律是刚性的道德，道德是柔性的法律。法律管的是最不道德的事，道德管的是最轻的不该做的事，它们本来就是一家，一个唱红脸，一个唱白脸。但是，我们现在很多人，特别是有些研究法学的人，他们从来看不起搞道德研究的人。发现一些不道德的事情，他们认为唯有法律才管用。法律能够立竿见影，但它不能解决根本问题。没有道德辅助，不但不能解决问题，法律本身也会出现问题。我们的政法队伍内部为什么会出现问题？跟自身道德缺失有关系，这样一定会出问题。我们过去说是无法可依，我们现在是有法不依、执法不严，问题就在这里。所以，这两个东西缺一不可，就像鸟的翅膀、人的两条腿，缺一条腿走不远，缺一个翅膀飞不起来。所以，我们要一手抓法制，一手抓道德，两手都要硬。

宣传常常把假丑恶变成真善美

第四，商业文化对人们的影响也很大。市场经济、经济体制、文化体制都打上了商业的烙印。十七届六中全会讲，要大力推动文化产业，让其成为支柱产业。因为它是朝阳产业，是我们21世纪经济发展的强大驱动力。凡是文化产业搞得好的国家，它的经济复苏程度、发展程度就不一样。

建设文化强国，讲到底是两面的。一是文化当中硬的一面，就是文化产业这方面；二是文化发展中软的一面，就是人们的思想道德建设这一面。十七届六中全会文件讲得很全面，要求我们高度重视。在客观上，由于市场经济的本性，由于商业文化的本质，它们的确会严重冲击我们的思想道德建设。在社会效益跟经济效益之间，它会产生倾斜。许多媒体在经济效益的诱惑下，往往会出现一些很不尽如人意的宣传，有很多是误导，甚至把很多“假丑恶”变成“真善美”来传播。

记者也好，老师也好，我们都是人类灵魂的“工程师”。这个“工程师”的核心是什么？要分清什么是“真善美”，什么是“假丑恶”。时代在发展，我们今天的情况特别复杂，没有一定的理论修养，你分不出来。不要说在座的各位了，我们很多专家学者都搞不清楚。所以，我们经常在一些会议上进行辩论，有时干仗，这也是很正常的事情。

以物为本，才有今天的 GDP 主义

下面谈第二个问题。要反思我们走过的路，不是要走回头路，而是为了更好地前进，只有前进，我们才有出路，这是基本常识。怎么才能继续前进？科学发展观对我们是非常重要的指引，科学发展观重要在什么地方？重要在它抓住了“人”。

在科学发展观提出以前，我们抓住的是“物”，以物为本，才有今天的 GDP 主义，才有这么多见物不见人的东西，才这么过于轻视道德。“以人为本”，“人”是什么？很复杂。古今中外，几乎所有的学者无一例外都认为，人跟所有动物不一样的地方，就是人有道德，而动物没有。没有道德的人就不是真正意义上的人，孟子说，人没有道德，就形同禽兽。中国有一句很斯文的骂人话，可能现在已经没有多大效果了，以前中国人骂人最喜欢说“缺德”。这句话在过去，被骂的人真是感到无地自容了，但是，现在“久经考验”了，脸皮也厚了，不会脸红了。“缺德”是什么意思？就是说你不是“人”，你是禽兽，你是畜生。

从原始人走向现代人，第一个标志是什么？就是“性禁忌”，这是人和动物相区别的第一个标志。以前原始人跟动物一样，没有辈分可以分。后来，人类发出了第一个“性禁忌”，就是不同辈分之间是不能有性交行为的，这是第一个标志，从此开始有了人之为人的标志。之后，这个划分范围不断扩大，兄弟姐妹之间不行了，表兄弟姐妹之间不行了。道德进步和人的进步是同时进行的。人发展到什么地步，文明就进化到什么地步。我们衡量一个人是否文明，就是看他有没有道德，没有道德的人永远不是文明人，就算他读了博士和博士后，他都不算是文明人。这是一个根本性标志。所以，道德是人的灵魂，一个人没有道德，就相当于没有灵魂。道德是一个国家一个民族的灵魂，一个国家一个民族没有道德，这个国家和民族肯定要从地球上消失，这是迟早的事情。

时代的发展迫切需要我们加强思想道德建设，提升每个人的道德素养，使我们成为现代意义上的文明人。我们现在的城市越来越漂亮了，城市的品位越来越高了，但城市的品位根本的东西在哪里？不在于华丽的外表，而在于我们每个人的心灵，你是否跟上了这样一个华丽的外表，你要跟时代同步。

从一个例子看日本民族的日常习惯

有一次我们去日本，日本给我的印象是，日本民族是很优秀的民族，也是很可怕的民族，它很优秀是因为它很讲规矩。道德在不同民族、不同国家，有不同的称呼。用日本人的话来讲，他们是很讲道德的。我举一个小小的例子。我们去日本考察他们的公务员制度，白天非常忙，晚上回来很晚，日本的导游安排我们去东京最繁华的一条步行街，那个步行街很小很窄，但历史很悠久。我发现，那个地还是青石板铺的，发光发亮，我估计200年肯定有了，其他地方都是水泥地，就那个地方从来没有动过。街旁边都是鸽子笼般大的房子，还有历史悠久的店铺，都保留了下来。日本的人口密度非常高，到处人挤人，拥挤得不得了。我们跟着导游走，没有多远，我们看见有人卖吃的，他们的食品都是先摆放一些出来，可以随便品尝。品尝的时候，我们其中一个团友不小心掉了一块到地上，我们没当回事，继续往前走。就在这个时候，导游弯下身捡起地上的东西，之后就跟着我们走。她这个动作警醒了我，于是我开始非常认真地观察起来，整整这条街的地上一点纸屑都没有，这么拥挤的一条街，人涌来涌去，街上没有一个垃圾箱。过了这条街50米后，导游发现在超市门口有一个垃圾箱，她才把垃圾放进去。中国所有著名的步行街我差不多都去过了，南京路、王府井，没有像日本街上这么干净的。

日本绝大多数老百姓都是要求和平的，但日本有一个很要命的东西，就是武士道精神，它向强者认输，它是欺软怕硬的民族。硬它就怕你，软它就欺你。对于中国来说，要想真正变得强大，不仅是我们在物质上要强大，在身体、精神、道德上，也要变得强大。对于我们来讲，要想为世界作出贡献，不仅是物质上的贡献，更重要的是精神上的贡献。

我们要成为全世界为之敬仰和羡慕的地方，所以我们提出“厚于德，诚于信，敏于行”，广东精神呼应了时代的要求。这一精神的提出，一定有两方面意义。一方面，一定是客观存在的，你不能凭空搞出来。另一方面，它是一种价值导向，指引发展的方向。中国人尊崇道德，中国被称为礼仪之邦，只有中国才有这样一个美称。但现在发展中遭遇到了严峻的挑战，给我们带来了一些问题。我们要继续弘扬历史传统，结合时代的要求，让老百姓真正过上幸福生活，不是说仅仅吃好穿好就行了。现在相当一部分人是口袋里涨，脑袋里空，问题就在这个地方。脑袋空空的人，他能幸福吗？他如果幸福，他一定是个傻瓜，或许傻瓜才可能是最幸福的。爱因斯坦说过，有些人认为吃得好穿得好就幸福了，这是猪的理想。当然每个人解读幸福的角度是不同的。作为一般意义上正常人的幸福，应该包括精神上、物质上的满足。

在这样的时代背景下，提出广东精神，它是有重大意义的。

100 个人读《论语》，就会读出 100 种意思。那么解读广东精神，从伦理学的角度来讲，我把它当成一种伦理精神、一种道德精神。“厚于德”强调的是内德，内德就是我们每个人内在的德性，我们内在的品行，我们内在的道德人格，这个需要我们通过长期的修养才能慢慢形成。“内德”是人的本身，与人同在，你之所以是你自己，是你的内德决定的。“诚于信”就是外德，在市场经济的大背景下，我们突出诚信为标志的外德，就是我们讲的内德的一种外化。最后，我们讲的“行”是什么东西呢？“行”就是做，“敏于行”我把它叫作“实德”，所有的道德本质上都不是靠你说，是要靠你做的，光说不做的人是最不道德的人。只有行动的人，只有踏踏实实去做合乎道德的事情的人，才可能是道德最好的人，或者说是真正意义上的人。所以，“行”突出表现了广东人的务实精神。以前，北方人笑广东人会生孩子不会起名字，活是广东人干出来的，经验是北方人总结出来的。但也正是广东人这种实干的精神，一步一个脚印，才走出了今天的辉煌。所以，我们希望下一步在建设幸福广东的道路上，我们应该在“以人为本”的指引下，把我们的“道德病”治好，使我们更加健康，步伐更加稳健，使我们的未来更加美好。

三

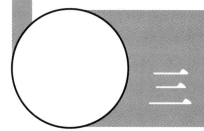

经济·教育

全球经济再平衡与中国的机会

郭万达

郭万达

经济学博士，研究员，现为综合开发研究院（中国·深圳）常务副院长。主要从事宏观经济、产业经济等方面的研究和咨询工作。在综合开发研究院主持过国家及省市政府多项大型政策研究咨询课题，出版有《无悔减排与低碳城市发展》《中国制造：世界工厂正转向中国》《中国宏观经济分析》等著作。

全球经济处于失衡的状况

全球经济为什么需要再平衡？因为现在全球经济处于失衡的状况。

今天是2012年7月22日，星期天，就在上星期五上午，西班牙的股市几乎垮掉了5.8%。这意味着什么？意味着人们对这个国家没有信心了。当然欧债危机不是上星期五开始的，2009年12月就开始了。最早出现问题的是希腊，国家都有信用级别，国际评级公司把它的级别一下调，“咣”一下希腊就沉底了。

到2010年5月，比利时、西班牙也开始陷入危机。2011年下半年，德国也受到影响。2012年上半年，法国、希腊选举引起债务危机升级。2012年2月，为了研究金融危机，我专门去了一次法国，看金融危机到底怎么样，当时大规模的选举还没有开始。有的法国人认为只是政府出现了危机，老百姓没有危机。我到一些度假的地方走一走，人很多，看不出有危机景象，但是它确实在暗涌。政府借债过多，导致经济不平衡。国际著名评级公司下调了它的国家信用级别，本来就有危险，借债后更不行了，评级下调后就发出了危机的信号，导致这种金融危机随时可能爆发。

在欧洲，出问题的我们叫“猪国”。什么是“猪国？英文表示是“PIIGS”。大家可能注意到这里多了一个“I”，“猪”的英文是“PIG”，“PIIGS”里的“P”就是指葡萄牙，两个“I”是代表意大利和爱尔兰，“G”代表希腊，“S”是西班牙，所以叫“PIIGS”。一头猪是“PIG”，后面加一个“S”就是一群猪。这不是骂人的意思，“猪”现在不是骂人的词，“我宁愿像猪一样生活”，很多年轻人这样讲。就是我过得比较简单，但是充满了幻想，其实是有想法的。还有一个词叫“BRIC”，大家知道什么意思吗？就是“金砖四国”。“金砖四国”这个词的发明，引起全世界经济再平衡的潮流。

怎么评价欧洲债务危机？一个概念叫“国家债务占GDP的比重”，相当于你家里有多少财富，然后又借了多少债。这个比例现在已经到了120%左右，就相当于家里只有10元钱，但是借债借了12元钱。你可以想想，你这个家庭的财政状况是什么情况，可能会破产。希腊先爆发危机，意大利借债也很高。国际上有一个说法，负债超过60%就比较危险了，跟企业是一样的。一个企业合理的负债率大概是60%，高于60%，你的负债率就太高了。当然适当的负债是必要的。

欧洲除了借债以外，还多发行钞票，形成巨大的赤字，赤字甚至占到 GDP 的一半。国际上通行的警戒水平是多少？是 3%。超过 3%，就已经是危机了。但是，大多数欧洲国家都在百分之十几，可以看出欧洲国家这种债务危机比较严重。但是感觉他们生活挺好的，因为他们在借钱消费。

英国不属于欧元区，债务也高。美国债务很高。日本的债务在全世界几乎是最高的，它占到 GDP 的 200%。现在大家也在考虑，日本可能会出大问题。当然日本出口、外贸储备、国民储蓄也很高。日本人喜欢储蓄，虽然它的政府可能借债，但老百姓可能会储蓄。所以，大家感觉日本不像别的国家那样糟糕。美国的情况可能就没有那么好。2008 年，美国金融危机就是次级债导致全球经济失衡。次级债是怎么来的？老百姓买不起房，银行帮他们买，证券公司又把这些人的债务打包，卖给全世界，这叫作次级债。房地产市场很好的时候，这个没有问题，但房地产市场一旦不好，大问题出现了。为什么美国会出现这样的金融危机？因为美国经济靠的就是超前消费。什么意思？一个国家的经济往往要靠投资、消费、出口拉动，美国对 GDP 的贡献 80% 以上靠私人消费，消费带动美国经济发展。

三个平衡对中国非常必要

大家可能会问，靠消费有什么不好？我们先分析一下。

金融资产主要是股票和房地产，当然还包括投资基金、养老基金等。美国平均下来它的家庭资产 70% 是来自股票和房地产。我们国家也有一个统计，有 600 万以上资产的人大概有 270 万，我估计主体还是股票。而在美国，制造业在 GDP 中只占到百分之十几，更多的是金融和房产，或者叫服务经济、知识经济。说得不好听一点，它的实体经济已经比较落后了。更多的美国人在干什么？在搞金融、房产、服务。

我讲的再平衡其实是三个平衡。

第一个平衡，实体经济和虚拟经济的平衡。这个平衡对我们国家来讲非常重要。美国为什么会出现这样的情况？2012 年 7 月 22 号，是一个很特别的日子，跟我讲的主题有很大关系，我昨天一翻日历偶尔发现的。1944 年 7 月 22 日，全球主要国家在美国一个小镇上开了一个会，形成了“布雷顿森林体系”。

“布雷顿森林体系”出来后，一是美元与黄金挂钩；二是全世界货币挂钩美元，把美元、美国抬到了很高的地位。但是，到了 1971 年，这个体系就难以为继了，美元同黄金脱钩了。同时，全世界的汇率不再是固定汇率了，出现了浮动汇率。当然，美元仍然是全世界最重要的储备货币，但美国的经济发展，带来了财政货币扩张。多发行钞票，必然带来全球货币的泛滥，引起实体经济和虚拟经济的失衡。当然货币经济不等于就是虚拟经济。

第二个平衡，储蓄和消费的平衡。一个国家如果光消费没有储蓄，投资从哪来？换句话说，一个国家光投资，不消费，它的经济又靠什么来推动？我们国家投资很厉害，我们的消费拉动不够，美国人消费很厉害，但是它的储蓄不够。所以，现在的欧美国家，储蓄率低，消费率高；社会很大很强，政府很弱很小；百姓提前消费，政府借钱生活。这表明它的经济平衡已经有问题了。

第三个平衡是发达国家和新兴国家之间的平衡。为什么讲这个平衡呢？很多东西都是中国制造的，他们就发行钞票进行消费，或者把房地产搞得很热。所以，也存在一个平衡问题，表明全球经济需要再平衡。

中国买美国国债是没办法

在这个全球经济再平衡背景下，中国会出现什么样的问题？

现在讲平衡，美国人讲中国需要多消费，美国人要多储蓄，中国这个圈和美国这个圈平衡了，全球平衡就好办了。所以，中美两国现在有一个英文词叫作“Chimerica”，什么意思？就是“China and American”，美国人发明的。美国现在盯着中国，你得多消费，你要不消费，美国就麻烦了。反过来看，美国提出再制造化、再工业化，奥巴马开始搞实体经济。奥巴马曾经问乔布斯："你这个苹果有没有可能拿回美国来制造?""苹果"大家都知道，很大一块生产线，在日本、韩国、中国都有。乔布斯告诉他，太难了。奥巴马又问他："为什么?"乔布斯回答："美国劳动力工资太高了，只能平衡一下。"美国本身经济政策在调整，它要创造就业机会，要再制造化、再工业化。这就是我们讲的一个平衡状况。欧洲也是这样。德国是最有钱的，当然中国比德国更有钱，为什么?欧洲出了问题。中国是不是会"买断欧洲"?前两年，只要中国人出现在大的期货市场，期货市场的价格就会往上涨。其实，我们没有想"买断谁"。但是，确实所谓危机，有"危"才有"机"。我上星期在广西，跟一批美国、新加坡、日本学者一起讨论。危机是两个字，"危"是危险，"机"是机会，危险之中又有机会。所以说，对我们来说是很重要的。我们在全球的故事是这样的，我们靠丰富的劳动力大量建世界工厂，之后出口赚外汇，拿回国之后，就去买美国国债，而美国没钱了之后就去借债，这就引起了失衡。当然，对我们来说买美国国债是没有办法，因为没有更好的投资。

不光是国债，从 2011 年底到 2012 年，中国人买国外的企业开始多起来了。跟日本 20 世纪 80 年代的情况非常像。中国人现在到国外旅游的多，上学的多，当然这是一个机会，但不要买太贵的东西。当时日本人买了很多贵的东西，把美国的帝国大厦等好多大楼都买了。今天你买东西的时候，小心别把东西买贵了，这一点是我们要注意的。

我们正处于一个结构调整的时期，除了企业和设备，人才很重要。所以，我们现在对政府提这个建议。第二次世界大战结束之后几年，德国很多机器设备拉到苏联去了。美国人拉的是人才。过了一二十年，苏联的德国机器设备没多大用处了，而美国的那些德国科学家还是很厉害。

在东南亚、我国香港地区，现在人民币很受欢迎。人民币国际化，包括我们现在参加国际货币基金组织（IMF），特别提款权（SDR）要替代黄金储备，对这个我们比较认同。国际货币体系改革不能光盯着美元，人民币也得有点位置。那么，我们的位子就是从参加 IMF 开始。这些对中国来说是非常重要的机会。在这个条件下，我们的经济结构可以争取调整实现再平衡。所以，2012 年是我们的结构调整年，涉及三大结构。

第一，内外需结构的平衡。比如，深圳的外贸进出口占 GDP 的比重原来是 300%，现在是 260%、270%。现在欧洲市场不好，特别是 2012 年上半年比较困难。我们可以依靠内需市场，有一个内外需平衡的问题。中国市场的消费也得活起来。第二，产业结构的平衡。我们原来的制造业比较忙，前几年深圳制造业都是超额完成，制造业是我们的第二产业，这两年深圳服务业才超过第二产业，但是还很不足。第三，投资和消费的平衡。以前我们的经济主体主要是靠投资拉动，包括政府投资和房地产投资，为什么现在对房地产持续打压？跟我们整个结构有关系。经济发展不能完全靠投资或者房地产。我们将来更多的要靠内需，包括我们居民的消费，除了房地产消费，其他各个方面的消费也要提升起来，包括医疗、教育、卫生等，各种消费我们要提升起来。在全球经济再平衡这样一个背景下，我们称之为结构平衡调整年。

成本上升致结构调整阵痛

在这样的背景下，我们现在还存在很多问题。

第一，上半年我们的消费物价指数（CPI）开始往下走，可能低于 3% 了，但是食品价格周期性波动的问题并没有完全有效地解决。可能下半年有一些反弹。一些地方开始囤积猪肉、蔬菜。北京等地下大暴雨，可能会对蔬菜价格产生影响。

第二，成本上升导致经济步入结构调整阵痛期。从整体上看，成本在上升，经济走势是向下的。我们的工资也要呈上升趋势吧？土地价格很高，虽然现在限购，暂时没有大幅度往上升，但是也没有往下跌。原材料的价格、油价还在往上调，包括我们企业的用地、用水价格都在调整。

第三，房价居高不下。房价问题不光是老百姓的居住问题，房价对企业来说就是成本，对企业来说就是“羊毛出在羊身上”。欧债危机首先传达到我们的沿海城市，但是很多地方政府对这个问题没有足够的认识，大家总认为很快就会转好，包括房地产公司，它们总认为整个事情跟它们没有关系，对调整没有充分的认识，导致我们出现一系列比较突出的问题。2009 年，中国通过投资 4 万亿刺激了经济。到 2009 年下半年，一下子就好了起来，股票活起来了，房地产也活起来了。现在是不是 4 万亿的“2.0”版本？央行开始调整货币政策，包括第一次降低利率，下调了两次存款准备金率。很多项目国家发改委没有批，现在批了。其实，我们国家需要市场经济，但在大的项目上国家还是发挥了一个提级作用。是不是出现了新的刺激经济的情形？我个人的看法是不会。为什么？因为，当初的 4 万亿投入确实遏制了经济下滑，但它的负面影响非常明显。就是我刚才讲的，全球财政货币经济泛滥，带来了一系列问题，对此我们记忆犹新。所以，通过实体经济发展新的增长点，至关重要。对我们来讲，最重要的是发展实体经济，怎么去寻找真正的新的增长点。

我的看法是，货币政策可能会有一些调整，或者有一些微调。我们降低存款准备金率，就是要对冲外汇占款。原来我们出口多，顺差比较多。企业出口多了，拿回外汇卖给银行，这就发生一个金融货币问题。我们现在为什么有 80 万亿元的货币存量，远远超过 GDP？跟这个有关系。在这种情况下，我们的货币政策可能会调整，我们的财政政策会有结构性的调整，包括现在的地方债务和再建项目，比如高铁建设要调整。不是一个人被抓起来了，就要停止这个项目，我们该做的事一定要做下去。

城市化是我们重要的决策

2012 年中小企业税负的结构性调整，包括服务行业里面的营业税改增值税等，这些都是结构性的调整。加大民生投入，保稳定，包括保障房建设，从上到下都非常重视，抓紧盯牢落实。大家注意到没有，2012 年我们的经济结构调整虽然没有货币政策调整大，但是我们近期的金融改革，从 2012 年 7 月 1 号开始，我们的沿海地区被赋予了很多权限，包括人民币双向贷款等。将来沿海金融机构可以贷款给香港企业，这是很大的突破。原来我们都有资本账户，就是说我们国家的钱都是广义的，不是说你能随便借用，需要申请。现在我们开始做一些改革。金融为实体经济服务还不够。美国是过头了，变出太多衍生品。我们的金融产品还是相当不发达，我们现在的融资产品非常有限，投资渠道非常有限。要加大我们的金融改革，要允许民营企业进入这些垄断领域。2012 年有一个很重要的问题，民营企业可以进入铁路、银行领域，意味着我们在结构性改革方面已经开始了。通过结构性改革，争取解决我们目前的问题。当然，从长远来看，中国经济还存在其他一些问题。

第一，城镇就业人口在增长。城镇化是我们重要的决策。什么意思？大量的农村人口往城市走，过去每年增加 1 个百分点，大概一千万人口。他们要吃、要住、要工作，这是拉动我们经济很重要的一个因素。

第二，高储蓄和资本积累继续增长。老百姓还是愿意把钱存到银行里面，通过金融改革我们如何改变这个现状？

第三，如何坚持技术自主创新。以后每年我们有五六百万大学生要自主就业，比较好的企业，如华为技术有限公司、比亚迪股份有限公司都是搞研发的，搞研发提升了它们的竞争力。通过坚持技术自主创新，我们可以释放很大的生产力。所有改革都能释放出生产力。改革对我们讲，是非常重要的。这几个因素成为我们长期增长的动力。

当然，20、30 年后的中国，可能会遇到很多新的问题，首先是人口老龄化问题，为什么欧洲出现债务危机？养老金的缺口和水平就是一个比较大的问题。到欧洲去看，当然跟它的政治选举有关系，为什么借钱多？他要上台，他一定要承诺，改善这方面改善那方面。但是，钱从哪儿来的？就是借债。其次是资源问题，特别是水资源。缺水是我们非常大的问题。今年我们国家第一次提出了水的总量控制问题。再次，中国的碳排放将可能达到峰值。全球都在讨论气候变化问题，二氧化碳的排放已经是一个很大的问题。

中国富裕吗？这里有两种观点。

第一个观点是林毅夫提出的。他原来在世界银行做副行长，刚刚卸任，他是中国有名的经济学家。他认为我们在实力上一定会超过美国，原来说到2030年，现在很多人预测，经济发展快一点2020年就达到了，或者2025年就达到了。当然，这是根据汇率算的。我们国家在经济总量上是非常大的，现在在全世界排在第二名。

第二个观点是，中国还是一个很贫穷的国家。美国兰德公司智囊团研究报告说，“中国还是一个很穷的国家，因为不是一个法治国家，教育还很落后，金融风险很大”。

我个人的看法是，经济是硬指标，中国经济发展方面问题不大，但是社会、文化甚至精神文明建设、法制水平，对我们来讲有一些大问题，我们现在要努力克服。所以，我们研究经济问题时，也在关注这些问题。不能说跟经济没有关系。全球经济结构要调整，靠货币政策调整、财政政策调整，这只是个短期性问题。从长远来看，经济上一定要有新的技术上的进步，要有新的增长点，实体经济要有很大的发展，才能真正走出金融危机。现在讲的战略性新兴企业，就是这样一个新的增长点，也是我们发展的机会。短期升级是中国经济再平衡的基本方向。

实体经济的基础是制造业

我们国家怎样通过转型升级来实现经济再平衡？

第一，产业转型升级必须支持实体经济的升级。为什么这样讲？金融危机以后，全世界都强调实体经济，实体经济是什么？与实体经济相对应的是虚拟经济，实体经济的基础是制造业，是基础的基础。制造业应该是产业的基础，是实体经济的基础。为什么现在香港提再实体化？美国提再制造化？这些就是我们遇到的问题。香港刚刚换了特区首长，曾荫权在任职的时候民望越来越低，贫富差距、民生问题非常突出，这些跟香港经济模式有关系。香港过去就是高地价、高楼价，实体经济被挤压。香港的土地用于工业的价格是新加坡的14倍，结果就是，香港的制造业产值占总产值的2%，服务业产值占总产值的92%，我们经济学界称之为产业的空洞化。在这样的经济结构下，90%多的服务业中的人干什么？只能去做金融，提供中介服务，只有干这种行业，才能挣更多的钱。但是，不可能所有的人都去干金融，不是所有人都能当会计师，很多弱势群体没有出路。贫富差距很大，很多人一个月只拿几千块钱。

但是新加坡的转型升级没有出现严重的空洞化，它的制造业仍占到总产值的25%～30%，因为它土地的价格不是很高。我不久前到宝安演讲，我说转型升级不能把制造业丢掉，当然，制造业不等于就是搞环境、搞服装，很多制造业已经服务化了。比如说，IBM是什么企业？在美国IBM一般都是服务业，叫制造业的服务业。为什么？它的很多制造业形态可能一部分功能已经转移到了服务业，IBM我知道它本身是一系列解决方案的供应商。所以，现在的制造业形态已经发生了很大变化。

第二，产业转型升级要有新的产业、新的增长点。

首先，新的增长点跟需求有关系。这个需求是什么？城镇化就是总的需求。有那么多人到城里来，就产生消费需求。

其次，新的增长点与技术有关。你有这个需求，但我没有这个技术，我就满足不了你的需求。所以，现在我们有一个说法，叫新的技术革命创造了需要。

最后，新的增长点与分工有关。我们说的分工就是产业的转移和产业新的业态发生变化。

能源互联网就是新的技术革命

未来30年，发展中国家的城市化将使城市规模日益庞大。美国有个经济学家叫约瑟夫·斯蒂格利茨，世界银行原副行长，是诺贝尔经济学奖获得者。他断言，“21 世纪的新增长点靠两个，美国的高科技和中国的城市化”。

美国的高科技是毋庸置疑的。在未来，发展中国家都是城市化的重点，特别是中国。中国的城市化仍然是重要的经济拉动力量。中国的城市化率，1970 年才 15%，1980 年是 19%，到 2010 年就到了 50%。一般来讲，城市化会发展到什么程度？可以持续到 70%，国家的发展才不再那么快，这是我们研究经济得出的一个规律。所以，未来的 10 年、20 年，为什么世界各国还会比较看好我们国家？因为我们的城市化还在增长，意味着我们的需求还在增长，有需求就会有创造，就会有供给。没有需求了，大家就什么都没有了，经济就不可能再往前发展了，这就是一个基本道理。城市化带来需求的增长。

过去 60 年，全世界技术没有出现根本性的大的变化。有一种说法，叫作“沉寂的 60 年”。当然也有一种说法是，互联网就是新的技术革命。

第一次工业革命时期，蒸汽机以煤炭为能源。第二次工业革命时期，发电机、汽车以石油为能源。第三次工业革命时期有争议，信息是技术的新材料，现在新的说法叫“第三次工业革命或者第四次工业革命”，就是能源与信息技术革命结合，形成了“能源互联网”。

最近有一本书——《第三次工业革命浪潮》，描述的就是“能源互联网”的世界。在将来的世界里，汽车也不再叫汽车，叫“能源循环单位”，充电后能够继续使用。你在家里面办公，可以更加方便地把能源和互联网结合在一起。一般工业革命都跟突破时间和空间有关系，现在第一个跟能源有关系，第二个跟传播有关系，所以，通过传播和能源的变革，带来全世界的变革。

我刚才讲到产业的分工和产业的业态会带来巨大的变化，这是非常著名的“微笑曲线”。现在的制造业，不像以前那样了。以前造汽车，福特发明了一条流水生产线，全部完成了，后来的产品就很便宜。现在在流水线的基础上，我们开始“模块化”生产。什么意思？就是把零部件拆卸分成很多模块，这些模块的生产不在一个工厂里面完成，也不是在一个地点完成，可能在全世界很多地方完成。比如说，“飞机”的模块生产可能是1万~2万家公司去为它服务。飞机、汽车、电脑都是典型的“模块化”产业。可以把很多东西拆分开，让不同的公司去生产。这个时候我们叫“微笑曲线”，是什么意思？在产业链中，附加值更多体现在两端，即设计和销售环节，处于中间环节的制造业附加值最低。所以，在现在全世界的分工中，你的工厂很多，但是你挣钱很少。在这个“微笑曲线”下，我们解释产业转移、产业升级、产业集聚、自主创新这些概念。我们现在的生产方式发生了很大变化。在这种情况下，产业升级、转型升级，并不意味着这个产业全部都搬走了，就没有了。很多产业可以从“微笑曲线”的这头转到最上边去，走到右下端或者左下端都可以。这就是我们说的转型升级最大的变化。

产业与城市升级互相结合

在这样一个背景下，新的技术产生新的需求，我们国家提出了七大战略性新兴产业，包括节能环保产业、新一代信息技术产业、生物产业、高端装备制造产业、新能源产业、新材料产业、新能源汽车产业等。深圳也提出了五大战略性新兴产业，也包括新能源、新材料、文化、互联网等。所以，战略性新兴产业是我们发展的重点。

第三，产业转型升级要与城市转型升级相结合。因为，产业与空间有关系，产业的转型升级与城市转型升级会遇到很多问题。

很多人误解为人口越少越好，其实这是错误的认识。往往成功的城市，人口不是在减少而是在不断增加。如果人口越来越少，就意味着转型升级是不成功的，至少是很难成功的。比如说，像美国某大城市转型的时候，原来有200多万人，后来只有70多万人了，因为美国汽车行业不景气，很多人逃离了这个城市，没有经济活动，挣不到钱，所以就不愿意在这里住了。但新加坡转型的时候，人口原来有200万人，现在是600万人，所以它的转型升级应该是成功的。现在新加坡的经济总量已经超过了香港，新加坡的发展速度比香港要快。

当然转型升级应该包括三个很重要的系统平衡，就是指人口系统、生态系统、经济系统。转型升级，一定是三个系统的平衡。我们不希望因为转型升级，把人赶跑了，我们还需要很多人。我们还应该有良好的生态环境，当然不是说在荒山野岭。以前，我们讲生态，认为城市人口越少越好。没有人的地方，生态怎么能不好？但那不是你的本事。新加坡是一个花园城市，它的人口有600多万，而且它还没有香港面积大，但它确实是一个花园城市，管理比较好。

往往国际上讲生态城市的时候，就是指人口特少的地方。英国有一个零碳排放城市，就几百户人。我们人口比较多，所以建设“Eco - city”，“Eco”就是“ecology（生态）”；只注重生态，不注重人口和经济是不够的。我们建设“Eco2”城市，“Eco2”的含义，一个是“economic（经济）”，一个是“ecological（生态）”。就是经济生态城市，这个城市不光是生态的，你的经济也必须好。还有一个很重要的概念，叫“Low carbon ecological city（低碳生态城市）”，生态要好，人口不能少，经济还很活跃，这样的城市才是我们心目中理想的城市。

我们的城市地域有限，我们的城市建设不太可能真的是撒摊子式的。很多人去香港，看着高楼大厦感觉很压抑。但是从城市建设方面来看，香港这样的城市是有特点的，它很紧凑。紧凑有一个好处，假设在北京一天只能开一个会办一件事，在香港一天可以开五个会。地下、地上以及楼与楼之间衔接得很好，活动很方便。节约水、节约地、节约空间、节约时间。另外城市建设还要多样化，城市应该有它的文化气质。当然，我们还要建设低碳、节约能源的城市。这三个目标对我们城市建设来说非常重要，如果这些目标都能实现，我们的城市转型升级才算成功。我们未来城市的建设目标就是要紧凑、多样、低碳。这就是我今天演讲的全部内容。

欧债危机下全球经济增长前景

黄少明

黄少明

曾任教华中科技大学和暨南大学，担任过香港特区政府扩阔税基咨询委员会委员。中国国际金融学会理事，香港中国金融协会副主席兼秘书长，华中科技大学和湖北大学客座教授，中银香港高级经济研究员。研究领域包括：世界经济、国际金融、中国经济和金融、香港财经等。出版专著《对冲基金透视》及合著数部，发表经济、金融论文百余篇。

欧债危机从2009年10月爆发到现在近三年了，虽然经过国际社会、欧洲等各个方面的协调和共同努力，始终没有找到一个妥善解决办法。欧洲债务危机现在成为影响国际市场和世界经济进程最大的不确定因素。

围绕这个问题，今天我想讲五个方面。

第一，欧债危机作为发达国家主权债务危机的一部分，后果和美债危机同样严重。实际上是国际金融危机发展的一定阶段和必然结果。

第二，欧债危机与美债危机之间的异同，以及它们未来可能出现的结局。

第三，欧债危机情况下发达国家经济发展的前景。我认为发达经济体已经进入“冰川时代”。

第四，当前的国际经济、国际金融战略形势对中国经济的影响。

第五，在研究完了三大经济体——欧洲经济体、美洲经济体和中国经济体之后，谈谈世界经济增长的前景。

金融危机影响了全球经济

第一，欧债危机是国际金融危机发展的必然结果。

这次国际金融危机从 2007 年爆发，到现在已经 5 年了。这次危机是从次贷危机开始的（次贷即次级按揭贷款，是给信用状况较差、负债较重的个人的住房按揭贷款，是一种金融产品），但发展到现在，已经成为影响全球的百年不遇的金融危机。

这次金融危机可以分几个阶段。

第一阶段，次贷危机。2007 年爆发，关于它爆发的背景和原因，我稍微解释一下。

在 20 世纪 90 年代以后的 10 多年中，美国经济和美国资本市场经历了一个繁荣时期，以次级按揭债务为基础的次贷产品得到了很大发展，尤其是在 2001 年“9·11”事件和 2000 年“科网股泡沫”以后。美国当时大幅减息，连续降了 11 次，利率降到了 1% 左右。在半个世纪以来最宽松的货币政策下，美国的资产市场经历了一个繁荣时期，特别是美国的房地产市场进入了一个价格上升阶段。2001 ~ 2007 年，是美国房地产发展的巅峰时期。

但从 2004 年开始，为了防止通胀，当时格林斯潘领导下的美联储，又连续加息17次，把利率从1%这样半个世纪以来最低的利率水平，提高到5.25%。从2005年下半年开始，美国楼市开始调整。在高杠杆（指很多的衍生产品、债券）的带动下，由于房价下跌，导致了次贷产品价格大幅度下滑。经营这些债券、衍生产品的金融机构遭受到很大损失。2007年7月，次贷危机就爆发了。

随着次贷危机的深化，以次贷产品为主的衍生产品，包括债券，风险急剧膨胀，损失很大。从2008年开始，所有的核心机构（排名世界前20名的金融机构）开始大量亏损。次贷危机转化为金融危机。

2008年3月，美国第五大银行贝尔斯登资不抵贷，濒临破产，最后被摩根大通银行以每股2美元的“跳楼价”收购。9月7日，美国“两房”（即两家房贷抵押机构“房地美”和“房利美”公司）倒闭，由美国政府收购。“两房”的资产超过5万亿美元。2010年、2011年，我国的GDP才5万亿美元，而这两个大公司是半政府性质的机构，资产达到5万亿美元，最后面临崩溃，需要政府来搭救。如果政府不搭救，美国经济就可能崩溃。

9月15日，雷曼突然倒闭，等于发生了“九级地震”，所以引起了“海啸”，由经济危机发展到金融海啸，由次贷产品危机发展到全面性的金融危机。在这之前，9月7日到9月15日，美国第三大投资银行——美林也遇到财政困难，被美国银行（BoA）收购了。

9月15日之后不到一个星期，另外两家美国大的投资银行——高盛、摩根士丹利相继放弃了独立投资银行地位，因为它们资不抵债，需要联储局的隔夜息帮助。

记得马克思在100多年前说过，如果经济发展到金融寡头垄断阶段，那么资本主义总危机就要爆发了。而这五大银行及其他核心机构就是马克思所指的金融寡头，它们垄断了全球金融市场，可以“翻手为云，覆手为雨”。五大银行在1个月之内或者解体，或者被收购，或者放弃了独立的投资银行地位。这场金融危机引发了金融海啸，发展到了全球系统性金融危机阶段。

金融危机到经济危机的过程既是信贷紧缩的过程，也是全球经济和全球市场信心萎缩或者信心崩溃的过程。全球金融危机影响到了全球经济，进而转化为经济危机。

美国经济从2008年第三、四季度开始连续衰退。按照经济学家的定义，连续两个季度负增长就是“经济衰退”。

所有的发达国家和地区，包括日本、欧洲也开始进入经济衰退。以中国为首的发展中国家经济也受到了非常大的影响。2008年、2009年，我国为什么要推出4万亿元人民币的经济拉动政策？2007年，我国季度GDP增长率最高达到13.4%，到了2008年底和2009年初，突然跌到了6.1%，之后又回升到6.4%，可以说是自1997年亚洲金融危机以来的最低值。整个世界经济由于金融危机不断加重，从次贷危机发展到金融海啸，从金融海啸发展到全球金融危机。到了2008年、2009年，全球经济已经达到了危机阶段。

为了应付全球金融市场的崩溃和全球经济的衰退，包括中国在内的各国央行联手行动，推出了很多救市策略。美国直接用纳税人的钱挽救金融机构，投入上万亿美元。中国也增加投入4万亿元人民币。同时各国也用尽了所有的货币政策工具。2008年12月，美国联邦基金利率降到了0%～0.25%。对美国来说，每次调低一般都是0.25个百分点，0%～0.25%的利率，我们称为“地板利率”，已经贴地了，不可能减为负利率。不可能再用利率政策来推动了，这时就采取了其他很多手段。

美国在利用传统利率工具之后，没有别的常规办法来调节经济、舒缓市场压力，开始用非常规的方法，推出两次QE（量化宽松政策），就是美联储直接印钞票到美国财政部买国债，等于把国债美元化，用美元救经济、救市场，等于把私营债务国有化了。比如，政府救“两房”以及其他很多大银行，都是拿国家的钱来救私营企业，这就是私营债务国有化。国债和政府开支由此急剧上升。美国现在已经有约16万亿美元国债，超过GDP的100%。欧洲虽然没有这么多，但也非常严重，结果把国家主权债务套进去了。金融危机至此到了主权债务危机阶段。

欧债危机下未来经济的发展前景如何？

欧债危机，或者说发达国家的主权债务危机，实际上就是金融危机的必然结果或者必经阶段，这个危机至今还没有结束。未来会不会出现政治危机、社会危机？这很难说。

实际上资本主义的发展有它本身的一种逻辑。我们至少可以说，马克思100多年前分析的情况，到今天为止还算是正确的。但这次是不是危机总爆发，由后人来下结论比较好。

百年来美国信用评级首次下降

第二，美元债务危机和欧元债务危机的区别和异同。

美元债务危机是金融危机发展的阶段性产物。为了救经济、救金融市场，政府必须通过大量印钞票，把私人债务国有化，成为主权债务危机。

欧洲就复杂得多。因为美元的定位，美元债务危机的后果肯定是全球分担，但欧元债务危机只能自己解决。10年、20年内能否彻底解决，仍然是未知数。

数据显示，2007年，美国私营机构和公营机构的所有债务相当于美国GDP的220%，其中私营机构债务（包括个人、家庭和企业债务）相当于GDP的170%，剩下的50%就是美国在2007年的国债，也就是公共债务。次贷债务爆发是因为私营债务承担不了了，最后在支付上出现了问题。

随着次贷产品风险的暴露，次贷产品价格急剧下跌，引起了核心机构以及所有的金融机构大量亏本，改变了当时的整个私营金融体系，整个支付体系发生崩溃。美国把利率从2004年的1%提高到2007年的5.25%，私营机构的债务偿还压力越来越大，最后崩溃了。随着房地产、股票和其他一些资产的下跌，整个金融体系就处在崩溃的状态。而金融机构不运作，整个国家经济系统就会停止运转。为了拯救市场和经济，政府直接拯救经济，购买债券和私营债务。这种方式改变了金融危机，也就是改变了私营机构造成的次贷危机的债务属性。本来这种债务属性是私营债务，现在私营债务国有化了。2007年，美国政府债务相当于 GDP 的 50%，到了 2008 年已经上升到 80%，现在已经超过了 100%。美国政府出钱直接来救私人机构。另外，因为失业率很高，必须提高社会保险、社会救济水平。为了减轻购买者的负担，政府不得不给出明的或暗的财务支持。因此，私营债务已经转化为公营债务。

2011 年 7 月，因为美国债务越来越多，已经超出了国会一而再、再而三强调的上限。民主、共和两党为了通过提高发行国债上限争吵不已，在全世界人民面前第一次显示了美国有可能资不抵债或者支付不起债务。如果在 8 月 2 日前，国会还没有通过提高债务上限的决议，那么美国债务真的很可能就违约了。当然中国也很紧张，因为违约债务数额很大，中国持有 1 万多亿美元美国国债。当然也不会全部违约，因为有 3 个月、半年、1 年、3 年、5 年各种期限，最长有 30 年的债务。如果国会不批准政府发行国债，不能以新的资金弥补过去的债务，就是违约了。而全球最大经济体债务的违约是不可想象的！两党通过艰苦谈判，最终赶在 8 月 2 日前 12 小时通过了一个削减债务的法令，提高了债务上限，总算安然度过了危机。

8 月 5 日，因为美国首次出现违约的可能性，以及鉴于两党的恶斗，标普就把美国的信用评级从 AAA 级下调到了 AA+。近一个世纪以来，这是美国政府第一次被降级。这表明世界金融危机进入了主权危机阶段。在这之前，2009 年 10 月，欧洲债务危机已经发生了。

欧债危机将会长期拖下去

欧洲债务危机是怎么发生的？同美国债务危机有共同点，都是发达国家政府用纳税人的钱实行宽松的货币政策、财政政策。但欧洲有它特殊的情况。欧元区由 17 个国家组成，之前有 17 种货币，现在变成单一的货币。这个区里面情况非常复杂，既有“南北问题”，也有“东西问题”。所谓“南北”就是指南欧和北欧。有以希腊、意大利为首的南欧这些高福利、债务非常沉重的国家，也有以德国、荷兰等这种债务与财政状况稳健、经济竞争力非常强大的一些国家。不同的经济体要在千差万别中把它们拧成一块，形成统一的货币和统一的货币政策，要产生多大的矛盾？我稍后会解释。

还有“东西问题”。最近几年，从政治利益考虑，欧元区不断吸收东欧一些国家加入，如乌克兰、波兰等。这种经济的区别和政治体制的区别，比刚才说的“南北问题”更大，“东西问题”更多。东欧虽然也进行了改革，毕竟还不是完全的市场经济，历史遗留下很多问题。

美国并不希望有一个统一的、强大的欧洲，或者存在统一的欧元与美元相抗衡。美元的霸主地位给美国带来了很大的利益，美国可以获得铸币税等利益。因此，美国千方百计打压欧元。

在欧元区中，货币和货币政策统一了，但是没有统一财政的支持。币值为什么能够稳定？它应该有稳定的财政支持。如果财务不稳定，币值肯定要贬值。货币只是经济的表象，经济实体不行，表象就虚弱。如果没有统一的财政支持，就不可能有一个统一、运作良好的货币政策和稳定的币值。

除了金融危机自然发展的逻辑之外，加上欧洲的上述情况，以及长期以来的高福利政策等因素，欧元危机最终于 2009 年 10 月爆发了，这可以说是各种矛盾集中的体现。2009 年 10 月，希腊作为欧元区中最薄弱的一环，人们发现希腊的赤字不是占 GDP 的 3.5%，而是占到 GDP 的 12.5%！希腊为了进入欧元区，曾经在之前的十几年造假！高盛用了很多的方法，使它安然进入了欧元区。

下面我再谈谈美元债务和欧元债务未来可能的结果。

美元的霸主地位、世界货币的角色很清楚，因为全球 70% 左右的外汇储备是用美元的。美元的流动性很大，需求很强，因为全球 95% 左右的贸易支付靠美元。全球的投资产品，80% ~90% 以美元来标价、结算、流通。从这些角度来看，美元债务实际上是全球来分担的。因为美国人没有钱了就可以印钞票，中国、日本就要买它的政府债券，我们已经买了1.1万亿美元国债，日本也有1万亿美元左右，英国也达到七八千亿美元的国债。美国的国债有五六万亿美元是在外国人手里。如果美元继续印下去，货币会越来越贬值。那就意味着，美国需要还的债务越来越少。所以，美元债务危机最终的结果是全球承担。为什么？美国人早就说过，美元是我的，问题是你的。世界各国都要帮它还债。所以，美国人一点都不担心。

其实美元债务从相对量和绝对量来看，远远大于欧洲。美国的主权债务超过了GDP的100%，现在是16万亿美元，每年的财政赤字超过了GDP的10%，也就是一年的财政赤字就有1万多亿美元。这对于任何国家来说都是不可想象的，但是对美国就是正常现象，它可以继续发行国债。除非重新塑造一个国际货币体系，否则美国债务再多也是全球承担。所以美元债务再重，大家也不谈或者谈得很少，因为对它没办法。

欧洲债务也比较沉重，但是相对于美国来说好得多。它的债务相当于欧元区GDP总量的60%～70%，而美国超过100%。它的赤字占GDP只有6%左右，不超过10%，比美国赤字小得多。但是欧洲债务必须由欧洲人自己解决，而且欧洲问题这么复杂，不仅有南北问题、东西问题，甚至还有国际性问题、自身的结构问题等，它们自己解决不了，所以欧债危机至今没有解决办法。其实欧债发生危机以后（欧盟区和欧元区是两个不同的概念，欧盟有27个国家，欧元区有17个国家，欧元区是欧盟的一部分），不管是欧盟区还是欧元区，首脑会议召开了十几次，出台了很多很重要的决议，也成立了很多基金，但是问题还是难以解决。为什么欧元区或欧元债务现在成为影响全球市场和全球经济最主要的单一最大因素？原因就在这里，它们解决不了，还要长期拖下去。

美国印钱也是一把“双刃剑”

第三，欧债危机下发达经济体的发展前景。我先把结论告诉大家，未来10年或者更长时期，发达经济体将进入“冰川时代”。

先看美国经济。它从2008年两个季度出现负增长之后，就陷入了经济衰退。2008年是-0.3%，2009年是-3.5%，连续两年经济衰退。之后，政府花了大量的钱，采取了扩张性的财政政策和宽松的货币政策，动用了所有的货币政策工具，包括量化宽松政策。还把联储局的资产负债表扩大，就是给银行增加流动性资金，美国经济2010年终于进入了复苏年，2010年增长率达到2.8%。虽然美国经济仍然很低迷，但是已经从负增长转向了正增长。2010年是全球的复苏年，中国经济在2010年恢复到了两位数增长，当然还是恢复不到2007年13%的增长，但也达到了11%以上，说明增加4万亿元人民币投入的功效不小。

2010年以后，欧洲债务危机反复爆发、发酵，几个国家轮流出问题，并且始终无法解决，欧洲经济大幅度下滑。比起日本、欧洲，美国经济还算好一些，处在微弱复苏的过程中。刚刚公布的美国第二季度数据显示，增长1.7%，三季度和四季度看来会好一些。2012年如果能达到2%，那就很好了。

美国经济同人们的消费支出关系密切，因为美国GDP的70%~80%靠消费拉动，而我国最近刚达到50%左右，仍然有很长的路要走。

但是美国经济也好不到哪里去。在短期内，甚至中长期内，都难以恢复到正常的增长状态，也就是长期趋势增长率。美国的长期趋势增长率是3%~3.5%，只有在这样的增长率之上，经济才能提供足够数量的就业职位，使就业率上升到一个可接受的范围。现在美国的失业率是8.2%~8.3%，2007~2008年，美国的失业率曾经达到10.2%！奥巴马现在面临竞选，他的最大困难就是就业问题。它的GDP增长率超过3%，就业率才会明显上升。

为什么会这样？我认为有以下几个因素。

第一，债务沉重。美国债务虽然有世界各国来背，但毕竟对美国来说仍然是一个沉重负担。总是印钱对自己的经济也不好，会对自己整个货币体系产生不利影响，印钱是万不得已。它可以减债，但同时给国内的通胀、经济结构造成很大的危害，印钱也是一把“双刃剑”。不仅仅是公营债务，美国的私营债务更加严重，已经超出 GDP 的 150% 以上，企业欠了银行的债如果还不起，就很难扩大再生产，人们就不敢消费，GDP 就起不来。所以，债务沉重问题不是短期内能解决的。

美国除了债务问题之外，还有很多结构性问题。金融结构、经济结构、消费结构、房屋结构等大量问题存在。在这里我主要讲三点。

第二，金融体系失衡。这次金融危机，金融机构是始作俑者，又是最大的受害者。我刚才说的金融核心机构，该倒闭的倒闭了，该被收购的被收购了，该转换的转换了，美国金融体系发生了翻天覆地的变化，它遭受的打击、破坏非常大。在这样的情况下，银行不敢借贷，担心钱借出去之后，等于是“肉包子打狗——有去无回”了。如果所有的银行都不愿意借贷，特别是商业银行不愿意借贷，经济会像人一样，人如果缺血、失血、贫血，那还能正常生活、运转吗？不能！但美国的金融机构何时才能重新恢复到正常的水平呢？谁都不敢说。因为金融失衡至今还没有调整完，金融机构的损失还没有补回来，整个金融体系千疮百孔。现在美国倒闭的银行超过了几百家，当然其中大部分都是很小的银行。但是不管怎么样，毕竟倒闭了几百家，这是一个很可怕的数据！说明美国的金融体系已经处于风雨飘摇之中。我认为美国的金融机构需要调整，金融体系失衡的状况需要重新平衡，这不是短期内能够完成的。

金融危机说明，金融业的发展已经远远超出了实体经济的需要。马克思以前说，经济危机就是产品过剩的危机，是产品卖不出去产生的危机。生产力和生产关系不相适应了，大量产品生产出来，但是没有人去消费。当然这次经济危机不是产品过剩，而是金融过剩，虚拟经济过剩，相对于实体经济过剩，也是一种不平衡。所以说马克思主义理论至今还是有用的。

这次美国金融体系“去杠杆化”过程非常漫长。什么是“去杠杆化”？就是慢慢缩紧下来。所谓“杠杆”，就是有一元钱可以玩十元钱的东西，这就是杠杆。“去杠杆化”，就是从十还原到一。“杠杆化”是发展，“去杠杆化”是收缩。美国的收缩过程，也就是私营机构、金融机构的收缩、去杠杆化过程。这不是短期内可以完成的，没有几个“五年计划”（我用中国的这种说法来解释它），美国的“去杠杆化”过程完成不了，金融机构就不能恢复正常的借贷活动，美国经济就不可能正常增长。

第三，美国的房地产下跌还没有见底，仍然在下跌。为什么？美国的经济不好，失业率在上升。在这样的情况下，房地产肯定下跌。

（1）美国房地产的价值是美国 GDP 的 2 倍以上。例如，美国 GDP 是 16 万亿美元，那么美国的房地产价值就是 32 万亿美元。

（2）美国同房地产有关的活动占整个经济活动的 27%，不光是卖房子、建房子，还有与建房子有关的行业，包括律师、按揭贷款等。

（3）美国的房地产按揭贷款超过 14 万亿美元，相当于 GDP 的 100%。房地产上不去，银行也没有什么业务可做。所以怎么说房地产业在经济中的重要性都不为过，非常重要！而美国现在的房地产业仍然在下跌之中，还没有见底。

第四，美国的消费结构、产业结构不改变，美国经济就很难恢复到正常增长水平。消费占了美国经济很大的一部分，现在美国已经感觉到之前那种超前消费已经把美国经济透支了很多，要改变这种结构。美国的制造业，除了极高端的，特别是与军事有关的还保留在美国以外，其他都转移到国外去了，美国经济空洞化很严重。所以，奥巴马提出了再制造业化，增加自己的产品出口。但要把制造业从国外移回来，很难！

如果美国没有解决好这几个问题，美国经济就很难进入正常的增长轨道。至少在一个经济周期内（7～8 年甚至更长的时间），美国经济都很难恢复到3% ~3.5%的增长，恢复不到长期趋势增长率的水平。

欧洲2012年或重新进入衰退

欧洲经济更复杂。一是欧洲债务非常沉重。希腊、葡萄牙、爱尔兰三国债务超过6000亿欧元，西班牙又超过了前三国的总和，也达到6000多亿欧元，这些相加就达到了1.2万~1.3万亿欧元。意大利的债务近2万亿欧元，比前四个国家的债务总和还要多。法国是全球第四大债务国，大概是1.75万亿欧元，它们的债务相加就是5万亿欧元，没有任何国家和国际机构能够解决。所以说，欧洲债务问题无解。默克尔之前说10年后，最近又说20年后可以解决。至少在一个经济周期中看不到有解决的可能性和方法。

欧洲经济受这种债务影响很大。现在财政方面已经非常亏空，必须紧缩财政，减少工人、公务员的工资，减少救济资金，减少消费，但这样经济就更坏了，经济危机和财政危机搅在一起，而且是恶性循环。

二是信贷问题。这次欧债危机受损失最大的或者人们最担心的是银行体系，也就是银行买了很多的债。现在欧洲银行体系要面对这些债务，要削债，我们叫作“剪头发”，如希腊债务减了50%。欧洲开了10多次财长会议、首脑会议，出台了很多决议。其中一个决议要求欧洲银行提高资本充足率，也就是增强欧洲银行的稳健性，从7%提高到9%。为了实现这个目标，它要吸入多少钱，发行多少债券？这就有可能引起信贷危机。银行本来就不敢借钱出去，自己反而还需要钱，虽然欧洲也有量化宽松政策，连续两轮的欧洲长期融资操作，也超过了1万亿欧元。这与美国的两轮QE差不多，后者达到1.3万亿美元，前者也超过1万亿欧元。但是银行借到钱以后，并不是像央行所希望的那样把钱借出去，来刺激经济，推动经济增长，而是借钱以后先来补自己的亏空，并不敢把钱借出去，担心变成“肉包子打狗——有去无回”。这就是金融机构“去杠杆化”的过程。

财政紧缩和信贷紧缩对欧洲经济打击很大，所以欧洲经济比美国经济更差，2012年可能重新进入衰退，2013年也在衰退的边缘。我自己的看法是，在未来的可见时期，欧洲经济都是在衰退和非衰退之间浮沉，不会有很好的正增长，比美国更惨！

要减少国家任何收入很难

从发达国家来看，未来10年，或者未来一个经济周期，进入了“冰川时代”，或者说处在一个不景气的时代。

中国经济最近滑落得比较快，第一季度是8.1%，第二季度是7.6%。从2010年复苏年的11.9%到现在的7.6%，它呈一条直线下滑。这个影响不可能仅是结构性的，而周期性影响更大，国际经济不景气的影响很大。

中国结构性的问题也很多。中国经济现在也处在一个“十字路口”。这个“十字路口”很难判别，中国经济现在就处在这样一个尴尬的、比较微妙的时期。

现在中国的情况和2008年、2009年受金融海啸打击时的情况有类似之处。2009年1月中国GDP达到了6.1%的增长，是亚洲金融风暴以来最低的一次，最后调整到6.4%。而现在是7.8%，这是不是到底了？很难说，很可能第三季度会更低。GDP的增长是季度数据，还有很多方面。例如，工业生产值、投资、消费、出口、进口月度数据等表明，其实第三季度比第二季度更差，很可能继续下滑。

中国经济受制于国际环境。因为中国的进出口太多，占GDP的份额太大。中国的问题实际根源上是结构性问题，需要时间来解决。过去30多年中国改革开放取得很大的成就，人均GDP从100多美元提高到5000多美元，中国经济发展非常快，而且非常独特。但是它的结构性问题也非常严重、非常多。现在这样的经济模式实际上是过去30年的增长方式、经济结构、成就所造成的。例如，我们为了鼓励外贸，在各种制度、政策方面，都是以推动出口为主，如税收方面有“出口减税”政策。现在的经济局面，包括它的成就和缺点、问题，都是过去30年形成的。要改变这样的结构，也需要相当长的时间。

“提高消费，减少出口”，说说容易，做起来很难！因为现在中国所有的经济政策都是在维护、造就现状，是为现行的经济结构服务的。要改变这个结构，制度、政策等一切东西就都要改变，非常难！

以消费为例，除了提高人们的收入以外，还要减少他们的后顾之忧。在医疗制度方面、在养老保险制度方面、在住房制度方面作出保证，人们就可以大胆消费。我们想想，做到这一点要改变多少东西？例如，提高人们的收入，只是第一次分配就很难改变。什么叫“第一次分配”？就是GDP、国民收入用于支付劳动者报酬的部分，这叫“工资基金”，这个基金要提高就很困难！需要和企业主、国家博弈。国家每年税收是10万亿元，土地收入等全部加起来是12万~13万亿元。要减少国家任何收入，改变国家政策很难。要与私营资本家抗衡，要提高收入，是否就要加强工会力量呢？还要涉及政治制度、社会制度等，“牵一发而动全身”，只是初次分配，想提高收入就这么难了，再分配就更难了。如何平衡高低收入之间的差距？税收高了，富人可能就移民了。如果再增加税收，他们不是更要跑了吗？刚才说消除人们的疑虑，保障人们消费的信心，都需要时间。供应方面的问题就更大了。

中国经济处在十字路口，未来如何发展？首先要有信心。中国经济现在已经有了这么好的基础，不要希望一个晚上能够做完、改善！要调整经济结构，或者改变这样的经济增长方式，没有两个或者更长的“五年计划”实现不了。

在分析了三大经济体之后，我认为未来十年不乐观。但这个不乐观的预测也不要影响大家的投资兴趣，因为无论是在好时期还是在坏时期，投资总有机会，只要你抓住了。其实中国需要的不是高增长，我们要的是有质量的增长。在今天这样的时机、实力、水平基础上，我们需要一个更好的、更合理的结构和动力机制。

这就是今天我要讲的“欧债危机下全球经济增长前景”。谢谢大家！

关于家庭教育的几个误区

王水发

王水发

教育学博士，中学特级教师，广东省“五一劳动奖章”获得者，首届全国教育改革创新杰出校长，深圳大学师范学院教育硕士研究生导师。现任深圳市南山区人民政府教育督导室主任。曾应邀到全国各地讲学50余次，已发表论文30余篇，出版论著17部，主持国家级课题3项。多次担任深圳电视台少儿频道“校长访谈”等栏目主讲嘉宾。

关于家庭教育这个话题大家并不陌生，但是家庭教育从全社会来看还存在很多问题。比如说对家庭教育的作用和意义认识不够，很多人认为教育孩子是学校的事情，孩子教育出了问题，更多的是学校的责任。对家庭教育的研究和探索，我觉得也非常不够。父母该怎么教育孩子，目前看来很多家长的意识和能力明显不足。中华妇女联合会的调查资料显示，我国有将近四分之三的家长在教育方法上欠妥或者有严重偏离，实际情况可能更糟。

今天跟大家交流的两个话题，一是谈谈家庭教育存在的几个误区，二是送给父母几句教育忠告，希望能够给各位朋友带来一些启发。

以积极的生活态度影响孩子

最近一段时间，我组织了几十个教师开展了一次问卷调查并分级排序的活动，对于家庭教育存在的误区有这样几个结论：父母不能以身作则；一言堂，不尊重孩子；经常拿自己的孩子与别的孩子作比较；成绩至上；父母教育孩子经常意见不一致；过分溺爱孩子；对孩子的期望不切实际；与学校很少沟通。当时几十个老师做了很多工作，最后整理成了这 8 条。后来根据平常跟家长朋友，包括市民朋友的交流，又补充了两方面：一是是否应该在学校外补课，二是是否应该早点送孩子出国读书。这两个问题也让很多人挺困惑。因此，我就从以下几个方面着重跟大家交流一下。

1. 关于父母不能以身作则

> 有位妈妈天天在家里教育孩子别乱扔纸屑，以免弄得家里很脏乱。可有一天在公园里，妈妈随手就把面包袋扔到了地上。孩子说：“妈妈，你这可是污染环境呀！”妈妈说：“没关系，有清洁工人来收拾的！”妈妈的这个举动会让自己每天苦口婆心教育的效果全无。

南山海滨实验小学主编了一本书非常好，叫作“家长告诉家长”。老师采访了在学校各方面表现很优秀的学生家长，其中有个爸爸说：“我是一个好爸爸。”老师就问，那你认为好爸爸有哪些特点呢？这个好爸爸说，第一，言传身教，如果哪次因为工作关系不能按时回家，我一定会打电话跟孩子“请假”；第二，努力工作，每当拿到荣誉证书和奖金，我会第一时间和我女儿分享；第三，不断地加强修养，增加自己的内涵，让学习成为生活的常态；第四，我是一个机灵的爸爸，我会经常注意观察孩子情绪的变化，分担分享孩子的喜怒哀乐，帮助孩子解决内心的矛盾和困惑；第五，每个星期天下午我都会带着孩子去外面玩，这是雷打不动的。这五点让我们看到一个以身作则、言传身教的好爸爸的形象。希望家长朋友能够以自己积极的生活态度来影响孩子，以自己的爱心来培养我们孩子的爱心，以自己的好学精神来带动孩子的阅读和学习，以自己的良好习惯和德行来影响孩子的品行。

2. 关于一言堂、不尊重孩子

可以从学术角度把家庭教育方式划成四个类型，一是专制型，二是民主型，三是溺爱型，四是忽视型。研究表明，在民主型家庭成长起来的孩子非常好，他们心理健康、善于沟通、积极自信、适应力强。我们到底应该给孩子营造什么样的家庭氛围和建立什么样的亲子关系？第一，营造和谐、融洽、温馨、亲密的氛围。第二，营造学习文化的氛围，即所谓学习型家庭。第三，营造富于支持和信赖的氛围。第四，营造有秩序的氛围，孩子的生活、学习、思维可以变得有序。第五，营造民主的氛围。

与孩子沟通的几点建议。第一，要习惯以平等的身份、朋友的身份同孩子交流，如果孩子小，我们应该经常蹲下去跟他交流。第二，在交流的过程当中，我们少说多听，用心倾听，少说多听一般有几种合理的比例，如二八比例，家长充其量占用20%的时间，80%的时间让孩子来说。第三，多聊孩子想聊、愿意聊的事情，当中我们作一些引导、激励。第四，多给孩子鼓励、减压、引导。第五，讨论问题的时候，家长要以理服人，不以大压小。第六，保持良好的心境和状态。

3. 关于拿自己的孩子与其他孩子作比较

我有个朋友赵先生，在我的心目中他是一个非常优秀的爸爸，他的女儿非常优秀，但是前两天他告诉我，他女儿有一句经典名言：你们家长总是在别人面前说别人的孩子多好，回到家对自己的孩子又打又骂，说这方面不如这个同学好，那方面不如那个孩子棒。赵先生感慨地说："不能老想着弥补自己孩子的不足，不如帮助孩子将特长发挥到极致。要多拿孩子的现在和过去进行比较。"

4. 关于成绩至上

有位妈妈因为办理移民手续，有三年时间把儿子带到了加拿大，以至于儿子回国以后，数学成绩很差，她非常着急。但是，有一次她听见儿子和他同学的对话，让她彻底改变了对儿子的看法。那一次，她的儿子和往常一样数学只考了六十几分，她下班回到家，看见儿子和他同学在做作业。儿子兴高采烈地跑过来对她说："妈妈，你看凯凯好厉害，这次数学考试又是全班第一，95 分！"没想到，那个叫凯凯的同学却冷冷地讥笑她的儿子说，Tom 真笨，每次考试都在 70 分以下。这个妈妈听了这句话感到非常尴尬。她不是为自己的儿子，而是为儿子的那个同学感到羞愧。她说，从那一天开始，她很庆幸自己拥有一个虽然每次考试都只有六十几分，却非常懂得欣赏和赞美他人的阳光儿子。

有个机构针对 1000 多名 7 岁到 12 岁的小学生做了调查，发现 80% 左右的家长见到放学回来的孩子第一句问话就是："作业做了吗?"或者说："今天有什么作业吗?"只有 3% 的家长会问孩子："今天在学校里过得开心吗？有什么特别的事愿意和我分享吗?"

我们万万不可只要孩子的成绩，而忽略了对孩子做人的基本要求的教育。孩子学习生活单一犹如饮食结构单一，不利于身心健康。

5. 关于过分溺爱

所谓溺爱就是过度关心和照顾，过分娇惯与保护。法国卢梭说过一句话常常回响在我的耳边："我们对孩子似乎有一种天生的溺爱。殊不知，现在给孩子溺爱，就是将来给孩子伤害；现在给孩子天堂，就是将来给孩子地狱。"虽然话有点极端，但是溺爱的后果应该是这样子的。我们做父母的，做爷爷奶奶、外公外婆的，我们要理智地付出对孩子的爱。不管大人和小孩能够轻易得到的东西往往都不会珍惜。我们要适时地给孩子需要的爱，让孩子在体验当中感悟爱。

关于对孩子爱的智慧，我朋友的微博里有一段话，我觉得挺好。他说孩子家长要有几种爱。

（1）全纳的爱。就是非常包容的爱，不管孩子有什么样的缺点，遇到什么事，爸妈都会和你在一起，永远爱你！

（2）尊重的爱。我尊重你的选择，你要对自己负责。

（3）无私的爱。父母对孩子不求回报，我们并不是牺牲自己，只是在尽自己的责任！

（4）谦卑的爱。让我们的孩子感觉到我们父母也会犯错误，也许孩子是对的，甚至我们还可以常常在孩子面前表现出我们的弱小，表达出我们也需要孩子的帮助。

（5）信任的爱。信任孩子，孩子才会信任你。

（6）有原则的爱。这是界限，我们一起遵守！家庭应该有一定的原则。

爱不只是照顾，也需要袖手旁观，只有爱与规则的结合，才是完美的爱的教育。

6. 孩子参加校外补课问题

我申明不反对校外补课，但是一定要注意有五个不宜。①不宜科目太多。②不宜次数太频，如果一个星期要补上三次（或三个学科），我觉得就多了一点。③不宜大班补课。大班级授课的形式下很难实现个性化教育、差异化发展，校外的补课机构、培训机构应该可以弥补这方面的不足。④不宜强迫孩子补课。商量好，如果孩子自愿补课才有效果。⑤不宜攀比跟风，不能因为同学都去补了，自己不补心里就有点慌，尽管每次考试他都是班级的前几名。这样补课的效率，补课的价值可能对这个孩子来讲意义不大。

校外补课最主要的目的是什么呢？是能够激发孩子的学习兴趣与学习动机，唤起学生的求知欲望和学习自信，培养孩子的学习习惯，指导孩子的学习方法。家长要能够蹲下来跟孩子分享他学习的快乐，或者分享他阅读的体会。再就是引领我们孩子的价值追求，在做人做事、是非判断方面能够作一些引导，给孩子在学校很难实现的教育作补偿性的辅导，帮助孩子个性化发展。

教育工作者一定不要变成只会教书、不会育人的教学工作者，甚至不教书本以外的东西，只教如何考试，成了“教考”工作者，这是非常悲哀的。

到底什么是教育？有很多种表述，我个人有一个比较独特的表述方式。在某种意义上讲，不管是学校教育还是家庭教育，我认为，教育就是为我们的孩子创设条件、提供机会、搭建平台、优化环境，让孩子去体验、去尝试、去锻炼、去表现，从而获得感悟、感知、感想和感动，获得成长、成人、成才、成功。周末也好，假期也好，家长更应该做的是如何利用社区的资源，家长、义工的资源，或者是我们校园的资源，让孩子多参加假期读书会、科技体验馆，包括义工联、亲子训练营、特殊的思维能力或者学习能力训练营，包括假期里面的国内外游学考察团。鼓励我们的孩子多做一些研究性的学习，多做一些主题性的考察。

7. 关于早点送孩子出国读书，我感觉这是比较大的误区

一定要送孩子出国读书吗？美国现在惊讶于中国的飞速发展而开始研究中国的教育，特别是中国的基础教育。美国教育怎么样呢？并不是我们想象的那样，只要送过去孩子就有保障，就有良好的发展。春节我去美国考察了半个月，接触到很多老师，包括深圳去的学生，最后得出一个结论：美国教育有它很多的优点，它确实能够培养积极进取的人，也很尊重不进取的人，如果我们的孩子不思进取，美国老师不会给他压力，他们会引导不思进取的人变成积极进取的人，给不进取的人进取的机会，最后不进取的人也有适合他的就业机会。所以，美国有很多高中学生毕业以后直接就去就业了。但是美国又具有完善的终身教育体系，你就业以后还可以回来继续修满你的学分。我们的孩子如果不具备相当条件的话，在这样的教育体制下接受教育也有我们的隐忧。

什么样的孩子出国比较合适呢？我作了一个梳理。第一，深思熟虑，目标明确，知道自己出国到底要做什么；第二，具有比较高的智力水平，综合素质比较高；第三，外语能力强，生活和学习没有语言障碍；第四，自控力、自律性很强，耐得住寂寞，否则就会出现很多的问题，你想都不敢想；第五，生活自立能力很强；第六，适应能力很强，能够很快地融入生活。如果你希望你的孩子早点出国读书，这六个方面要着力培养，否则不要盲目送出去。

孩子什么时候出国读书合适？这个问题因人而异，因家庭而异。关键是两个方面。第一是看孩子今后的定位如何，第二是看孩子自身的条件如何。从今后孩子的定位来看，不同的定位有不同的选择。如果我们的孩子定位是今后要移民，到国外去生存和发展，那么出国读书的实践我个人认为就是越早越好，因为出国越早越有利于我们的孩子融入异国的文化，学习和精通外语，熟悉和适应西方人的思维习惯，建立人脉关系，否则孩子很难融入异域社会，总是被边缘化。如果孩子的定位只是出国学习，将来回国来生活与发展，那么出国读书的时间是越晚越好，因为终将回国来生活与发展，我们需要系统地学习和掌握祖国的传统文化，通晓本国的风土人情和文化习俗，还需要有从小学、中学到大学建立起来的人脉资源，否则孩子回国以后难免会“水土不服”。

如果孩子特别优秀，即便以后回国来生活与发展，也可以考虑出国读大学。我个人认为，在高等教育管理制度方面，国外大学的“宽进严出”与我国大学的“严进宽出”这样的差异必将导致教育过程和教育结果的迥然不同。

关于家庭教育存在的几个误区我主要从以上七个方面展开论述，还有三个方面因为今天的时间关系，我就不展开讨论了。比如说，父母教育孩子常常会意见不一致，让孩子无所适从，到底什么是对，什么是错？还有家长跟学校沟通很少，或者家长很强势，学校和家庭不一致，我们的孩子也不知道听谁的。再就是我们的父母对孩子的期望值总是太高，习惯把我们过去没有实现的愿望统统压到孩子的身上，以我们现在的认知水平、我们现在的思维方式、我们现在对问题的看法去要求我们的孩子，弄得我们的孩子压力很大。

创造条件让孩子懂得表达

送父母的几个教育忠告，我从六个方面来说一下。

第一个忠告，我们要重视孩子的家庭教育。“家庭教育是一切教育的基础。”从教育孩子的角度来说，家庭可以有四种别样的理解。

第一，家庭是孩子的第一所学校，父母是孩子的启蒙教师，角色非常重要。今天给孩子打下什么样的底色，今后大概就是什么样的类型；第二，家庭是最重要的爱心培育基地，父母是最直接的爱心播种者。如果在家庭感觉不到爱，也感觉不到父母的爱心，他无法懂得去爱别人。第三，家庭是一个团队，父母就是这个团队的领导，要引导孩子建立家庭这个团队共享的愿景、共享的文化，我们共同遵守的游戏规则，以及相关的激励措施，甚至有的家庭每一个月或者两个月开一次家庭会议，有模有样，让孩子参与进来。我认为这样做很好，在这个过程当中孩子可以感到父母对他的尊重和重视。第四，家庭是一个成长共同体，父母要与孩子共同成长。孩子跟家庭教育是什么样的关系？我为什么反复强调家庭教育非常重要？我跟我的朋友说，从某种意义上来说，我带着强烈的责任感、使命感、忧患意识来市民文化大讲堂作这么一个交流。我觉得每个孩子生来都非常优秀，每个孩子都能够变得更加优秀。不管他生活在什么样的家庭，不管他父母从事什么职业，有什么样的教育背景，孩子将变得更加优秀，且关键期在幼儿园和小学阶段。

早在一百多年以前，英国教育家斯宾塞在他的《教育论》一书中就曾经指出：“子女的生与死、善与恶，都在于父母怎样教养他们。”有的年轻人说，孩子有爷爷奶奶、外公外婆教育，甚至家里面还有一个阿姨照顾，但是我想这些教育都代替不了我们做父母的教育。祖辈教育确实有一定的优势，比如说时间优势、经验优势，但是父母的教育不可替代，祖辈的教育也有他们难以避免的缺陷。比如说，容易过分照顾、过分保护，他们的教育需要优化，那么父母教育则更需要加强。

多陪孩子阅读

第二个忠告，我们光有重视家庭教育的意识还不行，还要花一定的时间真正付出。家长常常说："我很忙。"包括我本人年轻的时候也犯过这样的错误，总觉得工作第一、事业第一，把工作做好了，把事业做大了，我们的孩子一定会有好的教育，我们一定要给他好的影响，其实未必。工作再忙也不能荒废了孩子。在家庭教育当中，我们的父母要做什么呢？在幼儿园和小学阶段，我觉得有五件事情可以做。第一，陪孩子学习。第二，看孩子做事，我们静静地看。第三，听孩子说。《学习论》中有一句话非常经典："只有当学习的人用他自己的语言学习了，理解了，掌握了，才真正发生了学习，否则就没有发生学习，或者说是无效的学习。"因此，请尽可能创造条件让孩子说出来，表达出来。第四，与孩子议论、讨论，去同他交流，在交流的过程中去引领、去分享。第五，孩子毕竟是孩子，需要我们引导和帮助他提高。

给低幼年龄段孩子的家长的"六陪"建议：陪孩子玩；陪孩子阅读；陪孩子做作业，孩子在旁边做作业，我们在旁边看书，我们不问、不说、不唠叨，但是要陪着，这时候我们的孩子特有安全感，我们自己也特踏实；还陪孩子聊天；陪孩子看电影，去看我们认为应该看的电视；还要陪孩子去户外活动，亲近自然。无声的陪伴是最好的教育，无声的陪伴是最好的沟通，无声的陪伴是最好的释放，无声的陪伴是最好的爱的表达！

当孩子小的时候，我们一定要花一点时间陪他朗读或亲子共读。朗读或者亲子共读可以分两个阶段，孩子很小的时候，以我们的家长朗读为主，孩子倾听。孩子慢慢大了，我们试着让他跟我们轮流读，我们读给他听，如果可能的话也让他读给我们听。当然这需要时间，我们有多的付出，一定就有多的回报。

孩子慢慢到了小学、初中、高中，我们还可以跟孩子同读一本书，有三种模式：第一，在孩子读之前我们先读这本书，然后推荐给孩子读，这样我们给孩子的建议更有针对性，更有指导性，我们在孩子读的过程中假如有一些分享和交流，还能够帮助孩子建立对家长的一种崇拜，改善我们的亲子关系；第二，与孩子同时读，在读的过程当中互相交换意见，交流看法，当中我们作一些价值引领，引导孩子如何来作是非的判断；第三，孩子读了以后我们再找时间去读，这样我们跟孩子就有共同的话题，很多方面能够达成一致，我们甚至可以引用书里面的某些故事、某些人物跟孩子作一些探讨、分享。

教育需要家长付出耐心

第三个忠告，成长是一个漫长的过程，教育是一项需要耐心的事业，我们要有好的心情。“家长”也是一种职业，“家庭教育”也是一份事业。现在很多人慢慢地认同这句话了，那我们要重视前面讲的“六陪”，提高陪伴的质量，首先需要我们的家长有一个好的心情。如何做到有好的心情？有六大忌讳，我们要切记。如果把握不好，我们的教育和陪伴不但没有效率，甚至有负效率，或者说不陪更好，不教育更好。一忌烦躁不安；二忌心不在焉，自己下决心陪孩子，结果满脑子想着工作，满脑子想着其他事情；三忌简单应付；四忌强行控制，我个人认为孩子就是孩子，要让他自然地去表现，包括他有时会很野蛮、打人、踢人，做破坏性的动作，这是成长过程中极其正常的心理表现，或许他希望引起你的注意，或生理发育对这方面特别敏感，比如说喜欢动、喜欢跳，家长强行控制对孩子极其不利；五忌随意指责，家长需要经常跟孩子换位思考；六忌把大人的情绪带给孩子，特别是不良情绪，走进家庭里面就应该是微笑、开心、快乐的，夫妻之间的争吵或者不愉快也不要带给孩子，这样对孩子非常不利。

我有个朋友有个做法，每次情绪不好或生气的时候，他会到卫生间里面待一下，照一下镜子，把自己的怒气在卫生间里面宣泄出来，然后打开门笑着和孩子打招呼。教育孩子一定要有好的心情。

心理学家马斯洛的需求层次理论给我们教育孩子提供了很多启示。他说，人的需求有多个层次，而且往往是满足了基础层次，就追求更高的层次，越高层次的需求得到满足就越开心。怎么样让我们的孩子开心？我们应该很用心地去努力，首先满足他的生理需求，包括吃喝拉撒。然后让他有安全感，让他的心理没有恐惧感，很放松，不担心爸爸打他，也不会惹妈妈生气。之后，孩子需要交往，跟邻居孩子交往，跟其他小朋友玩，他这样的需求我们要满足。独生子女在家里没有交往的对象，很难有交往的环境，在教育上我们会遇到新问题。心理学有一个说法，儿童教育儿童往往是最好的教育方式。小孩跟小孩在一起学习、模仿特快，小孩有什么好的动作他很快就学会了，当然小孩有什么不好的行为他也很快学会了。在交往的过程当中，孩子若能得到尊重，他就开心。我们过去总是习惯命令、控制，总是大人说了算。孩子的选择、情感、话语权若得不到尊重，甚至他的尊严得不到保护，他就不会开心，他在父母心目当中没有地位，他也不会开心。自我实现的需求得到满足，这是孩子最高级的需求，跟我们大人一样。在我们的生活当中，让我们体现出价值和成就感，当然是最快乐的。我常常说，一个人的价值往往取决于他给别人，或给社会带来多大的价值，一个人能够给别人带来快乐，他就最快乐。为什么？他的价值得到体现。如何创造条件让我们的孩子能够有这样的价值和成就呢？就是让他去表现，让他去表达，所以父母要用心去满足孩子合理、本能的需要。讲一句不好听的话，有的家庭、有的老师没有把孩子、学生当人看，他们不了解孩子跟他们一样，也有喜怒哀乐，也有心理需求。

在我大量的思考和研究当中，我发现父母或老师应想方设法满足孩子的几种欲望。一是孩子有体验、参与的欲望，二是孩子有发现与创造的欲望，三是孩子有表现与分享的欲望，四是孩子有交往与互动的欲望，五是孩子有受表扬、被认可或者被确认的欲望。我们应该设法让他实现这些欲望，满足这些欲望，他的潜能才能得到最大的激发。

家庭教育要携手学校教育

有了教育孩子的意识、时间和心情，还得有方法。教育孩子一定要讲究方法。清朝著名学者颜元说过一句经典的话："数子十过，不如奖子一长。"鲁迅先生也曾经提出要开办父范学堂，他认为教育子女大有学问。现在我们也有很多地方开办家长学堂，做父母、做家长需要学习，需要科学的方法。著名儿童教育学家陈鹤琴在他的《怎样做父母》一文中写道：

> 我们晓得，栽花有了栽花的学识技能，花才能栽得好。养蜂有了养蜂的学识技能，蜂才能养得好。育蚕有了育蚕的学识技能，蚕才能育得好。甚至养牛、养猪、养羊、养马、养鱼、养鸟莫不都要专门的学识技能。而一般人对于他自己的儿女反不若养鸡、养蜂、养牛、养猪来看得重要。我们只要是一个人就好像都有资格可以教养儿童的。至于说怎样教养，怎样培育，事先既毫无准备，事后更不加研究，好像儿童的价值不及一只猪，一只羊，可以随意打发。

我通过文献了解到，瑞典现在要结婚的人都必须学习专门的家庭教育功课，考试合格拿到结业证书才能去登记结婚。通过多年对家庭教育的思考，我非常希望我们的政府，我们社会中的有关部门能够通过购买服务倡导专门的机构、专业的队伍对成年人的教育进行系统的设计，开发系统的课程，并且加强课程的管理，进行明确的学分要求，进行严格的考核评价，采用结业证书制度对家长进行家庭教育的培训。现在深圳市的社区教育已经做得很不错了。比如说，开学分银行，但学分银行是不是可以跟结业证书制度能够整合起来？年轻人该谈恋爱、该结婚了，他们应该到专门的机构接受婚前教育的课程学习，要学好相关课程，修满相关学分，考试合格，才能拿到结业证书，才能够领结婚证书。结婚之后要生育也一定要接受育前教育的课程学习，修满相关学分，拿到结业证书，他们才能获得准生证书。家长甚至还要接受学前教育，学完相关课程，孩子才有入学证书，才能够入小学、初中、高中。现在家长只是凭经验教育孩子，而现在的小学、初中、高中教育你知道多少，你有什么样的思想准备？恐怕都没有。如果这样做，市民素质肯定会大大提高，社会和谐与稳定也一定有不同的面貌。

最近南山区教育局正在研究一个问题，我们希望联合相关部门或者通过购买服务来开发与婚前教育相对应的学习课程。比如说，“婚前学习手册”“育学学习手册”“入学学习手册”等。小学、初中、高中也是一样的。比如，读小学之前我们的家长能拿到一本学习手册，这样对家长的帮助一定很大。比如，初中孩子的家长学习手册我们至少考虑以下方面。第一，我们的编写者跟家长朋友首先有一个沟通，为什么编印这样的手册？你应该怎样学习和阅读？家庭教育和学校教育是什么样的关系？家庭教育一定要携手学校教育，学校教育一定要和家庭教育能够保持和谐互动，家校同心，家校合一，我们才能够取得比较好的教育效果。第二，这个手册是干什么用的？就是介绍给初中孩子家长，他事先要了解初中生学习、生活的要求和特点，包括初中生常见的问题和困扰。第三，老师、教育专家、心理专家从他们的角度来看，应该怎么去扮演好家长的角色？

要注意鼓励的方法

第四个忠告，我们要有记录的空间，记录家长的要求和期待，记录孩子的计划和理想，记录孩子的学习与成长。我想对家长一定会有很好的帮助。

颜元讲：“数子十过，不如奖子一长。”我觉得鼓励是最重要的方法。美国心理学会的艾伦·凯斯丁说："鼓励是最重要的方法，是让孩子去达成事情的唯一有效方法。"有的家长可能不太同意这种说法，但是你用鼓励的方法试试看，一定比你原来不鼓励、吝啬鼓励的方法效果更好。

鼓励为什么是最重要的呢？我觉得鼓励和赞美能够使我们的孩子心理上得到满足，心情保持愉悦，他的兴趣得到激发，激情被点燃。小孩子的潜力是我们有限的想象力无法穷尽的。我们怎样去发现，怎样去激发孩子的潜能呢？鼓励和赞美能够使孩子大脑处于兴奋状态，他今后的努力方向会更加明确，与父母的关系也会越来越好。欣赏与鼓励可以增强孩子的自信，而如果我们欣赏和鼓励，放大孩子的优点，他的优点和强项可以实现正向迁移。

鼓励也有鼓励的方法。我们给孩子拥抱、亲吻，或者是默默关注，让他感觉到我们眼睛里面的爱。一种支持，一种欣赏，一种信任，也是鼓励，也能强化他好的行为，他会不断地让你看到这种好的行为。拥抱，能够促进脑部发育，帮助孩子建立信心，建立自尊和安全感。我们也要注意到，要用更精确和有意义的言辞来赞美孩子，不能简单地说"你做得好，你真棒"，这样的话说多了一点意义都没有。

电脑游戏也是一把双刃剑

第五个忠告，在教育的天平上，一端是爱，另一端是管教。我们要把握度，要坚持原则。不是一鼓励就可以放任。要营造氛围，形成规律，养成习惯，特别是建立规矩。比如说，孩子提出不合理的要求。你怎么办？我们至少可以做四件事情：我们要是觉得不合理，我们先请孩子说出理由，培养孩子讲道理的意识和习惯；如果我们不能说服他，我们也可以满足他，但要在规定的时间，如果触及底线，不能做，我们要采取冷却的方法，不予理会，不予满足，不能迁就，培养孩子的规则意识；及时引导，家庭教育最大的优势就是能够在案例当中、生活当中、情境当中、在具体的事例当中去教育；他坚持他的意见，我们也可以满足他，他能够按照规定的时间停止，也值得表扬和鼓励，我们要注重正向的强化。比如，孩子适当玩游戏，或者看卡通片，家长应该怎么办？其实电脑游戏是一把“双刃剑”，疏于管理极其有害，但善于引导也是非常有益的。不管是智力、思维的培养，还是进取心的培养，规则、意识的培养，对孩子也都是有意义的。关键是怎样去引导。

从规矩的角度来讲，我想稍微拓展一点，我们的家长和父母有点困惑，我们到底要培养什么样的人？什么是良好的习惯？家长千万不要忽略了对孩子基本要求的教育。哪些是基本要求？比如说，孝敬父母是基本要求，体谅别人是基本要求，遵守规则也是基本要求。

孩子必须养成的生活习惯至少8个方面我们要特别重视。①诚实守信，这是做人的根本，最基本的要求；②准时睡觉，准时起床，我们发现很多学生有了这样的习惯后，在学校不仅学习好，而且各方面都很出色，都很优秀；③用过的东西放回原处，这也是一种负责任；④自己的事情自己做，并帮助父母适当做一些家务，否则他今后无法独立，无法自立；⑤把一件事情做到底，而不是半途而废；⑥懂得欣赏和赞美别人；⑦习惯参与运动，因为运动是成功的助推器；⑧理智消费。

良好的学习习惯我们可以优选一下，这八个习惯同样重要。①第一时间独立完成作业。②定时自主学习、独立思考。这里有一个时间是“定时”，有些孩子回来以后首先是痛痛快快玩，然后到了实在不能不做的时候才做作业，结果睡觉难得准时，连锁反应，恶性循环。③课后复习和课前预习。④广泛阅读。苏联教育家苏霍姆林斯基说：“让孩子变聪明的办法不是补课，不是增加作业，而是阅读，再阅读。”⑤做学习笔记。⑥探究与创新的习惯。中国孩子太缺乏创造性思维、批判性思维、好奇心、想象力，这方面是我们的短板。⑦交流与分享的习惯，在交流当中实现共赢。⑧总结与反思。不断反思，不断进步，学习加反思等于进步。

持之以恒

最后一个忠告就是持之以恒。没有坚持就没有希望。南山区海滨实验小学校长主编的一本书我非常喜欢——《家长告诉家长》。他们把学校各方面很优秀的孩子家长请过来，老师与他们访谈，结果60多个接受访谈的家长几乎都提到了每周的家庭活动日。现场的各位朋友你们每周坚持跟孩子开心度过这个家庭日吗？“持之以恒”有两个意思。一是家长教育孩子，一定要持之以恒。二是培养孩子持之以恒的习惯。比如，孩子上兴趣班一般有四个阶段，一开始是新鲜感，慢慢地感觉很累，有压力感，甚至不想做了，产生厌倦感，这时候我们要坚持，让孩子、爸妈体会到乐趣，享受到美感，体验了成就感，后来他想停都停不下来了，这就是坚持的价值。

这里还有一个案例，也是刚才我提到那本书里的家长说的，让我很感动。这个家长说，他的孩子和他每天是这样生活的：

7:00，母亲起床做早餐。

7:30，孩子起床。

7:40~7:55，孩子吃早餐（其间放英语DVD做背景音乐）。

8:00，孩子去上学。

12:10~12:40，孩子回家，吃午餐（边吃边跟母亲一起看午间新闻）。有的朋友会说这样是不是不利于孩子的健康，这个问题我们不讨论，但这个孩子父母如此用心实在是值得我们学习。

13:00~13:50，孩子午睡。

14:00，孩子去上学。

下午放学后，孩子直接回家，做作业。

完成作业后，看书、看电视或出去玩由孩子决定。

18:30~19:30，晚餐，全家一起看新闻并交流一天的感受。

20:00~21:00，孩子练琴。

21:10~21:40，床上睡前阅读。

21:40，关灯睡觉。

这里我想用老师访谈的时候提的一个问题来结束我今天的交流。如果时间能倒流，让您重做一遍家长，您希望自己在哪些方面做得更好？有几个家长尽管非常优秀，他们的孩子也非常优秀，但是他们是这样回答的。

家长A答：孩子三四年级这两年，我特别忙，给她的时间太少，到现在我都感到遗憾。如果在这个成长的关键期我能在她身上多花些时间，她会比现在更优秀。

家长B答：我会充实自己，让自己懂得更多的育儿理念。我会看教育学、心理学与营养膳食方面的书，做更优秀的妈妈。教育真是个引导、渗透、潜移默化的过程，不能把孩子放在火上烤，而应该把他们浸润到爱心和耐心中。只要家长用心，就能教育好孩子。

您的答案会是什么呢？今天这个交流会给您的家庭教育带来什么样的改变？谢谢大家！

张骁儒 / 主编

深圳市民文化大讲堂
2012年讲座精选

下册

The Selections of
Shenzhen Civil Lecture on Culture
(2012)

社会科学文献出版社
SOCIAL SCIENCES ACADEMIC PRESS (CHINA)

【目 录】Contents

上册

一　民族文化

二　广东精神 · 深圳观念

三　经济·教育

下册

四　文学艺术

五　深圳学派·创意设计

六　科学生活

七　养生

四 文学艺术

《红楼梦》的又一种解读

——《红楼梦》的哲学解读

王 博

王 博

北京大学哲学系主任、教授、博士生导师，国家新世纪优秀人才。1999～2001年两次成为哈佛燕京访问学者。主要研究古代中国哲学，主要作品：《老子思想的史官特色》《简帛思想文献论集》《易传通论》《庄子哲学》等。

《红楼梦》创作历经十年时间5次修改

我记得前两次来大讲堂演讲的时候正好赶上两个节日，一个是母亲节，一个是父亲节。今天不是节日，4月8号，是平常的日子，其实生活之中节日毕竟比较少，我们更多的是过着普通的日子。看了《红楼梦》之后，我们会由衷地觉得平常的日子是最幸福、最快乐的。

讲《红楼梦》之前，我想先对几个人物表达我的敬意。一个是本焕长老，我们都知道今天是他的“头七”，2012年4月2日0时36分，本焕长老在106岁的高龄驾鹤西去，我觉得他真的是特别难得的大德高僧，我今天上午特别去了弘法寺，所以我想对他表达一点敬意。第二是“红学”前辈们，刚才跟主持人聊到了红学传统中的大师，正是有了他们的研究，才给我们的讨论奠定了非常重要的基础。第三个我要表达敬意的是曹雪芹，如果没有他的话，我们今天就没有讨论的对象，就变成一个空谈。

曹雪芹的人生是失败的，当然这个失败其实由不得他自己。这个失败可以当成是命运的捉弄，失败常常是每个人的缩影或者是他人生的一个侧面。我们说缩影和侧面是不一样的，缩影是一个具体而微的东西，侧面就是我们生命中的某一角度。我前面说过，我对曹雪芹个人的经历其实并不特别感兴趣，因为我并不推崇自传说的解读方式。如果我们用最简单的方式勾勒曹雪芹的人生，他的人生好像做了一个蹦极运动。这个蹦极运动，我们下去了可以上来，他下去了没有上来，这是悲剧。他个人的悲剧直接催生了《红楼梦》这部伟大的小说。个人的悲剧经常会创造出很多璀璨、伟大的作品。想想看，司马迁的悲剧，给我们带来了《史记》，李后主的悲剧，给我们带来了那么多很凄美、很冷的诗词。曹雪芹的悲剧给我们留下了《红楼梦》。我曾经问过很多朋友，我说你们有没有读过《红楼梦》，他们说读过。我继续问他们有没有读完，他们说没有，这是不是现场在座各位共同的经历？我想问一下，读完了《红楼梦》的朋友们有多少？请举手。挺多的啊。深圳的朋友了不起，这是很难懂的小说。

我在10岁左右的时候读《水浒传》《三国演义》《七侠五义》那种特别热闹的东西，包括《封神演义》，我读得津津有味。有一天我突然看到《红楼梦》，大概读了几回，而且跳跃式地读，然后我就把它放下了，实在读不进去。我现在了解到，女孩子比男孩子更耐心一点，很多女孩子说，在十几岁的时候读完了《红楼梦》，男生相对来说比较少。这同作品的特殊性有关系，因为这个作品太细腻了，经过了太多的精雕细刻。我们经常讲一句话，“十年磨一剑”。曹雪芹花了人生最后10年创作了这部伟大的作品，有人说没有完成，我们暂时姑且说他完成了这部作品。中间经过5次修改，10年时间5次修改，而且修改不是一个人伏在案前靠自己的思考来修改，他约了一帮朋友，这帮朋友做什么？先喝酒，喝酒之后再来讨论作品，创作过程就是讨论过程，这种讨论过程同时变成了创作的过程。因此，我们可以想象，《红楼梦》这部小说跟一般的浮躁作品不一样。现在很多人一个月创作一本书，可是他用了10年，曹雪芹这部书可以说是用血泪写成的，我要特别跟大家强调这一点。王国维曾经说过，古来所有的诗词里面他最喜欢什么？就是用血泪写出来的诗词。比如说，他喜欢南唐君主李煜的诗词，“春花秋月何时了，往事知多少？小楼昨夜又东风，故国不堪回首月明中”。他为什么喜欢？他说这不仅是靠才气写出来的，不是靠一般的感情写出来的，这是靠血泪写出来的。整个《红楼梦》我们透过“红”字看到的是血，鲜血，那是曹雪芹从自己心里面流出来的。

《红楼梦》是一个伤心人的世界

各位朋友记得《红楼梦》第一回说过四句话，20个字，很简单，但是我觉得很难忘：“满纸荒唐言，一把辛酸泪。都云作者痴，谁解其中味？”“满纸荒唐言”，没有错，我们看《红楼梦》的时候会觉得很荒唐。比如说，《红楼梦》从哪里开始？从石头开始。这个书从哪里来的？从石头上抄下来的，这个太荒唐了。但是“一把辛酸泪”，我们通过荒唐看到什么了？看到的是辛酸的眼泪。我们现在在很浮躁的、在市场化的或者歌功颂德的文字里面看不到辛酸的眼泪，我们看到的仅仅是利益或者是名声，很虚浮的东西，可是《红楼梦》不一样。“都云作者痴”，“痴”，是“疒”下面一个“知”，有病，没有错，曹雪芹是一个病人，为什么有病啊？因为这个人太认真了，我们都知道现在世界上太认真的人在一般人的眼中都是有病的人，因为太执着了，痴就是执着。怎样的执着？是你无法想象的痴。“谁解其中味”，我特别提到“味”，读《红楼梦》需要品味，这个“味”不是品味《红楼梦》里面的食物，不是品味《红楼梦》里面的衣服、建筑、各种各样的风格，品味的是人生，是人生的酸甜苦辣，是我们内心里面的东西，或者是我们对世界的理想和无奈。

我个人解读《红楼梦》，从哲学的角度来作解释，我当然知道现在很多朋友有很多解释，因为研究《红楼梦》一直是比较热的学问，很多朋友一定都知道刘心武先生对《红楼梦》的理解，他应该是属于新索隐派吧。我有时候开玩笑说，刘心武先生对《红楼梦》的解读应该是小说家对一部小说写的另外一部小说。我的意思是，我们可能更多地把精力用在了猜上面。用胡适的话说是去“猜笨谜”，“猜笨谜”是索隐派他们共同的做法。我个人不喜欢“猜笨谜”，而是用我有限的心灵来感受《红楼梦》伟大的心灵，当然这样的感受一定是比较浅的，但是我愿意和各位来分享一下。

《红楼梦》是一个世界，但这个世界是一个伤心人的世界，我们知道伤心人的世界和开心人的世界是不一样的。开心的人看世界任何方面都是好的，可是伤心人看世界任何东西都是很凄凉的。各位想，《红楼梦》里的林黛玉，她就是一个伤心的人，所以她看世界上的东西，她看春天是伤心的，她看秋天更是伤心的，她看所有的东西都是伤心的。她看到一个小孩出生，她马上就想到死亡。这就是伤心人的世界。我说《红楼梦》就是这样的世界。因此，我在后面讲的时候，如果各位觉得《红楼梦》的世界有点冷，《红楼梦》的世界最后走向虚无，各位一定要有同情和理解，因为这是伤心人的世界，所以它才会有这样的味道，或者说有这样的气势。

《红楼梦》有五个名字

我想借助一个载体来对《红楼梦》进行解读，哪一个载体？《红楼梦》的名字。各位朋友知道《红楼梦》总共有几个名字吗？5个。在座每个人也许有很多的名字，有大名、小名，还有字，有人还有号，曹雪芹本身也有很多名字。曹雪芹是他的字，他还有很多的号，比如说芹圃、芹溪，还有耐冷道人等等。而且《红楼梦》里面有很多的人物也如此，比如说贾母，叫老祖宗、老菩萨，如果你不喜欢她，可以背后管她叫老东西。贾宝玉有什么名字？宝玉是我们最熟悉的名字了。看他周围的伙伴，姐妹们管他叫“无事忙”，也有人管他叫“富贵闲人”。透过这些不同的名字，我们看到的是什么？就是理解一个人可以从不同的角度。有时候你管我叫王老师，有时候你管我叫王教授，有时候你管我叫王博，有时候你管我叫老王或者小王。各位，你从这里面可以看到这个人看你的角度，一般来说管我叫王老师，一定就是学生们。如果叫王教授就感觉距离有点疏远，他比较客气，叫王先生也比较疏远。有人叫小王，这一定是长辈，跟你比较亲近，所以给你这样的称呼。所以名字很重要。我们如何被命名，其实决定了一个人以什么样的形象出现在世界上、呈现给其他人。

《红楼梦》本名其实不叫《红楼梦》，叫《石头记》。我特别喜欢后一个名字，非常朴实无华，但是朴实无华背后所体现的是对世界的冰冷理解。《红楼梦》的第二个名字叫《情僧录》。大家看这个名字也很有趣。我们见过很多僧人，但见过情僧吗？情僧是矛盾的，一边是海水，一边是火焰，僧是海水，情是火焰。《情僧录》表现出非常深刻的关于情感的理解。第三个名字是《风月宝鉴》。风月，我不知道各位提到这两个字的时候你想到什么东西，当然你如果雅一点的话会想到苏东坡在《赤壁赋》里面提到的“惟江上之清风，与山间之明月”。这个风月就是迎风弄月。我们有很多诗人、有很多人喜欢作词，喜欢小资情调。这个风月是什么？是闲情逸致。但是还有另外一个“风月”，就是风月场合。我猜想各位基本上不大熟悉了，不过你想想北京有八大胡同，老上海有老四马路，南京还有秦淮河，这些地方过去是什么地方？是风月场所，这是另外意义上的风月。这个风月跟什么有关联？就是跟欲望相关联。第四个名字是《红楼梦》，我们太熟悉这个名字了。这里面最触目惊心的是“梦”，我们每个人几乎每天做梦。昨天是审判赖昌星的日子，赖昌星有一个很重要的地方就是红楼。当然北京大学也有红楼，北京大学最早的校址就是红楼，在北京沙滩，就在中国美术馆边上，当然现在那个地方对北京大学来说也是一个“梦”。不过就《红楼梦》这个名字来讲，“红楼”是什么？红楼就是滚滚红尘所凝聚成的看起来非常伟大的世界。这个世界是什么？是一场梦，伤心人的世界都是梦。第五个名字是“金陵十二钗”。最近有一部电影《金陵十三钗》比较流行，我没有看过，我不太喜欢跟风，一般来说宣传特别多的电影我一般不看，之后有空的时候在电脑上我会稍微留意一下。“十二钗”是指什么？就是12个美女。如果仅仅把“金陵十二钗”看成是12个美女，我觉得你并没有真正理解曹雪芹写这部书的意图，其实十二钗就代表12种生活方式。你看曹雪芹的描写和叙述非常清楚，我特别想说这12种人其实就是六个对子，两两相对，绝不紊乱。

从五个角度解读关联人生的五大问题

《红楼梦》五个名字分别代表了五种阅读《红楼梦》的角度，而这五个角度关联人生的五大问题。第一是心，第二是情，第三是欲，第四是世界，第五是生命。这五个东西谁没有经历过？谁没有拥有过？我们谁没有失去过？以下我就按这个线索跟各位进行交流。

我不想从《石头记》说起。这是本名，我愿意把它放在最后面。我从《情僧录》开始谈。这个名字据说是空空道人取的。读过《红楼梦》的人一定记得这个名字——空空道人，很显然他是一个僧人，正因为如此，我们在这个名字里面看到“僧”字。我前面说过情僧是多么矛盾的生命，可是这个矛盾在生命里面透视出的是什么？就是对生命的一种思考和觉悟，特别是情感。僧人是如何炼成的？这个问题你不要问我，你要问印顺大和尚，他可能给你讲故事，讲他怎么样跟老和尚结缘，然后皈依佛门。我当然不知道背后具体的情节，但是我相信他一定经历过一种情感的挣扎。

《情僧录》是什么样的记录？这是由“情”到“僧”的记录。或者我们可以说出由情入僧的记录。如果让我这个门外汉来回答僧人是如何炼成的，我最简单的答案就是从情人炼成的，如果一个人不是一个好的情人的话，我想他未必是一个很好的僧人。这是什么意思？我们怎么样才觉悟到空、怎么样才在内心里面装上虚无的感觉？我想借用明朝末年有一个先生说过的一段话来跟各位解释一下。他怎么说？原话我记得不太清楚，大概意思是这样的：情根都是团结在一起的。什么是“团结”？心有千千结，心里面有各种各样的情感，每个人都有各种各样的情感，我们的亲人，我们的爱人，我们的朋友，还有我们牵挂的很多人，这些情在我们的心里面都是一个个的结，所谓心有千千结，都是情根团结。我们生活在有情的世界里，按照孔先生的说法，我们怎么样从情根团结中摆脱出来？你必须要觉悟到情根是虚的，然后才能进入“得道”的状态，就是“虚无”和“空”的状态。他继续说，你如果觉悟到情根的空，你必须要走入“情内”，之后才能觉悟到“情根之虚”，这个时候你才可以走出“情外”，然后觉悟“情根之实”。用最简单的语言来讲，就是“入乎其内方能出乎其外”。我有个学生是情感婚姻顾问，可是他连婚都没有结过，这是忽悠人的。一个没有结过婚的人怎么给别人做情感婚姻顾问？而且你只结过一次婚都不能做情感顾问，你必须要像韦小宝一样，进出婚姻几次才可以做情感婚姻顾问，或者你像李后主一样才能做情感顾问。你必须经历过，才知道里面的酸甜苦辣，才知道其中的滋味。钱钟书著名的小说《围城》中说，“城里面的人想出来，可是城外的人想进去”。为什么有人要出来？因为觉得城里面很闷，为什么有人要进去？因为没有进去过。所以一定是入乎其内才出乎其外。你必须走入情内，才知道情是虚的，之后才能觉悟到情感是我可以把它摆脱掉的，是我可以忘却的，我可以走入空门，于是我从情人变成僧人。

《红楼梦》是走向虚无的小说

《红楼梦》是走向虚无的小说，这是悲剧性最主要的体现，最后是以贾宝玉出家作为结束，走入空门。《红楼梦》里面最重要的字不是“空”，而是“情”。《红楼梦》是什么书？情书，他自己说过，这本书大的宗旨就是谈论情的，所以《红楼梦》里面各种各样的故事，贯穿在各种各样故事的背后是什么东西？除了一般的人情世故之外，就是少男少女之间的爱情，尤其是贾宝玉和林黛玉之间的爱情，最重要的主线就是“情”。《红楼梦》从什么地方开始的？大荒山无稽崖青埂峰。青埂峰是什么样的峰？我们如果看比较早的曹雪芹的朋友脂砚斋的评点，“青埂”这两个字所隐喻的其实就是情根，用了谐音法，《红楼梦》里有很多名字必须要靠谐音去作了解。比如一开始说在什么地方？在十里街、仁清巷，名字很好听，可是你要看谐音就变了，“十里街”就是“势力”街，这是一个很势利的世界。仁清巷，就是人情，这是人情的世界。里面有一个庙，葫芦庙，其实是很糊涂的庙，出现一个人，这个人叫甄士隐，就是真实都凝聚了。然后再出现一个人，叫贾雨村，再出现一个人就是甄士隐的女儿，叫英莲，可是你一看谐音就坏事了——“应怜”，可怜啊，让我们觉得她很可怜，她当然是很可怜的人。所以《红楼梦》从哪里开始？从情根开始。

我问一个问题：情归何处？我不知道。本焕长老在一个星期之前去世了，我们不能再问他这个问题了。情归何处？有些人会给出一些回答。如果我们看《红楼梦》，曹雪芹给我们什么样的答案？大荒山、无稽崖，还有青埂峰。“大荒”什么意思？虚无；无稽是不靠谱，所以就知道情就归在那个地方。这是我们经过不停折腾之后可能得到的答案，不过得到这个答案之前我们需要在情感的世界里面披荆斩棘。

我们如果看《红楼梦》第五回，贾宝玉梦游太虚镜，听警幻仙姑说唱音乐，这是《红楼梦》的曲子，有 14 曲。前面八个字是什么？开辟红楼，就是情种。开天辟地第一件事是什么？就是要开启自己的责任，仁、义、礼。但是《红楼梦》开天辟地就是谈情，什么是情？“趁着这奈何天，伤怀日，寂寥时”，演着怀金悼玉的《红楼梦》，这完全是“情”的世界。如果我们进到太虚幻境，看到第二副对联，上联是“厚地高天，堪叹古今情不尽”，下联是“痴男怨女，可怜风月债难偿”，这就是《红楼梦》所关心的世界，情的世界。因此，我们看到情在不同生命中的呈现，你可以看到贾宝玉的情，你可以看到林黛玉的情，你可以看到晴雯的情，你可以看到各种各样的情。

我个人觉得有三个人最值得我们注意。第一个人是晴雯，这个名字就是关于情感的追问：情问。晴雯到死之前她一直不能释怀的，就是对贾宝玉那样真诚的情感，那完全是纯粹的情和情之间的沟通，可是这样真诚的情感在那个世界面前粉身碎骨，所以她的生命就是关于情感的追问。林黛玉更是这样的追问。林黛玉是《红楼梦》里最纯粹的情人。各位，情是什么？“情”字左边一个“心”，右边是“青”，就是春天的心灵，青春的心灵，青春的心灵很纯粹又很脆弱，在春天可以，但是到了秋天、到了冬天呢？到什么地方去？这是非常重要的问题。情不是别的，情就是心灵的发动，当我们看到一本好书，当我们看到美丽的风景，我们的心都会发动，这是什么？就是情。因此情人最大的表现就是敏感。各位，春天来了，我们在座的有多少人对花粉过敏？对花粉过敏说明你是敏感的人，你就是情人。我在开玩笑啊，并不是你花粉不过敏就没有情。我只是说为什么对花粉过敏，因为你被春天打动了，你被花粉感动了。林黛玉一定是个花粉过敏者？不，她对什么都过敏，太敏感了，也意味着太脆弱、太懦弱了，我们有限的生命怎么经得住 24 个小时不停地折腾？不可能。所以她的夭折就是命运注定的。这是什么？就是情感的命运，就是情感的悲剧。各位，在林黛玉的世界里只有情感，没有别的东西，没有空，一切都是真实的，只有情感。林黛玉，也就成了金陵十二钗最具悲剧色彩的人。

可是把情感意义推到极致的不是林黛玉，是贾宝玉。没有谁能够生活得像贾宝玉那样——生活在剧烈的情感冲突里面，这个情感冲突包含什么？完全是立体式的画面，一方面是男女之间，跟林黛玉，包括对其他的美女。各位都知道，他对薛宝钗不是完全没有动心的，如果他对薛宝钗一点都不动心，也许没有那么多的故事发生。《红楼梦》里面有记载，当贾宝玉看到薛宝钗雪白的肩膀的时候他就动心了，他想，如果这个肩膀长在林黛玉身上，他还可以摸一摸，这不就是动心吗？他不止对薛宝钗动心，他对别人也动心啊，他对袭人动心，他对晴雯动心，他对金钏动心。可是我们都知道，《红楼梦》的悲剧就在于，贾宝玉对谁动心，谁的悲剧就来了。还不仅是男女之情，人类的情感不只是爱情，还有亲情之爱，母子之爱。

《红楼梦》里很重要的冲突是感情冲突

《红楼梦》里面很重要的冲突是什么？就是父母和宝玉之间的感情与宝玉和黛玉之间的感情冲突。父母亲需要宝玉做的不是宝玉想做的，父母亲希望宝玉娶的并不是宝玉想娶的，这就是冲突。问题在哪里？所有的情感都是无法逃避的，所有的情感都是命运安排在生命之中的，你只能在里面挣扎，这种挣扎的结果是一种情感毁灭另外一种情感，于是在宝玉生命中经历最多的是毁灭，当他看到所有东西毁灭的时候，那种虚无的东西迟早会发生。各位，《情僧录》这样的名字直接跟贾宝玉相关，他首先是情人，后来变成僧人，出家了，这个过程是波澜壮阔的过程。

每个人都可以在不同程度上经历宝玉那种情感，但是我相信没有一个人可以像宝玉那样如此剧烈地去接受我们通过《红楼梦》小说所看到的情感、从情到僧的过程。我们都知道在《红楼梦》中曾经有一个情榜。我们都知道《封神演义》。俗称《封神榜》，主角是姜子牙，姜子牙来封神。《封神榜》靠功劳排位，谁的功劳多就封谁。中华人民共和国成立之后，我们封了十大元帅，这也是“封神”，这神榜是军功榜。情榜靠什么封？就是靠情感，情榜上最重要的人是贾宝玉。

贾宝玉靠什么赢得情榜之首？靠三个字：情、不情。这三个字，从“情”到“不情”，这不就是从情到僧吗？但是一个人怎样经历从“情”到“不情”？我个人觉得大概有三个词是可以概括的。第一个词叫“真情”，他的情感一定是真实的，“虚情假意”不是情，因为情一定是发自内心的。第二个词是“深情”，情的深浅是不一样的。我在两个月之前在国家大剧院看了一场《牡丹亭》，白先勇先生写的青春版《牡丹亭》，非常漂亮。后来他们跟我介绍说，衣服完全是纯手工的，是丝绸的，一套衣服需要一万元以上，再加上两个主角，柳梦梅和杜丽娘，两个扮演者太美了，从扮相到声音，美极了。我们都知道杜丽娘这个人用情太深了，为什么太深了？因为深情很重要的标志就是生者可以死，死可以生。真情有可能是比较浅的情，也可以是深的情。第三个词是“无情”，这点很重要，很多人都会惊叹于贾宝玉的无情。但是评论者、专家说宝玉拥有娇妻美妾，娇妻是指薛宝钗，美妾是指麝月。如果换作各位，我们都舍不得出家。可是宝玉就像徐志摩说的那样，“轻轻的我走了，正如我轻轻的来”，连手都不挥，什么都不带，决绝地，无情地走了。可是什么样的人能做到无情？我个人一直认为只有经历过真情、深情的人才能够走向无情。他爱过、纠结过、无奈过，他不知道怎样解决这样的无奈和纠结，更重要的一点是他最后意识到，他永远无法解决这种无奈和纠结，于是他离开了。因此，我们从《情僧录》的角度来看，《红楼梦》讲的是情的死亡，讲的是情感的悲剧，任何的情感到最后都归于虚无。所以，贾宝玉最后回到大荒山无稽崖青埂峰。

《红楼梦》里更多的是欲望的衡量

在《红楼梦》里面代表情感的还有另外几个人，他们姓秦的很多，就是“情”的谐音。很多朋友一定知道中国古代有一个段子叫“卖油郎独占花魁”。卖油郎叫什么？为什么可以独占花魁？卖油郎的名字叫秦钟，这是一个最重视感情的人。如果我们看一下这个段子的话，可以看得很清楚，他和花花公子、达官贵人完全不一样。那些老爷、少年挥洒的全是欲望，可是卖油郎心中只有真情，所以秦钟可以独占花魁。你可以想象到《红楼梦》里面几个姓秦的人，秦钟就是情重、情种。秦可卿是另外一个情种，他们的父亲叫秦业，固然是他在情感里面品尝到了业报，就是佛教里面讲的“孽”。

《红楼梦》的另外一个名字是《风月宝鉴》。《情僧录》的名字是空空道人给的。那《风月宝鉴》是谁给的？东鲁孔梅溪。东鲁是一个地名，空空道人无所不在。可是孔梅溪在东鲁，鲁国是谁的故乡？孔子的故乡。前天我在北京大学接待了孔子第79代孙孔垂长，他在台湾是大成至圣先师奉祀官。在过去的传统社会里面，孔家后人一直被封为衍圣公，民国之后不叫衍圣公，叫大成至圣先师奉祀官。我们特别欢迎他，并且在北京大学组织了一个活动，主题是儒学的复兴。当我们提到孔子的时候想到儒家，从儒家角度看这部书更多的是以某种伦理的、道德的标准对世界作各种衡量。在《风月宝鉴》里我们看到的更多的是欲望的衡量。

《风月宝鉴》跟一个人紧密联系在一起，这个人就是贾瑞。贾瑞从辈分来讲是宝玉的堂兄弟，不过他没有宝玉那么好的命。宝玉是什么样的人？宝玉是宝贝，而且是公共宝贝。贾瑞是谁？就是扔在角落没有人会留意的人。贾瑞从小父母双亡，跟爷爷相依为命。他爷爷是什么？就是穷酸的老儒。知识分子经常被赋予这样的形象，比如说鲁迅笔下的孔乙己。贾瑞的祖父叫贾代儒，寓意代代是儒家。《红楼梦》中有很多讽刺的味道，代代是儒家，最后生出来的贾瑞，却是很卑微的人，也是很猥琐的人。贾瑞不仅没有遇到合适的人，相反，在最不合适的时候、最不合适的地方遇上最不合适的人，他在秦可卿的葬礼上见到了王熙凤。以前互联网上有一个调查，在《红楼梦》里，金陵十二钗里人们最想娶的票选第一名是王熙凤，第二名是薛宝钗，最不想娶但是最希望朋友娶的是林黛玉。这种道理最简单，当然也很复杂，我这里不细说，我觉得很多人看走了眼。

王熙凤只关注权力和利益

王熙凤是什么样的人？我们不要被王熙凤的美丽所打动，也不要被她的机灵所感动。王熙凤只关注权力和利益，从来没有任何情感，从来不会尊重其他生命，她就是这样的人。从某种意义上来讲，王熙凤是非常恐怖的人。林黛玉也是一个恐怖的人，但林黛玉的恐怖跟王熙凤不一样。贾瑞遇到王熙凤，如果猜一个谜的话，谜底一个字是“死”，两个字就是“找死”。于是我们看到一个很精彩的戏剧，这个戏剧由王熙凤编导，但是贾瑞“同学”给予了积极配合。我们看得很清楚，王熙凤从最初就开始设计各种各样的陷阱，而各个陷阱通向的路都是一样的——死亡。让贾瑞遇上王熙凤，我个人觉得这并不是偶然的，因为我们在里面看到了两个欲望的化身。贾瑞是可怜的，也是单纯的，他的欲望是卑微的欲望，他的欲望是每个人都有的欲望。他的欲望是什么？无非就是对美丽异性的爱慕。可是王熙凤不一样，王熙凤的欲望并不是每个人都有的，她的欲望就是权力。我们很多人没有权力的欲望，她的欲望是财富，我们很多人没有过多的对财富的欲望，可是王熙凤不一样。王熙凤是贪婪的，为了她的欲望、贪婪，她可以不择手段，一切牺牲都不在话下，她是一个狠角色。因此，当两个欲望相碰撞的时候，大的欲望就会吃掉小的欲望，太正常了。所以，贾瑞被王熙凤整了两次之后身体终于扛不住了，病得无可救药。这个时候来了一个僧人，他给了贾瑞一个宝贝，他说这个宝贝可以救他的命。这个宝贝是什么？就是风月宝鉴，就是一面镜子，这面镜子其实是照妖镜，就是《西游记》里面的照妖镜，不是美女每天拿的普通镜子。可是这个镜子有两面，两面看显示的内容完全不一样。这个和尚跟贾瑞说得很清楚，你只能看反面，不能看正面，果然他看了反面，反面看到的是骷髅，于是他一惊，突然觉得清醒了很多。为什么清醒了？因为他看到这个世界就是骷髅，可是他忍不住要看正面，好奇心会杀死猫，这个好奇心终于杀死了贾瑞。正面看就是搔首弄姿的美女，她叫王熙凤，她过来了，她向贾瑞挥了手，于是贾瑞又开始进入另外一个癫狂的状态。

这个镜子我们从正面看就是一个美女，从反面来看就是一个骷髅。所以，我们可以很容易得出一个结论，美女代表骷髅。这个世界上所有美好的东西从另外的意义上来讲都是骷髅。权力是什么？是骷髅；财富是什么？是骷髅；帅哥呢？是骷髅。所有的东西都是骷髅。贾瑞最终走向了死亡。他是怎么死的？很多人说他是被王熙凤整死的。不，没有人可以整死谁，他是自己把自己整死的，用什么整死的？欲望。所以，欲望的一面是什么东西？欲望的一面就是生机，如果没有欲望，这个世界是死气沉沉的；但欲望的另外一面就是深渊，继续升级就是深渊。从这个意义来讲，贾瑞就是另一版的西门庆，他们都毁灭于欲望。儒家告诉你欲望是什么东西，“存天理，灭人欲”，透过贾瑞、王熙凤的教训，告诉我们一个道理——伦理的教训。

历史就是梦，财富也是梦

红楼就是滚滚红尘构造起来的世界，整个世界不过就是一场梦，给人的感觉，就是人生如梦。这样的想法最早从什么地方出现？我们看到的《庄子》就有人生如梦的感觉。我们有时候生活在二维的梦里面。我以前看《盗梦空间》的时候，我从里面看到的就是庄子。我当时问我女儿：“你有没有看过《盗梦空间》？”她说她对哲学不感兴趣，她的意思是《盗梦空间》就是哲学。我很遗憾，哲学留给年轻人的是坏名声，希望不是我带给她的，当然一定是我带给她的，因为我与她关系最近。我女儿经常跟我抱怨，她说，她人生最大的失败就是长得像我。我说，我人生最大的成功就是她长得像我。

回到《红楼梦》，不仅是庄子，佛教《金刚经》里最后的第四句话是：“一切有为法，如梦幻泡影，如露亦如电，应作如是观。”整个《红楼梦》讲了太多的梦，一开始一个人做梦，这个人就是甄士隐，在梦里面他见到了太虚幻境，他见到了“假作真时真亦假，无为有处有还无”。在梦里面贾宝玉去游了太虚幻境。有时候我们看《红楼梦》搞不清楚到底什么是梦，是清醒的时候做梦，还是做梦的时候做梦。反过来说，有时做梦的时候反而是清醒的，清醒的时候反而是在做梦，是一种分不清楚的状况。

我们怎么来看《红楼梦》对世界的理解？最简单的线索是四大家族：贾、史、王、薛。我们看《红楼梦》第四回，前面四行就是：“贾不假，白玉为堂金作马；阿房宫，三百里，住不下金陵一个史；东海缺少白玉床，龙王来请金陵王；丰年好大雪，珍珠如土金如铁。”这是描写贾、史、王、薛四大家族的盛况。各位注意，这样的四大家族在《红楼梦》里面他们是“皆连二络有亲，一损俱损，一荣俱荣”。这四大家族有什么样的象征意义？让我们还是回到《红楼梦》中曹雪芹贯穿使用的谐音方式。

我们从“史”开始。“阿房宫，三百里，住不下金陵一个史。”史家的出身是什么？史湘云有个叔叔是保龄侯。恕我孤陋寡闻，不知道历史上有没有这样一个名字，或者是官名或者是爵名。“史”，其实代表的是历史。历史已经归于永恒，不会再有青春的问题，不再有白头发、黑头发的问题，这是历史。“王”，代表什么？王博不代表什么，可是王这个姓确实代表什么东西。《诗经·小雅·北山》上说，“普天之下，莫非王土，率土之滨，莫非王臣”。王是什么？三横一竖，天子，所以王“代表”权力。《红楼梦》里面最掌握实权的是谁？王熙凤。王熙凤病了，还有老王家的姑母王夫人。在贾府之外最有权力的人是王子腾。总之，王代表权力。我姓王，我就发点牢骚和感慨。历史上两千多年来，没有一个姓王的人正经八百地当过皇帝。只有一个人，他叫王莽（中国历史上新朝的建立者，公元 8 ~ 23 年在位）。所以姓王的人，可以有其他的梦想，不要有做天子的梦想，这是命运。你姓天子了，所以不能做天子。“薛”代表什么？代表财富，“三年清知府，十万雪花银”。丰年好大雪，那“雪”是雪花银，是银子，像流水一样的银子。所以，四大家族里面，“王”代表权力，“薛”代表财富，他们最后全部都会聚到一个地方——贾府，他们都是假的，不就是做了一场梦吗？这真的是梦。我们回首这么多年的历史，历史就是梦，财富也是梦。《红楼梦》第一回有一首《好了歌》，《好了歌》怎么唱？“世人都晓神仙好，惟有功名忘不了！古今将相在何方？荒冢一堆草没了。”纵有铁门槛，终须只有一个土馒头，那是我们最终的归宿。权力是什么？就是一场梦。第二段：“世人都晓神仙好，只有金银忘不了！终朝只恨聚无多，及到多时眼闭了。”金银最多的时候，我们的眼睛闭上了，我们死掉了，这时候你才发现那是梦，一场春梦，这就是权力，这就是财富。

应该怎样去面对假的世界

我来试着给各位背一下：“陋室空堂，当年笏满床。”“笏”是权力的象征。“衰草枯杨，曾为歌舞场。蛛丝儿结满雕梁，绿纱今又在篷窗上。说什么脂正浓、粉正香，如何两鬓又成霜？昨日黄土陇头埋白骨，今宵红灯帐底卧鸳鸯。”我刚参加完一个葬礼，然后去参加另一个婚礼，生活里经常有这样的事情。“金满箱，银满箱，转眼乞丐人皆谤。”昨天你是亿万富翁，今天呢？我们很多人都是这样的。我前段时间很关注太子奶事件，前董事长李途纯，当他从监狱里出来的时候一无所有。我为什么关注他？因为我和他一起吃过饭。这是悲剧，这个悲剧不是他个人的悲剧，而是时代的悲剧。“训有方，保不定日后作强梁。”你看贾代儒每天在教仁、义、礼。“择膏粱，谁承望流落在烟花巷。”我想找一个好人家，最后把我送去秦淮河，史湘云就曾经流落到这个地步。“因嫌纱帽小，致使锁枷扛。”因为觉得自己官太小了，想做更大的官，结果就进了监狱，有太多这样的事情了。“昨怜破袄寒，今嫌紫蟒长。”昨天穿着破衣服很冷，今天穿的衣服这么气派，觉得有另外一种超脱。“乱哄哄，你方唱罢我登场，反认他乡是故乡。甚荒唐，到头来都是为他人作嫁衣裳！”我们从这里面看到什么？我们从里面看到的是变化无常。佛教的主题是无常，无常就是梦。梦是什么？

梦境不是不存在，而是说这个存在是虚幻的。我们在梦境里感觉是真实的，可是我们醒过来的时候知道这是虚幻的。《红楼梦》对世界的思考是什么样的？这个世界是假的，一切在贾府舞台上展示着。“假作真时真亦假，无为有处有还无。”这就是太虚幻境。我们不管生活在什么地方，如果按照曹雪芹的理解，这都是一场梦，我们都生活在幻境中。

“金陵十二钗”中的12个美女，是指贾府的四千金——元春、迎春、探春、惜春，贾府的媳妇——秦可卿、李纨、王熙凤，王熙凤的女儿巧姐，还有史家的大闺女史湘云，还有虽然出了家还是难忘滚滚红尘的妙玉，当然最主要的是两个人——薛宝钗和林黛玉。我刚才讲这样的顺序不是偶然的，我是把她们两两相对比较的。12种生活方式代表什么？表现在12个美女身上。前面讲过这个世界是假的世界，生活就变成了一种选择，你怎样去面对假的世界？或者我们怎样面对真真假假、虚虚实实的世界？你可以有如下三种选择。第一，不管这个世界如何假，用我纯真的心灵去面对它；第二，以毒攻毒，兵来将挡、水来土掩，你是假的，我也虚情假意，看谁是高手；第三，真假之间，认识到假了可是还保留一份真，或者在真里面体会各种各样的假，还有各种各样中间的形态。

我用简单的话来概括一下林黛玉和薛宝钗。林黛玉的生命可以用哪个字概括？就是“情”。情的生命就是最最真实的生命。林黛玉活着就是一个字：真，也可以说是前面的“情”。因此，林黛玉就是一个真实的生命面对虚假的世界，结果是什么？其实结果已经注定了。你怎么可能把一腔真情喷洒在虚假的世界里？这就等于用头撞墙。一个真实的生命是什么样的生命？林黛玉，那是最最真实的人，她喜欢贾宝玉所有人都可以看出来。

可是薛宝钗喜欢贾宝玉没有谁看得出来。薛宝钗明白一个道理，什么道理？她如果要嫁给贾宝玉，关键不在于搞定贾宝玉，在于搞定贾宝玉的妈，或他奶奶。现在社会中两个人自由恋爱，两情相悦可能是最重要的。过去不一样，父母之命，媒妁之言。谁最重要？父母的意见最重要。在这个时候你千万不要想活出自我来，你活着都是为了别人。薛宝钗是什么样的人？薛宝钗是一个演员，她的活法也是一个字：“装”。《红楼梦》描写薛宝钗，她天生有一种病——热毒症。因此，她每天必须吃一种药，这种药叫冷香丸，这也是有象征意义的。什么叫热？欲望，我们的欲望是最热的。什么是冷？装，我那么喜欢你，可是我就是不让你知道。贾母非常喜欢薛宝钗，宝钗过生日了，她们为她举办一个生日“party”，请戏班子过来唱戏，要她自己点几出戏。薛宝钗推辞，老太太不干，一定要她点。结果薛宝钗脑袋转都没有转，点了三场戏，都是老太太喜欢的。这说明什么？说明她没有自我，心中只有老太太，这就是“装”。所以，薛宝钗活着不是为了自我，而是为别人，只有通过别人才能成就自我。一个越想活出自我的人越活不出自我，这就是《红楼梦》，这就是林黛玉和薛宝钗之间的不同。薛宝钗是悲剧人物，但是在悲剧里面毕竟还有某种成功的感觉，当她嫁给一个虽然不爱她，但是她很想拥有的人的时候，她也许有某种成就感。这就是真和假的区别。我们看看其他“四春”，四千金里面是一个节奏，元春嫁给了“权力”，迎春嫁给了“财富”，探春嫁给了“远门”，惜春遁入空门，这不就是一个线索吗？这不就是一个从权力、财富，然后到离开，最后遁入空门的线索吗？我们看看秦可卿和李纨，秦可卿完全是情的生命。先看李纨，她爸爸叫李守中。你从她的姓名中可以看出来，李纨代表什么？她活着完全没有欲望，完全没有别的东西，活着就是为了一个“礼”。再看王熙凤那种对权力的追逐，在追逐功利中的无情，那种强势；到了巧姐软弱得完全被别人摆布；湘云豪爽、妙语的做作，都可以看出她们表现了不同的生活方式。各位，这就是十二钗，代表12种生活方式。

《红楼梦》其实是我们心灵上的记录

最后我们讲本名，就是《石头记》。我为什么放在后面讲，因为石头带给我们很冰冷、很凄凉的感觉。石头代表什么？其实在《红楼梦》里面石头代表的就是我们的心，就是曹雪芹的心。如果看《红楼梦》的文字层面，《石头记》的名字很清楚，女娲炼石补天，炼了多少块？36501 块，用了 36500 块，剩下的那块没有被用上，只能自怨自艾。为什么？因为它被炼通明了，通俗点说，它被培训过。没有被培训的时候，石头就是石头，但是培训过了，就不一样了，开始了解外面的世界。这如同凡人，本来我生活在黄土高坡，“面朝黄土背朝天，老婆孩子热炕头”的生活方式挺好的。结果我一来深圳，却是“花柳繁华地，温柔富贵乡，”一切都不一样了。果然这个石头动心了，一僧一道在这个石头边上聊天，聊什么？就聊深圳，然后瞭望香港。结果石头凡心大发，就求着一僧一道，两位大师你们就带我走一遭吧。大师很有慈悲心，但告诉它，这个世界虽然有快乐，但是乐极生悲啊，美好的没准很快会毁灭，会很伤心地离开这个世界。但是石头不听啊，动了凡心，怎么收得住？收住的唯一办法就是让心动得更猛烈一些。两位大师很有慈悲之心，同意让他去历练一下，这个石头就变成了贾宝玉，落地时口里含着玉。宝玉是谁变的？石头变的。不知过了几世，在大荒山无稽崖青埂峰下面又看到了那块石头，可是这块石头跟以前的石头不一样了，上面全部都是文字。于是空空道人就把石头上面的文字抄下来，就是我们看到的《红楼梦》。《石头记》，就是石头上的记录。我想说这不是石头上的记录，其实是我们心灵上的记录。为什么用石头来代表？最早把心灵和石头连在一块的是《诗经》中说的，“我心匪石，不可转也”。意思是我的心不是石头，不可以转的。我们都知道佛教里面讲静的状态，经常用木石作比喻，石头代表什么？就是静的、不动的世界。所以，石头代表着不动的心，可是宝玉代表的是动的心，是被滚滚红尘感动的心。贾宝玉天生就是矛盾的，他叫宝玉，可他是贾宝玉；有宝玉的一面，他被世界所感动了，也有石头的一面，他在感动中有一个挣脱出来的力量，他经历之后才可以觉悟，“觉悟”这是佛教的语言。看《红楼梦》其实就是随贾宝玉旅行，宝玉的旅行其实是石头另外一种形态的旅行。

随着贾宝玉皈依空门，宝玉复归本质，还是那块石头。关于《红楼梦》的那块石头有一个说法叫“三生石”，意思是这石头有三次生命，哪三次生命？最初是那块石头，第二次唤醒入世，变成宝玉，第三次又变成原来的石头。禅宗里面经常讲“看山是山，看水是水”，这是第一次生。然后是“看山不是山，看水不是水”，这是第二个状态。第三是“看山还是山，看水还是水”。“还”就是代表不一样了，但是他毕竟回去了，这是三次生命。当曹雪芹用石头讲心的时候，我相信他的心是凉的，石头代表的就是即灭的心。《石头记》里面就是动心和不动心的过程，这正是中国古代哲学里面非常关注的一个问题。

《红楼梦》的这五个名字，背后所透出来的是对《红楼梦》的思考，这种思考指向同一个方向，这个方向就是空，就是虚无。其实不止《红楼梦》如此，中国伟大的小说，到最后的时候指向的都是一种空或者虚无。我们看《三国演义》《水浒传》，小说里波澜壮阔的英雄，到最后的时候一个个还是归于死亡。我们看《三国演义》魏、蜀、吴的争霸，到最后都是归为死亡，都是虚无的感觉，这是共同的主题。我有时候会觉得这就是我们的人生，这就是我们的人生四季。我记得在这里讲过心灵四季——春、夏、秋、冬。中国很多古典小说结尾的地方写的都是冬季，就是齐秦唱的歌《大约在冬季》中的冬季，为什么是冬季？白茫茫的大地，最能够体现出虚无的主题。

不过到最后，把话又说回来，我说了这是伤心人的世界，所以走向虚无；如果开心的话，就不一样了，可以从虚无中回来，我们瞬间有虚无的感觉，但是没有关系，我们可以想想实实在在的情感，我们可以很享受实实在在的世界，虽然有很多的遗憾和缺点，不过没有关系，也许这是另外一种人生。我今天就讲这么多，谢谢！

红色经典与蓝色东欧

高　兴

高　兴

诗人、翻译家，中国作家协会会员，中国社会科学院外国文学所研究员，《世界文学》副主编、编辑部主任。曾以作家、翻译家、外交官和访问学者身份游历过欧美数十个国家。已出版《米兰·昆德拉传》《东欧文学大花园》《布拉格·那蓝雨中的石子路》等专著和随笔集，主编过《二十世纪外国短篇小说编年·美国卷》（上、下册）、《伊凡·克里玛作品系列》（5卷）、《水怎样开始演奏》《诗歌中的诗歌》《小说中的小说》（2卷）等大型图书。主要译著有《凡·高》《黛西·米勒》《雅克和他的主人》《可笑的爱》《安娜·布兰迪亚娜诗选》《托马斯·温茨洛瓦诗选》等。

红色经典伴随我们成长

说到童年和少年，我们就会想起电影。

捷克著名作家米兰·昆德拉说过这么一句话："人的一生注定扎根于前十年中。"我想把这句话稍稍修改一下："人的一生注定扎根于童年和少年。"因为童年和少年的一切在某种程度上奠定了一个人一生的基调。对于我们这些出生在20世纪60年代的人来说，童年时期的电影尤其是露天电影给了我们极为深刻的印象，我们可能会想到罗马尼亚的《沸腾的生活》，还有南斯拉夫的著名电影《桥》，以及在中国深入人心的电影《瓦尔特保卫萨拉热窝》。那些电影在某种程度上成了我们童年和少年时期最初的文学启蒙。《沸腾的生活》的主人公骑着骏马在海边驰骋着，他一定有一位美丽的爱慕者，那肯定是一位美丽的女性，那样的场面太浪漫了。没想到很多年后，我竟然有机会在罗马尼亚工作了整整三年。《瓦尔特保卫萨拉热窝》给我们印象最深的是电影中的台词，比如说接头暗号，以及"空气在颤抖，仿佛天空在燃烧""暴风雨就要来了"这样的句子，当时十多岁的少年听到这些句子的时候，简直就是最初的诗歌启蒙。

我印象特别深的，还有电影中的一些镜头。比如，美丽少女阿德拉奔向自己的情人时，法西斯的子弹射过来，她慢慢地倒下了。我童年时期最初接触到死亡的气息也是在那一刻，我觉得那么漂亮的女孩不应该死，但是她死了，于是我的童年在单纯浪漫之外还有了一丝忧伤的气息。这就是电影给我们带来的震撼。

20世纪七八十年代是文学的黄金时代。当时我们在上大学，约会的时候往往有一个最经典的行为，就是到天安门国旗底下，手里握着一本诗集！现在看来这样的行为显得肯定有点矫情，有点做作，但是在那个年代，这绝对是内心感情的真实流露。拿着诗集在天安门广场国旗底下约会，这在我看来是最高的一种浪漫，可惜这种浪漫慢慢地越来越少见了。

我有个朋友是个著名诗人，叫车前子。他说："我看到的第一部彩色电影是罗马尼亚拍的，电影里，沙滩上，穿着泳衣的姑娘在奔跑。"这句话里面，穿着泳衣是极为关键的。你们想，在那个单一灰暗的年代，一个穿着泳衣奔跑的姑娘突然出现，对视觉是怎样的冲击！这也是我后来决定选择学习罗马尼亚语的动力。这就是电影的魅力。我记得有一部电影《人到中年》，由达式常和潘虹主演。他们在约会的时候，音乐必响起，男主人公朗诵起匈牙利诗人裴多菲的情诗《我愿意是急流》。那时候同自己的情人约会前，一定要做点功课，就是背几首诗！这才显得自己富有诗意，富有浪漫情怀。

我刚才说的这些电影诗歌以及文学作品，就构成了当时我们称之为红色经典的作品。这些红色经典在我心目中刻下了永远不可磨灭的印记，伴随着我的整个成长历程。

东欧和东欧文学，一个需要重新打量的概念

在这里讲述东欧文学之前，我们需要清晰了解东欧和东欧文学，东欧和东欧文学是怎样的概念？我认为更多的是一个政治概念和历史概念。

为什么？在那个特殊的年代，有两大阵营。一个是以苏联为首的社会主义阵营，另一个是以美国为首的资本主义阵营。当时资本主义阵营有个北大西洋公约组织，而社会主义阵营也相应成立了华沙条约组织，这些国家在当时又被称为东欧国家，即罗马尼亚、波兰、匈牙利、捷克斯洛伐克、阿尔巴尼亚、保加利亚、南斯拉夫和东德。除东德外，这些国家的文学被人们笼统地称为东欧文学。但是，东欧作为政治概念和历史概念却是在 1989 年之后提出的。

1989 年，在那片土地上发生了一场剧变，我们称之为东欧剧变，所在国称之为“革命”。“革命”之后发生了什么变化？苏联解体，捷克斯洛伐克分为两个国家，华沙条约组织解散了，南斯拉夫逐渐解体，所有的一切都在改变东欧这个概念。我要特别强调的是，那些国家的好多作家以及好多百姓现在都不太愿意被称为东欧了，最典型的就是捷克作家米兰·昆德拉，他反反复复强调说，捷克是中欧的，他这么说表明他要尽可能摆脱政治色彩，以一个纯粹小说家的姿态出现在世人面前。还有就是，他要表明他的文学渊源，他要同奥地利小说

家弗兰兹·卡夫卡等文学大师并立在同一片星空之下。

很多东欧国家的作家担心，如果继续使用东欧这一概念，他们的文学意识和价值很可能被遮蔽，这里面有着复杂的民族自尊心问题。但是我们为什么要使用这个概念？事实上，在中国，东欧这个概念深入人心，有相当的号召力；另外，那些国家确实有太多的共同点。比如，它们在历史上都不断地遭到侵略，都是在19世纪末20世纪初相继获得独立和解放，都走过一段社会主义道路，尽管走得都不是特别成功。1989年，这些国家纷纷推翻了当时的共产党统治，走上了资本主义自由发展的道路，而且这些国家目前都在争取加入欧盟和北大西洋公约组织，把这两项工作当作政府工作的重中之重。还有就是，这几十年来，这些国家的文学相对来说都陷入了不同程度的困境，所有这些共同点让人们依然可以把它们当作一个共同体。而且世界上很多研究机构包括我曾经工作过的美国印第安纳大学俄罗斯东欧研究中心，也依然把这些国家称为东欧国家。

影响和交融，东欧文学的两个关键词

这些国家和民族曾不断遭受到侵略和分割。比如，波兰不断被沙皇俄国、奥地利等邻国吞并，甚至在一段时间内完全丧失了主权。20世纪初，当时波兰在政治上还没有独立，波兰作家显克维奇凭着他的作品获得了诺贝尔文学奖，那个时候恰恰是文学让人们注意到这个民族的存在，这就是文学的力量。换个角度我们可以想一想，不断遭受侵略、分割，不断地迁徙，不断被吞并，就意味着种种的影响和融合。所以谈到东欧文学，我们会想到两个关键词：影响与交融。

我基本上每年都会到东欧去走一走，进行学术访问，或者带着作家代表团访问。我本人还曾经以外交官的身份在黑海边上生活和工作过。走在那片土地上，你能够处处看到“影响”和“交融”的影子。比如萨拉热窝，在萨拉热窝，只要谈起《瓦尔特保卫萨拉热窝》，一下子就引起了波黑朋友的共鸣。我在那里作过一场演讲，在那场演讲中我说："你们到中国来，只要说来自萨拉热窝，在北京打车，司机可能都会免收你们的出租车费，因为文化一下子拉近了人与人之间的距离。"在萨拉热窝街头，你能够看到不同时期不同时代的影子。比如说奥斯曼帝国时期的清真寺和饮水亭，奥匈帝国时期的天主教教堂、东正教教堂，南斯拉夫联盟时期的好多带有红色意味的建筑，各个时代的影子结合在一起，让你有种应接不暇的感觉，仿佛在时空的隧道里穿行。

走在萨拉热窝街头，我感慨万千。我仿佛走过了一个又一个时代，萨拉热窝是这样，布拉格也是这样。如果朋友们有机会，一定要去布拉格看一看，在布拉格街头漫步是一件特别美好的事情，因为布拉格是欧洲最美的城市之一，可以看到各种文化艺术在那里交融。

我记得当时每天到布拉格金色城堡漫游，经常可以看到国内的旅行团，但他们不是在那里漫步，而是走马观花，来去匆匆。最从容的游览应该是漫游。在布拉格街头，上午优哉游哉地漫步，中午回宾馆休息，下午继续，那才是理想的漫游状态。

在布拉格，我拜访了很多作家，其中有位叫伊凡·克利马。我现在正和花城出版社合作，有一个出版计划，要译介 100 部东欧文学作品，其中他的作品是一个重点。我在他家和他聊天，谈到布拉格，他说了一些很精彩的话。谈到自己的城市，他有一种掩饰不住的骄傲，他是这样来评论布拉格的：这是个神秘和令人兴奋的城市，有着数十年甚至数百年在一起的三种文化优异的和富有刺激性的混合。他说的三种文化就是捷克文化、德语文化和犹太文化。

他借用了同乡的一句话说：布拉格美丽得犹如童话。这是一个具有超民族性的神秘世界，在这里你很容易成为一个世界主义者。这里有幽静的小巷、热闹的夜总会、露天舞台和形形色色的小餐馆小店铺小咖啡屋还有小酒店，自然也有五花八门的妓院和赌场，到处可以听到音乐，到处可以看见闲逛的居民，布拉格是敞开的、是艺术的、是世俗的，有时还是颓废的。他用了一系列甚至是矛盾的修辞法形容它，充分说明了这个城市的丰富性和多元性。朋友们一定不要忘记，卡夫卡一辈子生活在布拉格，还有捷克音乐家斯美塔那和德沃夏克等，还有诗人里尔克，他生命中有一段时间是在布拉格度过的。多种文化融合在一起，相安无事，和平相处，并相互丰富和补充，于是形成了那座城市特殊的魅力。

华沙也是这样的。在华沙，人们可以接触到俄罗斯文化、犹太文化和德国文化，尤其是俄罗斯文化。比如说，密斯维奇因为流放，长期在俄罗斯土地上生活，和普希金还有所交往。还有波兰诗人米沃什，他是诺贝尔文学奖获得者，他曾在第二次世界大战后的波兰担任外交官，在波兰驻法国大使馆负责文化事务。与政府决裂后曾留在法国，后来又离开法国去美国。在那里，他担任伯克利大学的斯拉夫语言和文学教授达 20 多年之久。1989 年后，诗人结束了在法国和美国接近 30 年的流亡生活，回到波兰。他一生坚持用波兰文写作，他的诗歌中就绝对流淌着许多俄罗斯文化的血液。俄罗斯文化对于他来说太重要了，在某种程度上来说，如果没有俄罗斯文化的营养和滋润，就没有我们后来熟悉的米沃什。

布加勒斯特是罗马尼亚首都，这是我非常熟悉的城市，我曾经在那里工作过 3 年，每个星期去布加勒斯特的中国大使馆汇报工作。这也是一个交融的城市，在 20 世纪 30 年代，昵称“小巴黎”，因为它深刻地受到法国文化的影响，甚至巴黎有凯旋门，布加勒斯特也有。布加勒斯特当时非常兴盛，而且当地一些作家以直接说法语为时尚，说明法国文化对布加勒斯特影响很大。

后来定居在法国的很多大艺术家都来自罗马尼亚。罗马尼亚在巴尔干诸国中算是一个文化的异类，在斯拉夫语系民族的环伺之下，独有罗马尼亚人秉承了拉丁血统，它实际上是达契亚人与罗马殖民者后裔混合而成的一个民族，属于拉丁民族。在历史源流与文化气质上与法国、意大利等国渊源密切。罗马尼亚语和意大利语、西班牙语、葡萄牙语一样，都是拉丁语种。米兰·昆德拉说过一句话很有道理，他说：“出生在小国是一种优势。身处小国，你要么是可怜的眼光狭窄的人，要么就成为广闻博识的世界性的人”。对于出生于弱小民族的人，别无选择，要走进世界格局，你必须成为一个世界性的人。在这样的前提下，很多东欧作家注定要成为世界性的人。

各具特色的东欧各国文学

东欧作为一个整体，我觉得其成员国的共同点更多的是表现在政治、历史意义上。作为文学来说，东欧各个国家都不尽相同，严格来说，每个作家都是一片独特的星空。我不太同意“文化大国”和“文学小国”的概念，但可以说小语种和大语种的概念，小语种可能面临文化传播尴尬的情况，和英语、法语无法比拟。

相对来说，波兰的文学和文化特质比较深厚。波兰和立陶宛曾经是同一个国家，在历史上曾经积极响应西欧的文艺复兴，曾经有100多年处于非常兴盛的时期，但后来不断受到外族的侵略和践踏，尤其是被沙俄、奥地利和普鲁士瓜分，最后完全丧失了独立。因此，在波兰文学中，苦难、反抗、爱国主义，成了他们文学中永久的主题。

在波兰文学史上曾经出现积极浪漫主义，它的代表人物就是亚当·密茨凯维奇。在中国20世纪80年代，很多作品都会引用他的诗句。说到波兰文学，我们往往会想到“沉重”和“深刻”这样的字眼，它的历史背景决定了它的文化在总体上是“深刻”和“沉重”的。这也是波兰作家会把自己当作民族的代言人的原因。米沃什就是典型的波兰作家，他觉得应该有为社会担当的意识，而社会和道德担当是作家必须具备的优秀品质。

匈牙利是比较特殊的国家。匈牙利人在东欧属于外迁的民族，是从东方移居到欧洲的民族，它最初由七个部落联盟组成，其中以马扎尔部落最为强大。因此，匈牙利人亦称马扎尔人。匈牙利的文化和文学很有特点。因为它曾经是游牧民族，不断在迁徙在游动，因而也就崇尚自由，崇尚英雄主义，这就是它文化和文学上的总体特征。

匈牙利曾经是奥匈帝国重要的部分。我们很熟悉的一部影片就是《茜茜公主》，其中就有奥匈帝国时期的匈牙利的镜头。说到英雄主义和自由精神，最典型的就是匈牙利作家裴多菲的作品。说到裴多菲，我讲一个小故事。他在新婚之夜搂着自己的新娘，但依然想着第二天要去战场战斗。这在我们现在看来简直是太残酷了，但在那个特殊的年代，当自己民族受到威胁、民族独立快丧失的时候，我想可以理解诗人的姿态。他会觉得社会担当、民族担当是最重要的事情。

捷克是文学底蕴非常深厚的国家。波西米亚是捷克的别称。捷克曾经有个皇帝叫查理一世，他后来又成为罗马帝国皇帝，帝号查理四世。他一生中做了很多了不起的事情，现在捷克首都很多建筑都是以他的名字命名的，最著名的就是查理大桥。朋友们有机会去捷克，可以去查理大桥漫步。我在捷克每天都会去那个大桥，它在不同时刻的不同光线中，会呈现出不同的迷人魅力，太美了。

他做的最了不起的事就是建了查理大学。查理大学成为整个中欧重要的大学，不仅为捷克，也为整个中欧培养了大量的杰出人才。比如说爱因斯坦在查理大学工作和生活过，后来捷克许多著名作家、艺术家和政治家都在捷克查理大学毕业。这所大学在捷克文化史上起了极为重要的作用。

1419～1434年的胡斯战争是捷克民族史上最为可歌可泣的一页。这次战争的起因十分复杂，战争的结果使捷克在形成民族国家的进程中迈进了一大步。在宗教方面，揭开了欧洲宗教改革的序幕。之前，教会出售“免罪符”成为捷克宗教改革的直接原因。在这场运动中，布拉格大学校长扬·胡斯成了捷克民族利益的代言人。1414年，教廷勾结神圣罗马帝国皇帝西吉斯孟在康斯坦茨宗教会议上对胡斯和他的忠实信徒哲罗姆处以火刑，把他们活活烧死。这一暴行激起了捷克民族巨大的愤怒，于是爆发了这场战争。这个事件在某种程度上成为捷克文化史上重要的精神源头。

保加利亚历史上曾经被奥斯曼帝国统治整整500年。那个民族在某种程度上也是特别受压抑的。我在保加利亚游览时，基本上说英语他们不回答你，但是说俄语，用俄语同他们交流，他们会和你对话，因为是俄国帮助他们摆脱了奥斯曼帝国的统治。这个国家相对来说比较保守，因为它曾经有很长时间紧紧跟随苏联。所以说，现实主义以及当时所谓的社会主义现实主义在保加利亚文学中有着比较深的影响，这种影响究竟是好是坏，历史会给出答案。

阿尔巴尼亚在20世纪六七十年代曾经被称为地中海的一盏明灯，和中国特别友好。自1978年中阿关系恶化，直到20世纪90年代才逐渐恢复。这个国家的民族人口中很大一部分人信仰伊斯兰教，或者说这是伊斯兰教文化和东欧文化并存的国家，长期受到他国的侵略和占领。所以，阿尔巴尼亚文学中反抗主题特别发达，反法西斯文学特别发达。阿尔巴尼亚有个著名作家叫伊斯梅尔·卡达莱。花城出版社正在一部部推出他的作品。他的很多作品不少涉及反法西斯主题，有独特的角度。

说到南斯拉夫，我的心情特别沉重，因为南斯拉夫在历史上曾经是一个强有力的联盟，当时的南斯拉夫总统铁托多次访华，戴着墨镜，很酷。当时在铁托的领导下，南斯拉夫联盟把六个共和国凝聚在一起。但是现在特别遗憾的是，南斯拉夫联盟已经解体，这六个共和国就是塞尔维亚、克罗地亚、波黑、黑山、斯洛文尼亚、马其顿。这六国结合在一起的时候是强有力的联盟，现在已分离，有的国家特别弱小。比如说黑山，只是数十万人口的国家，克罗地亚也只有100万人口。于是它们必须依傍一个大国，如果说这个大国断水断电断粮，黑山这样的小国几天都难以生存下去。波黑的文学作品我们基本搜集不到，因为他们长期生活在战火中，没有时间来展示自己的文化魅力和文学魅力。

确立并发出自己的声音

刚才我说到了“影响”和“交融”，但是在一个国家的文化和文学发展中，如果仅仅有“影响”和“交融”显然是不够的。怎样确立自己的声音，怎样发出自己的声音，尤其重要。否则，可能就缺乏自己的指纹，永远是别人的影子。

这里我想简单提一下在东欧文学史上具有开拓性意义的作家。

捷克文学中一个重要的作家就是哈谢克。《好兵帅克》是哈谢克最重要的文学作品。说到《好兵帅克》，我觉得是典型被误读的作品。它曾经被当作红色经典作品，但是如果仅仅把它当作革命性红色经典作品，我觉得太委屈它了。

现在很多文学评论往往都太简单化，难以呈现文学本身的丰富和复杂。比如说《好兵帅克》，在我青年时代读到的欧洲文学史作品中，它被描述为反对奥匈帝国残酷统治、反对战争的革命作品，实际上这不是艺术性评价，这是政治性评价。当然，这部作品确实具有这个功能，确实在客观上是反战争和反奥匈帝国的，但这仅仅是它的一面。

《好兵帅克》文学上的独特贡献是什么？里面刻画的帅克是个典型的反英雄形象，有别于“文化大革命”期间或20世纪五六十年代我们所熟悉的“高大全”形象。我们以前的主人公特别充满正义感，高大威猛。我从小看电影的时候，我的很多女同学往往都喜欢一个男演员，他叫王心刚，典型的“高大全”形象，很帅、很英勇，充满正义感，又特别具有一种威严的感觉。

但是《好兵帅克》中的帅克却是反英雄形象，胖乎乎、乐呵呵的，脑子似乎总有点不太对劲，可以说是有点呆傻甚至不断纠缠啰唆，总是在喋喋不休，很容易出乱子的这么一个人物，在生活中他可能连老婆都娶不到。但是作为一个小说人物，他有着太多的看头。《好兵帅克》中文版有600多页，但是没有任何中心情节，只有很零碎的故事，帅克闹出了一个又一个乱子。但是在这些乱子中，阅读后你会情不自禁发出一阵阵笑声，这里面有两个关键词，就是幽默和讽刺。他的作品中每个词几乎都是幽默和讽刺，可以说幽默和讽刺就是这个作品的基调。但是在幽默和讽刺中，战争变成一个戏剧的大舞台，帅克变成了一个喜剧明星，一个典型的反英雄人物。帅克当然只是小说中的文学形象，他幽默夸张，有时候很滑稽，充满了表演色彩。这就是国内除了人民文学出版社出版了《好兵帅克》这部作品之外，还出版了很多关于哈谢克的漫画版本的原因。

哈谢克的艺术意图是什么？他可能在写这个作品的时候，没有想到要刻意传达所谓的思想意义或者达到什么艺术效果，他也没有太多考虑到文学的严肃性，他恰恰要打破文学的严肃性和神圣感，他就是想让大家哈哈一笑，笑完之后的思想领悟就是读者自己的事情。所以，他尽情让帅克折腾，折腾得越欢就越好。帅克把皇帝等人统统骂了，捷克的读者看了也特别痛快，欢欣鼓舞。所以，哈谢克的巨大贡献就是他创造了幽默和讽刺，他为捷克文学找到了一个独特的声音，那就是幽默和讽刺。后来好多捷克作家，包括米兰·昆德拉、克利马、赫拉巴尔，幽默讽刺都是他们文学中的一个基调。在布拉格，我当然要去寻找作家的痕迹，我曾经到过哈谢克经常去喝酒的地方喝酒，有时候在那里一待就是半天，一边喝酒一边想着我读到的哈谢克的作品。

哈谢克通常不是在自己的书房里写作，不是在宁静的环境中写作，他在哪儿写的？他在酒吧里写。他把自己的钱花完后，没有钱喝酒了，这时候有个小报的记者让他写，给他发稿费换啤酒喝。大家难以想象，就是在这种喧闹嘈杂的环境中，他一不留神创作了一部不朽的作品。在布拉格我们可以看到很多明信片，上面印有卡夫卡和哈谢克在对饮的场景。我提醒大家，这绝对是虚构的。因为卡夫卡是犹太作家，哈谢克是捷克作家，他们代表两种不同的文化，当时并无任何交往。当时他们住得很近，但是一辈子都没有相遇过。在我们看来这是个遗憾，却是当时特殊时代的真实情形。

最近几年，捷克另一个作家的好多小说被翻译且传到了中国，他是赫拉巴尔。最著名的一部小说是《过于喧嚣的孤独》，中篇小说，8 万多字。中心情节就是一个知识分子在特殊的年代被迫当起了垃圾处理工，一个爱书的人每天把书变成垃圾打包然后打碎变成纸浆。这是个在某种程度上带有悲剧色彩的主题，这样的主题在中国特别容易引起共鸣。因为我们曾经经历过那个特殊的年代。这部小说整篇就是一段长长的内心独白，充满忧伤的意味，里面很多细节特别能打动人。

赫拉巴尔在某种程度上是哈谢克的传人，但是他和哈谢克又不一样，可以说他是哈谢克进一步的延伸和发展。赫拉巴尔的小说有一个特点就是淡化情节，但是特别突出细节，语言极有味道，是真正的捷克文学。

中国读者比较熟悉捷克作家米兰·昆德拉。往往捷克作家访问北京的时候，我们的作家为了找话题，他会说："我们特别了解你们捷克的米兰·昆德拉，他真是了不起的作家。"但是当中国作家提到米兰·昆德拉的时候，出现了一个特别耐人寻味的场面。捷克人都一言不发，因为他们对米兰·昆德拉有复杂的感觉，他们觉得他只是出生于捷克斯洛伐克的法语作家，他已经变成法国作家，他是在法国舒适的环境中不断书写捷克题材的作家。所以，这里面包含一种民族自尊心。

捷克读者更佩服的是怎样的作家？就是我说的赫拉巴尔、克利马。他们在最艰辛的时代始终不离开自己的祖国。还有就是著名剧作家、当过总统的哈维尔，他在捷克一次又一次参加请愿，一次又一次被打入大牢，放出来后继续不断为了自由、为了民主进行斗争。所以，捷克读者欣赏和佩服这些作家，赫拉巴尔是其中之一。布拉格有个金虎酒吧，赫拉巴尔常常去那里和朋友喝酒，在那里会见来自各个阶层的朋友。

说到捷克文学，不要忘了很多文学作品同酒吧有着密切的联系，酒吧文化在捷克文学中有着非常重要的作用。很多作品在酒吧中诞生，作者觉得不去酒吧词汇就生疏了，之所以语言那么生动，是因为很多词汇其实是在酒吧里面学来的。金虎酒吧里挂着几张照片，一个是赫拉巴尔本身的雕塑，还有一个是赫拉巴尔和克林顿喝酒的照片。正是因为这是赫拉巴尔经常光顾的酒吧，所以哈维尔特意安排克林顿到这个酒吧与赫拉巴尔会面。

深入赫拉巴尔的作品，我们会发现赫拉巴尔和哈谢克有很多的相同，也有诸多的不同。总结一下，我觉得哈谢克更像斗士，无情、英勇，总是在讽刺、痛骂；而赫拉巴尔更像诗人，总是在描绘、在感慨、在沉醉、在挖掘。赫拉巴尔的幽默、讽刺、温和、善良，贴近生活和心灵。哈谢克会让我们一笑到底，赫拉巴尔不仅会让我们笑，也会让我们哭，赫拉巴尔满怀敬爱，将语言和细节提升到诗意的高度。赫拉巴尔谈自己小说的诀窍，他用了一个词，重复了三遍，他说："生活、生活、生活。"生活是艺术永远不会枯竭的源泉。

我们现在谈谈波兰的作家。波兰有个作家叫贡布罗维奇。米兰·昆德拉说他是作家中的"害群之马"。不过这里的所谓"害群之马"恰恰是米兰·昆德拉对他最高的赞赏。因为米兰·昆德拉认为作家必须有个性，"害群之马"就是有自己独特的个性，不愿意顺从所谓文学的大流，不愿意顺从文学的时尚。而且昆德拉把这个作家当作家庭中不受疼爱的孩子。其实米兰·昆德拉说这话的时候一定也是在说自己。

贡布罗维奇的代表作《费尔迪杜凯》已经被翻译成中文了。这部作品充分表现了他的艺术特性，又是一部充满想象力、特别好玩的小说。我们看文学作品的时候，文学不见得总是特别严肃的，有时候"好读"和"好玩"也是文学性的重要表现。他的作品里出现了很多好玩的细节。比如说，两个孩子在决斗，不是用剑，或者用枪，孩子是用变鬼脸来决斗。小说中称为鬼脸决斗，看谁变的鬼脸越独特，谁就越厉害，这是特别充满想象力的细节。整个小说中这样的细节特别多。贡布罗维奇在他的小说最后说，大家不要把他的小说当回事，他的小说实际上充满了不正经的玩笑和细节。但是作家的好多话我们要明白，往往都有语言的陷阱和圈套在里面。实际上他的自我嘲讽恰恰把读者引向他的作品，似乎在一系列玩笑中对当时波兰文化的保守和传统进行了抨击。小说中经常用到的就是"文化姑妈"，用"文化姑妈"来抨击波兰文化中的保守因素。

贡布罗维奇在第二次世界大战前夕坐船到阿根廷，没想到战争爆发了，在阿根廷一待就是几十年。他在阿根廷写作，但没有进入主流圈子，后来回到欧洲，他的作品引起了巨大的轰动。有意思的是，到了欧洲他始终没有回到祖国，祖国当时可能太让他伤心了。

说到波兰文学，我又想到一个女诗人，就是前不久去世的辛波斯卡。她在 1996 年获得诺贝尔文学奖。波兰这么一个弱小的民族，这么小的国家，它的历史上曾经诞生了那么多的诺贝尔文学奖得主！在波兰国内生活的有四五位，比如说显克维奇、莱蒙特、米沃什、辛波斯卡。辛波斯卡获得诺贝尔文学奖的时候，她是什么姿态？她当时陷入恐慌之中，第二天就躲了起来。她说诺贝尔文学奖一下把她变成一个准官方人士，这太可怕了。

中国好多作家表面上在骂诺贝尔文学奖，其实在内心特别期待获得那个奖，有点“吃不到葡萄说葡萄酸”的心理，平时最严厉抨击诺贝尔文学奖的人，一旦获奖肯定马上就会去领奖。但是辛波斯卡获得文学奖的时候，一下子恐慌了，第二天就失踪了，搬到谁也找不到的地方隐居去了。作为一个诗人，在宁静中写作，在宁静中生活，是她最最看重的。一旦宁静受到威胁和破坏的时候，逃离对作家是必要的。

我们现在的时代对文化、对文学来说未必是有利的时代，因为这个时代充满喧嚣、充满嘈杂、充满种种物质的诱惑。目前到底还有多少作家能在宁静中坚持写作呢？但是辛波斯卡恰恰能做到这一点，她的作品并不多，有点像去年获得诺贝尔文学奖的瑞典诗人特朗斯特罗姆。她每年可能只写几首诗，在缓慢从容的节奏中安静地写她的诗篇，但是每一首诗都是精品。大家读辛波斯卡的作品时会觉得朴实，但是朴实中充满了文化韵味，用的都是最简单最日常的词汇。

我们再说一说罗马尼亚文学。其实很多作家达到一定境界的时候，绝对可以突破文学的境界，同时是哲学家、文学家，甚至是艺术家。罗马尼亚就有这么一个人物，既是哲学家又是随笔作家，他还能写特别出色的格言，他的名字叫奇奥朗。他是特别怪异的作家。越有创作力的作家，往往越有鲜明的个性，他们甚至有着常人难以忍受的种种毛病。

我现在除了翻译之外还进行写作，主要创作散文、诗歌和随笔。当我们进入写作状况的时候，人都变得怪怪的了。我就常常特别对不起我的家人。比如，我翻译长篇作品的时候，有时候可能半天就为一句话遭受折磨痛苦，这时候很容易迁怒于家人。我们家有一条小狗，是我从黑山边上带回来的。在上户口的时候，我说小狗也应该有姓，就叫它高豆豆。如果高豆豆在我写作最艰难的时候来打搅，有时候我会迁怒于它，但我事后对它充满歉意。我觉得作为翻译家也好，学者也好，作家也好，他们的家属其实很不容易。

奇奥朗就是这样一个人，平时拒绝任何采访，长期在阁楼上生活，他把所谓的声誉看得很淡。他说荣誉是什么？荣誉就是为一具尸体戴上桂冠。但是这里面有一个悖论，那就是把名利看得这么淡的作家，在死后却获得了巨大的荣耀，正应了他的那一句话。奇奥朗不信上帝，这一点特别像尼采。他坚持认为，每个人在睡觉的时候心中都有沉思，当他醒来的时候这个世界多了一点热闹，有时候沉睡反而能够流露出人类最本真的一种特性。

另外，奇奥朗绝对排斥现代化。他说，面对电话，面对汽车，面对最最微不足道的机器，他会禁不住感觉到厌恶和恐惧，感觉会受到侵害。这个人和现代生活格格不入，实际上成为文化上的虚无主义者。他什么都不信，但是他相信句子，我曾经在一篇文章中说他是在句子中活着的人，实际上他把写作当成了自己的一切。

欧美语境下的东欧文学

说到东欧文学，我特别想提醒大家，我们现在接触到的好多东欧文学，其实都是在欧美语境下的东欧文学。这是什么意思？欧美语境下的东欧文学常常带有浓郁的意识形态色彩，对此我们一定要保持必要的警惕和冷静。

可以以几个作家作为案例谈这个话题。前几年获得诺贝尔文学奖的赫塔·米勒，她已经有十几部作品被介绍到中国。赫塔·米勒在罗马尼亚生活了30多年。1992年，我们当时在北京歌德学院曾经进行过一次文学翻译比赛，就是用她的短篇小说，后来出版了一个专辑。但当时注意她的人不是特别多。她当时30多岁，从照片上看气质极佳。我必须承认，她的照片对我造成了某种视觉冲击，我觉得我应该写写这个美丽的作家，因为她的文字太漂亮了，充满诗意。一读她的文学作品就会觉得她是有诗歌背景的作家。

但是在当时我绝对不觉得这个作家已经可以达到获诺贝尔文学奖的境界了。诺贝尔文学奖有时候照亮了一些有价值的作家，有时候同样照亮了一些可能在艺术上还不那么让人佩服的作家。大家千万不要把诺贝尔文学奖当作唯一的评判标准。

但是我们细细地分析，似乎可以得出这么一个结论，她的获奖是文学和政治微妙平衡的结果。为什么这么说？赫塔·米勒在罗马尼亚生活了30多年，她长期用德语写作，直到20世纪80年代移居德国，她从来不写德国当代生活的主题，因为她在这方面可能永远不能超越德国本土大作家，如德国著名作家君特·格拉斯和马丁·瓦尔泽等。

她采取了什么策略？她用德语写作，写的永远是罗马尼亚，关于专制下的罗马尼亚题材，这样的作品、这样的题材、这样的主题一下子让她变得特别引人注目。我们要知道现在很多作家都是这个路子，米兰·昆德拉是这个路子，中国定居美国的著名作家哈金严格意义上说走的也是这样一个路子。这样的写作策略特别容易获得欧美文坛的认可，写专制之下的罗马尼亚就特别符合所谓欧美语境中的道德评判标准。

在赫塔·米勒获得诺贝尔文学奖的时候，颁奖词中的评价特别重要，就是把她当作了被剥夺者。一个作家采用这样的方式，不知不觉中从写作者变成一个控诉者，而且赫塔·米勒在各种场合对自己形象的塑造，特别用心良苦。她始终是一身黑色在各种场合亮相，但作为一个作家在各种场合讲话时始终不太喜欢谈文学，而是谈她在罗马尼亚受到的种种迫害。如果不了解罗马尼亚历史很可能相信她所说的一切，但我是罗马尼亚历史和文化的研究者，对于罗马尼亚所谓的专制统治，我们需要作更加客观的分析。

实际上，齐奥塞斯库是作为改革者和开明者的姿态登上政坛的，他曾经有一个阶段特别受到老百姓的尊重和爱戴。他曾经为罗马尼亚人营造了很多年宽松自由的环境。在他统治时期，作家曾经享受到特别优厚的待遇。当时罗马尼亚诗人到各个地方去举办讲座，周围常常围着一大批爱戴者，其中有很多金发女郎。

1984 年，罗马尼亚青年代表团访问中国。我记得在杭州西子湖畔，我陪伴罗马尼亚金发女主持人在西湖畔漫步。我当时才 20 多岁，我觉得特别愉快。当时在购物的时候，下着毛毛细雨，我跟金发女主持人在雨中走着，罗马尼亚人认为在细雨中漫步是浪漫的事情，但中国人特别怕雨淋，认为淋雨很容易感冒。后来，当金发女主持人得知这一情况时，在大堂当着众人的面就拥抱了我，给我朗诵了一首诗。在那个时代，文学在人们心目中分量很重。当她朗诵完那首诗后，我特意让她写下来，后来我把它翻译成了汉语。

1968 年，以苏联为首的华沙组织干预捷克斯洛伐克的内政，一夜之间苏联的坦克就开进了捷克斯洛伐克这个国家。但齐奥塞斯库却拒绝参与这一军事行动，这一下子让他在国际舞台上获得了很高的声望，他成了美国和苏联之间不断进行调节斡旋的人、有国际声望的政治家。但是我们必须承认，齐奥塞斯库在他统治的中后期慢慢陷入了个人崇拜和独裁专制之中，但是这里面有个细节我可以跟大家分享一下，有人说他慢慢倾向于个人崇拜和专制和他的一次访华有关系。当时正好在“文化大革命”期间，他在访华之后从毛泽东那里学到了个人崇拜，受到了巨大的诱惑。回到罗马尼亚之后他才逐步地搞起了个人崇拜，他的统治也越来越倾向于独裁。

米兰·昆德拉是我十分喜欢的作家，当然喜欢并不见得盲目接受他的一切。我们在阅读作家作品的时候，最好的姿态是什么？是贴近，然后再适当地拉开距离，然后再一次贴近，这样才能保持适当的客观性和冷静。客观和冷静对文学阅读来说是至关重要的，我觉得很多人的阅读存在太多的盲目性。不能相信作家所说的一切，作家的话有时候恰恰需要打上问号，作家有时候特别喜欢在语言中制造烟雾。

米兰·昆德拉的重要代表作是《不能承受的生命之轻》，这个作品绝对能奠定他在世界文坛上的重要地位。但是我个人认为米兰·昆德拉也有虚假的一面。比如说，他在表白自己的时候，喜欢把自己塑造成一个特别纯粹的小说家，这个时候我们要打上问号。20世纪五六十年代他在捷克生活的时候，他曾经是狂热的制度追随者。他加入了捷克作家协会，并进入最高领导委员会。在“布拉格之春”中他是急先锋，他是呼吁改革的，当时追求所谓的自由，但是在“布拉格之春”被苏联坦克镇压的时候，他改变了那种姿态，他开始完全站到小说一边，之后他特别不愿意把他的作品与政治结合在一起。有人把他的一部作品当作是控诉斯大林主义的小说，米兰·昆德拉一听勃然大怒，他说这部小说仅仅是一个爱情故事。我的看法是，两种说法都存在问题，仅仅是政治作品，我不能同意，但按照他的说法仅仅是爱情故事，我也不能同意。别忘了小说的背景，所有东欧作家的写作环境都是高度政治化的。

昆德拉在《玩笑》中讲了这么一个故事。在那个特殊的年代，小说中的主人公采取种种方式想报复当年迫害他的学生领袖，接触到那个领袖人物的妻子后，他努力把他的妻子勾引到手，实现对迫害他的那个人最有力的报复。没有想到，当他成功勾引了那个迫害他的人的妻子之后，当时迫害他的人摇身一变成了红人，而且他和他妻子的关系其实早已经破裂，他要抛弃她都来不及，在某种程度上他帮了他一个很大的忙。当迫害他的人领着自己的新欢出现在他面前的时候，他突然醒悟到，世界就是一个罗网，有时候我们会不知不觉地掉入这个罗网。世界充满了陷阱，有时候我们不知不觉就陷入进去了，这是他的感慨。这句话对理解他的小说很重要，这就是存在主义的命题。这么理解米兰·昆德拉可能更客观更真实些。

文学可贵就在于它是揭示人性丰富性和复杂性的艺术。在中国学术界特别走红的德国汉学家顾彬，我曾经和他做过一次笔谈。顾彬说赫塔·米勒的德语如何纯真，获得诺贝尔文学奖如何当之无愧。我却表达了不同的看法，我觉得赫塔·米勒的获奖就是政治和文学的微妙平衡。

当时我和顾彬进行笔谈的时候，我采取了迂回的方式。我没有和他正面交锋，我只是说了这么一个故事。我说在我小的时候，我出生在江苏苏州，我们的邻省安徽相对来说自然环境要恶劣些，经常遭受洪涝灾害。每每发生这样的洪涝灾害之后，很多安徽灾民会来到江苏要饭，但是那个时候要饭就是真正的要饭，我母亲会盛上满满的一碗饭，绝对不会忘记在饭上还加些菜，当时他们会接过这碗饭，因为饿极了，站在门口就狼吞虎咽把饭吃了，是真的饿了。但是现在在北京，你常常会看到这样的情景，一个要饭的常常不是真的要饭，他要的是钱，有时候给的钱少，他还会骂你。我说这个故事是什么意思？我想说的是，也许我们在不知不觉中已经进入了一个这样的时代：许多人和事已经失去了他们的纯真性。在这样的时代，一切都需要用复杂的目光来打量，这对于阅读来说特别重要。复杂的目光对于理解社会、打量社会非常重要。现在我们很多事物都失去了它的纯粹性，比如说体育，比如说诺贝尔文学奖。要知道，诺贝尔文学奖已经成为某种赌博。

伊斯梅尔·卡达莱（Ismail Kadare），在我眼里，一直是个分裂的形象。仿佛有好几个卡达莱：生活在地拉那的卡达莱，歌颂恩维尔·霍查的卡达莱，写出《亡军的将领》的卡达莱，发布政治避难声明的卡达莱，定居巴黎的卡达莱，获得曼布克国际文学奖的卡达莱……他们有时相似，有时又反差极大，甚至相互矛盾，相互抵触。因此，在阿尔巴尼亚，在欧美，围绕着他，始终有种种截然相反的看法。他的声名恰恰就在这一片争议中不断上升。

但凭借《亡军的将领》《梦幻宫殿》《石头城纪事》《错宴》等小说，卡达莱已在世界文坛占有重要的位置。

卡达莱的小说一般人物都不太多，格局似乎也并不大。但他却有深入挖掘的本领，在深入挖掘中开辟广阔的天地。《梦幻宫殿》和《石头城纪事》就特别能体现他的创作风格。

《梦幻宫殿》中的人物几乎只有一个，那就是马克·阿莱姆，所有故事基本上都围绕着他进行，线索单纯，时间和空间也很紧凑。可它涉及的主题却广阔、深厚、敏感，有着丰富的外延和内涵。卡达莱于1981年在他的祖国发表这部小说。作为文本策略和政治策略，他将背景隐隐约约地设置在奥斯曼帝国，似乎在讲述过去，挖掘历史，但任何细心的读者都不难觉察到字里行间弥散出的讽喻的气息。因此，人们也就很容易把它同卡夫卡的《城堡》、奥威尔的《动物农场》等寓言体小说联系在一起，将它当作对专制的揭露和讨伐。难怪出版后不久，《梦幻宫殿》便被当局列为禁书，打入了冷宫。卡达莱本人在谈到此书时，也意味深长地强调："我试图描写地狱的情形。"他在移居法国后曾再三说过："我每写一本书，都感觉是在将匕首刺向专制。"尽管他说此话有讨好和迎合西方读者之嫌，真诚中夹杂着一些虚伪和狡黠，但起码《梦幻宫殿》可以成为他这番言论的有力证明。倘若说走向西方，需要亮出某种通行证的话，卡达莱肯定最愿意亮出《梦幻宫殿》了。事实上，他也这么做了，而且效果极好。欧美已有评论家呼吁：单凭《梦幻宫殿》一书，伊斯梅尔·卡达莱就完全有资格获得诺贝尔文学奖。

《石头城纪事》则是通过儿童和少年的目光来观察世界。这样的目光往往更能抵达本质。叙事也有特别的效果。小说涉及战争，战争中的人性、家庭、民族历史、爱情、革命、权力斗争、巴尔干历史问题等诸多主题。这些主题交织在一起，互相补充，互相衬托，互相辉映，让一部20来万字的作品有着出巨大的容量。在艺术手法上，卡达莱表现出他一贯的朴素、简练、浓缩的风格。在主题上挖掘，在细节上用力，巧妙而又自然地调动起回忆、对话、暗示、反讽、沉思、心理描写等手法，始终控制着小说的节奏和气氛，让韵味在不知不觉中生发、蔓延。这是他的小说路径。这样的路径往往更能够吸引读者的脚步和目光。

由此，我们可以看到，文学和政治的某种微妙平衡成就了不少作家，尤其是从东欧阵营中走出来的作家。我们在阅读和研究这些作家作品时，需要格外地警惕。过分地强调政治性，有可能会忽略他们的艺术性，而过分地强调艺术性，又有可能会看不到他们的政治性和复杂性。如何客观地、准确地认识和评价他们，同样需要我们的敏感和平衡。

红色经典和蓝色东欧

长期以来，由于历史的缘故，东欧文学往往更多地让人想到那些红色经典，阿尔巴尼亚的反法西斯电影、捷克作家伏契克的《绞刑架下的报告》都是典型的例子。红色经典当然是东欧文学的组成部分，这毫无疑义。我个人阅读那些作品时，曾深受感动，但需要指出的是，红色经典并不是东欧文学的全部。若认为红色经典就能代表东欧文学，那实在是种误解和误导，是对东欧文学的狭隘理解和片面认识。为了更加客观、全面地翻译和介绍东欧文学，突出东欧文学的艺术性，有必要颠覆一下这一概念。蓝色是流经东欧不少国家的多瑙河的颜色，也是大海和天空的颜色，有广阔和博大的意味。我一直觉得有义务让中国读者读到更多的有价值的东欧文学作品，让中国读者对东欧文学有更加准确和全面的判断。于是，便最终呼应出版人朱燕玲、孙虹的策划，同花城出版社合作，主编“蓝色东欧”。“蓝色东欧”正是旨在让读者看到另一种色彩的东欧文学，看到更加广阔和博大的东欧文学。

“蓝色东欧”第一辑出版后，得到了不少读者的喜爱。2012 年 8 月，当“蓝色东欧”在南国书香节获评“最具开拓意识的国际出版项目”时，有记者问道：“中国读者曾经对东欧文学非常熟悉，但现在，熟悉它的人越来越少了。在您看来，东欧文学是不是被低估或者轻视了？为什么选择对东欧文学做一次系统性的梳理？”

我想这主要和社会背景、时代变迁和国家发展有关。早在 20 世纪初，中国读者就读到了显克微奇、密茨凯维奇、斯沃瓦斯基、裴多菲、约卡依·莫尔、崛古立克等东欧作家的作品。鲁迅等先辈倾心译介东欧文学有着明确的意图：声援弱小民族，鼓舞同胞精神。鲁迅本人就说过：“因为所求的作品是叫喊和反抗，势必至于倾向了东欧，因此，所看的俄国、波兰以及巴尔干诸小国家的东西特别多。”应该说，在国家苦难深重的时刻，这些东欧文学作品的确成为了许多中国民众和斗士的精神食粮，在特殊时期发挥了特殊的作用。新中国成立初期，百业待兴。作为文化的重要组成部分，文学翻译和研究事业得到了相当的重视。那是又一个特殊时期。中国正好与苏联以及东欧国家关系密切，往来频繁。东欧文学译介也就享受到了特别的待遇。自1950年至1959年，东欧文学作品源源不断地被译成了汉语，绝对掀起了东欧文学翻译的又一个高潮。由于政治因素的影响，译介的作品良莠不齐，不少作品的艺术价值值得怀疑，政治性大于艺术性，充满说教色彩。尽管如此，我们还是读到了一批优秀的作品。“文化大革命”期间，整个国家都处于非正常状态，东欧文学翻译和研究事业也基本进入停滞阶段。在十多年的时间里，我们几乎读不到什么东欧文学作品，只看到一些阿尔巴尼亚、罗马尼亚和南斯拉夫的电影。但电影也应该算作文学作品，让我们了解到那些国家的历史和状况，起到了特殊的作用，伴随了一代中国人的成长。

由此可见，在那些特殊年代里，苏联和东欧文学似乎成了我们唯一的选择，阴差阳错，也就成了许多人的某种情结。而20世纪70年代末80年代初，由于改革开放的缘故，中国读者开始读到更多的外国文学作品。美国、法国、英国等所谓的文学大国作品的大量涌入，大大拓展了读者的视野，也为读者提供了更多的阅读选择。加上东欧剧变后，有相当长一段时间，东欧文学翻译受到严重影响，基本处于停滞状态。因此，我们恐怕不能简单地说东欧文学被低估或轻视，而是多元文学格局所导致的正常现象。

不得不承认，在很长的岁月里，东欧文学被染上了太多的艺术之外的色彩。因此，用艺术目光重新打量、重新梳理东欧文学已成为一种必需。“蓝色东欧”的寓意正在于此。

文学的祝福性

郭文斌

郭文斌

作家，银川市文联主席，宁夏作协副主席，《黄河文学》主编。全国宣传文化系统“四个一批”人才，宁夏大学、宁夏师范学院客座教授，中国作家协会会员，国务院政府特殊津贴获得者。著有《寻找安详》等，长篇小说《农历》获“第八届茅盾文学奖”提名，短篇小说《吉祥如意》获“人民文学奖”“小说选刊奖”“鲁迅文学奖”，短篇小说《冬至》获“北京文学奖”，散文《永远的堡子》获“冰心散文奖”。部分作品已被翻译成外文。

文学到底有没有标准

我一直在思考一个问题，在写作之前，在阅读之前，是否需要首先把文学的标准搞清楚。到北欧访问，有学者给我提了一些问题。他说你的文字怎么那么吉祥、那么如意，那就是中国的现实吗？说文学作品应该是揭露现实、批判现实的，等等。他觉得我的文字太吉祥了，太如意了，太安详了。

我就给他们讲我的文学观。通常人们认为文学有认识、娱乐、审美、教育几大功能。但在我看来，它还有一个更加重要的功能，那就是祝福功能。于是，我们需要先探讨文学的标准问题。关于文学的标准问题，我想借一个小故事跟大家交流。我认识一位女作者，有一天来找我，说她遇到了一个人生难题，有两位很优秀的小伙子，每天给她送玫瑰花，她拿不定主意应该选择哪一位，让她很纠结，才知世界上最大的痛苦是选择。让我给她一些建议。我就让她去考证两位谁最孝敬父母，就嫁给谁，肯定没错。我主编的《黄河文学》上曾经发过一篇稿子，一个医学院，要进行解剖实习，从市场上买了十条狗，其中九条很快就完成了麻醉，但是有一条，多大剂量的麻醉药对它都无济于事，这些师生就强行把它绑在手术架上，当刀子从它的腹部划过的时候，师生们都惊呆了，怎么回事呢？这一条狗正怀着她的孩子。我的描述很苍白，我是含着热泪看完这篇稿子的。后来，我打电话问这位作者故事的来源，她说这是她亲历的一件真事。我就很震撼。世界上居然有一种力量可以使强大的现代文明在它面前失去效力，这种力量不用我说，大家都知道，那就是“母爱”。我们可以想象一下，这条狗妈妈，当时是怎样和麻醉药做着较量？大家肯定还记得，汶川地震的时候，有一位母亲，用她弓形的身体保护了孩子，搜救队员看到，她的身边有一部手机，上面有一条短信：“孩子，如果你能活着出去，请你记住，妈妈爱你。”在山东电视台《天下父母》栏目里，翟俊杰导演讲了一个故事：他的妻子在生他的小女儿的时候，他采集了两瓶乳汁，把它封在装过青霉素的小瓶子里，用蜡封上，作为纪念。女儿出嫁时，他把两瓶乳汁拿出来，告诉女儿真相，不想女儿“扑通”一下给爸爸跪下了。怎么回事呢？当年白色的乳汁已经变成了红色的。我们且不说乳汁是否为鲜血所变，就这个意象，足以让我们泪流满面。确实，妈妈把她生命中最珍贵的东西奉献给了我们。

这些细节，对我们每一个人来说，需要时时重温，需要记在心上。它告诉我们一个道理，父母的恩情是我们无论如何都报答不了的。你看《十月怀胎歌》，从一月怀胎，到九月怀胎，前面的不说，只说九月，是“娘奔死来儿奔生”啊！是“阴阳只隔一张纸，十殿阎君见九君”啊！什么意思？就是说十殿阎君她都见了九殿，只有一殿没有见着，她才幸存下来。在一定意义上说，每位生产的母亲都是死里逃生。当下社会，医学发达了，因生孩子而死的概率降低了，但是十月怀胎的艰辛，只有妈妈才能表达，才能体会，才能描述。

也许有朋友会说，我也想孝敬，但是学业很紧怎么办？那是因为我们对孝敬的第次还不了解。古人对孝敬的第次是这样讲的，小孝养父母之身，中孝养父母之心，大孝养父母之志，至孝养父母之慧。什么意思？第一层面的孝敬保障父母的生存，第二层面的孝敬做让父母开心的事，第三层面的孝敬完成父母的理想，第四层面的孝敬消除父母的终极焦虑。这一刻，我们坐在教室里好好学习，就是在孝敬父母，因为这是父母期待的，养父母之心啊！

这些年，我一再呼吁国人对《弟子规》的学与用，强调它的基石作用。如果我们忽略了这个基石，即使我们读到无书可读了，也有可能找不到幸福快乐的根本。看看这样的句子：“身有伤，贻亲忧。德有伤，贻亲羞。”身体受伤了，父母心里很疼痛，道德受伤了，父母心里会更疼痛。想想看，当每个人怀着这句话展开他的生命画卷，就是另一个境界。当我们能够时时记着这个“忧”，就不会彻夜上网，因为“身体发肤，受之父母，不敢毁伤”。不爱惜身体就是大不孝。如果我们时时记着这个“羞”，我们就不会做错事，因为我们的德行、品行、品格出了问题，就是更大的不孝。

所以，这些年，作为一个作家，按道理应该坐在书斋里面好好写作，但是面对这些问题，我有点坐不住了。如果我们不重视人格教育，一切都是空谈，尤其是孝敬父母，更应作为重点去宣讲。事实上，每个人都是有孝心的，只不过它现在沉睡了，我们要做的，只是唤醒它。

话说回来，过了一段时间，那位女作者又来找我，说："郭老师，这两位都很孝敬父母，你还有什么好办法吗？"我说："有啊，你到学校去考证，谁在校期间最大限度地做到了尊敬老师，就嫁给谁。"我今天是带着非常大的期待在讲这句话，为什么呢？在我看来，当下社会出现的一切问题，都是因为"两道"缺失，"孝道"和"师道"。我们要让"和谐号"动车健康地、快速地在时空隧道中穿行，就必须要两个轨道万无一失。现在有好多书把"师父"写成了"师傅"，这是一个严重错误，正确的写法应该是"师"加"父"。为什么是"师"加"父"呢？它意味着什么呢？意味着老师和父亲是平等的，在过去，只有三个人能够呼唤你的乳名，老师和父母，皇帝都不可以叫你乳名的，这是古人的智慧。

但现在的情况是"师道扫地"。有一位老师上课时跟他的学生说，把字写端庄，你的人生也会端庄。没想到这位学生站起来，看了他一会，说了一句话。说了一句什么话呢？我都不愿意描述给大家，反正很难听。这位老师就很尴尬，走出去，又返回来扇了这位同学一耳光。结果麻烦来了，家长带了一个连的兵力打上来。这位家长显然一点都不懂师道。还有一个故事，一位在省城工作的同志，在县城租了一间房子，把在乡下上学的侄子转去读书，让爷爷奶奶陪读。谁想好心做了坏事。怎么回事呢？给转到网吧去了，甚至在网吧过夜，爷爷奶奶都管不了。班主任就通知家长去领孩子。和上面那位家长不同的是，这位父亲没有打上门去，而是带了一个牧牛的皮鞭，让儿子带他去见班主任。见到班主任，就高举着皮鞭对儿子说："跪下，给老师磕头认错！"孩子用目光说"不"。他继续说："跪下！"儿子仍然用目光说"不"。两个人就开始练目功。只见父亲把皮鞭不断地举起来，举起来，举起来。到了一定高度，儿子的眼泪就刷地下来了，接着"扑通"一下跪到地上给老师认错。可把老师吓坏了，千万别这样，千万别这样，都什么时代了！这位父亲说，您别管，这是我们家的传统！奇迹发生了，从此之后，这个孩子居然转变了。他的叔叔回到家里，看到他不时拿回家的奖状，贴了半面墙。我跟这位家长说，你这辈子什么都不做，就做这一件事，已经堪称伟大。这一位农民家长，就是我的哥哥，那个好心做坏事的叔叔，就是我。

对比之下，我们可以看出，什么样的行为是师道。细想一下，那位老师尽管在那一刻很紧张很谦虚，但是当这样的家长在他面前出现，当那个孩子真的五体投地的时候，他怎么会没有责任心？

我这样说，无意动员大家一定要给老师顶礼，但是我们至少在心中要有这份恭敬。看过我的几本书的同学都知道，这些年我像赞美父母一样赞美老师。为什么？因为没有他们就没有我的今天。比如，我的老师刘富荣，我觉得写100篇散文都没办法表达我对他的那一份祝福和感恩。2007年，我侥幸忝列“鲁迅文学奖”，在绍兴领奖回来，我首先想做两件事，第一是回去告诉父母喜讯，尽管他们不知道“鲁迅文学奖”是个什么概念，第二就是去看望刘老师。在那个十平方米左右既是宿舍又是办公室又是厨房的房子里，我们见面了，寒暄了几句，老师拉开抽屉，说：“文斌，你看，你写给我的信我都保存着。”那一刻，我什么话都说不出来，能够表达我心情的只有泪水。我在不同的单位用不同单位的信封写的信，他都整整齐齐地保存着。可以想象得出，这些信在他心目中意味着什么？可以肯定，在他心里，它比银行账户上的存款更值钱。那一刻，我觉得我写得少了，如果知道老师这样保存着，我应该多写一些才是。写刘老师的那篇散文我收在散文集《守岁》里，有兴趣的同学可以去看。

每当讲这个话题，往往有人提出质疑：“郭老师，你讲得很好，尊师没错，但是现在有些老师不值得尊重，一堂课讲到中间，问：‘同学们，听懂了没有？’如果有人说没有。他就会说：‘没关系，晚上到我家来补课吧。’”老师有意留一手。这时，我就给他们讲一个故事。有一天晚上，我都迷迷糊糊睡着了，听见一个声音：“爸，你洗完脚再睡吧。”心想，好久都没做过美梦了，今天怎么做了这么美的一个梦？听到了这么好听的声音。睁眼一看，哇，儿子确实站在床边，地上确实有一盆洗脚水。起床，把双脚伸进洗脚盆里，确实觉得比自己打得洗脚水要温暖得多。那一刻，我就理解了一个我好多年都没理解到的成语，那就是“受宠若惊”。

第二天，他说：“爸，你吃完早点再去上班吧。”还是同样的感觉。接下来的时光里，就全是幸福，一种从来没有体验过的、无比扎实无比厚实的幸福。工作起来特别有劲头，每天下班之后准时回家，非常贪恋他打开门迎出来接过你包的那种感觉，非常贪恋你还没有坐定他就倒一杯水递过来的那种感觉，觉得那个家就是天堂，这种天堂的味道可以让你拒绝掉一切约会，包括那些“倾城倾国者”的约会。一天晚上，我在日记上写了一句话：感动是这个世界上最好的改造人的力量。

这些年有不少朋友向我诉苦。比如，有抱怨老公夜不归宿的，我听完后就讲一盆洗脚水的故事。我说不要抱怨，应该怎么做呢？准备好一盆洗脚水，他三点回家你就恭候到三点，第二天他一定两点回家，第二天仍然这样做，第三天他一定一点回家，如此，一直奉陪到他准点回家为止。成本非常低，就一盆洗脚水。千万不要偷看人家的手机啊，闻闻人家衣服上有什么味啊，甚至跟踪，那成本太高了，而且很烦恼。

还真有效果，往往过段时间，这些朋友会告诉我果然有效果。

同样，对于没有师德的老师，我们也不要埋怨，作为学生，我们首先无条件地执弟子礼，以恭敬心对待他们，他们会改变的。

再回到那个女作者选对象的故事。过了段时间，女作者又来找我，说：“他们都非常尊敬老师，还是难分伯仲。”我说那你就让他们每人请你一顿，看谁点菜恰到好处，谁最后把盘子扫得最干净，你就选择谁。她同样十分意外地看着我，问，为什么呢？我说：“你想想，一个人一天能离开粮食吗？能离开水吗？没有粮食和水，我们能生存吗？从另一个角度来说，粮食和水也是我们的父母啊！从一个人对待粮食的态度，最能看出他有没有一颗爱惜之心。一颗种子，从播种到收获，其间包含了多少耕耘的辛劳和造化的慈悲。‘足蒸暑土气，背灼炎天光。力尽不知热，但惜夏日长’，且不论日月精华，天地灵气，单说耕种者插秧除草，施肥松土，收割打谷，真可谓‘粒粒皆辛苦’。一个人如果对维持自己生命、一餐不能相离、饱含着无数辛勤汗水和天地造化的粮食都不能珍惜，有可能珍惜你的感情和付出吗？”

过了段时间，女作者又来找我，说这两个家伙点菜时都十分切合实际，最后都把盘子扫得十分干净，现在怎么办？我说那你就去考证，谁的父母最大限度地做到了孝敬老人、尊敬师长、珍惜粮食。女作者说，假如仍然不分上下呢？我说那你就去考证他的爷爷奶奶。

至此，我们已经不单单是在择偶了，而是客观地加入到中华文明传承的行列里。如果每个中国人都这样做，就会促使他的父母不得不做一个好人，否则儿子就找不到媳妇，女儿就要做老姑娘。民间之所以信奉“前院的水不往后院流”，就是这个道理。古人讲“门当户对”，也是这个道理。这个“门”，并不一定要是“侯门”，而绝对要是“善门”；这个“对”并不一定要“势对”，而绝对要“淑对”。

一个天意一般的传承的大秘密，居然就在这里藏着；一个天然的自动化的灵魂环保系统，就是如此不动声色地发挥着作用。

据说，当年孔家向颜家求亲，颜父一听是孔家，立即同意了这门亲事。颜母说：“女儿的终身大事，怎么能如此草率，也不去考察一下，至少应该见一下当事人。”不想颜父说：“不用，孔门乃积善之家，不会有错。”

颜父的话果然应验，女儿嫁过去就生了一位圣人，而且家道两千余年不衰，至今家谱已经记载到七十几代，仍未有衰相。

这是一位多么英明的父亲！

颜父的逻辑是，只要是积善之家，他的儿子肯定不会有错。这是一种怎样的自信！

如果考察他们的祖上还分不出高低，你就分别推荐他看《寻找安详》，过段时间，如果他说好，你就嫁给他，反之，赶快逃跑，为什么？因为共同的价值观是最好的爱情保鲜剂。说得扎实点，只有人格是最可靠的。巨额存款、高级轿车、别墅那些东西都不可靠，大家想想，相对于那些犯了事的高官，曾经的存款、轿车、别墅还是他们的吗？我这样讲，出自寒门的男同学可能会给我鼓一次掌。你们会说，我虽然没有存款，虽然没有别墅，虽然没有轿车，但我有德行，有人格，有孝道，有师道，有人品，嫁给我吧。确实是这样。

之后，我给这位女作者讲了一个排比句：

> 一个不孝顺老人的人，他信誓旦旦地宣称会一生爱你，那是假的；
>
> 一个不尊敬老师的人，他信誓旦旦地宣称会一生敬你，那是假的；
>
> 一个不爱惜粮食的人，他信誓旦旦地宣称会一生疼你，那是假的。

这个排比句大家记好，以后情人节时转发给亲朋好友，就是在做公益。

讲了这么多，概括起来就是三个字、三句话。

三个字是：孝、敬、惜。

不占我们多大的大脑内存，每天起来，就念叨几句“孝、敬、惜”，然后按照它的频率开始一天的生活；晚上睡觉前，再念叨一下“孝、敬、惜”，检查我们是否做到了。不久，我们的人生就会有大的改变。

我觉得不需要多，我们就已经找到了标准。“孝敬”的“孝”，“尊敬”的“敬”，“珍惜”的“惜”。那么“孝”的本质是“感恩”，“敬”的本质是“敬畏”，“惜”的本质是“爱惜”。

事实上，只要我们活着，就要感恩，感恩一切。也许有些朋友会说，我吃的是我爸爸妈妈的，用的是我爸爸妈妈的，为什么要感恩一切。大家做个试验，把鼻子捏住，看能坚持多长时间。可能一分钟也坚持不了。所以，只要活着就要感恩。空气，我们不会制造，阳光，我们不会制造，水，我们不会制造，大地，我们不会制造，时间，我们不会制造，空间我们不会制造，但我们在无条件地享用它们。大家觉着是不是要好好感恩？

更不要说养育了我们的父母，哺育了我们的恩师，就更需要我们长存感恩之心。带着感恩心、敬畏心和爱心上路，我们就会走遍天下，因为这是公理。

把写作方式变成祝福方式

现在，请大家想一个问题，这位女作者文章写得那么好，但在择偶问题上居然找不到标准，那么我们就要问，假如她本人就是一部作品的主人公，她该如何带着她的主人公走向终点？就是说，她自己都没有了解生命的真相，怎么可能告诉读者生命的真相？她的生命中都没有温暖，怎么可能给读者提供温暖？

现在，我们常常说，谁的书卖得很好，谁的发行量很大，那么大家想过没有，一个不了解车的人却造了许多车卖，意味着什么？而且卖得那么火，对社会又意味着什么？

所以，我现在编书十分谨慎。比如，在编写《守岁》的时候，就很犯难，为什么？因为好多散文自己看着觉得都好，都舍不得放弃，但一本书的容量就那么大，那就要找一个标准，找一个什么样的标准？这就成为难题。后来有一天，我读到了两宗禅宗公案，豁然开朗。

一则是：百丈禅师每日上堂，常有一老人听法并随众散去。有一日却站着不走。师乃问，立者何人？老人云，我于五百世前曾住此山，只因讲错了一句话，被罚作五百世狐狸，今服刑期满，乞师依亡僧礼烧送。师应，老人乃去。次日，师令众僧到后山找亡僧，众僧不解，因未闻禅林近有亡者。师便带众在山后去觅，果无亡僧，却有一只黑毛大狐狸死在大磐石上。师告因由，僧皆大惊。遂恭然依亡僧礼火化安顿。

另一则是：盲尼听完晚课，师父说，天已经很黑了，你打个灯笼回去吧。盲尼说，我一个盲人打灯笼有什么用？师父说，有啊，你是盲人，但别人看见你手中的灯笼可以让开你啊。盲尼说，那我就打上吧。不想半路仍和一个人撞了一个满怀。盲尼说，难道你就没有看见我手中的灯笼吗？对方说你灯笼里的灯早已灭了。盲尼恍然大悟：原来一切外在的光明都是靠不住的，一个人需要找到自己本有的光明。

遂从近百万字的文字中，首先挑选在我看来不至于被罚作五百世狐狸的文字，从中再选在我理解多少有点唤醒作用的文字，多少能打开读者内在光明的文字，然后结集为书，名为《守岁》。在我看来，不被罚作五百世狐狸，是祝福的下线，能够打开读者本有的光明，能给读者提供正能量，是祝福的中线，能够把读者带进根本快乐，是祝福的上线。

而要“唤醒”他人，唤者要首先“醒来”。同样，要想保证文字的祝福性，写作者自己首先要拥有祝福力，最起码，要把生活方式变成祝福方式。只有把生活方式变成祝福方式，才能让我们的想象力成为有根之木、有源之水，也才能真正保证我们的真诚心和敬畏心。我是不愿意相信没见过大海的人写的关于大海的文字，不愿意相信手中没有蜡烛的人写的关于光明的文字，不愿意相信没有登到山顶的人写的关于山顶的文字。“会当凌绝顶，一览众山小”必定是一个登到山顶的人说的话，一个人如果没有登到山顶，肯定是无法描述真正登到山顶的体会的。因此，要写一本让读者“一览众山小”的书，作者就必须先登到山顶。现代社会之所以有那么多伪幸福学的书，就是因为写作者自己都没有找到幸福，却在大谈幸福，当然不能解决读者的心灵疾患。阅读也同样，一个没有登到山顶的人，也是无法理解“一览众山小”的境界的。人们之所以感叹读不懂经典，正是因为我们没有按经典去生活。也许有人会说，作家不可能把所有生活都体验到，这是事实，但生活虽然不同，爱的成熟度却可以类比。就像古人登到泰山之顶，我们登到华山之顶一样，最关键的是，我们都要登到山顶。见过大孝子王希海父亲的人都惊讶，一位卧床二十多年的植物人，身上居然没有疮痕，原来二十多年来，王希海都是把手放在父亲身下睡觉，当他感觉手掌被压麻了时，就给父亲翻身。如果没有践行，只凭想象，是很难写出这种孝敬方式的。

依我浅见，要想保证文字的祝福性，写什么比怎么写更重要，大米再简单地做，也是大米，沙石再精心地做，也是沙石。

依我浅见，要想提高文字的祝福性，方向比细节更重要，高速列车走错了路，显然要比牛车走错了路麻烦大得多。

依我浅见，要想提高文字的祝福性，安全性比精彩性更重要，原子弹投向人群显然要比石子投向人群更可怕。一部作品能给读者带来祝福，发行量越大越好，否则，发行量越大危害越大。

由此可见，重申文学的标准太重要了。这一点如果我们搞不清楚，给读者带来的伤害是没办法估量的。一只猛兽放出去，我们还可以让它回笼，但是文字的猛兽只要放出去我们再也没有办法收回了。所以，这些年在不同场合我无数次地讲关于我们村中两个孩子的故事。他们一同闯世界，一位因犯罪被判八年，另一位因为偶然读到两本书，走上改过自新的道路，2010 年还被评为“孝亲模范”。当那位被判八年的小伙子从狱中出来，这位因两本书而脱胎换骨的青年，他的孩子已经六岁了，这是多么让人悲伤的人生画面。几年来，我坚持和这位服刑的小伙子通信，发现他十分单纯，只是喜欢模仿一些书上的情节逞能。读着他的来信，我想，写这些书的作家是否想过，他们的文字可以把一个孩子送进牢狱？

细想起来，这是一个再简单不过的常识，人的心灵是一个田野，任何进入眼睛的信息都会成为一粒种子，这些种子构成人的潜意识，而人的行动是由潜意识支配的。古人甚至认为，潜意识具有异地成熟性，我们今天读到的一句话，可能在很多年之后开花结果。当一个人在关键时候脑海中闪过“执子之手，与子偕老”，他对婚姻是一种态度；如果闪过“不在乎天长地久，只在乎曾经拥有”，可能就是另一种态度。还有那些寻求短见者，很可能是当年读过的一本书或者一首诗成为他轻生的推力。也看到一些报道，某电视剧播出后，有不少小孩模仿剧情上吊，差点闹出人命。据报，现在自杀人数已经远远超过交通事故，如此惊人的数字，除全民焦虑的大背景之外，恐怕和传媒有很大的关系，而这些传媒的底本，却是文学。

曾有这样的体会：看到别人有好事，心生嫉妒时，赶快起诵《太上感应篇》中的“见人之得，如己之得”，然后就释然；送别人一件东西，不久又后悔了，赶快起诵《朱子家训》中的“与人不追悔”，然后就释然；帮了别人一个忙，却未得到对方的感谢，心里不快，赶快起诵《朱子家训》中的“施恩不图报”，就释然；想起曾经伤害过自己的人，心里不免会有怨恨，赶快起诵《弟子规》中的“恩欲报，怨欲忘；报怨短，报恩长”，就释然。可见潜意识中的句段对人的解脱作用。

另一个常识告诉我们，一个人在接受了欲望的诱导后，必须要寻找欲望的出路，那么满足欲望的行为就发生了。以性行为为例，在不少文章中看到，许多人的第一次性冲动都是在阅读中发生的。现在，全球每年有4500万人堕胎，有近7万人死于堕胎，不少为未婚青少年，这些青少年在性行为前，难道没有受过不良信息诱导？如果有，制造这些不良信息的同志是否想过，正是他们间接地给这些同志制造了不幸？

祝福功能必定来自祝福性。在第二十二届图博会上，有位出版家说，他认为书没有好坏标准。我说书绝对有好坏标准，一个孩子走丢了，有责任感的人应该把他带回家，但也有人在干着拐卖的事。如果我们承认在带回家和拐卖之间有价值差别，我们就要承认书是有好坏标准的，因为有些书就是把读者带“回家”的，有些书就是把读者带离家园甚至“拐卖”的。一本书让人读完就有孝敬的冲动、尊师的冲动、节约的冲动、环保的冲动、感恩的冲动、爱的冲动，那么无疑这本书是好书，相反，自然是坏书。

也有人说，文学毕竟是文学，不是教育学，没必要让它承担教化义务。在我看来，这无异于说，青菜不是主食，没必要讲究卫生一样。因为无论是主食还是青菜，我们的孩子都在吃。

如果看过江本胜先生的《水知道答案》，我们就知道祝福不但是一种心理存在，还是一种物理存在。那么，接受一部带着祝福心态创作的作品，无疑就是自我保健，接受一部带着怨恨仇视心态创作的作品，无疑就是自我伤害。

我以为，要想保证文学的祝福性，写作动机和出版动机显得非常关键。就像为了孩子成长，有些父母也可能打孩子、骂孩子，但他的出发点都是为了孩子好。有些人尽管甜言蜜语，却会把孩子带向歧途。所以说，一本书有没有祝福性，关键要看作家和出版家的动机。如果我们在下笔时，在出版时，心中没有读者，只有利润，祝福性是很难保证的。

那么，我们应该带着怎样的动机写作？依我浅见，“父母心肠”是一个底线。带着“父母心肠”写作，带着“父母心肠”出版，应该是作家和出版家最基本的品质。

在拙著《农历》的创作谈中，我写了这么一段话：“奢望着能够写这么一本书，它既是天下父母推荐给孩子看的书，又是天下孩子推荐给父母看的书，它既能给大地带来安详，又能给读者带来吉祥，进入眼帘它是花朵，进入心灵它是根，我不敢说《农历》就是这样一本书，但我按照这个目标努力了。”为了尽可能接近这个标准，我反复修改书稿。书稿排版后，我仍然让出版社寄来校样修改，同时复印多份，让同事、朋友包括妻儿看，对于他们提出的不妥之处，我基本都作了修正，一次又一次，直到第六次时，编辑说他做了几十年编辑，出了几百本书，没有见过像我这样追求完美的，他实在没有耐心再给我寄了，我才作罢，否则大概还要修改第七次、第八次……《寻找安详》等书也同样。这些拙著出版后有不少读者批量义捐，让我更加坚信，心灵感应是存在的。

可见作家这个职业，绝对不是轻易可以去从事的。2007 年，我很侥幸忝列“感动宁夏”人物，主持人王志先生给我出了许多难题。比如，他问：“你觉着作家重要还是给水团的团长重要呢？还是防治沙化的王有德做的事更重要？”我说：“我觉得都重要，我们既需要从给水团的钻头下流出的清泉，更需要从作家的笔尖流出的清泉，既需要防治大地的沙化，更需要防治心灵的沙化。”

再重复一下上面的观点，一个作家要写出好的作品来，首先要改变他的生活方式。如果你不改变你的生活方式，那你怎么给读者一个理想的生活方式？你都没经历过，你怎么可以告诉读者呢？我和我爱人，自我感觉还算孝敬，但让我们把父母的剩饭吃掉，一直没有做到，那个槛迈不过去。但是有一天看到儿子非常自然地把他爷爷吃剩的菜吃掉的时候，我就在想一个问题，他能做到，我为什么做不到？有一天我就下决心把父亲吃剩的那半碗菜吃掉，父亲87了，又不愿戴假牙，所以有一些菜吃到最后就剩下了。当我吃掉那半碗菜的时候，我才尝到了一种味道，如果你不吃你是尝不到的。当天晚上，我在日记上写了一段话，“真正的孝敬从不嫌弃老人开始”。如果没有这个经历你怎么可能有这个感受呢？有一次，父亲病重，我和儿子回去看望，晚上哥哥和嫂子给我安排了一个单独的房间让我去休息。不想儿子悄悄跟过来，说：“爸，我建议你还是跟我爷爷奶奶睡一晚上。”我说：“你爷爷那个鼾声很大啊。”他说：“那你就听一晚上鼾声吧，不然你会后悔的。”哎呀，我一想，有道理，就去跟父母睡，那个鼾声确实比较大，但是你分明听到那个鼾声已经带着老态，不像当年那么有力量。事实上那一晚我失眠了，听着父亲的鼾声，我突然想到，当年曾经立志让父母还健康的时候，带他们坐一次飞机，带他们出去旅游一次，现在已经没有可能了，因为父母已经失去了坐飞机的体能，母亲还好，儿子在上大学的时候还带她到北京走了走，看了看，包括他的宿舍和校园，从儿子拍回来的照片可见母亲有多开心。那是她第一次坐火车去北京，到北京天安门城楼下，虽然有些疲累，但能看出她内心的喜悦。这个愿望还是儿子帮我完成的。那父亲这一辈子就永远没这个希望了。所以，那天晚上我就在心中跟自己说，一定要趁哥哥和嫂子还健康的时候，带他们去坐一次飞机，出去旅行一次。

像这样的心路历程，如果我们没有经历，怎么去表达？也许有人说，我们可以运用想象啊。没错，但是想象也需要经验作基础。比如说大孝子王希海，他的父亲是植物人，他为了孝敬他的父亲居然终身未娶，28年来，他每天把手放在父亲的身体下面睡觉，当他感觉手掌压麻了的时候，就给父亲翻身，因为父亲没表达能力呀，他以此来判断父亲在什么时候身体开始不舒服了。什么时候呢？把他的手掌压麻了的时候。这样的孝行，如果不经历，我们怎么去想象得出来呢？把手伸进父亲的身体下面睡觉，这种细节，我们怎么想象得出来？所以生活方式决定了文学方式，这是我现在不成熟的一个思考，但我现在至少这样认为。

如果我们不愿意去选择一种崇高的、温暖的、富有爱心的、奉献性的人生方式，那么我们要写出带有温暖感、崇高感和爱感的文字，我是持怀疑态度的。所以，我们需要大声地去疾呼，要想让文学有尊严、有地位，就要重新确定它的标准。

这时，回到传统就显得非常关键。“孝、敬、惜”，我觉得再过一万年它还是真理。也有人认为传统是不存在的，因为今天的传统在过去就不是传统。我说传统不但存在，而且永远存在。比如说，几千年来、几万年来，都是母亲在生孩子，难道随着时代变化，这一事实会改变？太阳是我们的祖先沐浴过的，大地是我们的祖先生存过的，空气是我们的祖先呼吸过的，难道这是因为我们祖先用过的，我们就拒绝使用？

现在有人以魔幻现实主义为时尚，岂不知《西游记》和《聊斋志异》早已用到极致了，之所以以其为时尚，只是因为我们忽略了传统。我的儿子在大二第一学期写了一篇长达万字的文章《让全世界人民都来学汉语》，在《文学报》更名发了一个整版。他在把东西方文化作了对比后，说：“在这一切对于经典文化的论断中，我们不难发现中华经典文化的魅力，遗憾的是，世界上至今没有一种语言可能代表汉语来描述出这种文化。汉语的魅力，是中华经典文化五千年的魅力，它所代表的智慧，是中华五千年文明的智慧。中华经典文化可以说是本世纪地球上仅存不多的文化宝库，而汉语，正是这座宝库大门的钥匙。”之后，他对中国经典文化的热爱与日俱增，到了大三，甚至到了非文言文不读的程度，说读白话文淡如白水。他说，这才真正体会到什么是爱国之情了，一个人在没有爱上自己的传统文化之前说爱国，肯定是言不由衷。

由此，我们可以基本证明，文学确实还有一个更重要的使命，那就是祝福。现在有一种悲观的说法，文学会死亡。比如说，我到北欧去，有一位作家说，在他们国家一本文学书如果发行5000册，简直就是奇迹了。问我为什么文学会出现全球化萧条，我说这不怪读者，不怪市场，怪谁呢？怪我们作家本身，不知道人们心中缺失了什么，假如知道，文学就会成为人类的主食，当文学成为另一种“大米”，作家还愁没饭吃吗？全球60多亿人，养活几个作家，还成问题吗？而要让文学成为另一种“大米”，就要让它具有祝福性。

如何才能把写作方式变成祝福方式

在我看来，要想比较彻底地把写作方式变成祝福方式，首先要找到安详。因为从一定意义上来讲，安详本身就是祝福。我给安详下的定义是，一种不需要条件作保障的快乐，它跟我们的生命一体两面，只要我们把目光折回来，就能看到它，它是我们生命本有的清泉，只要我们把泥沙淘净，就能感受到它，而不少人却满世界去寻找。再打个比方，当你静静坐下来，就有一只蝴蝶飞过来落在你的肩膀上，但当你满世界地去追时，它就永远飞走了。我这样说并非让大家什么都别干，恰恰相反，一个找到安详的人，他会非常积极，就像甘地讲的，你之所以激情饱满，那是因为你心中有着巨大的宁静。

那么，我们如何才能找到安详？在拙著《寻找安详》修订本里，我讲到五种走进安详的方式，这里不再赘述。这里想推荐大家通过学习《弟子规》找到安详。现在有不少人在讲《弟子规》，却把在我看来非常重要的一句话忽略了。哪句话呢？“执虚器，如执盈。”为什么说这句话重要呢？夫妻吵架，老婆说：“你有本事就动手吧。”老公说："你以为我不敢？"老婆说："那你动啊。"老公的菜刀就过去了。悲剧就发生了。大家想一下，这个过程中，二人在安详中吗？肯定不在。那么如何才能回到安详中？通过"执虚器，如执盈"的训练。就像我手里这个杯子，我们端起来到放下去，要明明白白。如果落到桌上"咚"的一声，我们肯定不在现场。如果我们时时以"执虚器，如执盈"训练自己，端着一个空杯就像端着一个满杯，时间久了你就能够随时回到现场，能够随时回到现场，意味着我们能够随时回到幸福之中。

古代有这样一个公案，有人问老师，如何才能找到根本快乐，老师说："吃饭的时候吃饭，睡觉的时候睡觉。"请问在座的各位，你们吃饭的时候是否在吃饭，睡觉的时候是否在睡觉？今后大家去试，夹一筷子菜，然后送到嘴里面，细细去打量，看中间有没有杂念光顾过。你一定会发现，就这么一个短暂的过程，有无数的杂念闪过。所以，孔老夫子说"吾在斯，吾在斯"。如果没有现场感的训练，我们不知道夫子当年在说什么。现在我们明白，夫子在讲，"在现场，在现场"。我们才知他为什么强调"食无语"，原来是为了让我们把每一口饭菜尝得清清楚楚，当我们把每一口饭菜尝得清清楚楚的时候，我们会发现，以前的那些饭都白吃了。为什么？因为我们压根就没有尝到那个大米的味道，我们压根就没有尝到那个饭菜的味道。细想，我们都在吃"欺骗"。好多菜，都是同一个味道，麻、辣、烫。细想，它的原味我们没尝到，当我们有一天尝到了原味的时候，会发现，我们压根不需要吃那么多，我们就能把另一半省下来捐给世界上那些没饭吃的人。为什么？我们之所以吃得太多是因为我们不在现场。我在长篇小说《农历》中描写过五月六月吃饺子的场景，有兴趣大家去看，他们是怎么样吃的。

总之，明明白白地吃，明明白白地睡，明明白白地听。如果你不能明明白白地听，那么这一堂课可能有无数次走神，那么我们就无数次错过。由此我们可以得出一个结论，如果在吃饭的时候不知道在吃饭，睡觉的时候不知道在睡觉，走路的时候不知道在走路，学习的时候不知道在学习，那么我们在幸福的时候就不知道在幸福。同理，如果我们平时能够对物件轻拿轻放，那么我们就会对感情轻拿轻放，能够对感情轻拿轻放，伤感情的话就不容易出口，悲剧就会大幅度降低。那两位菜刀英雄，他们假如受过这种训练，当菜刀举起来的那一刻，他马上就发现了，所以，当我们现场感的训练到一定的程度，会发现守候、把玩念头非常有趣。当我们能够完全跟踪念头，就会时时处处活在诗情画意之中，我们会发现生命本身是那么丰富、丰饶，我们才能体会古人的生命境界。这时，我们就会明白，老子为什么要说，“鸡犬之声相闻，老死不相往来”，为什么？回到本分。当每个人回到本分，这个世界就是和谐社会。一个人如果能把本分做好，把法定义务做好，那他的人生就是完美的人生。

当我们真的回到现场，会发现，天籁之音存在，人籁之音也存在，当你真的很安静的时候，会听到你的心跳，美妙无比，你觉得自己就是世界上最完美的器乐，音乐就在那里流淌，那么自足，那么美妙，那么绵延不绝。我当年对音乐很依赖，写作的时候一定要有轻音乐相伴。但当我体会到这种盛大完美的内在音乐时，那种外在的就再也不需要了。这种内在之乐真是太享受了，躺在那里就可以享受啊，多方便，多简单。

因此，《弟子规》既是让我们读的，更是让我们做的，可谓“不力行，但学文，长浮华，成何人”。如果我们不让它落到实处，就尝不到其中的甜头，变不成我们的营养。所以，一定要真干，一定要把我们的生活方式变成崇高的方式、公益的方式，那么什么样的方式是公益方式？拿出我们可能的一部分财富跟社会分享，拿出我们可能的体力跟社会分享，拿出我们可能的智慧跟社会分享。这些年，每当我看到有人在困难中，会让人送过去一些钱，跟各位说实话，刚开始拿这些钱的时候很舍不得，但是当你看到因为你的带头，许多人捐款，使这个孩子的病情得以控制，你尝到的甜头要比把1000块钱装在兜里多得多，再做的时候就不会那么太舍不得了，第三次更容易。时间久了，有一段时间如果没做，你还觉得很失落。2012年上半年，儿子在一所小学实习，结束时，他给我出了一道考题，问我能不能给他的每位学生送一本我的《〈弟子规〉到底说什么》。大约八百人，我想了想，这等于把这本书的稿费全部捐赠了，心里多少有些不忍，但表面上还是十分痛快地答应了。他鼓励我说：“老爸这次表现不错啊，有些真放下的样子了。”真是羞愧。在儿子的鞭策下，我把刚刚出版的散文集《守岁》、随笔集《寻找安详》修订版的首印版税全部折合成书，捐了出去，包括第三次重印长篇小说《农历》，直捐到出版社无书可供，真正体会到了一种只有“舍”才能体会到的幸福。

经典是用来“落地”的，一定要“落地”，只有通过“落地”，我们才能成长为参天大树。要从这一刻做起。比如，我的手机上存着一条短信，每次讲课，我都会发给主持人，说：“自带茶水，不需要服务员添水。”也许有人说，太夸张了吧，不就一个杯子吗？其实不然，事有大小，心无大小，虽然是一个杯子，但对心灵来说，节省一个杯子和节省一片森林是一样的，因为都是一个惜心，对象有大小，惜心无大小，事体有大小，理体无分别，对象是媒介，心灵是目的。就是说，我们要把每一个细节作为完成我们人格的媒介，不要放过，从现在开始，从这一刻开始。因为常常出去讲课，住宾馆的时候就比较多，暂时离开宾馆时，我总要挂一个“请勿打扰”，大家说为什么呢？拒绝服务员走进房间打扫卫生。因为服务员走进房间，意味着有许多水要被浪费掉。但一个人在宾馆里住那么几天完全可以自己料理，完全没必要让服务员打扫卫生。

顺便告诉大家，我的《寻找安详》就是在“请勿打扰”里诞生的。一天，我接到中华书局祝安顺先生的电话，说中山图书馆的吕梅馆长向他强烈地推荐我的讲稿，让我发给他看看，祝安顺这个人我当然知道，因为他是于丹《论语心得》的策划人，接到他的电话时，我都像做梦一样。结果大家知道，书不但在中华书局出版了，而且一印再印，前不久再版，现在又在编印精装本。那么，是哪些机缘造就了这本书呢？后来问吕梅馆长。她说是几个细节打动了她。比如，饭间几粒大米掉在桌子上我捡起来吃掉了，有一粒甚至掉在地下，我也很自然地捡起来吃掉。比如，“请勿打扰”，让她有些感动，因此不但萌生了向中华书局推荐书稿的想法，还愿意亲自去实践。这些年，她给我们西海固已经捐了几十万的钱和物、文具、书，踏上了长长的公益行程。

所以，大家一定要真干，要给同学们做一个真干的榜样，给家人做一个真干的榜样。比如，在我母亲生日那晚，我用五体投地的古礼给母亲磕头表示感恩。第二天，我爱人说，郭文斌，你的表演很有效果呀。为什么呢？儿子也给她磕了一个头。因为我母亲和儿子同一天生日。可见榜样的作用。“为人演说”，这是古代教育的最重要方法论，是“为人演说”，而非“为人说演”，要先做个榜样给大家。如此，你就能成为一个公益火种，一个光明火种，一个爱的火种。如此，你会发现有许多意想不到的诗意到来。拙著长篇《农历》出版后，银川有个楚文女士打电话，想买2000册《农历》捐给那些想读书但买不起书看的孩子。大家可以想象我当时的心情。不想我爱人说，虽然是好事，但你还是要冷静调查一下，2000册《农历》按定价要六万块钱，如果她是一时激动或者一厢情愿，将来她家人找你麻烦怎么办？我觉得有道理，就找了个理由到她家去。是她的儿子接待我的，大学刚毕业，他的一通话让我非常羞愧。才知他们全家一致决定做这件事，而且约法三章，第一不搞捐书仪式，第二不让媒体知道，第三不能暴露他们的身份。你看，我们都在讲安详了，仍然如此防备，大家就可以想象社会上人们防备到什么程度。那个房子只有60平方米，连茶几都没有，只有一个圆桌上面铺着桌布，既是茶几又是书桌又是饭桌。这位大学生告诉我，他还要把这2000册书包好书皮，刻一个章——“像五月六月那样成长”，盖上去，再捐出去。我就给责任编辑讲了此事，让给她一定的折扣，然后告诉他们双方联系方式。

去年，第八届“茅盾文学奖”落幕之后，有不少朋友说，郭文斌你就别气馁了，下一届肯定是你了。确实，要么你就干脆别提名，干脆别进前20名，要么你就杀进前5名，这个第7名，让人遗憾。

我说我已经非常知足了，我这个非著名作家，评委能把它送到这一程我已经非常满足了，莫言先生才是第四名呢，蒋子龙先生才是第十名呢，我还有什么不知足的呢？再说，更给我鼓励的是像楚文这样的读者，我估计在中国的作家里被别人一次买 2000 册义捐的不是太多，所以我更在乎这一种“嘉奖”方式。

现在，我要说总结的话了，就是说把我们的生活方式变成文学方式，把我们的文学方式变成生活方式，把我们的阅读方式变成祝福方式，把我们的写作方式变成祝福方式。然后呢，带着一颗点亮读者心灯的姿态，带着父母心肠去写作、去阅读，去做一个文化传播者。

如果各位亲爱的同学们愿意，希望你们能够把文学的祝福性作为你们的一个实验，我相信在你们将来的创作道路上、文学道路上，会赢得比郭文斌多得多的读者和拥戴者。

古典诗词的生命精神与哲学智慧

蒋述卓

蒋述卓

文学博士，暨南大学中文系教授，文艺学专业博士生导师。暨南大学党委书记、副校长，校学术委员会副主任与学位委员会副主任。教育部中文学科教学指导委员会副主任，中国文艺理论学会副会长，中国古代文学理论学会副会长，中国中外文艺理论学会副会长，广东省文艺批评家协会主席。主要从事中国古代文学理论、宗教与艺术关系、文学与文化关系的研究。已出版《佛经传译与中古文学思潮》《佛教与中国文艺美学》《山水美与宗教》《宗教艺术论》等12部学术著作。

我一直对古典诗词比较爱好，大学本科的毕业论文是从美学方面去分析李煜的诗词。读硕士时，论文写的是清代叶燮的文论研究，博士论文写的是《佛教与中国中古文学思潮》。一直到前几年，应《羊城晚报》“花地”编辑部的邀请，在《羊城晚报》开了近两年的专栏，叫作《诗词小札》，后来结集在中国青年出版社出版。我一个星期写一篇文章，主要是品读古人的诗词。我谈古典诗词，也是受到老前辈刘逸生教授的影响。他是暨南大学的教授，写了《唐诗小札》等。我们在大学时都喜欢读他的书，他从艺术和审美的角度品读唐诗，影响了我们整整一代人。今天我主要从两个角度去谈古典诗词，既从生命精神角度去理解古人，也从古人的哲学智慧去接触古人。古人讲，“诗无达诂”，一首诗，每个人的解释、理解可以不一样，就像一千个观众有一千个哈姆雷特一样，其实一首诗被一千人读也有一千种理解。从这个角度说，我今天所奉献的只是我个人的体会和理解，不一定正确，但是如果能给大家以启发，我就觉得目的就达到了。

诗来源于理想和现实的冲突

诗的悲情体现生命精神。因为诗来自理想和现实的冲突，来自一种生命的悲情，乃至于生命的抗争。孔子很早就说过，诗可以“兴、观、群、怨”。“兴”，是表达自己的一种感发；“观”，是可以从诗里面观察到社会；“群”具有团结群众的作用；“怨”包括怨刺、讽喻等等。诗的作用很多，《诗经·毛诗序》中讲到，诗来自“饥者歌其食，劳者歌其事”。饥饿的人为了求食求生存，表达自己心里的怨恨，就要唱出来。“劳者歌其事”，《诗经》中有描写为王去服劳役或者做其他苦力生活的诗歌，尤其是《诗经》里的《国风》，主要就是反映劳动人民日常生活的作品。钟嵘在《诗品序》中特别讲到“嘉会寄诗以亲，离群托诗以怨”。欢乐的时候可以把诗寄给亲朋好友，大家可以经常聚会、学习，增加情谊；但更多的时候是离开群体漂泊在外，往往要通过写诗表达自己的离愁别怨，尤其是在受到了不幸的打击或官场上的排挤，被流放他乡之时，就会写诗词抒发怨情。这一类诗词是很多的。例如，屈原就是因为受到打击、排挤，所以才写了《离骚》等。“至于楚臣去境，汉妾辞宫；或骨横朔野，魂逐飞蓬；或负戈外戍，杀气雄边”，这是说背着枪出去打仗，去戍边了。“塞客衣单，孀闺泪尽”，这都是到了要写诗的时候了。“或士有解佩出朝，一去忘返”，这时候士被排斥在外，遭贬了，离去之后不能回到王城了，这自然会有怨诗产生。“女有扬蛾入宠，再盼倾国”，美人被召入宫，但是后来又遭到冷遇，这也要发出怨恨之声。在汉代和唐代都有这种宫怨诗。所以“凡斯种种，感荡心灵，非陈诗何以展其义”，没有诗就无法展开他的胸臆。“非长歌何以骋其情？”不歌唱就无法驰骋他的感情。钟嵘实际上把古人创作诗歌的来源、境遇总结了出来，我们从这里了解到古人是从哪些方面去体现他们激情四射的生命精神的。

白居易也说过，诗来自“征戍行旅，含冤遣逐，冻馁病老，存殁别离”。生死问题、病老问题、在外行走问题，这些都可能是“情发于中，文形于外”。从《诗经》中的诗可以“怨”，到《离骚》的“骚”言志，那都是一种情绪的倾诉。其实《离骚》的“骚”也通发牢骚的“骚”，屈原就用《离骚》来发泄他的牢骚，并表达他的志向。

再到后来欧阳修还讲到“诗穷而后工”，诗人到了穷途、不是很顺利的时候，诗写得反而更好了。这就构成了中国古典诗歌的悲情传统。诗人欢乐的时候出诗，但是在悲情的时候出诗会更好、更多。

悲情之一就是伤时，是古人面对时间的那种生命感慨、悲叹，感慨时间的流逝。像孔子这样一位古代的大思想家、教育家，也像现在的我们一样，面对时间消逝而无法把握，他站在水边，看着水不断流去而感叹：“逝者如斯夫，不舍昼夜！”时间是无法挽留的，生命也是有限的。《论语》中还讲“往者不可谏，来者犹可追”，过去的时间我们不可能再把它拉回来了，但是未来我们还可以追赶时间。一方面在感慨时间难以挽留，另一方面也在激发自己要不断进取，成就事业。古人的悲情也就由此而生。

到了汉代，三国时期战乱频繁，各国之间互相争斗，士兵与民众死伤无数，当时的人活到40岁已经算是长寿了。汉代的《古诗十九首》最早开启了对生命的思考。它讲“生年不满百，常怀千岁忧”，一个人的生命不满百年，怎么样能够把握住岁月呢？既然把握不住，为什么不“昼短苦夜长，何不秉烛游”呢？意思是何不拿着蜡烛再去夜以继日地游呢？这样就能把时间把握得更好了。“仙人王子乔，难可与等期”，像王子乔那样遇到神仙可以活一千年的传说是等不到的，我们只有很少的时间。《古诗十九首》就经常这样感慨生命的短暂。

诗人伤时是为了惜时

古人不仅感觉到时间是难以挽留的，而且面对时间也感觉到人生很渺小。当时人的寿命就是四五十岁，现在人的平均年龄是74岁，但是要在这些时间中让自己能够有所成就，而成就往往又不大难以如愿时，就有了一种生命的悲叹。例如曹操，他在统一北方之前写下了《短歌行》表达他的感慨，当时他才三十七八岁，“对酒当歌，人生几何？譬如朝露，去日苦多”，他感叹人生就像早上的露水一样，晒一下就没了，过去的日子欢乐的少、苦的多。“慨当以慷，忧思难忘。何以解忧，唯有杜康”，只有靠喝酒来解愁。但是，曹操对时间的感慨并非消极，而是要抓紧时间建功立业，统一全国。所以，在这个时候，他就通过《短歌行》表达自己的愿望，希望能够招纳更多的人才。这就是他的忧虑，故“忧从中来，不可断绝”，担心没有更多的人来投靠他。“月明星稀，乌鹊南飞。绕树三匝，何枝可依？”你们要寻找良枝就来依附我吧！曹操用人是非常开放的，他的手下中人才也非常多。“山不厌高，海不厌深”，山越高越好，海越深越好，越大越好。他就想出了要招揽人才，为他的大事业来奋斗。

时间短暂，古人就尽量要在空间中去把握住时间，希望在短暂、有限的时间内，把自己的事业做强做大。其实古人是有进取之心的，尽管是悲，却催生一种进取之心。

屈原感慨，草木“春秋代序”，人也有了“美人迟暮”之感。草木零落，老之将至。

陶渊明也说，“盛年不再来，一日难再晨”，一天很难再有另一个早晨。所以“及时当勉励，岁月不待人”，这就是对年轻人的鼓励。古诗还说，“劝君莫惜金缕衣，劝君惜取少年时”。

宋祁的词：“浮生长恨欢娱少，肯爱千金轻一笑。为君持酒劝斜阳，且向花间留晚照。”我们的生命常常恨欢乐的时间太少，喜欢千金却轻视欢乐的一笑，那么我就劝你能够喝着酒，在黄昏到来时，哪怕是天要黑了，时间不久了，也“且向花间留晚照”，希望能够把日照的时间多挽留一些。这就是古人的进取之心，从时间的悲叹当中体现出自己的一种奋发、进取，对于时间的爱惜，对于事业的执着。

古人思考时间的意义也是在思考生存的意义

当然，古人对时间有时候还拷问得更深，而不仅仅是悲叹。唐代诗人张若虚的《春江花月夜》就是最有时间意识的，穿越时空，也超越时空，在把空间转为时间的过程当中，把人和宇宙联系起来，有了宇宙意识，从而实现了一种生存意义上的超越。闻一多评价他有了“更敻绝的宇宙意识”。

“春江潮水连海平，海上明月共潮生。滟滟随波千万里，何处春江无月明!”这都是写的一种空间的意义。看着一江春水不断地流，滟滟随波有千万里之广。“何处春江无月明”，哪个地方都有月亮在照着，这都是一个空间。“江流宛转绕芳甸，月照花林皆似霰；空里流霜不觉飞，汀上白沙看不见”，写的是江天一色的美景，以及空中的一轮孤月，这都是写对空间的感觉。诗人从空间方面进一步深入时间中去提问，“江畔何人初见月?”这个月亮在江畔的时候，是谁最先看到的?是古人中的谁呢?他恐怕早已不见了，这就有了时间的追问。“江月何年初照人?”这个江月哪一年第一次照到人呢?按照现在的黑洞科学理论，宇宙是无穷的，起源于哪里、起源于什么时候是没有解的，这就有了一种宇宙的追问之意。所以“人生代代无穷已，江月年年只相似”，人一代又一代替换，而江上的月亮年年都是相同的。“不知江月待何人，但见长江送流水”，不知道江上的月亮在等待着谁呢？只见到长江的水在不断地流。这个时候，生命的悲情感就推出来了。古人在对空间与时间的思考中，感觉到了宇宙的无限与人生的短暂，感觉到了绝对与相对、有限与无限、历史与现实以及人与自然、人与社会的关系，这种思考是很深刻的。

李白的《把酒问月》沿袭了张若虚的《春江花月夜》的意思，“今人不见古时月，今月曾经照古人。古人今人若流水，共看明月皆如此”。

古希腊哲学家赫拉克利特也说，“人不可能踏进同一条河流”，因为流水都是在走的。尽管你踏入了同一条河流，但是这一刻是这一刻的流水，下一刻就不再是上一刻的流水了。

所以说，时间都在变动，人生无常就是这么来的。今人、古人都像流水一样，今天看的月亮是如此，但是我们今天看的月亮和昨天看的月亮和明天要看的月亮绝对不是同一个月亮。

苏轼在游赤壁时作的《前赤壁赋》中说，“哀吾生之须臾”，意思是我的生命于须臾之间在转换。“羡长江之无穷”，长江不断地流，所以他很羡慕。这都是一种生命的感慨。

欧阳修写的词中也在讲，“把酒祝东风，且共从容，垂杨紫陌洛城东。总是当时携手处，游遍芳丛”。当时在洛阳牡丹花开的时候，他与朋友“把酒祝东风”，携手到处游，欢乐之声很多。接下去写到“聚散苦匆匆，此恨无穷”，大家聚在一起自然是欢娱的，但是聚又会散，而且是聚少离多，人生有多少欢娱呢？想起来就又悲恨无穷。“今年花胜去年红”，但是“可惜明年花更好，知与谁同”，不知道明年花更好的时候谁还和我在一起呢？这就是古人的一种忧虑，对于生命、世事难以把握的一种感慨。但更多的是要惜取眼前。伤春伤时，悲秋悲生也就出来了。

把自己的心情对应到了春天秋天

前面说的是对时间的感慨。时间是有节点的，尤其是对于植物生命的一些节点，如花开花落，一些季节的节点，如春雨冬雪。人生更有一种对应的感发，所以，伤春、悲秋都是对生命节点的年华反思。春天万紫千红，但很快就会过去。秋风至，黄叶飘落，又会产生不幸的感伤。按照人类学家的讲法，人对大自然这种生命的律动是有感应的。春天来的时候心情会好，到了秋天的时候看到树叶衰落，会感觉到心情不好。冬天来了之后，更会感觉到时间的懦弱。所以，伤春、悲秋也就自然成为人类对生命的一种思考。

宋代词人晏殊做官做到了尚书，但是对于生命、时间还是把握不住，所以“时光只解催人老”，他相信时光在不断地催人老去，这是将时间拟人化了。

李清照在早晨起来时，看到昨晚下了一场大雨，于是说“昨夜雨疏风骤，浓睡不消残酒”。昨夜睡觉很晚，喝过酒到现在酒味还没有消去。“试问卷帘人，却道海棠依旧。”她让丫鬟拉开帘子看窗外的花怎么样，丫鬟回答没什么变化。但是诗人不这么看，“知否，知否？应是绿肥红瘦！”意思是：你不知道吗？下了一场雨，虽然看着没变化，但是实际上花被打落了很多，叶子也长得更肥了一点。古人对于自然的感受非常细腻。从这个“绿肥红瘦”的过程，诗人看到季节的变化，对于大自然的生长与衰落有了一种生命的悲情感慨。

宋代大将军辛弃疾也在感慨，“更能消几番风雨？匆匆春又归去”。几番风雨后，春马上就跑掉了。所以，“惜春长怕花开早，何况落红无数”，我们要爱惜春天，怕它很快就会过去，变为残春，怕花开得太早了，希望开得晚一点。但是大自然的时令我们是挡不住的。还有落红无数，也就是落下的花瓣很多了。他由伤春而带出了自己对于家国的忧虑，对于自己有才而无法在抗金战场上驰骋的悲叹。所以，他的伤春不仅仅是景色之伤，而是扩大到了一种富有社会政治意义的忧患意识，一种家国的悲痛之感，是社会之伤和家国之伤，从而使伤春有了更深刻的社会意义。

诗人蒋捷也写过两句非常好的词——“流光容易把人抛，红了樱桃，绿了芭蕉”。他与晏殊同样是在谈“时光只解催人老”，但他是通过一种画面的转换来描写时间流逝的。时间原本是很抽象的，但是他把时间具象化了，成为一种画面。樱桃红了，芭蕉绿了，表示季节的变化。这就像给我们画了一幅油画一样，在色彩的转换之中，让人产生了被时间抛弃的感觉。在这种具体物象的转化当中，我们看到时间转换为空间，抽象转化为具象，从而表达了他对于时间飞快溜走无法挽留的悲慨。这也是对于春天和时间的感伤。

白居易有送春之诗，说“送春曲江上，眷眷东西顾。但见扑水花，纷纷不知数”。送春送到曲江之上，看到的都是花不断地向水里掉落。“唯有老到来，人间无避处。”当衰老到来的时候，想躲也躲不掉。不是你说我不要老就可以的，这不可能！所以，“感时良为已，独倚池南树。今日送春心，心如别亲故”。今天送春走，就像把我的亲人送走一样。这里面有一种很强烈的生命嗟叹！

晏殊感叹“无可奈何花落去，似曾相识燕归来”。燕子好像似曾相识，实际上不再是过去的了。这也是对于时光、年华流逝的深刻感慨和惋惜。

刚才讲的是伤春，其实悲秋也是一样。楚国的宋玉很早就开始悲秋，他是悲秋之祖。“悲哉秋之为气也”，为什么？因为“萧瑟兮草木摇落而变衰”，引起了我们对于秋天的哀伤。

还有很多诗也写到了这一点，尤其是柳永的词“多情自古伤离别，更那堪冷落清秋节”，他把秋天里的离别渲染得更有悲凉感。

吴文英的词说“何处合成愁？离人心上秋”，这个“愁”字怎么解呢？那就是要分离的人，他的心上面有个“秋”字，这就是愁。

赵翼讲“最是秋风管闲事，红他枫叶白人头”。秋天是怎么搞的？总是管我们人间的闲事干什么？你只管自然更替就可以了。这实际上是人把自己的心情、感受对应到了秋天。本来枫叶红了与人没有什么关系，但是人经一秋又多长了一岁，头发又白了许多，这就有关系了。

马致远的《天净沙·秋思》，被现代诗词评论家评为“秋思之祖”。“枯藤老树昏鸦，小桥流水人家，古道西风瘦马。夕阳西下，断肠人在天涯。”这是什么？枯藤代表秋天到了。最后一句却是“断肠人在天涯”，秋天里的旅行所见景色会不断地引起自己的感伤。

杜甫的孤独是一种社会的孤独

杜甫不愧是一位大诗人。他说，“万里悲秋常作客，百年多病独登台”，这两句诗真是气概非凡！他一生颠沛流离，感慨有加，尤其是他在安史之乱以后居于夔州时写的著名诗篇《秋兴八首》，其对秋的描写与感伤是一流的。这些诗都非常好，我今天特别选了这一首来给大家讲。“玉露凋伤枫树林，巫山巫峡气萧森。江间波浪兼天涌，塞上风云接地阴。”安史之乱之后，国家形势不稳，故他在长江边上想到了塞上的风云。“丛菊两开他日泪”，虽然菊花已经开了两次了，但是“孤舟一系故园心”，我像一叶孤舟，单独在长江上漂泊，但心所寄托的还是故国与故人。在这里你可以看到，他的孤独不是一己之孤独，表现出来的是一种生命的大孤独。在杜甫的诗中，出现孤舟、孤鸟的意象是非常多的。如“乾坤一腐儒”“天地一沙鸥”，在辽阔的空间里显得尤其孤独。杜甫的孤独感是一种社会的孤独，他的忧国忧民，是一种生命光辉的大放射，是一种大孤独。读他的诗可以感觉到他的生命悲慨和生命激情的迸射。

当然，也有像辛弃疾所讲的“少年不识愁滋味，爱上层楼。爱上层楼，为赋新词强说愁”。少年时没有愁也要找一点愁出来。但是经历过人生艰难曲折和坎坷之后，就是“而今识尽愁滋味，欲说还休。欲说还休，却道天凉好个秋”。这时的辛弃疾心境是非常悲凉的，有才能而得不到重用，有抗敌计策而得不到皇帝的采纳，眼看着国家一天天溃败，心里极其难受。所以，登楼也就成为古人抒发怀才不遇悲慨之声的典型行为。

在伤春悲秋的同时，我们经常会看到诗人在黄昏时的惆怅。我认为古人的黄昏感叹也是在寻找一种生命的归宿或者是生命的延续。一天之内的黄昏，人更容易发生惆怅。因为太阳要下山了，预示着时间的不可挽留。古代的神话与史诗写一个英雄的故事往往与日出日落联系在一起。英雄出生不凡，往往在早晨；到英雄事业辉煌时就说他如日中天，就用中午的太阳来描写他；当英雄犯了错误走下坡路时，往往以太阳的陨落来表示。英雄和太阳的主题一直是人类学家所探讨的，在很多的古诗尤其是长诗、史诗中经常这样描写。

黄昏时节很容易引起人的惆怅。李白的《菩萨蛮》中讲，“平林漠漠烟如织，寒山一带伤心碧。暝色入高楼，有人楼上愁”。黄昏时暮色茫茫，登高楼所见引发归家之愁。诗人想到的是“何处是归程，长亭更短亭”。要回家，实际上又没有办法回家，为什么？因为路程很远。五里一短亭，十里一长亭，一个长亭接着一个短亭，不断地相续下去，归程的遥远令人心生惆怅。

清人许瑶光在评《诗经》中描写黄昏思家的诗时说，“鸡栖于桀下牛羊，饥渴萦怀对夕阳”。黄昏时，鸡飞上了架，牛羊也从山上下来了，人又饥又渴，心里牵挂着家里，这时的心情是无限惆怅的。“已启唐人闺怨句”，是说《诗经》中的句子已经开启了唐人的闺怨之诗。其实这里的最后一句写得最好——“最难消遣是昏黄”，这可以说是最伤感的。长久在外旅行的人，还在寻找工作的人，对黄昏或许有同样的感受，古人的心情和今人的心情又何尝不相通呢？

当然，古人对时间也不是一味地感伤，也有欢快地看待时间变化的。我很喜欢张惠言的词《水调歌头》里抒发的感受，读起来非常有豪迈感。读这首词时，我最喜欢里面的三句，“一夜庭前绿遍，三月雨中红透，天地入吾庐”。我有时候练书法也非常喜欢写这三句词。我觉得他写得太好了！一夜之间，看到庭院长出了小草，绿茵茵的，让人感觉到生机无限。“三月雨中红透”，三月之后雨水一来，树木花草到处都开花了，“雨中红透”给人一种透亮、开朗的感觉。时光变化给了你很多的感慨，而张惠言的感受却是“天地入吾庐”。

从他的窗口看出去，天地尽收在他的庐中。或者反过来讲，天地都进入他的房舍里来了，这时的“庐”也可以理解为心，也就是诗人的胸怀。这时就有了古人对于天地的接纳，并与天地生命相对接。在这里张惠言说，虽然时间在流逝，但是“容易众芳歇，莫听子规呼”，实际上是鼓励人自己要抓紧时间创造好的生活，所以，“名山料理身后，也算古人愚”。我们应该牢牢地抓住自己眼前的东西，好好地活一把，那才是最重要的！

正是在这种伤春、悲秋、黄昏的感叹当中，人心与大自然相交感，生命与大自然交接、呼应。

其实古人在这方面早有总结。刘勰的《文心雕龙》就讲“春秋代序，阴阳惨舒，物色之动，心亦摇焉”，大自然的景象在不断变化，人心也就与大自然产生共感。这就是古典文论中经常讲到的交感理论，或者是物感理论。

欧阳修讲道，“嗟呼！草木无情，有时飘零。人为动物，唯物之灵”。人是万物之灵长。所以，“百忧感其心，万事劳其形，有动于中，必摇其精”。古人在自然的感动与催发之下，通过诗歌将自己的思想表达出来。

古人正是从草木的生长和凋零的时间转换当中，从天地自然的流转当中感受到了生命的可贵和成功创业的迫切，也就是从时间流逝的单向性当中去追问自身生命的难以挽留。不仅仅美人才有迟暮之感，每个人也都有迟暮之感，这就有了一种人生的焦虑、无奈与恐慌，这才激发自己去把握好时间。

这是悲情之一——“伤时”，对于时间的感伤。

对历史的思索引发感伤

悲情之二——“伤史”——面对历史的生命探索。因为伤春也好，悲秋也好，经常会与历史交接在一起，尤其是见到历史古迹而有所触动的时候，人世的感慨与历史的纵深感、沧桑感会自然地结合在一起。

刘禹锡的两首诗就是这样的。“朱雀桥边野草花，乌衣巷口夕阳斜。旧时王谢堂前燕，飞入寻常百姓家。”这就是一种对时间、历史、人事变化的感慨。《西塞山怀古》中写道，“王浚楼船下益州，金陵王气黯然收”。三国时王浚率领大军向金陵进发，尽管有铁索锁住长江，但是他用火把它烧掉之后，吴国照样投降了。“千寻铁锁沉江底，一片降幡出石头”就说的此事。“人世几回伤往事，山形依旧枕寒流。今逢四海为家日，故垒萧萧芦荻秋。”在这里，历史又与秋天相遇了。就在这种伤往事的怀古当中，显现出诗人对人生交替、社会变化的感伤。

杜牧的《赤壁》：“折戟沉沙铁未销，自将磨洗认前朝。东风不与周郎便，铜雀春深锁二乔。”这就是对历史偶然性影响历史进程的思考。虽然历史不可能假设，也不可能重复，但这里对历史的追问，却有着引人思索的东西。

杜牧还有诗写道：“胜败兵家事不期，包羞忍耻是男儿。江东弟子多才俊，卷土重来未可知?”这是说的项羽的事，说如果他当时兵败之后能够忍气吞声，或许带领江东弟子能卷土重来，还有机会成功。但是项羽选择了自刎，成为英雄，这是项羽的选择。当然，对此事也有不同的思考，王安石就说“江东子弟今虽在，肯与君王卷土来”？王安石认为江东弟子可能不会跟项羽走，因为他违背了历史的规律。在这里就有了对历史的不同见解，这也是因追问历史而引起的感伤。李商隐有追悼贾谊的诗。贾谊很有才能，但是不被重用，流放于长沙，汉宣帝把他请进皇宫，不是向他询问国家计策，而是问鬼神之事。“宣室求贤访逐臣，贾生才调更无伦。可怜夜半虚前席，不问苍生问鬼神”，这是对历史上英才的惋惜。其实讲古人的怀才不遇，也是在感慨自己的人生遭遇。这也有历史的纵深感。

人在天地之间如远行的客人

悲情之三——伤离别。汉乐府很早就说，“人生天地间，忽如远行客”。人在天地之间实际上就像远行的客人一样，我们居住在家只不过是居住在旅馆而已，其实最终都会走向坟墓。所以才有“人生旅程”之说。

谢灵运诗讲，“怀人行千里，我劳盈十旬”。经过十年，“别时花灼灼，别后叶蓁蓁”，树已经长得很大了。这里用别时和别后的对比，抒发了对时间、对人生的感伤。故东晋大司马桓温见到自己以前栽的树已长得很高了，他会执其枝而落泪，感叹“树犹如此，人何以堪”！

还有很多诗都写到了这一点。例如，“树初黄叶日，人欲白头时”“雨中黄叶树，灯下白头人”“落叶他乡树，寒灯独夜人”。这都是对于离别与人生的一种感伤。

黄庭坚写道，“桃李春风一杯酒，江湖夜雨十年灯”。朋友得意时春风满面相聚饮酒，但分别之后十年的遭际却有着道不出的辛酸，这里面也包含着非常深厚的人生感慨。

“剪不断，理还乱，是离愁”，当然，李煜的“离”是家国之离，这种“愁”就还有更多的社会意义。

“杏花春雨江南”的意象、灞桥折柳的意象都与离别和思乡有关。

韦庄写道：“人人尽说江南好，游人只合江南老。春水碧于天，画船听雨眠。”其实韦庄是北方人，他到达江南之后，还想回北方去。所以他记忆深刻的是“垆边人似月，皓腕凝霜雪”。意思是垆边卖酒的姑娘还是那样白，那样好，想起来都非常美好，就像歌曲《我的祖国》中第二段所唱的“姑娘就像花儿一样”。在电影《上甘岭》中，战士们一唱到这首歌就想起我们的祖国，有长江大河与稻花飘香，还有一群那么美好的姑娘，就更加坚定了保家卫国的决心。韦庄的江南是一种文化记忆，故“未老莫还乡，还乡须断肠”。当然还有陆游写的“小楼一夜听春雨，深巷明朝卖杏花”。他在京城即使是短暂的离别也念念不忘江南的景色。

古人在送别朋友时经常会折柳枝送人。第一，杨柳依依，表示一种缠绵的感情，依依不舍；第二，柳树枝插在哪里都可以存活。旅人带着柳枝走了，把它插在他乡一样可以存活，代表了生命的意义。再加上“柳”与“留”谐音，所以折柳就表示有留你下来的含义。所以古人将人送至长安城外的灞桥，在那里折柳送人就成了固定的文化意象。李白有诗说，“此夜曲中闻折柳，何人不起故园情”。在听到有人吹《折柳》的曲子时，故乡之思也就涌出来了。这里的《折柳》笛曲就是一种文化符号了。远游思归，其实也是对于生命归属的反思。我们的生命归属在哪里？在远游的时候，这种思归之感更加强烈。例如，王勃所写的“长江悲已滞，万里念将归。况属高风晚，山山黄叶飞”。气势非常高，长江都悲伤了，远远望去仿佛停止了一样。行走万里之外，怀念的还是美好的家园。更何况在秋天里，山山黄叶飘飞，这种归属之感就会更加强烈。

戴叔伦有诗写道：“旅馆谁相问？寒灯独可亲。一年将尽夜，万里未归人”，在旅馆里，没有谁来问候我，只有寒灯与我是亲切的。将近年关的时候还没有回家，这种“万里未归人”感慨就更深了。所以，只有中国人才有每年都要回家过春节的习俗，每一个人实际上是每一个生命都有一种需要回家的归属感。我看到一个韩国人写的一篇散文，他说母亲是家的归宿，只要母亲在，这个家就在，母亲不在了，兄弟之间的互相来往就会少一些。只要父母还在，大家就会在每年春节回家，这就是一种对家的感觉。这篇散文写得特别好。

所以说，远游思归实际上是对自身生命归属感的一种反思。

对于自己生存境遇和身世的感叹

悲情之四——伤生悲世。对于自己生存境遇和身世的感叹，也是一种生命感慨。

《古诗十九首》最早发出了对生命的感慨：“出郭门直视，但见丘与坟。古墓犁为田，松柏摧为薪。”过去的松树、柏树都是很古老的，但是现在都被摧为柴火了，沧海桑田，才有伤生悲世之叹，故所见景色也令人生愁，“白杨多悲风，萧萧愁杀人”。汉代战乱频繁，经常有因为战争、瘟疫、饥饿而死去的人，故伤生为当时风气。

到了晋代，王羲之的《兰亭集序》本是写大家雅集的欢娱，但里面也有“死生亦大矣，岂不痛哉”的感慨，有“后之视今，亦犹今之视昔，悲夫”的悲叹。东晋大司马桓温经过旧地，看到他当年种的树已长成大树了，抱着树就在那里哭道：“树犹如此，人何以堪！”这是伤时，也是伤生。

蒋捷写雨，写出不同人生时段听雨时心情的不一样。“少年听雨阁楼上，红烛昏罗帐。”年轻时候很荒唐，欢娱不知节制。“壮年听雨客舟中，江阔云低，断雁叫西风。”因为壮年时要出去开创事业，颇有悲壮感。“而今听雨僧庐下，鬓已星星也。悲欢离合总无情，一任阶前，点滴到天明。”就让雨自己去下吧，从晚上一点一点地滴到天明，而诗人也一夜无眠，这时作者的心境是悲凉的。我们读到它，就会感觉到有一种生命的穿透感，感觉到心中为之一颤。所以，唐代刘希夷才有《代悲白头翁》的诗。这诗写得非常好，也是对人生、生命的一种思考。他说“洛阳城东桃李花，飞来飞去落谁家？洛阳女儿惜颜色，行逢落花长叹息”。虽然洛阳的姑娘很爱惜自己的颜色，但是碰到落花的时候也会叹息生命如此短暂。“今年落花颜色改，明年花开复谁在？”《红楼梦》中林黛玉的《葬花词》也有这种感觉，也是继承它的意而来的。“已见松柏摧为薪，更闻桑田变沧海”。沧海桑田的变化太大了！“古人无复洛城东，今人还对落花风。年年岁岁花相似，岁岁年年人不同。”读此诗你会感觉到古人对于生命的珍惜，也有一种很深的生命感慨，还有历史感！

还有一种是古人在被贬谪之后的生命悲慨，表现了一种孤绝之境的生命抗争。例如，韩愈从京城被贬到潮州时所写的那首著名的诗，就充满了一种抗争感：“一封朝奏九重天，夕贬潮阳路八千。”他因为给皇帝写了《谏迎佛骨表》，得罪了皇帝，被贬至岭南，但他仍未失去为自己生命创造更多价值的斗志。“欲为圣朝除弊事，肯将衰朽惜残年。”所以，韩愈到了潮州为民众做了很多好事，才使得潮州的山山水水都姓了韩。

还有的诗是感士不遇，实际上这也是诗人在生存境遇中的生命呐喊。例如，杜甫感叹李白的人生际遇：“不见李生久，佯狂真可哀。世人皆欲杀，吾意独怜才。”李白敢说直话，又有才，很狂，终身布衣，不受重用，故杜甫称赞他，与他同病相怜。实际上也是在感叹自己的时运不济。李商隐在《安定城楼》中对贾谊、王粲的怀才不遇抒发了感慨：“贾生年少虚垂泪，王粲春来更远游”。辛弃疾的词感慨：“叹诗书，万卷致君人，翻沉陆”，他感叹自己向皇帝写了万卷诗书，献计献策，但是如泥牛入海，一点反应都没有。于是也想起了当年贾谊孤独的处境，“甚当年，寂寞贾长沙，伤时哭”。陆游也写道：“一卷兵书，叹息无人付”，他也有大才能，有各式各样的退敌之策，但是没有人可以接纳。“早信此生终不遇，当年悔草《长杨赋》”，借过去的事来讲现在，这都是一种生命的痛悔、悲慨，一种生命的无奈，一种生存境遇中的生命呐喊。

还有一种情况就是热烈的爱情和痛苦的绝唱，这些是古人生命精神的一种激情放射，我们不能不讲到这种爱情诗。例如，汉乐府《上邪》：“上邪！我欲与君相知，长命无绝衰。山无陵，江水为竭，冬雷阵阵，夏雨雪，天地合，乃敢与君绝”，这就是在拿生命发誓，非常悲壮。当然也有柳永式的“衣带渐宽终不悔，为伊消得人憔悴”，为情而憔悴也是生命的投入。

古人对爱情的歌咏也体现了对生命的爱惜和尊重，尤其是一些悼亡诗，情真意切，写得很好。例如，元稹的诗：“曾经沧海难为水，除却巫山不是云。取次花丛懒回顾，半缘修道半缘君。”他说我过去经过那么多个花丛，意即阅过那么多漂亮的人，但是我就是懒得回顾。这一半是因为我的修道之心，一半却是为了你。这话讲得很痴情。所以，流行歌曲如蔡幸娟的《曾经沧海》、周华健的《曾经沧海也是爱》等都使用了这种古典意象。

还有李商隐的诗“春蚕到死丝方尽，蜡炬成灰泪始干”，以及苏东坡的“十年生死两茫茫，不思量，自难忘”，这些写爱情的诗其实都是和悲情相通的，也是与生命的悲慨分不开的。

上面讲的第一部分，就是诗的悲情体现生命精神。

化悲为健　化困为通

下面讲第二部分，诗的思索体现哲学智慧。

古人往往通过诗去思考、去探索人生真理、社会真理，体现出了高度的智慧。他们的诗往往给我们无穷的启发。

智慧之一：化悲为健。

古人在面对无法抗拒的力量时经常会有悲凉感，但悲并非放弃，而是要寻求解救悲的办法，故悲往往又通向崇高，体现出雄健之感。这就是以君子自强不息的精神与灾难进行抗争。例如，鲍照写的《拟行路难》。他自己有才能，但就是得不到重用。尽管他自己的妹妹已嫁到宫中，成为皇亲国戚，但是仍然得不到重用。“对案不能食，拔剑击柱长叹息。丈夫生世会几时，安能蹀躞垂羽翼?”大丈夫要大鹏展翅，不能把自己的翅膀收起来，听从命运的摆布。那么他的“弃置罢官去，还家自休息”就是一种义愤之词与反语。“朝出与亲辞，暮还在亲侧。弄儿床前戏，看妇机中织”，这都是无奈之词。“自古圣贤尽贫贱，何况我辈孤且直”，他是那么孤愤和正直，所以是做不了官的，不如回家去吧。愤慨当中，也含有奋起之意。这就是化悲为健。所以，他在另一首诗里又说道：“人生亦有命，安能行叹复坐愁?”

李白写过《将进酒》，也写过《行路难》，其实这也是他在痛苦之后的一种精神发泄。他的《将进酒》中充满一种无穷的生命活力。《将进酒》是一首悲壮而深沉的醉歌。虽然是喝醉之后的话，但是话中之意其实是很清醒的，不过是借酒来发泄自己既然不被重用那就干脆不与当朝者合作的见解而已，所以它又是一首雄壮而高亢的壮歌！他的“天生我材必有用，千金散尽还复来”理念中充满自信。“古来圣贤皆寂寞，唯有饮者留其名”，既是写实也是反语，面对生命的荆棘之路，他有悲愤，但更多的是一种雄健。所以，他在《行路难》中更多的是一种雄健之语。他写道：“金樽清酒斗十千，玉盘珍馐直万钱。停杯投箸不能食，拔剑四顾心茫然。”这与鲍照的诗很相似，都是拔剑击案叹息。“欲渡黄河冰塞川，将登太行雪满山。”他想找到出路，但总是有阻碍，正如他过去就感叹过的“大道如青天，我独不得出”。那么他就只好“闲来垂钓坐溪上，忽复乘舟梦日边”，他不是想做隐士，其实做梦也还是想回到皇帝身边的。所以“行路难！行路难！多歧路，今安在”？有那么多的路，我到底走哪一条呢？即使在这样的悲愤之中，他还是充满着自信，诗的结束语就是“长风破浪会有时，直挂云帆济沧海”。大家看，诗人的自信之心多么雄壮，这便是化悲为健。这是古人的一种智慧。

智慧之二：化困为通。这里要讲到欧阳修，他当年被贬到湖北一个很小的县城，是一个春风似乎都吹不到的地方。“春风疑不到天涯，二月山城未见花”，二月之时还看不到花，季节变换得太慢了，这里表示皇恩到不了诗人的流放之地。尽管如此，“残雪压枝犹有橘，冻雷惊笋欲抽芽”，新的生命又在积攒力量，又何必悲观呢？所以诗人最后说“曾是洛阳花下客，野芳虽晚不须嗟”，虽然山野之花开得晚一些，但是也无须叹息，无须悲观，还是有东山再起的机会的。

大家在这首诗中可以看到诗人是如何“化困为通”的了。虽然欧阳修当时身处穷困境地，但是他要把这种处境变得“通”一些，这就要往远处看，心要通达起来。要使深层的艰辛困厄化为一种通达，不要总是纠缠在困境里，这也需要有很高超的哲学智慧。

生活在魏晋南北朝时期的阮籍，处处受压制，心情压抑，酒后他带着人在野外走，以解心头之闷。但当他走到路的尽头时则大哭而返，这就是著名的“哭穷途”。这是魏晋时期人生命的一种悲慨。但是王维看待穷途就不一样了，他在《终南别业》一诗中写道：“行到水穷处，坐看云起时”，走到无路可走的时候，不是哭泣，而是换一种心情在那里看风景，可能就又有了新的转机与生机。这就是化困而通。这里有了禅意，有了生命困境的化解。

苏东坡一生坎坷，因为“乌台诗案”被贬到黄州，后来又被贬到惠州。他本来在惠州生活得很好，却因为一首诗里说了“报道先生春睡美，道人轻打五更钟”，又再度遭贬。因为这首诗传到京城之后，皇帝在想，苏东坡竟然还睡得那么舒服，再贬！于是又把他贬到海南，当然最后他还是回到大陆了。他在黄冈时写下了《定风波》这首词——“莫听穿林打叶声，何妨吟啸且徐行。竹杖芒鞋轻胜马，谁怕？一蓑烟雨任平生。”在这里诗人表示人生虽有一点风波，没有什么关系，自己这一生都是在风风雨雨中度过的，这点小风小雨，怕什么？“料峭春风吹酒醒，微冷，山头斜照却相迎。回首向来萧瑟处，归去，也无风雨也无晴。”路上经历过的既没有风雨，也没有晴天。这就是苏东坡！从容淡定地对待人生的磨难。林语堂评价苏东坡是一个“快乐的天才”。虽然他的一生很坎坷，但是他都能以一种愉快的心去对待一切。这种心境就是化困为通。

黄庭坚也曾被贬到四川虔州，回来时他经过长江写了一首诗，说“投荒万死鬓毛斑，生入瞿塘滟滪关。未到江南先一笑，岳阳楼上对君山”。在经过瞿塘滟滪关时，船一旦掌握不好很容易翻船，人也会被淹死的，实际上是说他经历了九死一生才回来。但是他毕竟回来了，回到了岳阳楼再来看君山之时，对过去的遭遇只是轻轻一笑，感觉到这个时候生命还是如此美好。这表现出了诗人对苦难轻淡处之的心态，也是化困为通。我觉得他是在为生命喝彩！正如《圣经》中所罗门所说，一切皆会过去！如果我们在任何时候都能以这种心态来对待所经历的事情，你就会平静地走过你的人生。一切皆会过去！从这个角度来讲，我觉得古典诗词中所体现的生命精神与智慧都是非常有启发意义的。

在自然中安顿生命并与自然生命对接

智慧之三：天人合一。

第一，在自然中安顿生命，体验自然生命的律动。例如，陶渊明辞官回家后，心境十分平和，他是真正在自然中找到了生命的归宿。

《饮酒》诗里说“结庐在人境，而无车马喧。问君何能尔？心远地自偏”。心远了，地自然就偏了，很安静。如果你的心不安静，你见到什么都感觉是嘈杂的。他的《归园田居》写回到大自然的那种欢娱。“久在樊笼里，复得返自然”，就道出了他回归田园之后的愉悦。在《归去来兮辞》中他还写道：“归去来兮，田园将芜胡不归？”又说“园日涉而成趣，门虽设而常关”，自己的住处虽然设了一个门，但它经常关着。他在园子里能找到无穷的乐趣。在自然当中寻找一种生命的安顿也是一种智慧。

对于生命的感应，对于大自然生命的律动，就是让你来体会一种节奏感，只有很安静的人才会听到花开的声音。

刘方平就是这样安静的人，他有诗“更深月色半人家，北斗阑干南斗斜。今夜偏知春气暖，虫声新透绿窗纱”。他在夜深人静的晚上知道天气好像变暖了，为什么呢？因为外面有虫在叫——“虫声新透绿窗纱”。虫声通过窗纱清晰地透进来，让人从动物的生命律动中把握到了季节的变换。这是一种很细微的感觉，是对大自然生命的一种感应，一种对接。如果没有一种安静的心态，怎么能去感应自然的生命呢？

第二，在自然中寻找哲理。例如，白居易写道：“野火烧不尽，春风吹又生。”这非常有哲理性。韩愈的诗说，“天街小雨润如酥，草色遥看近却无”。草坪上的小道在下雨之后踩起来酥酥的，草都冒出来了。“草色遥看近却无”，草很小，走近看不到，远看才可以看到它存在。“最是一年春好处，绝胜烟柳满皇都”，诗人认为这个世界比后来的满城烟柳还要好。为什么？草是最具有生命力的！在这首诗当中一样有人生的哲理。

苏东坡也写道：“春江水暖鸭先知。”这也是有哲理性的，说的是任何事物都是有先兆的，并在一些不起眼的现象中呈现出来。这是诗人在日常生活、自然当中可以体会出来的哲学智慧。

第三，自然与人的融合。例如，辛弃疾写道：“我见青山多妩媚，料青山见我应如是。”诗人见到青山是那么妩媚漂亮，他想象青山见到自己也应该是如此。

李白说，“众鸟高飞尽，孤云独去闲。相看两不厌，唯有敬亭山”。谁相看？是我与山互相看，我在看山，山也在看我。这就是人与自然的一种融合，经常是主客之间不加以区分。所以张孝祥才有诗说，“尽吸西江，细斟北斗，万象为宾客”。他认为万象有宾有客有主，都是一种很自然的东西。

宋人的心地非常纯朴、平淡

智慧之四：日常生活的审美体验与审美升华。

日常生活中也会找到哲理，也会得到一种审美的体验和审美的升华。我认为它也是一种智慧。例如，白居易写的这首诗就非常有意思。“绿蚁新醅酒”，新酿出来的酒很好，还长出了像蚂蚁一样绿绿的东西。“红泥小火炉”，用小火炉煨着酒。“晚来天欲雪”，晚上要下雪了，这时诗人邀请了刘十九。“能饮一杯无”，你能来与我喝一杯吗？通过这短短的一首诗，我们可以感觉到古人对于日常生活的一种美好享受。也许当年刘十九根本就没有来与白居易喝酒，为什么？因为诗人要写出这样的诗，要赶马到朋友住所，然后再把朋友接来，而这可能就赶不上喝酒了，不像现在发个短信就可以邀朋友过来。但是通过这样的事，我们可以看出古人对于现实生活，包括对于现实的享受和对于生命的尊重，对日常生活的享受也是对于生命的尊重。在这里你可以感觉到，他对日常的物件那么爱惜，那么享受，那种感情又简单又纯朴。例如，我们现在对老朋友说，来喝一杯吧！但是今天所有的人经常会陷入一种局当中。我就最怕别人请我吃饭，经常把我“装”进去。为什么？他们一般喜欢在吃完饭说，你帮我办个事吧！现在人际交往的过程当中，经常会被物欲化，不像古人那么简单。所以，如果我们现在还能寻找到像真诚地邀请老朋友那样喝酒，就是最好的境界！我们最好追求这种境界，这是我们现代生活当中经常会丢失掉的东西。

宋人杜耒所写的“寒夜客来茶当酒，竹炉汤沸火初红。寻常一样窗前月，才有梅花便不同”。虽然是以茶当酒，照样有别样情趣，更因为有了月下赏梅，所有的境界都变得不一样了。诗中饮茶是作为咏梅的背景出现的，但是你从中可以看出，古人所追求的境界非常纯净。

还有北宋读书的声音也是那么平淡，那么有情味。陈师道在《绝句》中说“书当快意读易尽”，有本好书要赶快读完，当然如果是很沉闷的书，也不容易读完。“客有可人期不来”，有好朋友，有好的、可心的人，你希望他来，但是他不一定就来，谈得来且又是可心的人是可遇不可求的。好书如此，好人也如此。“世事相违每如此”，我们世上的事情，每次都可能与你的预料相违背。“好怀百岁几回开？”好的胸怀，快意之事一生当中又能有几回遇上？那就好好珍惜眼前的一切可爱之事、可爱之人、可爱之物吧！通过这种感受，你会觉得宋人的心地非常纯朴、平淡。

当然还有王禹偁说的“无花无酒过清明，兴味萧然似野僧。昨日邻家乞新火，晓窗分与读书灯”。寒食节不能做饭，所以“无花无酒过清明”，感觉很平淡。但是昨天去邻家重新讨来薪火把灯点燃，首先把机会分给读书。我觉得宋人读书非常有境界，这种境界是我们当今世界、社会很难求得的。

智慧之五：以事说理，以物求理，探究终极。

宋代的理学家程颢说：“万物静观皆自得，四时佳兴与人同。富贵不淫贫贱乐，男儿到此是豪雄。”这两句很好，“富贵不淫贫贱乐”，男儿到这种境界就是豪雄。不以富贵荣华为傲，而把平淡生活当作自己的追求。其实这就是一种很高的境界。

朱熹的诗中也多含有哲理，他的《观书有感》说：“半亩方塘一鉴开，天光云影共徘徊。问渠哪得清如许？为有源头活水来。”这是告诉我们书读得多了，自然而然，知识的源头活水就来了。

苏东坡的诗也通过事来讲哲理，如“横看成岭侧成峰，远近高低各不同。不识庐山真面目，只缘身在此山中”。那是说看问题、观察事物往往会有当局者迷的现象，其实看什么问题都可能有不同的角度，也许你会一叶障目，可能就看不到真面目。

苏轼的另一首诗说："若言琴上有琴声，放在匣中何不鸣？若言声在指头上，何不于君指上听？"琴声是从哪里来的？如果说是在琴上，那么把琴放在盒子里，它为什么不响呢？如果你说是人的手指弹出来的，那么你怎么不到手指头上去听琴声呢？其实他要讲的是佛教的因缘和合之理。就是任何事物的构成都要靠互相之间的和合，因果互为依靠、互为依赖。

不违背自己的心就是最好的

智慧之六：淡泊名利，看轻生死。

晚唐的李洞说："不羡王公与贵人，唯将云鹤自相亲。闲来石上观流水，欲洗禅衣未有尘。"这就是说想洗去身上穿的禅衣上的尘土，但实际上禅衣上没有尘土，表达了对这种丝毫不为尘世所染的生活与境界的向往。

僧人慧开也写道，"春有百花秋有月，夏有凉风冬有雪。若无闲事挂心头，便是人间好时节"，能做到这种境界很难。尽管这是禅宗的说法，但它对于我们人生都还是有启发的，那就是要淡泊名利。

像杨慎的《临江仙》所写的："滚滚长江东逝水，浪花淘尽英雄。是非成败转头空。青山依旧在，几度夕阳红。"尽管三国争斗的历史很雄伟壮阔，但是非成败又有谁能说得清楚，功业伟绩回头一看都成烟了。这里面有一种历史的沧桑感，也有一种空幻感。诗人看得太透了，"白发渔樵江渚上，惯看秋月春风。一壶浊酒喜相逢，古今多少事，都付笑谈中"。过去的历史，曹操也好，孙权、刘备也好，都过去了。只有江上捕鱼的人与山上砍柴的人相逢了，把酒聊天，将三国之事作为谈资而已。《三国演义》的开篇词中就引了杨慎的这首《临江仙》。

其实古人在很多诗里都表现了这种思考。苏东坡说："长恨此身非我有，何时忘却营营?”恨这个身体不是归我所有，之后都要变为泥土的，所以要看淡名利。“何时忘却营营?”人之一生总在那里计较一些小事情，眼光何不放远大一点呢？将某些事情看淡一点呢？苏东坡从海南回到大陆时，有人问他：“试问岭南应不好?”他怎么回答？“却道，此心安处是吾乡。”只要你心安了，到哪儿都是你的家乡。如此看，到岭南就没有什么好与不好的区别。苏东坡讲得多好！正是因为他以这种心境来对待各种困境，所以就一定没有不过去的坎坷。这也是一种智慧。

当然还有柳宗元的“千山鸟飞绝，万径人踪灭。孤舟蓑笠翁，独钓寒江雪”。他实际上已经把自己的整个心灵与宇宙相融合了。他也经历了被贬官的境遇，但并没有放弃自己的政见。这时的他虽然孤独一人，但在“千山鸟飞绝，万径人踪灭”的境地里，还在独特地坚持着自己的理想，在钓着自己的“寒江雪”。其实这也是说要坚持自己的理想，按照已选定的方向去做，不违背自己的心就是最好的，那就是要尊重自己的内心和原则，这样在这个社会上就可以做到心安。这对我们当今的社会也是很有启发的。

我今天就讲这么多，请各位多多指教。谢谢！

中国书法艺术的精神

陈龙海

陈龙海

书法硕士，美学博士，中国书法家协会会员，中华美学学会会员，湖北省书法家协会学术篆刻委员会委员，东湖印社副社长。现执教于华中师范大学，硕士研究生导师。其书法、篆刻作品多次入展国家级展事，发表各类论文30余篇，计20余万字。著有《达摩的人生哲学》《法家智谋》《中华神笔》《名印解读》《名碑解读》《名帖解读》《名画解读》《名雕塑解读》《名建筑解读》《名曲解读》《中国线性艺术论》等。

书法、书艺、书道同出于中国

我为什么选“中国书法艺术的精神”这个题目？初衷和动机是什么？

首先，我们现在所处的时代是飞速发展的时代，是一个毛笔文化已经淡出历史文化舞台的时代。

毛笔文化在这个时代不是主流文化。我现在特别强调一个词语叫“敬畏”。我们现在使用的毛笔有多少年了？历史上有一个长期错误的说法，说是“蒙恬造笔”，蒙恬就是秦始皇的大将，是修筑长城的总监工，怎么会把毛笔的发明权给了他？人们相传了这么多年，人云亦云，以讹传讹。我们要靠事实说话，要凭事实说话。事实是什么？事实是在甲骨文时代，已经有了比较成熟的毛笔。甲骨文距现在是3300年，那么毛笔至少有3300多年的历史。所以，每当我们拿起毛笔时，这不仅仅是在书写，也是在进行书法艺术的承传，因此要心怀敬畏。

其次，中国书法家协会曾经派出了一个代表团到日本去，在东京参加第十九届中日一个交流展。当时有人问：“你们中国人把这个东西叫书法，我们日本人叫书道，韩国人叫书艺，有什么不同？为什么？”我说你的问题已经有了定论，不太好回答，几句话说不清楚。

概括来说，书法、书艺、书道，异名但同出于中国。这三种名称，传到不同的民族不同的国家，究竟有什么不同？名称不同，实质相同。为什么？它所反映的是一种文化辈分。书法代表“爷爷”，书艺代表“儿子”，书道代表“孙子”。他当时有点茫然。我告诉他，因为文化的传承，中国文化传到日本，实际上是先传到朝鲜半岛而不是直接到日本。传到朝鲜半岛大约是在中国南北朝时期，有人说在汉代，有人说在战国时期。但我现在讲的是成熟的文化。因为一个叫王仁的人把中国的古籍带到了朝鲜半岛，包括《战国策》《左传》《尚书》等，还有一本《千字文》。《千字文》的产生时代是南北朝时的南朝，所以成熟文化传到那里的时候，不会早于南北朝。王仁又把中国文化带到日本，这就是文化的辈分。

应该说日本民族是让人非常恐怖的民族，这种恐怖不在于其他的东西，在于它了不起的学习精神。日本人最善于吸纳外来文化，而且在吸纳外来文化的过程中不断创造。对书法艺术他们有所创造，他们叫作书道，跟中国的书法有所不同，这些不同就反映了日本的创造。

第二次世界大战结束之后，日本人到美国去学习汽车技术。当时美国不以为然，而且嘲笑他们不要以为有四个轮子就是汽车。过了几十年，日本汽车营销到美国之后，美国也不以为然。等到丰田的广告做到美国的大都会，并且稳坐世界汽车销量老大的时候，美国人不得不对日本人另眼相看。

书法文化传承是系统工程

我还要说的就是文化。迄今为止我在大学里教书是第 21 年。现在不要说一般的大学生，也不要说一般的大学老师，就是学中文教中文的老师，有几个人能写得出古典诗词？我们到日本去，一个代表团一共是 16 个人，日方也对等派出 16 个人。像对台戏，我们就面对面对着写。我们这次去的是第十九届中日之间的一个交流展。日本人写的全部是中国的古体诗，用中国人的汉字，用中国的祖先创造出来的精致的形式、格律写古体诗。而我们的书法家们写不出来，只有我和另外一个人各写了一首诗，其他人写的都是大白话。

书法文化的传承，是一个系统工程，也是一个综合工程。为什么这么说？这也是我谈中国书法艺术精神的缘由。

书法不是简单的书写，它包括很多方面的修养。在古代写书法，一般来说，会写诗、词、楹联是必备的修养。现在好多成名的书法家，不具备这方面的修养。而日本书法家有这种修养，在他们国民中所占的比例远远高于中国，就是会写古体诗。

日本有一个书道联盟。每年出一本集子，这个集子很小，叫《言成》，“语言”的“言”，“成功”的“成”。我们走的时候，送给他们的礼物是湖北江陵出土的文物复制品。而人家送给我们的是他们的《言成》古典诗词集，我带回来了。我用很挑剔的眼光去读，我觉得他们写的东西格律方面基本上都无可挑剔。这是日本人用汉字写的汉诗、格律歌。而我们写不出来，能写的人已经寥寥无几。中国文化的承传已经出现危机，我觉得这不是杞人忧天。

其实，中国文化有系统、综合的特点。中国书法是什么样的艺术？它需要哪些方面的修养？这是我们必须知道的。它是最能够展示中华文化的立场和中国人的精神指纹的一种艺术。首先它以汉字为载体，但很多人不写汉字了。中国字不是展现了线条美吗？我就画线条，纵横交错，横七竖八，这样能不能构成美？肯定不能。如果去掉了汉字载体，书法肯定不成就书法。

鲁迅先生在《汉文学史纲要》里面，总结汉字有三种美的特质：意美、音美、形美。汉字音、形、意的美，构成了汉字的美，这是世界上所有其他文字不具备的特征。

书法并不是简单的毛笔书写

书法，如果我们片面理解就是书写的字，拿毛笔书写的字，那是很肤浅的。书法的构成，首先是技术的“技”，由“技”上升到艺术的“艺”，由“艺”再上升到“道”。“道”在中国是最高审美范畴，但是“道”是说不清楚的。“道”是老子的发明。老子在《道德经》的开篇讲道，“道，可道，非常道，名，可名，非常名；无，名天地之始，有，名万物之母”，同出而异名，同出于道，名称不同。“无”和“有”，“无”叫作什么？“有”叫作什么？都归结到一个字，就是“玄”，玄之又玄，这是《道德经》的第一章。

初读这些句子的时候，我们不懂。老子怕大家不懂，他又说，什么是“道”？惚兮恍兮叫作道，或者反过来说，恍兮惚兮叫作道。他进一步解释，“道生一，一生二，二生三，三生万物”。就像做算术题，把中间的环节去掉，道是万物，万物都是由“道”派生出来的。那么，我们这么一想，道是不是最高、最厉害、第一的东西？好像是，其实不是。

从人开始说起，“人法地，地法天，天法道，道法自然”。所以归结到最后，道、法、自然，就是最高的范畴。那么道家的“道”

归结到一起，用什么东西可以把道家的东西给概括出来？我觉得用一个字就够了，那就是“道”。如果这个字太简练了，我们要用一句话来概括，那就是“顺其自然为之道”，这是道。由“技”到“艺”到“道”，三位一体构成了书法。

书法能干什么？作为一门艺术，古代人用毛笔来书写，是出于实用的需要，但又不尽然。《非草书》是汉灵帝时辞赋家赵壹所作的一篇赋文，他反对草书，反对书法。在《非草书》里面，赵壹透露了当时文人写字的一种状况，坐在一起写字，有时候领子袖子都变黑了，有时候没有笔纸就在地上画，手指都画出血了。说明什么问题？除了书写，书法还有别的功能：抒情。唐代书法理论家孙过庭在他的名篇《书谱序》中总结出八个字，说书法是“达其情性，形其哀乐”，这就是书法的抒情功能。

书法也是艺术，艺术的终极目的是什么？科学求真，宗教向上，艺术求美。美能够抒发人们美好的情感。

有情的书法才能达到高度

韩愈《送高闲上人序》谈到张旭的书法，这个例子比较可信，因为他们都在同一个朝代，韩愈稍晚一点。张旭在盛唐时代，韩愈生活于中晚唐。《送高闲上人序》的中心思想是什么？文章说高闲是圣人，和尚，他的书法很好。但因为有张旭、怀素这样的大师在，高闲的书法也就算二流，韩愈说的是什么意思？高闲是一个和尚，心如止水，没有什么情，没有我们常人那种喜怒哀乐，那你的书法肯定达不到一个很高的高度。提到张旭，韩愈曾赞道：“往时旭善草书，观于物见，山水崖谷，鸟兽虫鱼，草木之华实，日月列星，风雨水火，雷霆霹雳，歌舞战斗，天地万物之变，可喜可愕，一寓于书，故旭之书，变动犹鬼神，不可端倪。”后面有八个字非常经典，“可喜可愕，一寓于书”，包括在书法里面。他的意思是，人世间没有什么事情不能被张旭写进书法。张旭是盛唐时代的狂草大师。

虽然张旭没有留下一件遗迹，但当时的文献是靠得住的。杜甫在那个时代喝酒时写过一首诗：“张旭三杯草圣传，脱帽露顶王公前，挥毫落纸如云烟！”就写了张旭的书写状态，张旭喝酒之后，脱帽露顶，放浪不羁。同时，有些文人还记得，张旭喝了酒写字，以头为墨，不是用头而是用头发书写，古代男女头发都是不剪的。理发行业是以后才兴起的，不剪头发，因为头发是父母给的。

一个时代有一个时代的书风，唐代是一个狂飙突进的时代，所以出现了李白。我刚才写李白的《将进酒》，这是首乐府诗，还有最负盛名的《蜀道难》：“噫吁嚱！危乎高哉！蜀道之难，难于上青天。蚕丛及鱼凫，开国何茫然！尔来四万八千岁，不与秦塞通人烟。”一路写下去。

诗歌有李白，书法有张旭，绘画有吴道子，共同构成了盛唐的一道亮丽风景。还有音乐，唐玄宗的《霓裳羽衣曲》，这是盛唐的大曲。张旭代表了盛唐的浪漫主义精神，是抒情，不仅仅是记忆。但是，现在又有一种书法，书法就是拿毛笔玩艺术，这是古人所说的“朝学执笔，暮逞其能”。早上刚学会拿毛笔，晚上就逞能，现在有很多这种现象。

拿起毛笔必须要心怀敬畏

现在的书法变成了一种杂耍，有的左右开弓写对联。我看过真人表演，很多视频资料上也有，其实他不是同时写，先左手写两个字，右手再写两个字，又何必呢？你说某一个人因为特殊原因，或者人生的不幸，没有右手了，你用左手写可以。上海书法家费新右手坏了，不能写了，才改为左手写。有的人手好好的，却用脚写；明明可以站着写，却倒立着写，这都不是艺术。

书法，我刚才讲了一个词，就是敬畏。当我们拿起毛笔的时候，我们就要心怀敬畏。在中国至少有 3300 多年历史，说不定哪一天，在 960 万平方公里的某一个地方挖出一支毛笔，或许历史比这个更久。中国因出土文物经常要改写历史。比如纸，长期以来是中国四大发明之一。以前说是东汉蔡伦造纸，但是现在在陕西巴陵出土了纸、墨，是西汉的，比东汉又早了100多年。如果不按照历史的传说，比秦始皇时代又早了100多年，从甲骨文出现又往前推了100多年，还不知道推到什么时候。

书法，首先要讲“法”，而且在“法”中才能体现中国人的精神，体现中国美，这是我讲的第一个问题。“书，心画也。”这个命题是汉代扬雄提出的，不是“木”字旁的“杨”，是“扌”的“扬”。现在往大街上一走，到处都是错别字。例如，“杨洲包子店”，扬州两字都写错了，扬州的“扬”是“扌”的“扬”，州是没有“氵”的“州”。

我曾经看到一个很有名望的书法家写的一幅字，我一看吓了一跳。他写的是龚自珍的一首诗，“九州风气恃风雷”。我看了第一句，九州的“州”就加了“氵”。“恃风雷”的“恃”他写成了“扌”旁，那就不是“恃”了。“持风雷”？什么人能把风雷持住？这是不可饶恕的错误。

我后来对这个人说，你写错了字。他说：“我没有啊，我一直都这么写的。”这就很不可原谅了。我们确实有些习惯性的错误。

对汉字我们也要心怀敬畏。在这方面，台湾比我们做得好。我前几年去台湾台中开会，乘飞机到台北，之后大巴车把我们接到台中。我一下来，我的脚就踏在井盖子上面，上面写着两个字“台中”，用的是宋代黄庭坚的字体。那是什么？那是书法，那是文化。我们现在的井盖子上面、标志上面，都是印刷体，如“深圳城管、深圳水电”，没有谁把书法放在上面。我们现在所有的招牌、标志都是电脑里面做出来的，用的是电脑里面的字体。

在电脑里面有一个版本的字，我现在找不出来了，曾经让我的学生找，里面有很多错字。比如说繁体字“阳”，右边是“日”字，下边应该是一横，对不对？但它把横去掉了。一横去掉了，那就是地地道道的错字，那是一个什么字？还有好多字是错的，但是这个版本现在广为应用，我不知道是谁弄出来的。还有上下的“上”，

四个词概括中国人的精神

下面我谈第二个问题。中国人的精神呈现。

我刚才讲书法艺术精神也是中国人的精神。中国人的精神具体说又是什么呢？我们可以从很多角度下定义，比如说中国人勤劳勇敢，中国人很有智慧，中国是礼仪之邦等，这些是中国精神吗？是。

但是中国人的底层精神是什么？最核心的精神是什么？迄今为止还没有一个人能够回答出来，这也是中国文学发展100年来，直到前不久莫言才获得诺贝尔文学奖的原因。为什么100年来中国诺贝尔文学奖空缺？因为没有一本书，没有一部小说，能够把中国的精神、中国的哲学智慧以感性的形式、艺术的形象表现出来。读泰戈尔的《飞鸟集》，我们就可以看出印度的哲学、印度的智慧、印度的精神。

川端康成，日本第一个获得诺贝尔文学奖的人。我们读他的作品，我们就能看到日本人的生活状态，日本人性格的两面性。如果说世界上民族性格中最具有矛盾性，人最具有两面派作风，世界上独一无二的，应该是日本人。

我曾经写过一篇关于川端康成的文章。从川端康成作品的矛盾性来看日本民族性格的两重性。日本民族中有很多东西，从美学角度说，不是审美，是一种美学的反动，是反美学的。比如说，整个东方都是以生机勃勃的事物为美。中国的园林艺术，苏州园林、扬州园林等，曲径通幽，都是活的，表现出生机勃勃、层出不穷的美感。但是日本不同，日本的山水、庭院，是枯山水。中国的很多房屋，窗子都以光亮为原则，而日本崇尚“荫翳之美”，树荫的“荫”。他们的房屋一面墙用的是玻璃，用幌子隔起来，窗帘从最上面拉到下面，所以日本的房屋看上去昏昏暗暗，大概跟他们的民族性格有关。还有，日本国土面积小，但是连续很多年他们使用文字频率最高的字是“大”。日本人平时做事都很小气。比如，他们喝茶，叫茶道。周总理说过，日本人格局狭小，这茶玩了半天，一小杯。我们没有看到过那么小的杯子。日本人请你喝茶，他玩茶道，如果你跟他玩，你要先喝一瓶矿泉水垫底。你就等他玩，因为那茶是不够解渴的，很少的量。这说明每个民族的性格都是不同的。

中国书法精神是中国人精神的呈现。中国人的精神到底是什么？我以下说的也不够全面，也是一家之言，因为自己没有底气，就只有借别人的话来说。

辜鸿铭，我们把他叫“文化怪杰”，怪在什么地方？有很多地方怪，我在这里不多说了，如果有兴趣可以上网查。辜鸿铭写了一本书：*The Spirit of Chinese People*（《中国人的精神》），他是用英文写的。国内现在有三种翻译版本，以山西师范大学出版的中文翻译版最好。辜鸿铭在这本书里面，对中国人的精神给出了四个词：“深沉、博大、淳朴、优雅”，这后面有一段话，中心思想就是说，在世界上没有一个国家没有一个民族，具备这四种特质。他作了一个比较，这段话我给大家念一下。他说，美国人难以理解真正的中国人和中国文明，因为一般来说美国人博大、淳朴，但不精深；英国人无法理解真正的中国人和中国文明，因为一般来说英国精神淳朴但不博大；德国人也不可能真正理解中国人和中国文明，因为一般来说德国人，特别是受过教育的德国人，精神博大，但不够淳朴。正是法国人最好理解中国人和中国文明。我前面给出四个词，讲来讲去就三个词。法国人具备了三种特质，但是还不够，他说还要加上一个，也是最主要的特点：优雅。法国人深沉、博大、淳朴，但是没有中国人的优雅。

他说，如果学习好中国人和中国文明，美国人就会变得深沉，英国人变得博大，德国人变得淳朴。法国人尽管具备了比一般民族多的优秀品质，但是不像中国人那么优雅。如果你学中国文明，就会变得优雅。

有人会反驳，中国文明是最好的文明，中华民族是最好的民族、最优秀的民族，是不是有点民族沙文主义？我不这么看。他这样比较，不是简单地比较，都是有事实依据的。如果了解辜鸿铭这个人，会知道虽然他的话有点偏激，但都是有道理的。比如，关于他的茶壶、茶杯理论，关于纳妾的理论。“妾”是什么意思？这个字的构成，上面是“立”，下面是“女”，就是说站在男人旁边的女人是妾。男人是一个茶壶，一个茶壶就只能配一个茶杯吗？过了很多年，他还留一个辫子，也不知道他对清王朝如何喜欢，因为大家都不留了，显示了他的与众不同。他对西方文明特别了解，对中国文明也非常了解，所以他作出了这么多判断和比较，我觉得可供参考。

是中国人精神的感性显现

落实到书法上，书法怎么体现中国人的淳朴、简朴？没有一门艺术像书法这么简单，只有两种色彩，我觉得就是一种色彩，就是黑白色的空间展示。我们说黑白是很有哲学味的概念。老子说，“知白守黑”。两种颜色的艺术，也是简单到极致。对于汉字的书写，外国人怎么都弄不明白，中国书法就一个汉字，能写出那么多东西来？同一个汉字，一个笔画构成，竟可以写出风格那么多不同的神采。汉字的神奇就在这里，用最简单的形式来表达最丰富的文化内涵，简朴、深沉、精深。中国所有的古代艺术，都具有博大精深的特点。比如说书法，历史上产生过多少书法家？还有多少不出名的书法家？刻甲骨文的人呢？汉代那么多碑刻，春秋时代的钟鼎铭文，那都是没有名字的，有那么多书法家。3300 多年历史，灿若繁星的书法作品，能不精深吗？说到优雅，说到博大，我想博大和精深是两个方面，一个是就广度而言，一个是就深度而言，咱们的书法艺术当之无愧。

黑格尔曾经给“美”下过一个定义。什么叫“美”？迄今为止没有人回答出来。但是，我们知道什么东西是美的。黑格尔讲所有东西都是理念，他认为美是理念的感性显现。唯心主义和唯物主义没什么对错，只是看世界的角度不同，出发点不同，思维方式不同。我们过去常常认为唯物主义是正确的，唯心主义是反动的，太简单了，太政治化了，太功利化了，要不得。“美是理念的感性显现”，我们套用黑格尔对美下的定义，我们可以说，中国书法是中国人精神的感性显现。这是我要讲的第二个问题。

书法命题来自道家的道

第三个问题，中国书法反映了中国哲学的逸韵。中国哲学是什么？简单地说，中国的主流哲学是悟道富国。

“道”，我简单地说，有老子之“道”和庄子之“道”，并称为老庄，其实他们是有区别的。1966年台湾徐复观先生创作了一本书《中国艺术精神》，里面有一句话说，中国艺术的精神就是道家，庄子的这种精神落实到艺术，就是一个字：游。什么游？逍遥游。在庄子的《逍遥游》里，首先虚构了很大的一条鱼，后来这条鱼化成了鸟，鸟的翅膀张开来，如垂天之鱼，好像天边的云彩。“游”是什么？是游行自在，是一种精神的自由、情绪的释放。

书法怎样反映老子之道、庄子之道？庄子之道，主要强化的是精神的自由、精神的解放。实际上强化的是喜怒哀乐的书法抒情之美。老子说不清道不明的“道”，在书法中怎么体现？首先，书法跟文献不同，跟绘画不同，它不表现一个具体的形象。比如说，现在写一个“龙”字，画一条龙；写一个菊花的“菊”，里面画一朵菊花，那不是书法，充其量叫书法画，那还是画，不是书法。

书法的形象是迷糊、迷离、朦胧的，不能具体辨识、指认。但是我们在想象中，可以把它想象成哪种动物具有的某种生命特征。这些话有点长，但是我想还得说。我举个例子，你坐在飞机上看云彩，或夏天时在草地上看天空的云彩，变幻莫测，可以想象成一堆棉花或是美女。你把它想象成什么它就是什么。道是什么？不可道，非常道。

书法中有很多命题都来自道家，说到道，它有很多层面很多内涵，它给人们的美感也有不同层次、不同类型、不同风格。老子的哲学是一种“柔”的哲学，最典型的表达莫过于四个字：上善若水。水的属性是什么？纯净。从物理学角度讲，水是透明的，是没有形状的、流动的。你用杯子装，水就是杯子的形状；用瓶子装，就是瓶子的形状；用碗装，就是碗的形状。“水往低处流”，水在最低的地方。万世万物都离不开水，水是生命之源。但是它不跟任何人争什么，这就是水的品质。

在书法中，怎么来体现“上善若水”“水善利万物而不争”的品质？我们可以从很多书法名帖中、许多书法家的人格人品中去寻找。古代有一个命题——“德成而上，艺成而下”，这说明对一个人的品质特别关注。一个人的人品人格方面很了不起。

书法最讲“礼”，体现儒家规范

我们看赵孟頫的字写得很不错，整个元代，他是书堂名主。如果没有他，中国书法的文化血脉很可能在元代100年里断掉或者淡化，但是有了他就不同了。从这个角度说，他的功绩非常大。但是他姓赵，宋代是赵宋王朝，他在元代为官，就被人判为人格上的污点。有了污点之后，你的字写得再好，也不入流。尤其是康有为，他是个很偏激的人，他写的《广艺舟双楫》又名《书镜》，是晚清最重要的书法专著，曾影响了整整一代书风。康有为极力否定赵孟頫的妩媚，甚至认为赵孟頫的书法只是简单的方法而已，告诫他的学生和子孙，“万不可学赵董”，完全否定赵孟頫、董其昌（明代书法家）的字，说一学他们的字，就会堕落至最底层地狱，永无超度之日。这反映出人们对书法家人品的要求。你是一个好人，你才能写出好字，书如其人。现在看来太绝对化了。我曾经在开封博物馆看到过一个人的字，特别好，他的名字叫蔡京，他的字题在宋徽宗的画上面。从级别上来说，宋徽宗是皇帝，他是臣子。从成就来说，宋徽宗的书法和绘画都远在蔡京之上，但是能够题在宋徽宗的画上，能够为宋徽宗的画题字的人，肯定宋徽宗对他的书法艺术是认可的。我们现在看来，蔡京写的字的确非常好。而且人们还说，书法上讲的“苏黄米蔡”中的“蔡”原本就是指蔡京，不是指蔡襄。因为在“苏黄米蔡”中，“蔡”被放在最后面。中国人最喜欢按辈分年龄大小来排座次。

唐宋八大家中，苏轼的文学成就肯定在苏洵之上，但是因为苏洵是父辈。所以排出来一看，“一门父子三词客，千古文章四大家”，三父子是苏洵、苏轼、苏辙，是这样排列出来的。“苏黄米蔡”中的“蔡”，蔡襄的年龄在“苏黄米”之上，那蔡襄是他们的前辈，为什么排在最后呢？只有蔡京排在最后，从年龄上讲才说得通。但因为这个人名声不太好，人们才以蔡襄顶替。中国人都讲求“四”。唐宋八大家是两个“四”，“初唐四杰”“文房四宝”“四平八稳”等。“四平八稳”是中国人普遍的心理，求稳怕乱。这是我们讲的道家。

儒家体现了儒家哲学，就更好表达了。“平正安稳”，是我们讲的书法要求的第一个规矩。“平正安稳”就是要求跟做人一样，要堂堂正正，要光明磊落。儒家对做人的标准，有最低的标准和最高的标准。孟子认为一个人必须具有四种品质，即恻隐之心、谦让之心、同情之心、怜悯之心，只有具备了这四种品质才有做人的资格。一个人做人的最高标准是什么？“富贵不能淫，贫贱不能移，威武不能屈，此之谓大丈夫也。”所以，“平正安稳”与儒家做人的规范是一致的。

整个儒家哲学以人为中心，以“仁义礼智信”的“礼”建立一种规范，书法是最讲“礼”的。书法中如果是左右结构的字，怎么写才能写好？就要有一种忍让、穿插的方式。“让”不就是“礼”吗？不就是孟子讲的谦让之心吗？为什么你在写一个“木”字偏旁的字时，那一捺要改成一点？这就是“让”，也体现出儒家之礼。很多层面、很多维度在书法艺术中都体现出儒家的行为规范。董其昌人品不好，但并不代表他书法方面成就不高。在书法中，书法展现的是抽象、模糊、不能准确指认的内容，给你留下想象的空间。于是，就有很多弦外之音，很多韵外之致。

书法美只能意会不能言传

最后一个问题，中国书法的美丽精神。中国书法精神归结到一点，就是美，体现典型的东方美、中国美。首先，抒情空间是一种诗意的表达方式，跟写实不同，不仅仅是写一个汉字，要用诗意的汉字表达。王羲之的书法非常美。美到什么程度呢？我们通常引用一句话作权威的定评。那就是，“如龙跳天门，虎卧凤阕”。这句话你懂不懂？不懂。龙跳天门怎么跳？龙本来就是莫须有的动物，它去跳天门怎么跳？老虎有，“虎卧凤阕”，但是凤没有。凤是什么样的？我们都不知道。这样一种比喻，就是一种诗意的演说方式。

为什么要这样说？因为不能准确地表述它，这就是中国书法的精神美和魅力之处。孟子说，“吾善养吾浩然之气”，意思是我善于知悉别人的言辞，也善于培养我的浩然之气。他学生公孙丑问，何为浩然之气？孟子回答说，“难言也”。说这话不是老师故意卖关子，或者说老师不懂，的确不好说。但是孟子勉勉强强还是说了。大概是这个意思：“所谓浩然之气，就是至大至刚，充斥于天地之间的一种凛然正气。”孟子说完就赶快走了，不然学生该问凛然正气是什么了。中国有很多东西都是这样，比如说刚才说的“道”，还有“气”。

我们明白这么一种现象，中国的很多美学范畴、哲学范畴，都是难以言说的。书法之美是怎样的美？是赏心？是悦目？“悦目”就是悦你的眼睛？眼睛是不是很舒服？心情是不是很舒畅？很快乐？你能描述吗？不能描述。诗兴的言说，诗兴的表达。我们说书法气韵生动，“气”说不清楚，“韵”说不清楚。怎么才生动？更说不清楚。它只能意会不能言传，或者有的根本不能言传。

陶渊明有首诗《归园田居》，最后两句是：“此中有真意，欲辩已忘言。”你要去表达，但不能准确地表达出来。有些话不好说，比如，一个男孩子对一个女孩子说："我很爱你。"女孩问："你怎么爱我？爱到什么程度？"男孩的回答也只能打比方。怎么爱你？男孩说："我每时每刻都要想你。"爱得多深呢？他说："比海还深。"为什么要用比喻？要作诗情的言说方式？就是难以言说，只能意会难以言传。

瑜乐京剧课

——《赵氏孤儿》的变迁与赏析

王珮瑜

王珮瑜

上海京剧院国家一级演员，专攻老生，宗余（叔岩）派。是新中国成立后专业戏校培养的第一位京剧女老生，有“当代孟小冬”的美誉。曾师从王思及、朱秉谦、张学津、谭元寿等京剧名家。先后获得全国优秀青年京剧演员评比展演一等奖，全国优秀青年演员电视大赛最佳表演奖，戏剧“白玉兰”主角奖等。2011年凭借亲自制作的墨本丹青版《赵氏孤儿》中的程婴一角，获得第二十五届中国戏剧梅花奖。常演剧目有《搜孤救孤》《捉放曹》《击鼓骂曹》《失空斩》《洪羊洞》《法场换子》《四郎探母》《杨家将》《红鬃烈马》《赵氏孤儿》《珠帘寨》等。

《赵氏孤儿》最早的记载来自《左传》

相信有一些听众看过我的墨本丹青版的《赵氏孤儿》。或许你们也带着很多的亲身感受来到这里，这里是王珮瑜2012年全国巡回演出的深圳站。虽然这只是一个讲座，但是当中有很多互动，有很多需要大家一起参与的环节，我们现在一起来分享《赵氏孤儿》这出戏。

大家现在所看到的《赵氏孤儿》，不管是电影、话剧、京剧还是其他剧种，最早的文字记载来自《左传》。《左传》中并没有我们今天在舞台上出现的几个主人公，如程婴、公孙杵臼。《左传》里面的人物有韩厥、庄姬公主。《左传》中讲的故事是，一场宫廷内部的乱伦引起了一场政变，后来在韩厥大将军的帮助下，赵武恢复了赵家在宫廷里的地位。

后来我们所有的小说、戏剧表演基本上取材于《史记》。在《史记》中已经出现了今天舞台上所看到的几位主人公，包括公孙杵臼、程婴。有所不同的是，程婴和公孙杵臼两个人“定计”，在《史记》当中的记载是，他们在老百姓家找了一个年龄相仿的婴儿献了出去，程婴并没有把自己的亲生孩子给屠岸贾，这个情节跟我们现在舞台上看到的不太一样。还有个区别是，程婴把赵武抚养长大，赵武成人之后报了仇，《史记》里描述的程婴最后自杀了。这15年所有的冤屈终于有了一个圆满的结局。

我们在整理改编、加工墨本丹青版《赵氏孤儿》时，曾经想过要让程婴这个人物何去何从，是不是让他回到《史记》的记载当中，让他自杀？因为京剧舞台上也有很多角色最后是自刎或是通过其他方法死去。在京剧舞台上，死本身有很多种方法，有很多手段可以表达，可以很精彩地死去。之前，有余派《搜孤救孤》，有马派《赵氏孤儿》。在京剧舞台上，观众最喜欢、最乐意看到一个大团圆的结局。所以我们也不愿意因为改编、创新，或者说因为要有自己的舞台符号，一定要去追寻过去原著里面的记载。我们不想改变广大观众看戏的习惯。我们这出戏算是一个开放的结局。我在最后加了一段，通过演唱的手段，程婴诉说他这15年受了很多冤屈，他有非常多的痛苦。现在孩子长大了，仇也报了，他是留是去，还是死是活，不重要了。因为整出戏的基调是比较悲的，比较郁闷的，这最后一段出现了反二黄慢板。我们考虑到，观众在最后跟舞台演员一样，有一个情绪的爆发，在反二黄里面可以有很多起伏跌宕的唱腔设计。最终主角的演唱和观众的喝彩叫好，在这个戏当中得以爆发。这是京剧特有的一种宣泄情感的方式。

以前所有的戏剧舞台上出现的表演，基本上是纪君祥的元杂剧《赵氏孤儿大报仇》。这个故事写得太好了，悲剧写得太完美了，19世纪伏尔泰和歌德分别把这个故事带到他们国家的舞台上。中国戏剧在那个时候就已经对世界戏剧产生了很大的影响。再后来，今天的京剧、河南豫剧，还有电影，对这个故事都有表达，但表述可能有区别。在电影当中，程婴舍子不是自愿，他的情操没有这么高尚，只是阴差阳错地把孩子献了出去。

在电影剧场当中，葛优是怎么演程婴的？有这样一场戏：他看着摇篮里的孩子，原词我忘了，大概意思是，他无论如何一定要把孩子好好抚养长大。葛优看着摇篮，表演非常到位，含着泪水说话。我看到这个场景一下子泪崩了。为什么？我是京剧演员，任何舞台剧，不管是京剧，或者是其他戏种，演员没有资格在舞台上掉眼泪、哭泣。我们一定要用自己的技术，自己的表演，唱、念、做、打，来打动观众，让观众掉眼泪，如果我们还没有打动观众，自己先哭了，声带充血了，眼睛红了，就不美了。每次在舞台上演这么感人的戏，我就觉得有很多的泪，但是不能掉眼泪，所以在电影剧场里，我会在别人的故事里掉着自己的眼泪。这个是题外话。无论是电影，还是戏剧，河南豫剧等，程婴救孤这出戏的影响都比较大，表述程婴和《赵氏孤儿》的手段和方式也不相同。

京剧舞台上《赵氏孤儿》故事的变迁

中国古典四大悲剧《赵氏孤儿》《窦娥冤》《桃花扇》《长生殿》，其中《赵氏孤儿》无疑是最出众的，最被大家广为流传的故事。对《赵氏孤儿》中程婴这个人物，不管是价值观还是其他方面都有很多的争议，但是在戏剧舞台上，我们永远可以自圆其说，这也是京剧舞台最抓人的地方。在京剧舞台上，我们以歌舞来演绎故事，我在这里给大家介绍京剧舞台上《赵氏孤儿》故事的变迁。

《同光名伶十三绝》是京剧史上最具代表性的名伶彩色剧装写真，包括谭鑫培、卢胜奎等。第一个在京剧舞台上演《赵氏孤儿》的演员叫卢胜奎。卢胜奎是文化修养极高的京剧艺人，科举考试失败之后下海唱戏。他有很多绰号，如“活孔明”“卢台子”，除了能演戏以外，他还可以写本子，有很多三国戏都是他编的，非常厉害。卢胜奎最初演的《搜孤救孤》，就是我们现在余派传承的《搜孤救孤》。在《搜孤救孤》里，卢胜奎演的不是程婴，而是第一主角公孙杵臼，戏份很重，不仅有非常繁重的唱、念、坐，还有翻跌，各种表演，演这个角色的艺术功底绝不亚于演程婴，要求很高。

2011 年底，我们在北京为王珮瑜 2012 年全国巡演安排了一个特别的揭幕仪式，不是常规的发布会，而是在老戏楼有个演出，我陪着两位好朋友参与演出，他们也是两位票友，一是杨派票友，一是余派票友。前面唱了一出《文昭关》，我演东皋公；后来余派票友唱《搜孤救孤》，我演公孙杵臼。我非常喜欢演“硬里子”活（过去戏曲班社的术语。主角是“面子”，配角是“里子”，“硬里子”比一般的“里子”配角演员技艺高出一筹，受到业内人士的尊敬），我们从小在戏校学戏，排类似这样的戏，学了演程婴的角色也要学演公孙杵臼，学了演伍子胥，也要学演东皋公。我是第一主演，但是没有机会在舞台上演里子活。刚好有两位朋友，他们全程参与全国巡演，一个是梁剑峰老师，余派票友；另外一位是国家大剧院负责我巡演第一站的项目负责人南昊，他是杨派票友，我陪他们两人唱。我演里子活的机会不会太多，这张剧照是非常珍贵的留念。卢胜奎演公孙杵臼，过去这个行当我们叫“末”，现在这个“末”基本归到“生”行。大家都知道“生旦净末丑”，“末”一般都是演白胡子的、上了年纪的，以表演、念白、做功为主的角色。马连良先生演“末”的角色演得特别好，卢胜奎演“末”的角色演得也特别好。在京剧舞台上第一个演《赵氏孤儿》的人就是卢胜奎。

第二个发挥重要作用的是谁？就是大师谭鑫培先生，他扮演程婴。过去卢胜奎先生一直扮演公孙杵臼，谭鑫培先生怎么扮演程婴了？有一次，卢胜奎先生约谭老板，说我们一块演《搜孤救孤》，我扮演公孙杵臼，你扮演程婴。虽然谭鑫培比卢老先生要年轻一些，但是他已经非常走红，知名度非常高。他说他演这个戏可以啊，但是他绝不能拿扮演程婴当一个里子活，他必须有二度创作的空间，有发挥的余地。卢先生说可以，你去编吧。过去卢胜奎扮演公孙杵臼为主角，从此以后，谭鑫培先生扮演程婴成了第一主演。我们现在看到的《搜孤救孤》基本上是按照这个脉络来的，当然京剧舞台上还是大量保留了公孙杵臼的戏份，但是程婴同过去的形象完全不一样了，不仅扮相不同，手段、表演、唱腔设计也完全不同。

现在最重要的参照版本，是余派创始人余叔岩演出的《搜孤救孤》，是最高级的版本，我们叫作文艺版。从严格意义上来讲，他一生的创新剧目虽然不多，但是谭鑫培的唱、念、做、打、表演，包括伴奏、扮相，在他这里都有不一样的面貌。其实不一定非得创新才能成为艺术家，只要唱出特色，被观众认可就是艺术家。媒体也好，观众也好，包括我们圈子里面的专家、前辈，很多人问我，你现在应该有新戏了，一是到了这个年纪了，二是你已经有很多艺术积累了。我呢，对这些期待当然要表示感谢、感恩，但是我始终有自己的艺术标准，无论大家怎么期待，我得过我的心理这一关。不是我没有能力编新戏，我觉得老的传统戏、传统剧目当中，余派也好，谭派也好，这些剧目、艺术创作，有太多好的东西值得我们学习、传承和挖掘，能够把余派、谭派唱好了，也是对艺术的贡献。

能打动观众的作品一定是优秀的

这次我们巡演，一个是墨本丹青版的《赵氏孤儿》，一个是“瑜”音绕梁的清音会。从这两场演出大家可以看到很多不一样的探索、尝试、创新，这是属于王珮瑜自己的戏，有她的很多思考、探索在里面。

余叔岩把谭老先生的腔唱得特别精致，不管是四声、吐字、发音、归韵，没有一处可以挑剔。所以说，他的十八张半唱片流传到现在，被这么多人推崇、膜拜，绝不是没有道理的。有一位90来岁的老戏迷曾经看过余叔岩先生的现场演出。余先生在舞台上活跃的时间不长，看过余先生演出还健在的观众非常少。这个老观众给我介绍说，那时候他很小，看不懂，就觉得余叔岩唱的声音非常轻，听不见，那时候又没有话筒，也没有扩音设备，剧场条件也没有现在这么好，当时在剧场里面只能看到余叔岩的表演，他的扮相非常儒雅，非常俊秀，身上极漂亮，但是唱什么他听不清楚。后来余叔岩的唱功被这么多人推崇，就是因为十八张半唱片，如果没有唱片很多人就都不知道余叔岩唱得这么好，现在有唱片了，但是他的表演，如念白、剧目、手段这些内容逐渐失传了。余叔岩其实是综合实力非常强的艺术家。

余先生的演唱以我们今天的审美标准来说，除了录音的效果没有像现在这么清晰以外，其他方面依然没有过时，尤其是对于像我们这种余派演艺人士来说。他的演唱专业人士听起来非常振奋，是非常能打动我们内心的一种声音。

余叔岩先生以后，又出现了《搜孤救孤》这个戏最重要的版本，就是1947年孟小冬先生演出的《搜孤救孤》的终极版。为什么叫终极版？大家都知道，孟小冬先生是余叔岩先生所有弟子当中对于余派艺术传承最虔诚的，也是没有发展出自己的枝枝节节的艺术家，她于1947年演完《搜孤救孤》之后，就去了香港，晚年生活在台湾。对余派艺术，尤其是声腔的部分，她为京剧在海外的传播作出了非常大的贡献。孟小冬是一位女老生，但是用我们京剧界人的眼光来看，无论男还是女，孟小冬先生都具有很难超越的高度。其实在孟小冬之前，《搜孤救孤》这个戏基本上属于打基础的，不是什么大剧目，但是孟小冬唱得太好了，观众太喜欢了，这个戏的分量就越来越重，有很多值得推敲的地方。1947年在上海演《搜孤救孤》，在中国大戏院连演两场，两场均爆满，还加座，台前幕后站满了人。剧场的票卖完了，广播电台就对这两场演出进行直播，很多人买不到票，就买了收音机，上海收音机一时脱销，现在的演艺圈，很少有这样的盛况了，孟小冬当年能够做到，非常厉害。当时基本上大江南北的京剧界名伶都在现场赏戏，谭元寿当时才19岁，也看了孟小冬的戏。他后来说，演员不能有动作，一动就有人叫好。后来我们在录音当中也听到，她随便念一句，随便走什么台步，随便唱什么散板，台下就像疯了一样。有一段念白，公孙杵臼问程婴（孟小冬演的）："弟妹可曾应允呐？"程婴说："这个贱人她不允呐。"公孙杵臼说："啊，先前言道，我那弟妹颇通情义，如今她为何不允呐？"程婴说："啊，她、她不肯呐"。就这么一句念白，也赢得堂彩，对孟小冬在舞台上的表演，已经不完全在唱、念方面，连她小小细微的情绪变化都可以博得观众的喝彩，这是多高的艺术境界！虽然我还做不到，但我将努力做到。这么细小的地方也可以有观众叫好，就说明她演得实在太好了。

1947年孟小冬先生出演的《搜孤救孤》被认为是这个戏的终极版本，在现场看过孟小冬唱这个戏的人说这个戏太好了。谭富英跟谭元寿老师说："小冬这个戏演得太好了，我以后不唱了。"以后谭富英先生基本上没有出演过这个戏，尽管他本人演得很好。这些艺术家最好的品质是，他们有自知之明，并不是他们不好，而是他们觉得有更好的，他们只唱适合自己唱的戏，那个好戏就让它成为传奇、传说。我们可以听一下孟小冬先生在1947年上海中国大戏院演出的

《白虎大堂》。这一定是超越时空、超越年龄、超越时代、超越性别的一种艺术传递，不管他是男的还是女的，能打动观众的作品一定是优秀的。

从余叔岩演的《白虎大堂》到孟小冬演的《白虎大堂》，在细节处理上已经有一些变化了。也许是因为录音棚和现场的关系，演员本身的状态是不一样的，再说是两个不同的人，虽然孟小冬学的是余派，但是余叔岩先生晚年教给弟子，尤其是教给孟小冬先生的戏，其实同以前有区别。孟小冬晚年有好多的录音跟余叔岩十八张半唱片的录音有一些唱腔已经不一样了。很多后来人可能提出疑问，既然孟小冬是继承余派最好的一位，为什么还有和余先生不一样的地方？孟小冬先生说，老师怎么教她的，她就怎么唱，绝不会动一个音符、一个字。为什么会听到有不一样的地方呢？因为余叔岩晚年有改变了，他觉得在自己的唱片当中有很多遗憾，或是唱腔，或是镜头，觉得不舒服。于是他在晚年的教学当中弥补在录制唱片时的不足，所以大家后来听到孟小冬的表演有一些和余叔岩先生不一样的地方。因为余先生晚年发生了变化，也是与时俱进，不是一成不变。好的流派，好的艺术大师随着自己艺术才能的成长，随着观众的需要，随着时代的变迁，也会发生不同的变化。

《赵氏孤儿》几个版本的变迁

我现在演《搜孤救孤》，完全按照孟小冬先生的版本。我在2002年给孟小冬先生的录音配了像（就是现代演员给以前的唱片配以图像。京剧音配像的剧目大部分是20世纪40年代后期到60年代前期京剧舞台上的艺术珍品），也是她唯一留有配像的一出戏。当时谭元寿老师现场指导我说，孟老师当时的水袖是这么甩的，脚是这么摆的。音配像的录像的身段基本是谭老师对孟小冬演出进行回忆后，再告诉我的。这是孟小冬的版本。

后来出现了一个更重要的版本，或者说是流传更为广泛的版本，马连良先生在1959～1960年改编创造了《搜孤救孤》，变成马派的代表作，《赵氏孤儿》是这个时候才叫起来的。马先生把这个剧本丰富了，使其更加完整了。整个故事的主线是赵氏孤儿，虽然赵氏孤儿这个人物不是剧中最重要的角色，主角依然是程婴，然后是魏将、庄姬、屠岸贾、公孙杵臼，然后才是赵武。但是无论如何，所有的人物，所有的故事情节，都是围绕赵氏孤儿来展开的。曾经有内行的人建议把这个戏改名叫《程婴》，但程婴这个人物一定是在赵氏孤儿的故事里才是有价值的，所以这个故事必须叫《赵氏孤儿》。我在《赵氏孤儿》里加了墨本丹青（指将山水丹青画卷巧妙融合进舞美设计之中），但这个故事还是叫《赵氏孤儿》。我这个版本也是从马连良先生的《赵氏孤儿》版本改编而来的。马先生在1960年整理改编这个故事，是马派艺术登峰造极的证明，非常完美。那一年马连良先生60岁，他演过几百出剧目，他也是学习老谭技艺的最重要的人物，但是他有自己的条件，他非常喜欢余派艺术，特别了解余叔岩的艺术。他知道自己跟余先生的条件特别不一样，所以他处处回避余叔岩。当时北京京剧团阵容非常豪华，马连良、张君秋、谭富英、裘盛戎、马长礼、谭元寿等等，都是一个人可以挑班唱戏的人，这么豪华的阵容当时才有了《赵氏孤儿》的马派版本。马连良在程婴出场之前有各种戏份，裘盛戎、赵朔等这些角都出来了，所以这个场垫得热热的，马先生一出来，怎么唱怎么好，特别好。我们听一下马连良先生在余派《搜孤救孤》基础上改编的《赵氏孤儿》的《百户大堂》，非常明显同余派有区别，马先生这时候已经60岁了，在气力上明显不如年轻人，他就找他的方法，他的劲头。

还有一个明显的区别，余派的脑后音是基本功课，音量很大，马先生就不需要这样了，对他来讲这样体力透支比较大，他就变了一个字，也很好听。

大家可以看出这几个版本的变迁。在马连良之前，余派《搜孤救孤》一统天下，谭先生都不唱了，马先生居然还改，还改得这么好。在京剧舞台上，我唱《搜孤救孤》，其他人都唱《赵氏孤儿》，为什么？这个戏对于一个演员来说是综合实力的考验。我们在戏校就知道，想成为一个大京剧演员，大老生，《赵氏孤儿》必须得演，通过这出戏的学习，就知道什么叫京剧的人物创作，知道上场、下场、唱腔设计、表演设计都不一样，跟原来演《搜孤救孤》传统京剧比较儒雅、秀气，以唱念带情的感觉不同，已经发生了很大的变化。马连良先生的艺术创作非常伟大。我们把他这个版本叫作豪华版的《赵氏孤儿》，故事情节丰富、剧本完整，演员的阵容非常强，不管是魏将还是庄姬，每一个角色出来都有彩头，这个戏一直到现在，只要说唱《赵氏孤儿》，还是马派的版本最有代表性。

余派和马派京剧艺术路子不同

我们来比较一下余派和马派路子的不同。

余派，最重要的是注重唱念的表现力，尤其是唱腔。这个戏我们有一句内行的说辞，叫“人保戏”。《搜孤救孤》非常难唱，如果唱不好就容易“温”。一共四场，头一场“定计”；第二场“见娘子”，就唱“娘子不必太烈性”这一段；第三场“公堂”；第四场“法场”，也是开放性结局，不跟观众说最后何去何从，也不说这个孩子长大没长大，仇报了没有，就告诉你《搜孤救孤》这个故事完了。唱腔非常完美，不管是白虎大堂，还是娘子，还是法场，唱腔太完美了，所以是重唱腔的表演。如果这个演员特别好，这个戏很耐看，如果演员弱一点，这个戏就特别“温”。过去在京剧传统剧目当中有大量的戏都是“人保戏”的戏，现在发生了很大的变化。

在京剧舞台上分为西皮和二黄。一般来讲二黄抒情，西皮叙事，《搜孤救孤》是典型的二黄戏。程婴出场时，观众从调性、版式就能感受到这个戏是悲剧。像西皮，三国的《空城计》《击鼓骂曹》这种以叙事为主，比较高亢，唱起来感觉比较明亮，内心的表达有淋漓尽致的感觉的戏就是西皮戏。还有一类戏，比如说《捉放曹》，前面是西皮，后面是二黄。在《捉放曹》里，曹操跟陈公两个人转着圈，看曹操怎么杀人放火，心里面非常激动，也来不及抒情，来不及表达自己的内心，两个人走来走去，天也晚了，到了一个旅馆住下来，曹操这家伙杀了这么多人居然睡着了，陈公在一轮明月照窗下抒情，悔不该这样。前面是叙事，后面是抒情。《搜孤救孤》（《赵氏孤儿》）这个戏基本上是二黄定调的戏。

马派的《赵氏孤儿》版本故事情节非常完整，表现手段丰富，在京剧的传统剧目当中也是为数不多的好戏，非常好，所以我们叫“戏保人”。这个戏本身就特别好，特别出彩，不管是表演、演唱，还是手段，各种铺垫、铺陈特别完整。

马连良先生非常喜欢余派艺术，但是他自身的条件跟余叔岩的条件太不一样了，所以他处处回避余先生，包括把余派、谭派很多传统骨子老戏，改编成马派戏，面貌完全不同，完全是马先生自己的东西，但是有很多地方都可以看出留有老谭、老余的痕迹，所以我们说马余之间也有渊源。那时余叔岩先生基本不唱戏了，以教学为主。马连良先生的女儿马小曼告诉我一个故事，有一次余先生带着几个弟子上街遛弯，走到一个老戏园子。余叔岩先生走到戏园子门口看到马连良演一个什么戏，余叔岩先生让徒弟就在那里站定了，说：“如果你们都不好好学，京剧将来的天下就是这小子的。”果然马连良先生不管在传承还是创新上，在京剧发展史上树立了一个里程碑。

流派的形成因人而异，从学习走向驾驭。不能说我现在就能够驾驭得非常好，我还是在学习和传承的道路上，但越来越往真理、往艺术前辈那里靠。

我在戏校学了很多的余派戏，不仅我的恩师王思及老师，还有其他教余派的先生给我说戏，我也学了很多余派以外的剧目，也向余派以外的老师学艺，如朱秉谦老师，马连良先生的弟子，谭元寿老师、王世续老师、德高望重的刘曾复先生，还有上海的范石人老师、孙岳老师。我在戏校毕业之前都已经基本上见过活着的老艺术家，这对一个没有出科的年轻戏校学生来说是非常宝贵的一笔财富。

我的学艺道路

我学艺的道路主要以余派剧目为主，同时兼学马派戏。余派的《搜孤救孤》中不仅有我扮演的角色，高方巾、素靴子也是所有京剧扮相当中最适合我的。有的人可能穿官衣、穿茧衣，或者头上戴着纱帽最好看，但我一定要头戴高方巾、穿素靴子是最好的。所以《搜孤救孤》《捉放曹》《御碑亭》这类扮相适合我。后来我又向张学津学了马派《赵氏孤儿》，扮相有很多不同。因为马先生人高，马先生的扮相设计在当时的京剧演员中比较魁梧、脸长，所有的扮相、所有的服装都经过他自己设计，包括颜色、板型、装饰都不一样。马先生设计程婴的扮相，因为他人高，又想办法让自己看上去矮一些，跟其他的演员协调一些。他的帽子，我们的设计原来是高方巾，马先生加了两个改良翅，这样就把他的脸拉得没有那么长了，马先生就是这样考虑的，非常仔细和周到，确实马先生这个扮相非常好看。大家明显可以看到我这个扮相不如《搜孤救孤》中那个扮相更好。因为马先生个大、脸长，我没有那么高，我本来就不高，你再让我有两个翅，很明显这样的扮相就不适合我。所以在我这个版本的《赵氏孤儿》当中扮相作了一些调整，还是按照《搜孤救孤》传统高方巾的样子，但是在上面加了小如意的牌子，看上去比较漂亮，他的身份是草根医生，可能有点钱，对自己的服装应该有点要求。蝴蝶结，跟下边的服装呼应，后来又加上蓝色的丝绦，跟蝴蝶结比较呼应，这样看上去在审美方面比较统一。

从余派的《搜孤救孤》到马派的《赵氏孤儿》，到我自己改编的墨本丹青版《赵氏孤儿》，扮相不同。比如，马先生每个动作都是腿往下蹲一点，显得矮。如果我像他那样，观众会觉得："人呢？"虽然我学了马派，我知道马先生的创造思路，我稍微起来一点没有关系。包括见韩厥的时候，马先生这样的动作表示害怕，表示地位、身份悬殊，表示敬畏。我就别这么表示了，我们可以从念白的声调、语气、眼神着手，这些动作同样可以传递给观众，表示我跟他身份、地位的悬殊。我唱了十年的《赵氏孤儿》，我在所有的戏里全部站起来，观众还是觉得这是程婴。不因为我站起来就不是程婴了。余派《搜孤救孤》的白虎大堂中，程婴是背对着，观众觉得你能转过来，这么要彩的时候能转过来吗？我就转过来，观众说很好，很尊重他们，是这种感觉吗？如果将来有机会唱《搜孤救孤》，我还得背着，因为孟小冬演的时候是背着的，我随时想转就可以转过来，我知道他们是背着的，马先生是蹲着的，我就站着，一样的。

在京剧中如何以歌舞演绎故事

下面介绍一下如何以歌舞演绎故事。梅兰芳先生和齐如山先生对于中国京剧的传播、推广，以及京剧理论的整理有突出的贡献。尤其是齐如山对梅派艺术的贡献非常巨大。齐如山先生曾经提出来，京剧舞台上叫“有声必歌，无动不舞”，顾名思义，只要在京戏的台上出声音，就得有歌唱性，在京剧的舞台上只要动起来就得有舞蹈性，这是齐如山整理的京剧表演口诀。

先看一下“有声必歌”。在京剧的舞台上，除了唱，我们还听过录音。除了唱以外还有念白，也是声音非常重要的一部分。念白也分好几个层面，比如说引子、定场诗、普通念白等等。什么是引子？很多传统戏的结构就是引子念完了，回身，坐下来，接下来念定场诗。一般来说引子和定场诗的作用就是：还没唱戏，还没张嘴，就开始表述自己，或者在还没有剧烈的戏剧矛盾冲突的时候，就用引子和定场诗的方式告诉观众我的内心活动，我大概在社会上的地位，在家族里面的地位，我今天的心情，我今天的感觉等，引子、定场诗起这样的作用。引子、定场诗就是“有声必歌”的“声”当中重要的组成部分。还有一部分是念白，念白无处不在。还有一种跟引子、定场诗不一样，不是说话，是与哭、笑、咳嗽类似的“有声”，也都有歌唱旋律。在幕后，没有上场，为什么咳嗽？不是真咳嗽，不是他不舒服，一般来说是给场面交代，根据我咳嗽的节奏，就知道今天演员的嗓子要有什么样的节奏，这是舞台上演员和乐队最默契的交流方式。可以把京剧里的唱、念、做、表提炼得非常有趣味性，京剧本身就很有魅力，一哭、二笑、三话白。

还有“千斤话白四两唱”，唱相对来讲有旋律、音调、调性。比如说G调、F调或者其他什么调。过去乐队一把琴，最多是三弦，余叔岩那时候没有乐队，就是京胡和三弦。现在我们乐队的编制扩大了，大家有时候看到京剧新编戏，乐队都在前台，还有指挥，几十人的乐队，有很多节奏可以相互依托，知道该怎么唱，比如说什么时候快了、慢了，嗓子不舒服了，状态怎么样了。为什么念白特别难，念白要求演员自己心里面有一个旋律制。

余叔岩先生在念白、唱念方面提出过一个理论，叫三级韵。什么叫三级韵？最简单的说法是，三个完全一样的字放在一起，还要把它唱得好听，念得好听。京剧怎么念？“好、好、好。”大家也可以跟我一起来念：“好、好、好。”这是最简单的三级韵的实践。相同的字，在处理上不一样。我们就用最简单的方式来说其很深的理论。余叔岩先生说三个音频字或者三个相同的字放在一起怎么处理？像我们《搜孤救孤》（《赵氏孤儿》）有三个字的“公孙兄”，在传统的唱腔里面不能唱，但京剧的唱就完全不一样，“公—孙—兄”，类似于这样。这是前辈艺术家总结的京剧当中的字音、字韵在舞台上的表现。

这里有一段念白，看过我现场演出的，对这段念白有印象吗？在其他城市作演讲的时候我说过，学校老师经常要求我们用表情朗读。我在这里用非常纯正的普通话有表情地朗读，大家听一下：

小人与公孙杵臼
旧有八拜之交
只因他隐藏孤儿不报
小人劝他献出

况且大人还要赏赐千金
谁想这老儿执意地不肯
反来辱骂小人
小人本当不来出首
怎奈大人有令在先
知情不举者罪加一等
为此特地前来禀告大人

我们在京剧舞台上，要把这样的念白念到让观众叫好，仅有表情的朗读是不够的。我可以给大家介绍一下这个念白的逻辑。在戏剧中这是程婴来到公堂，在屠岸贾面前念白，他已经在做戏了。“小人与公孙杵臼旧有八拜之交”，意思是我跟公孙杵臼是非常好的哥们，没有重要原因我不会出卖他。“因为他隐藏孤儿不报，我劝他献出”，这个事对于晋国上下、老百姓、宫廷内部都是非常重要的事，他居然隐藏孤儿，我让他献给大人，他不肯，他还骂我。矛盾就开始有了。因为这件事的分歧，大人还要赏赐千金，荣华富贵我享受不完，我何乐不为，跟我又没有关系。没有想到这个老不死的，不识抬举，还骂我，那我不干了。我本来不应该出手，我因为跟他是好朋友，但是大人有令在先，如果这件事情我知情，不举报，罪加一等。知法犯法还了得？京剧舞台上怎么念？

小人与公孙杵臼
旧有八拜之交
只因他隐藏孤儿不报
小人劝他献出
况且大人还要赏赐千金
谁想这老儿执意地不肯
反来辱骂小人
小人本当不来出首

怎奈大人有令在先
知情不举者罪加一等
为此特地前来禀告大人

这比有表情的朗读有意思多了。如果把生活当中很多的故事，很多的表述，都用京剧的方法处理，怎么会有人不爱京剧呢？这是匪夷所思的事。当然，学会唱京剧很容易，但是唱好是困难的。现在，大家有没有兴趣跟我一起念一念这段念白，我们一起来参与，我们一起来感受京剧的念白，我念一句，大家念一句。

由此可见，学会京剧不难，但是唱好需要时间。我也还没有唱好，我跟你们一起努力。这是念白的部分。

京剧艺术的几种表现手段

接下来给大家介绍“无动不舞”的部分。只要有手段、动作，就有舞蹈性，给大家放两个墨本丹青版《赵氏孤儿》的小视频，一个动作是打程婴，另一个是盗孤儿的身段动作。程婴15年以后跟魏将军见面，希望将军是个好人，能够帮助赵家报仇，但是两个人一试口风，将军觉得他是个卖主求荣、贪图富贵的坏人，就打他。打的时候，一是单腿跪，二是双腿跪，这是马连良设计的重要手段。在“盗孤儿”这一段，庄姬公主把刚刚出生的婴儿放在程婴的药箱里面，程婴刚想跟她告别，公主突然跪下来了，对程婴来讲这是没有办法接受的事。她是公主啊，她把这个孩子交给他了，对他来说这是很重要的责任，她跪下来，他受不起啊，“公主，您别跪”，这是京剧的技术，就是用髯口、水袖、脚步，来表述他心里的不安，“您放心，这个事我一定办好，您放心，您别跪”，这是内心的感受。这是“无动不舞”的部分。

接下来介绍京剧手段当中一个很重要的动作，我们叫作“京剧手段之母”，非常简单的动作，叫云手（“云手”形体表演艺术手法，来源于古典舞，是美的表现形式，“云手”是为整个戏曲剧情表达形式服务的一个重要手段）。我现在请四个朋友上台，跟我表现京剧里的手段之母。

我们把手张开，下面的朋友也可以跟着一起来做，这个动作很简单，我们分成四个步骤。先从站姿开始，“丁”字步，两脚呈90度，现在我们面朝前方，在京剧舞台上所有的角度、站的角度都是子午相，呈45度，面朝观众，身体有45度角转。要感觉自己从头到脚都是束缚的，应该不会感觉某一个部分酸，否则就表明你的身体姿势不对。我们要把所有的注意力放在小腹上，也就是我们讲的丹田这个地方。收腹，感觉气沉丹田，第一个准备动作，左手在你的左胸这边，你的右手虎口和左手虎口基本上是相互观照的。就是这么简单的动作，我们京剧当中所有的手段都跟它有关，所以说它是手段之母。学会了以后，回去每天起来洗完脸，上班之前做一下，一天精神百倍。

还有一种比手段更小的表演，不是眼神、步伐、水袖、错步，是表情。很多前辈、艺术大师总结过京剧舞台上常用的表情。我们可以看一下，叫作喜、怒、哀、乐、忧、恐、思，酒、醉、疯、癫、威、煞、狠。除了正常状态，除了我们表演的时候，每一个行当，每一个角色要求的常态表情以外，只要有冲突、有事件，就跟这几个字分不开。这个字有表情带出来的冲动。“喜”，我相信大家今天都很“喜”；“怒”；“哀”，一个人哀伤，眼角、眉毛往下挂；“乐”，好开心，如果等下讲座完了我还可以逛一下深圳图书馆，晚上还可以吃一个冰激凌，很“乐”。“忧、恐、思”：忧，担忧、忧伤，跟“哀”还不一样，都是细微的表情；“恐”就是恐怕、恐惧；“思”，思想、思考、思念。“思”，在京剧舞台上有非常多的表现方法。比如说《四郎探母》，主角做功好，猜了半天，不知道猜着没有？出去遛遛弯，遛到自己家里的花园，扶着一个假山（其实就是一个椅子），眼神眺望远方，眼睛发直，就有思念的情绪。所以他一有这个动作、表情，老婆就知道他想家人了，他思念家人了，如果他没有这样的表演，她无从得知。表现内心情绪外化的表演就是思。“酒、醉、疯、癫”，喝了酒的人跟喝醉酒的人不同，交警罚酒驾和醉驾也不一样。喝了一点酒，有可能比较兴奋，状态跟平常不一样。疯与癫也不一样，表达起来也不一样。《打棍出箱》这出戏，时而疯癫，时而清醒，疯癫的表达基本上通过眼神、眼睛、眼眉，平常老生的表演常态，大家也很了解，把人中往下一拉，眼睛一瞪，眉毛一篡，眼神就出来了。你别认为不好看，我们练了20年才练成这样。我们要把五官拉开，拉开就是老生，看了老知识分子，或者是年纪比较大的人，五官就开了。《打棍出箱》基本上不是我说的常态的表情，一个人不正常了，疯了，或者傻了、癫了，眉目之间就没有东西了。威、煞、狠：“威”，很多人出来不怒自“威”，不用说话就威，气场很强大；“煞”，煞气，像我们京剧舞台上有很多勾脸的，脸谱一勾上就有煞气，这是脸谱，不管什么颜色，从勾脸的谱子上看上去，不同人的性格、脾气、年龄、地位会在脸谱画出来；“狠”，像武松这些人，有很多武戏角色。基本上京剧各行各当不管什么年龄、什么身份、什么地位，这些基本都会经常用到的。这是京剧大师雷喜福总结出来的表情。

还有惊提、怒沉、喜展眉。“惊提”，遇到惊讶的事，嘴巴张开，“真的”。“怒”，孩子考试五门都不及格，妈妈就怒了，一怒气往下沉。“喜展眉”，遇到开心的事情，你们我们个个都是喜展眉，眉毛不打结，老的少的，男的女的都很开心。我们一起来做做这个表情。

这次我改编创作的墨本丹青版《赵氏孤儿》，是在余派《搜孤救孤》和马派《赵氏孤儿》的基础上结合了王珮瑜自身的特点，才有了这样一个作品，我自己担任制作人，同时是领衔主演，在这个戏当中倾注了我自己很多的艺术理想，很多的舞台想法，在这个戏当中得以体现，当然还有很多方面可以提高、加工，使其变得更好。

为什么叫墨本丹青版？墨本就是我们所说的墨壳老本，因为《搜孤救孤》和《赵氏孤儿》都是我们前辈艺术家流传下来的很完善的脚本、舞台剧本，所以我们叫作墨壳老本，无论怎么改编，都有墨本的基础在那里。丹青，在《赵氏孤儿》这个故事当中有一场戏非常重要，就是程婴拿着“八义图”在唱一段：“老程婴提笔泪难忍”，画了当时非常曲折的故事图，用水墨丹青画故事，之后拿给孤儿看，然后告诉他，用画丹青说故事，直接点了题，所以我们叫墨本丹青。另外一个丹青的说法，是因为这次舞台呈现特别邀请到天津美院的申世辉老师为我这出戏专门创作了五幅主丹青作为天幕，这是其中两幅有代表性的，大幕一拉开，就可以感觉到扑面而来的非常沉静、非常郁闷、非常具有悲剧气氛的舞台效果，墨本丹青版的叫法是这么来的。希望还能有机会再到深圳，演给还没看过这场戏的观众看。谢谢大家！

鉴定与收藏

吴福庆

吴福庆

深圳最大民间博物馆至正博物馆馆长，馆内藏品涵盖古今书画、瓷器、青铜器、家具及佛像、犀角雕、象牙雕等各门类。在吴福庆先生的收藏中，元代的收藏品至为珍稀，名家古书画是至正博物馆的镇馆之宝。

我们每个人心中都有一个太阳，就看你怎样让它发光发亮。艺术家更是如此，一件好的艺术作品首先是感动自己，才能感动他人。当今世上最热门的话题就是投资收藏古董。据不完全统计，我国收藏爱好者已经达到1亿人，我想这种现象的产生，主要原因是投资者们认为原来的投资种类有许多不确定因素，没有实实在在得到理想的回报，造成了有人欢喜有人愁的局面。所以，一些有识之士和一些精明的投资者就把目光转移到投资古董艺术品上。投资一件货真价实的艺术品不仅能增值保值，同时也是一种非常高雅的事情。然而艺术品门类中竟有一半的人是书画收藏爱好者，由此可见，书画艺术品的真伪和鉴定是尤为重要的。

本人由于家族收藏的原因，今天我谈一谈个人近 30 年来从收藏走向鉴定的一些心得和体会，供大家分享。

收藏业还处在初级阶段

从当今艺术品拍卖市场和交易市场来看，可以说让人眼花缭乱，很难摸清未来艺术品投资的方向。特别是近几年来，近现代书画作品和当代书画作品的价格直线上升，让人非常疑惑和震撼。我个人认为，近现代书画作品和当代书画作品数量之多，造成了相互追捧和相互炒作，甚至有一些当代书画作品完全是人为恶炒。当然有一些书画大师的作品是精品中的精品，我们可以大大提升它的收藏价值和经济价值。但绝不可以尺寸大小来衡量一件艺术品的经济价值。

老祖宗有一句话："物以稀为贵。"可现在市场上，近现代、当代书画作品远远超过了古代书画的价值，难道这是一种正常现象吗？难道是因为看不懂古代书画的因素吗？现代画家的笔墨也都是在临摹古人基础上的创新，即便是创新，也应该是古人在前，现代人在后。我们老百姓都熟悉中国古代第一神品《清明上河图》的原创是北宋时期宫廷画家张择端的作品，但明清时期仿《清明上河图》的作品就有数件，都是在古人的基础上创新的，论历史、论价值那一定也是古人在前，摹人在后。

目前我国收藏业虽然很红火，但我个人认为还处于初级阶段，收藏者只是根据现在市场上的拍卖记录来衡量艺术品的收藏价值。虽然各种艺术品门类都有它的收藏价值、经济价值以及文物价值，但最能反映出中国历史文化的还是中国古代绘画。中国古代绘画和中国历史基本上是同步进行的，它承载着历史、记载着文明，它反映出中国古代的社会变迁、社会文化和社会经济，它是中华民族宝贵的物质财富和精神财富。

目前，研究古代书画的人甚少，古代书画远远没有体现出它的经济价值和收藏价值。我个人认为，古代书画的未来投资潜力巨大。为什么这么说呢？我身边有几百位画家，其中有几位在我们拍卖史上有过大的拍卖记录，跟我关系也都不错。他们愿意把自己书画中的精品拿出来换一幅古书画，甚至掏钱出来去买一幅古书画。我想他一定是对古代书画抱有一定的看法，认为古代书画确实存在历史和经济价值、收藏价值，才会有这个举动去收藏。

如果我们走到国外去，能够“捡漏”的话，可能就是中国古代书画。国外很多地方包括美国以及我国的台湾地区，整个市场上都在玩一些瓷器、玉器、杂件、现代画以及古家具等等，收藏者对古代书画没有很深刻的研究和认识。正是因为如此，你才会有机会以最低的价格买到最好的古书画作品。

鉴定书画六大基本要素

下面就中国古代书画谈谈自己的看法，供大家参考。了解中国古代书画首先要了解中国历史知识，脑海里始终有一部中国古代绘画史，懂得中国古典文学、古典诗词，这对鉴定古代书画，解读和断代是有一定帮助的。同时还要了解我国各时期、各朝代的社会建筑风格、人物装饰风格以及使用的器物和器具，等等。一位好的鉴定家，除了有理论知识和学术知识以外，最重要的还是实践知识，应该要亲眼看过几十万件的书画真伪作品，同时还要掌握鉴定古代书画的六大基本要素和相关的辅助依据。

首先我讲讲中国书画发展的基本状况。鉴定古代书画的六大基本要素是：第一，看材料；第二，看原料；第三，看画风；第四，看落款和题跋；第五，看印章和印油；第六，要看沧桑和年轮以及其他的一些相关辅助依据。

下面我先讲讲中国古代书画材料的一些基本知识和发展概况。

中国书画作品主要的材料是纸、绢、绫。

首先说纸。在汉、隋、唐、五代时期，多用的是以各种麻料制作而成的麻料纸。隋唐后期又以各种树皮材料制造而成的皮料纸以及硬黄纸为主，所谓的硬黄纸，主要是写经文、经书、圣旨使用。

到了北宋时期，又用大麻与破麻布制造而成的白麻纸、黄麻纸以及棉纸、稻麦秆纸，等等。

到了元代，就用以竹子为材料制造而成的竹料纸以及黄麻纸等。

到了明代，主要的材料是白棉纸和竹料纸。

到了清代，制造工艺技术就多了，有宣纸、棉纸、竹纸、螺纹纸、毛边纸、蜡纸、腊笺纸、洒金宣纸，等等。

其次讲的是绢和绫。

绢和绫从宋代开始讲起。当时宋代书画用绢为多，之后又是绢纸并用。到元代以后，绢为主要的书画材料。因宋元时期生产制造工艺的因素，绢的门面宽窄尺寸一般不会超过 60 厘米。南宋时期最大的宽度是 110 厘米。这个很重要，有一天某人拿了一幅宋代画来给我看，我一看那么大一幅画，长度 1.8 米，宽度 1 米，中间没有绢的拼接，我说这个是后仿的，收藏者说，为什么是后仿的？因为当时的制造工艺没有达到这种程度。

宋末元初的绢也有区别，大致为精密型和粗疏型的绢。宫廷使用的绢那一定是精密型的细绢，工艺非常完美；而民间所使用的绢就是粗疏型的，比较粗糙。

在宋元时期用绫作画的几乎没有，在裱画中有所使用。明代开始用绫作画，明代中期普及使用得最广，到了清代早期绫的使用开始见少，到了清代中期又开始出现。这是绢和绫的发展历史。

讲完材料，我们再谈谈古代书画原料的有关知识。讲原料，古代书画主要的原料为“墨”和“矿物质”。

关于墨，最早的历史记载是三国时期一位叫韦诞的制成的墨，被誉为“仲将之墨，一点如漆”。

到了唐代，又以奚超和奚延珪父子采用的以首捣松和胶技术制作而成的“和墨”，达到了“丰肌腻理，光泽如漆”的水平。

到了五代，南唐奚氏父子南迁歙州（也就是现在的安徽徽州歙县），形成了中国制墨史上的“徽墨”，深受南唐皇帝赏识，赐国姓李，所以当时有“黄金易得，李墨难求”的说法。

到了宋代，制墨技术就有了重大突破，由桐油制作而成的油烟墨代替了松烟墨。油烟墨色泽又黑又有光泽，耐用性强，色泽经久不褪，成为当时书画的主流用墨。

到了明清两代，中国制墨业达到了前所未有的高峰，皖南古徽州形成了全国制墨中心，当时分为歙县派和休宁派，有松烟墨、兰烟墨、棉烟墨等，油烟墨还是最主流的使用墨。

高档的墨中都掺有几十种贵重的药材，其中含有珍珠、麝香和冰片等。在我国古代医学中，上等的徽墨还有一定的医药功能。记得我小时候，我们家离胡开文墨厂大约100米远，所谓的“胡开文”前身是胡天柱墨厂。我小时候肚子疼，母亲就会把墨拿过来，切一块墨让我吃进去，很快就不疼了。说明这个墨里面有一定的中药材。

矿物质原料是地壳中自然形成的化合物原料和天然元素，其中含有大量的各种元素，如钙、磷、钾、硫等天然物质。矿物质原料的色彩艳丽、色泽厚重，保存性持久、观赏性很强，是现代的化学原料无法代替的。当然我们讲了墨、矿物质原料以外，还不能忽视书画中的砚台，砚台今天就不细说了。

下面讲印章和印泥。宋元时期印章的材质以铜、玉、牙、木等材料为主，到了元末明初以后，普遍使用各种石料为主要刻章材料。

印泥：宋初使用的印泥是油印和水印，油印颜色红而厚，水印颜色淡而薄，厚薄不均。元、明以后的印泥以油印为主，水印使用得很少了。印泥的颜色以大红色为主，偶尔也会有红带紫的出现。但印泥年代不同，颜色也就自然不同。

以元代的《钟馗出猎图》和明代的《五老评画图》为例

今天为了让在座的各位嘉宾朋友更好地了解古代书画的六大基本要素，我们拿出馆藏的两件古代书画实物近距离来讲解。

首先讲的是明代早期张路的作品《五老评画图》。

张路，字天驰，号平山，河南开封人士，出生于明代天顺年间，终生未仕，专心绘画，笔势奔放，风格粗犷，山水画法以明代浙派创始人戴进为师，人物画又以明代成化年间宫廷画家有“画状元”称号的吴伟为师。

我们就以此幅画作为范本来分析鉴定古代书画的六大基本要素。

第一看材质。此画为明代早期的中堂画，长度为1.93米，宽度为1.20米，绢本设色，无年款。从这幅画的尺寸来看，绢不是拼绢，就不可能是宋元时期的绢，宋元时期绢的门面宽窄尺寸基本上不超过60厘米或1米。此画有毛边，没有切割，材质是双丝绢，属于中粗绢。从绢的材质可以断代是明代早期的绢，符合画家张路本人的年代。至于我对绢、纸、绫断代的定位还得感谢我外祖父，他给我遗留下了宋、元、明、清时期早、中、晚绢、纸、绫的样本。

第二看原料。这幅画采用的是上等的油烟墨，历经了几百年，它的墨色浓、淡、透视清晰可见，矿物质原料依然保持。凡是在古代书画作品中有墨水的地方基本上不会有虫蛀的现象，因为上等的油烟墨里面含有冰片和麝香，是为了防虫所用。所以有墨色的地方如有虫蛀那可就要小心了。

第三看画风。古代书画讲究的是追踪溯源以及各流派的风格。张路这位画家笔势奔放，风格粗犷，山水画法以明代浙派创始人戴进为师，人物画法以明代画家吴伟为师，他的这幅水墨山色写意画，画中的人物采用了顿折重墨线条勾勒，水墨淋漓，具有豪放的动荡气势，是典型的张路画作。

第四看落款和题跋。古代书画讲以诗、书、画、印为题材，但张路此幅作品没有题跋，只落“平山”字号款。我们对张路作品进行考证和研究，他的作品几乎都无题跋，有同时代人的题跋，也有后人的题跋，但无本人题跋，这其中有他是一个职业画家的因素，也符合张路的作画风格。

第五看印章和印油。从画面上看，右上款下盖有两印章，印章为“张路印”“平山印”两方印，经鉴定此印章与中国书画家印鉴款识大字典第989页张路的两枚印章完全相符，左下角明代“保合殿大学士”之印，右下角又有“云近蓬莱常五色”“心柏密玩”，另有清代收藏家程桢义珍藏印、程心柏藏印（同一个人）两方收藏印，右下角还有晚清鉴赏家王祖锡的“惕安珍藏印”，以上几方印章也都和中国书画家印鉴款识大字典第59页和第1205页两位的印章完全相同。

以上几方印章的印油因时代不同，印油的颜色也各自不同，但符合同时代印油特征。印章不是浮在表面而是沉在绢中，画中的所有收藏印章表明流传有序。

第六看沧桑和年轮。从画面上看，此画为古人挂在家中的中堂画，历经了几百年来浓浓的历史传承，整个画面沉在绢中。由于长期和空气接触造成氧化，画面上遗留下了沧桑和年轮的痕迹，特别是揭裱时画面修复很明显，中国画的裱画也是一个重要的组成部分。此画历经了几百年，又有数次的揭裱，所以各种沧桑年轮的痕迹历历在目。

1000万港元在美国“捡漏”

下面讲第二幅画。这幅画是元代作品《钟馗出猎图》。

这个《钟馗出猎图》，我先讲一段小小的故事。相传皇帝唐玄宗有一次身患痢疾，久治不愈，夜间忽然梦见了大鬼捉食小鬼，那大鬼就是钟馗，专除天下妖孽。奇怪的是唐玄宗梦醒过后疾病就痊愈了。于是他就命令吴道子将梦中的情景全部画出来，从此以后每年年末之时就会画钟馗，以求铲除妖魔、驱除邪恶。

除了今天看到的《钟馗出猎图》以外，画卷中还有龚开的《中山出游图》，在美国弗利尔美术馆珍藏的颜辉的《钟馗月夜出游图》以及颜庚的《钟馗嫁妹图》，藏在美国克里夫兰州大都会美术馆。

今天看到的这幅《钟馗出猎图》，佚名无年款，但有两枚印章是元代赵孟頫的收藏印章，一枚是"赵氏之昂"，第二枚是"松雪斋"。经过对此幅作品的研究，发现绢是宋末元初的细绢，属宫廷用绢，绢和画风都已定位为元代作品，可以看出画家对人物描绘的水平高超，笔法有多样化的表现，其首行一鬼两手各挥舞着链球之类武器，呼喝开道，其余的手持刀、枪、剑、棍、弓等各种兵器，又是牵虎又有抬鹰等，神态千奇百怪，对钟馗的描绘既有霸气的一面，也有出猎欣喜的一面。各种小鬼表情夸张，赤裸上身，腰系豹皮或短裤，肌肉夸张，体貌奇异，各种小鬼刻画得栩栩如生。这是典型的宋末元初画作风格。

这幅画的来历有个故事。2009 年，在一次国际艺术品交易会上，我和所有的收藏爱好者心情一样，抱着一个美好的心愿看看能否找到一件自己喜欢的收藏品。经过几个小时的看展，我发现一个玻璃展柜上放着一幅手卷，当我想要近距离看时却被两位满口京腔的老者抢先一步看画，大约二十分钟后两位老者没有谈价就走出了柜台。当我叫主人把此画拿出来上手细看时才大吃一惊，虽是佚名，此画《钟馗出猎图》的风格属宋末元初的画风，绢是典型的宋末元初的细绢，细绢是官家用绢，材质定位后，再看画风，符合宋末元初的时代特征，又加上两枚大家的收藏印，当时兴奋不已，立即谈价。当我开口问时，旁边一位七十多岁满头白发的老者用一口标准英语讲出了 3800 万的价格，我问他为什么这么贵，他便请出翻译和我对话，翻译说此画为元代人作品。我又问何以见得是元代人作品，他说在美国请专家鉴定过，拿出了鉴定报告书，此画是他父亲流传下来的，在他手中收藏了已有几十年了。听完我心里感觉很不舒服，便调侃：此画是你美国人画的吗？你们美国才两百多年的历史，你了解中国历史吗？不知翻译的人怎么翻译的，老者突然和我大谈中国历史，20分钟的翻译解说我一句也听不进去，最后我告诉老者不要谈中国历史，如再谈历史，中国的历史比你们美国未来还要长远。本人觉得这是我们中国的宝物，应该回归中国。最后本人故意说此画是明代的，价格最多1000万。老者摇了摇头说“no”，此次未能成交，我便离开了会场。回到酒店心里一直惦记着那幅画，浮想联翩，夜不能寐，如果不把它买下来让它回归祖国太可惜了，又担心被别人买走。第二天也是展会的最后一天，我又来到会场远距离观察是否有人在谈该作品的价。观看的人确实很多，但都可能被它的真伪或价格吓倒了，当离收馆时间还有一个小时的时候，我又漫不经心地经过他的展柜，突然被他叫住，翻译过来说老板想和你谈谈价格，我便说你们开的价格离我的距离太远无法成交，后来他们便开出一个2000万的价格，我说在1000万的基础上加100万，他们又觉得太低无法成交，最后双方各让一步，以1300万成交。回国以后，我便立即邀请了国内书画界最有权威的鉴定专家进行交流考证，此画为元代作品无可争议，一致认为我捡了个大“便宜”，是国家一级文物，在2010年虎年又被首都博物馆借去参展。

五

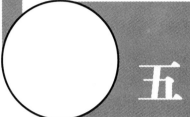

深圳学派·创意设计

“深圳学派”与文化深圳

彭立勋

彭立勋

教授、博士生导师，英国剑桥大学英文系高级访问学者，国务院政府特殊津贴专家，曾任深圳市社会科学院院长。主要从事美学和文化研究，曾获全国、省、市多种学术奖项。代表著作有《美感心理研究》《审美经验论》《美学的现代思考》《趣味与理性：西方近代两大美学思潮》《西方美学史》等，曾主编《邓小平经济特区建设理论与实践》，目前为《深圳文化蓝皮书》主编。

我今天讲的题目是“深圳学派与文化深圳”。建设“深圳学派”的提出和酝酿有好几年了，但是直到前不久在深圳市召开的深入实施文化立市战略和建设文化强市工作会议上，才正式被市委市政府列为建设文化强市的一项任务。建设“深圳学派”在此之前还没有引起太多的议论，当被深圳市委市政府作为建设文化强市的任务提出来之后，被议论得越来越多，但很多问题还没有取得一致的看法。为什么要提出建设“深圳学派”？它的宗旨、意义是什么？什么是“深圳学派”？其含义是什么？深圳怎样着手建设“深圳学派”？这些问题都需要进一步探讨。

今天我讲三个问题。第一，为什么要提出建设“深圳学派”？第二，如何理解“学派”和“深圳学派”？第三，建设“深圳学派”的基本要求是什么？

深圳还缺乏学术话语权

为什么要提出建设“深圳学派”？其意义是什么？有人说，“深圳学派”是深圳学术圈子的事情。这样理解也不完全错，但是理解不够全面。对于建设“深圳学派”的意义，不能仅从学术圈和学术层面来理解，更要从整个城市文化建设这个大的格局来理解。提出这个问题的出发点和着眼点，我认为也许主要并不在于学术本身，而在于强化深圳文化的特色，提高深圳文化的品质和水平，从而推动文化深圳和文化强市建设，使深圳能够在全国城市中率先实现文化的大发展大繁荣。

当前深圳文化发生了巨大的变化，取得了引人注目的成就，这是我们首先要肯定的。从文化产业、公共文化服务体系建设到文化产品的创作和生产，这十多年来深圳文化迅速发展，不仅改变了深圳文化的面貌，而且正改变整个城市的形象，提高了城市的竞争力。但是我现在想跟大家共同来分析的，是深圳文化建设还存在哪些不足，存在哪些差距？我们讲文化自觉，就是对自己的文化发展要有理性的、清醒的认识，分析自己的不足和差距也是文化自觉的表现。如果从这个方面来考虑，我们不得不承认，深圳文化建设和城市经济社会发展仍然不相适应。横向比较的话，如果和北京、上海、广州等文化先进的城市比较，我们在城市文化建设的品质和水平上仍然存在着比较大的差距，主要不是在文化硬件方面，而是在文化软件方面。

什么是文化硬件？图书馆、音乐厅等文化设施，文化企业、文化活动等，都可以称作是文化硬件。这方面我们跟先进的大城市比较即使有差距，也很容易赶上去，因为深圳经济实力很强，建设现代化的标志性文化设施对我们这个城市来讲不是难事。但是文化软件不同。文化人才的素质、文化产品的原创能力、文化氛围和环境等，这是文化软件。这方面可不是像建音乐厅、图书馆这么容易，需要长期的文化积累才能形成。在这些方面，我感觉我们和北京、上海、广州等城市存在着明显的差距。其中一个很突出的表现是，深圳学术文化发展严重滞后，从学术人才、学术成果、学术活动、学术影响来看，它的水平都无法与上述几个大城市相比。深圳缺少一流大学，也缺少著名科研机构，所以文化根基薄弱。学术发展需要有一种环境，有一个学术研究和交流的平台，大家相互切磋才可以发展，但是深圳缺乏这个平台。学术研究人才数量不足，高水平优秀人才尤为匮乏，学术气氛不够浓，学术水平和影响力都不够。深圳学术界在全国学术界较少发出自己的声音，缺乏学术话语权。虽然深圳文化在很多方面发展很迅速，但深圳学术文化发展滞后明显，已经成为深圳文化建设的短板，直接影响到深圳文化发展的品质和水平。

穿越回到春秋战国

也有人认为，一座城市的文化繁荣发展和学术文化的关系不是很大，只要它的大众文化或者艺术文化很繁荣，这座城市的文化就会显得很活跃。我不同意这个看法。文化作为人类精神生产能力和精神产品的整合，应该包括一切社会意识形式。包括政治法律思想、道德、艺术、宗教、哲学、社会科学、自然科学、技术科学，各种各样的社会意识形式统称为文化。各种社会意识形式中，除了艺术、宗教以外，政治法律思想、道德、哲学，社会科学、自然科学这不都是学术文化吗？广义来说，自然科学、社会科学都应该包括在文化的范畴内。今天讲的“深圳学派”的学术文化是狭义的学术文化，就是哲学、人文学科、社会科学这方面。

人类凭自己的头脑去认识世界、创造文化。按照马克思的说法，人的头脑认识和掌握世界，主要有四种方式，其中最重要的是两种方式，一个是理论的抽象思维方式，一个是艺术的形象思维方式。抽象思维创造的文化就是学术文化，形象思维创造的主要是艺术文化。这是人类精神创造出来的两朵奇葩，是人类文化创造的精华。我们翻阅历史可以看到，凡是文化大发展大繁荣的时代必然是学术文化、艺术文化都非常发达的时代。

一说到中国文化大繁荣的时代，大部分人都会想到春秋战国。这个月初，在海南岛举行的亚洲博鳌论坛专门设了一个文化峰会论坛，参加的人都是文化名人，作家刘恒、学者于丹、导演冯小刚、凤凰卫视董事局主席刘长乐等在会上侃侃而谈。谈什么话题？原定就时下影视剧流行穿越这个话题进行对话，他们自己也穿越了一番。当问到你最愿意穿越去哪个时代，几个著名人物不约而同回答说，最想穿越回到春秋战国时代。为什么？因为那个时代的思想百花齐放、百家争鸣，艺术文化、学术文化都很发达，诸子百家思想高度活跃、想象高度奔放，这是中国历史上难得的文化繁荣时代。

那个时代的文化繁荣靠什么？一方面靠艺术文化。那个时代文学艺术很发达，文学最重要的代表作有《诗经》、屈原的《离骚》、左丘明写的《左传》，历经几千年仍然熠熠生辉。另一方面就是靠学术文化的发达，孔子、孟子、庄子、老子、荀子、韩非等一批大思想家、大哲学家出现了，他们都是各个学派的代表，儒家、道家、法家是中国最早的“学派”。巧合的是，中国文化最繁荣的时代也是古希腊文化的黄金时代。与孔子、老子同时代，在古希腊也出现了柏拉图、亚里士多德，这个世界太奇妙了。因此，学术文化的繁荣非常重要，一个国家如此，一个城市也是如此。

理论和事实告诉我们，文化的大发展大繁荣离不开学术文化和艺术文化的共同发展。大凡文化繁盛之地，必为学术发达之邦。学术文化具有认识世界、传承文明、引领思想、资政育人、服务社会的重要功能，居于精神文化的顶层，是文化软实力的基础和核心，对整个文化发展具有支撑和引领作用。打造文化深圳，建设文化强市，必须改变当前学术文化发展滞后的状况，以发达先进的学术文化引领城市文化发展。我们应该从这样的高度，从这个大格局来看待建设“深圳学派”的意义。这是我想讲的第一点认识。

独特的新学说、新理论是学派形成的基础

第二，什么是学派与“深圳学派”？

对什么是“学派”，在概念理解上应该没有什么歧义。根据传统理解，学派就是同一个学科由于学术观点不同而形成的不同派别。各派具有不同的学术观点，这是学派形成的基础。从学术发展史来看，学派是学术文化之网的网上纽结，是学术文化发展的推动力量，对学术文化的繁荣发展起着非常重要的作用。历史上，学派名目繁多，有的以人名命名，如古希腊的伊壁鸠鲁学派，中国宋代的程朱学派；有的以地名命名，如永嘉学派、法兰克福学派；有的以学说命名，如重农学派、边际效用学派（经济学里面很重要的学派）；有的以学术群体命名，如学园派、百科全书学派；等等。此外，还有一些名字很有趣的学派，我现在举个例子。亚里士多德是古希腊大哲学家，他的弟子很多，把他的思想继承下来形成学派。学派的名字不是上面讲的任何一种，叫“逍遥学派”。这是怎么回事呢？因为亚里士多德在雅典讲学的时候，在雅典的一个公共场所创办了一所学校，就在那里从事教学、研究，带学生，共有 13 年。公共场所附近有个神庙叫阿波罗神庙，这个神庙里有可以散步的林荫道，据说亚里士多德和他的学生喜欢在林荫道上一边散步一边讲学论道。所以，这个学派被人称作“逍遥学派”。

有的以地名命名的学派并不是研究本地的事情，而是这个学派的

主要人物出生在这里，或者在这个地方做研究。比如，法兰克福学派并不是指研究法兰克福的学派，而是因为这个学派的创立者和主要人物都曾在法兰克福大学社会研究所从事研究工作，因观点相近，形成了一个学术群体。我想在这里澄清一个误会，现在讨论“深圳学派”，有人说“深圳学派”肯定就是研究深圳的学派，不是这个意思。历史上以地名命名的学派也不是这个意思。研究历史上的学派我们要了解它们究竟有什么特点，如果对这个问题搞不清楚，我们谈建设“深圳学派”就无法利用历史资源来思考现实问题。

历史上的学派主要有三个特点。

第一，创立了独特的新学说、新理论，提出了不同的新思想、新观点。这是学派形成的基础。

第二，以学术倾向相近的代表人物为核心，形成具有共同特征的学术群体。

第三，对推动学科建设与学术发展产生了重要作用，并在社会上具有很重要的影响。

历史上出现过各种各样的学派，特别是许多著名学派，这是我从中总结的几个基本特点。最重要的是第一点。第一点是基础，第二点是条件。

程朱学派为什么能够影响深远

我举个例子，具体分析一下宋代著名的程朱学派。要想学习中国的哲学史、思想史、学术史，你必须要知道这个学派。中国人学习传统文化，除了知道孔子之外，你还要知道程朱学派，因为这是中国封建社会后半段推动中国儒学发展的重要学派。它是宋代以程颢、程颐和朱熹为代表的哲学学派，他们创立了新学说，提出了新的理论观点，叫作理学。这个理学在中国哲学史上有两种理解，一是广义的，宋元明清这一大段时间内，儒家中以讨论天道性命问题为中心的整个哲学思潮，都可以叫作理学；狭义的理解就是程朱创立的理学，即以

“理”为最高范畴的学问，经过朱熹总结形成一个庞大理学体系。程朱理学提出了“天理”的范畴，认为“理”就是世界上最高的范畴。世界的本源是什么？它的回答就是一个字：理。所以“理”是先天地而存在的。世界上先有了“理”，才有万物，才有人。哲学上把它归类为客观唯心主义。因为“理”并不是指人心中主观的东西，而是客观存在的观念性的东西。这可以说是理学的本体论。当然在这个基础上还要建立其他一系列的学问。以朱熹为例，他提出很多新学说，如理气论、阴阳动静论、格物致知论、心性理欲论等都是新思想、新学说。他有一个中心问题和中国人的人格建构有关系，就是集中研究人性问题，人的本质问题，人何以为人的问题。儒家很注重研究人格问题，到朱熹这里变成了理论的核心。他对人性作了什么样的回答？他说，世界是由“理”而来的，人性是由“理”形成的，“理”形成人的性，所以“理”即性，性的根本问题就是理。光有理不行，要从理变到人的性，还有一个关键词：气。“理”是看不见、形而上的，“气”是看得见、形而下的，是构成世界的材料，所以他说“理”要跟“气”合起来才能创造万物，也才能形成人性。“理”和“气”共同形成人性，在这个基础上细分，人性有两种，一种人性由“理”构成，是具有“理”的性，叫天命之性，这种人性被认为完全是善的，没有恶的存在。但是“理”和“气”互相交合形成“性”，就是气质之性，因为和“气”合在一起，既有善也有恶。天命之性和气质之性合在一起，就形成了现在的人性。朱熹说圣人不是完全善的，也有恶，因为他有气质之性。即使是小人也不完全是恶人，也有善，因为他有天命之性。这个很值得我们思考。

有学说才有学派

朱熹提出来的学说就是告诉人，应该用天命之性不断主宰我们的气质之性，减少恶、增强善，这样才能成为至善的仁人，这是儒家理想的目标。这就提示我们，我们每个人身上都有不足之处，只要我们努力，加强道德修养，每个人都可以成为圣人。在这个基础之上，朱熹进一步提出了他的伦理学说：心性理欲论。他认为性里面有两个性，一是天命之性，一是气质之性；一个是完善的，一个既有善又有不善。表现在人心上、人的精神上，便形成了所谓道心与人心、天理与人欲。区别在什么地方？所谓道心，所谓天理，是由天命之性而来，直接由“理”来，是纯理的，来自义理；而另外一方面，人心、人欲就包含了恶，应该是从“气”这部分来的。任何人的内心世界，他认为都有冲突，一方面是有义理，任何人的心里面都有道德原则，服从社会认可的社会道德原则，这是天性。另一方面，任何人心中都有个人的欲望，包括私欲、情欲，每个人都避免不了。他认为应该用道心、天理来主导人心、人欲，这才是正确的道，人应该这样来做人。最后他提出来一个口号，“遏人欲而存天理”。即在自我道德完善之中，尽可能克制自己的人欲，保持自己的天理。

对于朱熹讲的“人欲”，我们应有全面的理解。他并不是说人的一切正当要求或欲望都不是属于“理”的，都是不对的，他反对佛家学说搞什么禁欲。他有一句话：“饮食者，天理也；要求美味，人欲也。”正当的物质生活欲望是符合天理的，应该保持，但他反对超越延续生存条件的物质欲望。过去我们老批判朱熹的这句话，从他话的本意来讲，放在当时的历史条件下来看，是为了维护封建伦理秩序。因为他讲的“理”，理学讲的“理”，包括自然规律、社会规律的内容，主要是指封建的那些伦理道德原则，如忠、孝、礼、智、信，父子、君臣、夫妇等。但是我们如果超脱这些东西，来分析他的学说所包含的具有普遍性的内容，我们就可以看出，他讲的东西实际上揭露出我们经常在道德生活中遇到的现象，就是人的内心世界，常常交织着感性的欲望和道德观念之间的冲突。

道德活动的基本特征，大家想想，不就是用普遍的道德意识来评判、来裁决我们的感性情欲吗？什么是对，什么是错，我们应该怎么做，不应该怎么做，应该克服什么、保留什么，道心与人心、天理与人欲，从普遍意义上来讲，他确实看到了人类社会中社会整体利益与个人情欲冲突的矛盾。他要求用“天理”来克服“人欲”，用“道心”来主宰“人心”，用道德理性来限制个人的情欲，这虽然充满封建理学家的味道，也确实是自觉地承担起了社会道德调解的使命。

我讲这么多，是希望给大家介绍一下国学，而理学是国学中很重要的内容，程朱学派这一套比孔子讲的要完善得多、精细得多。为什么它能成为学派？最主要的是他创立了新学说，有学说才有学派。

核心是有学术倾向相近的代表人物

第二个特点就是，要以学术倾向相近的代表人物为核心，形成具有共同特点的学术群体。学术群体包括师生关系，老师带着学生研究形成学术群体。比如，程朱学派，朱熹和他的学生连续研究了很长时间。也可以是某种具有共同思想倾向的学者组成的学术群体，如法兰克福学派。法兰克福学派是 20 世纪西方马克思主义中最大的学派，代表人物很多，如霍克海默尔、阿多诺、马尔库塞、弗洛姆、本雅明等。他们不是主要以师生关系组成的，而是从 20 世纪 30 年代开始，在法兰克福大学建立了一个社会研究所，霍克海默尔当所长，这些人都是这里面的研究人员，他们在学术倾向上有共同的特征。

学术群体也不是随便形成的，必须有共同的学术倾向，如法兰克福学派，他们以“马克思主义的现代化者”自居，主张用存在主义、弗洛伊德主义、新黑格尔主义等解释和补充马克思主义，以对现代资本主义社会进行综合性研究和批判为主要任务，对现存的资本主义社会持批判立场。他们在一起创立了“社会批判理论”，代替主要属于近代哲学的传统理论等。由于这些原因他们在一起形成了学术群体。由于学派创立了新学说，而且都是有影响力的学术人物，所以学派形成之后在学术领域、在社会上都会产生了很大的影响。像程朱学派、法兰克福学派，其影响都非常深远。

对历史上传统的学派有了一个准确的把握，我们谈问题的时候就有一个考察的依据。

对“深圳学派”应作广义理解

现在回过头来看深圳学派。有一个问题，我们现在讲的“深圳学派”，既然用了“学派”这个词，你总得跟历史上的学派有一定联系，要借鉴一下历史上学派的形成特点。不然为什么要叫“学派”？虽然如此，但我们却不能完全按照上述传统学术派别的意义来理解“深圳学派”的含义。因为有个基本事实就是，传统上所说的学派都是在创立学说，形成学术群体，在历史上、社会上产生很大的影响之后，然后才有人作出历史的总结，并且得到公认，叫作某某学派。产生学派要有学问、有群体、有影响力。我们现在提出来的“深圳学派”不是这样的，它是作为学术发展的一种追求、一个目标，不是现在有“深圳学派”存在那里，我们去总结它，使它得到公认，而是需要我们努力去建设打造的学术发展目标。所以，对“深圳学派”的含义，不能仅仅从传统意义上去理解，要结合我们的实际目标和要求来理解。

今天提出“深圳学派”要干什么，总得有一个要求、目标。我的理解是，“深圳学派”的提出主要是为了使深圳的学术文化提升到一个新的水平，使深圳学术文化发展更有特色，更具有品位，更有影响力。从大目标、大格局来讲，是为了提升深圳城市文化整体发展水平。所以，我认为不要对“深圳学派”完全从传统学派意义上来理解它的含义，我们现在讲的学派的含义恐怕要广泛得多，包容性要大得多。“深圳学派”不限于一种学科、一种学说、一种观点，而是包含着多种学科、多种学说、多种观点；不限于某种研究内容、某种研究方法，而是必须拥有多种研究内容、多种研究方法；不限于学术上少数志同道合的人们形成的群体，而是包括深圳学者共同参与的具有深圳特色的各种学术研究群体。总之，我们不应该将“深圳学派”理解得太狭窄，不必对学派作狭义的理解，要从最广泛的意义上来理解。

从广义来理解建立“深圳学派”，就是要形成有深圳特色，有原创性、有影响力的深圳学术文化格局，凡是符合这种要求的深圳学术研究成果和研究群体，将来都可以纳入“深圳学派”。不要一开始就限定什么样的内容、什么样的研究方法才是“深圳学派”，这样不利于我们集思广益发展深圳学术。

从三方面推进“深圳学派”建设

现在讲第三个问题，建设“深圳学派”的基本要求。

“深圳学派”是深圳学术发展的目标，要实现目标需要长期坚持努力，不可能一蹴而就。当前需要明确建立“深圳学派”的基本要求，并且按照基本要求做好学术研究工作，特别是大力发展繁荣哲学社会科学。如果从未来“深圳学派”建设的目标来考虑，我觉得可以从三个方面推进“深圳学派”建设。

第一，形成深圳学术研究特点。一个城市文化应该有自己的特色，这样的城市文化才能够逐渐走向成熟。台湾著名学者龙应台10多年前任台北市首届文化局长，她非常重视台湾最宝贵的城市特质和文化特质，她首倡建立台北学，目的是建立具有台北城市特色的学术文化。我们现在要建立“深圳学派”，首先要考虑如何才能形成学术研究的特色，包括学科建设、研究方向、研究问题、研究内容、研究方法等方面都要逐步形成特色。这十几年来，深圳的学术研究比较注重中国的改革开放、比较关心特区创新的实践，在这个方面已经出现了有一定特色的研究成果，有一定特色的研究方向。应该在现有的基础上结合现实需要和实际条件，精心选择特色明显、优势明显的学科、学术方向和学术问题，进一步做大做强，形成集合效应。从现有的基础和发展需要来看，应用研究方面像经济特区研究、国际化城市研究、港澳和开放性经济研究、城市文化软实力研究等都可以形成有特色、有优势的研究方向。在基础研究方面可以考虑国学、美学、经济学、社会学等，从已有的研究成果来看，这些可以逐步形成有特色的学科。

第二，要形成具有原创性、创新性的理论、观点、学说，这是学派形成的基础，也是城市学术文化保持旺盛生命力和影响力的根本要求。现在深圳每年出版发表的社科研究成果数量不少，但是学术质量和水平不是很高，在全国产生较大影响的成果比较少，究其原因就是研究成果的原创性、创新性不足，而创新是学术文化的生命力所在。时代在前进，学术在发展，学术研究应该紧跟时代步伐，立足学术前沿，大力推进学科体系、学术观点、科研方法的创新。

创新有很多种，最重要的是原创性和独创性。我觉得深圳缺乏这种原创能力。什么是学术研究的原创能力？我举一个例子。广州学术文化还是很有名气的，主要是因为有一些学术大师，其中有中山大学教授陈寅恪，他是国学大师，过去学术界对他的评价是“近三百年来一人而已”。陈寅恪从事教学时说过：“前人讲过的我不讲，近人讲过的我不讲，外国人讲过的我不讲，我自己过去讲过的也不讲，现在只讲未曾有人讲过的。”被人归纳为“四不讲”，这就是学术原创，这是最宝贵的学术价值。我们现在要增强原创能力，要通过各种各样的办法来激发深圳学术的创作活力，包括实施哲学社会科学创新工程，建立学术创新扶持体制，完善学术评价和激励制度等，推出更多的原创性、创新型成果，这样谈“深圳学派”才有真正的基础。

第三，要形成有学术影响力的代表人物和学术群体。学派是以一些著名代表人物为核心发展起来的。一个城市的学术要有影响力，在学术上要有自己的带头人，有自己的代表人物，当然最好有自己的学术大师。上海、北京、广州这些城市因为有在国内外具有重要影响力的学术大师，使它们的城市在学术文化上达到很高的层次和水平。往往一个学术大师就能把一个城市的学术文化水平提升到很高的程度。比如，香港有位国内外著名的国学大师叫饶宗颐，他今年 95 岁了，原来是香港中文大学教授。他是顶尖的国学大师，国际上的汉学泰斗，国学所有的领域他几乎都涉猎了，他是著名的历史学家、古典文学家、语言学家、经学家、书法家，什么都精通，也是敦煌学家，他对中国的敦煌学建设具有开拓性的贡献。过去有一种说法叫作“北季南饶”。北京大学的季羡林也是国学大师，但是季羡林评价饶宗颐时说了这样的话：“近年来国内出现了各种各样的大师，而我季羡林心目中的大师就是饶宗颐。”这是大师评价大师。2010年温家宝总理在北京接见了饶宗颐，温总理见他的时候，称赞他学贯中西，集学术、艺术为一身。2011年李克强副总理访问香港，专门去香港大学见他。香港因为拥有这样一个非常重要的国学大师、学术大师，世人再也不敢轻视香港的学术文化，香港因而有了学术文化盛名。著名文化学者余秋雨对香港人说了这样的话：“香港有了饶宗颐，就不能说是文化沙漠。”学术代表人物和学术名人是城市的学术名片，现在深圳还没有这样的学术大师，在国内学术界有较大影响力的学术代表人物也不多，这也是深圳学术影响力不够大的一个原因。所以，建设“深圳学派”首先要有自己的学术代表人物，要采取引进和培养相结合的各种有力措施，大力培养学术带头人、学术领军人物，形成学术梯队和研究群体，营造优良的学术环境和研究条件，让优秀学术人才脱颖而出。

学术人员要想自己成才，也要为自己创造条件。我认为现在最重要的一点是要克服浮躁心态。中国当代学术界的浮躁心态非常值得关注。主要是急功近利、急于求成，总想投机取巧，走捷径搞学问，这种影响很不好。研究人员要想成才，一定要克服这种浮躁心态，克服急功近利，要笃定志向、心无旁骛、潜心治学、勇于攀登，这样才能成才。我们要牢记马克思的名言：“在科学上没有平坦的大道，只有不畏劳苦沿着陡峭山路攀登的人，才有希望达到光辉的顶点。”我就讲到这里，谢谢大家。

城市文化品位与“深圳学派”构建

吴俊忠

吴俊忠

深圳大学教授，硕士生导师。历任深圳大学党委宣传部副部长、文学院党委书记、社会科学处处长、比较文学与比较文化研究所副所长、城市文化研究所所长等职。长期从事文学与文化研究，先后出版过《俄苏文学通观》《文学鉴赏论》《深圳文化三十年》等专著；在《学术研究》《外国文学》《俄罗斯文艺》《北京大学学报》等权威刊物发表论文数十篇。

前不久，深圳市深入实施文化立市战略、建设文化强市工作会议召开，此次会议上提出深圳要大力繁荣发展哲学社会科学，打造“深圳学派”，形成具有全球视野、中国气派、深圳特色的研究群体。

这三个概念的内涵是什么？我们说它不是一句简单的口号，它是对深圳未来形成学派的风格预定，简单讲，在深圳形成的学派，和其他城市的学派应该有所不同。那么，这个学派是怎样形成的？这就要放在当下国际化的大背景下去认识它。

这个话题的国际化背景

上个月发布的《深圳市哲学社会科学“十二五”发展规划纲要》也明确指出：要在若干学科领域形成在全国有一定影响的“深圳学派”，努力使深圳哲学社会科学发展水平与经济社会发展水平相适应，建设成为学术强市。这是深圳发展到目前这个历史阶段，开始高度重视学术文化发展的战略决策。当然，要实现这个战略目标，我们还有很长的路要走。打造“深圳学派”，并不仅仅是少数专家学者的事情，与市民大众也密切相关，我们可以从下面两个角度来分析。

第一，我们都希望生活在高度文明的城市里，但是一个城市的文明离不开思想深刻的学者群体。我先给大家讲一个故事。第二次世界大战期间，德国人攻击苏联，当打到俄国古典作家契诃夫老家的时候，德国人专门避开了契诃夫的故居，不许任何人损害它。一个作家在战争时期竟然能够产生这么大的影响。同样，高品位的文化学者产生的影响也是如此。英国思想家克莱夫·贝尔曾说过：一个高度文明的地区或社会，需要有一批能经常提出新思想的学者和思想家，他们提出的新思想能解决人们的困惑，引领社会的发展。这段话讲得非常深刻。我再举一个例子来说明这个观点。台湾著名哲学家蒋勋曾经解读过汉字当中繁忙的“忙”字，他说，“忙”就是“‘忄’加一个‘死亡’的‘亡’，如果一个人一天到晚只是为了名利而忙，不懂得享受生活，实际上他就是心灵死亡的人”。这句话影响了很多人的人生观和价值观。所以学者思想能够引领社会，化解人的困惑。一个阿拉伯诗人曾说过，“即便你是奔着一个远大的目标，但你千万不要忘记，你现在走的每一步路都是生活”。这就是说，不能光活在目标当中，要活在当下，要过好每一天。就因这么一句话，后来我的学员专门发表了文章，就此写了一段很长的感想。所以说，学者的思想能够引领社会前进，化解人们的困惑。德国学者费希特也说过：学者的真正使命是高度注视人类一般的实际发展进程，并经常促进这种发展进程。学者应当用心观察其他阶层取得的进步，并推动其他阶层进步。这话的意思是什么呢？就是说，这个社会是不是文明进步，跟学者的使命有着很大的关系。

第二，我们都希望自己所在的城市，有较高的文化品位，但这个文化品位的高低在很大程度上，是以学术文化的发展状况和有无自身独有的学派为标志的。台湾有个女作家在她的散文里写道，“衡量一个女人品位高不高，只有一个标准，就看她嫁了一个什么样的老公，她如果嫁给一个很铜臭的，没有文化只有钱的，说明她品位不高”。那么衡量一座城市的品位高不高，当然有很多理论，简单来讲，就是生活在这个城市的人，如果没有一种充分意义上的典雅、舒适、文明的感觉，那就说明这个城市的品位不高。北京、上海的学术文化有比较深厚的积累，都形成了富有特色的学派，通常称为“京派”和“海派”。因此，北京、上海的城市文化品位就比较高，得到世人的广泛认同。如果若干年以后，深圳有了“深圳学派”，那时人家看深圳的眼光自然也就不一样了。

什么是深圳学派

鉴于上述情况，今天我们一起来探讨一下“深圳学派”与深圳城市文化品位的关系问题。为了在短时间内能把问题说清楚，我集中讲三个方面。

第一，什么是学派？“深圳学派”跟传统的学派有什么不同？

第二，为什么要呼唤和构建深圳学派？

第三，在深圳形成学派有哪些基本条件？怎样推进“深圳学派”的形成与发展？

什么是学派？如果我们要给它下定义，可以这么讲：所谓学派就是由一批学术思想、学术风格相近的学者组成的学术群体。学术思想大家好理解。什么叫学术风格呢？比如说，有这么十个八个学者，他们的批判意识特别强，他们所关注的是社会存在的问题，提出不同的看法，发出不同的声音，这就成为这个学派所特有的风格，所以这就叫学术风格相近。

在中外学术思想史上，学派主要有三种类型。一种叫“师承性学派”。有一个著名学者带领他的一帮弟子，甚至几代传人，然后围绕某一个方面的问题来展开研究，久而久之就形成一种特色、一种传统，然后就形成了学派，这叫“师承性学派”。例如，中国历史上的“程朱学派”，南宋时期的朱熹，也是这个学派的传人，是第四代弟子。还有法国历史上的“拉康学派”等。

第二种学派，叫地域性学派，即某一地域（国家、城市）因研究对象特色鲜明和学术传统而形成的“地域性学派”，如中国历史上的“扬州学派”“常州学派”，外国历史上的“维也纳学派”“法兰克福学派”等。扬州能够形成学派，有两个方面的原因，第一，扬州经济发达，它有学派产生的较好的社会物质基础；第二，扬州崇尚读书的风气特别浓，读书人受到尊重，也就是说学者有充分的活动空间，学术思想非常活跃，这样一来在扬州就产生了扬州学派。我们应该对深圳能够形成学派增强信心，既然历史上的扬州可以形成学派，为什么当今的深圳不能形成学派？深圳经济很发达，深圳毗邻港澳特别行政区，人们的思想很开放，我们完全具有当年扬州学派形成的条件。

第三种类型叫问题性学派。有一批学者，他们研究的问题比较集中，而且研究成果也都是这个系列的，久而久之就形成某个方面的研究学派。最有代表性的就是法国学术史上的百科全书派，异地学者上百号人，大家集中起来编百科全书，涵盖了历史、哲学等各个方面的学科，这个百科全书派实际上突出的就是某种相关问题的研究。还有英美历史上的“新批评派”等。

从理论上讲，一个学派的形成通常有一些突出标志，可以简称为“五个有”：①有学术思想的核心代表人物，以及围绕这些代表人物而形成的学术思想群体；②学术群体有相似的学术精神，形成特色鲜明的学术风格；③学术群体的研究方法有一定的相似性，创新特征比较鲜明；④有一批在相似的学术信仰和学术思想倾向基础上产生的学术成果；⑤学术群体有特定的依托空间和学术文化氛围。

深圳学派跟传统学派有什么不同

深圳官方文件将“深圳学派”定位在三个关键词上：全球视野、中国气派、深圳特色。“深圳学派”形成之前，我们已经给它的学术风格和文化特征作了一种预定，起码的特征是这三个词。那么，它的内涵是什么呢？我以为，提出这三方面要求，是对未来“深圳学派”的文化态度和文化特征的自觉认知，体现出一种认识文化现状与文化发展趋势的高度的文化自觉意识。这也是在“深圳学派”形成之前就对它的文化特征作了一个预定，其实质是告诉世人：“深圳学派”是一个放眼世界、立足中国、彰显深圳特色的现代文化学派。“深圳学派”对改革开放有着深厚感情，把理论创新和文化创新视为自己的神圣使命。

我们可以想象，如果没有规律性，关于学派的这种想象就缺乏依据，人们就会产生怀疑。对于“全球视野”和“中国气派”，还可以从大师形成的历史文化背景和规律来看。我们现在所说的大师，通常是对五四新文化运动以后出现的一批著名专家学者的褒誉。在科学技术方面有原子弹和导弹专家钱学森等，在建筑学方面有建筑大师梁思成等，在艺术方面有著名画家徐悲鸿等，在人文学科方面有胡适、林语堂、陈寅恪、钱钟书、季羡林等一批著名学者。上述这些大师，无论是什么学科背景，都有一个共同点，那就是都有在国外留学的经历，都学贯中西。他们都生活在中国正在发生变革的时期，都有忧国忧民的文化情怀，都有博大精深的学问，因此他们那种世界视野或者叫国际视野或者叫全球视野，是自然形成的，因为他们本来就在国外待了好多年。他们的“中国气派”是怎么形成的呢？他们没有照搬外国的东西，也没有沉溺和享受外国比较好的物质生活，而是关心民族兴亡，关心国家富强，把他们在国外学到的东西拿回来为我所用，解决我们国家面临的现实问题，由此形成了“中国气派”。所以，从大师形成的历史文化背景和规律来看，提出全球视野、中国气派是非常有必要的，更何况我们现在正处在一个全球化的大背景之下。

我们现在这样一种学派，如果形成了，跟以前比，还有一些不同，需要引起我们重视，那就是如何推动国家富强、民族振兴的问题。现在的学者，处在现代化建设快速推进的过程中，他们所想的，很坦率地讲，恐怕主要不是忧国忧民，而是强国振兴，怎样使国家富强，怎样使民族振兴。在这种情况下，如果没有全球视野，夜郎自大，就不能提出对这个国家发展真正有效的、能够推动国家富强的思想或建议。另外，中国在现代化进程当中存在的问题也不少。现在的学者应该把国际上的经验学过来，为我所用，解决我们国家在发展进程中所面临的现实问题，这就叫中国气派。

什么叫深圳特色呢？深圳的学者是伴随着深圳改革开放的历史进程，逐步发展壮大起来的，深圳学者群体深刻感受到改革开放的文化氛围——思想解放，对改革开放有深厚感情，学术视野宽广，应该是“深圳学派”的基本特征，所以它必然会具有深圳特色。以上我们分析的是什么叫全球视野，什么叫中国气派，什么叫深圳特色。

深圳学派的五个特色

我个人认为，“深圳学派”的特征，或者说“深圳学派”与传统学派的区别，主要表现为以下五个方面的不同。

(1)“深圳学派”不是一般意义上的学术流派，它在中国改革开放的历史进程中应运而生，客观上担负着探索和总结研究改革发展的理论与实践的历史使命。它是以改革创新为核心的时代精神的表达者和激扬者。深圳特区的改革创新催生了全新的十大观念，而十大观念又成为时代精神的生动载体，成为深圳学派的重要思想资源。

（2）“深圳学派”的研究对象不是局限于一国、一城、一地，而是在全球化背景下，密切关注国际学术前沿问题，并把中国尤其是深圳的改革发展置于人类社会变革和文化变迁的大背景下加以研究，具有宽广的国际视野和鲜明的民族特色。它的研究方向是指向当下和未来，需要阐述和回答的是中国改革发展的现实问题。一句话，“深圳学派”要为中国改革开放的伟大实践立论、立言，要结合深圳改革创新发展的具体实际，对马克思主义中国化的最新成果作出新的富有特色的理论阐述。

（3）“深圳学派”在中国学术文化的大空间中，本质上是后来者或后发者，它的努力方向是力争后来居上。它以理论创新为基本学术追求，以弘扬和表达时代精神为己任，有着明确的文化理念和价值追求。它不会局限于某一学科领域的考据和考证，而是要充分利用和发挥深圳多学科人才集聚的客观优势，打破学科分类的界限，综合应用各学科的理论和研究方法，多视角、多维度、全方位地研究改革发展中的现实问题。

（4）“深圳学派”不是一般地在学术研究方面标新立异，也不会跟在别人后面，重复别人的研究课题和学术话语，而是要以改革创新实践中的现实问题研究作为理论创新的立足点，作出特色鲜明的理论表述，发出与众不同的声音，充分展现特区学者的理论勇气和思想活力。

（5）“深圳学派”依托的是地处改革开放前沿的深圳特区，有着得天独厚的文化环境和文化氛围。改革创新、先行先试、敢为天下先是深圳这座先锋城市的基本文化氛围。深圳不仅彰显出突出的文化创新功能，而且已经初步形成了创新型、力量型和智慧型的新型文化。学术文化发展虽然在整体上仍然相对滞后，但也充满着发愤图强、蓄势待发的蓬勃朝气，许多学者正致力于重大现实问题的攻关研究，并已受到学界的关注。这样的文化环境和学术氛围，势必对“深圳学派”的形成和发展产生重要的激励作用。

历史使命要求深圳形成学派

第二个大问题，为什么要呼唤和构建“深圳学派”?

第一，新形势下深圳特区的功能地位与文化使命，要求形成与发展“深圳学派”。那么，具有什么历史使命呢？党中央明确指出：新形势下特区还要“特”，要继续当好改革开放的“窗口”和“试验场”，努力当好推动科学发展、促进社会和谐的排头兵。胡锦涛总书记在深圳特区建立30周年纪念大会上的讲话中强调：经济特区要“在改革开放和社会主义现代化建设中取得新进展、实现新突破、迈上新台阶”，他在2010年视察深圳时，要求深圳争当全国文化产业发展的领头羊。这就必然引出一个问题，深圳不但要经济发展快，社会和谐，同时要能够不断地推出新的思想、新的理论、新的文化。要能够把深圳所做的事情，放在中国改革创新的大背景下，及时加以总结、提炼，形成新的理论。这就需要有一批学者组成深圳学派。所以改革开放这样的历史使命要求深圳要形成学派。

到现在为止，就深圳整体而言，应该说理论落后于实践。深圳的改革开放取得了非常大的成就，温家宝总理、胡锦涛总书记，都讲过同一句话，说深圳创造了世界工业化、现代化、城市化史上的奇迹，但是我们在理论研究上远远没达到这样的高度。甚至我们有时候还请北京、上海、广州的学者来给我们搞研究，做总结材料，给我们搞规划，这本身就说明深圳还缺乏这样一个坚强有力的深圳学派。

第二，深圳城市发展的基本定位呼唤“深圳学派”。换句话说，高品位的文化城市呼唤“深圳学派”。大家经常看报纸，到现在为止，我理了一下，关于我们的城市定位，已经有以下六种说法。①建设高品位文化城市；②建设现代化、国际化、先进城市；③建设现代国际文化名城；④建设国家创新型城市；⑤打造中国经济中心城市；

⑥建设中国特色社会主义示范市。这六种说法归纳到一点，就是要把深圳建设成为高品位的文化强市。

提高一个城市的文化品位，要让生活在这个城市里的人有典雅、文明、舒适的感觉，我们现在与这样的标准还有一定的差距。早在20世纪90年代后期，深圳现在的市委常委王京生同志，当时还是市文化局局长，他就归纳说，高品位文化城市应该有以下“七个高”。一是市民的整体文化素养和文明程度高；二是代表城市文化的标志性文化设施档次高；三是文艺精品和优秀艺术人才的产量高；四是文化产业占国民生产总值的比例高；五是市民享受文化权利的程度高；六是公共文化行政体制运作效率高；七是在借鉴世界先进文化的同时，中华民族的传统文化在国际上的威望高。当年王京生先生归纳这七条的时候，表面上看没有讲学术文化，但实际上跟学术文化有密切的关系。因为文化修养、文明程度离不开学术文化。深圳市社科院前院长彭立勋教授和另外两位年轻的博士尹昌龙和黄士芳在一篇论文当中，曾经对高品位文化城市有这样的表述：“城市文化品位高不高，主要体现在市民的文明素质、城市景观的风格和内涵、社会科学成果的学术含量、文学艺术作品的美学含量、经济活动的文化含量、社会政治活动的科学化和规范化程度等方面。”他们的这种说法专门强调了社会科学成果的学术含量，在座的许多听众都不是专门搞学术研究的，我把这个问题稍微说得通俗一点。学术不是高不可攀的，学术同样可以跟我们的生活密切相关。现在很多人经常说，我们口袋里不缺钱，但是感觉不是很幸福，或者叫幸福感不强。为什么我们的幸福感不强？怎么来增强我们的幸福感？这都是学术研究应该关注、回答的问题。也就是说，学术文化品位高，城市市民的整体素养必然相应地也高，因为在市民的谈吐当中，所显示出来的文化素养不同。为什么说一到北京，上了出租车，司机跟你谈的都是国家大事，一到海南，司机跟你谈的都是酒店管理，为什么呢？说明这个城市的学术文化品位和涵养是不一样的。

如果要用理论话语来表述一下，我归纳了这样一句话：学术文化是衡量一个城市文化品位高不高的重要标志，它体现的是什么呢？是人的生存环境、生存状态、价值观念、精神境界、理想追求的科学探索和科学表达，它是文化之塔的“塔尖”。一座城市，如果没有高层次的学术文化，它就没有资格跟国际先进城市对话，它也很难称得上是高品位的国际化文化城市。我跟大家讲个真实的故事。2007 年 8 月，我作为深圳大学的一名处长，跟我们的校领导到德国的科隆大学访问。科隆大学是非常有名的，对方说：你们来自哪里？我们说中国深圳的深圳大学，对方摇摇头，“对不起，不知道，我们只知道香港”，当时我们脸都红了。2007 年，德国科隆大学的学者竟然只知道有香港，不知道有深圳。我们在深圳举办大运会，我举双手赞成。什么叫国际化？156 个国家的代表一来，你的城市自然就国际化了。如果我们有誉满世界的学术大师，人家大概不会说“我不知道深圳了”。所以说文化品位高不高，这是一个现实的话题。从这个意义上来讲，打造深圳学派不是一种时髦，也不是领导层为了追求什么政绩，而是城市发展自身的需要，是老百姓和广大专家学者共同的期望。

第三，深圳文化结构的完善和更新，要求打造和形成“深圳学派”。什么叫文化结构？我们所说的大众文化、精英文化、通俗文化、学术文化、艺术文化，各种文化元素放在一起，组成一个内在的结构，叫文化结构。但是在这个结构里头，学术文化的比重大不大，就体现出文化结构是不是好。如果说我们的通俗文化、消费文化占的比重很大，学术文化占的比重很小，说明我们这个文化结构不够优良，对不对？有专家认为，“深圳客观存在的大众文化过于强势，精英文化不突出，学术文化相对滞后，商业气息过于浓厚，价值取向偏于务实等文化现象，反映出深圳的文化结构不够完善，文化生态有所失衡，文化的整体品位不高，韵味不足，必须切实尽快加以改变”。其中尤为突出的是，学术文化发展滞后的现象，已经影响到深圳的文化形象，不能适应深圳的快速发展和所担负的历史使命。因此，必须努力完善和更新深圳的文化结构，花大力气加快学术文化发展，抓紧打造“深圳学派”，使之成为深圳学术文化发展的着力点和鲜明标志。只有这样，才能切实改变文化生态的失衡现象，才能使深圳的文化形象更好，赢得更多的理解、赞誉和尊重。

打造深圳学派是文化自觉

按照深圳文化现在的基本结构和状况，深圳市委市政府号召也好，学者呼应也好，提出要打造深圳学派，实际上是一种高层次的文化自觉。大家意识到深圳到了这个阶段，再不加强学术文化建设，打造学术流派，那么这个城市总有一天，就像人长个子一样，长到一定程度就不长了，本来应该长到一米八〇，长到一米六八他就长不上去了，因为他缺少一种生长激素，缺乏学术文化。从这个意义上讲，我们加强学术文化建设，对这个城市整体的发展是必不可少的，是非常需要的。我们要有满腔的热情，大力支持市委市政府加强学术文化建设的决定。

前面我们讲了两个问题，一个讲什么是“深圳学派”，第二个讲为什么要呼唤“深圳学派”。下面讲最后一个问题：要在深圳形成学派，现有哪些基本条件，也就是说，“深圳学派”能不能形成？这个问题非常现实。

1996 年，著名文化学者余秋雨先生应聘为深圳特区文化研究中心名誉主任来深圳参加会议，时任深圳市文化局局长的王京生到宾馆看望余秋雨，在长谈中激发出关于深圳能否形成学派的文化畅想。第二天，在特区文化研究中心的座谈会上，余秋雨一下子说出了深圳有可能形成学派的三点理由。第一，深圳具备最容易产生学派的条件，特别是人际关系的平等和单纯，能够促成学派发展所需要的民主讨论的气氛。余秋雨先生是有感而发的，我曾经听过他的报告，他说深圳有一个非常好的现象，没有学阀也没有学霸，深圳学者可以自如地表达自己的思想。他说，在上海，你要想讲点什么，对不起，你先去拜访某个“老”，如果你不去拜访某个“老”，你就是目中无人，在深圳不需要这样。这里的人际关系平等单纯，有学派形成的讨论的气氛，这是深圳所特有的。第二，深圳文化是中国文化处于转型期的地域性亮点，能够避免内地文化发展所出现的黏滞状态，并能创出新兴学派充满活力的成长机制。什么叫黏滞状态呢？内地有些人对中国传统文化的完全继承不以为然，如果说反对好像也不是，如同鸡肋，“食之无味，弃之可惜”，对现代文化也不完全认同，这就叫黏滞状态。但是深圳不会这样，因为深圳传统文化的根基比较浅，没有包袱，有利于新兴学派形成及成长。第三，深圳文化发展的区位优势，使它有可能成为贯通内陆与海外的中华文化的“桥头堡”，而正是凭借桥头堡的集散功能，使塑造学派的思想得到强劲有力的传播。余秋雨的观点，被王京生称为“穿透深圳轻浮浮躁风气”的“空谷足音”。时过一年，即1997年，王京生在《深圳商报》发表长篇文章《从百家争鸣到深圳学派》，这是深圳媒体首次出现主管领导谈深圳学派的观点。我们注意到，王京生当时谈“深圳学派”只是表达一种文化情怀和文化理想，他在文章中充满激情地写道：“学派的吁求，体现出深圳文化发展到一定阶段要求自我认识、自我激励的学术自觉。”“‘深圳学派’的可否形成，它的文化态度、研究方法是怎样的特征，现在谈论还为时过早，它的目标将存在于一个更高远的未来。然而，当我们回到深圳当下的情景中时，就会发现一系列被称为‘萌芽’的东西，而就是它们，是未来学派形成的弥足珍贵的资源。”“无论是就‘深圳学派’的设想而言，还是就想象中的‘深圳学派’而言，作为学术声音或学术群体，都暗示着问学求道的真谛。更何况这已经响起的声音和可能出现的群体，会使我们生活的这座城市、这个家园，存有面向未来、面向世界的长久魅力。”

对深圳不能形成学派的回应

我们在这里也说说反方的观点。

到现在为止，认为深圳不能形成学派，或者说不赞成深圳打造学派的人，他们有什么观点呢？可以归纳为“四个缺乏”。一是缺乏大师，深圳没有大师，难成学派；二是缺乏学术带头人，凝聚力不足，难成学派；三是缺乏研究基础，根基不厚，难成学派；四是缺乏学术阵地，包括学院、杂志等，平台不足，难成学派。我个人认为，深圳的实际情况并非如此。下面我讲我的理由。

一些人总觉得深圳缺乏大师，因而难以形成学派。对于这个问题要客观、辩证、全面地看。第一，深圳缺乏重量级的学术大师这是一个客观事实，但是，我国学术界现在的基本状态是“大师稀缺、中师领军、小师当家”。环顾当今中国，像钱钟书、季羡林这一类从20世纪走来的学贯中西的学术大师，大多已经故去。目前70多岁，在学界有很高威望的领军学者，也已经为数不多，而且深圳就有这一类学者存在，如中国文艺美学学科的创始人胡经之教授，我国西方美学研究的代表学者彭立勋教授等。现在，在国内学术界挑大梁的学术带头人，主要是40多岁到60多岁这一批中青年学者。而在这一批学者中，深圳就有一定数量的代表人物，他们的学术水平和学术地位被学界所公认，他们可以与国内著名学者平等对话。大家可能知道，一说到北京，就会想起钱理群、王岳川、彭林、李德顺等学者，一提到上海，就会想起朱学勤、钱文忠、葛剑雄、葛兆光、许纪霖等学者。其实，我们深圳也不乏这个层次的知名学者。深圳至少可以排出三十多位，能跟国内学术界平等对话的中师、小师。第二，所谓学科的学术领头人，他有较高的学术地位，能够聚集一批人，有凝聚力。像这样的学术带头人，光深圳大学就可以报出10～20个，我做过深圳大学的科研处长，我对这批学者都非常熟悉，所以深圳并不缺乏学术带头人。第三，深圳有一批在国内有影响的研究机构，承担了相当大数量的国家重点研究课题，这就是研究基础。深圳大学有个中国经济特区研究中心，这是当今中国唯一一家由教育部和广东省共同管理的省级研究机构。深圳大学当代中国政治研究所，是中国当代政治研究有代表性的五家重点机构之一，中组部的许多研究课题都是这个机构完成的，获得了好几次大奖。深圳大学还有港澳基本法研究中心，因为我们毗邻港澳，全国人大港澳基本法委员会委托这个研究机构已经完成了19项研究项目，在全国产生了非常大的影响。深圳市还有特区文化研究中心，就在原来老特区报社对面，别看那个地方房子不怎么大，但这个机构很有影响力，它是文化部和深圳市共同举办的研究机构，现在是文化部对外贸易文化研究基地，对深圳的文化建设产生了非常大的影响和作用。

我们再从学者的亮点来讲，简单介绍几位学者，大家了解一下。深圳大学教授吕元礼只有40多岁，研究新加坡问题，他写了一本书——《新加坡为什么能》，谈新加坡一党执政为什么可以防止腐败、保持活力，新加坡总理李显龙亲自为他写序言。2010年4月，中组部部长李源潮访问新加坡前夕，专门调阅10套《新加坡为什么能》，供中组部领导和相关人员阅读。中组部还将该书列为“现代化城市领导者专题研究班”指定读物。深圳大学郁龙余教授是研究印度文化的学者，写了一本书——《梵典与华章》，“梵典”就是梵文，是指印度，“华章”就是中国，温家宝总理看到以后，非常重视，后来温家宝跟印度总理会谈的时候，就以这本书为例，说明中印文化关系源远流长。这说明深圳并不缺少在国内有影响的学者，也并不缺少在国内有影响的研究机构，我们有较好的研究基础。

是否缺乏学术阵地？简单来讲，就是高层次学术刊物少，研究学院少，我带来两本杂志给大家看一下，一本叫《深圳大学学报》，是深圳市目前唯一一份档次较高的学术刊物，另一本是深圳市委党校办的刊物，叫《特区实践与理论》，它在学术地位上比《深圳大学学报》稍微低一点。我们必须承认，虽然我们还有《南方论丛》《文化深圳》这样一些内部刊物，但对一个学派来讲，仅有这样的东西，应该是不够的。所以我刚才讲，那些人讲的四个缺乏，对第四个缺乏，我是认同的，我们高档次的学术刊物确实不够，高档次的学术研究院也不够。比如说深圳市社会科学院，它是深圳社科联发展起来的社会科学组织机构，它本身队伍并不大。深圳综合开发研究院是国务院在深圳办的，但是他们主要是搞应用问题研究，在人文科学方面起的作用不大，我们应该加强。

既然我们讲学派，学派是什么？是学术群体，我们可以打一个形象的比方，一个大老虎带着几十个小老虎围成一圈，大老虎是大师，是学术带头人，小老虎是中师、小师，是学术骨干，他们凝聚在一起，这就形成了学术群体。现在的问题是，深圳有没有这样的大老虎带着几十个小老虎的情况？我说有。光深圳大学就有几个亮点，苏东斌教授是很有影响的经济学者，在他的周围围绕着一批人，形成了“改革开放和市场经济研究”这样的学术群体。黄卫平教授是搞中国政治研究的，在他的周围形成了“政治文化以及政治体制改革研究”群体。李凤亮教授是深圳大学的副校长，在他的周围形成了一个“城市文化和文化产业研究”的学术群体。陶一桃教授是深圳大学党委副书记，在她的周围形成了“经济特区和改革开放研究”的学术群体。在市委党校还有其他高校也有这样的群体，我在这里不展开来讲。也就是说，我们不仅仅有一批杰出的学者，而且围绕这批学者形成了一批能够成为将来学派发展基础的学术群体，这是非常可喜可贺的，也是我们现在能够大胆自信地提出建构深圳学派一个基本的条件。

市委市政府大力支持学术文化

一个地方的学术文化发展离不开地方党委和政府的支持。深圳市委市政府对学术文化的发展是怎么支持和重视的呢？我做了些研究，在以下三个方面比较突出。

第一，大力发展高等教育，搭建高层次学术平台。教育部批准的南方科技大学正式招生，深圳创建南方科技大学，包括以前创办深圳高等职业技术学院、深圳信息技术学院等，都是深圳重视高等教育，重视学术文化的重要体现。第二，积极引进高层次学术研究人才，打造高水平的学术群体。深圳大学和深圳市其他研究机构，这几年引进了一批高层次的学术带头人。深圳有个计划叫孔雀计划，借用“孔雀东南飞”的寓意，就是招引人才。在这样的计划项目下，引进了一批非常有影响的学术带头人。第三，启动“鹏城学者”计划，促进重点学科和学术文化的快速发展。我们国家有鼓励培养高层次学者的“长江学者计划”，广东也相应地有“珠江学者计划”，深圳为了推动学术文化发展，促进深圳学派的形成，于 2007 年 7 月出台了《深圳市高等学校鹏城学者计划实施办法〈试行〉》，该办法规定，由市政府财政专项经费支持，在深圳的全日制高等学校设立 60 个“鹏城学者”特聘教授岗位，聘请国内外著名教授和学科带头人，年薪在 50 万 ~60 万元，以促进深圳市重点学科和学术文化的快速发展。

没有市委市政府的重视和支持，学派建成是不可能的。

如果说我们现在要加快“深圳学派”形成的过程，争取在若干年以后能够形成，我们要做些什么？我觉得我们要做好以下六个方面的工作。

第一，有针对性地引进高水平学科带头人和跨学科文化学者，力争在今后几年内形成若干个新的学术群体。缺少哪个方面的就引进哪个方面的。不是说是院士就一定要引进，也不是说这个人在海外有影响就一定要引进，如果他到了我们这里不适合，没有平台他不能发挥作用。我们也不能引进。我们需要什么样的学者就引进什么样的，要增强针对性。形成“深圳学派”需要的是什么人才？既要有专科方面的人才，更需要复合型的跨学科人才。

第二，实施“中师、小师提升工程”，选派有实力和发展潜力的深圳中青年学者出国进修。这方面五年就能见效。有实力的中青年学者到国外后过三五年再回来，他们就是非常重量级的学术带头人，见效快，花钱也不多，应该做这方面的工作。

第三，创建高水平学术刊物，打造更高层次的学术展示和学术交流平台。创建新的学术刊物，名称可以叫“深圳学刊”，刊物名称打出去非常响亮。每个月出一期，每期都有几篇非常有水平的文章，三五年下来影响就非常大。当年国内那些学派的形成，就是有一个好杂志，然后各种思想在这里交流，很快这个学派的影响就扩展开来了。

第四，加强与港澳台和国外高校与科研机构的合作和联系。我们距离香港这么近，但是我们在这方面做得很不够。我做了一些调研，内地高校的著名学者被香港请去做访问学者，长期在那里教学的，人数不少，但深圳几所大学被请去的却很少。原因之一可能是我们重视不够，推荐不够，主动联系不够，这方面也是非常重要的。

第五，加强对深圳学者的推荐和宣传。文艺明星要包装，学者在一定意义上也需要包装。现在是信息社会。以前说“酒好不怕巷子深”，但是现在酒好也要端出来，让人家品尝一下，大学才知道酒好，如果始终放在巷子深处人们就不知道，这还是不行。深圳有一批学者，宣传推荐不够，他们的成果，他们的学术影响不大，跟我们工作不到位有关系，所以应该加强深圳学者的推荐和宣传。

第六，进一步加大政府支持力度，加大对学术文化建设的经费投入。理工科一个项目几百万元，这些钱拿到文科方面，可以解决很大的问题。建议在深圳宣传文化基金里专门搞一个单项，叫学术文化发展基金。每年保证有一定数量的钱用于学术文化发展，落到实处。出国进修，办杂志，学术交流都得花钱，政府在这方面加大投入是非常必要的。讲了这么多建设“深圳学派”的建议，好像都是理论层面的，我本身是搞文学的，我用文学语言在这里来抒情一把。

我们说深圳学派，它不仅是深圳学者和深圳市民的向往和追求，它更是中国学术发展的新的亮点。文化深圳呼唤“深圳学派”，华夏大地期望“深圳学派”。总之，我们谈论“深圳学派”，既是表达一种文化理想和文化追求，也是抒发一种文化情怀。我们不急于求成，但我们对于“深圳学派”的形成充满信心。这可以用毛泽东当年形容中国革命胜利即将到来的那一段话来比喻：

> 它是“站在高山之巅，已见喷薄欲出的一轮红日，它是遥望海中已见桅杆尖顶的一艘航船，它是躁动于母腹之中快要成熟了的一个婴儿”。

我想用这段话来比喻我们将来形成的“深圳学派”是最贴切不过的。因此，我们在这里可以充满信心地说，在深圳打造“深圳学派”虽然需要一个过程，但是我们完全有理由、有信心相信，“深圳学派”一定能够形成。我们不急于求成，但我们要努力推进，这是深圳文化建设的当务之急，是我们大家共同的事业，让我们大家一起努力吧，相信深圳的明天一定更美好！

城市的故事

陈可石

陈可石

北京大学城市规划与设计学院副院长，城市设计方向学科带头人，博士生导师。担任在建的珠海歌剧院的首创设计师，西藏林芝鲁朗国际旅游小镇、中山市辛亥革命纪念园、翠亨国际旅游小镇、佛山名镇等工程项目的总设计师，主持完成的“汶川新城水磨镇”获得国内外多项大奖。

我大学本科攻读的是建筑学专业，后来读硕士研究生时改学建筑历史，主要是中国建筑史。后来在英国爱丁堡大学读博士，选修了艺术史，主要研究古典希腊宗教、艺术、建筑，重点是公元前 460 到公元前 450 年这十年古希腊的宗教、艺术、建筑。在博士生期间，我有机会在欧洲很多城市旅行，旅行中又改变了我的想法，感觉欧洲城市和中国城市有很大的差别，这种意识指导我之后选择做城市设计工作。

以普世价值观看待城市发展

毕业之后我主要在东南亚从事一些项目的管理、设计工作，也经历了东南亚很多国家城市发展的过程。过去的十年里，我有机会参加了国内的城市设计、策划，有很多的感悟。最近我有幸接触深圳市政府的课题研究，研究深圳文化产业和前海的发展，结合这个课题我也作了一些研究。今天我就“城市的故事”这个主题和大家作一些探讨。

依我看，城市设计和很多城市相关的工作都有一个目标，就是我们工作的价值——可以创造城市的物质财富和精神财富，这是我们工作的目标。实际上我们也是在创造城市的总体财富，这个观念非常重要。当我们从事的工作是在为城市创造巨大财富的时候，我们对城市的贡献非常大，我想从这个角度来理解人才培养、工作的意义。我经常想，如果以普通的思维能够把一个项目做到100亿规模的话，那么我就一定努力做到200个亿的规模，这是我对从事城市设计工作的理解。

另外一个理解就是关于价值的判断标准。现在的城市经历了快速发展的过程，整个城市在变迁的过程当中人们可能会对它产生很多不同的价值观。我觉得城市跟人一样，有它的运行轨迹和福气，也有它自己的目标，有高峰，也有衰落。判断一个城市的价值标准主要是时间和普世价值观。什么是时间概念？实际上是把一个城市放在人类历史的长河当中，有很多城市在某一个阶段抓住了一个机会，这个城市就会变成很有价值的城市。例如，伦敦、纽约在整个工业革命时代它们抓住了机会，伦敦直到今天也紧紧抓着这个机会。在北美，纽约也非常智慧地抓住了这个机会。所以时间是检验价值很重要的一方面。从城市来讲，我们要努力抓住发展的机会。有很多城市由于失去了这个机会，就永远不会有机会了。

关于普世价值观很重要，因为我们国家反反复复经历了很多价值观的调整。比如说，贫穷是一种价值观，一无所有曾经是崇高的价值观，后来财富又变成了很重要的价值标准。到底什么样的价值观才是我们的普世价值观？今天我跟大家分享一下我的看法。我们判断一个城市，跟判断一个人一样，我们应该有普世的价值观。在判断城市发展、城市价值的时候，普世价值观是非常重要的概念，我们不能自己设立一个价值标准，而应该以普世价值观来看待、认识我们城市的发展。

雅典是如何变成伟大城市的

我的故事从雅典卫城开始。从理论上来讲，雅典卫城是西方文明引导发展起来的第一个城市，它是代表西方文明的伟大符号，我们的理念、我们的思想就是从这个城市开始的。这个城市也应验了我所说的城市发展机会、城市财富等问题。为什么雅典能够成为一个伟大的城市？与当时雅典人的理念有关系。雅典卫城是希腊最杰出的古建筑群，是综合性的公共建筑，为宗教、政治的中心地。雅典卫城面积约有4平方千米，位于雅典市中心的卫城山丘上，始建于公元前580年。其中最高的建筑是帕特农神庙，帕特农神庙旁边的建筑物是伊瑞克特翁，是当时的办公楼。雅典古典时期的行政主管是伯利克里，他讲过非常有名的名言：我们的城市培养了我们的道德和民族精神。这个城市跟市民是什么关系？一个伟大的城市造就了他们的道德，也造就了他们的文明基石。雅典当时在欧洲是最繁荣的，也是最让人向往的城市。

雅典建造帕特农神庙之前有一个传说。按照希腊传统文化，守护神包括两个神，一个是海神波塞冬，一个是智慧女神雅典娜。海神把三叉子插在雅典卫城上面，雅典卫城上面就流出一股泉水。雅典娜为雅典带来了橄榄，种在雅典。最后雅典市民选择雅典娜作为自己的守护神，建造了帕特农神庙，供奉智慧之神雅典娜。他们以什么标准作为城市的守护神？是智慧，他们要用智慧来守护他们的城市，规划他们的城市，发展他们的城市。雅典是智慧的城市，创造了伟大的文明。古代很多文明成果今天已经成为我们新的文明的起点，比如每四年举办一次的奥林匹克运动会、世博会等。还有很多人类文明的基石，比如民主，当时雅典有一个民主决策机构，还有艺术，雅典歌剧、雕塑等，这些共同形成了雅典文明，吸引了周边城邦国家。古希腊过去不是一个国家，是由200多个国家组成的，由于周边国家都受到雅典文明的吸引，折服于雅典的领导，所以雅典就变成了一个伟大的城市。

学习城市建筑学的人一定要去雅典卫城，这里是圣地，是西方艺术的开始。

时间往后推一千多年，另一个城市威尼斯迅速崛起了。威尼斯以前是一个边缘城市，当时的领导人开始建设城市是为了方便逃税。香港就是今天的“威尼斯”。人的本性我觉得是一致的，现在低税的地方也是最吸引人的地方，比如说香港。深圳相对来讲也是税比较低的地方，所以吸引了很多人。威尼斯当时在欧洲第一个提出低税制，吸引了很多财富，欧洲很多有钱人到这里参与城市建设，它也是港口城市、贸易城市。从这个意义上来讲，这符合深圳起初的情况，比如说通过贸易、加工起步。

威尼斯在艺术上的成就非常大，拿破仑曾经把威尼斯圣马可广场叫作欧洲的客厅。威尼斯是与整个欧洲文明史联系在一起的。大家看到的这个桥就是但丁写《地狱》的灵感所在地，在这个桥上他遇到了19岁的靓女，据说遇见不到半个小时，因为之后再也没有见到过，所以成就了一首神曲。所以说城市和文化是息息相关的，但我们现在的城市忽视了文化对城市的贡献。每次我读到唐诗宋词，我相信那时候作者肯定为城市的美所感动，才会有《黄鹤楼》这样绝美的诗句，我们现在在这方面做得远远不够。威尼斯有这么多年了，但是威尼斯在中国不可能保存到现在，早被拆掉了。

这是拿破仑非常赞扬的“欧洲客厅”，拿破仑把婚礼放在这个广场上，当时他在这里举办了欧洲最轰动的婚礼。威尼斯完全可以成为伟大城市的代表之一。

创造城市的目的是创造艺术

意大利佛罗伦萨是欧洲文艺复兴的诞生地。佛罗伦萨有一个家族叫美第奇家族，发明了现代银行业，这个家族建立了欧洲最大的银行中心，放高利贷。但这个家族好几代人都爱好艺术，赚钱之后把钱投资到艺术上。这里云集了很多的艺术家，包括建筑师布鲁内列斯基，他设计了佛罗伦萨大教堂。佛罗伦萨大教堂有一个穹顶，跨度42米。了解建筑史的人知道，万神庙位于意大利首都罗马圆形广场的北部，是罗马最古老的建筑之一，也是古罗马建筑的代表作。万神庙采用了穹顶覆盖的集中式形状，重建后的万神庙是单一空间、集中式构图的建筑物代表，它也是罗马穹顶技术的最高代表。万神庙是用火山灰和混凝土做成的穹顶，长达1000多年。布鲁内列斯基再次用火山灰创作了一个超过万神庙的穹顶，就是佛罗伦萨大教堂。我当年用了一个上午的时间爬到穹顶顶上。这个穹顶的出现，使得当时欧洲的文化代表集中到了佛罗伦萨。最有名的是米开朗琪罗，他最著名的作品《大卫》就是在佛罗伦萨诞生的。佛罗伦萨是欧洲当时金融和文化结合得非常成功的案例。我非常羡慕意大利这个国家对自己文化遗产的保护，现在意大利完全保存了500多年来的建筑。500多年前，明朝的各个城市完全没有保留下来，但意大利做到了，佛罗伦萨被誉为“世界上最大的博物馆”，每一栋建筑都是博物馆。我相信再过1000多年佛罗伦萨都会存在，佛罗伦萨是人类城市艺术最伟大的杰作。

这是罗马公元100年至公元200年的模型，对照现状，罗马一直是这样发展的，没有太大的改变。开始我觉得这不可能啊，1000多年前的罗马建设时期，正好是我们的汉代，但是东汉、西汉两个朝代的城市能够留到今天的为零。我们到西安做城市规划，发现汉代的长安城，现在都变成了一些农田，种了桃树、果树，原来的建筑毁掉了。我们有个传统，革命的时候会把城市原貌改掉，在建设城市的时候会把山上的树都砍光。秦朝建设城市的时候，“取之尽锱铢，用之如泥沙”，意思是在建设的时候不遗余力，但丢弃一个城市就像丢弃泥沙，毫无怜惜。从这点来讲，我们要向意大利人学习。

罗马不是一天建成的，圣彼得大教堂，前后建筑了160年。我用了一个上午的时间观察地上大理石的拼花，都很漂亮。为什么欧洲的城市很值得去看？人类创造城市的过程中，我觉得根本的目的就是为了创造艺术。现在大家有长假期，如果有条件首选参观欧洲的很多城市。但欧洲人很难把中国城市作为首选参观的地方，欧洲人很少会首先选择来深圳，来桂林，来武汉。我们的城市就是缺乏目标，对创造文化漫不经心。人的生命在创造文化的过程当中才能释放出生命的光芒。古希腊的神庙，古罗马的城市，有些人集一生的心血就做了一件事，比如说在大理石上雕刻拼花，一生就做这个事情，在创造过程中，也是一种享受。圣彼得大教堂集中了很多一流设计师的智慧，比如说米开朗琪罗，他是非常天才的设计师，他设计的穹顶放在中间，但是教皇不同意，他一定要把平面做成拉丁十字，做礼拜的时候有一个长方形的空间，米开朗琪罗从艺术家的角度看，认为穹顶应该在拉丁十字的中间，两个人争吵了很多年，后来还是以教皇的意见为主。实际上在前面的广场上看不到穹顶。这是圣彼得大教堂建造时很有名的故事。很多伟大的艺术家参加了圣彼得大教堂的设计，如拉菲尔，城市设计的过程当中有很多一流的艺术家在做这些工作。我想在中国绝对不可能用画家来规划城市，但在欧洲是可能的，因为他们把建筑当成艺术中很重要的门类。建筑学一定是在艺术学里面。

城市建设不能缺乏文化参与

在城市建设思维方面我们存在很大的缺陷，就是我们的城市建设中缺乏艺术，缺乏文化参与。过去这样，现在亦如此。希望北京大学可以培养有人文关怀的、有人文主义思想的设计师。我在招收研究生的时候，在城市设计方向我尝试招收学社会学、学艺术、学传媒专业的本科生，让这些人来从事研究设计，将来他们能不能找到工作，是另外一方面。但要看你的学习背景，如果你以前是学艺术的，规划局肯定不要。尽管如此，我们希望努力作一些改变。

提到伟大的城市，不得不提伦敦。我在伦敦住了很长时间，伦敦的中心区，泰晤士河两岸集中了伦敦最重要的建筑。天然的河流应该成为城市的中心，罗湖本来可以成为深圳的“泰晤士河”，我在想是否有可能把罗湖打通，像泰晤士河一样，有一条河流流经城市中心。如果河流穿过城市，对这个城市来讲天然就是公共空间，这是最重要的自然资源。最近我们在规划成都天湖新城的时候已经把靖江作为天湖很重要的中心。

我们研究伦敦最重要的是希望看到伦敦的金融和文化是怎么互动和发展的。我们一起来看看那里一平方英里是什么概念。伦敦一平方英里的金融中心，有点像前海，有2000家金融机构，有30万人在这里上班，其中有180多个外国证券交易中心，近300家外国银行，每天的外汇交易额是130亿美元，集中了全球20%的国际银行业务，三分之一的外汇交易，包括世界500强企业中75%的交易行为。我觉得前海应该以这个为目标。

除了金融业，伦敦的文化也建设得非常好。2011年伦敦被评为全球文化之都，这是很重要的指标。伦敦每天有多少歌剧上演？前年夏天我在伦敦，我每天都去听歌剧，每天都有不同的歌剧。这样的城市才有真正的吸引力，所以伦敦现在是世界上最富裕的城市，因为世界上很多富裕的人居住在伦敦，这是伦敦的吸引力所在。伦敦还有世界上最大的博物馆——大不列颠博物馆，还有最强的出版业。最重要的是，伦敦在过去几十年当中一直在向服务业转型，整个城市从制造业中心转向服务业。这对我们的城市有很大的启发，怎样从工业经济转向服务型经济？城市转型非常重要。另外，不得不提伦敦创意产业的发展，伦敦的创意产业已经成为这个城市的第一产业。

伦敦利用了其文化、人才以及金融与商贸服务的优势，促使创意产业成为伦敦缔造财富的主要产业，这是伦敦给我们带来的很重要的启示。深圳走过了改革开放 30 多年，也应该在这个时候步入一个转型期，把伦敦作为一个城市来解析的话，是对深圳这个城市最好的启发。

纽约最多的聚会是文化聚会

纽约这个城市，实际上更接近于深圳。纽约首先是一个移民城市，经过了 100 多年的变迁，纽约从一个港口变成了一个重要的工业基地，并成功转型为北美甚至世界的文化中心，这个过程是城市智慧的表现。移民城市很多，有很多城市都是制造中心，如西雅图、匹兹堡，为什么纽约成功转型了？因为纽约作出了最智慧的选择。2011 年我去纽约，在直升机上拍到了很多新的建筑，包括中央公园。深圳公园很少，应该开放高尔夫球场，作为中央公园。因为深圳规划了很多高尔夫球场，但目的不是为了营造公共空间。如果把高尔夫球场变成纽约中央公园，这对深圳市民是最大的实惠。我去了很多次纽约中央公园，有遛狗的、有妈妈带小孩玩耍的，还有足球运动员在那里训练的，傍晚的时候很多人在跑步，这对城市来讲是很重要的地方。所以我觉得应该把深圳所有的高尔夫球场变成中央公园。我们的下一代要有地方踢足球。我们的足球发展不起来的主要原因之一，是我们没有地方踢。英国的足球为什么这么厉害？因为所有的城市草地都是足球场，我做学生的时候常常约会踢一整天的足球。

纽约的创意产业发展规模非常大，纽约每天都有 300 多部歌剧、舞剧在上演。我觉得我们文化和城市的互动太缺乏了，因为我们跟香港太近了，香港的生活理念影响了我们，很多人对文化不太关心。在纽约最多的聚会是文化人的聚会，所以纽约有最具影响力的杂志，有很多书籍出版。纽约最多的是酒会，文人和艺术家在一起畅谈。我在香港生活了很多年，没有特别多的经历。你约香港人参加一个酒会，他可能找很多的借口，如果是谈生意，就说在什么地方，价值观是这样的。我们不要受他们这种价值观的影响，要有更丰富的文化涵养。这是我们的希望所在。

纽约最有吸引力的就是文化，美国有钱的城市很多，但是像纽约这样有文化的城市，才是我们真正学习的榜样。我们并不羡慕华盛顿，就像我们不要羡慕北京一样。纽约每天都有很多的文化故事发生。

纽约是北美最成功的文化城市，伦敦是欧洲最成功的城市，但是这两个城市都是过去的故事了。随着21世纪“太平洋世纪”的到来，很多地方有希望成为文化的中心。首先是新加坡。新加坡用了20多年时间营造滨海湾，2011年我带学生专门考察了滨海湾，他们做了很多努力，但是我感觉这里不可能成为伟大的文化中心，因为新加坡太小了。有很多东西值得肯定，比如他们建了赌场。新加坡其实是很保守的国家，现在慢慢开放了，我可以期待未来20年深圳也能建赌场。因为我受了普世价值观念影响，世界上有的东西中国就应该有，世界上好玩的地方中国也应该有。赌场，文明一点的说法叫作博彩，我觉得不要把它看成是万恶的东西。我到新加坡时也去赌，这就是娱乐，靠这个来发展经济可能不行，但对社会、对城市来讲是需要的。有一句话讲，玩的就是心跳，你赚钱多么辛苦，但输钱挣钱可能就是一分钟的事情，这是娱乐的过程，你心理承受不了就不要去，不是说开赌场就一定倾家荡产。在澳门，晚上城市的人们醉生梦死，这才是一个城市，城市应该是这样的。城市就是为人们生活方便创造各方面的条件，不能说这个城市只能是这样，那个城市只能是那样。我们有很多东西不符合普世价值观，当然这需要一个慢慢发展的过程。

香港联合深圳才能做大文化

最后讲到西九龙。我刚到香港的时候，他们策划了一个文化中心，但是我觉得无论怎么策划，西九龙的发展非常有限，地域也有限，发展第一就是看建筑。香港以前没有地方搞文化，等香港想搞文化的时候已经没有地方了，未来只有和深圳合作才能把文化搞大。但是它搞的金融中心非常好，建了非常重要的维多利亚港，是亚洲最大的银行中心，也储备了很多人才。其实深圳一半的建设道路已经被香港人完成了，我们可以站在香港的肩膀上向另外一个层面发展，我们不必要受他们的限制。

纽约的摩天大楼等硬件香港完全具备了，但是缺乏纽约的另外一个层面——文化，这个机会留给深圳了。我一直在呼吁深圳应调转船头，做智慧的选择，把文化建设作为未来城市发展的方向。西九龙，在经济方面做得不错，但就是只有一个公园，想在那个地方发展壮大文化产业我觉得不太可能。我在香港住了很多年，看来看去香港一些电影就是把好莱坞翻了一下，原创很少。香港有一个殖民的过程，从文化角度来讲是文化的撕裂。未来中国文化发展的模式，一定会在沿海城市产生，我觉得所谓的湾区是很重要的概念，以后文明的重点肯定是在水边上。以前文明的中心都在中原，像西安、重庆等，现在不是了，未来的文化一定是海洋文化，一定在湾区里。所以太平洋世纪文化的挑战，在中国最有可能承担责任的很可能就是这三个城市——天津、上海、深圳，深圳有占优势的一面，就是和香港连在一起。

香港和深圳将构成一个人口接近 3500 万的特大城市。3500 万的极限人口概念就是现在的伦敦，伦敦现在就是 3500 万人口，纽约也有 3500 万人。这可能是未来特大城市发展的极限，超过了也不大可能，因为压力太大了。我们很有可能在深圳的前海这个地方营造一个太平洋世纪的金融、文化中心，这是从地理位置上来讲的。

从前海的具体位置来讲，下面是香港机场，上面是深圳机场，前海处于非常有利的地理位置。前海水城目前还是一个规划概念，而不是具体概念，现在的起点还是比较低的，没有提到文化的层面，没有提到“太平洋世纪”文化中心的概念，更没有提到和香港的维多利亚港共同形成文化中心的概念，但是好的开始也是未来深圳的希望。

深圳经历了罗湖时代、福田时代，未来进入前海时代。前海发展已经步入了全面实施阶段。作为深圳人，对前海有比较大的期待值，如果没有大的自然灾害，没有大的决策性失误，前海在未来应该和维多利亚港共同构成太平洋湾区最大的金融和文化中心。我所期待的现在伦敦一平方英里金融文化中心的故事，就应该发生在前海。

文化是伟大城市最强的磁场

最后我想总结一下和大家讨论的一些观点。

首先城市应该有磁铁效应，一个好的城市应该把周边城市的资源吸纳过来。现在核心的问题就是，要创造这个城市最强的磁场，创造最强的吸引力，什么是最强的吸引力？比如说，香港有很强的磁场，如果把香港的界限去掉，香港是人们可能去居住、创业、工作的地方，为什么深圳不可能变成一个比香港还有吸引力的城市呢？不要以为挂了一个文化产业的牌子——文化产业园区，文化产业就会发展起来。听说有个县城有四个文化产业园区，这不太可能成功，因为文化产业只会向中心城市转移。另外，区域文化中心形成之后，周边的城市将失去机会。如果广州形成了很大的文化磁场，深圳就不大可能有机会成为文化中心了；如果深圳形成文化中心了，广州也就不大可能了，这是不同城市较量的过程。就像纽约曼哈顿形成了文化中心，新泽西就没有机会了，长岛也没有希望了，这不以人的意志为转移。

文化和金融是核心城市的双轴，香港是单一价值观，香港把金融业做到了极致，但你赚钱了怎么样？没有吸引力，钱会流到别的地方去。深圳选择未来发展方向的时候要吸取香港的教训，要发展文化，用文化作为吸引力。所以我的看法是文化和金融是前海的双翼，就像飞机割断一个翅膀就飞不起来一样。试想，如果香港失去金融中心地位怎么办？没有可持续的吸引力，没有文化根基，它的产业没有建立起来。

什么是深圳城市故事？大家思考一下。作为深圳人，我们移民到这个城市，居住下来，下一代把这个城市作为故乡，作为我们的家园，作为我们未来的期待，我们应该想象深圳应该成为什么样的城市？这是非常重要的思考的出发点。香港发展到今天，为什么会形成单一价值观的城市？和香港历史性的形成过程有关系。香港好像是一条船，香港人来来往往，很少有人说我是“老香港”，因为他没有这个感觉。对这个城市未来的可持续发展就没有一个长远的目标。所以“人无远虑，必有近忧”，如果没有长达100年的香港规划，香港的发展肯定有“近忧”。香港人的压力非常大，如果不赚钱非常不安稳，香港人要解决的第一个层面的问题就是安全问题。深圳有所不同，深圳有很大的腹地，比如珠江三角洲，还有南部三角洲。深圳应该是什么样的城市，我们可以讨论一下，40年后的深圳怎么样？应该是接近伦敦的水平。我的看法是，香港的维多利亚港和深圳的前海湾区将成为亚洲最大的金融中心和文化中心，我们不要只发展金融，只发展金融是站不住的，要形成金融和文化两个中心。

我还有一个看法。未来30年我们要做什么事情？我们要重新复兴中华文明，中国引领全世界经济文化上千年，未来最伟大的城市，超过一半的城市将在中国。深圳和香港应该扮演什么样的角色？我是这样定义的，这两个城市应该统一起来考虑，香港的发展应该影响到深圳，深圳的发展应该影响到香港。

我认为深圳最重要的理念是：人才、金钱、文化的吸引力。我写“金钱”方面的时候不敢写，相信很多人明白这个概念。人才肯定是最重要的，我知道深圳出台了很多吸引人才的办法，但是深圳的人才流动性比较大，有很多人在深圳成功以后就到别的地方去了，因为深圳的大学太少。武汉有100多万大学生，这是很真实的数据，我不知道深圳有多少，加上大学城，充其量三四万人，这个数字非常令人担忧。当今世界的人才是跟着金钱走的，像你们很多是因为钱来的，不会说是因为我热爱深圳。我到深圳来，因为深圳工资高，对于年轻人来讲有创业机会。最重要的应该是有文化吸引力，如果没有文化吸引力就不可持续。我觉得我们现在站在一个大的文化概念的基础上，我们应该考虑旗帜鲜明地把深圳发展成为一个最有文化吸引力的城市。让我们共同努力，让深圳成就伟大城市的故事。谢谢大家！

创意界的东西方比较

——全球化语境下的中国创意产业

柯复南（Frank Krueger）

柯复南

德国人，德国注册建筑师、城市规划师、创意设计师，德国 logon 罗昂创意国际设计公司总监。领衔设计的代表项目有上海永嘉庭和源创意园、淄博文化中心、“长春 1948”综合体项目、新加坡文化城，曾设计高科技园区和商务园区项目，包括南京启迪科技园，济宁廖沟河产学研基地。2009 年，被评选为国际创意产业周最佳青年设计师；上海玻璃博物馆和上海 800 秀项目曾连续两年获得 MIPIM Asia 奖项，2011 年，获得中国最成功设计奖、香港 Perspective 奖等国际奖项。

创意产业与建筑改造

创意产业——中国时下的热门话题之一，包含门类众多。其中，创意产业园的崛起，成为一个新生城市现象，“建筑改造”也成为许多创意产业园的关键词。它主要分三种形式：古建筑保护、建筑翻新与“适应性再利用”。

古建筑保护。顾名思义，即修缮保护历史文化遗迹，其价值不仅仅是建筑，也是国家与城市的象征与标志。

建筑翻新。修缮维护建筑，延长使用寿命。翻新方法多种多样，如翻新立面、增加通风系统或保温层等方法。它能在一定程度上使建筑现状得到一个维护提升的机会。

适应性再利用。通过对老建筑的再定位，找出适合当下以及未来发展的趋势，改变或再定义原有功能，使建筑重生。

古建筑保护、建筑翻新与创意产业并无太大直接联系，但建筑的“适应性再利用”与创意产业密切相关。在中国，多数人已习惯于直接拆旧建新，如何正确对待老建筑，中外存在一些理解上的差异。“适应性再利用”的引入则是高效利用旧建筑的一种新的思维方式。

适应性再利用——工业韵味，新旧结合，激发灵感，聚集创意

国际上，“适应性再利用”的成功案例很多。美国旧金山哥罗多利广场（Ghirardelli Square）的前身是一个巧克力工厂，1964 年它成为美国历史上第一个“适应性再利用”的实际案例。园区中仍保留了巧克力售卖店，但更多的是公共户外空间、广场、步行区域、室外景观等，围绕巧克力的生产销售，建成了一个生活、娱乐、休闲、旅游的热点区。该项目涵盖“适应性再利用”的主要特点：公共空间、混合功能、步行区域以及保持原有工业建筑的韵味。哥罗多利广场可以称为一个典型成功案例。

在英国伦敦，泰特现代美术馆（Tate Modern）原是泰晤士河边的一个发电站，由瑞士著名的赫尔佐格与德梅隆建筑事务所（Herzog & de Meuron Architekten）改造设计。如此庞大尺度的室内空间多存

于工业建筑中，很难再现于新建美术馆中。它的特殊性给艺术家提供了自由发挥的空间，艺术变成一种城市景象，吸引着成千上万的人来此参观，感受潜在的、独特的、前所未有的魅力。这个被重新利用的工业建筑，现每年有470万之多的参观人数，成为全球客流量最大的现代美术馆。另外，荷兰代尔夫特媒体中心（Mediatheek Delft）也是利用旧热煤炉厂房改造成的现代多媒体图书馆，室内足够大的开敞公共空间，正是为阅读与书籍存放所提供的，外观上新旧结合得恰到好处，把建筑美学发挥到极致。

德国西部鲁尔区的埃森关税同盟煤矿工业区（Zollverein Coal Mine Industrial Complex）展示的是另一种饱含工业、文化、历史、景观的“适应性再利用”项目。这个建筑群不仅记录了该地区工业化的兴衰史，并在2001年被联合国教科文组织指定为世界遗产。改造后，它拥有工业特征强烈的标志性建筑，也不乏新旧结合的现代创新部分，还增加了生活休闲娱乐的场所与设施。那里不再是一个四处是煤灰的破旧工厂，而是作为一个拥有历史人文价值的工业遗产景观文化园而重生，展现了鲁尔区整个工业沸腾年代的兴起与衰落。

位于美国硅谷的著名社交网络公司脸书（Faccbook）以及享誉全球的谷歌公司（Google），利用旧厂房改造为他们的办公空间，独特的工业韵味、与众不同的创意办公，娱乐休闲混合、附属设施齐全。这些案例的共同点是，建筑本身拥有弹性开放的室内空间，这也是至关重要的因素。因为这些年轻的创意人群，需要独特而变换的空间给予他们更多灵感，去培养新想法，设计新作品。

回到中国，最著名的改造项目是上海新天地。2000年，那里仍是个石库门旧城区，但它现在成为聚集众多时尚设计、创意公司、高端品牌、商业休闲等功能的生活休闲娱乐好去处，却仍保留了上海特有的石库门建筑形式。虽说不是厂房改造，但确实是一个典型的“适应性再利用”项目。

“适应性再利用”理念的多样运用，不仅可以把旧厂房改造再利用到商业、办公、文化、历史、景观等项目上，也可以投入创意产业中。北京798创意产业园便是一个成功案例。希望入住园区的人群不喜欢在刻板的标准办公空间工作，他们想要一个可以随性布置的弹性大空间，并且租金低廉、靠近市中心。这些旧厂房得天独厚，历史残韵及独特的建筑造型提供了创意灵感，这正是艺术家与创意人群需要的，也使旧厂房本身获得第二次生命。他们的工业历史文化被保留沿传，却运用另一种新的形式重生，并融入新的城市风景线。加拿大当代最有影响的思想家之一、城市社会学家珍妮·雅各布说过："绝对不要低估城市复兴的力量。""适应性再利用"的引入便能妥善保留城市记忆，因为这些历史也是见证城市发展的重要部分。

创意产业——城市复兴的新力量

上海——全球最具活力的城市之一。1998年前后，城市已经从第二产业为主逐渐转化为以第三产业为主。制造业的逐步退出，预示着服务业将逐步占领整个市场，上海成了一个"后工业城市"。只有那些工业年代的建筑被作为时代的残像留下，许多厂房闲置，如何"适应性再利用"那些建筑变成一个课题。

显然，厂房所在地的周边民众并不喜欢它们，因为这与他们印象中的新上海形象相去甚远。那些拥有历史却斑驳破旧的房子成了现代城市的"干扰"——不适应怎能再利用，立即拆除可能更契合他们的想法。而厂房持有者并不会给出如此建议，持有者大多为国有企业，多为无权拆除。即使拆，土地也可能返还政府，因此拆除对它们的自身利益而言不是最佳选择。

1997年，台湾著名建筑师登琨艳将苏州河边杜月笙留下的仓库改造成工作室。因此，他被誉为"保护性开发上海历史建筑"第一人，并于2004年获得了联合国教科文组织颁发的文化遗产保护奖。可以说，这是一个历史性的开端，因为不久之后的2001年，引入"适应性再利用"理念的发源地——M50创意产业园悄然开始了。许多知名艺术家开始在园区设立工作室，越聚越多，此地一跃成为艺术家的“殖民地”。但对厂房而言，基本处于只使用无改造阶段。这是一个自发且毫无规划的“复兴”，一个草根性质的基层演变，是潜在需求导向的结果，却真正把“适应性再利用”的想法引入其中。一个城市本身具有的复兴力量是强大并深入的，M50已经成为上海顶级的艺术家聚集地，很多人闻名而去，成为城市历史人文的热点去处。它确实产生了一些效应，人们的想法开始变化，开始认识城市，认识城市建筑，认识到不能再处于对建筑价值的“文盲”状态了。

2003年，上海8号桥完成了。来自香港的开发商租下整个旧厂房投资改造成创意园后，分租给各个设计师与艺术家，一种由“适应性再利用”而产生的新商业模式诞生。旧模式中只有业主与临时租户这两者的关系，现在加入了一个新角色——开发商。新模式的运行能更有效地发展创意产业，对业主——旧厂房持有者来说，本无赢利可言的空置厂房可以换来一笔新收入；对于艺术家与设计师来说，他们可以得到一个相较于其他办公楼而言价格相对低廉且激发灵感的创意工作室，而且可以签订长期的租赁合同；对开发商而言更有利，改造项目投资金额比新建要少，且资金回笼快。这种三赢的模式使创意创业变成了一个热门的投资途径。

目前，中国是世界的制造工厂。但中国已经不满足于此，更高目标是要建立既有制造又有创新的基地，但缺乏关键的创新人才和创意公司。从2005年开始，上海市政府大力推动创意产业，支持那些聚集创新群体的创意园区，“创意产业园”也被上海创意产业中心正式认可命名。至2009年，上海已有75个标有“创意产业园”名称的项目，200个在等候审批，上海的创意产业遍地开花。其中，较为成功的案例——红坊，原是上海钢铁十厂轧钢厂，现在已成为一个拥有公共休闲、文化娱乐、景观雕塑，当然也聚集了众多创新群体的城市创意之地。静安区的800秀、泰康路的田子坊、宝山区的上海玻璃博物馆，创意集中地接二连三地出现。“城市绅士化”的过程不仅将它们推成热点区域，也带动相关产业链的蓬勃发展。但并不是所有项目都很成功，位于上海建国西路的尚街LOFT的改造并没有发挥旧厂房本身最大的优势，工业韵味、弹性布置、室内大空间等均无显现，俨然一个新建商业区。另一个有名的项目1933老场坊，由于原本是屠宰场，建筑本身的造型令人叹为观止，但希望高端品牌入驻的错误项目定位致使该项目五年后仍只有50%的出租率。

2008年以后，创意产业在上海或者说在中国出现了庞大的商机，很多开发商投资创意产业园，改造后的建筑各有不同、水平参差不齐，但确实可以感受到一些“适应性再利用”的旧厂房在城市中心频繁变样。它们不再是工业年代的遗留品，而是改头换面后融入城市，默默地形成一种动力，带动创意产业发展，成了这个城市的新生活方式，所在之处更是游览热点——这便是城市复兴的一股新力量。

“适应性再利用”的社会、经济、环境价值

从东西方不同的“适应性再利用”案例可以体会到其中的差异。在西方，业主和使用者多为同一方，由于自用且考虑经济成本，并不会花费太多成本去改造，只针对需要部分适当改建后再利用，而且创意产业基本处于平缓发展状态。在中国，业主、开发商与使用者往往是三方，项目成本相对较高，但创意产业处于起步阶段，并有市政府的大力支持，发展前景也一片大好。“适应性再利用”的理念将成为创意产业中规划发展的关键因素，尤其是对社会、经济和环境产生的价值更引人深思。

1. “适应性再利用”的社会价值

现在中国城市普遍存在的一个社会问题——城市单一性，也是城市飞速发展、城市化率不断上升造成的结果。不是每个城市都拥有紫禁城与外滩，但如何创造独特个性，是每个城市需要思考研究的。对老厂房的“适应性再利用”也许正是另辟蹊径。利用当地现状建筑的多样性、历史性、工业性等，创造只属于那个城市独一无二的建筑。新旧的融合，保存的历史记忆，不断激发文化创意产业，挖掘

自身潜力，带动周边环境的提升，并成为市民见面交谈的好去处、休闲放松的好地方，有助于打破城市单一性，带来与众不同的城市景观。

地处上海市中心静安区常德路800号的800秀创意产业园，于2009年下半年建成开幕。它的前身为上海人民电机厂，园区集合了50年间先后建成的15栋风格迥异的建筑，其中第一栋建于20世纪30年代，最后一栋建于80年代。可以说这里展示了不同时代上海的工业建筑。如今，修葺一新的800秀创意园，其120米超长的主楼已成为一个多功能活动中心，也是静安区的标志建筑。此案例很好地体现了“适应性再利用”的社会价值，园区为周边市民提供了文化、娱乐、休闲与艺术空间；各种展览和活动丰富市民生活，增加了交流互动的机会。旧厂房得到创造性重生，也重新融入城市中心。

2. “适应性再利用”的经济价值

“适应性再利用”可以帮助人们建设新的城市生活环境，即使市民不在创意园区内工作，但依然可以受惠于园区。而且，园区可产生更高的经济价值。设计意味着增加价值，一个好的创意设计可以使原本无法使用的旧厂房摇身一变成为高品质个性创意办公空间，地块升值，租金上涨，相关产业链也随之增长，带动创意产业的发展。地块对周边甚至城市产生了一定影响后，会吸引商机，促进就业，增加利税，与城市互惠互利。

3. “适应性再利用”的环境价值

全世界37%的水泥为中国生产，国内6%～8%的二氧化碳排放量均来自水泥工厂，30%～40%的城市垃圾来自拆除或新建工地。这些数据显示，大量的拆除和新建是导致这些污染的主要根源。此外，中国的建筑使用寿命较短，一般在25～30年，而美国和英国分别为47年与132年，这也是导致拆除的一个关键因素。但“适应性再利用”可以适当避免不必要的拆除，减少建筑垃圾、噪音与碳排量，有针对性地改建后，可延长建筑年限。

位于上海嘉兴的“他她”公寓改造就是一个成功的实例。此公寓原为无人使用的办公楼，改建后成为紧凑型公寓，节省了2200立方的混凝土与3300吨的碳排量，并通过对外立面添加遮阳系统，降低能耗50%，延长建筑使用寿命。

中国的创意产业才刚刚起步，会不断有新建筑诞生，也有旧厂房重生，它们承载着城市的记忆、书写着城市的历史，不断给城市带来惊喜与欢乐。这是一股动力，一种源源不断的力量，带动着城市的复兴与繁荣。

城市未来才刚刚开始……

创意城市·设计驱动

封昌红

封昌红

深圳市工业设计行业协会秘书长，全国工业设计产业创新联盟秘书长，深圳市第五届政协委员。曾荣获“第十一届深圳市十大杰出青年”“2008中国创意产业十大领军人物”“第四届中国青年志愿者行动贡献奖”“首届深圳百名优秀义工”等。深港两地政府通过的“深港创新圈——设计战略合作三年行动计划”的深圳方代表以及深港设计合作咨询委员会成员。

大师们创造了非凡的价值

今天能来到深圳市民文化大讲堂跟大家分享设计所带来的价值和魅力，分享一些设计的小故事，非常荣幸。

普通的市民或许会问工业设计到底是什么，最简单的就是产品设计，跟我们生活息息相关的东西都是工业设计，如服装、手表、手机、电脑、电视等都是工业设计产品。

先说什么是工业设计。十几年前第一次去法国，了解到老佛爷、巴黎春天有很多中国顾客，中国人买奢侈品的很多。我们买奢侈品和用奢侈品，但奢侈品里面的文化含义和真正高附加的价值在哪里，我们知道的可能并不是太多。

LV 包、香奈儿这些奢侈品，为什么这么贵？因为它们是非常著名的设计师做的产品，但是我们对奢侈品背后的故事了解得并不是太多。

香港很著名的设计师叶智容设计了一个产品，这个产品获得了很多奖项。这个产品像什么？吃过寿司的都觉得像寿司，也有人说像窗帘、杯子、围巾，这其实是一个计算器，这就是我们的工业设计。设计能够让人们的生活更美好、更好玩、更享受，这才是真正的设计。我们卷起来的时候像寿司像窗帘，而且携带方便，打开却是一个计算器。

飞利浦·斯塔克是法国非常有名的设计大师，他在设计界被誉为“鬼才”，他的行踪到哪里都被狗仔队追。他做出的椅子非常贵。大家猜一下他的一张椅子多少钱？他设计了全世界第一把没有钉子、没有任何辅助材料、只有一种材料的椅子。你们猜一下这把椅子多少钱？他做出的最便宜的椅子也要几万块钱！

德国设计大师卢吉·科拉尼已经快 90 岁了。他在国际设计界也是教父级人物，他非常知名，从钢琴到摩托车，他所设计的概念车都跟仿生相关，包括蜻蜓等一些动物，帆船、航海工具等。他对设计界还有一个巨大贡献，他觉得曲线是美的，他所有的产品都是以曲线为主。比如，我们现在买的进口车都很漂亮、很贵，因为曲线看起来很好，实际上曲线美和流线美的创始人就是他。

设计关怀始终以人为本

其实，设计的关怀始终是以人为本。设计为谁所用？为客户。客户是谁？是人。

两周前我在旧金山金门大桥旁边拍了一张照片，金门大桥是非常有名的旅游胜地，它的残疾人通道这么宽，让我非觉感动，这种感动就是设计所带来的人文关怀的价值。

设计的最高境界是什么？原来狭义的工业设计只是局限于产品，但是现在的工业设计已经关系到我们的社会民生，包括英国都在研究灾难设计。我们这次去美国参加国际年会，发现他们的设计主题非常具有前瞻性，包括社会设计和健康设计、商业设计，给我们的触动很深。包括深圳大部分设计还仅仅停留在产品的外观更漂亮上，在结构功能上更薄弱一点，实际上在人文关怀和设计如何为社会建设出力这方面，我们做得非常少。我们的水平还没有达到那个程度。要说起设计关怀，始终是以人为本。

小女孩要去做CT，甚至大人去做CT的瞬间，应该说是很焦虑，也很恐惧。一个设计如何让患者的心灵得到舒缓和放松，对于小孩子来说，可能需要一个童话世界，飞利浦就设计了这样一个CT机。他们做CT机并不仅仅做医疗器械产品，而是要把这个医疗器械如何用在冰冷的医院里面，让人们感到温暖，把环境设计都在里面体现出来。比如，房间的天花板上是蓝色的，有天空的感觉，周边的墙壁上是绿色的青草，大人孩子进来之后，都会感觉到很温暖，这样的设计真是值得我们尊重的设计。

发达国家都非常重视工业设计。怎么重视？工业设计领导小组也好，工业设计国家委员会也好，都是国家级领导亲自在抓。比如，在英国，撒切尔夫人曾经就是工业设计小组的组长。德国、日本、韩国也非常重视。为什么现在很多人用三星手机？确实好用。撒切尔夫人说过，“可以没有首相，但不能没有工业设计”。

在伦敦奥运会盛大的开幕式上，我们暂且不说人文、历史凸显英国国际化的一些故事人物和元素如何，我们只看它火炬塔。这个火炬塔，是英国非常有名的工业设计师托马斯的作品。因为伦敦奥运会有204个国家参加，他就以代表204个国家的花瓣作为火炬塔点火的设计，让人非常震撼。这个工业设计师2012年才42岁，可别小看他，他被誉为我们这个时代的达·芬奇。世博会伦敦馆的设计也出自托马斯之手。

西方人认为我们无设计

伦敦百分百展是设计界最高规格的展览，2012 年已经是第 18 届。我们 2011 年首次参加这个展览，非常不容易。我们想，深圳是设计之都了，也是国际化城市，我们的工业设计又很强，我们在最高水平的设计展览或者论坛、国际会议上如果不能跟大家一起对话，我们还真的不能算是国际化。当时我就在想，那个展览是唯一有专家评审团的展览，不像其他的展览有钱就有展位，我们多花十倍的钱也要去搞个展位。这个展览的目标非常清晰，展览规模并不大，但是这个展览是全球设计趋势和前瞻性设计理念的平台。它的专家委员会成员有媒体的，有设计学院院长，还有制造业的老板，有各种各样跨领域的设计专家，还有设计批评专家，由这样的专家组成的评审团来评审你的作品，看你这个国家能不能参加这个展览。参加这个展览的有 100 多个国家，都是设计发达国家，一些人觉得中国就是个制造大国，附加值永远是最低的。为什么？他们认为我们根本没有设计，只有复制，只有“山寨”，我们根本不应该跟他们这些设计高水平的大师们或者这些国家在一块展览。我们当时觉得很失落也很生气，就以政府的名义，推出华为、腾讯等国际品牌企业，表示我们也是联合国教科文组织授予的“设计之都”城市，写了这样的一封信。但是，没有什么反应。然后，我们就打电话，了解他们的行踪，知道他们最后的会议在波兰开，我们赶紧追到波兰去，再跟他们说，我们确实是有设计的。他们终于有点感动，让我们把作品发过去让他们看看。很多我们自认为非常强的作品，都未被采用。

比如，我们的飞亚达手表，当然不是说飞亚达不好，这种手表神五、神六、神七宇航员都戴过，宇航员戴过的手表为什么不能展览？他们说，这个手表并不能为未来人民的生活带来前瞻性和指导性的意义和价值，展览的产品在材料上应该是环保的、有前瞻性，能够具有指导意义的价值。这个手表是宇航员戴的，那么普通老百姓能戴吗？类似很多这样的问题，最后当然我们还是胜利了，拿了一个比较大的展位，位置还非常好。2011 年首次展览得到了众多媒体的关注，也有一些失落，就是很多的欧洲参展商过来问，深圳是一个公司吗？我说深圳是一个年轻的城市，在香港附近。他们就说，哦，是一个年轻的城市，在香港旁边啊。深圳能够代表中国参展，我们非常自豪，但荣耀之余，我们还有最大的收获，就是找到了与西方国家的差距。我们的展位，无论在设计还是理念上，摆放和展出的产品都跟别人差一截，确实差得比较远。后来我们把那些曾经让我们觉得荣耀和找到差距元素的东西给带回来了，非常值得纪念。

其实，包括我们的一些家具设计也很被关注，就是用硬纸壳做的沙发、茶几，很多老外会拍照，他们觉得这个设计好，既环保又很好看。欧洲有很多人的审美观跟我们有点不一样，他们更喜欢简约、环保、舒适的东西。在一个家的环境中，他们并不追求什么整齐，只要像个“家”就可以了。比如，这个像鹅卵石样的东西，我们原来以为这个装置是个摆设，它其实是个书架，中间镂空的地方可以放各种各样的书，看起来特别温馨，感觉很美，这里面又是书，在旁边有一个小座椅，你在这种环境下可以享受读书带来的快乐。

工业设计界设计师们梦寐以求的奖项无外乎是设计界的奥斯卡奖，两项都来自德国。一个是 IF，一个是红点，设计师们只要拿到这两个奖项，不说标榜吧，这个设计师的设计费用就能升好几倍，因为他获得了设计界的奥斯卡奖。这两个奖项，如今已经是德国的名片和象征。IF 是 1953 年成立的，到 2013 年正好是 60 周年。现在我们跟 IF 的关系也非常好。红点是一个商业性的奖项，但是红点也有产品奖和概念奖。

美国更不用说了。无论苹果手机还是其他的设计产品，美国工业协会很牛，他们会经常提出一些新概念和材料，还有其他的一些理念。美国工业设计协会有一个调查，工业设计到底有多重要呢？能创造多大的价值？结论是，他们在产品上每投入一美元能回报1500美元，相当于1500倍的回报，这是在美国。中国设计最强的深圳，每投资一元，好一点的也就回报100~150元，高一点的就是300倍。

一位大师说过，中国的产业和制造业，类似于日韩的20世纪70年代。我觉得只要重视工业设计，把工业设计做好，我们至少要向日韩看齐。韩国对工业设计的重视从什么时候开始的？是1998年的金融危机，当时金大中提出了设计韩国的口号，并且他挂帅成立了国家级工业设计委员会，每年拿出多少钱呢？相当于人民币10亿元，投入到工业设计上来振兴韩国的战略领域。怎么投入呢？制造业衰败了，你自己得有自己的设计、自己的品牌，品牌怎么打造？得找设计师帮你，得有好的东西。制造业不肯花钱，工人工资没发，我拿什么钱去工业设计公司买设计？国家先给钱。比如，这个订单是100万元人民币，政府先给你100万元人民币。但对制造业有要求，你的产品必须上市并且要卖得好，具有高附加值，韩国的经济又重新振兴了。如果制造业没有用好这个钱，你还给政府一半，那另一半就算政府投入到工业设计里面给你做贡献了。

这个举措真的非常好。我们现在不是讲转型升级嘛，得有抓手，光靠核心技术不行，其实核心技术现在全球都同质化了。不同的地方在哪里？就在设计上。“苹果”没有什么高深的东西，其实很多模块都是从“三星”买的，了解“苹果”的朋友都知道，他们的核心技术和很多模块都是从“三星”购买的，它有什么？赢在设计。当然，功夫不负有心人，《关于加快深圳工业设计发展的若干措施》现在终于通过了，我们和政府也在做这些方面的细则，深圳工业设计迎来了非常美好的春天。

设计才是竞争力的因素

“三星”为什么这么强？三星手机大家都很喜欢，菜单做得特别好，这是工业设计中的一个领域。“三星”社长说了，21世纪，设计才是最直接制约你发展和保持竞争力的因素。

小日本是挺讨厌的，但是日本人对一项科研技术、一项产品的钻研程度和他们在制造业流水线的转型方面，我们不能不佩服。“苹果”哪个部分不是“富士康”生产的？其实，中国也挺强的，咱们就差点设计。工业设计里面现在有四个奖项在全球非常知名，德国的IF和红点，再就是美国的IDEA，然后就是日本的GMARK奖。

日本人有骨气到什么程度？其他三个奖项都是从全球寻找评审委员会成员，但日本的GMARK奖评审成员全是日本人。日本GMARK设计奖（Good Design Award，优良设计奖）创办于1957年，至今已有50多年，作为政府鼓励与促进企业由以往仿制欧美设计转向自主开发的最重要举措，GMARK奖借鉴英美的经验，成功地在日本企业中培育出了重设计、赛开发的精神与氛围，对推动日本制造业整体设计水平的提高产生了巨大作用。很多中国设计师也积极去申报这个奖项，这几个奖项主办方都是我们协会的合作机构。

日本统计表明，不管在哪个领域，不管你投入多少，技术只占了12%，工业设计作用占了51%，所以说设计所带来的附加价值真的非常高。其实，我们买东西也是一样的，漂亮的东西，再精致一点，我们就要多花一点钱。多花一点钱是为了什么？不就是它长得漂亮长得更精致一点，觉得更好用一点吗？多花的这部分钱就是设计带来的附加价值。

台湾创意设计中心：是全球最大的设计机构，大概有1400个员工，政府每年投入大概1亿新台币，大概相当于2500万元人民币，这些运营的人都是推手。亚洲最大的设计盛会在香港，每年政府投入的钱也非常多。他们做的大型活动，让本地的设计界同仁有机会跟国际高端设计师交流经验，高端的理念可以跟别人交锋。同时，普通老百姓享受的设计到底是什么？普通老百姓也参与设计，这方面做得最好的是台湾，台湾真的特别让我们感动。2011年台北设计大会，筹备了3年，台北大概投入了人民币1亿元，在商业方面当然也有其他老板赞助，一共可能花了好几亿元人民币。国际工业设计联合会、国际平面设计协会、国际室内设计协会三个协会一同在这里举办年会，在全球只要数得出来的知名设计师，全部都云集台北，整个大会的核心就是理念交锋。

这“交锋”两个字是谁写的？是咱们深圳设计大师董瑞丰老师，他是我的朋友也是我们的副会长，他是唯一一个中国的汽车设计大师。他在德国大众工作了9年，在韩国也工作了几年。他也曾提出过：“给我1个亿，我会把深圳打造成亚洲最知名的汽车设计城市。”但是，他被别的城市挖走了，现在他又回来了，我们也很希望能给他搭建一个这样的平台。他的毛笔字写得非常棒，而且他特别棒的还有素描。你坐在他对面，他几分钟就可以把你的素描画出来，画得非常神似。一个画家，最主要的是能把你的精神层面特色给抓住，董老师就是这么牛。

台北在推动设计跟普通老百姓、跟社会之间的关系方面真的让我们非常感动。他们的导览非常好，不是你自己傻乎乎地去看，这样你可能看不明白，台湾的展览怎么看？小朋友有小朋友的导览，那个导览说：“小朋友，你们过来了，我们今天看的这个展览，长得好不好看？”用小朋友的语言告诉你这个展位表达的是什么。中学生有中学生的导览，大学生有大学生的导览，专业设计师有专业设计师的导览，他们的导览工作做得非常好。这些导览都是台湾小妹，她们长得很漂亮，穿得很得体。

我去台湾参加设计大会，接待我的导览非常漂亮。我问她是学什么的，她说是学中文的，我说，学中文怎么了解设计展啊？她说，她们每天都在上课，在培训，因为设计跟老百姓息息相关啊！她说的这一席话，让我很震撼，觉得人家在设计细节上真的做得非常棒。

台北世界设计大会实在是太棒了，各方面做得非常好。尤其是展览，真的让我们跨界体验了设计。其中有一个展览让我最震撼，就是跨越共生、设计共生、自然共生、文化共生。比如，一种元素竹子，可以把法国和印度，把文化背景完全不同的人群，通过对竹子的理解，包括一些家具和一些过道的设计，让你经过的时候看的时候非常感动，并且能够让你的心静下来。当然，这也是唯一不让拍照的展览，做得非常棒。

工业设计深圳全国第一

实际上在中国，工业设计也非常受重视。2007 年，朱焘部长给温家宝总理递交了一个关于重视工业设计的意见。我听朱部长说，他是前一天送上去的，第二天总理就批复要高度重视工业设计。推动中国的工业设计，原中科院院长路甬祥的贡献非常大，深圳之所以迎来设计的春天，政策的出台跟老院长的支持是分不开的。当他听完我们的汇报，他觉得深圳做得太好了。他说："既然还没有出台政策，我正好晚上跟你们的书记、市长吃饭，我要跟他们提。"所以我们的政策就来了。

工业设计师和工业公司，无论从规模上、人才上和水平上，深圳确实位居全国第一。来深圳寻梦的年轻人非常多，深圳又背对着强大的珠三角发达的制造业。有制造才有设计需求，设计师才能有事干、有活干、有订单。所以，能够酝酿这样的土壤和基础非深圳不可。深圳又是充满激情的城市，又临近香港，我们国际化的资源和信息来得比较多也比较快。

汪洋书记特别重视抓工业设计。2010 年，他陪同长春首长来参观我们在文化产业交易所做的工业设计展区。当时我们说，深圳的工业设计是全国第一，深圳的工业设计公司是最多的。汪洋书记说，深圳最多吗？我说是最多。汪洋书记扭过头就跟他们说，深圳的工业设计是全国第一，抓工业设计才是抓到了点上。听他这么说，我们很震撼。

华人有没有设计大师？我们真的有。贝聿铭，他虽然不是中国国籍，但他是华人的骄傲。贝聿铭设计了卢浮宫、苏州博物馆等。香港设计师刘家宝是福特的首席设计师，她也是华人。

婚纱之王王薇薇，大家可能没有人不知道。只要走奥斯卡的红地毯，大明星莎朗·斯通也好，克林顿女儿结婚也好，还有丹麦王子，反正这些大人物的婚礼，她都会参与设计，她非常牛，她做的这些婚纱设计确实非常美，属于超美。

工业设计在深圳很强大，真正的工业设计公司的集聚和工业设计师的数量包括规模等，上海肯定都不如深圳。以同济大学为首的技术商品上海很强，当然我们不能说上海产品不好。就是我觉得深圳更有创新能力，我们的平面设计也更强。“youyou”的设计者王优优、徐少华老师，他们都是国际上享有一定声誉的平面设计大师，他们的作品都很牛。申奥标志的设计者陈绍华老师，每年的邮票都是他设计的，陈老师挺“老顽童”的，非常幽默。

2012 年 8 月 23 日，深圳市政府常务会议审议通过了《关于加快深圳工业设计发展的若干措施》。我作为工业设计的推手，奋斗 8 年，终于能够为我们工业设计界赢得政府的关注和支持。政府每年拿出 1 亿元人民币来推动工业设计的发展说明，转型升级必须得靠工业设计。

创新联盟在深圳正式启动

2011 年，深圳代表中国举办了联合国创意城市网络大会。参会者来自 130 多个国家，只要是创意城市网络，不仅仅是整个设计之都，音乐之都、媒体之都、烹饪之都全都来了，云集在深圳。我们举办这次活动，跟很多专家聊过，他们很多人都是第一次来深圳，感觉深圳非常震撼，这次大会对深圳走向国际化的影响非常大。

可能有一些城市觉得深圳不就是设计公司多一点、设计师多一点吗？确实我们是第一，占了全国 60% 的市场。

“鸟巢”也是深圳设计师设计的，包括我们获得的红点、IF 奖，近两年越来越多了。现在深圳大概有 4000 家企业设计公司，在企业内部有 3000 多家，因为像服装和珠宝现在还没有剥离出来。

深圳的女装品牌也占全国半壁江山，玛丝菲尔都能够跟一二线品牌在一个商场里卖，非常出名。歌力思，做得非常棒。买一件衣服、裙子，要好几千块钱。

深圳服装业的设计部门并没有剥离出来，在每个品牌里面有一个自己的设计部门。包括腾讯、迅雷都是这样的，腾讯有 JJC，昨天还搞了第三期设计体验 SHOP。那产值就更不用说了，我们现在合作的大概有 400 家公司。其实对很多国际大品牌我们都在做服务，包括 LG、医疗器械。当然，最核心的设计服务在国外一些设计机构里。

说一下 SIDA，这是我们协会的英文简称。当然，协会是政府和行业之间的桥梁，我们扮演的角色就是设计推手，希望通过我们的努力把国际先进理念引进来，把我们的设计推出去。这样深圳的设计水平将越来越高，推动制造业转型升级，也是帮助设计界占领国际制高点的抓手，这是我们的使命。这些年来，我们真的非常努力，2008 年成立 SIDA，我们就举办了第一届工业设计节，我虽然不是出名的设计师，但我是一个热爱设计的人。

我来深圳的前五年一直是在做软件，也当了好多年的传呼台台长，突然跨界来到工业设计领域，我开始致力于把深圳的设计推向国际。我不说我 17 年、18 年义工生涯的奉献精神，我是比较有使命感的人，做一件事情非常专注。像 2011 年伦敦展一样，几次不同意几次去追求，最后追赢了，2012 年又拿到了伦敦展最大的展位，包括央视等媒体都会去报道我们 2012 年的伦敦百分百展。一是为深圳设计找全球化的国际地位，二是为中国人的脸增光。中国不仅只有加工业、制造业，我们还有设计，我们的设计在哪儿？就在我们的展览里面，而且我们每年都会有新的展品，让他们对我们刮目相看。

我们协会也有一个简短的宣传片，我们的活动真的非常多，每周都可能做设计的对接会，2011 年的产值是 20 亿元人民币。

我们更荣耀的是，2009 年 12 月 7 日，在首个深圳创意设计日，全国工业设计产业创新联盟在深圳正式启动，联盟首期成员 22 家，由来自全国各地的高校、研究院、协会和培训中心组成，创新联盟秘书处设在深圳市工业设计行业协会。这个联盟的名誉主席由中国工程院常务副院长、中国机械工程学会副理事长兼工业设计分会主任委员潘云鹤院士和中国工业设计协会理事长朱焘共同担任。朱焘对我帮助非常大，我踏进工业设计领域，他就是我的启蒙老师，他也是前浙江大学校长。如今全国的1000多所院校都有工业设计系，每年有几十万工业设计的毕业生，但是都能找到工作吗？不一定，跟我们的工业教育有关。很多国家的设计学院我们都去过，在培养设计师方面，他们非常重视实践教学，而不是老师在上面讲，学生翻书本，中国很多学生不参与企业合作项目。国外的学生一毕业就能够进入企业干活，但是咱们现在的学生一毕业很难进入企业去干活。为什么？学的东西无以致用。当然，这跟我们的全民教育体制有关系，同幼儿园开始的教育就有关系。

传统制造业要重振旗鼓

说到手表，还有一个更有意思的故事。前一段参加第25届国际钟表展，因为深圳钟表做得非常好，我们去评审哪个展位做得好。深圳钟表在全国也算非常厉害的，但名字你一听就觉得不好。问这个展览的表叫什么名字，这个老板说叫保时捷。它的英文叫Porsche，跟“保时捷”跑车英文名字完全一样，还有一个手表叫雷诺，说明他们很不自信。后来我看了一个展位更搞笑，我开始以为我认错了，以为是国际品牌芬迪（Fendi）呢，我仔细一看，不是Fendi是Fenbi。那个“d”是“b”，但是那个Logo跟Fendi的Logo一模一样。钟表的“山寨”真是让人无语，但实际上我们的钟表真做得不差。我去了其中的一个展位，它参加过2012年瑞士巴塞尔奢侈品展，飞亚达是2011年首次打入奢侈品馆的，那一家也进去了，用和田玉做的手表，价值多少？3500万人民币！我当时想，这么贵！我就跑到一边，别一会碰着了就麻烦了。他们说只是做个展览，那个表全球只做了两块，非常时尚，玫瑰精刻出来的龙和凤，工艺非常精湛。手表现在只剩下一块了，卖了一块。我问卖给谁了，他说，参加巴塞尔奢侈品展时，正好有一个富商带着结婚30周年的太太来，她老公说了，我不买什么江诗丹顿、劳力士，大家能说出来的奢侈品表，我都不能买，因为别人很可能就做第二块，我要给我忠贞不渝的太太送一块世界上没有一模一样的手表。他就买了这块，他问多少钱，500 万人民币。他马上就买了。

我觉得中国钟表工艺已经非常强了，为什么一定要叫劳士顿？深圳传统的制造业要重振旗鼓，转型必须依靠设计，再不能靠以前的以价格取胜，或是以工人成本取胜。现在工人的成本很高，有几个人不是独生子女？谁的父母愿意把自己的孩子送到流水线上打工啊？怎么办？必须依靠设计，再依靠以前的方式方法，再那样去跟国际拼，跟国际竞争，根本没门。我们后来就成立了钟表设计中心，我们现在正在做一系列的活动，请了很多国家知名的设计大师，帮助相关企业打造钟表。

我跟“保时捷”钟表的老板说，这个名字必须改。他说保时捷不能改，保时捷手表现在卖得多好！我说：在哪卖啊？在深圳吗？谁戴你的保时捷？他说内地啊，内地二三线城市，保时捷手表是他们的礼品首选。多少钱？两三千块钱，就像我们买的 CK 牌手表。他们说千万不能戴名表，一旦被传上微博你就完了。他说他们真的没办法改名字，一年涉及两个亿的销售额呢。所以说，制造业跟市场目前很混乱，他说一线城市现在可以做高端品牌，请大师来设计。他非常厉害，比我还小几岁，他已经收购了瑞士的一家钟表公司。因为在瑞士随便找一家钟表公司都非常强，我们去瑞士随便买一块几十欧元的手表，都觉得非常好，根本不用找那些奢侈品。那个手表不管戴多少年，都很好用，我给我爸我妈也买了，觉得并不需要买那么贵的。其实我觉得贵的给谁看？给别人看，自己只看看时间。

这个 BODW（Business Of Design Week），是香港政府打造的亚洲最大的设计营商周，是香港设计中心一年一度的主要国际活动，深圳工业设计论坛是营商周重要的组成部分。我们先开幕然后他们开幕，一直到现在为止。

把先进理念带到中国来

2012 年 4 月我们去北欧，因为北欧有很多设计名城。买过宜家家具的朋友请举下手，为什么喜欢宜家呢？因为简单、好用、省地儿。我们去宜家拜访过那些年轻的设计师。我特别想说芬兰的城市，赫尔辛基就是名副其实的设计之都。那座城市真是能够处处感觉到设计的所在。就拿它的交通来说，你只要买一张票，可以坐任何的交通工具，巴士、地铁、火车、轮船，到芬兰不用担心买票，出门就一张票。并且在所有的交通工具上，没有人查票，你可以不买，但人家的发达程度和社会文明程度已经达到了让人很敬畏的高度。

现在设计是国际最高的能够对话的语言，中国不可能再用制造业跟人家对话，谁跟你对啊？你附加值那么低。所以，你通过设计跟人家对话，人家才愿意跟你对话，制造大国要转型升级到创造大国，你必须要依靠并具备与国际接轨的设计，国际友人当然愿意和你合作了。他们的副市长是怎么致辞的？最后一句话说：希望深圳所有来的这些朋友，来体验一下我们赫尔辛基这座城市的设计为这座城市所带来的便利和价值。第一，体验一下我们的交通工具。第二，我们的设计街区你们去逛一下，三两步一个设计街景。你能够感觉到设计无处不在，是真正的设计之都。我觉得在这方面深圳还有很长的路要走，与它们差距也非常大。

在芬兰思科德尔蒙的那场对接会上，我那天是主持人，每位致辞的嘉宾都拿着稿件，唯独当地的区长没有拿稿件。在演讲的时候，他娓娓道来，说你们来到我们这个地方，就是踏进了我们这个创意的土地。为什么说是创意的土地呢？我们这个区从幼儿园开始，我们的教育就启迪怎么样让小孩子学会思考，学会拿出自己的想法，而不是“灌输”。当时我的鸡皮疙瘩都出来了。后来，我看了一下我们市长的表情，市长一直在低头。他们的区长说得非常朴实，还举了很多小例子，就是分享他们的经验和故事。

我们在赫尔辛基的对接会上，这个穿红色T恤的就是老板，他过来找我，想跟我们合作，想把儿童医院搞成愤怒小鸟的氛围。这个愤怒小鸟的CEO特别好玩，他很年轻。他问参观成员有几个孩子，他一定会给我们准备礼品，原来是一大堆愤怒小鸟的T恤，女孩是粉色的，男孩是黑的。你看他多会做朋友啊？走到哪里愤怒小鸟就飞到哪里。

丹麦是非常有意思的国家，丹麦设计中心也是我朋友的设计中心，外面非常大的墙上有一个大海报，“101 = 1”，我当时没明白什么叫“101 = 1”，他当时搞材料运用展览，就是用101个可乐瓶子做成一把红色的椅子。咱们的可乐瓶子早就让捡破烂的拿去卖了再回收，你看人家的可乐瓶子，这里的展览更让我们震撼。用鱼鳞做的眼镜，它展览的核心理念就是，地球资源快要枯竭了，设计师如何通过设计让这些不浪费地球资源的材料运用到我们的设计生活产品当中。这里用鱼鳞做的眼镜非常多，做得非常漂亮，还有用麦秆做的可调温的衣服等。

在Google公司，每个人都要打上你自己的名字才能进去。我们到那里时才知道我们传说的Google多么轻松，多么人性化，多么舒服。它所有的小楼前面全都是咖啡厅，你想吃什么都行，你想喝什么都行。走到哪个小楼里面都有，咖啡、饮料，而且都是免费的。有一个楼特别搞笑，展示了很多前瞻性的东西，大堂就是一个三角钢琴，我们进去以后就有一个人在弹钢琴，让员工很享受。外面很像汉堡包，好多雕塑在外面。问他们为什么搞这些东西，他们解释说，老板的理念就是给员工最好的食物和最难的难题。因为员工吃了最好的食物就要给他解决最难的问题，就是这么简单。我们为Google鼓下掌吧。

这样的老板才能打造出全世界人用的Google。它还有一个理念，什么最值钱？人最值钱。人对于Google来说就两个，第一个是员工，第二个是客户。所以员工是最值钱的，天天给人家吃最好吃的东西，解决最难的问题。客户也是一样，客户是最珍贵的，客户越多，它的广告收视率就越多。所以，我们在Google的感触也非常深，我们特别想把他们的理念带到我们这里。其实，老板对员工好一点，一点坏处都没有，员工绝对会给你解决更大的问题，给你创造更多价值，让你赚更多的钱。但是我们一定要先投入，如果没有投入，我们整天在算计加班费，能干大事吗？干不了。

FI公司是世界顶级的交互设计机构。这家公司非常值得敬重，“苹果”排第一，它排第三，21世纪21个最受尊重的公司，是美国《商业周刊》评出来的。我们去这个公司的时候全部都要脱鞋，他们老板的理念就是把鞋子脱下来就是把尊严放下来了，员工也好、客户也好，无论是什么人到了FI这家公司大家全都是平等的，只有在平等的环境中，做出来的设计才是最棒的。这家公司为什么值得尊重？它是唯一为“苹果”和Google提供媒体设计的服务公司，服务的客户都是非常高端的，设计费非常昂贵。他们的公司管理模式已经列入哈佛的案例了，什么模式呢？他们公司没有什么总监级别的人物，除了老板以外其余的人都是扁平化管理，直接跟老板汇报。

深圳要成为全球的设计之都，方方面面都应该考虑设计。就拿第26届世界大学生夏季运动会来说，滨海大道的一些雕像虽然很美，但被一些设计师批评。我们有很强的设计师，打造出非常好的雕塑，和表现第26届世界大学生夏季运动会精神的一些东西。但是，道路上的一些东西并不归设计部门管，所以政府的职能和条块分割很难让设计运用到民生和社会管理上去。设计就像绘画一样，要市长牵头，跟设计相关的，能改进民生问题、社会管理问题和其他方面的问题都要有设计的概念。

六

科学生活

漫谈都市休闲生活

张鸿声

张鸿声

文学博士，中国传媒大学文学院教授、院长、博士生导师，复旦大学博士后。省部级优秀专家，“中国现当代文学史”国家级精品课程负责人，省部级新世纪优秀人才，中国作家协会会员，教育部中文教学指导委员会委员。主要从事中国现当代文学和都市文化的研究工作，主持国家社科基金和省部级项目近十项。已出版《都市文化与中国现代都市小说》《中国新文学中的文化精神》《文学中的上海想象》等专著4部，主编和参编著作13部。

来到深圳非常荣幸，因为我觉得深圳是一座“光荣之城”，代表着中国改革开放30多年经济建设的辉煌成果！我希望深圳这座城市能够在文化上也成为“光荣之城”。

深圳非常有希望建成强大的文化城市，但是这需要相当长的时间。建成伟大的城市需要很长时间的积淀和积累。深圳经济上高速发展，这是前30年。后30年，深圳应该着手文化建设工作。读书、阅读、休闲生活，可能属于共同关注的内容。

考察休闲生活，一是看休闲生活的一般形态，二是与国内其他几个城市，主要是北京和上海的休闲生活、休闲文化作一个参照对比，包括对当代休闲文化的一些思考。

城市休闲生活与文化形态是一致的

第一，城市休闲生活简说。

都市休闲生活是什么？它是怎么产生的？休闲生活属于城市文化的一部分，与城市的文化形态是一致的。有什么样的城市，就肯定会有什么样的休闲文化。例如，巴黎人散步非常多见，在巴黎街道、林荫道上散步，这种传统就与城市文化有相当深的关系。在19世纪末，巴黎进入法国第三帝国时期，也就是拿破仑三世时期。在这时，巴黎市长豪斯曼规划了巴黎的现代化建设。现在的巴黎城市风貌不像中世纪，这是巴黎与欧洲其他城市的不同点。欧洲其他城市到处都是中世纪的房子，但是巴黎多数都是19世纪下半叶开始建设的建筑，经过拿破仑一世到拿破仑三世对城市道路的规划，建设了街心花园、林荫道等，渐渐形成了巴黎的显著城市休闲生活特征。例如，人们习惯散步，这与它的林荫道很多有关。任何城市的休闲生活都与它的形态有着必然关系。

休闲是一种文化。休闲生活究竟会产生什么？通常而言，文化学家把文化分为三个时期，一是原始文化时期，二是古典文化时期，三是现代文化时期。

首先看原始文化时期。这个时期的特征是它的高度整合性，它的经济、宗教、文化是不分的，没有一个独立的文化门类。文学艺术产生于什么？目前多数人认可的说法是文学和艺术产生于巫术，也就是产生于宗教。所以文学、文化、经济活动和宗教是不分的，特别是在狩猎时期。我们一般认为休闲产生于农业、农耕、农业劳作。农业季节性很强，由于季节性开始产生了休闲、闲暇。人类的各种艺术、文化基本上是在有闲暇之后开始逐渐产生的，产生了各种各样的艺术门类。当然，职业艺术家也在这时开始产生。

由闲暇产生的文化开始出现了内部的各种分类，如文学、建筑、雕塑等。人类的休闲生活也产生于这个时期。

在古典文化时期，人类休闲生活的特征是：阶级性、地域性和城乡的无差异性。

阶级性，就是休闲生活有等级。贵族的休闲生活是一种情形，平民的休闲生活是另一种情形。古典文化时期占统治地位的叫“贵族文化”。按照马克思、恩格斯的看法，任何一个时期，贵族文化都对其他阶层产生支配性影响。一旦贵族文化产生，就会对其他人群产生影响，甚至其他人群也开始接受贵族文化。中国和西方都是如此。中国先秦时期的礼乐以及西方中世纪的骑马、跳舞等，都产生于贵族生活文化，渐渐影响到其他阶层。

当然，也有一种关系互动。就是贵族文化会吸取民间文化的一些成分，把民间文化变成自己的东西，然后变成贵族文化。这种情况也是文化史上常见的，它有利于把新鲜活泼的民间文化变成文人文化。反过来，它也有自己的缺点，就是容易把来自民间的文化弄得非常枯燥、程序化，失去了发展的活力。

地域性。在古典文化时期，在各个地方文化交往比较少的情况下，文化有高度的地域性。

城乡的无差异性是指，在中国古代，中国的城市形态和乡村形态没有太大的差异。举例来说，我们小时候所玩的一些东西、一些娱乐形式基本上都与自然有关。例如，捕蜻蜓、捉鸟、摸鱼等，都与过去社会的农业形态有关系，不是一种城市娱乐，而是乡村娱乐。

中国近代的城市休闲生活

确切来说，中国产生普遍性的城市休闲生活应该是近代的事情。中国进入近代后开始出现两类差异非常大的城市类型。一类以北京为代表，另外一个类型以上海为代表。上海城市产生之后，开始发展一种来自西方的非常不同于中国传统社会的文化，把很多西方的城市休闲生活、娱乐生活方式带到中国。我们现在所享受到的一些城市休闲生活方式，最早进入中国是在19世纪下半叶经由上海兴起来的。

近代社会是工业化社会，人们的工作是流水线式的，必须要有非常多的人在同一个时间、同一个场地共同工作。最标准的就是流水线，每个人负责流水线上的一个环节，我们要在特定的时间内进行工作。例如，八小时工作制度、每周五天工作制度，都是在工业社会才开始出现的。我们上午8点上班，下午6点下班，这是集体工作制度。这样就带来一个问题，它使人们的休闲生活也成为社会性和集体性的了。在此之前不是这样。在农业时代，人们的休闲生活不是社会性的，不需要很多社会性的参与，是个体性和家族性的。一个人什么时候去劳动，在农业时代完全由自己决定。你在田里面多劳作一段时间、少劳作一段时间都可以，完全是自己的事情。娱乐休闲也基本上是以个体的方式进行的。但是现代工业革命之后，人类的娱乐休闲就变成社会性的了。这势必有一种需求，需要社会性很强的、大规模的而且需要大量设备的参与来满足我们的娱乐休闲。例如，看电影就是群体性行为，必须有上千人、几百人在同一时间坐在一个地方，需要高度集中性的设备，要有电影院、放映机等很多辅助性的设备来完成。这样就产生了我刚才所说的有很强社会性的休闲。

当然这个社会也会提供一些社会性很强的休闲方式、娱乐方式给市民。就阅读来说，报纸就有周报、月报、旬报、早报、晚报。这个人刚下班，晚上要回去看晚报；上班之前可以看早报，报纸每天刊印一次。所以近代社会、工业社会产生的很多东西，我们今天都还有。

例如，19 世纪末在上海出现一份小报，名字叫《礼拜六》。这个名字很明白，就在你每周休闲那天提供给你休闲的享受。严格说来，这份报纸不是太好，上面既有很新鲜活泼的内容，同时还有当时乌七八糟的东西。它对于当时的生活是有影响的。

由于社会性因素的加强，渐渐产生了休闲生活的特征，这就是时尚。时尚必须是群体性的、社会性的，没有社会性参与，产生不了近代以来大规模流行的时尚。大量的社会性因素强化之后，就产生了群体性的娱乐方式、休闲方式，这就是时尚。我们可以看到，中国近代城市生活的时尚也是从 19 世纪的上海开始的，包括人们的衣着、生活方式，闲暇的娱乐性活动都带有这个特征。

以上是对休闲生活基本形态的简单描述。

旗人生活对北京的影响非常深刻

我现在来说说近现代的城市生活。我以两个城市为例，一个是北京，另一个是上海。

如果讨论北京这座城市的休闲生活，必须要讨论这座城市的文化形态，它的城市形态是什么样的？

第一，“士大夫文化”的影响。北京有非常强的所谓“生活艺术”，能使生活变成艺术，这当然是我们所期许的。如果我们的休闲生活方式都能成为艺术，这当然非常好。北京的生活艺术从哪里来的呢？学者林语堂有一本书就叫《生活的艺术》，谈中国人在娱乐闲暇当中的各种审美。我刚才说到贵族文化对其他阶层产生影响，在这里就说到了一个问题，就是“士大夫文化”的影响。

说“士大夫文化”其实还是不确切。说到北京的生活艺术，不能不说旗人，也就是满族人。旗人生活对于北京的影响非常大而且很深刻。满族原本是军事功能非常强的民族，八旗制度原来也是一种军事职能组织。但是旗人入关之后生活太优越了，当时有所谓的“铁杆儿庄稼”，就是旱涝保收的工资。每个月是否工作无所谓，都有固定工资。现在很多城市都有一个“满城”，这就是旗人与汉人分开自己聚居的场所。清朝政府早期有规定，旗人在城市中，不能离开满城40里地。这造成了旗人生活极其优越，无论工作与否，都不愁吃穿，与外界接触也比较少。这群人做什么呢？只有玩了。到后来，旗人组织的军事职能完全消失。清朝末年，中国面临那么多的战争，旗人完全不能打仗。包括太平天国这样的运动都要靠汉人军队去打，如曾国藩的湘军、李鸿章的淮军等。旗人作战能力极低，军官不会骑马，步兵不会射箭，他们就只会玩。旗人玩什么？就需要创造。休闲生活中高雅的部分有创造，平民部分也有创造。

先说高雅方面。旗人文化素养非常高。比如，清朝皇帝的文化素养非常高，超过历代皇帝，而且清朝的皇帝通常都是好皇帝。入关之后，清朝统治者强化了对汉文化的学习，在很多方面超过了汉人。例如，清朝有一个制度，皇帝每年要在北京国子监讲经。就是皇帝来做学术报告，一个皇帝可以做学术报告，可见皇帝的文化修养之高。康熙皇帝、乾隆皇帝的娱乐休闲生活方面，有高度的审美性。乾隆皇帝搞了《三希堂法帖》，以他为代表的帝王书法、绘画都非常好。

旗人也不避讳通俗的东西，这是汉人做不到的。例如，曲艺，北方，特别是北京的曲艺形式非常多，这与旗人有关，旗人大量玩这些东西。鼓词、岔曲、相声、三弦等都有旗人的创造，他们把原本民间的东西带上大雅之堂，变为一种艺术、审美。这是旗人在休闲生活艺术方面的情况。

旗人的这种生活方式，后来影响到了汉人。特别是在民国之后，旗人已经失去了政权，也没有了生活来源，于是就开始从满城搬出来，散居到城里的各个地方。当时的汉人痛恨旗人统治了中国200多年，所以发生了很多针对旗人的迫害性事件。很多旗人被迫改姓，比较多的是“金”和“关”。姓“金”的人多数是贵族，很多金姓旗人甚至是原来的皇族。他们散居到各地，也就使原来贵族文化的审美艺术、生活艺术影响到了自己的周边，影响到全北京城以及全国各个城市，影响到了平民老百姓。这是北京形成生活艺术的很重要原因。包括现在，北京这座城市传统的生活艺术还是很发达。去北京的潘家园，可以看到北京人玩这些东西有多厉害！包括斗鸡、遛鸟、鸽哨、收藏等等。

讲到琴棋书画，这都是非常高雅的东西，旗人因为他们自身的文化修养非常高，近代以来产生了很多大画家、大书法家，而这其中很多人都是皇族，如溥儒、溥佐、启功等。这是旗人的一个特征，末代皇帝溥仪有几个弟弟妹妹都擅长画画。因为皇族成了平民无法生活，很多人变成了职业画家。在琴棋书画方面，也包含了旗人的影响。

这种很高雅的休闲生活，影响了北京城的一些风气，产生了北京这座城市的一些审美、艺术场所。例如，琉璃厂，它从清朝到现在，就是一个书画、收藏、古籍、版本的全国集散地。当然，这里也发生了很多的故事。有一些在琉璃厂工作的职员，后来都成为很著名的版本学家、学者。那些大文人所研究的一些书籍材料，也都委托琉璃厂的老板们去搜集。所以琉璃厂的这些老板和职员，他们都记得很多当时大文人的故事，包括近代、现代都有。例如：周作人怎么买书、鲁迅怎么买书，周作人买书之后习惯性的动作是什么，如盖个章等；朱自清怎么买书，某某大文人买书之后怎么运，是叫黄包车运还是自己夹个包带回去。他们都知道得非常清楚，有很多这样的回忆录。直到现在，北京这种风气还在延续。

通常把老北京说成三块——东城、西城、南城。所谓“东富西贵”，东城有钱人比较多，西城贵族比较多，如亲王、郡王、贝勒、贝子。南城就是平民之地，所谓“南城”，就是前门和崇文门、宣武门以南这个区域，这里的平民比较多，也就形成了自己的生活艺术形态，如南城的天桥地区，平民的生活艺术非常发达。

北京休闲生活的田园特征

第二，田园特征。老北京是个乡土形态的城市，它和周边的自然环境已经完全融为一体。北京周边有大量的园林、湖泊，包括城里的中南海、北海，北海再向北就是非常著名的大家特别喜欢去的什刹海，什刹海有三个海——西海、前海、后海。所谓“海”，也就是满族人对水和湖的称呼。这个海的水当然是从西山流过来的。西山是一个很大的区域，有绵延几十里的皇家园林。有时候我们说是“三山五园”，这是很概括性的说法，其实北京西边的园林多极了！英法联军烧了圆明园之后，还有很多的园子不但遭到八国联军破坏，也包括中国人自己的破坏，有时候中国人的破坏甚于西洋人。在长达几十年的时间当中，把房子掏空，把砖、台基、石块全部拉走，造成了整个北京西郊的荒芜。从整体布局来说，西部绵延几十里都是皇家园林。这种皇家园林从金朝时期就开始经营，当时把北京叫作中都，一直经营到清朝，这是一种很自然的形态。

北京城市布局并不是很满。北京的“城内”概念，二环以内是老城。二环的原址是北京老城墙，把它拆除了才建设了二环路。直到20世纪40年代，北京老城还没有把布局布满。在它的南端，在先农坛、天坛附近还有大量空地，有些空地基本上与农村一样，很具有乡村气息。北京西城什刹海附近也与农村差不多，它有高度的田园性，房子也不高。所以老舍先生描述北京的话，改用了陶渊明的一句诗，“采菊东篱下，悠然见南山”。老舍先生说，“采菊东篱下，悠然见西山”。你在老北京任何一个地方，如果天晴，就可以清晰地看到西山，这就是这座城市的田园特色。

居住环境方面，北京的四合院，里面有两重院落或者三重院落。院落中到处是花草，如石榴、葡萄，所以说北京四合院的典型景致是“天棚、鱼缸、石榴树，先生、肥狗、胖丫头”。有葡萄架、金鱼，院子里还有一个北方的胖女孩，这就是大家经常能见到的老北京的生活情景，高度的田园特征，非常有利于保存传统的一些娱乐休闲方式。例如，斗鸡、遛鸟、鸽哨、玩蛐蛐儿等，这些活动非常适合在田园中展开，而不大可能在洋房中进行，斗蛐蛐儿在洋房中是不适合的。

传统中国人生活审美的节制特征

第三个特征就是节制。中国人，特别是传统中国人的生活审美往往有一个特征，就是节制，不猛烈、不强烈，渗透着中国人的中庸思想。在节制方面还有一种情形，就是不需要太多的物质参与，表现出低物质水平维持的状况、特征。以茶馆为例，茶馆是北京的特色，茶馆的功能并不完全是休闲和娱乐的，还有很多其他的功能。茶馆至少有两个功能，一是旅馆功能，供人住。过去到北京应考、上学的一些学生、士子，就居住在茶馆。这种能住人的茶馆，老北京叫作“荤茶馆”，供人住，还提供餐饮。第二是社交功能，在各个地方都有，四川的茶馆在过去也有社交功能。人们在这里进行社交活动，包括会朋友、谈生意，甚至调解争讼。所以说茶馆的功能很多。老上海在正规的证券交易所产生之前，人们买卖公债和股票就在茶馆中进行。它还有经济、法律功能。例如，调解民事纠纷。两家闹矛盾，其中一家在茶馆请另一家，请当地或者本族的头面人物，大绅士、宗族领袖出面在这里讲和，有息讼的作用。当然它肯定有很强的娱乐功能。但是北京的茶馆表现出很低的物质水平特性，与上海喝咖啡不一样。甚至有这种情况，茶客自备茶叶，到茶馆出钱只是买水而已，在茶馆一坐一天，不断加水，消费肯定是很低的。

北京庙会，也有两个功能，一是贸易，一是娱乐休闲。但是北京庙会的贸易功能并不突出，以前北京很多庙会都在寺庙前面举行，通常是每隔 15 天一次，每次上午 10 点左右开始，下午 2 点结束。所以在这里买卖交易量并不是很大，就是玩儿、看、逛、挤。什么叫“逛庙会”？就是挤，人很多，一起挤，看看这个，看看那个。如果大家想了解北京的庙会，您就过了春节去看。初一没有，初二就有了。例如，隆福寺、龙潭湖、琉璃厂、天坛、地坛、日坛都有。但是我劝大家一句，去之前一定要对北京的庙会有足够的重视和心理准备。为什么？因为人太多，挤得一塌糊涂。直到现在，北京庙会还是这样，就是瞎逛、挤，看一些小物件。北京的庙会大多从正月初二开始，一直延续到正月十五，要想真切地感受北京庙会，大家可以初二去，要做好准备。

曲艺，这与旗人有很大的关系，甚至很多曲艺形式就是旗人根据民间曲艺整理成型的。

老北京的礼俗休闲

第四，礼俗。这也是一种老北京的礼俗休闲方式，因为它包含了一些人际来往习俗。

先说礼仪。休闲中的人际来往，老北京包含着高度的礼仪性。特别是旗人，他们见面之后礼节非常复杂。林语堂先生在谈到老北京生活、旗人艺术时说，老北京要讲风度，遇到生气的事也不能够怒形于色。旗人有很多规矩，如果生气该怎么办？生气时怎么保持礼仪？是一种很优雅的生气，而不是摔桌子。林语堂说旗人连咳嗽、吐痰都有艺术性。在闲暇生活当中，在人际交往当中包含高度的礼仪性，甚至这种礼仪渗透到了社会的许多其他领域，如商业。老北京的老字号，在过去的经营中保持着高度的礼俗、礼仪，不仅仅是商业买卖。例如，某个老字号来了山西的进货商，老友来进货，一般来说，进货之后就可以了。但是他们不行，不能直接说买卖，必须把这个商业行为包含在一系列的礼仪过程当中。老客户来了，先请他住下来，然后要吃“下马面”，北方有所谓“上马饺子下马面”之说，晚上听戏，第二天还要招待掏耳朵、理发、修面等，他们把这些环节延续几天，把商业活动变成了生活艺术。

上面说的是近代北京的情况，下面一个类型说一下上海。

上海很多休闲方式都是西方传来的

第一，上海是高度工业化的城市，大规模的社会性的渗透，西方时尚很快流行起来，把西方时尚带入中国。

第二，西方文化影响。现在很多的娱乐方式、休闲方式都是从西方传来的，如舞台剧、话剧。中国最早的话剧，一个说法是出现在1905 年，一群中国留学生在日本东京成立了一个春柳社，其中成员有欧阳予倩、李叔同（弘一法师），他们组成的话剧社进行了话剧演出。

在更早的 1860 年，上海就有话剧，是洋人演出的。洋人根据西方著作改编剧本，这群洋人自己出演，通常也是给洋人看。之后，教会学校让自己的学生（多数都是中国人）去演出一些舞台剧。所以说话剧进入中国还是比较早的，慢慢就变成了中国的休闲和娱乐方式。

电影。它传到中国大概是 20 世纪初。电影产生于 1895 年，诞生后 10 年内进入中国。电影首先出现在中国有两种说法。一个说法是上海人说的，兴起于上海。因为某年某月在上海法租界法国人放映了什么电影，这是中国第一次有电影。北京人说电影首先在北京出现，就在大栅栏，说得很确切，强调最早中国放映电影是在大栅栏一个叫泰丰照相馆的剧场中。

此后，电影就变成了中国人，特别是上海人的主要娱乐方式。但是话说回来，电影进入中国后，别的地方的电影没有上海那么强势。为什么？因为早期的电影都是西方影片，而且过去的西方影片没有译制，不像现在已经翻译过来，让大家能听懂。当时没有译制和字幕，只是少数人在看。只有在上海这样西洋化色彩非常浓的地方，很多人懂英语、法语，这种环境中才能流行电影，所以上海人对电影的热衷远远超过其他城市。在北京等地，懂英语、法语的人相对少。所以老舍先生的小说《四世同堂》中提到的主人公——教英语的瑞宣，全家基本只有他一个人去看电影。为什么？因为他懂英文，而且他去看电影也不是为了娱乐，因为他教英语，所以去电影院练口语。所以电影在中国以上海最为发达，其他地方比较少。

跑马、彩票、公园、度假等，这都是西方的东西。上海的跑马非常有名，在很多影视作品中经常可以看到跑马场。上海的跑马场经历了三个建设时期，最后一次比较大规模定型的建设，就是现在南京路和西藏路交会处。当然，新中国成立之后把它改成了人民广场。人民公园是圆形的，为什么这样？就因为它的原址是跑马场。而且它的规模很大，号称“远东第一”。它旁边有一些附属建筑，这些都是老上海非常著名的建筑。现在南京路上有一家上海美术馆，这是旧上海跑马场售票的地方，大家可以看到连卖票的楼都那么漂亮。当然，跑马给上海人造成很大的影响，因为这里有赌博行为，造成很多人倾家荡产，甚至杀人越货。

公园，这也是西方的概念。中国原来没有，只有私园的概念。中国人过去的园子，是私人的，大家进不去，包括苏州、北京以及各地的园林都是私人园林，中国原本没有供社会公众享用的公园。公园是相对于私园而言的。最早造公园的是洋人，比较著名的公园是位于上海的外滩公园、法国公园、兆丰公园。当然，公园造好了之后，最初不针对中国人开放。因为它是在租界中供西方人享受的，后来慢慢开放，大家买票就可以进入了。此后，逛公园也成了大家很常见的休闲方式。

度假。这个概念也是中国人不大有的。“度假”与工作制度有关，也就是你的工作就包含了度假在内，你上多长时间的班可以有一次假期，这是现代工作制度的内容之一。这是制度，不完全是个人行为。中国人开始出现度假也是从西方传来的。大家都知道中国有“四大避暑胜地”。从北向南，分别是河北北戴河、河南鸡公山、杭州莫干山、江西庐山。这四大避暑胜地最初都是西方人休闲的产物。河北北戴河，因为临近北京，还有天津，有很多在使馆、西方机构工作的人，到夏天就到靠京津比较近的海滩去休假，这就形成了北戴河避暑胜地。鸡公山位于河南、湖北交界处，武昌、汉口的洋人夏天要度假，就选鸡公山。莫干山和庐山都与上海、汉口的租界有关。大家弄清楚这些就会明白，为什么这些避暑胜地到处都有早期的西洋建筑，而不是中国建筑，原因就是它们最早是在中国的洋人避暑的地方。这使度假慢慢在中国兴起。

第三，中西合璧。上海人的娱乐有中有西，没有忌讳。例如，中国的越剧，统计资料显示，旧上海人的休闲娱乐，排在第一位的就是欣赏越剧。别看我们的文学作品、电影、电视当中经常出现跑马这些西洋的娱乐方式、很火爆的休闲生活场面，但其实占据旧上海人娱乐休闲第一位的还是欣赏越剧，它最具有公众性、广泛性，这是中国人的东西。还有麻将，大家都知道了。还有花酒，这是一种晚清时非常盛行的比较恶劣的、不太好的娱乐休闲，是有一些女性在场的喝酒方式。

游乐场。现在中国的城市有很多大型的游乐场，它也是西方的产物。旧上海最出名的游乐场原址在现在的华东师范大学，过去这里有一个俄文的名字“列娃列妲村”。为什么叫这个名字？是因为在这个游乐场中，所有的侍应生（服务员）都是俄国人。大家可能都知道，俄国在“十月革命”之后，大量的俄国贵族（白俄）因为革命，都跑到上海来避难，包括军官、伯爵、公爵等。他们到上海之后开始做一些服务性的工作。在这个“村”，所有的服务人员都是俄国人，所以说这个游乐场充满了俄国情调。它当时的范围非常大，可以做野宴（烧烤）、划船、舞会等。所以这里先有自然的休闲功能，还有一般的社交功能。

舞厅。想到旧上海，就想到旧上海的舞厅，因为旧上海是“不夜城”，到处是舞厅。其中比较著名的有百乐门，我们经常可以在电视电影中看到它。旧上海的舞厅在那个时代已经非常豪华。豪华到什么程度呢？台湾作家白先勇（他早期在上海生活，后来去了台湾）在他的一部小说《金大班的最后一夜》中说，台北的“夜巴黎”（当时台北最大的舞厅）算什么？还没有百乐门的厕所大！这就可以想象当时上海的娱乐业兴盛到什么程度。当时在整个东方最好，包括大光明电影院、国泰电影院、美琪电影院、百乐门舞厅等，肯定是东方国家中最好的！所谓的“花花世界”也是来源于此。

当代城市的休闲生活

我觉得这很难一一描述，因为它实在太丰富了。第一个特征是多样性。我们也很难说当代人的休闲生活特别像哪个城市，像北京、老北京还是上海？都不像。我们的休闲生活不是以哪一种形态为主，是完全多样性、多样化的。而且多样性还有一个特征，我把它叫作“小群文化”，也就是小众文化，这是相对于大众文化而言的。大众文化是大家共同享有的，小众文化是特殊人群共同享有的，如某个特定的城市社区，如北京的老胡同等，某个特殊人群，如对京剧有爱好的人群。

小众文化或小群文化目前在中国非常普遍。某个特殊的人群对某个娱乐休闲的内容特别有兴趣，钻研得非常深入，这就叫小众休闲。这很难统计。例如，北京有很多的小剧场。当然在北京也有一些大剧场演出，如国家大剧院、首都剧院等。但更多的是不为其他人熟知的特定人群、一部分人的剧场演出，我们叫作“小剧场”。在我单位旁边就有非常有名的“1919 小剧场”，这个剧场规模很小，场地不大，多数参与的人是有共同兴趣的专业人士。这就是多样化的特征。有公共大众的娱乐，如唱歌等，也有特定人群的休闲娱乐。小群文化特征与人的年龄有关，老年人的娱乐和青年人的娱乐是不一样的。在北京胡同旁边，老人有老人的娱乐，如拉胡琴、唱京戏，年轻人有年轻人的娱乐，他们可能对胡同不感兴趣，如到 798 去看前卫艺术。老北京的传统胡同社区与 CBD 这种新潮社区也不一样。娱乐不一样，性别不一样，男人玩的和女人玩的也不一样。文化背景不一样，娱乐的内容也不一样。行业不一样，如商人和知识分子的娱乐不一样。现在有很多特定的娱乐、休闲项目似乎都具有商务特色。其实中国的知识分子，目前而言没有很特定的休闲方式，并没有符合自身的、别人没有的休闲方式，与大众没有什么区别。

第二个特征是不成熟。在当代，由于文化的断裂，还没有形成一个特别成熟的形态。特别是在娱乐和休闲方面，不管是继承了中国传统的娱乐休闲还是接受了西方的娱乐休闲，从某种程度上来说，还没有形成成熟的休闲文化，它的内涵不大。形式可能有了，如高尔夫球场建了很多，卡拉 OK 遍地都是，休闲餐饮到处都是，外壳有了，但是休闲文化所体现的文化内涵没有，或者没有完全建立起来。我们也不能说完全西方化就好，包括西方的一些娱乐休闲方式进入中国之后，有一个中国化的过程，这就与它原来的西方特征不一样了。

举一个例子，麦当劳，它在中国基本上属于休闲的内容。因为我们不是为了公务去吃，也不是天天吃，我们不能一日三餐吃麦当劳，可能是一种休闲，我们有时候会偶尔去一下而已。麦当劳产生于美国，它不属于休闲，是一种工作内容。就是上班、办事时到中午了，顺便在这里买一些东西吃。吃的时间极短，很快结束，有的人买了之后边吃边走。这就不属于休闲内容，属于工作内容，是快餐。“快餐文化”有什么样的内涵？是技术形态。因为麦当劳有配方，是程序性的，完全程式化的、配方制作的。基本上都是一样的，没有太大区别。怎么把它中国化了？中国基本上没有快餐文化，中国人接受的快餐是个舶来品。中国只有“大餐文化”，也就是酒席。“大餐文化”是什么内涵？是艺术！因为这一桌饭菜做出来，每一个厨师，每一个菜系，每一个制作工艺都是独特的，包含着艺术性、不可替代性。此厨师和彼厨师、此地和彼地做完全不一样，它包含了某些艺术创作在其中。大众文化是艺术形态，麦当劳传入中国的早期，中国人往往是用对待大餐文化的概念、态度面对属于快餐文化的麦当劳，这就发生了很多很有趣的情形。例如，中国人特别喜欢在麦当劳请客，而请客不是麦当劳快餐文化的功能。请客应该是大餐，中国人喜欢在这里请客、过生日，而且喜欢全家聚会，而这些都不是快餐文化的内涵。但是中国人特别富于创造性，能够把技术形态的麦当劳变成中国艺术形态的大餐文化，这也是中国文化很独特的功能，可以把西方文化变得不可思议。

我再举一个例子。在我们的日常出行当中有一部分属于休闲，如我们开车去周围的郊区玩。你到郊区玩儿，要开什么车？在欧美国家分得很清楚。欧美国家的家庭基本上没有三厢车，或者很少有。因为三厢车是用于公务的，如黑色、排量大的三厢车用于公务活动，用来上班可以。但是如果属于个人的闲暇、休闲、娱乐生活，他们一定不会开三厢车，肯定要开两厢车。而且欧美国家特别有意思，它的两厢车特别小，这样的车排量小，车型小。有时候我看到觉得很好笑，身高1.9米以上的大个子从那么小的车门中钻出来，我都不知道他是如何钻进去的。欧美街上跑的95%都是小两厢车，因为他们处于休闲状态，可能是出门上街、到远处去、私人访友，不是从事公务、上班。而且欧美国家的人们上班基本上不开车，都是坐公交、地铁，这也是他们开两厢车多的原因。大城市中的人群基本不开车上班，开车时基本都是自己闲暇、休闲时，这时候就开两厢的各式各样小型车。

相反，现在中国人特别热衷于大三厢的、黑色的、大排量的汽车。当我们到某一个旅游景区去玩的时候，看到的都是黑色、大三厢的公用车。这与欧美的标准不一样。

要使休闲生活成为文化、审美

西方国家给我们的另外一个启示，我觉得很重要。这是我这几年在国外访问、讲学、居住的相关经验，也是我的感性认识。西方给我们的启示是，一是回归家庭，二是绿色意识。刚才我说的闲暇生活要开小两厢车，这就是一种绿色意识，要环保、排量小、占空间少。在荷兰，满街都是自行车。当然他们的自行车不是我们用于交通的自行车，他们的自行车很高级、复杂，售价也不低，非常好，但毕竟是自行车，环保。

回归家庭是这几年欧美人选择的比较健康的生活方式。我的感觉是，欧美人和中国人仿佛颠倒了。过去觉得西方人特别忙，其实现在特别闲，忙的是中国人。我们过去觉得西方人特别喜欢钱，金钱欲望特别强，而现在不强了，但他们社会保障非常好。现在金钱欲望最强的是中国人。过去认为西方人不安分，想法多，其实现在他们的想法很少，想法最多的仍然是中国人。过去觉得西方人生活节奏快，忙碌、高效率，现在反过来了，他们现在的生活方式极慢，吃饭可能要三个小时，效率特别低。特别是拉丁文化的国家，包括法国、意大利、西班牙、葡萄牙，他们更是如此，效率低，人们强调休闲、喜欢回家，工作节奏慢，但是创造性特别强。北欧民族，如德国人，呆板、刻板一些，但是他们也喜欢回家。所以现在最忙、最没有休闲时间的是中国人。而且中国人现在把休闲也变得特别忙、特别累，如晚上去吃饭、朋友应酬，讲究场面。星期六、星期天又是某某人的场面、饭局，需要去，搞得特别累。在欧美国家，晚上6点之后休想买到东西，因为所有的商店都不开门。而且在星期六、星期天也休想上街买东西，因为多数的商店也都不开门。当然这里要特别说明，专门针对中国人经营的商店除外，如巴黎老佛爷，肯定会开门。除了它们，剩下的商店基本上关门，人们回归家庭。

我们不要让原本休闲的生活过得很累，要尽量与家人在一起。

未来城市休闲生活是怎样的？对这方面，我不是预言家，但是应该有基本共识。要使休闲生活成为文化、审美，不光是身体的活动，还应当是一种精神活动，使它具有文化内涵。如果我们能够把休闲生活变成艺术、审美，当然更好了。

中国城市如何引领健康的娱乐休闲？北京、上海、香港还是深圳？我也说不清楚。但是我想说，深圳至少在这方面非常有优势，这就涉及深圳整个城市文化健康、良性的发展。我特别注意到，深圳是一个田园性的商务城市，这一点让人感觉非常惬意。深圳城区有大量的树林，这是很少见的。这样的绿地、森林、植物与汽车世界浑然一体，这在中国城市中是独有的，在世界城市中也独具特色。既然有这样好的生态，就必然可以提供给深圳市民很多健康、绿色的休闲生活方式。所以未来的深圳，应该在健康的休闲生活方面成为全国的引领方向。谢谢各位！

京剧养生

黄孝慈

黄孝慈

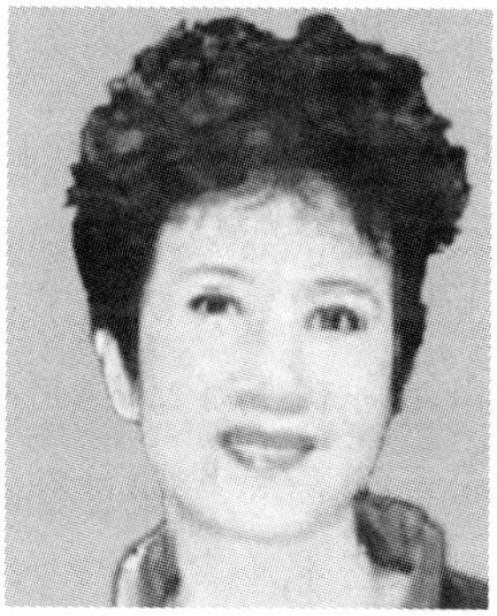

著名京剧表演艺术家，国家一级演员。现任江苏艺术剧院艺术指导委员会委员，中国戏剧家协会会员，江苏省戏剧家协会副主席，政府特殊津贴专家。曾两次获中国戏剧“梅花奖”，获第六届中国戏剧节表演奖、江苏省第四届戏剧节优秀表演奖，2000年获文化部“文华艺术表演奖”、第十一届上海白玉兰戏剧表演艺术奖优秀表演奖。擅演剧目有《董小宛》《红菱艳》《太平公主》《玉堂春》《蝴蝶杯》《四郎探母》等。

京剧舞台表演要求相当严格，我先简单讲一下京剧的三大特点。

第一个特点就是程式性和规范性。“家有家规，国有国法。”京剧在舞台上是有规矩、有法则的。每台戏塑造人物的技巧和手段都有固定的方法。青衣是大家闺秀，要么是公主，要么是小姐。动作是唯美的，先左后右，然后提腕子，这些就属于程式。例如，出场到九龙口五步、七步、九步根据舞台大小决定。不是说可以在台上随便走，那是有规则的。在所有剧种中，京剧是相当严谨的，每个角色，每个人物，处理的方法都不一样。

第二个特点就是它的虚拟性。在舞台上不可能有门，我们必须通过舞台上的表演动作向观众交代角色是如何开门关门的。过去的门不像咱们现在的门，过去的门是有门闩的，拔门闩得有点力度，关门要撤身，时代不同关门的方式截然不同。还有喂鸡，拿小米，怎样把缸盖拿下来，千万不能这么抓，不信你回去试试，这么抓小米，抓不起来，全漏了，一定要攉两下三下缸盖盖上，然后掂一掂，园场小碎步跨门槛出门，唤鸡、喂鸡。这是虚拟的表演，还有上下楼，青衣和花旦是不一样的，青衣大方稳重，随着乐队的节奏上下楼。花旦活泼俏丽，随着乐队“花梆子”的曲牌上下楼是很风趣的，然后一个滑步屁股座子，哎哟摔了我一个跟头！虚拟性还有骑马、扶马、拿马鞭，跨腿上鞍，随着乐队的节奏园场，然后勒马。这样我就从深圳到了南京禄口国际机场了，这是多么神奇的艺术处理呀！

第三个特点是综合性。

京剧艺术不是一个人能完成的艺术。有编导、演员、乐队、服装、化妆、灯光，还有同台合作的各个行当，要尊重感恩这些幕后英雄，是他们成就了主演。

旦角四大流派各有特色

再讲讲京剧的行当，分生旦净丑，今天由于时间关系，我就讲旦行。旦角分青衣、花旦、闺门旦、刀马旦、武旦、老旦、彩旦、泼辣旦等。大家知道旦角的四大流派吗？就是四大名旦，梅兰芳先生、尚小云先生、程砚秋先生、荀慧生先生。

我先说梅派，梅先生雍容华贵，大气，动作圆润没有棱角。我通过一句台词用声音造型来区分四大流派。梅先生是这么念的："啊！梅香，那花样儿一个要飞的，一个要游的，不要忒大也不要忒小。"这段词是什么意思？姑娘要出阁了，不像现在可以到最好的店里买最合适的高跟鞋，古时候没有，都要手绣，不要忒大也不要忒小，一个要飞的，一个要游的，就是龙凤，这是梅先生的表演。

程先生的戏特别深沉，悲里带刚。他是这么念的："啊！梅香，那花样儿一个要飞的，一个要游的，不要忒大也不要忒小。"尚小云先生原来是学武生的，他老人家的戏比较刚烈，是这么念的："啊！梅香，那花样儿一个要飞的，一个要游的，不要忒大也不要忒小……"

荀慧生先生念的跟这三个流派又不一样啦，他特别生活化，是这么念的："啊！梅香，那花样儿一个要飞的，一个要游的，不要忒大也不要忒小……"

京剧几百年的历史，传承了中华传统文化，它的精髓——每一出戏不管是大戏还是折子戏，都在弘扬着一种民族精神，都在讴歌着我们的英雄。

精、气、神是养生的根本

京剧养生是什么意思？现在人们都追求身体健康，健康也成了社会上的一大热题。养生莫如养性，这个性就是要健康的性格，而养性莫如养精，这个精就是健康的精神面貌。精力充沛了，可以化气，气可以养神，气盛了，可以传神。肾气足可以使阴阳平衡、肺腑协调、气血畅达，身心健康，这样你就身体强壮了，所以精、气、神是养生最根本、最重要的养生之道。

在这里我想谈一个问题，人必须要做有理想有追求的人。我以自己为例，我是中国戏剧学院毕业的，初中毕业以后才学戏，我第一关最难过的是什么？不是唱，不是念，是我的腰腿功夫。我那时候怎么练腿？就是把一条腿放在枕头底下，把人撕成"一"字睡觉，那时候就是这么练的，15 岁才练腰腿。我那时有个理想，看别的同学会这么多东西，我自己什么都不会，就暗下决心，我一定要赶上并超过他们。最后我把腰练成什么样子了？就是英文的“U”字倒过来写，我的后脑勺能够接触到脚后跟。

2012年8月，首批300名全国“劳模”去北戴河疗养，因狂风大雨不能出去，我在房间里写了两篇文章，然后开始练功。有个服务员想跟我聊天，我就答应了。她说：“老师我佩服你们，你们都是成功人士。我现在学也没学好，玩也没玩好，我现在该怎么办？”我说：“你21岁不小了，你必须要有理想，要有追求，平时要比别人多付出几倍的努力。要明白自己能干什么，能干好什么。”

我在中国戏剧学院第一期两年进修班里真正学习京剧的时间只有一年零两个月，但我赶上了京剧的鼎盛时期，赶上了师资的鼎盛时期和科学的教学方法，我是受益人。从那时我下决心要赶上去，基本功赶上了，小课我第一了，在班上50多人里我要争第一。最后毕业的时候，我参加了公演考试，那时候我是班里七门功课全以五分的优异成绩毕业的。我给自己设计努力的奋斗目标，我都达到了。后来我有幸看了一出戏《白蛇传》，是杜近芳老师演的，叶盛兰老师被打成“右派”不让演，是李少春老师演的许仙，在北京王府井的首都剧场。看了这出戏，我发现原来京剧这么美啊，那种唯美和精湛的表演深深地激励着我，我眼睛都舍不得眨。我们几个同学从首都剧场一口气跑回学校，到学校没脱衣服倒在床上就睡着了，十几公里啊！当时就有这么一股冲劲，一定要刻苦努力学好、演好。那时候杜近芳老师就是我的偶像，一直是我的奋斗目标。

青衣花旦互补非常重要

这里又有一个小故事，1959年我参加了新中国成立十周年游行庆典，我有幸被选中参加跳花兰舞。在当时的东安市场马路上等候排练，因为我喜欢安静，我就先找了一个能够耗腿的地方。我看到一个小屋里有个长者在那里抽烟，我说：“老师，我能进来吗？”他看都没看我说："进来吧，姑娘哪里的?"我恭敬地说："老师，我是中国戏校的。""跟谁学戏?"我说跟华慧麟、雷喜福老师学戏。"噢，好角!"这个时候外面有人喊，"叶盛兰在哪里"? 叶老师说："到！我在这儿。"就跑出去了，我当时震惊了，没想到面前的这个长者就是我仰慕的大艺术家叶盛兰老师。我赶紧给老师鞠躬，那时候叶老师被打成"右派"，他没资格上舞台，当我冲着他老人家的背影深深鞠躬时，叶老师突然停下脚步，说了一句，姑娘千万记住，别死抱一门！然后老师快步离开了，叶老师这句话在艺术上影响了我一生。开始我是学正工青衣的，随着我的艺术积累与舞台阅历的增加，我体会到叶先生这句话的良苦用心，是让我博采众长，一专多能。后来组织上让我学花旦，我几十年的舞台经验，让我体会到两句话：我演了青衣再演花旦戏就不俗气，演了花旦再演青衣，这青衣就不温，两个行当互补让我受益匪浅。

要做一个身心健康的人，要有善心和爱心，多为他人着想。现在有个非常时髦的说法：羡慕嫉妒恨，我总是跟我的学生或者其他剧种的同行晚辈说，你们不要怕别人嫉妒，你们有被别人嫉妒的资本，别人才嫉妒。我经历过"文化大革命"，九年没让演出，但我不放松自己，我始终偷着练功，我偷着学习，我偷着在心里默学。所以要做一个身心健康的人，不去计较周围任何事情，你干了自己高兴的事，自己热爱的事业，就行了。我这一生只干了一件事，这件事我是用心和我的忠诚去做的，那就是爱京剧，学京剧，演京剧，传承京剧，我视京剧为生命！

京剧蕴含传统文化理念

我特别希望年轻朋友能够把每天在网上玩游戏的时间，腾出一二十分钟在网上听两段京剧。你哪怕接触一下，相信你就会爱上它。京剧里每出戏都包含着忠孝节义、从一而终的传统文化理念，是引导我们人生的行为准则。学唱京剧，可以从最简单的做起，对身体有好处，咱们活着就是一口气，这口气没了人就没了。平时练气的方法是怎样的？我想教咱们亲爱的朋友一个绝招，你看我们在舞台上怎么一气呵成？当中不喘气，那就是靠了丹田气。如果我们不用丹田气，我的声带就那么长，就像那个薄的小韭菜叶，声带负荷肯定很大；如果我们用了丹田气，情况就不一样了。练气有几个方法。第一，深呼吸。用鼻子慢慢吸气，吸完以后，稍微停顿一下，慢慢地往外吐气，就能一口气持续四十几秒，这是慢慢地练气功的方法。还有一种方法就是，吸一口气猛吐，深呼吸后，每个肺细胞都鼓起来了，就是用这种方法去练自己的肺活量，肺活量大了，人的寿命就长了，这一点非常重要。还有一个方法，慢吸慢吐或快吸猛吐，通过肺部吐故纳新，把肺部一些毒素通过你的深呼吸吐出来。这些方法通过调整咱们的气息，使咱们的五脏六腑能够健康。另外，学一点简单的动作，增加血液微循环。比如，转手腕对上肢微循环有好处。脚腕的动作增加下肢的微循环。还有一个拍打的方法，但一定要注意要有正确的方法，你们试一下，不经常做的话，真是非常疼的，你们一定要坚持。

大家都能够找到一些方法使自己健康长寿，医疗费省了，家人也省心了，家里人不用为咱们的身体健康问题操心了，社会就和谐了。

科学　从厨房开始

郭中一

郭中一

美国塔夫茨（Tufts）大学物理学博士，台湾东吴大学物理系教授。长期从事量子引力论和宇宙学研究，译有《最后三分钟》，参与编著《倾听语文——大学国文新教室》《为孩子读书的人》《台北市社区大学教学理念与实务运作》等多部作品。

科学的生活美学

这个课题本身在教育上有很大意义。讲到中国盛世，总是讲汉唐，常常会忘记宋朝和明朝。宋朝、明朝有个特点，当时百姓的生活过得最好，这个时期的庶民文化表现出非常精致的特点。宋朝当时占有全世界白银的三分之二以上，全世界的财富几乎都在当时的中国。

我希望可以逐步地重建宋明生活美学。这样的生活美学，更应该在其中加入科学成分，我们今天就从这个课题开始讲起。

现代营养学起源于欧洲

以美国为例，近百年来，美国科学非常昌盛，它有一个很重要的起源地，就是在美国人的车库。美国西海岸有个硅谷，东海岸是128号公路，这两个地带是美国所有大科技公司的分布点。有个很有趣的特点，他们的很多公司都是从车库开始的。他们往往从小企业开始，没有实验室，没有经营办公室、场所，他们家里可以用到的地方在哪里呢？常常是车库。他们为什么习惯用车库呢？因为美国孩子从小就看着大人在里面修修车、弄弄机器，所以他们很习惯去车库里面操作，这里是很多美国孩子科学启蒙的地方，不在学校实验室而是在车库里。中国不同，带车库的家庭很少，但有个地方比车库更好，就是厨房，它比车库还要丰富，只需要大人多花点心思，里面可以包含很多教育孩子的材料。最早对厨房进行思考的人是伦福德伯爵，他本名叫本杰明·汤普森，是很有名的物理学家，热力学的创始人之一。他1753年生于美国马萨诸塞州，当殖民地爆发革命的时候，他愚蠢地站在保皇派一边，一度还为他们做间谍工作。后来被迫逃到英国，然后来到德国。1791年被授予神圣罗马帝国“伦福德伯爵”的称号。他发明过壁炉，也叫“伦福德壁炉”，是厨房里用的炉，不是取暖的那种。还有咖啡壶、压力锅，甚至有服务于穷人的营养高汤锅。他的确是非常有趣的人。这个人其实算是很好的物理学家，可是他的人品其实很差，学问的高低不一定跟人品成正比。他是美国人，因为他常常给英国人通风报信，美国独立后，他当然只能走人。最后他在法国定居，很有意思，他当时已经是中年人了。法国大革命之后，很多人被送上断头台，包括一个非常有名的保皇党人安托万-洛朗·拉瓦锡。各位知道，我们燃烧时需要一种物质叫氧气。氧气谁发现的？氧气就是他发现的，这个人是非常优秀的科学家。伦福德伯爵去了法国之后，拉瓦锡的遗孀当时也是50岁，他就跟她结婚了。这个遗孀不是普通的女人，非常了不起。其实拉瓦锡有很多想法，就是跟她商量后才成功的，她甚至参与了拉瓦锡先生研究的一些思考。娶了她之后，他们相处得非常不愉快，因为他比较刻薄。他居然讲了一句这样的话，他说，当年拉瓦锡幸好上了断头台，不然不知道怎么跟这个太太相处，要是他，他宁可上断头台也不能娶这样的老婆。4年之后，他们终于分道扬镳。据说，他从这个贵妇人这边得到了很多拉瓦锡当时研究的一些成果。伦福德伯爵于1814年死在法国。他曾经想跟美国和好，因为他叛国，未成，最后他所有的遗产全部捐给了哈佛大学，哈佛大学专门开了个汤普森物理学讲座。对一个人其实很难讲他是完全好或完全坏。他是这样一个自私的人，但他在晚年竟然做了这样一件好事。他设计了一款服务穷人的营养高汤，可以用最便宜的材料让穷人能够活下去，让他们吃得很好。它的成分是什么？珍珠大麦一份、干豌豆一份、马铃薯四份、盐少许加酸啤酒。什么叫酸啤酒？酸啤酒是变质后的啤酒，人家不要的，把它捡过来重新利用。这样煮成的高汤，据说又好吃又有营养，这是他的配方。这其实也是现代营养学的开始，所以这个人非常了不起。他有很多新想法，他是物理学家，可是实际上他是现代营养学的创始人，他很会创新。

很多人其实不会用刀

厨房里常常有一些简单的机械，如杠杆、滑轮、轮轴、齿轮。杠杆是最基本的概念，目的都是为了便捷。另外一种是斜面类，包括斜面、螺旋、劈三种。我们常用的菜刀就是劈。为什么叫劈呢？菜刀比较薄，前面刃很薄，后面宽，它其实倒下来是斜面。我们推东西，比如我们把一个重物推到卡车上，直接搬上去可能搬不动，可是用斜面往上推是不是就省力了？当然距离会加长。基本上菜刀切肉用的就是这个原理，菜刀前面一定得磨锋利，前面比较薄后面比较宽，在切下去的时候，等于这个肉走在一个斜面上，所以你就省力了，就可以用比较小的力量把肉切开，或者把菜切开。最常用的筷子，还有刀叉和汤匙，这些都是杠杆类，开瓶器当然也是杠杆类。面杖是轮轴，轮轴其实是杠杆的延伸，像这些都是我们在厨房里面常见的东西，所以厨房用具包含了很多科学的元素在里面。像这些简单机械大概在学校初中阶段才教，在孩子还小的时候，你可以在厨房里让孩子知道怎么样才省力，你可以给他一把刀，当然不是让孩子乱砍。台湾有本书叫《物理好好吃》，就是教你怎么做菜，里面有科学法则。

厨房科学从庄子开始

这是一张力的分解图，它的基本原理是能量不灭。能量对外做功的话，它的功等于什么？等于受力乘上它的位移。当有斜面的时候，斜面的距离会拉长。比如，我把作用力的距离拉长了，因为能量不灭，能量是相同的，是不是力就小了？我把这个作用力的距离拉长，这样可以减少我需要付出的力，这是它基本的原理。简单机械就是这样的基本原理。庄子有一篇文章叫《养生主》。它有内、外、杂三大类，即内篇、外篇、杂篇。内篇第一篇就是《逍遥游》，第二篇是《齐物论》，还有一篇叫《养生主》。应该怎么养生呢？他有一个很好玩的比喻，叫作庖丁解牛。庖丁其实就是屠夫，他怎么把牛给解剖开来，他看到的是什么？我念给大家听："彼节者有间，而刀刃者无厚。以无厚入有间，恢恢乎其于游刃，必有余地矣。"第一句"彼节者有间"，就是尖细。"刀刃者无厚"，其实就是很薄，把它磨锋利了，才有斜面可言，磨得越薄就越省力。"恢恢乎"是"大"的意思，"恢恢乎其于游刃，必有余地矣"，我们讲的"游刃有余"这个成语就是从这里来的。注意它是"游刃"，记得教小孩子切菜的时候，不是这样切的。你看武侠片里头，人拿刀这样砍，那刀很快就砍钝了。庖丁就告诉你了，"良庖岁更刀，割也"。好的屠夫是用刀割的，一年才换一次刀。"族庖月更刀，折也。"水平比较差的屠夫用刀折，刀容易坏。武侠片中拿刀乱砍，那都是不会用刀的人。中国古代厨房科学就是从庄子开始的。

刚出炉热的菜为什么好吃

热力学告诉我们什么？为什么要去蒸东西，蒸东西为什么用水？因为水能够把热带到食物里去，水的比热性很高。在水的旁边温差不大，因为水比较容易调解温度；只要有水，气温就不容易有太大的变化。有大江、大海、湖泊的地方，温度不容易有剧烈的变化。有没有什么东西的比热性比水的更大？不多，比如油。为什么要用油去炸食物？可以用水去煮的东西，我们也可以把热加到油里面，然后让油去传递。在北方，冬天种菜要用大棚，因为天气太冷。但是澳大利亚有个人，在海拔2000多米的高山上，他不用大棚，同样可以种出热带水果。他怎么种？他使用了一种特别的石块，叫作滑石。各位听说过吧？滑石粉就是滑石做出来的，滑石是化工物里面最软的，它硬度只有1，金刚钻的硬度是10。滑石的比热很大，是水的2.6倍，所以白天可以把滑石拿到外面去让太阳酷曝晒，晚上再把它拿到房间里面来，它会慢慢把热放出来，植物就能保持一定的温度，这是比热可以利用的方式。物质有液态、有固态，还有气态。你的饮食里面是不是这三种都有？你喝的汽水不是有气态吗？那汽水怎么才能放到水里面，它又怎么跑出来呢？汽水或啤酒为什么会冒泡？其实它是一个成核现象。煮开水也是，水要沸腾，它先要成核，先有核心，这部分非常难理解，现在只是大略讲一下。热的传递有几个方式，包括传导、对流、辐射。比如，我们对食物做处理要加热，加热就可以用这几种方法。还有分子运动。分子运动很有趣，我们讲这个东西好吃不好吃，我们常常会讲这是味蕾造成的。可是很有意思的是，通过 一个很简单的检验就知道，剩菜好吃不好吃？不好吃。因为味道都没有了。其实人的味觉，觉得这个菜好吃不好吃，70%靠嗅觉，剩菜它的气味已经不多了，只剩下味觉，就算它不腐坏，都比原来差很多。第一，吃东西，一定要刚出炉时吃热的。为什么？因为有气味。真正好的厨师做菜会讲究什么呢？它的气味很重要。这个气味跟香水一样。香水是怎么设计的？打开一瓶香水，你马上就能够闻到香味，对不对？一个女孩子身上抹了香水，人们远远就可以闻到了，你的鼻子要是贴着她才能闻到，这个香水就没有意义了。不管是香水的成分，还是食物中的香料成分，它一定要有比较强的挥发性，但挥发性气味是不是很容易散掉？第二，一定的时间长度。你夹菜入口之后，这个味道还在你的口鼻中留转，挥发要稍微慢一点。第三，要有余味。吃完之后，过了五分钟、十分钟还有味道在嘴巴里，还有气味在嘴巴里，这是最后的味道。通常挥发最慢的就是油脂性分子。分子运动论告诉大家，分子奔跑得越快挥发性就越强，奔跑得越慢挥发性越弱，这样味道才有层次。一个好的厨师做菜，味道要有个层次。

承认爱因斯坦的厨房物理

加热食物的目的有好几个。第一，植物营养多半藏在细胞壁内，把细胞壁破坏之后，这些营养物质才能放出来。第二，以蛋白质为主的动物系食品，当你加热之后，它会断裂成小的分子，变成比较容易吸收的氨基酸等。另外，它本身的滋味，类似味精一样的鲜味会出来，还有香气分子会出来，所以气味也好、味觉也好。第三，有些食物在加热前是有毒的。比如说豆浆，豆浆如果不加热到沸腾的话，那是不能喝的，喝了肚子会痛，会中毒。再一个可以杀死寄生虫。杀死细菌或停止霉的作用，就说东西发酵，我们希望发酵到某个程度截止，我就要通过加热把发酵停掉。一般人喝绿茶，绿茶是没有发酵的。可是南方人喝乌龙茶，乌龙茶是半发酵的，红茶是完全发酵的，如果你要喝红茶，你要让它持续发酵到结束为止。厨房里的物质科学很有意思。爱因斯坦最大的贡献是什么？他最重要的贡献是相对论。他靠什么拿到诺贝尔奖的？是量子力学和光电效应。但还有一个贡献，就是厨房的物理学（厨房里面的物态变化知识）。他的博士毕业论文写的就是软物质科学，发现量子力学很伟大，发现光电效应很伟大。可是爱因斯坦被引用次数最多的理论其实不是来自这两方面。所谓软物质科学，就是我们今天所有厨房里和材质相关的科学，比如说食品的黏性、弹性，包括光学性质等。厨房科学还包括化学、生理学等方面的知识，比如说分子结构、界面活性剂。界面活性剂是什么？比如，我们做冰淇淋，必须要用界面活性剂，因为冰淇淋是个混合物。假如你把冰淇淋放在外面时间久一点，化成水后，你再把它放回冰箱去，会不会跟原来一样？不会的，因为它已经分离开来了。通过界面活性剂才能把这些东西合起来，不让它轻易散掉，它才能维持我们想要的冰淇淋的结构。嗅觉、味觉是生理学物质，而嗅觉、味觉其实三四十年前人类才开始研究。人类到底可以分辨出多少种气味？人有能力分辨出两万种气味，但是要经过训练。嗅觉到底有什么作用？我们现在还是不清楚，你想拿下一个诺贝尔奖，可以立志研究嗅觉。食品发酵和腐坏过程中容易造成分子的化学变化，这些都属于生理化学的范畴。

鸡蛋其实非常复杂

我们来看一下怎么做菜。鸡蛋是我们常用的食材，看起来很简单，其实它非常复杂。鸡蛋最外面的蛋壳是碳酸钙组成的，也可以吃，可以补钙。我们花钱买的钙片中的钙是从哪里来的？有一部分就是来自蛋壳。你把它丢掉，人家再捡回去做成高价产品给你吃。蛋壳里面是膜，它的成分是蛋白质，其实跟人的指甲一样。各位知道胶原蛋白吗？中国古代中药铺有人卖人指甲，但是难采，过去是连根都抽出来。现在常常是剪下指甲就行了，拿去煮一煮，就是胶原蛋白了。女孩可能会去买胶原蛋白吃，用来美肤。现在一般的胶原蛋白从哪里来？一是猪皮、一是鱼鳞，都是你丢掉的东西，人家把它捡回来再卖给你吃。其中鱼鳞的胶原蛋白比猪皮的更好，它的水结胶原蛋白非常好，自己在家里也可以做。你把鱼鳞刮下来后冲洗干净，之后把它泡在醋里，醋一定要没过鱼鳞，过一阵子摇晃一下，醋可以把鳞质融出来。那需要摇到什么地步呢？等到鱼鳞完全变成透明的，然后把醋倒掉。如果鱼鳞太多，可能要换好几次醋。等它完全透明之后，你把透明的鱼鳞拿到高压锅里用水煮，之后你拿出来看，全部化了，然后把它倒到容器里面，放冰箱一冰，拿出来就变成鱼冻了，可以吃，或者是抹在脸上当成面膜。这种做法便宜吧？蛋膜也是一样。蛋膜也叫角蛋白质。蛋的一端一定比较大，另一端比较小，而且通常大的一端会有个气室，里面有空气。空气是怎么造成的？你看小鸡出蛋壳之前，它会奋力挣扎，挣扎的时候是不是需要吸空气？蛋哪里来的空气？因为母鸡在生蛋的时候，母鸡的体温比外面的温度要高，它里面的气膨胀。当蛋壳包上去时，蛋会收缩，就留下了一个气室，空气就留下来了。你再注意看，蛋里头包括蛋白和蛋黄，刚把蛋打出来，你会发现它除了蛋白、蛋黄，还有一个白色带状的东西，那叫系带。系带是干吗的？是蛋黄的安全带。各位都知道坐车要系紧安全带，撞车的时候你才不容易受伤。母鸡要保护它的小宝贝，蛋黄不能轻易被撞破。蛋白没有关系，蛋白是缓冲的，如果有系带把它绑到蛋壳两端，摇晃的时候，蛋黄就不会撞到鸡蛋壁上。所以系带很有意思，很多人以为它是脏东西，其实是保护蛋黄用的。蛋黄的表面有个白点，那叫胚珠，是蛋发育的点。蛋白其实也不均匀，分两层，一是内蛋白，一是外蛋白，内蛋白比较浓，外蛋白含水量比较大，比较稀。这样的结构有什么好处呢？可以进一步保护蛋黄。这是我做的白水煮蛋，外面蛋白已经凝固了，里面蛋黄还是液态。水煮蛋看起来很简单，实际上变化方式很多。第二种情况，里面蛋黄非常硬，外面蛋白没有熟。第三，里外都熟。蛋的加热温度要控制在 70 摄氏度，因为蛋白结构的凝固就在 70 摄氏度。温度达不到 70 度，蛋白不会凝固。热可以经由蛋白往里面传，蛋黄可以凝固。如果温度很快超过 70 度，外面蛋白会快速凝固，之后它的导热效果会很差，热传不进去，蛋黄就会保持在液态。

刮胡刀其实是非常好的

比较一下陨石结构。陨石很特别，像武侠小说里面讲，我这把宝刀是天上掉下的陨铁做的，锋利无比，屠龙宝刀，砍谁谁就倒霉！为什么？因为陨铁跟普通铁不一样。陨铁是铁和镍的混合物，它的结构排列在显微镜下看，呈现一道一道，叫作铁纹石，或者镍纹石。镍含量比较多的叫镍纹石，镍含量比较少的叫铁纹石。这种石块在地球表面没有，要造成这样的结构必须要冷却得非常非常慢才有可能。如果铁和镍的混合物处在液态时，让它马上冷却，它们会混合在一起，排列会很乱。如果要让铁、镍排列很整齐，必须降温降得非常慢，100 万年只降一度以内！要有特殊保温装置，陨石本身就是这样的保温装置。陨石产生的时候，外面先冷却变成石块了，可里面还是液态，热散不出来，里面液态状的这些铁、镍的混合物就有时间慢慢去排列，整齐地排成一排排。铁纹石或镍纹石非常坚固，古代中国人就知道，它比一般的钢还要锋利。在商代的大斧头上，我们就发现了它的存在。陨石量很少，不可能用一块大陨石做成一块斧头。该怎么做呢？宋朝还是用青铜斧，表面贴平，把陨石皮贴在它的锋刃上，现在还是这种做法。男人用的刮胡刀，也是类似这样的材料，贴在金属上面，表面那层够强硬。男人的胡子是天下最强硬的东西之一，刮胡刀必须非常好，如果用一般的钢，刮几次胡子刀就坏了。

鸡蛋的蛋白质不一定要加热才会凝固，也可以通过化学反应来凝固。比如，我们先煮一锅绿茶水。之后，把蛋倒进去，这个蛋很快就凝结了。为什么茶水会使蛋凝固呢？因为茶水里面含有一种东西叫单宁（多酚中高度聚合的化合物），单宁碰到蛋白质会使蛋白质凝固。葡萄的果皮中含有单宁，单宁在葡萄酒里是非常重要的成分。葡萄酒的味道好与不好，要看怎么控制单宁的多少。单宁太多会觉得苦涩，单宁太少就会觉得太甜了。所以好的酒厂会根据需要来调整单宁的量。吃素的人，千万记得葡萄酒不是素的，葡萄酒是荤的。为了取出葡萄中的单宁来，可以在葡萄酒里加蛋白，蛋白就会把单宁抓住然后凝结，像法国人造葡萄酒的酒坊里面，他们过几个月就会把一些沉淀物给过滤出来，这些沉淀物就是含有单宁的蛋白质，把它去掉，酒的单宁量就可以降下来。当然不一定必须用蛋白，因为有人吃素。有的酒坊不是用蛋白，改用鱼胶，我们刚才讲的鱼鳞的胶原蛋白，这是可以用的东西，放到里面去，一样可以把单宁抓出来，我们利用这样的反应来调整葡萄酒的味道。反过来看，刚才讲葡萄酒的滋味是靠单宁的多少来决定的，你喝葡萄酒和我喝葡萄酒味道是不是一样？他喝这个葡萄酒觉得好喝，没准我觉得不好喝；他觉得太苦涩，我觉得不苦涩。为什么？每个人的口水分泌物不一样，口水里面含有一种蛋白酶，它本身是蛋白质。当你把葡萄酒放到嘴巴里，尤其是品酒师，他还在口里漱一漱，单宁就会跟他口水里的蛋白质结合，使单宁量减少，这个酒就不这么涩。小朋友会天天流口水，他喝葡萄酒跟我们肯定不一样。老人家喝，口水少了，没有东西去抓单宁，喝起来特别苦涩。每个人喝葡萄酒味道都不一样，这是做过实验验证的。

怎么做果酱

果酱只含三种要素。第一是果胶，是植物中的一种酸性多糖物质。第二是糖。它吸收水分，使它比较容易黏合，而且糖有杀菌防腐的作用，在极甜或极咸的东西里面，细菌不容易生存，古人要保存东西，或把它做成像蜜饯之类的东西，或把它做成咸肉这种东西，非甜即咸。第三是有机酸。因为有机酸是形成凝胶的促进剂。植物的细胞壁中很重要的成分就是果胶。没有果胶，植物根本没办法成型。可是每种植物含的果胶量不同。顾名思义，它叫果胶，某些水果中果胶多。含果胶最多的是什么水果？是柑橘类。你到外面买果酱，它里面放的果胶，就是来自橘子皮。果胶是好东西，它对身体有很多好处，可以减肥。柚子皮里含果胶最多，多达 30%；其次是苹果皮，约有 10%。在果胶产品里，柠檬皮里果胶含量也多，所以柠檬皮不要乱丢。在一般食品工业里，果胶常常由苹果皮做成。比如，做苹果汁时，会把苹果皮、苹果核留下来，可以拿来做成果胶原料。这是做果酱的过程。削的苹果皮我们先放在果汁机里打碎，之后挤一些柠檬汁进去，大家不要忘记有机酸。怎样形成黏性的东西？你必须要有网状物，在显微镜下看，一定要有像线一样的分子去织成网，这个东西就是果胶。果胶是一种蛋白质，它是长形的。果胶多了之后，就会织成网，这网就可以把其他东西包住，就不容易流动，在外面看起来黏性很强。下面就开始煮果酱，一定要小心处理，有时候太勤快不是好事，做起来会很麻烦。制作果酱要先煮，可是煮过头就报废了。果胶在细胞壁里，先要在细胞壁上织成网，这是植物本来的结构，加热之后才会散开来。但加热过度，一条条果胶就断成了小碎片，那还能形成网吗？所以煮果酱千万要小心，不要太高温，要小火去煮，当它出现黏稠状的时候要关火。你再加热，它就再也没办法黏稠了。此外，加有机酸的目的是什么？有机酸本身是酸性的东西，酸是有氢离子，碱是有氢氧根离子。你把酸放进去，氢离子会把果胶碎成小碎片，有机酸作为一个中介，能够把它对接起来，还可以使它形成一个长列。这是苹果酱的做法。再看看猕猴桃，也叫奇异果。在中国古代的《诗经》里面，猕猴桃就叫苌楚，《诗经》里面有一首诗就描写了这个植物。这个植物是中国陕西原产的。到了宋朝，它另外一个名字叫羊桃，因为它看上去毛茸茸的。到了清朝，大家叫它猕猴桃，后来被人带到新西兰去。新西兰大量种植，之后倒卖回中国，中国人叫它奇异果，英文是 kiwi fruit。新西兰有一种鸟已经绝种了，原来叫作 kiwit，没有尾巴，圆圆的、毛茸茸的，就像这个果子一样，所以新西兰人把这种果子叫作 kiwi fruit。猕猴桃也能够做成果酱，猕猴桃果皮也含有很好的果胶。但告诉你一个秘诀，果皮一定要先煮过，因为不煮的会涩，先煮后可以去掉涩味，但不要煮太过，否则果胶会被破坏掉。

玉米最重要的部分是胚乳

各位吃过的煮玉米，一般用家里的铁锅就可以了。但是爆米花不能用一般的铁锅做，一定要用高压锅做。为什么？这里面隐含的学问和物理原理，跟做氢弹是一样的。玉米是一种非常奇特的种子，它的种子非常怪。怎么个怪法？大豆的种子跟玉米的种子有什么不同呢？最大的不同是玉米有胚乳，胚乳是类似糨糊的东西，它是一种淀粉，含有大量水分，其他种子没有。玉米最重要的应用就在胚乳部分。南美洲阿兹特克人的主食就是吃这个胚乳。可是玉米有个特点，皮非常厚。小孩子囫囵吞下去，拉出来还是一样，不会有任何变化，因为种皮没有办法消化掉。玉米是一种负能量食物，你吃下去，要分解它所耗掉的能量比它给你的能量还多。阿兹特克帝国之所以会灭亡，有些历史学家猜测，是因为他们花了太多时间在取胚乳上，他们把种皮给融掉，把胚乳拿出来，专门吃胚乳。那个时代怎么做呢？用暴力，用石头去磨，用锄、锹去挤压它。此外，就是加草木灰。草木灰有什么作用？草木灰是一种碱，用碱把外面的种皮融掉，为此他们耗费了大量的劳力。大部分阿兹特克妇女都在干什么？忙于对付玉米，精力都耗在那上面。胚乳大部分含的是水分，你把玉米干燥了，晒干了，它里面还是含有水分，这跟其他种子都不一样。因为胚乳是糊状的，晒干了还是保持糊状。当我们把玉米拿到锅里加热的时候，它会产生什么现象呢？水加热变成气体的时候，它的体积会变多少倍呢？大概有两千倍。如果没有种皮，水气是不是就跑掉了？可它现在有种皮，种皮不让它的水气出去对不对？所以在加热时，它的温度越来越高，吸收越来越多的热量，里面的压力会越来越大。如果没有种皮，这个压力很快就散掉了，压力没有办法积累起来。有了种皮，你爆玉米花的时候，它的压力会非常大，种皮才会爆开来。你先要加压，然后才能外爆，它是一个先内爆而后外爆的过程。为什么加热需要高压锅呢？就是用高压把外面的气体加压，外面的气体膨胀压到玉米里面去，把气体硬压到玉米里面去。你看玉米多好，帮我们设计好了一个加压的设施，这是玉米特别的地方。

氢弹跟原子弹有什么不同

胚乳是一种淀粉。淀粉本身跟蛋白质很像，它也是一个长分子，本身也可以织成网，然后把水包住，所以它能变成糊状。它跟氢弹有什么关系？如果没有足够大的压力它是不会爆的，爆玉米花必须有足够大的压力才行。做氢弹，我们面临一样的问题。氢弹跟原子弹有什么不同？原子弹需要的温度比较低，氢弹需要的温度很高，压力很大。怎样才能造成这样大的压力？氢的原理是核聚变反应，要把氢聚在一起，当它温度高的时候，彼此互相远离，互相排斥，所以就跑掉了。做氢弹是这样的，做一个钢铁外壳，里层放原子弹，先用传统的炸弹去点燃原子弹，原子弹向内爆，因为外面是很厚的钢，原子弹没有办法把钢炸开来，只能往里面压。往里面压什么？把氢压到高温，让氢的聚变被动反应，它出来的是高温高压，比原来原子弹的高温高压更高，它就有力量把外面钢铁的壳给爆开了。这个过程跟刚才讲的爆玉米花很像。所以爆玉米花的过程，类似氢弹爆炸的过程。

古代的酒精浓度很低

现在天气越来越热，有种食物很受大家欢迎，就是冰淇淋。冰淇淋的英文叫 icecream，也叫冰激凌，冰激凌其实比较符合中国古代的叫法。我们以前卖冰淇淋的设备，大概出现在清朝。更早的冰淇淋叫作冰酪，在宋朝就有了。在《清明上河图》里面（各位如果有兴趣，可以买一张《清明上河图》，自己去找），有一家店，店的上头就写着冰酪，就是卖冰酪的。宋朝就开始有人卖冰淇淋。更早时期，《周礼》记载了周朝官制，有个官名叫作陵人。陵人是干什么的？夏天天气很热，皇宫贵族，天子常常赏赐一些礼物。陵就是礼物之一。周天子说："陵人，你负责把这个礼物送给某王、某公爵、某侯爵，每个人可能领到一块冰，看官职等级不同分配。"那些冰块是哪里来的？这是陵人的工作。冬天，陵人把河里结的冰块，一块块锯下来，拉到山洞里存起来，用稻草覆盖，山洞里温度低，可以存放很久，到了夏天再拿出来用。古代人也会享受啊！古代人其实不像我们想象得那么原始。李白的饮酒诗《将进酒》中说"会须一饮三百杯"，或者说多少斗。古时候的酒精浓度其实很低，它是水果酿的果酒，其实是一种饮料。本来酒精含量已经低了，再加冰块，酒精含量更低了。另外《楚辞》里有《招魂》篇。《招魂》这篇文章很有意思，据说是屈原写的。干什么的呢？招他自己的魂，他的魂已经飘散出来了。怎么招呢？很有趣，前面讲，四方都是妖魔鬼怪，你的魂不要乱跑。然后就是被害、威吓。威吓之后是利诱，让你赶快回来，我这边有很多糖果，有很多鸡鸭鱼肉，山珍海味。更重要的是"挫糟冻饮，酎清凉些"，这些是楚语的歇后语。他拿的是酒糟，用糯米酿的，带很高甜度，是甜酒酿出来的饮料，屈原时代就是喝这个。端午节快到了，不要只记得给屈原吃粽子，还要请他喝冰水。唐朝有个诗人叫韦应物，他写了一篇《冰赋》。《冰赋》记载，"睹颁冰之适至，喜烦暑之暂清"。唐朝还是有周礼这样的制度，就是天子会赏冰给大臣。这个时期怎么制冰呢？已经不是从冬天挖冰块了，到了唐朝，开始用高科技制冰。黑色火药是谁发明的？中国。火药里面含硝石、硫黄、碳粉这三种成分。碳粉是燃烧用的。硫黄其实可放可不放，硫黄是帮助燃烧的。真正重要的是硝石，它的成分其实就是硝酸钾。为什么要有这个？因为有的火药像碳，本来就可以燃烧，为什么要放硝酸钾？因为硝酸钾在加热之后，它会放出氧气。像刚才讲的，如果要做炸弹，你要把它裹起来，让它的压力增加，增加到某种程度会爆开，这样威力才大。如果只是空气量膨大，这没什么用。你在烧炭的时候，旁边空气受热将膨胀，这个没有杀伤力，你要用东西把它包裹起来，它就没办法烧了，因为它缺氧。硝酸钾本身一受热就会放出氧气，所以它可以持续燃烧，硝酸钾的作用就是提供氧气。中国人在玩火药的时候发现，硝酸钾还有另外一个用途，你把硝酸钾放到水里面会结冰。为什么？因为硝酸钾溶于水是吸热反应。物质溶于水，有的是吸热反应，有的是放热反应，硝酸粉是吸热反应。放硝酸钾下去，水就结冰了。不是先有冰我才可以喝冰水。中国有四大发明，漏了一个冰淇淋，夏天可以吃冰啊。容器里面放牛奶、放糖，外面放硝酸钾，加水，内部搅拌一下，拌得很匀、很细、很柔、很滑，这就是冰淇淋。

冰淇淋其实是乳状液

现代的冰淇淋是什么？其实就是乳状液，跟乳霜很像，就是女孩子脸上抹的那种乳霜，或者类似粉刷墙壁用的乳胶漆，冰淇淋就是一种乳胶。粉刷墙壁的乳胶，它为什么叫乳胶？其实它真的是牛奶做的，你不要以为牛产的奶只有给你喝，牛产的奶有一部分拿去做油漆了。更早的时期，不止做油漆，人类第一个塑料袋是用牛奶蛋白质做的。在 20 世纪初，钢笔笔杆也是用牛奶做的，孩子肚子饿的话就啃笔杆吃，这是牛奶酪蛋白，它是混合物，里面的成分很复杂。冰淇淋煮过之后，最后剩下什么？就是奶蛋白。做冰淇淋很像做果胶，你先把蛋白、水、空气放在一起，它不能混合在一起怎么办？你要用一些胶状物质做成一个网把它包住。扮演这个角色的是什么物质？就是牛奶里的酪蛋白，也是长分子，它可以织成网把它们包住。冰淇淋在零度时，它里面含有什么成分呢？每一克冰淇淋里含有 1.5 ×1012 的脂肪球。它数量虽然很多，可它很小，非常非常小，它是能够把水和空气分离的物质。冰淇淋之所以好吃，又松又软，其实你在吃什么呢？是在吃空气。冰淇淋里大概有一半是空气，没有空气就不好吃。冰淇淋里面的空气越多就越好吃。它必须用这些脂肪球把气泡隔离开来，不让气泡变大。气泡如果凝结了，大气泡就跑掉了。气泡大概有 8 × 106 个，也有等量的冰晶。冰结晶了也一样。不能让气泡变大，也不能让冰晶变大。很多人把冰淇淋放外头，等变成液体时，赶快放回冰库里。这没有用。它会变得很硬，不是那么酥松了，一是空气跑掉了，二是冰晶结块了，小的冰晶黏合起来了。所以在制作冰淇淋的过程中，要特别注意。比如草莓果酱，因为它含果胶多，加大了黏稠度后，它可以包住水和空气。然后你把它放入锅里搅拌，放大量的硝石，它不是降温了吗？当然最好硝石不直接加水，加冰水，在冰水里面加硝石，它里面在壁上开始结冰。注意结冰时你一定要很勤快，要经常搅拌，不要让它结成大冰块。冰块、冰晶一定要小、要分解，一方面把冰晶打碎，另一方面把空气搅拌进去。聪明的男士可以买个电动打蛋器，把冰晶打碎，然后把空气打进去。什么时候才能把冰淇淋做好？你要把它的体积变成原来的两倍，你的冰淇淋就做好了，也就是气体打进去了。这是古代的做法。用液态蛋更快。我曾经试过用液态蛋做，很快就可以做出来，因为液态蛋的温度很低，如果用硝石做比较慢，凝结之后就要放在冰箱了，过一阵子再把它拿出来打一次，慢工出细活。前后一个礼拜，每隔一个小时拿出来打一次，做出来后，你吃它是什么感觉？我儿子吃了以后说，他再也不要吃外面的冰淇淋了，这才叫作冰淇淋！他一天到晚黏我，问我什么时候再做，到了这个程度，你的厨房科学就算成功了。如果你不用果酱做，用蛋黄做，它就是蛋黄冰淇淋。注意不要把蛋黄加热过度，不能超过 70 度。蛋黄有一种特别功能，里面有一种物质叫作卵磷脂，它的功能之一，相当于界面活化剂，它可以一边抓住水，一边抓住脂肪，像肥皂一样。肥皂为什么可以洗衣服？它一边抓油，一边抓水，所以可以把油洗掉。卵磷脂也有这样的功能，它可以把水还有脂肪抓起来，不会分开。最重要的是，要保持冰淇淋的结构，让它的脂肪、空气、水不要分开来，能够变成一种很均匀的混合物，这种冰激凌非常好吃。我们吃饭时上菜结束后不是还有甜点吗？这就是最后的一个甜点。谢谢各位。

健康生活　远离癌症

姜文奇

姜文奇

博士，主任医师，教授，深圳大学医学院首任院长，博士生导师。现兼任中山大学肿瘤医院内科主任，淋巴瘤研究中心主任，中山大学临床药理研究所副所长，国家抗癌新药临床研究中心副主任，《癌症》杂志副主编，国家自然科学基金和国家抗癌新药评审委员。主要从事肿瘤临床药理学研究和国内外抗肿瘤新药临床评价和试验研究工作。已出版《肿瘤内科处方用药手册》和《肿瘤生物治疗学》等学术专著。

今天非常高兴有机会和大家谈一谈关于“健康生活　远离癌症”这个话题。

随着人们的生活质量和水平越来越高，大家都希望过健康、快乐的生活，这是大家共同美好的期望。随着城市化、工业化发展不断加速，我们现在面临很多环境、生活方式等方面的问题，造成疾病发病率明显增高，特别是癌症发病率的增高。癌症已成为人类健康的第一杀手。

五分之一的人因为癌症死亡

一项城市居民调查表明，癌症的发生率越来越高，居民的死亡原因中，癌症这一项占到了27%，这是非常高的比例。

就全国的统计来看，每年新发癌症280万人，其中因癌症死亡190万人。每5个死者中就有1人是因为癌症死亡。最近30年来，癌症的发病率增加了80%，现在全世界每6秒就有一个人死于癌症，我国每30秒就有一个人死于癌症。我国80%的癌症病人在诊断出癌症的时候已经到了中晚期，也就是说治疗疗效已经不好了。这些严峻的问题摆在我们的面前。

很多著名科学家、电视主持人、演员、歌唱家都由于癌症而英年早逝，有的正当事业发展到高峰时因为癌症不得不离开自己的事业，不得不离开自己的家庭，这是非常沉重的现实。由于癌症发病率非常高，我国在治疗方面做了很多工作，做了很多科普和教育，比如说中国抗癌协会多次在全国进行癌症普及教育。

什么是癌症？中国古代的“癌”字，上面是病字头，下面是一个“岩”字，加起来就是“癌”。也就是说，癌症是很顽固、很难治疗的病。

什么是恶性肿瘤？老百姓通常叫“癌症”，其实恶性肿瘤里面包括“癌”，还包括其他病症，比如说肉瘤。所谓癌症，就是我们机体正常的细胞受到不同致癌因素的影响，产生了一些突变，在基因水平上产生了一些不可调控的变化，细胞的生长失控，无限制地生长，就导致了癌症的发生。

肿瘤里面还包括恶性肿瘤和良性肿瘤。良性肿瘤发展缓慢，是膨胀性增长，很少侵犯到人体的组织器官，只是膨胀地缓慢发展，所以良性肿瘤不可怕。恶性肿瘤就不同了，发展非常快，而且侵犯到周围的其他组织器官，转移到其他地方，比如说转移到脑、肺、肝，造成晚期癌症。通常晚期癌症治疗非常困难，很容易导致人的死亡。

改变不良的生活方式

在这里简单介绍一下癌症的发生和发展过程。

细胞在早期通常是很正常的，但是在各种致癌因素刺激下可以发生变化。比如说一个正常的结肠细胞，最早通过不断刺激变成息肉，息肉慢慢地受刺激变成腺瘤，是良性的；长期的刺激后会变成腺癌，这是个长久的过程，有的甚至是十几年的过程。所以预防癌症要从很早开始，不要六七十岁才想起预防癌症。

为什么癌症的发病率越来越高？

我简单归纳几点。一是现代的社会发展导致了很多不良的生活方式。二是我们的饮食发生了很多变化，增加了不良的饮食习惯，造成了癌症发病率高。三是环境污染因素，包括饮用水污染，造成癌症发病率高。四是人口的老龄化，以前人的生命比较短，没有发生癌症就已经去世了，所以癌症比较少。现在人活得越来越长，癌症发病率增加。五是诊断水平的提高，以前很多人死了不知道到底是因为什么病而死的，现在就可以找出到底是什么病因，很多情况下就是因为癌症导致的死亡。

说起癌症，普通人谈癌色变，就好像判了死刑，其实不是这么回事。世界卫生组织提出，癌症有三分之一可以预防，三分之一可以通过早期诊断治愈，还有三分之一可以通过治疗延长生命，提高患者的生活质量。

刚才说了癌症的发生、发展以及后果，针对癌症应该怎么来预防？这里从几个方面跟大家讲讲。

第一个关键因素就是，改变不良的生活方式，减少致癌性因素的暴露。健康的生活方式非常重要，尽量少接触致癌病因。有个搞流行病学调查的西方科学家讲，人类的癌症80%～90%都是自己招惹来的，因为80%以上的癌症与生活方式不科学、饮食不科学有关，还有环境污染，像这样一些因素确实是人类自己招惹的。这是最重要的特点。

什么是不良的生活方式？抽烟、不良食物的摄入、感染、性生活不科学、饮酒、暴晒、运动缺乏都是不良的生活方式。该怎么样来应对不良的生活方式？比如说，我不厌其烦地劝大家不要抽烟，这是医务人员的责任。为什么？抽烟跟很多疾病有关系，可以损害身体里面很多器官，癌症和抽烟有直接关系。英国统计发现，吸烟和不吸烟的人平均寿命差十年，如果30岁戒烟，生命可以延长10年，如果50岁戒烟，生命可以延长6年，如果60岁再来戒烟，还可以延长3年，所以戒烟是越早越好。抽烟的行为实际上已经是慢性自杀，还谋害家人，谋害社会上的人，因为二手烟也相当有害。

饮食是致癌的重要因素之一

不良的生活方式也同饮食有关。有毒食物、不好的食物会破坏你的健康。人类有三分之一的肿瘤跟不良的饮食习惯有关系。东方的饮食习惯和西方的饮食习惯不同。以前中国比较穷，吃的粗纤维比较多，高蛋白、高脂肪比较少，乳腺癌、直肠癌、前列腺癌、心血管病发病率比较低。而西方人吃得太精细，这几种病就比较多。近些年情况发生了变化，我们的饮食越来越西化，吃得越来越精细，吃得越来越好，同时也带来很多的“富贵病”。所以饮食在致癌方面是非常重要的因素。

世界卫生组织制定了15条防癌要求。第一，不要吃发霉的东西及其制品（发霉的花生，发霉的大豆、面粉）。以前我们经常把新收下来的花生、大米储藏起来，很久后再吃，这个过程导致人们不知不觉吃了很多不新鲜甚至发霉的东西。有时候看不出是否发霉了，比如说花生油很多时候如果不是很好的品牌，原料常常会使用一些发霉的花生。发霉的花生卖给大家，大家可能不会吃，但是拿出去榨油大家不知道，所以不知不觉我们可能吃下了发霉的东西。发霉物含有黄曲霉素，是强烈的致癌物。

第二，尽量少吃熏制、腌制的东西。熏制品、腌制品非常可口，但是里面含有的亚硝酸胺是致癌物，容易造成消化性癌症。

第三，少酗酒，特别是不要喝高度酒。高度酒容易对人体消化道的黏膜造成损害或者口腔损害，非常容易产生癌变。如果同时吸烟喝酒那就危险了，吸烟费钱又伤身体，香烟里的焦油可以造成肺癌、胰腺癌甚至宫颈癌。

第四，最好不要接收烟囱里的烟，厨房里面有抽油烟机，尽量让它工作起来，不要图省电。如果家旁边有大烟囱，也会对健康非常不利，大烟囱里面含有致癌物，会影响空气质量。

第五，不要用塑料制品来装食品。我们用塑料制品存放食物很长时间，甚至放在微波炉里加热，对身体非常有害，一次性饭盒和一次性纸杯都含有致癌物。

第六，不要吃被农药污染的蔬菜和水果。很多时候，我们不得不吃受过污染的蔬菜、水果及其食品。一些不良厂家或者个体生产者，在蔬菜、瓜果上拼命地洒农药，为了样子好看，还喷上甲醛，使食品色彩非常鲜美，实际上里面有很多致癌物。在农贸市场买来的蔬菜、瓜果，回来千万要认真洗，用水浸泡，尽量减少一些有毒物的摄入。还有尽量少吃烧焦食物和煎炸食品。潮州人喜欢吃工夫茶，实际上太热的东西和煎炸的东西里面含有很多对人体不好的物质。白种人喜欢晒太阳，造成皮肤癌增加。吃饭不要吃得太饱，不要吃得太肥胖，身体肥胖容易产生很多不良物质，造成癌症的增加。有的女同志为了保持体型丰满、漂亮，吃一些激素，这就很容易造成身体内部机能紊乱，容易得乳腺癌。农村里很多女性宫颈糜烂，有的是不注意卫生，不正常的性生活造成的，一定要进行定期检查。男性包皮过长，要在适当的时候切掉，否则容易产生阴茎癌。

世界卫生组织对人类常见的癌症提出了15条大家应该注意的事项，不要吃什么，不要用什么，不要干什么。有一些东西应该多吃，比如说多种维生素、胡萝卜素等。我的导师是肿瘤学专家，饭店服务员问他喝什么饮料，他说胡萝卜汁。胡萝卜汁味道不一定好，但里面有很多抗癌物质。

人的身体需要很多的微量元素，比如锌、铜、锰，我们要吃一些复合维生素，每天吃一片对身体有很多好处。这些东西吃下去有什么好处？就是抗氧化，因为身体里面不断产生一些自由基（机体氧化反应中产生的有害化合物），自由基在体内不是好东西，多了以后容易衰老、生病，产生癌症。刚才提到的食品有一些抗氧化的能力，把自由基清除掉，增加抵抗力。

大蒜、洋葱、胡萝卜、苦瓜、茄子、芦笋、菜花，这都是非常好的食物，要多吃。还有食用菌，比如说木耳、香菇都是非常好的食品。吃东西有一句话，叫“四只脚不如两只脚，两只脚不如一只脚，一只脚不如没有脚”。这是什么意思？四只脚就是动物，猪、牛、羊等。两只脚，就是禽类、家禽等。一只脚是什么？指的是蘑菇等菌类。没有脚的就是鱼类。日本人寿命很长，同吃鱼比较多有关。因此，在吃的方面大家要重视。

有一些科学家说吃蔬菜尽量吃得丰富一些，每天吃五六种蔬菜，不要吃得很单一。另外吃颜色比较深的东西，比如说黑豆、红豆、黑米等，还有豌豆。为什么颜色深的对身体比较好？因为里面含有微量元素。健康的东西多吃，不健康的东西少吃。

不良的饮食造成了癌症

致癌原因还有一个非常重要的方面，那就是感染。研究表明，大概有六分之一的癌症同病毒感染、细菌感染有关。比如说，肝炎病毒很容易转变，在体内造成肝硬化、造成肝癌。EB病毒感染很容易导致鼻咽癌，鼻咽癌又叫广东癌，广东人特别多。还有幽门螺杆菌感染，这种情况下容易产生胃癌，胃的淋巴瘤。如果我们都知道、了解这些科学知识，就能尽量减少这样的感染，也会减少癌症。

另外可以做一些疫苗接种。现在小朋友要做肝炎疫苗的接种，宫颈癌疫苗有一些国家已经研制出来了。如果把这些感染因素消除，癌症的发病率会明显下降。

酗酒也很容易造成癌症。以前对这个方面研究不多，越来越多的研究表明，酗酒造成黏膜的破坏；酒含有致癌物，可以造成细胞的突变；导致酒精性肝硬化，跟癌症关系很密切。

肥胖也跟癌症有关系。以前中国人很瘦，在国外满一街都是胖子，越穷的人越胖，越穷的人越白。有钱人吃得很讲究，不会吃高脂肪、高热量的东西，穷人吃这些东西长得很胖。有钱人在海滩上晒太阳，把皮肤晒得黑黑的。穷人没有时间去海滩晒太阳，所以很白，跟国内相反，国外有钱人比较瘦，穷人比较胖。肥胖跟癌症有很大关系，肥胖产生一些激素，产生一些不良物质，导致了癌症的增加，所以希望大家要控制体重，不要吃得太胖，不仅不美观，癌症的发病率也会增加。

运动是很重要的。很多人很懒，回家经常坐着，上班开车，很少运动。运动可以增强免疫功能，减少肥胖。很多人回到家不愿意运动。我的办法是家里养一条狗，一定要遛狗，狗不带它遛，老用嘴巴拱你，用脚挠你，你不得不带它去运动。当然这不是对每个人都合适的方法，要坚持运动，每天坚持散步 40 分钟左右，或者采取其他方式进行运动。

不良的生活方式，不良的饮食习惯会造成癌症，我们在这些方面要减少不良因素的影响。

患癌症有哪些预警信号

第二个方面谈谈怎样早期预防癌症，癌症早期有哪些信号，怎样在没有真正癌变的时候把它去除掉。早期预防可以尽早把病原去除。

如果肿瘤小，手术方便，切得干净。如果放射治疗，放射范围比较小，肿瘤小，效果好。早期癌症90%可以治愈，所以早期发现很重要。

在身体表浅部位出现肿块，长期不消除，特别是最近增长得比较快，这种情况最好马上看医生。如果身体里面有黑痣，黑痣容易变成黑色素瘤，如果长在容易摩擦的地方，受刺激后，会转变成恶性黑色素瘤。我有个同事的母亲身体非常好，喜欢登山、郊游。她的脚底有一个黑痣，自己不太注意，黑痣很容易磨破了，有一回去登山的时候磨破了，她也不太注意，用一些普通的药水擦一擦，这样不断刺激就慢慢变了。有一天发现身体其他部位也出现了黑痣，她去医院一看，恶性黑色素瘤，已经在全身广泛转移。这是非常遗憾的事情，如果她有科学知识，把脚底容易摩擦的黑痣切掉，说不定可以活到80岁，但是她很早就去世了。所以表皮上有黑痣，最近发生颜色变化、形状变化，或者是大小的变化，都在提示你有恶化的可能。黑痣长在不同的部位上，长在乳房上、指甲上，如果是经常摩擦的部位就要注意了。男同志经常刮胡子，如果有黑痣就要特别当心。

另外，还有一个癌症的警告信号，如果食欲下降，吞咽东西的时候容易有梗阻，喝水容易呛，提示你可能有消化道肿瘤。

广东经常发现鼻咽癌。如果你有广东人的基因，出现耳鸣，鼻涕带血，头面部麻木，看东西不清楚，就要检查是否是鼻咽癌。现在检查的手段非常多，通过影像学的检查，很容易发现癌症在哪里。女同志如果经期突然变得不正常，或者绝经之后阴道出血，或者是性生活容易出血，接触性出血，一定要做妇科检查，搞不好就是宫颈癌。

有时候无缘无故出现声音嘶哑，长期干咳，痰里面带血，本来感冒一个星期就好了，但是长期干咳，而且咳出血来，就要注意是否是肺癌。如果大便不正常，带血或者是大便突然发生变化，最近特别贫血、消瘦，就要注意进行消化道的检查，是否有胃癌、肠癌发生。

癌症十大警告信号，比如说发烧久治不愈，不是因减肥健身而导致的持续体重减轻，或者是溃疡久治不愈，就要当心是否会转变成癌症。

早期把可能和癌症有关的信号了解透彻，就可以及时预防，及时做检查。什么是癌前病变？没有发展到癌症，但是在恶性刺激下很容易变成癌症。如果身上有癌前病症，千万要当心，及时找医生。比如说，有白斑，口腔黏膜发生白斑，或者是黑痣，或者发现有息肉，特别是肠道息肉，肠黏膜息肉，都是癌前病变的表现。如果是肠道息肉切掉一点事都没有，如果不切掉会慢慢变成腺瘤或者腺癌，这是很危险的。

早期癌症大多数可以治愈

早期诊断、早期治疗对癌症患者非常重要。

大家不要谈癌色变，早期癌症 80% ~90% 可以治愈。

癌症的预防从学术的观点看有三级。一是病因预防，不要接触不良因素；二是临床前的预防，及早发现癌前病变；三是临床的预防，早期发现，早期治疗。

罗京、梅艳芳、林黛玉的扮演者陈晓旭，都是英年早逝。罗京在风华正茂的时候，因为淋巴瘤去世。陈晓旭是患乳腺癌去世，梅艳芳得的是宫颈癌。如果有科学知识，他们本来可以活得长久一些。林黛玉的扮演者陈晓旭，发现的时候是早期乳腺癌，治愈率非常高，达到 90% 以上，但她没有及时找正规的医院，接受正规的治疗。她用吃中草药，吃斋念佛来治疗，这肯定不行。她也想保持身体健全，但没有进行科学治疗，导致癌细胞全身转移。梅艳芳非常年轻，其实宫颈癌的治愈率非常高，由于特殊的原因也不找正规医生。像这些明星没有早期诊断，早期治疗，结果导致英年早逝，非常遗憾。

现在诊断的措施越来越多，有先进的方法早期诊断、早发现。比如说影像学检查方法、先进的病理学检查方法，可以诊断早期癌症。

有时候只是一些简单的方式，比如说发现宫颈癌做宫颈图片非常简单，马上可以诊断出来。有一些胃癌，通过简单的穿刺检查即可，在门诊都可以做，可以检查出是否有癌症发生，或者通过拍CT片马上检查出来。早期诊断后及时进行科学治疗，癌症并不可怕。现在治疗癌症有三大手段。一是手术，二是放射治疗，三是化学治疗。现在还有生物治疗的方法，生物治疗是新的领域，对人体的损害相对比较小，而且疗效也比较不错。几种手段综合起来用，效果比较好。我自己写了一本《肿瘤生物治疗学》，是中国第一本临床肿瘤生物治疗学，谈了应该怎么样进行肿瘤生物治疗。

如果早期诊断，癌症并不可怕。早期胃癌治愈率是90%，早期乳腺癌、食道癌、宫颈癌，有90%以上的治愈率，早期肝癌有60%以上的治愈率，所以得了癌症千万不要灰心，不要不敢去肿瘤医院，其实专科医院的水平很高。肿瘤的治疗手段非常多，在早期诊断的前提下，现在有很多办法，比如说化疗、内分泌治疗、介入治疗、微创治疗、手术治疗、分子靶向治疗等，对付癌症的武器越来越多，越来越精良。如果能够很好地运用，治愈率很高。什么是很好地运用？就是综合、科学地运用，把各种手段综合起来运用。有时候单一的手段不行，治疗一定要到正规医院、专科医院、水平更高的医院。

现在对癌症的认识越来越深入，怎样防治？我们了解得越来越多，关键是要付出行动。怎么做？我们开展健康教育，让大家充分了解什么是癌症，常见的癌症有哪些，癌症是怎样表现的，怎样来预防。在这里我用两个权威专家的言论跟大家总结一下。

中国肿瘤学权威专家管忠震教授是我的导师，他给大家提出几条防治癌症的建议。一是远离烟草，包括二手烟，二手烟也是非常有害的。二是控制饮食的量，最好少喝含糖饮料，减少脂肪的摄入，防止超重，要减肥，很多肥胖和肿瘤有关系。三是提倡吃粗纤维的食物，粗纤维的食品，比如说蔬菜、红薯等，每天吃新鲜的蔬菜、水果，这是很重要的。要吃多种蔬菜和水果，现在很多人的生活方式非常不科学，经常在外面应酬，吃好的东西。如果在外面应酬非常多，周末在家里尽量吃粗粮，比如说吃杂粮粥、红薯、麦片、芋头，多吃粗纤维食品对身体非常有好处，对防癌非常有好处。四是适当运动保持免疫力，充足的睡眠也非常重要。现在生活节奏非常快，睡眠不足，严重影响免疫功能。

另外，保持心情愉快、平和，不要老看人家的好，觉得自己没有升官发财。如果经常保持平和、愉快的心情，对你的身体有非常大的好处。

定期体检。45 岁以上最好每年做体检，认真做体检，最好到水平比较高的医院做体检。这样可以及早发现病变，及早去除病变。

我的导师管忠震 80 岁的时候，我们给他举办生日晚宴，全国有 500 多位专家教授参加。管教授是肿瘤学界的泰斗，他身体力行，活到 80 岁的时候还健步如飞，身体状况非常好，旁边都是他的学生。我是他的大弟子，作为开门弟子，专门请教他防癌有什么秘诀，前几天他告诉了我这些秘诀。

爱德华多·卡加普是国际抗癌联盟主席，他提倡健康饮食，运动健身，保持身体的健康体重，避免阳光暴晒，不要吸烟，适当饮酒。比如说，喝一些红酒，每天喝一两杯葡萄酒，对身体有好处，防止心血管病。

今天讲了三个方面。一是要避免不良的生活方式，要合理科学地饮食；二是增加对癌症的了解，增强对癌前病变、早期癌症警告信号的认识，及早发现问题；三是如果有癌症，早期诊断，早期科学治疗，疗效非常好。有一句话说，“如果你没有时间锻炼，总有一天你会有时间住院”。防治肿瘤希望大家从今天做起，科学生活，远离癌症。谢谢大家！

文化建设与现代化

——幸福生活面面谈

贺云翱

贺云翱

南京大学教授，博士生导师，南京大学文化与自然遗产研究所所长，南京历史文化研究中心主任，江苏省决策咨询研究基地、江苏历史文化研究基地首席专家，世界遗产论坛组织委员会秘书长，国家文物局三普专家库成员，江苏省文物保护、非物质文化遗产专家委员会委员。已承担国家、省市文化遗产、文化建设规划研究课题60多项，出版专著10多部，发表论文近两百篇。

深圳是一座非凡的城市。它在新中国历史发展当中是一座里程碑，有非凡的地位。尽管我住的城市南京是中国四大古都之一，也有非常悠久的历史和文化，但是南京和深圳还是构成了两种文化风格、两种文化地位。

这次南京大学建校100周年，南京大学深圳校友会提出，校庆之际在深圳搞一个讲座，这个任务非常荣幸地落到了我身上。我想你们今天在场的都是对文化感兴趣的人，今天就和各位交流一下“文化建设与现代化”这个话题。

深圳的朋友们建议我补充“幸福生活面面谈”这方面的内容，可能他们更希望我的演讲不要太学术化，更生活化一点。可是我还是希望能同大家一起静心思考一下，为什么我们要从纯精神的角度思考文化问题？本着这样一个意图，我设计了两个话题。

第一，我们今天讲“文化建设”，我们有没有意识到，文化有什么意义？有什么含义？比如，我问大家，什么是“文化”？我想可能会有很多答案。什么人都可以对文化作界定，这本身就是一个有趣的现象。当然这中间也会涉及文化和我们的幸福生活有没有关系，我力求把“文化”与“幸福”挂上钩。

第二，文化建设与中国特色社会主义现代化建设是什么关系？为什么中央会把文化建设当成中国现代化的四大支柱之一？

当然这是一个很学术化的问题。尽管中央下发了很多文件讲文化建设，但我认为到目前为止，我们还没有从学术上把这个问题说清楚，这是一个很有意义的话题。

精神有时候比物质更重要

在中国近代，从1840年开始，在几个关键点上都出现过文化热潮。

第一次，1919年新文化运动，这是一次重大文化变革。

第二次，1966年至1976年10年“文化大革命”，当然这是一个“反文化革命”，是一次灾难，但毕竟也是一次转折。

第三次，1978年改革开放之后，有一段时间出现文化热。1977年我参加高考，进入南京大学读书，亲身经历了那段时间的文化热。

后来我创办的一个刊物，名称就叫《东南文化》，这个刊物后来成为双月刊，也登载过很多关于广东省包括深圳的一些文章。

进入21世纪以后，特别是党的十七大以来，文化再次成为热潮。这次文化热主要有两个问题隐藏在背后，一是我们如何科学认识物质与精神的关系问题。过去我们过度强调物质价值，忽视了精神价值，甚至忘了某些时候精神比物质更重要。诸位知道，在道家思想里，精神非常重要，比如说“无生有，有生万物”。宇宙，其实都是在无中生存的。生命，本来也是没有的，是在无中出现的生命，人类本来也是没有的，是在“无”中诞生了人类。

从无到有这样一种现象我们应该如何认知？这实际上牵扯到我们对很多问题的认知，这是非常重要的一种认知。

新中国成立以来，我们忽视了文化建设，特别是长期把文化当作一种纯粹的意识形态，没有发现文化的本质，就是“以人为本”。文化是人创造的，但反过来人也是文化的产物，这一点在科学上有许多证明。2003年10月，中央提出科学发展观之后，文化建设的重要性才不断凸显出来。科学发展观的一个要点就是以人为本，全面协调可持续发展。这样一来，文化建设问题，就在新的发展观提出之后，不断得到重视。

文化主要包括四个方面内涵

下面我具体讲一下什么是文化。对“文化”这个概念的解释据说有160多种，非常复杂，众说纷纭。

非常奇怪的是，所有大学里面都没有设置文化学系。我们现代化的四大支柱有经济、政治、社会、文化，但是经济、政治、社会在大学里都有相应的学科培养中高级人才，可是文化建设没有相应的学科培养人才。我经常开玩笑说，大学学科建设忽视了一个重要的人类发展方向，就是文化建设。应该创办文化学专业，培养服务于中国文化现代化建设的中高级人才，这个任务早晚有一天要完成。

我认为文化主要包括四个方面的内涵。①作为人类生活的基础即广义的文化。人类过去创造的一切，我们都把它看作是文化。②作为“知识”同义词的“文化”。③作为社会实践层面的文化，如文化事业、文化产业等。④纯粹“精神文明”或“思想”含义的文化。

我把160多种文化概念，归纳成这四个方面，可见文化确实是复杂的。

文化是人类区别于动物的本质特征

我做了一个文化的结构模型，它由几个同心圆构成，最内核一个是“人”，从内向外分别有精神文化、制度文化、物质文化3个圆，一共有4个圆。

最外面一层是物质文化。比如，你现在看到的人的身体，人的吃穿住行用，都是可见的物质文化形态。

制度文化。打比方就是你什么时候起床，怎么吃饭，怎么工作，有自己的一套制度文化、行为模式。一个组织一个国家都这样。制度文化不容易用眼睛观察到。

精神文化。我们经常看到有一些年纪比较大的人闹离婚，一个人跟另一个人讲，我跟你过了一辈子，不知道你是什么样的人。这个主要就是讲内心世界，内心就是精神文化。精神文化隐藏在人类活动的背后，看不见摸不着，但实际上是文化的核心。有了人，才有了精神文化，才有了物质文化创造。

我刚才讲的物质文化、制度文化、精神文化，用现在的概念讲，物质文化就是经济，就是各种经济活动创造的成就。制度文化就是我们现在的制度，比如社会主义经济制度、法律制度、企业管理制度、人的行为模式等。精神文化就是我们的价值观、世界观，我们的各种智慧，文化创造力、向心力，这都属于精神文化范畴。

所以这三者，你说谁决定谁呢？其实它们是一个整体。就像一个鸡蛋一样，外面是鸡蛋壳，中间是鸡蛋白，里边是鸡蛋黄，它们是彼此关联的一个整体。所以物质文化、制度文化、精神文化要同步发展，社会才和谐、健康。

文化有什么意义？它主要有四种意义。

第一，文化是人和人类社会存在的本质特征。我几年前在武汉做国务院三峡办的一个课题，有一位年轻干部曾经问我说："贺老师，你们不断讲文化怎么重要，它不能吃不能喝有什么重要的？"我回答说，如果没有文化，我们就都不是人了，人和豺狼虎豹的区别就在于，我们有文化它们没有文化，你说文化重要不重要？

第二，文化具有隔代传承功能。深圳人，或者南京人，乃至整个中华民族，我们接受了几百年几千年甚至几万年的文化传统，一代一代传承下来，我们才拥有今天的物质文明。如果没有这个文化传承功能，我们每一代人都是穷光蛋，我们要从头开始创造文化，包括语言、文字等文化财富。

第三，文化带来不同的行为模式。深圳人、上海人、南京人，他们的行为模式有什么不同？文化对人们的行为模式影响非常大，而行为模式与人类行为的发展方式、行动方式，甚至人类的发展进程都有很大关系。

第四，文化可以让我们穿越时空，可以和孔子对话，也可以和李白、杜甫对话，当然也可以同美国人、欧洲人进行对话，这种对话靠什么？靠文化。文化可以方便不同时空的人跟你沟通联系。

总的来讲，关于文化与政治、经济的关系，有很多精辟见解。我举两个例子，非常优秀的军事家、政治家拿破仑讲，思想是文化的核心，刀枪打不过思想。温总理也讲过，他说有几本书要放在枕边读，其中一本就是《国富论》。《国富论》的作者高度评价文化的根本性意义。一个地方经常大盖高楼大厦，如果背后没有文化支撑，往往会造成极大的浪费。这样一来，决定真正政绩的一定是背后的文化，长时间考察，文化力量肯定超过政治和经济力量。文化的核心是精神，物质是有边界的，而精神是没有边界的，它比物质走得更久远，更具有深层发展的永久意义。

文化与幸福关系很大

文化是人类幸福的根基所在。文化与幸福有没有关系？有很大关系。

第一，文化赋予我们智慧，让我们脱离了一般动物的生存状态，让我们能够不断改善生活。

我们想象一下，如果我们仍然像300万年前一样生活在树上，生活在动物中间，我们能有幸福吗？是文化赋予了我们智慧和发展的力量。

第二，文化让我们有丰富的精神生活，让我们超越了纯肉体和纯物质的满足，让我们不断进入一个高级的生活世界。

第三，文化让我们走出孤立的状态。因为每个人的力量很小，跟老虎跟狮子，跟很多动物比，人的体力其实很小，我们打不过它们。但是我们为什么能够成为地球的主宰？因为我们拥有了文化，文化让各个孤立的人群变成了一个整体。中华民族为什么伟大光荣？背后隐藏的是什么？因为我们有共同的文化、共同的信仰、共同的语言文字，这样中华民族才是不可战胜的。我想其他民族也是一样。

第四，文化引导我们不断拓展生活空间，从一个地方发展到另外一个地方，从地球表面拓展到外空和深海。

第五，文化让我们能够自我救赎，包括心灵的救赎。现实与理想、自我与他人、物质与精神，始终存在着矛盾，这种矛盾光靠外部努力去解决，无法完成，要靠我们内心协调。我们如何走出困境，解除痛苦？文化功不可没。当然，文化的表现方式不同，或以宗教形式表达，或以其他信仰方式表达，或以审美、情感的方式表达。

第六，文化为我们提供了无限发展的可能性，让人类不断从低级走向高级。我们人类一步一步借助文化走向更高级的文明。

第七，文化使我们不断反思历史，能够把过去、今天、未来放在一个系统中观察与把握。美国旧金山大学研究人员瑞安公布的研究成果表明，人类的幸福感可能源于一种平衡观，即回顾过去、享受当下和给未来设定奋斗目标。美国人的这种研究与我对文化与幸福关系的界定是完全相符的。

经常有人讲，必须先满足物质需求才能去创造文化，其实不是这样的。昨天晚上我跟南京大学一批校友交流，我说："'上帝'创造了人和其他动物之后，都能够让它们自我生存，没有哪类动物饿死，哪怕微生物都能够生存。所以关于吃饭和生存的问题，没有必要放在那么高的位置上面。文化才是我们应该特别重视的。"

人类在创造文化的过程中，在不同的民族和不同的人群之间，产生了一种现象，叫文化的多样性，而文化多样性恰恰是我们幸福生活的源泉。

不同民族在不同国家、不同地区都创造着各自的文化，为什么要尊重文化的多样性？对人类来说，这种文化多样性使得人们能够获得更多幸福生活的体验。

对不同历史时期，不同国家和民族的文化创造，我们应该尊重、欣赏、理解、学习。

我自己认为，那种随意否定过去的文化创造和其他民族文化创造的做法，是不理智、不道德、不科学的。为什么？我们动不动就说那些文化是封建主义、反动阶级的，或资本主义的、资产阶级的，等于把人家的文化创造给否定了，要注意文化是有继承性和互动性的。

回到两三千年前，那个时代创造的文化可以满足那个时代幸福生活的需求，你为什么要否定它？为什么不能欣赏、吸纳它们？对不同文化的观照决定了我们的心态，我们应该以公平、合理、宽松、客观、科学的心态面对人类的各种文化，这样才能丰富我们的心灵。

生产关系可以决定生产力

文化建设与现代化建设是什么关系？我认为，中国目前的文化建设，背后隐藏着重大的人类发展趋势，同我们国家的需求一致。

世界发展趋势证明，"文化"越来越成为发展的核心要素及推动力量、发展目标。发展文化是人的本质需求，文化作用的凸显，正是人类现代化“以人为本”发展目标的体现。掌握先进文化的人才代表着未来，代表着今后发展的力量。

人类新的发展历史阶段需要新的发展战略。人类总的发展趋势是，体力劳动占的比例越来越小，脑力劳动占的比例越来越大。我们有过各种社会形态，我们还经过了狩猎经济、农业经济、工业经济，目前进入到知识经济阶段。

今天我们正建立服务型政府，全力打造智力型社会，也就是后工业社会。我常讲，不要太迷信经济基础决定上层建筑，或者生产力决定生产关系，有时候生产关系可以决定生产力。生产力决定生产关系，没错，但又是什么决定生产力呢？生产力的主体是有文化能力的人，所以还是以人为本，而文化恰恰是人的本质所在。比如，我们的社会主义也不是在发达的资本主义生产力基础上建立起来的，我们是先建立先进的制度，然后慢慢走向工业化。如果你绝对用一个不变的概念去对待我们的发展，对待我们的生活，你就吃大亏了，要实事求是。总的来讲，文化是人类的创造，也是推动人类社会变革的主导力量。所谓的知识经济就是文化经济，不过我认为用“经济”界定“文化”形态有时候不合理，我认为将经济形态应该看作是文明形态。从人类发展的大趋势来看，当前中国的文化建设顺应了时代趋势和新的文明发展战略要求。

20 世纪的工业文明，使我们消耗了太多的资源，56% 的石油、60% 以上的天然气以及大量的矿产资源都被人类消耗了。西方国家率先进行所谓的经济发展方式转型，和生产结构的调整，这是大趋势，我们国家也在顺应这个趋势。

英、美、法、德、日，2004 年，它们的第一产业（农业）基本上在国民经济中占 1% 左右，第二产业（工业）基本上在国民经济中占 25% ~30%，第三产业（包含文化在内的服务业）基本上占 70% 左右，而且核心就是文化。西方国家的这种转型，应该讲非常有价值，非常有意义。而我们的第三产业，低于世界平均水平，占 30%

多，我们国家这一块发展空间很大。正是在发达国家的率先努力下，世界上目前有2/3的产业活动，没有了污染等环境问题，同发展文化关系很密切。

先进国家的这种经济转型对我们国家是有意义的。科学研究表明，体能、技能、智能对社会财富的贡献，分别是1∶10∶100。为什么我们现在要把自己的孩子送到最好的大学接受最好的教育？其实背后隐藏的就是我们希望让孩子对社会有最大的智能贡献，希望把他培养好，让他拥有核心的文化竞争力，而一般不是把他送去锻炼体力，除了刘翔这样的运动天才及少数优秀运动员之外，一般家长都不愿意让孩子重点培养体力。投资体力成本，回报率是110%，投资人才开发的回报率是1500%。深圳30多年来快速发展，也是因为吸引和积聚了大量的高知识高文化人才。虽然“农民工”也做了很大的贡献，但如果光是他们，建设不起来今天的深圳。高文化、高智力人才，对现代化建设至关重要，文化动力对人类未来发展有绝对意义。

教育投入起码要占GDP的6%到8%，才能做到文化公平

高文化人才从哪里来？必须优先发展教育。教育不是一个行业或纯技术活，而是文化建设的核心事业之一。目前我们国家存在很多不公平，首先就是教育不公平，教育投入太少。温家宝总理在2012年两会上宣布，在他从总理职位上退下来之前，他一定要把教育占GDP的比重提高到4%。

然而，即使把教育支出提到占GDP 4%，我们仍然大大低于世界平均水平。我们连很多落后国家都不如。教育不公平导致很多人发展机会不公平，很多贫穷落后地区的孩子无法享受到现代教育，他们永远可能处于贫穷状态。发达国家教育投入要占到9%以上，这是一种总的发展趋势。目前发达国家的知识经济在整个经济发展中的比重，已经占到50%。所以中国的教育投入还要不断提高，起码要提到6%

至 8%，才能大概做到文化公平。

世界竞争已经从军事、科技、经济竞争发展到文化竞争、知识创新能力竞争、人才竞争，目前创新驱动引领文化发展，创新驱动其实就是人的智慧、能动性、创造性的驱动。人类从“政治人”“经济人”到“文化人”，这样演进的历程体现了人类整体的文明发展进程。

五大变革力量与文化有关

我们的发展观改变了，从原来以“物质发展观”为主演变到今天的“精神发展观”。

我在这里提出四个观念：财富观、资源观、竞争力观、生产力观。比尔·盖茨他们起家的时候并不是最有钱的人，但是他们今天是世界上最有钱的，原因就是他们掌握了世界上最重要的科技文化，他们具有创造性。

文化已经大踏步地进入我们整个发展的视野，在 2011 年第五届夏季达沃斯论坛上，提出了影响全球变革的十大力量，至少有五大力量与文化有关。人类历史证明，人类发展不是简单的发展过程，是一个复杂的过程，文化在其中起了重大作用。研究证明，只靠经济增长，并不能让我们幸福。最新公布的美国南加州大学学者研究称，1990～2010 年，中国人的幸福指数急剧下降，尽管中国经济繁荣发展，但民众觉得现在不幸福。发展不仅仅是经济发展，应该着眼于文化的发展。

联合国教科文组织有个理念：文化繁荣是发展的最高目标。因为文化是人类生存的本质，文化是人类发展的核心。文化也是人类走向“自由”的重要条件。恩格斯讲过，文化上的每一个进步都是迈向自由的一步。我们的大学如果不能创造思想之自由、独立之精神，不可能成为一流大学，也不可能有真正的科学家。不能把“自由”分成资产阶级自由或无产阶级自由。“自由”这个词如果退出我们的生活舞台，我们就失去了一个非常有价值的概念。我们应该歌颂自由，因为太阳系不自由就不能按规律运行，地球不自由万物就要灭亡，人类不自由精神就不能发展，没有自由的思想和创造，我们就不可能成为一个创新的民族。到今天为止，我们为什么不能成为一个很幸福的民族？我觉得同没有创新力、没有文化发展力有关，我们自己束缚了自己，把很多东西妖魔化了。

文化牵动着很多方面，研究文化也必然涉及方方面面。比如，人性养育、社会公正、国民素质、生态保护、和谐社会、幸福人生、创新智慧、福利分配、解决贫困、科学发展、性别公正、文化多样性和文化生态、规划决策、精神文明和物质文明、行为模式、知识与发展、经济可持续、城市化、乡村改造、时间与空间的意义、环境保护、民族之间的交流与理解、国际和平与国家和尊重等。

文化建设明显落后于经济建设

对中国而言，现代化发展已经到了文化引领的新时代，将文化建设作为中国现代化建设的支柱之一，是中国共产党人的英明决策，也是共产党人为了实现人人幸福的社会的重要决策。

中国的现代化是人类现代化的重要组成部分，其发展路径应当遵循共同的现代化发展规律。中国的现代化虽然起步很晚，但是发展很快，30 年走了发达国家 200 年的道路。

1978 年中国 GDP 排名全球第 15 位，国家外汇储备只有 1.67 亿美元。但是到 2012 年，中国 GDP 排名世界第二，外汇储备 3.18 万亿美元。

2011 年全国有 23 个省的 GDP 超过万亿元，其中首位是广东，5.3 万亿元，其次是江苏。

中国现在出现了很多富豪甚至亿万富豪。这类人口仅占 1%，但 2011 年他们的收入超过整个社会总收入的 57%，可见财富分配不公平，两极分化值得警惕。

中国还只是一个经济大国。撒切尔夫人讲过，中国没有什么可怕，它只是出口工业产品，不出口文化。

文化的公正、公平、正义是人类过上真正幸福生活的重要条件。公平社会不仅仅是福利的改善和社会保障系统的建立，那只是一种外部条件。只有通过教育和文化的熏陶培育提升，让人们拥有丰富的知识、科学的思维、高度的智慧、真善美爱的品性和开拓创新的能力，个体和公民社会才能真正走向幸福社会。

文化决定人的素质高低。我们的劳动力生产率，产量单位 GDP 消耗能源比，在国际上都是很落后的。污染问题也很严重。20 多年前，我住在日本大阪，大阪是日本的重工业城市，但是当时河水是清的，上面有鸟在飞。与他们比我们的差距很大。幸福社会怎么能离开文化呢？我们现在的文化建设明显落后于经济建设。国际经验表明，一定的 GDP 发展水平与一定的恩格尔系数以及一定的文化消费之间具有相关性，文化消费在各类消费中应占 18% 左右。我国人均 GDP 已达 4200 美元，文化消费正在进入快速增长期。

文化消费力提升面临各种困难，这方面的困难我们可以举出很多。比如，教育不公平问题、发展不平衡问题、文化结构问题、文化产业发展问题等。以读书为例，深圳是个非常爱读书的城市。在世界上有这样的认识，精神力量对国家来说可以起到关键的作用。读书是消灭无知、贫穷与绝望的终极武器，不读书的民族是没有希望的民族。犹太人最爱读书，4500 个人就有一个图书馆，500 万人的国家，有借书证的有 100 多万人。在西方世界，美国人每人每年阅读 40 多本，俄罗斯每人每年阅读 28 本，匈牙利、德国、英国、法国等国的数字是 20 本。以色列人达到 64 本。

我国每年出版的图书超过 30 万种，但是人均数量很少，尤其是读书人很少。20 世纪 90 年代统计显示，我国平均每人每年购书 5 本，现在还在下降，户均消费图书 2011 年只有 1.75 本，是世界上人均阅读量最少的国家之一。

大学的情况也不乐观。复旦大学一项调查表明，大学生阅读本专业经典著作的只有15.2%，全国45.9万人才拥有一座图书馆，仅是以色列的百分之一，当然中国经济跟以色列相比并不差这么多，甚至有一些地方我们超过以色列，可见我们文化建设任重道远。

中国文化出口全世界排第99位

中国产品出口全球第一，但是文化产品出口全世界排在第99位，相当落后。世界上很少有中国的文化符号和中国精神，全国出版社的图书年销售额还不如德国最大的一家出版社——贝塔斯曼。

美国第一出口行业不是飞机而是文化产业。

《中国文化软实力研究报告》指出，世界文化市场份额中，美国占43%，欧盟占34%，亚太地区仅占19%。在19%中，日本就占了10%，剩下的才属于中国及其他亚太国家。中国文化出口跟其他物质出口没办法相比。

党中央、各个部委、全国各个省市，包括深圳市如今都提出了大力推动文化建设。文化建设要纳入党委和政府的议事日程和政绩考核。

在实践层面上我们注意到，从1840年以来，中国在文化建设方面是被忽视的，否定传统文化，造成民族文化的严重失落。这是当前文化建设中首先面临的重大问题。

世界上有六大文明古国，只有中华文明延续下来了。可是1840年以后，中国近百年丧权辱国被动挨打的历史，大大削弱了国人对中华文明的自信以及文明古国应有的文化尊严，开始了“西风东渐”的百年历程。直到今天，我们自己的文化还没有得到应有的尊重。所以我们提出要复兴中华文化，成为文化强国。

世界上几乎每个国家和民族都想从自己的文化中寻求到挺立于世的能量和保持内心幸福的力量源泉。学者们几乎都认为，没有文化自觉和文化自信，物质现代化的大厦会坍塌。没有文化自信、文化自觉的民族，不可能真正成为一个富有文化创新能力和幸福感的民族。因为你不相信自己，找不到自我，你已经随波逐流。

中国文化是一个富有文化多样性的文化体系，但是我们也有着共同的文化信仰和文化底线，那就是以儒学为核心的中国传统文化认同。它超越时间、国界、民族、制度、政治、信仰和社会阶层等种种障碍，养育了我们数千年的文明，让中华民族拥有了深厚的文化向心力和社会凝聚力。但我们今天必须意识到，这个基本的文化信仰、文化底线和文化认同已经处于危机状态。

看看印度、日本、阿拉伯国家、东南亚国家以及中国台湾地区，马英九每年要带着一大批人纪念孔孟。无论政治人还是文化人，或是普通百姓，他们大都有这种文化意识。但我们许多人却忘记了自己的几千年文化，丢掉了共同的精神家园。

我们要马克思主义，我们要学习西方先进文化，但也要孔子的儒学文化，五千年没有断裂的文化体系不能在我们手上断裂。

正如党的十七届六中全会公告所说："中国共产党从成立之日起，就是中华优秀传统文化的忠实传承者和弘扬者。"

文化传统、文化遗产是一个国家一个民族的生命力和创造力所在。我认为，改革开放以来我们取得的巨大成就与我们的文化创新及复兴的传统文化有直接关系。德国前总理斯密特讲过，中国在进行的伟大的现代化事业，中国人取得了巨大的成就，如果没有过去的儒家学说，中国现代化不会取得如此大的成效。中国没有特定的历史背景，没有文化遗产，中国现在的经济繁荣是几乎不可想象的。斯密特有这样的认识，但是我们许多领导人有这样的认识吗？我们过分强调了政治的主导力量，而忘记了富有优秀民族精神的千千万万普通人民的贡献和力量。汪洋最近说道，人民群众是创造历史的主体，也是建设和享有幸福广东的主体。追求幸福，是人民的权利；造福人民，是党和政府的责任。这是新时期共产党一个书记第一次在会上说这样的话。

文化建设，也能够在中国经济结构调整和社会和谐发展中发挥重大作用。

我们现在强调文化产业，尤其是深圳强调发展文化产业，我认为文化产业不能仅仅用单一的经济指向来支撑，否则后果不堪设想。文化产业的共同点是经济，但其内核是服务于人的文化，文化产业要追求文明价值，不能把文化产业变成挣钱的机器，否则文化就变味了。

中国目前信息化程度很高，智能化也在推进。美国学者认为，文化创新已经成为社会发展的核心力量，包括数据处理智能化、通信技术、无线网络等，可能会给人类带来重大的社会变革，引领人类走向新的繁荣。中国也不例外。文化与科技的结合日益紧密，当然科技进步本身就是文化的一种发展形式。

传统文化应该参与拯救人类未来

中国作为世界负责任的大国，应该要有国际的视野。中国优秀传统文化，应当成为拯救人类未来的重要力量。

不能总是强调物质决定意识，有时候意识也可以决定物质。在人类现代化进程中，并不是工业化高度发展以后才搞“文艺复兴”，才搞“启蒙运动”，是“文艺复兴”先引导人们走出愚昧时代；人类思想解放经历了一个热潮，然后是启蒙运动、科学革命，才有了工业文明的诞生。深圳人是先解放思想，才来搞建设，所以精神有时候可以决定物质。不过，“文艺复兴”把人从神的束缚中解放出来，人被空前放大，结果带来人的意识高度膨胀，人走向了与自然对立的状态。

最新的研究报告说，2008 年以来这种趋势没有减轻，反而越来越严重，资源的赤字率已经达到 50%，假如全世界的人都过印度尼西亚人的那种生活方式，人类只需要 2/3 个地球就可以活下去，但像美国人那样生活，我们需要 4 个地球。人类不能按照以前的路径走下去了，怎么办？有人说，“避免人类的自杀之路，现在各民族中具有最充分准备的是两千年培育了独特文化的中华民族”。1988年世界诺贝尔奖获得者公布集体宣言：人类要继续生存下去，必须回到2500年前，从孔子那里获得智慧。实际上到今天为止，文化如何转型，根本的问题还没有解决。可以说以孔子为代表的东方儒学思想和以西方为代表的现代科学技术相结合，是引领世界未来必不可少的两种核心力量。

我们有非常好的生存智慧，如追求天下大同。

我们有“君子仁者爱人”的这种追求，自强不息、厚德载物的精神。我经常让学生背这样四句话：“为天地立心，为生民立命，为往圣继绝学，为万世开太平。”

为什么第一代中国共产党人能够抛头颅洒热血，献出生命为人民？为什么现在的政府有那么多的干部要贪污腐败？结论是，第一代共产党人都是饱读儒家诗书的人，他们小时候就接受儒家思想的熏陶，所以他们有深厚的文化底蕴，受过中国优秀传统文化的滋养，当然还有共产主义理想。而今天，有多少人了解中国儒家文化？有家国情怀？他们丢掉了自己的民族文化积累和文化财富。

世界在欣赏中国，在企盼中国，但是世界又害怕中国，我想这背后应该有很深层的文化问题值得我们思考。

美国推动的全球化不是好消息，文化多样性的消失，绝对是人类的灾难。我不占有你的领土，但是我把你的人心征服了，这也很可怕。所以文化问题牵扯到国家安全、民族尊严。

中国是世界上唯一的原生文明传承至今的大国，文化资源丰富、文化遗产众多是中国的重要优势。我们要传承发展，要合理利用。

中国在2025年前后可能将成为世界经济总量最大的国家，我们会不会成为文化产业第一大国？按照目前这个状况，几乎不可能。必须调整重大发展战略，加快文化建设的步伐。

中国在不同地方、不同时代，曾经创造了丰富多彩的文化成果。共同生活在一个丰富多彩的社会环境和文化环境里，人类才可以达到和谐。

对深圳文化建设表示敬意

最后我讲一下为什么应该对深圳的文化建设表示敬意。

深圳最近开展了十大观念的评选活动，我觉得这是一次非常重要的文化建设活动，据说已经编写成书，可能还在全国进行了宣传。比如，时间就是金钱，效率就是生命，当年我还受过这个口号的影响。

正是深圳人犀利的观念和思想解放，引领着深圳现代化建设不断迈上新台阶。正如深圳社科院杨立勋教授所说："只有观念的创新才会带来体制机制的创新，深圳特区应该继续在文化上做到在全国'引领观念之先、理念之先、风尚之先'。"就我个人而言，站在中国现代化建设历史的角度，我对深圳文化现代化创建表示由衷敬佩。

深圳的文化建设，我们看到有经济文化、制度文化，也有思想文化。所以我认为深圳是中国精神文化、制度文化和物质文化共同创造的一个"文化高地"。

深圳是改革开放及沿海经济文化带建设伟业的重要起点，是中国新时期现代化文化创新的基地与中心，对中国文化发展史而言，这是一座里程碑。它是中国真正改革开放事业的第一都。

深圳这样一个在改革开放中成长起来的都市，她的许多文化创新行为顺着海岸线影响了长三角地区，一直影响到京津唐地区，继续向内地，影响了整个中国。深圳的高楼大厦可能受到空间制约，影响有限，但是深圳的精神力量、文化力量可以穿越时空，影响到每一个人，它的文化意义远远超出它的物质意义。这就是当今深圳的价值。

1995 年，厦门大学的陈东有先生谈到过关于深圳文化建设的模式问题，他讲了三大特点：全新组合的新兴城市，移民文化；快餐城市，风险意识；竞争城市，主要是文化竞争。他认为深圳应该重视文化建设。陈先生当时提出，要建设深圳文化，必须延揽人文科学和社会科学的高级人才，深度思考深圳的文化、中国的趋势、人类的文化，办好深圳大学，办出一流刊物和报纸等。

深圳文化是一种创新的文化。有人说，深圳的文化定位不可能是传承的，而应该是现代的。如果真的把这个定位作为深圳文化建设的发展方向，应该有偏差。应该讲，深圳文化既是民族传统的，又是现代世界的。深圳除了物质遗产以外，还有很多非物质文化遗产，已经确立的有240项。深圳也建立了很多图书馆、博物馆、音乐厅，有非常好的文化品牌，尤其是文化产业已经是深圳市的第四大支柱产业，非常了不起。

当然我们注意到，深圳文化建设还有很多待发展的地方。比如，学术文化还比较落后，人文社会科学创新能力还有待提高，国际性城市的标志性文化形象还要加强，文化原创性还不够强等。在文化遗产保护方面，一些古城遗址还淹没在违章建筑中，如南头地区的历史建筑被拆毁、改建的占到95%以上。4座城门只剩下东门和南门，古城墙已难觅踪影。大鹏古城的城门外不足几米处就建起了一栋栋民居楼，一些历史街区已经消失。

香港《南华早报》报道，孟丹梅女士在深圳创办了“鹿鸣学堂”，向孩子们传授“四书五经”等传统文化经典，对她的做法尽管有不同的评价，但孟女士满怀信心地说：“孩子们记住了所有的经典，今后会用一生的时间去理解和践行这些真理。”

学者们认为，中国要变成有文化魅力的创新型国家，需要的动力就包括历史文化的记忆，这是生产自主创新灵感的土壤。我认为，我们对传统文化的认知还要进一步提升。所以保护文化遗产的人文意义，不仅仅是经济方面的，或者是简单的文化意义，它有很多很多的价值。

现代化的沿海中国城市，处于正在东方崛起的进程中。300万年的历史证明，人类的文化创造力是巨大的，尤其在科技文明时代，更是以人为本，以智慧为本。

中华文明是世界上唯一保存至今的人类原生态文明，中华文化是世界上最具生命力的文化，也是最具有包容性的文化。中华文化本身就是深具多样性的文化，正是在“多元一体”的文化结构中，先哲们创造了“和实生物，同则不继”及“和谐”“和合”的理念。从公元2世纪起，中国文化先后接受融合了来自古代印度的佛教文化，然后又受到基督教文化、伊斯兰文化、西方工业与现代科技文化以及市场经济制度、马克思主义等文化的影响。可以说，中国是世界上未来最有条件成为集人类文化之大成的国家。因为直到今天，西方文化并未真正包容中国文化，甚至许多国家还不了解中国文化。

最辉煌和最具生命力的文化必定是一种在不同文化的融合中能够坚守本体文化又具有包容性的文化。谢谢！

幸福心理学

郭田友

郭田友

深圳大学心理学硕士生导师，临床心理学博士，深圳南山区征兵办心理检测负责人，南山医院心理科特约专家。

幸福是一种主观体验

幸福是一个很难说清楚的东西，古往今来都一样，各路名家对幸福的鉴定众说纷纭。什么是幸福呢？幸福就是对欲望或者渴求得到满足时的一种体验。就某个人对某个事情的幸福感而言，包括两方面，事前的渴望程度以及事后的满足程度，相互存在一定的关联。

幸福有什么样的特点呢？第一，如果没有渴求就不会有幸福。第二，获取幸福的道路越曲折，那么幸福的体验就越强烈。比如，一个人创作的过程非常痛苦，大作完成的时候，他那种幸福的体验是常人无法想象的。第三，所谓的幸福其实也是暂时的，它会随着时间的流逝而淡化。一个人想追求持续的幸福，那就需要不停地有不同层次的渴求，这样我们的幸福才会持续。第四，幸福有递减性。当我们得到一次幸福以后，我们对同类事物带来的幸福体验就会减少。比如说金钱，我们每个人都渴望拥有金钱，但是当你真正拥有大量金钱之后，再继续拥有金钱时它带给你的幸福感就下降了。还有一点就是，幸福不在过去，也不在未来，就在当下，所以我们要学会体会当下的幸福。比如，您坐在这里听讲座，其实也是一种幸福。

幸福有哪些评定指标？美国一个社会心理学家曾经做过一系列长达25年的研究，他得到的结论是，就幸福感指数而言，影响最大的其实不是我们很多人穷其一生拼命追求的什么学历、收入、婚姻、美貌，这四个因素本身对幸福的影响比较小。而真正比较大的有四个方面。第一，和谐友好的人际关系；第二，至爱亲朋的关怀；第三，温暖的社会支持；第四，适当的社会交往技巧。这四个方面对人的幸福感指数影响最大。我们仔细分析一下，这四个因素都和什么有关系？比如，和谐友好的人际关系和什么有关系？很明显和这个人年幼时父母的接纳程度以及他形成的安全体验有关联。至爱亲朋的关怀自然离不开家庭，各种各样的社会交往技巧毫无疑问和家庭也有关系。因为家庭是他最初成长的摇篮，他和父母的交往是最初的人际交往模式，我们说一个人最初的社会交往模式，很大程度上是他和父母互动模式的再现或者扩大化。基于这几点，大家可以做出一个推论，真正的幸福对大多数人而言，幸福的源头就在于家庭。

幸福的源头在于家庭

家庭的特点和结构是怎样的？

家庭的特点，第一，家庭是由家庭成员形成的一个系统。它并不是几个人简单凑合在一起就形成了一个家庭，而是一个有机的系统。第二，每个家庭成员都有原生家庭的特点，所谓原生家庭就是指自己出生成长的家庭。曾经有一个来访者对现在的家庭状态特别不满意，因为他总是不自觉地对他的妻子孩子进行挑剔，为此影响到了家庭和睦。他很想改变，但是力不从心，效果不好，他搞不清楚咋回事。我们分析以后发现，其实这个人从小就是在被父母挑剔的环境当中长大的。他的爸爸妈妈是极度挑剔的人，而他是在被别人挑剔中长大的。即便是这样，他在无形当中依然学会了一些东西，虽然他很讨厌这样，但是他依然会挑剔自己的孩子。其实大家可以看到，不管你承认不承认，原生家庭对一个人的影响是根深蒂固的，有些时候持续终生。第三，每个家庭都有不同的角色和功能，你可能同时是妈妈是女儿还是妻子，在一个家庭当中，一个人可能同时扮演不同的角色，有时候就需要我们有意识地去协调好这些角色之间的关系。

家庭结构包括家庭界限、家庭结盟以及家庭权力三个方面。

所谓的家庭界限就是规定哪些家庭成员可以参加到家庭交往领域的规则。比如，上一代和下一代之间的规则，这个规则有时候是明的有时候是暗的，但是规则必须要遵守。

常见的家庭界限有三种类型。一种是界限清晰，一种是界限混乱，还有一种是我们说的界限僵硬。

就界限清晰而言，它对应的是民主型的家庭，爸爸妈妈孩子之间关系很亲密，但是有彼此独立的时间和空间。他非常关注孩子心理的需求，能够有效地接纳长幼尊卑。

所谓界限混乱，就是在一个家庭里面好像没大没小，甚至家庭之间的分化不够。比如说，一个已经上大学的女生，她每次放假回到家以后都要和爸爸妈妈一起睡。每天早晨起床的时候都要爸爸三番五次地去叫她。与爸爸妈妈发生了争吵，如果妈妈批评了她，她就向爸爸告状，像撒娇一样说，你还管不管你的老婆了？诸如此类。

所谓界限僵硬，其实就是在家庭成员之间很少有亲密接触和交往，即便有，也是非常僵硬。比如，我在家一言九鼎，我不管你有什么心理需求，你必须听我的，必须不折不扣地执行。

我们再说说家庭结盟的问题。所谓家庭结盟，就是家庭成员之间形成的同盟关系。这个同盟关系可以很稳定，也可以不稳定。就总体而言，比较好的一种形式是父母形成比较稳定的同盟管理孩子。如果不是这样的话，可能会出现三个方面的问题。

第一个问题，代际的破坏。代与代之间的关系遭到破坏。比如，在三口之家，妈妈和儿子一起对付爸爸，爸爸被孤立了。有时候爸爸很晚回家，妈妈什么话都没说，儿子就出来说，你怎么这么晚才回家，妈妈等得好着急啊。妈妈着急妈妈不会讲吗？爸爸妈妈脾气都不好，两个人经常吵架，吵完以后爸爸摔东西，甚至偶尔有些家庭暴力。妈妈很无助，抱着孩子哭，孩子怎么办？孩子指责甚至冲上去打爸爸。孩子一旦跟妈妈结盟，就形成了统一战线。爸爸在不自觉间地位被降低了，而孩子不自觉地提到一个比较高的地位。其实这种情况对孩子来说是不适合的。和他的年龄不相称，会给孩子带来很多问题，比如说焦虑和恐惧等。

第二个问题，被排斥的一方和结盟的一方疏远。爸爸一旦被排斥了，妻子这时候更多的是抱怨，抱怨老公不管孩子，不顾家，没责任心等，甚至转化为冷暴力。最终导致的结果可能是爸爸就破罐子破摔了。为什么？因为家庭当中没有适合他的位置，他体验不到他的那种价值感、责任感、存在感，这种东西的缺失对男人来讲在家庭里是不可忍受的。那怎么办？只有去外界寻求这种价值感，这就会导致一系列问题，比如婚外情、包二奶等。这个时候家庭问题就升级了。

第三个问题，被排斥的一方变本加厉去惩罚同盟中的弱者。你们两个在一起我受不了、管不了，我打不过你们两个，但是如果强的一方不在，我可以变本加厉欺负相对弱小的。比如，妈妈不在，爸爸辅导孩子写作业，总算挑到了刺，爸爸会格外严厉，惩罚也非常重。为什么？爸爸可能有时候不是故意的，但在潜意识里就是要伸张冤屈，要报仇雪恨。

当然这也不是绝对的，假如说父母之间的同盟关系太过紧密，以至于孩子没办法进入，也会导致问题。一个女生已经上大学了，她来咨询，她的问题是她很难同周围的人建立亲密的关系。比如说，和同学、同性同学、舍友这一类的，同异性建立朋友关系也很难。她很纳闷为什么会这样。一旦接触往更紧密的关系发展时，她就逃跑了。她很困扰这个问题，于是过来咨询。后来我们了解到，这个孩子从小一直到10岁都是待在农村的爷爷奶奶家里，由老人带大，而爸爸妈妈在深圳工作。10岁以后，她从农村回到爸爸妈妈身边，按理讲，爸爸妈妈是非常开心的。但是对这个孩子来讲很痛苦。她说，我的家庭很和睦，爸爸妈妈对我很宽松很民主，什么主意都让我自己拿。但是随着咨询的深入，我发现不是这样的。她举例子说，爸爸妈妈关系太好了，他们两个一旦到周末或者到晚上出入成双成对，一起看电影，一起吃饭，一起娱乐。而她在家里，吃饭洗衣全都是她自己解决。她自己的事情自己做主，她就像一个透明人。她还说，爸爸和妈妈关系太好了，妈妈什么事情都依着爸爸，爸爸说什么就是什么，爸爸想吃什么就买什么。她说，爸爸说想吃糖醋排骨，妈妈做好后，给了爸爸一块，爸爸一尝不好吃，不吃了，然后妈妈把排骨夹起来放在孩子的碗里。说起她10岁时候的这一幕，她像孩子一样失声痛哭。她认为自己不被接纳，怎么和别人建立亲密的关系？

三角关系其实很复杂

连亲密关系都没有，他的幸福从哪里来？第三种关系就是所谓的三角关系。最常见的就是孩子卷入父母两个人的冲突当中去，这可能会导致两种不好的结果。第一个就是孩子利用他的有利地位实现自己的愿望，第二个就是会让孩子陷入一个我是忠诚的还是背叛的心理冲突当中去。

有个9岁小男孩，爸爸妈妈都是公务员，家境非常优越。爸爸妈妈的目标都是一致的，希望孩子很聪明，将来能够事业有成。但是他们对培养的方法有分歧。比如，爸爸希望孩子从小经受一点挫折，能够吃苦耐劳。而妈妈恰好相反，她希望孩子活得滋润一些，享受一些，能够在快乐中成长。这个孩子很聪明，在爸爸不在的时候就央求妈妈带他去购物看电影逛街，达到了自己的目的。妈妈不在，他就跟爸爸讲逛街购物都是女人的事，他最喜欢益智类玩具，遥控飞机他想要哪种航模，爸爸一高兴就买给他。这个孩子利用有利的位置就这样得到了自己想要的东西。曾经有个14岁的男孩，爸爸是开高尔夫球场的，妈妈是开农场的。但是爸爸妈妈关系非常紧张，孩子是唯一的联系纽带，如果没有他两人早就分手了。他从小由外婆培养长大。他现在的问题就是撒谎、偷窃、打架、斗殴，出现了很多行为问题。当着爸爸的面说妈妈坏话，爸爸一高兴给钱，反过来也一样。爸爸妈妈是在生意场上叱咤风云的人物，却被孩子哄得团团转。来咨询我的时候，这个男孩左手上带了4颗钻戒，都是真的。14岁已经有了两年寻花问柳的历史，大家能想象吗？一个家庭关系没处理好，承受最大不幸的往往就是孩子。其实结盟的第三种关系就是我们说的迂回关系，本来矛盾冲突应该在对立的两个人中爆发，但是它通过第三人发生，这个人成了家庭所谓的替罪羊。

一个25岁的来访者谈道，他爸爸妈妈关系不和睦，经常爆发“战争”，一争吵妈妈就离家出走。爸爸一个人在家里，就折磨这个孩子，以各种各样的理由打他、骂他，甚至把他赶出去。这个孩子当时说了一句话，他说：“我到死都不会忘记，我5岁的那一年，坐在马路边看着夕阳痛哭的情形。”

曾经有一个上4年级的小男孩，爸爸妈妈关系非常紧张。他从来不找机会和他父母沟通和交流，都是逃避。他说，反正我眼不见心不烦，我有各种各样的理由不回家。同样，吃饭自己想办法解决。后来这个孩子出问题了，他的表现就是，一到晚上，爸爸妈妈回来了，他就开始哭着问一些问题。第一个问题就是，我会不会死？第二个问题就是，你们会不会死？第三个问题是，我死了你们怎么办？第四个问题是，你们死了我怎么办？每天晚上哭两到三个小时。经过一个多月的时间，爸爸妈妈实在没招了，把孩子带来找我。我问了孩子几个问题，比如说，他在家庭里的感觉是怎么样的？从他的角度看爸爸妈妈的关系是怎么样的？对爸爸妈妈两个人的看法是怎么样的？也问了他的一些心路历程，他说："我觉得我是个很没用的孩子，爸爸妈妈也不喜欢我，也不要我了，我很孤独。"

在这里我给父母提几点建议。

第一，夫妻之间应该正视相互之间的矛盾，正视是解决的开端，回避永远解决不了问题。有问题不怕，我们要想办法去解决。不幸福也不怕，现在体会不到幸福没关系，因为痛苦了以后你会更加渴求幸福，一旦幸福来临了你的体验会更加强烈。

第二，要表达你对孩子的关心和爱，并让孩子体会到爱，这个太重要了。我相信在中国的家庭里，没有哪个父母不爱自己的孩子。问题就在于，你的孩子体会到这种爱没有？我们要想办法让孩子体会到爱，这是关键。

第三，要陪伴孩子。无论再忙也要解决这个问题，请你们不要回避。哪怕请假也要多陪你的孩子，还有一个就是多和孩子拥抱。很快这个孩子的问题就得到了解决。

家庭权力该如何分配

我们刚才说的是家庭界限和结盟的问题，再说一下家庭权力的问题。

家庭里面也有权力，这个权力就是指夫妻之间以及父母和孩子之间权力分配的问题。正常情况下，家庭中夫妻之间的权力应该是平等的。现在的父母总是倾向于过度保护孩子。学习好了一好百好。很多家庭都是这样，总觉得孩子大了，会自然而然体会使用权力，实际情况其实恰好相反。我们要给孩子放权，当然要有一个度，要给他选择的权力。要让他尽早体验权力，这样他才会为自己的权力负责任，这样才有利于发展孩子的自主性。

一对夫妇因为 8 岁孩子在家天天迷恋电脑游戏来找我。妈妈说，都约好让孩子每天玩 15 分钟，但他到点了不遵守。吵也吵了、打也打了、骂也骂了。拔电源关电脑断网，很多方法都用了，没有效果，而且搞得亲子关系非常紧张，天天闹得家里鸡犬不宁。后来我就当着父母的面和孩子商量解决的方法，最终达成一致意见。第一，孩子有权参与制定这个规则。“你说玩多久?”他说玩一个小时。“太长了，因为你还有其他的事情。你上小学二年级有作业啊，那半个小时吧。”半个小时可以。第二，你做的决定你要负责任。如果半个小时以后自觉主动地停下来了，那你明天就继续。假如说超过 30 分钟，依然继续玩，那明天自动减少 10 分钟。除此之外，当然我还建议父母要做到以下几方面。一是充分相信孩子的自控能力，要相信孩子。二是给他适当的时间和空间去进步，不要求他马上一定会怎么样。三是对孩子的进步要给予及时的肯定、鼓励、表扬。我强调的是及时，一定要及时。

下面再看一下家庭的交往模式。所谓交往模式，其实就是家庭成员之间固定化的一些顺序问题。有这样的观点，孩子有时候长不大是为什么？是妈妈不让他长大？大家认同这种观点吗？正常情况下父母会为孩子的发展提供安全感，提供各种各样的条件，尽自己的能力和义务。小时候孩子的需求很多，爸爸妈妈尤其是妈妈通常会把她自己的很多兴趣推掉，把所有的注意力都放在孩子身上。当然这个过程很重要，孩子会觉察到，自己是妈妈的一部分，妈妈也是他的一部分。这对他之后形成自尊自信非常重要。随着年龄的增长，对妈妈的需要会减少。妈妈要能恢复自己的兴趣，让孩子往外独立发展，独立成长。这就是母子分离个体化的过程。假如妈妈不接受这一点，那么这个孩子就可能出现一个严重问题，就是所谓的分化冲突问题。分化不好的话，会导致青春期面临独立还是依恋妈妈这个激烈的冲突。尤其是青春期遇上更年期，那就不得了了。这样的家庭会幸福吗？

有个 22 岁的小伙子，一米八的身高，长得一表人才。他来咨询的原因就是，他觉得他的胃不舒服，但是各种检查又发现不了问题，他非常紧张。在谈话的过程中我感觉同他交流非常费劲，为什么？因为他说话就像蚊子哼哼一样，我侧耳听都听不清。我决定先改变这种状态。我说，我做什么你就做什么，他说好啊。于是我就在咨询室里大喊了一声："啊。"他一听，他说："啊，这也要学？"我语气非常坚定地说："你要学，你必须学！"他就很为难。在我一再鼓励之下，他站起来开始搓手，深吸了一口气，啊……。就这样，真正原因是他压抑太久了。我后来了解到，这个孩子的爸爸妈妈在他四岁时就离婚了。他和妈妈相依为命，妈妈是胃炎病患者，她坚信中医能治好病，于是长年累月喝中药。有一次孩子生病了，呕吐腹泻。这个妈妈说，你是胃炎，你也要喝药，从此以后他开始喝中药，每天一包，雷打不动，已经坚持了将近10年。大家想一想，这个妈妈是好妈妈吗？这个孩子是好孩子吗？毫无疑问，这个妈妈是个好妈妈，孩子也是个好孩子。但是你说妈妈幸福吗？孩子幸福吗？这个家庭幸福吗？

有一次爸爸妈妈爷爷奶奶四个大人带着一个5岁孩子来咨询。什么问题？爸爸有一天下班回来拿了一个碟片就在卧室里看，他的卧室里的不是一般的电视，是投影，就在看电影。爸爸把他搂在怀里一起看电影《阿凡达》，《阿凡达》中外星人形象突然出现以后，孩子吓着了，吓得哇哇哭，出问题了。从此以后，这个孩子非常胆小，爱哭，不好好吃饭，睡觉每天都在客厅，不敢进卧室。每天都是在客厅睡着了才把他抱进去。但是晚上一旦醒来发现是在卧室，他就哭着闹着要出去，坚决不待在卧室里面。不出去和小朋友玩，纠缠在妈妈身边，也不玩，也不做游戏，哼哼唧唧。妈妈也很苦恼。他吃得少，体重又下降，爸爸妈妈非常着急，他去过很多医院，但是检查都没问题。有医生说他是厌食症。家人非常着急，爸爸妈妈请假不上班，孩子也不上学了，四个人每天愁容满面地对着一个孩子，对孩子的照顾无微不至，但是没有改变。不久就出问题了，相互指责、抱怨、责备、推诿，尤其是大家对爸爸看《阿凡达》极度不满，你没事看什么《阿凡达》啊！了解情况之后，我建议家里所有人先镇静，不要那么焦虑。为什么？他去过很多医院，已经检查过没问题，而且他事先有一个很明显的诱发因素，就是被惊吓的过程，充其量就是心理问题。为什么要大家放下心镇静下来？因为大人的紧张焦虑情绪会传递给孩子。孩子很聪明，虽然5岁，但他能够非常敏锐地捕捉到你的这种情绪体验，你很紧张很焦虑，他就会很紧张很焦虑。比如说，小孩子跟着你走，他在后面追，摔了一跤，该怎么办？如果你冲上去说，哎呀，摔到没有？他肯定哭。但你看到了理都不理继续往前走，他可能有点痛，但他未必哭。这就是情绪的学习和传染的能量。

国外曾经有人做过这样的实验：把猴子关在一个笼子里，让它们在实验室里长大，从来没见过世面。拉开窗帘，窗帘的这边是一条假蛇，在实验室里头的猴子看到这条蛇以后，它们仍然闲庭信步没有任何反应，就像没看到一样。第二步，给它们放录像，20分钟。内容就是在森林里面野生的猴子看到蛇以后惊慌失措尖叫爬树的形象。然后猴子看到假蛇会有反应吗？会有反应的，就像野生猴子一样试图逃离，也尖叫，为什么？也怕这个东西，情绪哪里来的？学来的。

我先让他们不要紧张。第一，所有家人都要镇静，大人的紧张焦虑情绪会传递给孩子，孩子会非常敏锐地觉察到，会愈发紧张。第二，要转换照顾孩子的心态，与其期待着发生不好的事情，还不如很淡定地变消极关注为积极陪伴，如积极的游戏、拥抱等。多陪伴多拥抱孩子非常重要。第三，为所当为，爸爸妈妈爷爷奶奶该干什么就干什么，爸爸妈妈该上班上班，孩子该上学就上学，把孩子当作正常的孩子处理。第四，当然也是非常重要的，就是要配合一些行为塑造方法，很快孩子也正常了。

处理亲子关系的建议

了解家庭的特点和结构以后，我们知道，夫妻关系和亲子关系会直接影响也决定着每一个家庭的幸福指数。我们应该怎样处理好这两个关系呢？如果你能处理好，你可能会比较幸福，否则就未必很幸福。首先就是亲子关系，我想提几点建议，正常情况下，请大家注意以下几个方面的问题。

第一，对孩子要有一个积极的期待。这里要强调两个字叫“积极”。期待是所有人都有的，但是要积极期待。

说个案例。有个年轻的研究生妈妈，她的孩子5岁了，但注意力不能集中，或者集中时间很短暂，做任何事情都不能够坚持，这是她对孩子问题的鉴定。后来我了解到，这个妈妈来自农村，是通过十年寒窗苦读出来的，经过她不懈的努力和奋斗，现在该有的都有了。她想：我的孩子不能再像我小时候受那么多的苦，受那么多的难，我希望他的成长能够一帆风顺，当然也不能输在起跑线上。她说，将来社会竞争多激烈，如果综合实力不行，那你将来怎么在社会立足？这是这个妈妈的想法。于是妈妈给孩子同时报了5个辅导班，每天晚上练习两个小时琴，不能有任何的懈怠，否则就会责备甚至家法伺候。

这个妈妈的做法是不是积极期待，是不是合理？其实妈妈的做法应该是积极期待，但是期待过高过多。对孩子而言，非但没有积极的作用，反而带来了消极作用。对他来说是一个巨大的压力，在这样的家庭长大的孩子，他对学习的积极性主动性会高吗？不可能。所以说积极的期待要有，但是一定要适度，要适合孩子的发展特点。

怎么样才算是积极的期待呢？比如，你孩子长大了，自己肯定会穿衣服，会自己吃饭，他也一定能够集中精力听课。爸爸相信你一定能够说到做到，这就算是积极的。积极期待产生所谓的罗森塔尔效应。之所以能起作用就是积极期待是一种积极的暗示，就是一个人在不知不觉当中接受了自己或者别人的影响，产生认同这样一个过程。曾经有一对夫妻，两人关系不和谐，经常爆发冲突。这个妻子说：“我有一个习惯，我的感觉很敏锐，我的眼皮会经常跳。”广东有一句话叫“左眼跳财右眼跳灾”。很不幸她总是右眼跳，每次右眼皮一跳她就会和老公吵架，已经习惯了，已经形成定式了。这就是消极的暗示作用。

有人做过一个非常残忍的实验。对一些被判死刑的囚犯来说，马上要被执行死刑，方法就是放血而死。在实验室里，把他的眼睛蒙上，手反绑着。实验室里有一个设备可以模拟血流动嘀嗒的声音。这个时候用冰刀在手腕上划破会流血也会痛，但是很快就止血了，但那个血流的声音一直在持续。十几个小时以后，很多囚犯的心脏就先后停止了跳动。这些人没有受到明显的外伤，为什么死掉了？因为消极的心态让他们死掉了。

第二，要表扬、鼓励和欣赏。不管是小孩子还是大人，都渴望得到鼓励和表扬，渴望得到认同。现在大家都知道提倡所谓的大拇指教育，为什么要提倡“大拇指”教育？

国外有这样一个研究实验，一个铁笼子的底部是通电的。一开始没电，按一下就有电了，然后把一只狗放在笼子里面。通电之前有一个嘟嘟的铃声，声音结束了这个电就来了，狗就会受到电击，狗会非常难受。几次以后，每次嘟嘟声一响，很快电就来了，这个笼子是封闭的，狗是跑不出去的。用同样的方法试验了几次。有一次，通电之前把笼子的门打开了，狗可以跑出来。但是狗根本不跑，它还是待在那个笼子里，电来之前它已经躺在里面痛苦地呻吟颤抖。为什么会这样？本来它可以主动逃避，但是它不逃避，非常绝望地等待痛苦的来临。这就是习得性的无助，对一个人来说也是一样。假如一个人总是在某一个事情上失败，总是受到批评指责，他就会放弃努力，甚至会因此认为自己无可救药了。

事实上很多孩子并不是真的不行，而是陷入一种习得性无助的心理状态。他会把失败的原因归结为自身不可控因素，放弃继续尝试的信心和勇气，甚至破罐子破摔。所以我们要推动赏识教育，不要让孩子进入习得性无助的状态。为什么赏识教育这么重要？为什么“大拇指”教育这么重要？对孩子来说，6岁以前是具有奠基意义的年龄，非常重要。他在这个阶段会从周围的环境当中吸收很多的东西，形成他的自我，最终形成他自己的独一无二的思维模式、情感模式和行为模式。在这个过程当中，假如他受到很多很多的伤害，这个孩子就会形成一种幼儿决断。他会用他当时的那种思维，当时的那种理解力来形成一种判断，或者是结论。比如，我是可爱的，我是有人爱的；或我是失败的，我是讨人厌的，我是不够好的，我是不重要的，我是没价值的，等等。这就是所谓的幼儿决断。6 岁以后当然也会有一些经历，但是 6 岁以后基本上是重复这些思维情感的行为模式。所以幼儿决断有时候会影响一个人的终生，6 岁以前的环境和遭遇对一个人来讲，可能对他的影响是无可替代的。

还有个问题是，童年经历形成的模式，有时候我们觉察不到，像空气，我们习以为常。所有人的童年都有幸福的回忆，当然也有不幸的回忆。对于幸福的回忆，我们可能会把它放在我们幸福的背包里。但是不幸的回忆我们会把它放在潜意识里。人总是有周期性的，你一帆风顺的时候没关系，你甚至有时候会想起童年的幸福。相反，你处在低谷当中的时候，幼年时候的不幸，那些痛苦的体验遭遇就会排山倒海一样向你冲过来，甚至有时候会左右一个人对价值的认同。比如，有人确实怀疑自己生命的意义，想自杀。

有一次我走在路上，旁边有一对母子走在一起，我很好奇，我仔细听了他们的对话。这个妈妈说，你不会挺直了腰走路吗？你的头不能抬起来吗？你不能昂首挺胸吗？那孩子并不理会。还有一次在电梯里面碰到妈妈带着一个很小的小孩，他们刚从超市买完东西回来，这个妈妈提了一个偏小的袋子，这个小孩提了一个偏大的袋子。这个妈妈就说，儿子真棒，有儿子就是不一样。这两个妈妈谁高明一点？一比较是不是高下立见？假如说将来这两个孩子有什么不同的话，我只能说他们有两个不同的妈妈，这就是最大的区别。批评、指责、谩骂只能使孩子的腰弯得越来越低，相反，鼓励、表扬、赞赏会使他的腰杆挺得更直。

要记得拥抱你的孩子

第三，我们要重视拥抱的力量。刚才反复提到了拥抱，回家要记得拥抱你的孩子，这是任务，一定要这样。

一个妈妈带着孩子过来咨询，这是一个单亲妈妈，她含辛茹苦地把孩子拉扯大。她拼命工作挣钱，给孩子创造了非常优越的物质条件，给了他很好的教育、很好的生活。但是她忽略了孩子心理成长的需要，她忽略了孩子的心理需求，忽略了孩子对爸爸妈妈爱的需求。我和这个孩子单独沟通的时候，他袒露了他的心声。我问他一个问题，我说："假如把之前的东西都放下的话，你现在最需要的是什么？"这个孩子情商其实很高，他说："我只希望妈妈好好抱抱我，这是最好的礼物。"我让他妈妈进来，引导她给她孩子10年来第一次用心的拥抱，这孩子立即泪流满面。10年来第一次拥抱，妈妈开始说话。我说，不要说话，好好抱着他，不需要说话。就这样一个触动心灵的拥抱，两人的对立瞬间冰雪消融。这个拥抱看似只是简单的肢体接触，但是会给你灌入很多爱的能量。

我有三个建议，希望大家记住。

一是交流要有目光接触。和孩子讲话沟通交流的时候，蹲下来看着孩子，眼睛一定要看着眼睛，尤其是管教你的孩子，必须注视着他，让他盯着你的眼睛，否则没效果。眼睛是心灵的窗口，如果不看着你，你说的话可能被当成耳旁风，左耳朵进右耳朵出，所以一定要记住，要有目光接触。单纯一个眼神可以传递很多的信息给你的孩子。

二是经常拥抱孩子。拥抱是带有疗愈性的一种肢体连接。当接受爸爸妈妈拥抱的时候，孩子会觉得我是被爱的，我是被妈妈爸爸接受的。这个感觉对孩子的成长太重要了。怎么拥抱呢？有一个要素就是要紧紧地抱住，但是不要用手拍他。这个拥抱不是礼节性的，必须是用心拥抱，抱着要紧，要真诚。你愿意闭上眼睛享受都行。你要从你内心深处发出一些信息给孩子，比如说孩子我爱你，但不要说出来。从心里面发给对方，让他接受这种信息。这个儿子感觉怎么样？感觉很舒服是吧？

三是要让孩子参与规则的制定。家庭规则我刚才说要有界限，要有权力的分配，但是一定要让孩子参与到这个管理中来，孩子要有足够的知情权。我提一个建议，开家庭会议最好让孩子来主持。家庭会议有不同的议题，比如关于财政的、关于经济的、关于娱乐的。在会议上大家充分讨论一个问题，最终形成一个规则。比如，爸爸妈妈说孩子上网时间太久，好，我们就讨论这个问题，最终形成一个结果，一个决议。这个决议爸爸妈妈和孩子都认同，都是认账的，要严格按照这个决议执行。如果愿意还可以增加一些条款，比如说，做得好可以奖励什么，让孩子参与进来他才有这个责任。

第四，允许孩子犯错，给他时间空间改正。其实孩子一定会犯错，如果不犯错那还叫孩子吗？犯错不可怕，最关键的是犯错之后怎么办，这是最重要的。

我们不要一味要求孩子不要做什么。比如，不要拿笔在床上画，不要拿彩笔在白色的墙上画，不要拿水枪到处喷水等。其实孩子反而会这样做，为什么？因为你不停地提醒了他。请大家做一个实验吧。从现在开始，一分钟以内，你们不要想猴子，不要想长了一个长长尾巴红色屁股的猴子，不要想一个尾巴倒挂在树上荡来荡去的猴子。请问你实际上想的是什么？是不是满头满脑都是猴屁股？所以我们要对孩子少说不要。我刚才说了，到适当的时候应该反其道而行之。大家都知道小孩打针会哭，经常会听到妈妈说，别哭别哭，勇敢点。有一次我对孩子这样说，要打针了，你快哭，很痛的。他反而不哭了，屡试不爽。大家可以适当使用这个方法。

第五，教养的态度要一致。如果不一致会出现很多问题，不但孩子出问题，甚至家庭也出问题，孩子会利用你们的不一致钻空子，出现行为问题。比如，一个孩子就是不上学，打死都不去。爸爸妈妈就这个问题的态度完全不一致，爸爸非常坚决，必须去，你只要上学什么都可以，吃什么喝什么玩什么买什么都行。而妈妈说，要不今天就别去了吧，结果这个孩子到现在都没上学。

在一个家庭当中，爸爸妈妈和孩子最好是稳定的三角关系。如果爸爸妈妈组成一个联盟共同管理孩子，比较民主，界限比较清晰，这是比较好的。现在出现了很多大家庭，存在一些隔代教养的问题。由于观念问题，有时候老人和父母的教养态度不一致。这种不一致不但会导致孩子的问题，甚至会引发很多家庭矛盾。比如说，婆媳关系不好，媳妇横挑鼻子竖挑眼，有时候搞点冷暴力不理老人，她会怎么想？

我有一个朋友非常厉害，事业有成，是整个家族引以为傲的人。他的孩子在6岁以前习惯非常好，后来孩子的爷爷奶奶过来了，隔代教养就出现了问题。他的孩子了出现了很多不好的习惯，他的爸爸妈妈非常着急。他采取的策略就是，有一天他单独请他爸爸妈妈吃饭，说了很多感激的话，但是后面说："用你们的方法充其量就是培养出像我这么优秀的人，而我现在要把我的孩子培养成更优秀的人。我们的目标是一致的，请爸爸妈妈一定要支持我。尤其在有关原则性问题出现的时候，爸爸妈妈一定要支持我。"充分尊重老人，理解他们，一定要做到这一点。有了理解支持才好解决问题，这是最重要的。

第六，做父母的要有点心理学知识，不需要很多，一点点就足够了。

有一次爸爸带着一个5岁的小姑娘来了，小孩非常可爱。护士问他有什么问题，他说，我女儿这么小就会撒谎，而且天天撒谎，我打也打了骂也骂了没什么用。护士就说，怎么撒谎你举个例子。他说，比如，下班回来，她就会告诉他说她和芭比娃娃玩了很久。其实孩子这种思维是正常的，而她的爸爸则太缺少这方面的知识了。

孩子出了问题怎么办

当孩子出现问题了怎么办？我们应该注意四个方面的问题。

第一，要强调从系统的观点去看待这个问题。孩子通常只是这个系统出问题之后的一个表现，相当于说这个地板有很大的张力，要爆出来。哪个地方开爆？就是从最弱的地方最小的地方开始爆裂，应该是整个地板的问题。比如说，爸爸妈妈说这个孩子总喜欢撒谎，拿了爸爸妈妈的钱不承认，考试完了以后把成绩改改，考了18分他改成98分。从个体的角度讲，我们会觉得这个孩子有问题，可能他的品行异常，撒谎、打架斗殴、离家出走、过早的性行为、对人对事特别残忍等。但是从系统的角度看，我们可以有别的视角。比如，第一次撒谎是在什么情况下发生的？对谁撒的谎？撒谎被识破以后是怎么做的，被打了没有？如果是第一次犯错，爸爸妈妈非常严厉地惩罚，对孩子而言，我要么就不做错事，做了错事就只有撒谎，这样可以逃避惩罚。我相信大多数孩子都会倾向于趋利避害，没有谁愿意挨打。所以撒谎是一个问题，但从这个意义上来讲，这个孩子挺聪明，他会保护自己。这个孩子是不是在意父母的感受和反应，是不是在意父母的评价和态度？如果你从这个角度观察，你就会有一个全新的视角，爸爸妈妈就会改变对孩子的教育方法。

对孩子要有一种积极的期待，你的孩子撒了谎，说明在意爸爸妈妈的感受，怕爸爸妈妈生气，这是体谅你们。首先要肯定孩子。孩子为什么改成绩？是不是说明他还有自尊心？和孩子要有充分沟通，有必要的话，你要为你第一次或者几次之前的粗暴行为向孩子真诚道歉。最重要的一点是，要和孩子约法三章，大家共同进步。

第二，要看到症状的意义，孩子有了问题要看他的表现有什么意义，需要着重挖掘。比如，20 多岁的小伙子，他自己住一套 120 平方米的房子，从小学 4 年级开始就辍学了，也不工作，爸爸每个月给他一万块钱零花，给他请保姆打理他的房间照顾他的生活，但是孩子的问题就是不出门不交往不工作，不走向社会。我们了解到，其实爸爸妈妈在孩子很小时起就经常吵架，关系已经到了崩溃的边缘。小孩 10 岁的时候，他上街看到爸爸和他的第三者以及他们的孩子在一起散步。这个小孩回去后就出问题了，以各种各样的理由不上学，不接触社会，一直到现在。在治疗过程当中，他有一句话给人印象非常深刻，他说："我如果好了，我这个家就散了。"这就是一个孩子在用对家庭无限的爱来挽救这个婚姻挽救这个家，在外人看来这是孩子的心理问题。如果从不同的视角看，我们处理的方法就有十万八千里的差距。

第三，改变孩子要讲究策略，不能强攻只能智取。很多父母很聪明，但是聪明不等于智慧。曾经有一个古董商，他在一个集市上看到一个老太太，门口有很多猫在吃食物。盛食物的容器是一个古董，这个商人看到后两眼放光，他想把这个古董买走。但他采用的策略是，他先同老太太说，这些猫好可爱，您卖给我吧，他就把所有的猫都买了。走了几步他又回来说，您把所有的猫卖给我了，这个盛猫粮的东西是不是也送给我算了？这个老太太气定神闲地说，这不可能，我全靠这个古董来卖猫。这个商人高明，但这个老太太更胜一筹。

第四，我们要强调自身的改变，孩子出问题未必是孩子的问题，而是家庭问题，要强调父母的改变。孩子就是一面镜子，假如孩子有了问题，一定是这个家庭出了问题，所以首先要从自身角度来分析。

一个很文静的妈妈问我，她的儿子已经上高中了，但孩子非常内向，不善言谈不善交际，将来有可能不太容易适应这个社会。我问这个妈妈，你自己的性格是怎样的？她说："我也很内向，我就是不喜欢内向，所以我希望我的儿子不要像我。"这就是我们说的一种投射，没法改变自己就希望改变他人。要想改变孩子，首先应该改变自己。

就夫妻关系而言，最重要的是悦己悦人。第二就是沟通。有了这些就有了基本幸福的保障，"悦己"就是心理上你要很容易接纳你自己。一个心理上不接受自己的人，不会是一个幸福的人。他组建的家庭也不会给别人带来幸福。但"悦己"一定要注意两点。一是认识到自己的缺点不足，尤其是性格方面。人总是有长处的，但一定也有短处。你能力不高，水平不高，血压高可以吧？这只是一个玩笑，但你要善于发觉自己的长处。很多人非常自卑，非常不快乐，很重要的原因就是总把自己的短处展现在别人的长处面前，越比越自卑。而他自己的优点长处优势视而不见，这是不好的。所以我们说，对优点长处要充分发挥利用，而对自己的缺点和不足，在夫妻关系当中，应该主动地去修饰和改善，同时尝试着让对方接受或者理解你。

所谓"悦人"，就是在心理上要能够接受对方和你是完全不同的个体，他有他自己的成长环境，有自己的教育背景，不能用自己的逻辑去要求别人，要尊重接纳对方。

就夫妻关系而言，“悦人悦己”之间很重要的桥梁就是沟通。沟通当然要注意它的环境和氛围。比如说，两口子刚刚吵完架怎么沟通？先讲究一个氛围。另外，沟通应该是常态的，每个月沟通一次或者每周沟通一次都可以。

非常高兴今天跟大家探讨家庭幸福问题，希望对大家有所帮助，最后也祝大家幸福。

七 养生

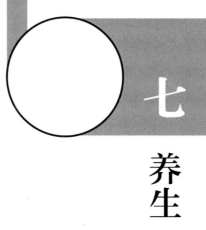

中医提倡怎么吃

曹田梅

曹田梅

深圳市中西医结合医院治未病中心主任。医学博士，主任医师，教授，硕士研究生导师。现任中华中医药学会亚健康分会副秘书长、广东省中医药学会亚健康专业委员会副主任委员、深圳市中医药学会亚健康专业委员会主任委员、广东省中西医结合肾病专业委员会副主任委员。擅长治疗慢性肾炎、难治性肾病综合征、慢性前列腺炎、糖尿病肾病、痛风性肾病等各种原发、继发性肾病及内科疑难病。主持完成省市级科研课题4项，发表论文30余篇，著书6部。

非常高兴能与大家一起来讨论“怎么吃”的话题。中医强调治未病长于养生，养生有四个最重要的内容。第一，起居有常。第二，饮食有节。第三，劳逸有度。第四，七情平和。

这四点中，我觉得吃最重要。长寿、健康和我们怎么吃关系特别密切。我昨天刚从南京出差回来，这次是跟周仲瑛国医大师学习。我的老师们都有很高的学术成就，我非常佩服他们的学识，我还感觉到，他们之所以取得这么高的成就，与他们的身体也有关系！让大家认识一下我的几位老师！

第一位是路志正国医大师，他今年 92 岁。可以正常做门诊工作，每天的日程排得满满的。第二位是颜德馨国医大师，今年 92 岁。第三位是国医大师周仲瑛，他今年 84 岁。就在昨天，我们出门诊时从上午工作到下午 2 点半才结束，他的身体真棒！第四位是国医大师朱良春先生，他今年 96 岁。还有邓铁涛、张琪国医大师身体都很好。

这些国医大师身体这么好，一定有一些养生的秘诀。不光是他们，我其他的老师夏洪生教授、刘宝厚教授、张发荣教授身体也都非常棒。我跟国医大师学习时都会问，您在吃的方面有什么秘诀、心得吗？给我们分享一下！

周仲瑛教授说没有，我吃的是普普通通、就是平平常常的饭菜！我又问了其他几位国医大师，他们的回答都很相似。这让我更有兴趣继续探究了。我请教他的女儿，请她把朱老的食谱分享给我。之后我又问了路志正老师的女儿，问路老在早上、中午、下午、晚上都吃什么，在漫长的岁月里究竟是怎么吃的？等他们仔仔细细告诉我之后，我明白了，他们吃的是普通饭菜，但是真不简单！因为他们是完全按照中医的一些养生理念来吃的，他们把这些理念融入自己的日常生活、日常行为中，所以不觉得有什么特别。

五谷一定要作为主食来吃

在饮食方面，中医的养生理念到底是什么？我今天就想跟你们谈一下。

“五谷为养，五果为助，五畜为益，五菜为充，气味合而服之，以补益精气。”这是《黄帝内经》《素问·藏气法时论》中关于饮食的论述，看起来寥寥数语，但是内涵非常深刻。

什么是“五谷为养”？《黄帝内经》认为“五谷”是最养人的。我们吃的“五谷”到人体内经过脾的运化，就变成了水谷精微，让我们气血充盛，这样身体才会健康。“五谷”是什么？首先是黍。而“黍”又是什么？就是我们吃的玉米。有些人认为“黍”还包括黏米，也就是山西人做黏米糕的原材料，这也属于“黍”的范围。“稷”是小米，“菽”是各种豆类，“麦”就是我们吃的麦子，“稻”是稻子。

而我们现代人是怎么吃的？数少、量少、质差。第一，我们没有吃“五谷”，只吃“一谷”，最多“两谷”，也就是只吃白面和大米。第二，我们吃的量还不够。现在很多人在外面的饭店吃饭，叫了很多菜、肉，吃得酒足饭饱的时候，服务员问，要上主食吗？他们经常说算了，吃饱了，不要了。这种情况很多。第三，质量特别差。我们吃的米太精细了，把好东西都丢掉了。中医认为五谷是最养人的，所以它应该是我们每天餐饮的主要部分。我们现在还把它叫主食，可是却有名无实，没有把它当作主要的食物来吃。中医为什么这么重视五谷呢？从中医的理论来说，这些谷类都是种子，都具有生发之气，它可以让我们的生命力更加旺盛。

北京301医院赵琳教授讲过一个小故事。他是搞营养研究工作的，一直想给大鼠喂一种天然营养缺乏的食物，然后来观察它。后来他们听说德州地区有一片小麦不知道什么原因导致严重缺锌，麦秆、麦叶都带斑斑点点，于是他们赶快把这片地从农民手中买下了。收获时他们把小麦粒拿回去检测，结果让他们感觉非常惊异，很意外，因为小麦一点都不缺锌！后来他们搞明白一个道理，无论是动物还是植物都有一个本能，就是保存物种繁衍后代。这个植物缺锌这样严重，却把仅有的一点好东西供给了种子，来繁衍它的后代。可见中医把五谷当成主食来吃是一点没错！

现在一些人说主食就是碳水化合物，很多减肥的人少吃或者不吃主食。首先，碳水化合物和五谷是不能画等号的。完整的五谷含有非常多的营养，包括粗纤维以及各式各样的矿物质和 B 族维生素，它们的作用很大，好处多得说不完。最重要的好处有三方面。第一，B 族维生素可以保持胃肠的正常功能。第二，B 族维生素可以保持皮肤黏膜的正常功能。第三，稳定情绪。有些女孩子减肥减到最后月经不来了，脱发，脸上长东西、皮肤瘙痒、胃肠功能紊乱，便秘、泄泻，这都是不吃主食惹的祸！

即使是糖尿病人，也不能完全不吃主食！一个月以前我见到了一个病人，这是一位 70 多岁的老人家。他患糖尿病已经 10 多年了，最近几个月以来，血糖控制得非常不好，不断加大药量，已经吃了三种药，还要注射胰岛素。但是血糖却降不下来，胰岛素一加再加，已经到了量非常大的地步！他来找我看病，我就问了一下他的饮食情况。他说，他的血糖这么糟糕，控制不了，他已经有两个星期不吃主食了，怎么血糖还是降不下来呢？因为他不吃主食，已经一个星期都没有大便了。而他平时就是大便干结，抠都抠不出来。他完全不吃主食，他的大便当然不好。粗纤维摄入不足，胃肠蠕动就有问题。我给他治疗后，他吃的降糖药减了两种，胰岛素也降到了比较低的剂量，血糖反而控制得很好，状态也不错。

可见，中医说得非常对，五谷很重要！我们经常说，“天有三宝日月星，地有三宝水火风，人有三宝精气神”。中国人造字特别有趣，精气神对人重要吗？非常重要！大家看“精”字怎么写？没有米，不吃五谷能有精神吗？没有！没有米能有气吗？没有！大家再看“神”字，它就更加神奇了，这个字旁边是“田”长出来的东西。所以说，如果不吃五谷健康就会有问题！

如果只从碳水化合物这个角度来说，人每天活动、说话都是需要能量的，蛋白质可以给我们提供能量，脂肪、碳水化合物也可以。碳水化合物提供能量是最好的，我把它叫作“环保性能源”“清洁能源”。因为碳水化合物在身体内供给之后代谢产物是二氧化碳和水，二氧化碳我们呼出去，水变成尿液排走了。而蛋白质和脂肪的代谢产物是酸性的。我主要搞肾病研究，当患者患有肾功能不全时，我们一定会告诉他严格控制蛋白的摄入，要不然会加重肾脏负担！

由此可见，五谷一定要作为主食来吃。

水果对我们的益处非常多

“五果为助。”五果包括李、杏、枣、桃、栗。其实远不止这些，水果还有很多种。它是作为辅助品来食用，不是可有可无的。水果对我们的益处非常多。大家知道宋美龄吗？她活了多少岁？106岁。她有一个经验，她说：“我这一辈子，每天吃的水果不少于半斤。”美国人经过研究发现，苹果对人的益处特别大。他们有一句谚语，“每天一个苹果，医生不理我”。可见，吃水果好处非常多。

只是我们现在吃水果的方法也不太正确。有个朋友告诉我：“曹博士，我从小就不习惯吃水果，你说水果那么好，那我买一瓶果汁喝可以吗？”我说不行，果汁怎么能和新鲜水果相比呢？他说：“我干脆让家里人把水果打成果汁，那不是一样吗？”我回答这样也不好。为什么？因为果汁里面含的渣很好，打成果汁后就把渣扔掉了。她说：“你的意思是我喝完果汁把渣吞下去就好了？”我说：“即使你吞下去也不好哦！这是什么道理？我们平时吃水果是否逐口来咬它？还要咽下去，还有个消化过程，所以血糖是一点点升起来的。如果喝果汁，可以在10分钟之内让血糖达到很高的水平！”现在大部分人存在能量过剩的问题，这样不利于糖尿病的预防，特别是家里有家族糖尿病史的人，这种吃法根本不如吃完整的水果好。果汁给谁喝？给那些牙齿没有长出来的人和牙齿掉光了的人喝，我们应该吃原汁原味的水果。

吃肉太多，各种问题多

“五畜为益。”这里包括牛、犬、羊、猪、鸡。其实远远不止这些，水产类食物也可以放在这里。我们现在的问题是这种肉类、蛋白质类食物吃得太多了！孔子在他的《论语·乡党篇》中有一句话说“肉虽多，不使胜食气”。什么意思？我们可以吃一点肉，但一定不能超过主食。如果吃肉太多，我们会有各种问题！中国人在40年里走过了西方400年走过的饮食历程，这40年里，我们的餐桌发生了天翻地覆的变化，最主要的变化就是肉类、脂肪类食物吃得太多。

“五菜为充。”蔬菜也是人体必需的，五菜包括韭、薤、葵、葱、藿。中国人吃蔬菜是全世界表现最好的！德国人每人每天平均吃蔬菜80克，英国人84克，美国人102~103克，法国人稍微多一点，达到120克，意大利人230克，希腊人270克。只有中国人最棒，达到500克！只有吃这么多的蔬菜，才可以满足我们各种各样的需求。祖先给我们订的食谱太棒了！西方人吃维生素是非常普遍的行为，因为他们的蔬菜摄入量不够。汉堡包是典型的西方吃法，汉堡内只有一片菜叶，很大一块肉。他们就是这样吃的，所以他们需要经常补充各式各样的维生素，要不然身体就会失衡。

我们的祖先设计得多好！有主有辅，《黄帝内经》成书距现在已2000多年了，它说得对吗？这已经被营养学家证实了。中国营养学会给大家介绍的膳食金字塔、营养宝塔是：谷物每天占食量的60%~65%，是我们的底座，是饮食的基础。上面才是蔬菜、水果、蛋制品、鱼、肉、奶制品、豆制品以及油脂。可见，五谷是基础，祖先研究的这套方案到现在证实都是最先进的。西方各个国家也在检讨、反省他们的饮食习惯，他们觉得中国人目前这种吃法非常科学，中国人很有智慧。

要把食物的性质搞清楚

“气味合而服之，以补益精气。”中医讲的四气是：寒、热、温、凉。中医把食物分成四种不同的性质，分五种味道。寒、热，大家可以理解。“五味”是什么意思？包括酸、苦、甘、辛、咸。酸性食物有收、涩的作用，所以在小孩拉肚子时，拿石榴皮煮水给他喝，就会有止泻、收涩的作用。苦味食物能燥能泄，我们平时吃的苦味食物基本上都能够泻火。甘味食物能补能缓，所有甜味食物都有补益作用。辛味食品能行能散，可以发散。咸味能软内下，可以软坚散结，通便。中医把这两点结合起来，就把食物的性质搞得清清楚楚了。例如，姜是热的，味道是辛的，有温暖、行散的作用，所以大家在外面淋雨后可以熬姜汤喝，又驱寒又发散。

气味怎么才能适合自己？除了五谷之外，五果、五畜、五菜都有一点点偏性，或者是寒的，或者是热的。这一点又证实了古人说的："吃五谷""做主食"是非常明智的！五谷基本上是平和的，适合在座的每一个人吃。而水果不同，榴梿是热的，杧果是湿热的。榴梿和荔枝是热的，寒的有香蕉、西瓜。五畜中的羊肉、狗肉是热的，猪肉、鸭肉偏寒。当然，水产中的螃蟹寒性更大。蔬菜中也有寒有热，苦瓜、冬瓜是寒的，韭菜、辣椒是热的。大家要知道吃菜，还要知道哪些菜比较适合你的体质，你就作一个取舍，知道哪些多吃、少吃或者加工以后吃。例如，你是寒性体质，就要少吃冰西瓜，否则吃了就容易闹肚子。如果是热性体质，吃榴梿时就要有克制、节制，不能随心所欲吃很多，那可能会让你感到热气。所以，古人说"气味合而服之，以补益精气"，概括得非常全面。

几年前我曾经看了一篇非常有意思的小文章，说的是东西文化冲突的故事。文章讲，一个美国丈夫和中国妻子因为孩子生病而吵架。为什么吵架？因为孩子生病了，发烧，嗓子痛。美国丈夫买了一大堆橘子给孩子吃，而妻子反对。美国丈夫说得很有道理，他说孩子病了，消耗维生素多，所以要增加一些维生素含量多的食物。说得似乎也有道理，我们感冒了后，医生一般都开一些维生素 C，有一味药就叫作"维 C 银翘片"。而中国妻子不同意，她说不能吃，我姥姥说了，吃橘子上火，有热气。孩子现在嗓子痛，不能给他吃！美国丈夫不同意了，热气是什么？什么成分？你要讲出科学道理，我才听你的！所以夫妻双方争执不下。

究竟谁对谁错？当然是中国人聪明。美国人没有那么好的祖先，我们的祖先留下的宝贝是如此厚重！《黄帝内经》讲的饮食观，就是集两千年大成总结而来的，我们又验证了将近两千年，是从实践得来的东西。光按成分说是不可以的！说到维生素 C，辣椒里含的维生素 C 很高，而小孩发烧能给他吃吗？显然不可以！有维生素 C 的东西很多，猕猴桃、苹果、梨中都含有。而中国人的高明之处就在于又对它们进行了分类，这是从实践中得来的经验。大家都深有体会，食物有寒有热，这是很明白的道理。

以前有一些营养学家，他们觉得从成分方面研究“寒热”搞不清楚，所以就不承认。慢慢他们发现，中国人的这种归类方法非常先进。如果光从成分来说，羊肉和螃蟹都主要含蛋白质，但是它们的差别是如此之大，我们吃下去感觉完全不同。所以中医的这套寒热理论非常重要。我们吃食物也是为了调整身体，在获得营养的同时，纠正了身体的偏性，让我们的阴阳平衡，百病不生。

吃得杂，才会有效防癌

下面总结一下中医饮食观的六大特点。

第一，有主有辅，主次分明。

第二，营养均衡，不偏食，要重视吃主食，五谷、水果、蔬菜、禽肉类都要有。

第三，寒热平衡。一是要适合自己的情况，二是我们在常年的烹调中发现祖先太有智慧了。我经常感慨，作为一个中国人真的太值得骄傲和自豪了！世界上没有哪个国家的人能与中国人比较，他们没有我们这么多的宝贝，我们真的要珍惜！例如，做螃蟹，我们知道吃螃蟹的时候一定要吃姜，为什么？这就是在调节、纠正食物的偏性。我们吃姜就抑制了寒性，身体偏寒一点的人可以少吃螃蟹多吃姜，这个问题就可以解决了。

第四，我们的祖先从来都是崇尚天然的。美国人吃维生素，我们吃菜，大家说哪一种比较好？当然是吃蔬菜好！可是在一段时间内，人们还不知道它的好处。我经常打比方说，就像农家肥和化肥一样。化肥刚刚出现时，我们觉得化肥好，干净、方便、成分清楚，农家肥成分不清楚。但是现在我们从实践中得出了结论，农家肥种出的庄稼好！天然的东西是最好的，所以不要给自己上“化肥”哦！只要按照中医的理论均衡饮食，正常的人可以不必补充维生素，你的营养也会全面。

第五，杂食、广食。我们现在说到的五果、五菜、五畜，这是什么意思？不限5种，吃的范围一定要广、杂，要杂食。世界癌症研究基金会发布的“防癌十四条建议”中有11条在讲饮食，最重要的一点就是吃得杂，这样才会有效防癌。大家一定要记住！一天最少要吃5种以上的谷类或者蔬菜，这样你就不容易患肿瘤。中国饮食本来就倡导杂、广，偏食是不好的。

有一个老教授非常有意思。他说：“曹博士，我特别注重养生。几年前我听到有个专家说胡萝卜特别好，可以预防心脑血管疾病、降脂、防癌，所以我现在每天早中晚都吃胡萝卜。但是最近我遇到一个问题，我又看到另外一个专家说洋葱也非常不错，我打算将洋葱也加进来。但是我又考虑，到底吃洋葱好，还是胡萝卜好？你是专家，我很信任你，你一定要告诉我吃哪个好！”我说哪个都要吃，而且只吃这两种也不好，一定要吃得杂，这样才对你有益处。因为我们需要的营养是各式各样的，一定要提供足够杂的食物。我相信我们的身体是世界上最精密的仪器，只要提供给它，它会按需索取，作出明智的选择，我们才不会缺乏营养。

所以我们一定要吃得杂、广。尤其是按照营养成分来吃，会有很多问题。其实我们的知识也在不断更新、进步，只要按照“杂”的原则来吃就不会出大问题。

我刚做医生的时候，当时得到的知识是韭菜不是好东西，不要吃。为什么？它的维生素等营养素含量都很低，而且它含有的粗纤维人体吸收不了，吃下去只是穿肠而过。所以对于以前出院的病人，护士都给他们宣教说，出院不要吃韭菜，多吃菠菜！而现在彻底给韭菜平反了，它的确让我们吸收不了，含有粗纤维，但它是我们肠道的清道夫。我们把它吃下去，它可以裹挟肠道内的杂质排出体外，而且可以促进肠蠕动，经常吃韭菜，不容易患结肠癌。所以说，吃韭菜有好处。

前一段时间，我看到有位专家给大家讲课，说大家尽量不要吃浅色的蔬菜，因为颜色越深的蔬菜含的维生素越高，那种浅色的蔬菜，没有什么维生素。我听了直摇头，菜花也是浅色的，但是含有一种非常重要的物质——硒，它是一种很好的抗癌物质，难道我们不需要吃吗？需要！所以我建议大家尽可能吃得要杂，如果我们要求高一点，每天谷物和蔬菜加起来至少 6 种，多多益善。

第六，个性化。我们每个人的身体情况都不一样，吃相同的东西怎么可以呢？例如，有些人吃 3 颗荔枝嗓子就痛了，而有些人吃一斤也没有问题。所以要根据自身情况，合其味而服食之，“以补益精气”。

不要吃得过分甜、辣、咸、辛、酸

除了刚才说的这些，饮食方面还有哪些原则？《黄帝内经》还教导我们有六大原则。

第一个原则是适量。吃，不能吃得太饱，不能暴饮暴食。其实大家每一次暴饮暴食后，都会在身体里留下伤害的印记！有些人吃自助餐，用他们的话说，是“扶着墙进去，扶着墙出来”，绝对会给身体留下伤害，绝对不能饱食！

唐代名医孙思邈说，“不欲极饥而食，食不可过饱，不欲极渴而饮，饮不可过多。饮食过多，则结积聚；渴饮过多，则成痰癖”。我特别提醒今天在座的年轻人，如果平时不喝水，渴急了就喝很多饮料，这样一定会导致疾病。什么疾病？痰癖！中医认为痰会导致各种各样的病。

葛洪在他的《抱朴子》中说得更为细致和精彩。他说，“食欲数而少，不欲顿而多”。这是什么意思？他说我们吃东西要多吃几餐，每次吃得少一点。不要每天只吃一餐、两餐，然后每餐吃得太多，这样对养生特别不利。他说，“凡食以少为益”，也就是大家吃东西时吃少一点，对身体是有益处的。“脾易磨运，乃化精液”，就是人吃得少一些，我们的脾胃功能才会正常，才能运化，才生成我们需要的精微营养物质。“否则极补之物，多食反至受伤”，所以少食益脾。不论多么好的东西，只要你吃多了，对你造成的一定是伤害！所以每顿都不要吃太饱，只吃七分饱。

“要规律，先饥而食，先渴而饮。”这是什么意思？吃饭要定时定量，要有规律。不要等到饿了才想起吃东西，不要等到渴了才想起来喝水，一定要按时补充。这样我们的身体会形成一个非常好的节律，我们身体这部机器才运转得非常正常、非常好。

说到规律，我特别指出吃早餐要有规律。有些年轻人早晨急急忙忙上班，不吃早餐，这对身体伤害非常大！不吃早餐有什么伤害呢？举个最简单的大家容易理解的例子。不吃早餐容易患胆囊炎、胆结石和胆囊息肉。为什么不吃早餐容易患这些疾病呢？胆囊里储存着胆汁，它是从肝脏分泌而来。人体是非常精密的仪器，当人不吃饭的时候胆汁不分泌，只有在人吃饭的时候才分泌到肠道中。如果我们前一天晚上吃饭之后，第二天早晨不吃饭，中午才吃，这时就过去了十几个小时。而这个过程中肝脏还在工作，一直在分泌胆汁。如果我们不吃饭，胆囊装不下胆汁怎么办？会撑破吗？不会，它会把里面的水分吸收，让胆汁浓缩。而我们现在吃的油又很多，胆汁中又含有胆固醇、胆盐，这时它们就会刺激胆囊壁，使胆囊壁增厚、粗糙，引起发炎、息肉。胆汁浓缩之后容易析出结晶，这就是胆结石的成因。所以古人特别强调，一定要规律进食，当人规律进食时有什么好处？例如，人每天 12 点吃饭，到 11 点 30 分时，身体就形成了条件反射，做出了各种准备，包括消化液的分泌、给胃肠的血供应等等，好处特别多。

要吃得清淡。“清”和“淡”是两个含义。“清”主要指不要吃肥甘厚味，不吃太肥腻的东西。“淡”就是要吃得清爽，味不要太重。《黄帝内经》说，“膏粱之变，足生大疔”。这是什么意思？“膏粱”指的就是这些肥甘厚味的肉类食物。如果大家吃了很多这种肥甘厚味，身体就会容易形成湿热，就容易生疔、疖。老百姓有一句话，“鱼生火，肉生痰，青菜萝卜保平安”。很多病都是我们吃肥甘厚味吃出来的。所以清淡的饮食很重要。

“适寒温”，这是中国的特色。外国人喜欢吃冰冷的食品。他们为什么喜欢吃冰冷的食物？因为他们肉类吃得太多，体内有燥热。中国人特别讲究饮食，除了注意食物的寒热之性，对食物温度也很重视。中医讲“形寒饮冷则伤肺”，刚才提到的孙思邈也讲到“热食伤骨，冷食伤肺”。吃的食物要“热不灼唇，冷不冰齿”，要温度正好。吃得太烫不好，经常吃太烫的食物容易患食道癌。太冰冷的食物容易伤肺，经常会有一些家长找我给他们的孩子看久治不愈的咳嗽，经常是咳嗽一个月、两个月、三个月都不见好转。我第一句话会告诉他，马上让这个孩子停止食用任何冰饮料、冰水果，然后再调理，这就会很快治愈。这种情况多半属于肺寒，是由于贪凉饮冷引起的。在深圳，我们很难做到不贪凉饮冷，因为这里的夏天太热了，但还是要节制，不要吃太多冰冷的东西。

我有个病人患尿频，晚上需要起来 5 ~ 8 次去厕所，查了他的肾脏功能是正常的，但是容易拉肚子，状态很不好。他找我看病时对我说：“曹博士，我知道这个病是怎么患的！有一段时间我一个人在深圳生活，每天加班过后感觉非常累。每次为了犒劳自己，就在下面小卖部买 10 瓶冰啤酒，然后晚上回来喝。喝了一年，就发现身体出现了这样的情况，夜尿很频。”中医看了之后结论很清楚，肾阳虚才会尿频，是他自己把体质喝“寒”了。所以大家对冰冷的东西要有节制。

忌五味偏嗜。中医讲，辛、苦、咸、酸、甘五味各有各的好处，也是食物中让味道很丰富的东西，但是不要过分。过辛、过苦、过咸、过酸、过甘都会有很大的害处。《黄帝内经》中说，“多食咸则脉凝泣而变色”。多吃咸的东西对血脉不好，因为咸入肾，肾主水，水克火，心主火。可能这样复杂的术语大家没有听懂，吃的咸味多了，对心脑血管不好，这是有定论的！我国普遍吃盐偏多，而且有地域差别。北方人吃盐比南方人多，北京人吃盐比天津人多，天津人吃盐比上海人多，上海人吃盐比广州人多。所以高血压发生率也是按这样的地域顺序排列，北京人最多，天津人次之，上海人又次之，广东人最少。北京人高血压的发生率比广州人高 4 倍。所以北京现在防治高血压的计划是给每个家庭发盐勺，控制大家每天吃 6 克盐。这个措施搞了几年之后，高血压发生率明显下降！凡是控制盐的小区效果都非常明显。所以说，古人在很早时就知道多吃盐是不好的！

“多食苦，则皮槁而毛拔。”吃得苦味太多对皮毛不好，因为苦味入心，心属火，火克金，而肺主金，肺又是主皮毛的。

总而言之，只要五味偏嗜，对我们都有损害，一定要注意不要吃得过分甜、辣、咸、辛、酸。

吃东西要讲究“三因制宜”

最后一个原则很有意思，也非常重要，吃东西要讲究“三因制宜”——因人、因地、因时。刚才讲了，每个人的身体情况都不一样，身体的寒热状态也不一样，一定要根据身体状况来吃东西。这就叫作“因人而宜”。

什么叫作“因地而宜”？根据不同的地区吃不同的东西。东北人特别喜欢吃狗肉，因为冬天很冷。广东人吃的也有自己的特色，基本不吃煎炸的东西，早茶大部分都是蒸出来的，这非常有道理。

深圳是个移民城市，可能在座的很多人在内地生活了很长时间，我们可能保持了原来地域一些饮食方面的习惯。我在这里对大家有个忠告，如果你在深圳生活，看看周围那些广东老太太是怎么吃的，你要向她们学习，否则你的身体可能要出问题！因为广东人的饮食特点是常年积累的经验。有个同事对我说，他刚来的时候，觉得广东人很矫揉造作，吃一点点油条就说："哎呀，热气！"他是医生，不明白刚咽下去怎么会有热气？还没有吸收嘛！但是等到他在这里生活几年之后发现，真的是这样！他吃了炸鸡腿，刚吃下去不到10分钟，嗓子就不舒服。因为我们生活在这个环境，一定要看当地人怎么吃。广东人真的充满了智慧！他们吃的饭大部分很清淡，是蒸的，煲汤，很少煎炸。

我曾经在成都生活过。刚去成都时，还不太习惯它饮食方面的麻味，我不怕辣，麻有点受不了。后来我发现不吃麻辣才叫受不了！因为成都特别湿、潮，吃完火锅，吃点麻辣，出一些汗，人会感觉很轻松，否则就会感觉到肩膀等部位都是重滞的，很不舒服。后来我到深圳工作，还是保持着在成都时养成的饮食习惯，特别喜欢吃麻辣。吃了一段时间，我发现也不对劲了，吃了脸上长痘痘，所以现在尽量吃清淡点。

这有没有道理呢？"一方水土养一方人"，特别有道理！我以前在实习时，老师教了一个秘方，我一直没有用，因为我从心里不相信。这个秘方说，如果看到哪个病人到某个地方出现水土不服，就把当地的土取一两煮水给病人喝下去，病人就会很快适应当地的情况。我当时就在想这有什么科学道理？就没有试过。但是我最近看了一个研究感觉特别有意思，这项研究发现，在一个地方长期生活的人，身体内的微量元素与所在地区土壤中的微量元素是一致的！

何为"因时制宜"？我们吃东西也要讲究季节，注意讲究四时养生。如果不讲究季节，在盛夏时吃羊肉火锅，就会感觉热；秋后再吃冰西瓜，就容易坏肚子。我们还是要根据季节，因人、因地、因时来调整自己的食物。

路志正老师就在比较凉的时候吃姜丝来调节寒热，觉得身体有些燥热了就喝一点绿茶，这是他的养生心得。

老中医石成金（字天基）的心得是这样的，我感觉很有意思，把它介绍给大家。他说，"食宜早些、食宜缓些、食宜淡些、食宜暖些、食宜软些”。饭要吃得早，中医认为早饭最好在辰时吃。晚饭更要吃得早，现在都市人晚饭吃得太晚，对身体更没有益处！所以尽可能早吃，如果晚上八九点钟再吃，通常的情况是应酬，到餐桌上一直工作到晚上 10 点。这样的工作方式一定会造成疾病，要吃得有规律，吃得早些。

“食宜缓些”，也就是吃东西慢一点，这样好处多多。第一对胃好，第二可以减肥。我们吃饭时是怎么产生饱的感觉的？第一胃有饱胀感，第二血糖升高。如果我们吃饭太快，血糖还没有来得及升上去，这时就已经吃超量了。如果能够吃得慢一点，血糖就会提醒你饱了，让你不想吃了。还有一点很重要，唾液中含有很多的抗体和消化酶。大家知道吗？农村老太太看到小孙子腿磕破了，就用唾沫抹他的伤口。大家不要觉得这样很不卫生，这样抹了之后，病人的伤口一般就不会感染了。为什么？唾液中含有抗体。大家看动物之间表达友谊的最高形式就是互相舔舔伤口。所以说唾液中含有的好东西太多了，大家要充分咀嚼食物。在这一点上我要检讨，我吃饭太快。因为我每天在门诊工作结束后只有一点时间，我要迅速吃饭，还要迎接下午的工作。如果现在还有朋友吃得比较快，要和我一样来改正。

“食宜淡点”，刚才已经介绍了。“食宜软点”，饭不要太硬，否则对胃不好。

生气之后不能饱餐一顿

还有重要的经验——“饮食之后不可就卧，不可呆坐，不可跳踯”。意思是说，我们吃饭后不要久坐不动，不要马上躺下睡觉，也不能蹦蹦跳跳，这样对身体都不好。孙思邈说得特别好，“食后不可便怒，怒后不可便食”。中医有一种病叫作“郁症”，特别麻烦，是由气加食引起的。具体原因是人在生气之后饱餐一顿，特别是吃偏凉的食物，一定会造成各种各样的病。在我诊断的病人中，有很多是这样的。中医讲“食加气”要不得，很不好治！所以如果大家不小心生气，当天就不要多吃，喝点汤就可以。当然最好是不要“怒后便食”。

孙思邈怎么说？大家知道他活了多少岁吗？有人说是102岁，有人说是141岁。我们到各地看到的药王庙，就是为了纪念孙思邈而修建的。他是儒、释、道三通的大家，不光是一位非常优秀的医生，还是一位养生专家。我现在在临床开方时还用他的方，他在养生方面有很多的绝招和心得。

孙思邈说，“每食不用重肉”。在他那个时代，他就已经知道不要吃太多的肉，吃肉多了，“易生百病”。他又说，“饱食即卧，乃生百病，不消成积聚”。人吃得很饱后，不要马上躺下，这样会容易生病。“食止行数百步，大益人。”就是人用餐后走一百步，对人有非常大的益处。这一点很多人都知道，“饭后百步走，能活九十九”。他又说，“人之当食，须去烦恼，如食五味，必不得暴嗔”。所谓“暴嗔”，指的是生气，“多令人神惊，夜梦飞扬”。

我要提醒家长朋友们。很多家长有个坏毛病，特别喜欢在餐桌上教训孩子。平时不说孩子，等到吃饭的时候，数落、唠叨孩子，最后孩子消化不良、脾胃出问题，夜卧不安。所以，以后在吃饭的时候，千万不要教训孩子，让他有一个愉快的心情来就餐。

多吃粥对身体特别有好处

讲了这么多，大家是否想得到一些具体的做法呢？

要吃得杂，具体怎么办呢？很简单，吃粥！中国有一个美食“八宝粥”，我自已吃的可不止八宝，三十宝都有了。我刚才说大家现在吃的米太精细了，但是如果真的用糙米焖一锅饭，大家可能咽不下去，因为口感不好。但是如果用糙米煮粥，口感就非常好了。我用糙米、小麦（完整，没有去壳的）、玉米、高粱米、薏米、黄豆、黑豆、绿豆、黑米、小米、大芸豆、小芸豆、赤小豆等煮粥，品种太多了，数不过来，这样就做到了杂食。如果大家每周吃两种这样的食物，就会非常好。

粥的好处很多，我国最有名的养生书叫《老老恒言》，这本书不厚，五个章节，其中有一章列的是粥谱，说粥是最养人的。

袁了凡在他的《了凡四训》中说“煮粥饭，中有厚汁滚作一团者，此米之精液，食之最能补精”。粥上面的黏稠物对人体特别有益。

在《紫竹林医案》中有一医案提到，粥上面很黏稠的一层粥油可以治疗男子精少不孕。

邹孟城的《三十年临证探研录》中写了这样一个医案。新中国成立前，一位在纱厂工作的童工患了结核，在当时患了结核病，就是与不治之症画等号。他也没有钱医治，每晚盗汗，人非常瘦弱，已经脱形了。这时一个好心的厨师对他说，我每天煮大锅粥，每天给你一碗粥油喝。结果三个月之后，这个人完全恢复了健康！

民间还有一个有趣的小故事。有一个媳妇很孝顺，在煮粥时总是让婆婆吃米，自己喝上面的汤。结果她把自己养得白白胖胖，让别人怀疑她一定是偷吃东西了！

所以说，粥是很好的东西。《老老恒言》中有100个粥谱，大家如果有兴趣，可以关注中医的养生。如果你在其中加适合自己体质的东西来煲粥，就会对你的身体特别有好处。

大家都知道大诗人陆游，他是如何赞美粥的呢？他说，“世人个个学长年，不知长年在目前。我得宛丘平易法，只将食粥致神仙”。大家都想长寿，其实长寿的方法极其简单。最便宜的方法就是食粥，它一定可以让你长寿如神仙。

在开篇时我介绍了朱良春，今年96岁的国医大师，他有一个经验在中央台播出过。这种粥他坚持喝了几十年。以前是他的母亲煮给他吃，后来是他的太太煮给他吃，现在是他的女儿煮给他吃。粥方是：绿豆、薏仁、扁豆、莲子各50克，大枣30克，枸杞10克，再加黄芪250克。黄芪是一味补气的药物，可以非常好地增加免疫力。先把黄芪煮水，然后把黄芪药渣扔掉，只用这个水来煮粥，他坚持喝了几十年。所以我们看到他讲课时声音像我一样洪亮，思路非常清楚。我要提醒你，如果你们今天回去每个人都想喝这个粥，那我刚才讲的课你可能没有听进去。我强调最重要的是因人而异，这款粥是补气的，适合朱老，不见得适合你哦！如果你是一个气不虚的人，是阴虚的人，你也可以加枸杞煮粥啊。

中医的养生方法确实不复杂，吃的就是平平常常的饭，不是说不告诉大家秘诀。《黄帝内经》讲的就是这些朴素、简单的东西，但是你如果能够坚持，那就不一样！这就像滴水穿石之功一样，时间长了必见它的益处。

现在的问题是，很多人在养生的问题上特别急功近利。有些人说："曹博士，你一定有秘方，告诉我吃什么？我吃了之后，能否在一周内或者两周内解决？"我说这都不是正确的想法。老中医的养生就是这么简单。就像清代名医费伯雄说的，"世上本无神奇之法，只有平淡之法，平淡之极，乃为神奇"。就这样简简单单的，你能坚持做到吗？能坚持每餐都节制吗？坚持饮食适寒温吗？能够坚持符合主辅搭配的原则吗？能够坚持因人、因地、因时制宜吗？如果你能做到这些，一定会得到非常大的益处！这个益处可能不是你明天发现的，只要你坚持下去，等你96岁时、98岁时或者100岁的时候，一定会想起来，很多年前听一个叫曹田梅的讲的饮食道理，还是有点益处的，还是对的。

如果我们按照这样的饮食方法，就可以健康百年，让我们一起按照《黄帝内经》的教导进食吧！谢谢大家！

不同年龄段儿童的营养措施

雷　雨

雷　雨

深圳市妇幼保健院儿童保健专家，广东省人民政府教育督导室兼职督学，深圳市人民政府教育督导室兼职督学，深圳市学前教育专家指导委员会委员。

0～1岁儿童营养策略

首先，我在演讲之前举几个例子，谈0～1岁孩子的营养及策略。

有这么一个宝宝，8个月，身高正常，体重偏中下。比较爱哭闹，容易惊醒。主要由母乳喂养，奶粉在8个月时才喝60毫升，少量米糊（或稀饭），半个蛋黄，少量水果。除母乳以外，其他东西都不爱吃。

家长在喂养中出现了什么问题？首先，他的体重偏中下，就是100个小孩他排到70位以后。其次是母乳过多，90%都是母乳，对8个月的小孩来讲，母乳顶多占三分之二或者二分之一。他的辅食非常少，他只吃半个蛋黄，半碗稀饭。

近几年我们提倡纯母乳喂养。但一些家长不愿意喂母乳，怕以后影响自己的体型。全球战略在几年前就提出来了，孩子6个月之前要求纯母乳喂养，以后提倡给小孩添加辅食，甚至要求喂小孩母乳到2岁以上。

母乳喂养的具体年龄段以及喂养应添加哪些辅食呢？一般8个月的小孩吃泥糊状的东西，而且要占食物量的一半，每天吃2~3次。到了1岁的时候，家长没有必要特别为小孩做一些特别的食物，家常菜饭即可，每餐要求一碗。

关于小孩喂养和营养性疾病问题，每天都有几十个家长来找我。我谈谈自己的一些看法，有些观点属于个人观点。因为有些跟我们的教科书是不一致的，也跟刚才说的全球母乳喂养战略有点不一样，希望大家在这方面有甄别。这是我工作的经验，同时也是我在平时工作中做的科研调查和结论。

不完全同意纯母乳喂养

第一，在喂养过程中真的需要纯母乳喂养吗？我个人的意见认为不完全是。本人研究表明，6个月以内的纯母乳喂养，缺铁性贫血达42%。但是，如果4个月的时候你添加辅食，孩子的贫血率一下子降到15%。

第二，从母乳的成分推算，发生缺铁性贫血不是偶然的，而是必然的。100毫升母乳，含铁量是0.6毫克左右，小孩一般每天需要的铁是多少？是6毫克。如果是纯母乳喂养的小孩，要使铁的吸收率达到他身体的需要量，那需要多少呢？1200毫升。实际上母乳里面的铁是不可能百分之百被吸收的。因此1200毫升是非常保守的数据。

而我们一般母乳喂养不超过 800 毫升。从这个数据来看，纯母乳喂养的时间越长，缺铁性贫血的可能性就越大。

本人研究表明：6 个月纯母乳喂养，如果添加辅食，辅食的顺应性是 45% 。什么是顺应性？就是 100 个小孩里面，如果纯母乳喂养 6 个月，6 个月之后只有 45% 的小孩接受辅食，55% 的小孩不接受辅食。但是，在 4 个月开始添加辅食，顺应性是 67% ，亦即 100 个小孩里面有 67 个小孩是接受的。所谓顺应性就是指接受程度，顺应性越高，表明小孩越容易喂养。

有些家长就怀疑了，小孩身体受不受得了？其实，4 个月的孩子，他们的肠胃已经发育出了淀粉酶，淀粉酶就是为米糊、稀饭起消化作用。

有很多爷爷奶奶在小孩 3 个月的时候就开始喂米汤、米糊，其间把肚子搞坏了。在我们工作中经常发现，小孩肚子搞坏不是一天两天就能好得了的，很多孩子几个月都消化不好，长期拉稀、拉水。拉到什么程度呢？整个屁股都是红的，小孩痛得要命。如果小孩拉肚子，我们一般是怎么护理？我们往往都是用水冲洗，要不就是用纸巾擦。用水冲洗以后怎么办呢？我建议用吹风筒把它吹干。对于孩子的护理，我们就是应该这么精致。

母乳足够也需要奶粉

有些家长问我，我的母乳足够，孩子要吃奶粉干什么？错，奶粉是一定要吃的。奶粉不仅是小孩要吃，你、我、他，以及年龄大的老人都需要。我们要求终身每天 200 ~ 300 毫升的奶粉，每天都是，每人都是。如果 6 个月还不加奶粉，那么绝大多数孩子在以后的日子里将拒绝奶粉。实际上孩子在 1 岁前断奶，至少需要 500 毫升的奶粉，否则，食物中的钙质就不够。

有些家长问，喂孩子母乳的时候，是不是可以不让孩子喝水。我说，如果小孩现在不喝水，我保证在大多数孩子 1 岁之前他不喝一口水。我们不提倡小孩现在不缺什么，现在就不做什么，我们要考虑到以后他怎么办。以后断了奶，孩子要吃辅食吃奶粉，孩子肯定要喝水，这种问题逃避不了。对所有纯母乳喂养的孩子来说，要掌握好一个度。

人类和动物在每个发育阶段功能形成的过程中存在关键期。比如说，刚出生的孩子怎么认识妈妈？他凭气味就知道妈妈来了。他躺在妈妈怀里的时候，感受到妈妈的呼吸和心跳，因此刚出生的小孩的关键是什么？是听觉、嗅觉。

有报道说，有个刚出生的孩子被狼叼走了，长大以后，他就有跟狼一样的动作。因为错过了人类喂养的关键期，把狼当作妈妈了。4～6个月大的孩子，是咀嚼关键期，也是味觉关键期。吃母乳不会培育咀嚼功能，只有吞咽功能，而咀嚼功能在孩子4个月大时就开始有了，应该锻炼他的这种功能。在这里特别强调一下，咀嚼与吞咽是两个动作，只有在4个月大之后，我们开始锻炼，才变成了一个动作，我们把这个复杂动作叫吃饭。但是，如果错过了关键期，以后咀嚼吞咽就会出现问题，吃饭也会有问题。比如说，咬着不吞，或者一直在吃，吞不下去。

接下来，10～12个月是站立和行走的关键期。很多家长非常自豪地讲，我的小孩子7个月大时就会站了，9个月大时就会走了。这并不是好现象。我们要求小孩每个阶段都必须有充分的发育时间。比如说，6个月大的时候开始撑坐，他坐的时候要撑着坐、靠着坐。8～10个月大时开始爬。有很多家长说，我的小孩没有经过爬行阶段，甚至不会爬，就直接站起来走路了，这种现象也不值得提倡。我们鼓励小孩多爬。我们可以自己趴在地上跟他做游戏，我们在前面用东西诱惑他，后面慢慢推他，让他自己爬。为什么要提倡小孩爬啊？从骨骼的发育来讲，爬得多会形成更好的身体美，产生身体曲线。小孩如果没有爬过，脊椎发育就不良。我记得有研究表明，没有经过足够的爬行就直接会走路的孩子，当他老了，达到50岁、60岁时，容易产生骨质增生。因此，每个阶段不可逾越。

如果给孩子提供辅食和奶粉太晚，在孩子6个月大以后才慢慢添加，以后孩子的喂养比较困难，因为小孩已经太依赖母乳。宝宝以后很难断奶。在孩子8个月大的时候，给他做化验，也证明小孩患有缺铁性贫血，锌和铁都明显缺。

我个人认为，母乳喂养的时间要根据小孩自身的特点来决定。比如，胃口好的孩子，我们提倡6个月以内纯母乳喂养，6个月以后加辅食或者添加适量的奶粉。个性比较开朗的孩子，我们提倡母乳喂养时间长些，甚至可以到两岁，当然绝对不是纯母乳喂养到两岁。有很多家长误以为应该鼓励纯母乳喂养到两岁，那是万万不行的。

回到演讲开始时我举的例子，可以看出，上述孩子的问题主要表现在以下几个方面：①纯母乳喂养时间太长；②辅食与奶粉添加时间太晚；③辅食与奶粉喂养比较困难，家长就放弃了；④可以推测，该宝贝以后很难断奶；⑤化验结果表明，该宝贝贫血、缺锌。

孩子的气质与生俱来

有些家长问我，你怎么知道我的孩子性格开朗啊？这是可以判断的。在我的门诊工作中，大约三分之一的孩子，我摸一摸他的肚子他就笑；大约四分之一的孩子基本不合作，哭的声音比谁都大；大约一半的孩子，你哄哄他，他就能合作。那些三分之一的孩子，你一碰他就笑，随便“咿咿呀呀”几句，他就跟你笑，就跟您说话，这些孩子十之八九将来性格比较开朗。

实际上，我们在医院也经常做气质测查，孩子的气质与生俱来，终身基本恒定。我们在这里讲的气质和个人性格有点像，在母腹里没有生出来的时候就已经确定了，生出来以后，他的气质就表现出来了。

举个例子，某孩子现在考上了北大，很多家长就说，这小孩从小就知道他一定会考上北大的。为什么这么说？因为这孩子在很小的时候，大人就发现他读书特别专注，这就是恒定的因素。再举个例子，有些孩子不听话，长大了以后进监狱了。有些邻居就笑话了：“他不到监狱谁到监狱？他从小就这样。”这就说明他的某种特质是恒定的，这种特质终身不变或者基本不变。我们可以隐藏某种特质，但是在关键的时候，它一样能表现出来。比如说，外向的人，他遇到巨大的痛苦或者挫折，他可能变得内向一些。但是，他在处理事情方面，在应对危机的时候依然表现出非常外向、非常富有侵略性的一面，这就是一种稳定的特质。

我们发现胃口好或者个性开朗的孩子，对饮食不大挑剔，似乎你给他什么食物他都吃，所以6个月大的时候给他辅食他也不挑。

胃口一般，尤其是差的孩子，我本人不主张6个月内纯母乳喂养。这样的孩子，你坚持到6个月，十之八九他以后就不吃奶粉了，辅食喂不进去了，就变成家里人很头疼的事情。但是，我们可以考虑吃母乳后逐步加点奶粉，按我们的口头语说，就是加一点点奶粉把他吊着，加到8~10个月大的时候，奶粉基本上可以代替母乳了。对待这样的孩子，我们要花很大的功夫去做这件事情。从这个角度来讲，胃口一般或者差的孩子，我本人不主张6个月内纯母乳喂养，我主张孩子一出生就应该每天补充少量奶粉喂养，否则到想断奶的时候没有办法断，即使断奶了，孩子也不吃奶粉。

新鲜牛奶可能损害肾脏

具体来说，我们怎么用母乳喂养孩子？4个月大以后，我们给他补充一些奶粉和其他食物。你们到商场里面去看，有一些米粉里面含强化铁，有一些含强化钙，有一些含强化蛋白质。很多家长问我，是自己磨的米粉好还是在商场买的好？我一般不发表评论。因为各有各的好。自己磨的，自己种的，自己觉得没有污染，吃着放心。在商场里面买的强化米糊，里面加了一些蛋白质和水果、钙、铁，各有各的好处。我们自己磨的米粉，营养比较单一，商场里面的米粉肯定有其他的添加剂，添加剂的性质我本人不太确定。

不能进行母乳喂养，或者是断了母乳的婴幼儿，我们建议孩子吃奶粉和其他食物。有的家长说不吃奶粉行不行啊？我的建议是，不吃奶粉不行。一般情况下，1 岁大的孩子至少要保证每天 500 毫升牛奶，一岁半大的孩子至少要保证 400 毫升牛奶，2 岁孩子以及 2 岁以后，终身要保证 200 毫升到 300 毫升的牛奶。同时，我们在吃辅食的时候，要逐渐增加其他东西。比如，在米糊里加点蛋黄，加点青菜、土豆、猪肝、猪血、瘦肉等。很多家长经常问我，猪肝猪血怎么吃？现在的猪肝猪血是不是有问题？我告诉大家，这些东西还是要给孩子吃，只不过在做的时候注意一下工艺。比如说，把猪肝买回来以后，我们剖开，在清水里面浸泡，每半个小时换一次水，泡两个小时，把里面那些不该吃的东西给泡掉。然后，我们再把猪肝放到搅拌机里，做成泥、沫。同时，我们要及时地补充蔬菜和水果，维生素 C 就有助于我们对铁的吸收。我们常见维生素 C 多的食物有哪些？橙子、橘子、西红柿，口感酸甜的蔬菜和水果往往维生素 C 的含量比较多。

关于钙的问题，孩子一出生，主食应该就是母乳，或者奶粉。从配方奶粉本身营养角度来说，它的钙是足够的。如果每天吃 600 毫升以上牛奶，加上其他辅食，身体所需的钙一般不会缺。

刚刚挤出来的新鲜纯牛奶，就是现在保质期在 4 ~7 天的那种奶，含钙量比较多。但是 1 岁之前的孩子要不要吃？本人不主张。鲜牛奶中含有太多的蛋白质和磷，而含铁太少，很容易出现肠胃消化不良和缺铁。甚至对肾脏的损害超过了孩子肾脏可以承受的负荷，还可能会引起孩子身体过敏。大多数孩子在 1.5 岁以后才可以订吃鲜牛奶。从食物的本身营养角度来讲，身体所需的钙质并不需要特别补充。但是，经常补充鱼肝油有必要，很多孩子在成长过程当中，由于维生素 D 不足引起钙吸收不够，早期症状我们叫佝偻病症状。

佝偻病的早期症状，绝大多数孩子都有那么一点点，但绝大部分人不会发展到佝偻病。这些症状有哪些？比如说，多汗，晚上睡不着，好哭，头骨一捏，像乒乓球一样，囟门比较大，闭合比较迟。小孩一般情况下一岁半时囟门闭合，但是我们在实践中经常发现，一岁半到两岁半囟门闭合比较常见。

有些孩子抬头、坐、走的动作都比别人慢一拍。比如说，10 个月大的孩子，按正常讲应该可以站立了，如果他还不会爬，会不会是因为关节比较松弛？两种孩子容易出现关节松弛。一是太瘦的孩子，他的肌肉没有力量，他的关节是软绵绵的。二是缺钙的孩子，表现在哪里？很多家长给小孩洗澡、换衣服的时候，会发现孩子的骨头经常咔嚓咔嚓地响，那就有可能是关节松弛。

孩子手的关节软绵绵的，没有力量，那么患早期佝偻病的可能性比较大。这时候就要考虑添加钙和鱼肝油。即使食物里面钙质足够，但并不代表身体里钙质不缺，因为还有一个吸收的问题。医生经常说，多晒太阳，吃点鱼肝油，因为晒太阳和吃鱼肝油有助于我们吸收钙质。太阳紫外线作用于我们皮肤外的某一种物质，有助于我们的消化道对钙元素的吸收。鱼肝油也是同样原理。

我让家长带孩子去晒太阳，有人就把孩子放在玻璃后面晒，或者是给孩子衣服穿得严严实实地出去晒，就一个小脸露在外面，这是万万不行的。因为玻璃后面的紫外线渗透得非常少，根据玻璃的厚薄，甚至紫外线一点都渗透不了。没有紫外线，晒太阳是白晒，那不是晒太阳，那是取暖。

男孩晒太阳，两个地方要护住。第一个是眼睛，第二个是会阴部。如果条件允许，没有风，可以要求男孩子赤身裸体晒，把眼睛和会阴部护住就可以了，女孩护住眼睛即可。

孩子常碰到的一些问题

下面我讲一讲0～1岁孩子生长过程中经常碰到的一些问题。

1岁之前的孩子，食物中要不要加盐？100个家长里80个家长说不会加盐。我认为可以加盐。盐不仅是调味的问题，而且是我们体内必需的平衡新陈代谢组织功能的东西，包括钠离子、氯离子，加盐才能补充。小孩子的新陈代谢比较快。比如，小孩出汗比较多，大小便比较频繁。这些废物就是代谢的产物。我觉得孩子还是要补充点盐。比如说，广东的清蒸鱼、桂花鱼，就是用了点酱油。酱油里面的盐基本上就可以满足了。加了盐以后，我们可以多喝水稀释盐的浓度，让它便于排出体外。

纯母乳喂养的孩子要不要喝水？有些纯母乳喂养的孩子，在家里是不喝水的。我的答案是必须要喝水。喝水不是因为身体内缺水，是为了他以后不吃母乳时，比如吃奶粉、吃其他米面时作准备。如果这时不学会喝水，孩子以后很难喜欢喝水。

在关键期里，孩子在每一阶段需具备的能力如果你帮孩子做到了，一般将事半功倍。如果你错过关键期，矫正起来那就是事倍功半。一个好习惯有可能一辈子养不成，但是坏习惯一次就养成了。比如说，胃口好的小孩，在4个月以内一般每天吃5毫升奶粉或10毫升奶粉，就这样吊着，是为了以后更好地添加辅食作准备。

如果你纯母乳喂养，你会发现连奶嘴都不要的孩子非常多。如果连奶嘴都不要，那么奶粉如何喂？水如何喂？有很多家长说，我可以用调羹、勺子，那500毫升牛奶你用勺子喂多长时间？根本就喂不成。

何谓混合喂养？就是母乳加上奶粉，混合喂养的孩子一定要喝水，喝水的时间定在两餐之间。一定让孩子学会用奶嘴喝奶粉或水。

小孩患湿疹能吃鱼吗？我觉得可以少吃，但不能不吃。因为吃了鱼，脸上有点痘，屁股有点红，很多家长就不给孩子吃鱼了，这是非常片面的看法。因为孩子发育非常快，发育的基础是什么？营养物质。这不能吃那不能吃，孩子如何健康成长？尤其是要获得优质蛋白等重要物质。我觉得儿童成长有它的特殊性，在其生长过程中，父母应处理好“芝麻”和“西瓜”的关系。

孩子厌食怎么办？大约有四分之一的小孩会厌食，还有四分之一的小孩会超重或肥胖。厌食的原因有很多，主要是之前父母给孩子喂多了。比如说，强迫喂、睡着喂、多喂，希望孩子像羊吃草一样，给什么吃什么，这是不行的。小孩为什么要吃饭啊？正确的答案就是他饿了。孩子从产房抱回来的时候，产科医生会跟父母说两个小时喂一次。吃母乳的孩子，大约两个小时就饿了。其实有些孩子是吃奶粉的。奶粉本来是固体，我们把它变成液体了，固体的消化所需时间肯定比母乳要长。超过3、4个月的孩子，有时候孩子会咬紧牙关不吃了，为什么啊？因为开始有喜恶爱好了，他们开始表明自己是赞成还是反对。3个月以后，他哭声都不一样了，常见的哭声有4～6种，孩子是饿了，还是害怕了，我都能区分清楚。他用哭声向世界表达自己的意思，只不过是我们不明白而已。他饿了，就给他吃，吃多少算多少。

等待能够解决很多问题

很多家长不善于等待。孩子发烧了，在儿童医院看了一下，吃了药物以后发现没有效果；下午又发烧，又跑到我们医院继续看医生，然后给孩子打吊针；晚上还不好，再到人民医院看急诊。同一种病从上午、下午最后到晚上，去了三家医院就诊。这就是没有学会等待的情况。实际上，等待能解决很多问题。

如果孩子三五天胃口不好，不吃饭，那不叫厌食，只是暂时的食欲欠佳；甚至一段时间食欲不振，且越来越严重了，这都不叫厌食。

如何判断小孩饿？家长要学会听小孩“说话”，小孩的哭声就是他的“话”。其次就是孩子两餐之间的间隔问题，一般情况下，母乳喂养的孩子2～3小时就饿了，辅食或者奶粉喂养，时间间隔会更长一些。真正饿的孩子，每次吃都吃得很快。善于吃奶的孩子，5分钟吃完了，吃得很快，超过10分钟，如果还在慢慢吃，边吃边玩，边吃边睡，那就是不想吃了，这时我们要及时终止孩子的饮食。我们发现一个现象，我们冲了100毫升奶粉，小孩吃了80毫升就睡着了，我们怎么办？80%的家长会选择把剩下的20毫升继续喂进去。他们觉得小孩的肠胃像深圳大梅沙的沙滩，水一倒进去它就吸收了。其实，这20毫升是多余的。

如果每餐多20毫升，会引起两个后果。第一，如果小孩胃口好，消化能力强，他会肥胖。第二，孩子厌食，罢工了。

大约90%的妈妈没有见过自己孩子饿过，不知道孩子什么时候饿了。一个孩子没有体会到饿，对美味的感觉也就无从谈起。实际上我们剥夺了小孩愉快的感觉，这是要不得的。

1~2岁孩子的营养

现在我再简单地说一下1~2岁的孩子应该怎么喂养。

张宝宝，1岁半，体重中，身高中。奶粉约700毫升/天（包括半夜180毫升），饭菜单调，每天一顿饭，约1小碗，鸡蛋一枚。追吃，哄吃，玩吃，时间近1小时。

问题分析：体重中；吃饭难，时间长；饭菜单调；奶量多。

1~2岁大的孩子，我们应该喂多少食物？

牛奶500毫升左右，鸡蛋一个，动物蛋白，如动物内脏，瘦肉、鸡蛋，鱼、肉、猪肝、猪血等，应要让孩子吃1~2两。蔬菜，吃3~5两。有些家长讲，一岁半的孩子一天吃半斤蔬菜不可能啊？其实是可能的。在市场上我们买菠菜，12~16棵菠菜就是一斤，6~7棵就有半斤。这半斤蔬菜，炒了以后会缩小三分之二，再分成早中晚三顿，你说半斤蔬菜能不能吃进去啊？只要我们有决心，是可以的。吃水果1~2两，一个小苹果就可以了。谷类，包括粗粮和细粮，2~3两半。

1~2岁孩子每天进餐的次数是多少？

我们要求辅食三次，点心上下午各一次。其实我这里说的辅食就是主食了，1岁及1岁以上幼儿主食应该是常见的米、面，还有鱼、肉、青菜、水果等食物，而非牛奶。比如，早、中、晚三餐中，稀饭、面条、馒头、包子是主食。点心就在上午10点，下午3点吃。我特别强调一下，很多家长对“点心”两个字没有理解好。什么叫“点”？“点”就是一点，很小的意思，“心”是什么意思？是用心做的食品，是又小又精致的东西，是营养的补充，是味觉的补充，是享受生活的补充，这叫点心。

在外面卖的那些炸薯条是不是点心？

不是，这些东西叫作零食。点心是自己手工做的，比较小，跟我们平时的主食味道不一样。我们做的点心可能是甜的，可能是酸的。

有些家长问我，小孩每天晚上都要吃怎么办？

我认为，第一，我们要养成半夜不吃饭的习惯，要坚定这种意志。第二，小孩半夜醒来，并不一定是要吃。父母经常给孩子用尿不湿，小孩本来会憋尿，后来就不憋了。所以，在条件允许的情况下，我本人不主张用尿不湿裹太长时间，我们可以考虑用纱布或棉布做一些尿布。我们要经常给他“嘘嘘尿”，为什么这样做呢？这样有助于他自己排尿，对膀胱的刺激，更容易让他憋尿。有时候半夜醒来，不一定是饿了，有可能喝点水就好了。其实晚上小孩醒来，一般有固定时间，绝大多数都是晚上 1～2 点。我们可以提前半小时把他的一些问题解决了。比如说，他出汗了，我们给他擦擦汗，换件衣服，让他排尿，让他喝点水，让他早一点过渡到下一个睡眠周期，这样做的时间长了，你会发现小孩一夜都能憋尿了。

我本人的研究表明，如果小孩喝奶粉超过了 500 毫升，比如说，达到了 600～700 毫升，孩子的喂养困难就达到 71%，就是说其他东西不吃了。工作经验告诉我，一次喂食超过 600 毫升或 700 毫升奶粉的孩子，他主食一大半是喂不进去的。所以，1 岁左右的孩子吃 500 毫升奶粉就可以了。

喂养困难包括哪些内容？

主要表现为吃得少，吃得慢，对食物特别偏爱或不感兴趣，拒绝某些食物或者不尝试新的食物。边吃边玩，跑着吃。

1～2 岁幼儿喂养的其他几个问题。

小孩可以不喝牛奶吗？

不行。孩子断奶以后，1 岁半不喂母乳了，不喝奶粉，开始让孩子吃饭菜了，但我们要求终身喝牛奶。这是世界卫生组织的要求。牛奶除了有丰富营养以外，还有钙质，也便于消化。但是，我前两天看到了一篇文章，说牛奶补钙是一个误区，说宝宝喝牛奶对骨质增生没有太大的缓解。科学正在发展，在目前为止，还存在很多非主流的理论。

小孩偏爱某种食物，可以让他多吃吗？

不行。一般情况下，一种新的食物，幼儿需尝试 15 次以上，有一些幼儿甚至需 30～60 次。很多家长跟我说，小孩吃鱼肝油，不吃鸡，不吃鱼。我就告诉他，你的小孩其实不喜欢吃鱼肝油，为什么他好像喜欢吃？那是因为他正好在 3 个月之前的关键期，你给他吃鱼肝油了，所以他一直想着吃鱼肝油。如果你在他 3 个月之前给他吃鸡，他会天天想吃鸡。这就要求很多食物要尝试，要坚持让他吃，才有可能成功。各种营养我们讲要保持均衡，没有哪些食物可以相互代替，或者是完全代替。理想的食物平衡，应该是每天吃 15 种到 20 种食物。

半夜要不要喝牛奶？

要分析具体情况。1 岁大的孩子可以喝，1 岁左右如果幼儿半夜要牛奶，可以给一些。不要就不给。随着年龄增加，应该逐渐减少奶量，约 1.5 岁断掉。如果幼儿醒来，可改用喝水。为什么要断掉夜里喝牛奶？除了我们的睡眠质量得不到保证以外，更重要的是，孩子的肠胃在晚上是需要休息的。而且晚上吃得多的孩子，经常早餐吃得比较少。

浓汤是不是很有营养？

我认为汤的营养比较少。有个试验，把肉放在高压锅里煮三个小时，营养有多少？汤里面只有 18% 的营养，而 82% 的营养在那块肉里。广东这个地区，汤是非常好的，孩子常常喝汤好不好呢？不好。因为汤的营养毕竟不如结实的食物，孩子必须喝汤吗？不一定。喝汤早了，小孩不咀嚼，喝汤像喝奶粉一样。咀嚼需要时间，需要锻炼咀嚼能力。如果光喝汤，孩子以后的咀嚼功能会很差。

有一种人可以先喝汤，比如说肥胖人。3～5 岁孩子肥胖的纠正，首先是饭前喝汤，但正常的孩子在饭前一般应少喝汤。这样的孩子应该怎么吃饭？我们不给他盛满，给他盛一半。小孩胃口好，有一个原因是他觉得可以吃 3 碗，其实他在很短的时间之内，把肚子吃得不饿的时候就没有这个信心了。让孩子在很短时间内吃半碗饭，他的食欲就不会那么强烈了。

现在，我们把问题一一类聚了以后，看一下上例张宝宝的分析结果：①一般让1岁孩子喝500毫升牛奶就够了；②夜奶要慢慢戒掉；③营养要均衡，食物的种类要多；④要求半个小时吃完；⑤吃饭的座位相对稳定，培养小孩固定地点吃饭的习惯。

2～5岁孩子的基本营养

2岁之前的孩子营养问题，我们就说完了。我们再谈谈2～5岁孩子的营养问题。

卫生部对1～6岁儿童推荐每天需食谷类2～3两，蔬菜类3～4两（比我刚才提到的1～2岁量要多一点），水果类3～4两，肉类、鱼类100克。每天我们要有一块比鸡蛋大的肉给孩子吃。牛奶的饮用量，卫生部推荐的是每天300～500毫升。我要求2～3岁的孩子应喝300毫升，我认为卫生部推荐标准高了一点。

2～5岁孩子应以谷类、面类食物为主，食物种类应与成人食物种类一致。

我们要求“三餐两点”，早、中、晚三餐再加上两点。

我们现在对于吃饭时间有要求了，现在要求早上8点钟，中午12点钟，晚上6点钟。在晚上睡觉之前，可以喝点牛奶或者吃点水果。

早餐以主食和蛋白质为主。主食就是米、面、小米。常见的蛋白质，如鸡蛋的蛋白，鱼类、肉类、豆腐类的植物蛋白等。中餐、晚餐都要有蔬菜，而且绿叶蔬菜要占一半以上，绿色蔬菜是第一种蔬菜。第二种是什么？橙色的蔬菜，第三种是紫色的蔬菜，第四种是什么？无色的，即白色的蔬菜。对孩子来讲，最好不吃或少吃大白菜。

我为什么要把早餐单拿出来说呢？因为中国人对早餐的要求比较随意。我们要求早餐有什么？第一，要求有谷类食物。第二，应该有适量的牛奶。如100~150毫升，还可以加一点鸡蛋、火腿肠，加一点点蔬菜。注意吃水果是有技巧的，我们天天买，三天五天要换，要买好几种轮流吃。我跟大家推荐一下，小西红柿一个，苹果两片，再加上一片梨，拌一点沙拉，再加上生菜。我们要学会“拼盘”，我保证这盘水果小孩肯定爱吃。小孩吃饭时第一个原则是好看，第二个是闻着香，第三个才是味道好，程序是这样子的。

下面介绍常见的喂养误区，比如说，饮食误区。

第一，很多孩子喝饮料太多。比如，“爽歪歪”，听起来都让人家很想喝。

第二，辅食少，纤维少，蔬菜少。

行为误区，就是我们喂饭的方法搞错了。比如说，喂饭多、强迫多、零食多，经常搞得“头破血流”。什么是“头破血流”？就是你骂他，他骂你，搞得全家吃饭不舒服。再比如，鼓励少、互动少、放手少。我们要学习如何与孩子互动。比如说，3岁的孩子不愿意吃饭，我们可以让小孩一块参与怎么洗菜、怎么摘菜，我们甚至可以让小孩跟父母去菜市场选菜，这菜10块钱，让他把10块钱递给人家。让他参与洗、摘、捡、切、炒，他不会炒啊，抱着他到锅边炒一勺子。之后，就告诉他，这个菜是他做的，他会感觉到很有成就感。

有些胃口差的孩子，每隔三个月、五个月给他换一个碗，筷子、勺子也要换。我们可以把一碗饭分成3碗，然后告诉他，本来我们要吃一碗的，但是你今天吃了3碗，这种感觉是不一样的。小孩是行为决定意识，你鼓励他的行为，他的意识也就会这么形成了。

每天在固定的时间吃饭

正确对待2~5岁儿童的饮食行为问题。

首先，我们要定规矩，避免孩子分心。有些家长讲，我家小孩就是喜欢看电视啊。吃饭时我们一定要关电视，很多家庭都是这样做的，要远离电视。

其次，必须在规定的时间内进食，半小时没吃完怎么办？倒掉。不能再继续喂半小时。

再次，新食物要慢慢加。比如说，小孩喜欢吃鲫鱼，下次我们给他吃别的鱼。做法也有很多。比如，沙丁鱼以油煎为主，有些以红烧为主，桂花鱼以清蒸为主，像这些我们都要学会。

还有，必须让孩子体验饥饿。长到3~5岁的孩子，家长都不知道他什么时候饿过，这是很可悲的事，要让小孩体验。有个消息说，建议国家公务员每年某一天要饿24小时，我觉得这是很有必要的。

还要限制两餐之间的零食，少吃或者不吃。餐前不要喝饮料，喝饮料有很大坏处。而且饮料有很多种喝法，如一瓶可乐，如果你在5个小时内分次喝完，早餐和午餐可以不用吃了；但是，如果上午10点钟一口气喝完350毫升可乐，那早餐中餐依然可以吃，要一次喝完，绝不能分成很多次。下午放学前你到幼儿园门口去看，10个家长中有8个家长手中都拿着吃的东西。千万不要随时让孩子喝汤、喝果汁、吃零食。

两餐间隔应该在3小时以上。睡和吃是两个如影随形的东西，也是我们小孩5岁之前最重要的生活习惯。往往吃得不好的小孩，睡得也不好。睡得不好表现在什么地方？浅睡或者半夜哭闹，或者是晚睡，有些孩子甚至到1点钟才睡。第二天早上10点钟才起床。1点钟才睡或者11点钟才睡，那么11点钟可能吃了东西，其实东西吃得并不多。但是第二天早晨9点钟才起来，早餐不吃了，实际上已经错过了一顿饭。所以，睡跟吃是如影随形的伙伴。吃不好往往睡不好。这些家长们往往在生活上规律意识比较差。

另外，营造快乐的进食环境也很重要。

我们来回答以下几个问题。

2岁以上孩子必须要他人喂食吗？不是，我们要求孩子半小时内自己把饭吃完，而且吃饭的位置要固定。

可以不喝牛奶吗？不行，每天300毫升左右，终生。

小孩不吃饭怎么办？首先要固定座位，他可以跑、可以走，如果半小时内他不吃完，跟他一起倒掉食物，非常心平气和地倒掉。为什么不生气？我们不能让愤怒影响情绪，继而影响孩子。有的家长会问，每天在固定的时间吃饭，不吃就倒掉，不怕孩子饿着吗？或者有的家长会说，这是不是太残忍了啊？其实幼儿园就是这么干的，3 岁的孩子 8 点钟吃饭吃到 8 点半，幼儿园小班的老师会追着宝宝满街跑啊？没有。一定要培养孩子好习惯。

孩子可以吃零食吗？不吃，或少吃（最好不吃）。

6 岁以上儿童营养

6 岁以上孩子跟成人营养差不多，我们简单地说一下。主要的问题表现在如下三个方面。

第一，铁比较缺。中国人的食物结构以素菜为主，铁的含量比较低，或者吸收率比较低。因此，缺铁比较多。特别是女生有生理期问题，她们身体中铁的丢失比较多。

第二，肥胖、超重。

第三，户外活动少。户外活动和睡眠密切相关。现在学习任务比较重，睡眠比较少。

另外，影响青少年饮食行为的因素跟 6 岁以下的孩子不一样。

第一，主要是家庭习惯。其一，家庭的生活习惯。比如说，生活在湖南的家庭比较喜欢吃辣的，所以他们的孩子喜欢吃辣的。其二，家庭的奖惩习惯。比如，父母告诉他："你要考 100 分，我就给你吃一个汉堡或者一个鸡腿。"那么小孩就对汉堡和鸡腿感兴趣。

第二，朋友的影响。我经常看到我们学校周边，初中学生中午没有地方吃饭，孩子们就在旁边吃烧烤。朋友之间的饮食一定会相互影响。

第三，学校的影响。现在有一些学校为学生准备午餐，吃的时间长了，肯定腻味。比如学校经常做冬瓜，他也不吃冬瓜了。

第四，媒介的影响，这就更多了。一些广告非常诱惑人。

青少年饮食误区：①早餐非常单一，全中国都普遍存在这样的现象；②零食；③饮料；④快餐。

青少年膳食原则：三餐定时定量，尤其是吃好早餐；多吃含铁的食物；充足的户外活动时间；每天1~2个鸡蛋；保证每天200~300毫升牛奶。

推荐一份青少年食谱：

（1）谷类（面、米）：每日6~8两；6两米或面做成饭要一斤多，那就是每餐起码要3两多的米。

（2）水果与蔬菜：每日水果1.5两，蔬菜半斤。

（3）动物蛋白质类：每日3两，之前2两现在变成3两了。

（4）豆制品（黄豆）：每日1~1.5两，豆制品营养非常好。

养育孩子是非常复杂的过程，也是非常幸福的过程。因此，我们要不断地提升自己，要慢慢地锻炼自己。我们经常说，父母有多爱孩子，孩子就有多爱父母。谢谢大家。

健康体检的误区

柯　玮

柯　玮

中华中医药学会全国中医肛肠学科专家，中国中西医结合肛肠专业委员会常务理事，全国中医药高等教育学会肛肠分会副主任委员，深圳养生文化研究会执行副会长，武警广东边防总队医院肛肠科主任。

胃肠镜检查为什么非常重要

胃肠镜检查为什么重要？一个很重要的原因是，胃癌和肠癌在早期、中期甚至晚期都可能没有任何感觉，没有任何症状。等你发现的时候，再去治疗，那就成悲剧了。

当然有一部分人在早期也有症状。我举个例子，前不久，一个朋友跟我说，他妈妈刚发现肠癌向肝转移了。她平时很好。她唯一有一点不舒服是在3个月以前，有一点拉肚子，就去了医院。遗憾的是，她住在某家医院，医生没有给她做肠镜检查。根本就想不到，以为就是普通拉肚子，就这样没在意。所以，胃肠镜检查的缺失不仅仅是普通人，很多专科大夫都没有这个意识。

我再举一个例子。一个龙岗的老干部，63岁，他的女婿陪着他去找我。他说："柯医生，麻烦您给我开点中药。"我说："您怎么不舒服？"他说："身体很好，就是喝了点啤酒，拉肚子。"我说："您做个胃肠镜检查吧。"他说："我不做。"我说："为什么啊？"他说："我们单位里的年轻人，走路走不过我，爬山爬不过我，我肯定没事。"我说："您必须做胃肠镜检查，否则我不开药。"这个老人家第二天做了，结果发现患了肠癌。现在已经是术后第三年，由于发现及时，恢复得非常好。

我有个朋友的弟媳妇，2012年4月她做体检，没有发现问题。7月份发现耳朵不舒服，但没有在意。过了一星期，还是不舒服，有点耳内"嗡嗡"的感觉。她就去了医院，医生给她开了药，还是不行。第三次，医生让她做了CT，发现鼻咽癌局部转移。她说，这怎么可能呢？我说，太可能了。因为她做体检的时候没有做头部CT，也没有做头部和鼻咽部的检查。一个有漏洞的体检，如果说身体一切正常，你信吗？

群体性体检常常有漏项

群体性体检有漏洞，可能存在什么问题呢？

第一，时间问题。我跟大家简单做一个测算，医生8点钟上班，11点半下班，除去交班、上洗手间等等，他一个上午的有效体检时间是3小时。我请教了两个B超专家，如果做一次腹部检查，肝胆、脾、肾、输尿管、膀胱、子宫等部位，系统检查一下，至少需要5分钟。一个上午他只能做36个人。我所知道的体检，一般都是50～100人，平均75人。我们做群体性体检，2.5分钟做一次腹部B超。

我们要脱鞋子、上床、下床，还要擦螯合剂，要花多少时间？比做一次B超体检还多的时间。也就是说，在2.5分钟的B超检查中，有1.25分钟做准备工作，所以，做一次B超，只剩下75秒钟时间。

第二，体检医生的注意力问题。医生在给你体检的时候，他在想什么？我很坦诚地告诉大家，当今社会，医生是一个很憋屈、内心很委屈的群体，医生也有烦恼。他们的付出是一般非医学人士不能理解的，真的是这样。我昨天和今天上午都一直在医院，好多医生都是这样的，低职称的医生更不用说了。除了工作本身的压力之外，医生还承受着很多压力。你让他在75秒钟内完全忘掉房贷、车贷、股票，忘掉孩子的学习、老婆的唠叨、老板的批评等非常难。而且，一般的检查室空气、光线不是很好，这么短的时间内，医生要把眼睛放到B超的电脑屏幕上，面对电脑，精确分析你被检查的部位有没有包块，包块到底是良性的还是恶性的，是血管瘤还是肝癌之类。仅仅一个上午，检查80个人或者100个人，让他不头昏、不眼花，很难。专家说，群体性体检难免出现漏洞。假如百分之一的这个人漏了，一旦出现问题，他全家就掉入深渊了。

有两个方面要注意。一方面是可以避免的，另一方面是比较难以避免的。

可以避免的这一方面，我个人提个建议，比如说做B超，遇到群体性体检时，要换两个医生轮流检查。每做两个小时休息一会，换一个人，这样会避免漏诊。

难以避免的一方面是，医生要以慈悲之心来行医。我一天早上要看80个门诊病人，轮到每个人就只有几秒钟。有人投诉说：我挂号半个小时，等专家一个小时或者几个小时，等到我上去的时候，我的话还没有讲完，医生已经把方子开完了。这是现实问题。

重大疾病多个医生诊断

应该怎么看病才正确呢？

第一，遇到重大疾病，一定要找三个以上医生诊断再决定做不做治疗或者手术。这是美国开国总统华盛顿对他儿子的21条告诫中的一条，尤其是做手术。

我举个例子。我在读书的时候，不小心患病了，找骨科医生，骨科医生习惯性地说让我做手术。我朋友告诉我，找一个康复科的大夫再确诊下。因为骨科大夫用骨科手术治了不少患者，但是没有多少人被治好，甚至有很多不良后果。

因为我喜欢中医，后来我请教了很多采用保守治疗法的专家。很幸运把病及时治好了。

第二，一定不要仅仅凭医生的介绍栏目内信息去看病，因为那些内容太表面了。医生的正高和副高职称只表示资历不表示水平，光凭专家信息栏选择医生不行。

还有，现在太多人去北大深圳医院看病。其实大医院里有小医生，小医院里有大医生，不必要老是去大医院。不同的医院，专业水平的强弱不同。比如说，某个医院肛肠科很强。其实每个医生水平也有天壤之别。联系医院看病的时候，自己要先分析一下或者找亲朋好友了解，不要专门去大医院。

病人看医生有缘分。我经常讲，如果你找某某医生没看好病，不代表这个医生不行，很可能是缘分未到。这跟迷信没有关系，一个名医可能做手术非常棒，但是你让他确诊是什么病，他并不一定了解。换一个不太有名的医生，谈笑之间你的病就好了。

很多人看中医，看了好几个医生，没有治好病，并不代表中医医术不行，也不代表医生水平不行，只是你的缘分未到。这是我从医生角度谈的体会。

我推荐几个我认识的大夫，深圳市第二人民医院中医科主任曹贤德（音译）医生，他的医德医术都很高。深圳市平正骨科医院的徐主任、罗湖区人民医院中医科的柯教授。他们都是可以让病人感动得流泪的医生。假如我们有缘跟这样的医生接触，起码他会给你指明一个方向，尽管每个医生并不包治百病。

因为医生身心疲惫，难免会烦躁，群体性体检可能漏掉发现阳性的机会。所以，体检商业化害死人，医疗商业化害死人。

医疗事业怎么能商业化？医疗卖的是慈悲之心。请问慈悲之心怎么卖？当今社会，每个老百姓甚至政府官员都会遇到因医疗商业化带来的不良后果，所以医疗事业不应该商业化。

体检套餐必须要全面化

套餐式体检，看起来不错，但体检怎么可以套餐化？既然是体检，就必须全面化。

某个企业联系某家医院体检，联系人通常这样问："做一次体检多少钱？"医院有关人士说："200 元"。企业方可能说："太贵了，我们只有 100 块钱的费用，你们给安排一下吧。"院方说："那就 150 块钱吧。"企业员工不知道内情啊，只知道我今年体检了，我身体很好。他们不知道，背后的体检是不全面的，是有漏洞的体检。所以，很多人就会发生这种问题，就像我刚才讲的朋友的妈妈跟我说的："我每年都做体检，怎么没有查出来？"但她没有做胃肠镜啊！她的体检不是全面性体检。

一个有缺陷的体检，它的报告说你身体状况很好，你不见得是很好，那怎么办？我想，最后做一个弥补，如果体检机构能够在你的体检报告背后加一句话，说你这次体检没有做某项检查，建议你在条件成熟的时候，去补上这些项目。这可能是个很好的方法。在参加套餐体检时，千万不要漏掉胃肠镜检查。

美国肛门专家说，35 岁以上的人，只要有一次大便带血就要做胃肠镜检查。

我们每一个人去体检的时候，一定让医生给你做指检，这是必须要做的。肛门科大夫一定要给病人做指检。如果做完之后发现肛门口堵住了，按照我们的经验看，一般都是肠癌。

肠癌的发生和发展有四个阶段。

①正常的黏膜；②炎性的息肉；③腺瘤性息肉，因为肠癌有很多种，腺癌是最常见的；④腺癌的发病。如果我们能在体检过程当中，能够在炎性息肉和腺瘤性息肉阶段发现病症，并把它消灭掉，非常简单，肠镜一伸，一夹就掉了，甚至不需要做手术。如果差不多已经长到一厘米以上的，就需要做手术，那就有点危险了。

肠癌有遗传性。比如，我父亲是肠癌，我直系亲属患肠癌的概率是别人的 4 倍。所以，如果我们的亲属有患相关疾病的，你必须要去做检查。

胃肠是不分家的，做肠镜的同时一定要做胃镜。我有个朋友，6 年前，他感觉胃胀气，已经吃了一年时间的药还没好。我给他检查了一下，发现他胀气偏左，一般人都是偏右。我说："你这病跟大脑相关，你做个肠镜吧。"第二天他做了肠镜，发现他的肠腔都快堵住了。

现在有很多人犯错误。不管自己得什么病，随便找个医生看。有人问我："你看我肛炎怎么治啊？"我说："不要问我。"为什么？因为我不懂。我专门诊治肛肠方面的疾病。请记住，我们在请教医生的时候，一定要请教专业的大夫，隔行如隔山。

还有，我们通常把现代医生当作营养学家去请教。有人问："医生，我该吃什么补一下？"我很难回答。我是临床医生，不是营养专家。但最要命的是，很多临床医生把自己当成营养专家去指导别人，误人子弟，还浑然不觉。

为什么中医养生这么火热？因为中医教你怎么吃，中医教你怎么睡。

有一点可以肯定，当今中国在临床一线，高水平专家不太可能在体检科工作，或者绝对不可能在体检科工作。

做乳腺疾病体检、甲状腺体检、乳腺癌体检的医生，也不一定是专业医生，可能只是相关专业的工作人员。假如体检科出了体检报告，专科大夫看的和非专科大夫看的有很大区别，这是一种现象。假如有可能，我们应该住院体检，找真正的专家体检。住院体检有以下几方面好处。

第一，国家对医疗文书管理要求非常严格，住院有固定的检查流程，想漏都漏不掉。比如，深圳规定，每个医保住院的人必须查艾滋病、梅毒等。

第二，我主治的病人，如果我发现他心脏功能不好，作为胃肠医生应该怎么办？原则上我会建议专科医生来病房会诊。你住院的时候，会诊的专家一定会跟你做比较详细的交谈，而且以书面形式留下他们的建议，每个大夫在会诊的时候都极为慎重，他们让你享受到在门诊那里享受不到的待遇。

第三，住院体检，你遇到贵人的概率很大。因为你天天住院，就可以跟医生聊天，很可能医生一句话就帮你解决问题了。

胃肠镜其实是无痛手术

在我们医院，我不称病人为“病人”，我称之为“家人”。为什么？

第一，医院里有两种人，第一种是挂号后拿着病历来看病的人，第二种是穿着白大褂的病人。医生也是病人吗？是！很少有医生不生病，医生如所有的常人一样，有七情六欲，尤其在这个纠结的时代，少有医生不纠结的，所以医生也是病人。

第二，既然医生都是穿着白大褂的病人，为什么要对拿着病历的病人吆三喝四？在我们科室，我不允许，我也不会管病人叫“病人”。所谓病人都是医生的“贵人”，他们化成各种各样的病人来成就我们医生的事业。

一个医生之所以能成为名医，怎么来的？任何医生给别人做手术，都是别人心甘情愿把身体上门送给你的，让你切，让你割，不仅如此，还付钱给你。你现在小有名气，那个人就是成就你的贵人，你怎么能够对他吆三喝四？懂得因果的医生就绝对不敢胡说，他知道病人就是他的家人。

无痛胃肠镜，首先它是不痛的，而且非常安全。因为麻醉师就在身边，在开始插镜之前，有非常现代化的监护仪监护你的心率、呼吸。好多人一做完肠镜和胃镜，就自己起床了，也有一部分人需要躺10分钟之后再站起来。

假如过去你不知道做胃肠镜是怎么回事，我希望你今天听到这次讲座以后要去做，也告诉你身边的朋友去做，这样就是行善了。无数人因为做了胃肠镜而受益，也有无数人没有做胃肠镜而遭遇悲剧。

头部检查也常常漏掉了

现在的检查，还常常漏掉了非常重要的胰腺检查。自从乔布斯因为胰腺癌去世以后，我们开始重视胰腺癌。当今我们对胰腺的检查重视得还很不够。

有一个首长，在北京最大最好的医院做B超检查，发现胰腺没有问题。一段时间以后，他有点不舒服，他在上海做了PET－CT检查，发现胰腺头那里有3×5毫米的胰腺癌。我请教专科医生何以出现这种情况，他说胰腺两厘米以下的包块，B超医生可能看不到，B超是有局限性的。所以，检查胰腺起码要做核磁共振检查。

深圳市某局领导，春节过后上班，检查报告上显示，某项指标700多，马上就要去河南出差。不久他再去检查，指标已经涨成1100了，但是检查之后没有事，这就怪了。所以，必须了解，胰腺的包块通常不是B超能发现的，要用核磁共振检查。有条件的话，我建议大家去做PET－CT，尤其是年长的人。随着年龄的增加，大多数肿瘤的发病率会增加。比如说，肠癌的高发期是41岁以上的人，乳腺癌是50岁以上的人。很多肿瘤的发病率会随着年龄的增长而逐步增长。所以，关爱我们的父母，孝顺我们的父母，应该从关心他们的健康开始，提前安排他们做好体检。

头部检查也常常漏掉了。今天《深圳晚报》报道，意大利法院有这样一个判决，原告发现左脑有一个神经瘤，他认为是使用手机过度造成的。所以，我自己头疼就直接去找外科。我遇到脑肿瘤科的同志，我问他：“你用手机多吗?”有很多人回答：“用得比较多。”我就问：“你生病跟手机有没有关系?”他们说：“有可能。”起码我固执地认为，有可能有关系。脑部肿瘤的发生，很可能与现在我们过度使用手机有关系。这是我个人的观点，不具有代表性。所以，在平常体检过程中不要忽略头部的检查，可以做头部 CT 扫描。

乳腺癌患者等摸到有包块的时候，就已经是晚期了。鼻咽炎也是如此，不要等到早上起来鼻子有血再去医院检查。

我有个好朋友，今年 45 岁，但看起来比我小四五岁的样子。他说，他每天晚上 10 点钟睡觉。他手下有 2000 多员工，分管着四川、重庆、湖北几个分公司。我说：“你怎么可能 10 点钟休息?”他说：“我在创业初期，我的身体伤得很厉害。我现在终于明白了，没有什么事情比我的命更重要。”所以他 10 点钟睡觉，而且他的身材很好，因为他每天晚上坚持少吃一口。

我今天讲的每一个故事，都是我遇到的。

忙是什么？大家都说忙就是心忙，是不是？忙的背后是什么？我说严重一点是对你和你的家人、对你的事业严重不负责。你连体检的时间都没有了？连你的健康都不要了？

针对我们 40 多岁的人，我通常讲，在我们小时候，爸爸妈妈喜欢让我们去运动，为什么？为你未来的人生打好健康的基础。到了中年的时候，你该怎么做？按照现在的生活水平，你应该给自己计划再活 40 年，不过分吧？比如我，现在 45 岁，现在就应加强锻炼，为以后做好健康储备。不能等到哪一天发现有肠癌、胃癌、肝癌的时候，我再锻炼身体，那时就晚了，更不能等到 60 岁退休的时候再锻炼，那也晚了。因为你身体中的“粮仓”越来越少了，你身体这块土地的营养越来越少了。60 岁后再计划能活多少年？要早一点规划。深圳市市民平均寿命是 74 岁左右，我相信在座的这么多健康的人，应该至少要活到 100 岁，同意不同意？

非常希望听众能把我讲的内容听到心里去，这样能帮到很多人。

颈椎病的防治

陈汴生

陈汴生

深圳平乐骨伤科医院副院长、国际手法联合会会常务副主席、国际疼痛学会中国（CASP）中华医学会疼痛学分会委员、中华中医药学会外治委员会常务委员、中华中医药学会整脊分会常务委员、广东省针灸学会手疗法委员会副主任委员，深圳市康复推拿按摩委员会副主任委员、深圳市中医药学会整脊分会副主任委员。从事医疗工作37年，擅长将中西医结合的方法运用于临床颈腰痛治疗。

颈椎病发病率越来越高

今天下午和大家共同探讨的话题，就是“颈椎病的防治”。深圳人生活工作节奏快，我们每个人每天都处在繁忙之中。很多人对于身体某个部位的不舒适往往都不注意，直到有一天感觉到脖子酸了、腰痛了，才想起来到医院去看医生。见到医生以后问得最多的就是三句话。第一句话："我的病重不重？"第二句话："我的病什么时候能好？"第三句话："能不能根治？"

这是病人最常问我的三句话。最近颈椎病发病率有所上升，主要是与人们的生活方式变化有关系。过去我们上班，都是踩单车、走路、挤公交车。现在上班都是开车，坐电梯，办公室里面有空调，有风扇，一天到晚见不到太阳，整天面对电脑。颈椎不舒服的感觉时常出现。

随着现在城市生活节奏的加快，颈椎病发病率越来越高，而且这类疾病已经有年轻化的趋势。最小的患者是十来岁的小学生。

有一次，一位妈妈带儿子到我们医院看病，患者是个 13 岁的小学生。当时他是两只手托着下巴过来的。我让他松开一只手，但他一松开就喊痛。我想，小孩子可能是和同学打闹碰到了，结果问他他说不是。后来我说，你睡觉枕头高不高？回答也不高。我想这是什么原因呢？想来想去，我问他玩不玩电脑，他妈妈说玩，不但玩，一天从早玩到晚，从一放暑假就开始玩。半夜以后，妈妈催他去睡觉休息，他把妈妈推在门外面，把门一关再接着玩，就这样连续玩了两个月。结果一检查，颈椎生理弓完全消失，而且已经变直了，成了体位性颈椎病。长时间低头伏案，不管你玩电脑还是写作，都会导致颈椎病的发生。

通过临床观察，我发现一个规律，虽是一句笑话，但也是实话，叫作"电脑普及了，颈椎病也就普及了"。什么叫颈椎病？从医学定义讲，是颈椎椎间盘退行性改变及其继发病理改变累及其周围组织结构（神经根、脊髓、椎动脉、交感神经等），出现相应的临床表现。

颈椎病的现状，刚才我讲了，随着社会的高速发展，办公电脑应用普及化，出现了一系列疾病。主要是和人们长期低头伏案工作有很大的关联。颈椎病的发展趋势是怎么样的呢？

颈椎病将逐渐成为威胁我国人口健康的主要疾病之一。前一段时间，我看深圳有一家报纸刊登出来的消息，已经把颈椎病列入职业病范畴，这说明颈椎病的发病率很高。

为什么会得颈椎病？

（1）牵拉不当。我举一个简单的例子，比如说我们吃的鸡蛋，鸡蛋有蛋壳、蛋白、蛋黄，人体细胞构造就和鸡蛋是近似的。人体是由数万亿个细胞组成的，当我们的项背肌细胞长时间处于牵拉状态的时候，长时间恢复不到正常的形态，细胞内外的环境就会发生改变，细胞本身也会发生改变，时间长了，久而久之就会产生一种病理现象，从而出现一系列的症状，比如说局部的不适、酸胀、疼痛等反应。

（2）年龄因素。随着年龄的增长，人们就像机器一样，久而久之机器总会出毛病。

（3）慢性劳损。在后面我总结了很多颈椎病高发人群，一会儿给大家讲。

（4）还有外伤，这里特别提到“车祸”，追尾或者被追尾。大家都知道，两个车相撞的时候，前面车突然刹住了，后面的车撞上去了，这个后面的车正在向前走，撞到前面的车尾时猛然停下又向后一甩。这个叫什么呢？叫作“挥鞭样损伤”。这就是类似在农村赶车时打的响鞭，鞭子甩出去以后，猛地往回一拉，有一个响声。这种颈椎受伤在车祸发生时多见。我在临床上碰到很多病人，都是因为车祸追尾，或者是被追尾后颈部受伤引起的疼痛。我自己在多年以前，也被别人追尾过，是我们单位的车。前面一个红灯，急刹车刹住了，后面一个货车没有刹住，撞上来了，我感觉颈部往后猛地一甩，当时没什么感觉，第二天颈椎开始痛，一直痛了三个月，这就是“挥鞭样损伤”。

（5）天气因素。天气一旦变冷，大家观察一下，哪个人喜欢戴围巾或穿高领衣服，你问他，他的颈椎肯定不舒服。为什么呢？冷风一吹，肌肉一收缩，症状肯定加重。

（6）精神因素。有一些病人，因为颈椎病困扰着大脑，总是出现疼痛的信号，不能集中精力做事，这时候就容易出现烦躁。包括一些人讲话，讲得时间久了也会出现烦躁，这些精神因素，也会加重颈椎病的症状。

长时间周围组织劳损导致颈椎间盘病变

什么叫颈椎病？首先是颈部周围软组织长期劳损出现了病理改变。我们先分清什么叫“颈”、什么叫“项”，通常以胸锁乳突肌为界，乳突到胸骨这里有一条肌肉叫“胸锁乳突肌”，以胸锁乳突肌为界，前为“颈”后为“项”。以前古人说，我用项上人头担保，指的就是这个“项”。同时颈椎发生病变的部位，多半是在项部，而不是在颈部。最早出现颈椎病症状的是肌肉劳损，学名叫“项背肌膜炎”，俗称“劳损”。这里面有几条主要的肌肉，一个是胸锁乳突肌、前中后斜角肌群、肩胛提肌、斜方肌，这些肌肉容易受累。其中最容易受累的还是肩胛提肌，大家可能注意到，平时很多颈椎病患者不舒服时，喜欢用手抱着肩膀。凡是有这个动作的人，他的颈椎肯定有问题。因为这个动作的用力位置，正好是肩胛提肌肌腱的附着点。

正常的颈椎生理弧度是什么样呢？正常的颈椎有七节，呈弓形排列，我们平时写字会用到括弧，左边一个“（”，右边一个“）”。正常的颈椎形态就像括弧的左半边一样，是一个弧形的“（”。长时间低头伏案，久而久之，这个生理弓慢慢就会变直，变直以后若持续伏案工作，则会出现颈椎反弓。一旦出现反弓以后，整个项背肌特别紧张，颈椎间盘会向后突出，就会出现一系列症状。

正常的生理曲度是人人都有的，只有通过长时间的劳损、病变，才会出现曲度的改变。颈椎正常的活动度，可前屈 45 度（低头），下巴顶在胸骨，后仰也是 45 度，头仰起来能看到天花板。然后往左侧旋转 60 ~ 80 度，往右侧旋转 60 ~ 80 度，还有侧屈也在 45 度。这是正常人体颈椎活动的范围。

那么颈椎间盘是什么问题呢？长时间颈椎周围组织劳损，导致椎间盘病变。正常情况下，椎间盘位于两个椎体之间，呈扁状，起着连接椎体和减震作用，正中间是椎间盘的髓核，周围是纤维环。正常情况下受力的时候，这个髓核向纤维环两边挤压。当压力消失以后，会恢复到正常形态。当椎间盘出现病变以后，这个髓核就恢复不到正常形态，就会出现病变，压迫神经根，引起一系列症状。我们在临床上看到很多颈椎生理曲度的消失和反弓。我每天上午接诊很多病人，在我看到的病人中，正常颈椎生理曲度存在的还不到1/15。假如今天上午我看了15个病人，有14个病人颈椎都是有问题的，只有一个人颈椎的生理曲度存在，其他不是反弓就是有增生，都是有病理改变的。这说明颈椎病的发生率非常高。

一些颈椎病病人出现了心血管症状

颈椎病主要有哪些症状呢？首先是颈肩痛，此外还有脖子发僵、疼痛，有时候颈部活动受限，肩背部沉重，肌肉变硬；或者手指麻木，肢体皮肤功能感觉减退，上肢无力；头痛、头晕、视力减退、耳鸣、恶心这些症状都会出现。更有甚者，有一些病人叫“椎动脉型颈椎病”，会出现眩晕，猝倒。比如，忽然有人叫你，你一扭头，马上就倒在地上，这就是椎动脉型颈椎病，可能会猝倒。颈椎病严重的时候，有人拿着筷子吃饭，他不知道筷子已经掉到地上了。还有一些病人出现下肢僵凝，走路像踩棉花一样，少数病人会出现大小便失控，甚至瘫痪。

讲了这么多颈椎病的危害，大家也不要紧张。不是每个人都具备了上面的症状才叫颈椎病。颈椎病早期表现主要就是脖子发硬、发酸、胀痛，不舒服，如果不及时治疗，进一步发展的话，压迫神经根，刺激到交感神经，会出现一系列更严重的症状。目前根据受累组织的结构不同，把颈椎病简单分为几种类型。最常见的第一种类型叫作“颈型颈椎病”，也叫单纯型颈椎病、周围型颈椎病、体位型颈椎病等。不管怎么样，这四种都是早期的项背肌劳损后出现的一系列症状。往后发展才会出现进一步的症状。比如说，刺激到了神经根，引起手指头麻木；感觉手发凉，发麻，像有蚂蚁在爬一样的感觉。

只有一种类型颈椎病是比较少见的，叫脊髓型颈椎病。简单说一下这种颈椎病的症状。颈椎病椎管内的脊髓，前面受到了椎间盘的挤压，后面受到骨质增生的挤压，这个脊髓的形态受到严重挤压以后，出现一系列神经症状，包括走路像踩棉花一样的感觉、双手无力等。这个病比较少见，临床上在颈椎病患者中不到5%。

颈椎病的临床表现，除了刚才我给大家讲的以外，还有一些颈椎病病人，出现的是心血管疾病的症状。我在门诊时经常碰到一些病人，早期胸闷心慌，到心血管医院去看病，医生一看他心慌，赶快安排他做一个24小时心脏监测。结果监测完以后，心脏很正常，没有什么问题。胸闷怎么办呢？就再拍一个胸片，发现胸部也正常。又说头晕，又做了颅脑的核磁共振检查，颅脑CT，最后好像没发现什么问题啊！再一想，应该是颈椎问题。排除了其他病变以后才想起来看颈椎，结果一检查果然就是颈椎病。由于颈椎的解剖和生理特点，其引发的头、面、五官和脑血管神经症状常被误诊为相应组织器官的病变，得不到及时合理的治疗，严重影响病人的身心健康和生活质量。因此，充分认识颈椎病及其防治措施，对于维护人们的健康、减少医药资源的不必要浪费，大有裨益。

颈椎关节紊乱可以用手法治疗

今天上午我看了一个病人，他是从湛江过来的。他今年26岁，面色苍白，说话无力，头晕。通过检查发现生理曲度基本存在，但是他有一张关键的片子没照，我又让他补照了一个张口位，就是诊断寰枢关节的位置。结果发现，他的第二颈椎错位，寰枢关节齿状突两侧间隙不对称，寰枢关节紊乱，这种情况会出现眩晕的症状。给他诊断完以后，用手法给他进行了复位，当时这个患者说症状消失了一大半。我让他接着再治疗几次以巩固疗效。这就是寰枢关节紊乱出现的眩晕。还有个62岁的老太太来找我看病，哭诉病史，她告诉我，她每天晚上睡觉，往床上一躺的时候，就会天旋地转，在床上一翻身，也天旋地转。这个老人心理负担很重，她说她老伴刚刚去世一年，女儿去国外了，就她一个人在家，她怕死在家里没人知道，边说边流泪。我给她检查完以后，发现她就是颈性眩晕，安排她进行了15天的治疗。这个老太太刚开始的时候因头晕不敢躺下睡觉，就在床上放了三个枕头加一床棉被，每天晚上靠在那里睡觉。半个月以后，这个老太太笑眯眯地告诉我，她昨天晚上第一次可以用一个枕头睡觉了。我问她转身晕不晕？她说不晕了。三年以后，她又到我们医院来看另外一种病。看到我以后，先给我鞠躬，我惊奇地说，你怎么先鞠躬呢？她说："陈医生，你忘了？我的病就是你给我治好的啊。"

还有个30多岁的小伙子，他可能喝冷水喝得快了一点，总是打嗝，打嗝打了三天两夜，都为此没有睡好觉。周围很多人给他出主意说，在背后猛击一掌就好了，结果猛击一掌也不行。有人说吃避孕药管用，结果药吃了也不行，后来听别人讲，到平乐医院看一下。刚开始在门诊排队等候诊断的时候，他是第三个，前面还有两个病人。我在给前边病人看病的时候，他在旁边就不停地打嗝，影响我给患者看病。后来我说，前面两位先等一下，我先给他看一下。我用手摸一下他的颈椎，发现第三节第四节颈椎错位了，我当时顺手就给他复位了。给这个小伙子做完手法复位后，我接着给前面两个病人看病，几分钟以后，小伙子站起身说："哎，我不打嗝了。"这就是颈椎小关节紊乱，顽固性打嗝，用手法就可以治疗。

与脊柱相关的很多疾病，包括很多人出现胸闷、心慌，都是颈椎受到刺激病变以后，交感神经受到刺激所产生，颈交感神经至胸1～4神经节，这几个神经节都有交通支相连，当出现胸闷的时候，也就是颈椎小关节紊乱以后，通过交感神经节传达到了胸交感神经节，最后胸交感神经节兴奋，传导至支配心脏的胸上、中、下神经，让人感到胸闷心慌。除此之外，临床上统计，颈源性脑血管疾病，由颈椎引起的脑血管疾病，国内每年近100万脑血管病人中，26%是因颈椎病而诱发。由于椎—基底动脉受压，造成脑供血不足，长期维持这种状态，就会出现头晕。

颈源性心绞痛、颈源性胃炎（颈椎如果有问题也会出现相应的胃病），还有颈源性高血压，是怎么回事呢？颈椎周围软组织病变以后，刺激到了交感神经，反射性引起血压升高。通过治疗以后，软组织病变得到了缓解，血压就慢慢降下来了。还有颈源性吞咽困难。这是怎么回事呢？由于颈椎前缘增生，直接压迫到食道了。当你吃东西往下吞咽的时候，到这里有一个阻碍的感觉。这种情况在临床上不多见。颈椎的增生就像鸟嘴一样，很长，会直接挤压到食道上，使食道的直径变窄。当你有吞咽动作的时候，这里会有阻碍的感觉。

不到10%的患者需要手术

颈椎病有什么治疗方法呢？常用的是中医的手法推拿，还有颈椎的整脊、颈椎牵引。当然也包括针灸、理疗、中药熏药等治疗方法。如果颈椎间盘出现了病变，直接压到神经根，还可以采取西医介入治疗（包括旋切、射频、臭氧）等方法。颈椎病治疗主要有手术和非手术之分，大部分颈椎病患者，经过非手术疗法病情都可以得到治愈和缓解，只有5%～10%的患者需要手术治疗。

西医的治疗方法主要是使用消炎镇痛药，包括扩张血管、利尿脱水、营养神经等类药物。这些药物治疗可以起到一定的疗效。还有康复治疗，康复治疗时使用的各种理疗仪有：直流电离子导入疗法、低频调制的中频电疗法、超短波疗法、超声波疗法、超声电导靶向透皮给药治疗、高电位疗法、光疗、紫外线疗法、红外线疗法等。在这里要给大家说明的是，颈椎病的表现通常具有反复性，症状时轻时重，所以平时患者的自我保健特别重要。第一，要求保持正确的坐姿。不知道在座各位注意到没有，我们上班的时候，没有几个人挺直了身体，绝大部分人都是弓着腰坐。弓着腰坐其实是很累的，坐直了以后反而感觉不累。

第二，避免睡高枕头。睡觉时枕头多高为好呢？自己睡觉的枕头就相当于自己拳头的高度为宜，且软硬要适中。什么叫软硬适中？平时的枕头四指的高度，头枕上有压力以后，由四指高变为三指高，这叫软硬适中。

第三，经常做头部后仰运动。平时要多做哪些运动呢？我觉得有三个最常见的运动比较好。一是打羽毛球，打球的时候要仰头去看球，反复做这些动作，颈椎就可以得到锻炼；二是游蛙泳，游泳时要一边划水一边抬头呼吸；三是放风筝，放风筝既可以娱乐又可以治疗颈椎病。有个病人告诉我，他上个礼拜放了一天的风筝，他的脖子一个礼拜都感觉到很舒服，因为风筝在天上，需要抬头看着，所以放风筝是治疗颈椎病比较好的方法之一。

第四，要经常做颈部活动操，锻炼颈椎。

在这里我想教大家几个简单的颈椎保健锻炼操。

（1）抬头望月。抬头看着天花板，看多久呢？脖子感觉酸酸就好。

（2）左顾右盼。注意幅度要大，频率要慢。这个非常重要。

（3）耸肩。上下前后都可以，这是办公室的锻炼操。

（4）扩胸。

（5）双手交叉向上。

这样的活动持续多久呢？每次10～15分钟就足够了。早上做一次，下午做一次，只要经常坚持，你的颈椎就会非常舒服。颈椎病发病率就会大大降低。

颈椎病早期主要以劳损疼痛酸胀为主

颈椎病的病程比较长，病情常有反复。颈椎病早期，主要是以劳损疼痛酸胀为主，注意保健锻炼就可以有效缓解和消除这些症状。有人问我，这种病可不可以根治？什么叫根治？根治就是同样的病永远不再发作。据我所知，得了阑尾炎，手术切除后，再也不得阑尾炎，那叫根治。别的病我还没有听到可以根治。颈椎病和感冒是一样的，你这次好了，注意保健锻炼，以后尽量避免不要发作。感冒也是，你这次好了以后，注意锻炼，不受凉就不会出现感冒。

深圳地处海边，大家要注意避免风寒潮湿。今天上午有个女患者来找我看病，26 岁，很年轻。她说她睡在大梅沙海边，离海水 10 多米远的地方。早上起来之后，整个背部是僵硬的，至今都很难受。这是典型的受到了风湿引起病痛的病例。如果肌体组织长时间浸在潮湿环境中，度过一整夜，人起床之后，肌肉肯定处于板状僵硬状态，背部会感到不舒服。

避免空调风直接对着脖子吹，避免电风扇一直对着头吹，使用风扇注意应使用摇头吹。

不要在凉席上睡觉，睡一会儿可以，不要睡一整夜。凉席太凉，会刺激你的颈椎，引起颈椎不舒服。

常发颈椎病的人群我总结了一下有这么几类。一是长时间坐办公室、在电脑前工作的白领，包括文秘、教师、财务人员、计算机工程师。我曾经看过两个搞 IT 的女工程师，一个 41 岁，一个 43 岁。她们找我看病的时候，她们的动作是这样的：手握拳头，放在胸前，下巴顶在手上，头抬不起来。我说："你的手不能放下吗？"她说："放下太累。"我说："头不能抬起来吗？"她说："抬起来背痛手麻，很痛苦。"一照 X 片，颈椎生理弓完全消失，并且就是这样反弓，看着非常痛苦。一说到计算机工程师，我就想到这两个病人。还有很多老师找我看病，颈椎全都有问题。财务人员更不用讲了，我给财务人员看病的时候就讲了，财务人员和颈椎病可以画等号。为什么呢？整天低头算账啊，长期保持同一个姿势，精神高度集中。二是司机，司机有几个是开着车睡觉的？都是瞪着眼睛看着前面。三是牙科医生。牙科医生给别人治疗牙病的时候，都是一个动作，侧身低头。你想想看，一个小时可以，两个小时可以，一个月两个月会怎么样呢？一年两年呢？在我接触的牙科医生里，百分之百都有颈椎问题。

四是显微外科医生。因为他要低头看显微镜接血管，8~10个小时不能动，小血管很细，所以需要精神高度集中，一个手术下来，往往颈背酸痛得厉害，时间长了就会出现一系列症状。

五是流水线工作者。比如说插电插件的，你的任务是插上三个插件，一过来就要低头插，基本上类似于机器人，一天到晚都是一个动作。

六是长期睡高枕头的人。这个颈椎病的发生率也是百分之百。古人有一句话说“高枕无忧”，其实这是贬义词，应说“高枕有忧”。我经常给睡高枕的病人讲一句话，我说睡高枕等于慢性自杀。

七是经常打麻将的人。很多病人到我这里看病，我就喜欢问他做什么工作的，如果回答没有工作，那在家干什么。他说：“打麻将啊。”有人甚至打到凌晨两三点，睡醒了白天接着再打，把打麻将当成工作。打麻将也是长时间低头工作的，颈椎一样会受累。

另外，还有画家、作家、厨师等也经常患颈椎病。很多厨师低头炒菜。还有做刺绣、做衣服的缝纫师傅。我看到很多病人，一照X片，颈椎反弓很厉害。一天到晚做这个工作，颈椎一样会受累。所以说颈椎病发生率很高。

说句笑话，在座的朋友，我估计你们其中90%的颈椎有问题。有的患者年龄非常小，如果不是照X片，我都不敢相信他的颈椎会出现问题。当然早期还不能叫颈椎病，叫作“劳损”，项背肌的劳损造成疼痛。如果持续这样下去，迟早有一天会同颈椎病画等号。因此，我们强调要改变不良的工作和生活习惯，一是睡觉时枕头不要太高；二是很多女同志头发长一点喜欢甩头，我注意观察，这种甩头率高的人，颈椎小关节错位发生率百分之百。凡是甩头的人，全都有关节错位，不信查一下就知道。

常常睡在沙发上，颈椎也会有问题，还有小孩趴在床上睡觉也会导致颈椎损伤。

有人坐着看电视，把头靠着床，颈椎前屈的程度很大，看一两个小时没事，时间久了颈椎就会出问题。

还有小孩子玩电脑。小孩子玩电脑一次可以玩一两个小时不动。我看到有个一岁半的小孩，坐在妈妈怀里打手机游戏。我问他在干什么，他说在“切西瓜”。我想不用太久这个小孩的脖子会痛的。

还有人打电话喜欢把电话听筒夹着说话，时间久了颈椎会损伤，以上这些都叫不良习惯。

最后，今天还要提出一个观点，就是要重视青少年的颈椎健康。在座的都是成年人，下一代他们会怎么样呢？我发现很多小孩子出现颈椎寰枢关节半脱位，颈椎寰枢关节紊乱。在玩耍和运动时要注意保护自己的颈椎。在学校大家一起玩，后面一个小男孩，突然推前面一个小男孩，这样一推，是不是像车祸追尾一样？容易导致“挥鞭样损伤”。今天上午我看病，有一个小孩做前滚翻，把颈椎给弄伤了，脖子歪到一边去了。

青少年颈椎健康尤其重要。我希望在座各位朋友，回家以后，要注意你们家的小孩，看小孩子的颈椎健康状况。

希望大家保护自己的颈椎健康。谢谢大家！

心血管疾病的危险因素及全面防控措施

伍贵富

伍贵富

主任医师、教授，博士生导师，中山医科大学博士，美国哈佛大学医学院博士后，美国心脏病学院院士，深圳市第四人民医院院长、党委副书记。曾任中山大学附属第一医院心血管医学部专科主任、卫生部辅助循环重点实验室常务副主任。擅长心血管疾病的诊断和治疗，特别是冠心病的心导管介入诊断和治疗。近年来积极致力于心血管疾病的早期预防和康复工作，在体外反搏装置的研发、应用推广方面有较深研究。

有关心血管疾病的内容非常多，今天最重要的是讲与动脉硬化、冠心病有关的内容，这些在心血管疾病中对人的健康威胁最大。另外，今天的讲座还有一个副标题，“做自己的心血管病医生”，换句话说，病人也需要提高自己的医学知识水平，当个好的病人。很称职的病人疗效很高，要学习做治疗自己的心血管病医生。

世界上头号健康杀手

为什么现在心血管疾病是一个突出的问题？而30年前、40年前没有这种现象？人类从猿人到现代人，经过数百万年的发展演变，从爬行动物到半直立行走到直立行走，这个过程相当漫长，而人类在这个过程中一直面对着生存的危险，面临被其他物种灭绝的风险，还有自然灾害等，所以人类进化过程中的基因是适应这种环境和生存状态的。人类形成以后，直到20世纪70年代，很多人的饮食结构仍然没有很大的变化，甚至有些地方的人连温饱都解决不了。为什么现在有这么多的心血管病？我个人认为人类的基因还没有适应这么短时间内饮食结构的改变和环境的巨变，从人类自身进化的角度看，还没有产生足够强大的对抗动脉硬化的基因，所以现在的心血管疾病发病率还比较高。当然，这仅仅是我个人的看法，没有什么科学依据。人类在前几百万年是缓慢成长的，但是最近几十年进步相当快，从比较悠闲的状态到了污染严重、压力大、竞争非常激烈的状态，所以心血管疾病显得尤为突出。

心脏在人的器官当中是最辛劳的，因为它不能停止跳动。心脏工作需要能量，把血打出去，供应器官，自己还要活下来，所以需要供应营养。每天心脏需要获得6公斤ATP（即三磷腺苷，是一种核苷酸，作为细胞内能量传递的“分子通货”，储存和传递化学能），才能维持正常工作，消耗非常大。

我在这里介绍一下心血管疾病的风险和防控内容。第一，心血管疾病的常识；第二，如果有心血管疾病，怎么办？第三，给大家介绍一下如何做称职的病人。

心血管疾病是世界上头号健康杀手。根据国家权威部门统计，未来20年内心血管疾病还有一个高峰。从全世界来讲，每2秒钟就有一个人死于心血管疾病，每5秒就有一个人死于心肌梗死，每6秒钟发生一次脑中风，心血管疾病确实是人类健康和生存发展的最大威胁。

心血管疾病已经成为我国居民居第一位的死因，占总死亡人数的40%。根据调查，我国有1.6亿高血压患者，有两千多万糖尿病患者，血脂异常的有1.6亿人，超体重的两亿人，肥胖的600多万人。这些数字相当庞大，同时反映出我们国家的生活水平确实提高了。

诊断冠心病，冠脉造影最准确

心脏要维持正常的做功，表面血管要供应心脏本身的血液。其实人的心脏同猪的心脏功能差不多，猪心脏的大小跟血管分布的形态与人的心脏一样。人的心脏有两条主要的血管，一个是右边这条血管，我们叫右冠状动脉，另外一条叫左冠状动脉，供应心脏的左边。了解冠状动脉，对一般病人来讲比较重要。换句话说，血管不能狭窄，不能堵塞，否则心脏的某一个部位血流量就会出现问题。

人为什么会出现动脉硬化？很多科学家提出这个问题，甚至有研究者发现，人在30岁以前就有很多动脉内膜损害了。30岁以后血管逐渐变化，内膜损害之后里面会长一些斑，有一些沉积，这个斑块会越来越大，到了后面斑块破裂，就形成了临床的急性冠脉综合征，说明心肌梗死、脑中风等到了严重的阶段。

我国每年死于冠心病的人数是200多万，每12秒就有一个人被心血管疾病夺去生命，其中最重要的是冠心病。心血管疾病是人类的第一杀手，在心血管疾病里面冠心病也是第一杀手。比较有名的人，包括古月、高秀敏、马季、侯耀文等这些著名的笑星、歌星、艺术家都是死于冠心病，或是死于心脏猝死。所以，心血管疾病防不胜防。这些人平常工作很紧张，没有感觉到身体里面的变化。比如，侯耀文——相声大师，据说早上8点发病了，觉得胃不舒服。因他的别墅距城里很远，下面的人让他马上去医院，他说没事，以前都是这样的。

下午5点才去医院，后来休克了，没有办法抢救了。冠心病，只要你警惕性高，应该可以预防。

怎么样诊断冠心病？我要给大家提一些建议。一个好的心血管医生，当患者讲了病情之后，甚至不需要听诊、检查，医生就可能判断他有没有冠心病。有人说：“他没有问题，他昨天才做了心电图检查。”其实心电图是很简单、很容易操作、很容易普及的一个检查方法。如果是静止状态做检查，效果比较好，但是诊断出冠心病的可能性不大。心电图是否有用？当然有用。假如心电图是正常的，自己又有症状，我们可以做一个负荷心电图检查，让病人在跑步机上跑步，逐渐增加力量，让他的心脏负荷过重。为什么这样？如果你的血管部分堵塞，你坐在那里心脏还可以受得了，因为消耗没有增加。如果让你去跑步你可能就受不了。负荷心电图可以在心脏人为增加负担的情况下，反映出心脏是否缺血，是否血液供给不足。

有一些病人晚上觉得心脏不舒服，但到了医院就舒服了。这种情况怎么办？我们可以做24小时动态心电监测，就是把机器带回家，不舒服的时候看心电图是否有变化。有些人患神经官能症，头疼、失眠，但是心电图无异常。当然还可以弥补临床中出现的缺陷，尤其是动态心电图对于那种不能上跑步机的，或者平常捕捉不到心脏不好的信息时有帮助。

其他一些检查的设备，我一定要跟大家讲讲。很多人对冠心病的诊断不理解，当医生让做各种检查时，他就会有疑问：“你是不是要多收我钱?”这个是误区。其他一些检查，除了心电图，还有超声，但常见的心脏超声只是检查心脏结构有没有问题。比如，汽车开动要有一个发动机，一个点火系统，还有一条油路，冠心病是心脏通路出了问题，就相当于汽车开动时问题出在油路、油管上，而发动机是好的。做超声检查就是看你的“发动机”还行不行，如果“发动机”有问题了，你的心脏不协调，说明这个病很重了。超声仅仅检查“发动机”好不好，但是现在的技术很难发现你的“油管”好不好。

CT检查，既可以发现“发动机”好不好，又可以发现“油路”

好不好，冠状动脉有没有问题。冠脉造影是比较经典的方法，最准确，冠脉造影是将特殊的导管经大腿处股动脉或上肢桡动脉处穿刺后插至冠状动脉开口，选择性地将造影剂注入冠状动脉，记录显影过程，用以判断冠状动脉有无病变。比如，了解冠状动脉血管有无狭窄病灶存在，并可对病变部位、范围、严重程度以及血管壁的情况等作出明确判断。

CT、冠脉造影哪一个更靠谱？CT好还是冠脉造影好？CT是没有创伤的，病人躺在床上，往血管内注射100毫升造影剂，推送到机器内，很快就完成了。可以通过血管三维重建，给大家一个很直观的血管图像。这个血管图像哪里窄哪里不窄就很清楚了。但是这里面有一个前提，这个CT是不是扫描的层次很精细？现在的CT，64层的CT，有很多医院在用。64层CT“切”的厚度是0.5毫米，用很短的时间把心脏“切”完，然后叠加起来，进行重建。但CT受心率的影响大，心率超过每分钟80次一般就做不准了，因为心脏动，图像无法稳定。新一代CT，包括128层、300多层的，就解决了这个问题，每分钟100次心跳也可以做。CT总体来讲可靠性是80%～90%，有问题能够发现，但是CT反映没有问题也不一定就证明真的没有问题。针对冠状动脉，如果你没有症状，纯粹体检一下，做一下CT就可以了。

冠脉造影是微创的技术，虽然叫造影，原来是通过股动脉插管，病人要卧床24个小时。检查的时间，冠脉造影，医生最快能在8～9分钟做完。现在很多人用桡动脉穿刺，病人做完之后就可以回病房。目前来讲，冠脉造影诊断冠脉疾病（冠心病）是金标准，当然还有更加复杂的，但这是比较常用、比较安全的方法。现在我国光放支架的个案是30多万次，一般来讲，起码每年有上百万人接受造影技术，费用大概是CT的3倍。

有没有冠心病，可以通过心电图、运动心电图、动态心电图、CT、造影、超声等方式检查发现。但最经济、最实惠的方法是，看你运动时的心电图表现。如果是有经验的心脏科医生，只要介绍一下症状，就能基本判断你到底有没有冠心病，或者可能性有多大。心脏骗不了人，它每天都在工作，耗能比较大，血管堵了，没有超过 75% 还可以正常工作，否则，你上楼梯喘气比较急一点，或者走路看到熟人打个招呼，你赶上去，要喘口气才能跟熟人讲话，这就反映心脏有问题了。有人吃饱饭，觉得心口不舒服，有点堵，像这些症状就提示，你的心脏血管可能有问题。冠心病诊断时，症状很重要，一定要准确地、不折不扣地反馈给心脏科医生，他会给你很多帮助。

坚持医生的治疗方案很重要

接下来谈一下冠心病、心绞痛该如何治疗。心血管疾病中威胁最大的是冠心病，治疗涉及很多方面。第一是改善生活方式，第二是必要的药物治疗，还有微创，就是冠脉支架植入，还有外科搭桥、体外反搏技术等。

在具体的生活当中要操作起来不是那么容易。所谓适度的运动，就是要保持一种间断的、轻到中度的运动状态，心跳增加到 100 次就可以了，不一定非要流一身汗。

很多中老年人有体会，你只要有心脏病，子女如果特别关心你，就只给你喝一点汤、吃一点青菜。很多年纪比较大的病人，我们给他做了手术，他回来抱怨说，回家后家人说这个不能吃，那个不能吃，特别是回锅肉不能吃。很多老年人郁闷啊！如果一个月吃一次，问题不大，但不能天天吃。合理的饮食很重要，不能天天吃海鲜，度的掌握很重要。

特别是搞销售工作的，要戒烟戒酒，还要有健康的心态。

关于药物治疗，我给大家提供几个建议，一般的老百姓要掌握。

第一，及时接受正规的西药治疗。我举一个例子，广州市有一个局长，6 年前自主创业，之后做体检，发现血压高一点，血糖高一点，血脂高一点，但也不是很厉害，但是他很注重保健，每天打乒乓球，每个星期游两次泳，他已经做得非常好了。但是他没有看任何医生，他认为通过自己的运动方法可以解决问题，而且他还吃在加拿大买的保健品，几百元一瓶，类似于深海鱼油。6 年以后，我给他检查，一做冠脉造影，三支血管堵了。如果血管出现问题，肯定有冠心病了。单靠运动不可靠，需要专业的药物治疗，我们遇到不少这样的病人。

第二，可靠的中药疗法作辅助，我想“辅助”这个用词是比较恰当的。当然，祖国医学中最大的麻烦就是，一些中草药没有经过系列的论证，没有明确地告诉你 95% 以上的病人吃了这个有效，大部分是在经验的状态下，有很多中药不一定保证质量。

第三，谢绝广告药。如果卖得很好就不需要广告了。

第四，坚持医生的治疗方案。很多人迷信权威，过分重视，今天刘教授，明天李教授，其实大同小异。我明确告诉大家，只要他是正规的心血管医生，治疗方案绝对不会偏离太大，因为我们国家这方面做得好，同国际接轨接得非常好。重视国外的经验学习，像我们国家的人去开会，在会场的人马上把信息传过来，立即得到推广。不要怀疑我们国家医学的技术水平跟国外有多大差异，反而在一些操作方面更加精细，所以你要坚持医生的治疗方案。

第五，介入治疗。我给大家提醒一下。有些人对介入治疗很恐惧，当然最常问的问题是，我这个支架放进去保多久，容易不容易掉？我经常跟病人讲，支架放进去后，你不在了，它还在！会不会掉？大家想一想，这个支架通过多大的压力放进去的？汽车轮胎充气用两个多大气压就可以了，打支架的压力是多大？十几个大气压，甚至是二十个大气压才塞进去的！当然不是强硬塞进去的，而是扩张塞进去的。所以它在里面纹丝不动，绝对不会跑掉。支架治疗以后，治疗费用要不要增加？放支架以后，吃药的费用，根据现在的研究，多了防止血块堵塞的药，其他的治疗动脉硬化的药都要吃，不放支架这个药也要吃。所以有人认为不必要放支架，免得长期吃药。错了！如果你是冠心病患者，终生要吃药，只是药量调整一下。没有放支架之前堵了，放了支架以后就通了，血管通了以后要解决“油管”的问题。至于“发动机”是否会熄火，这个地方血管还再不再堵，是谁的责任？当然是养护队。就像广深高速出现车祸，应急队、救护车马上去清除掉。以后会不会堵？靠平常的保养，经常要有交通管理。不要说放支架就是进了保险箱，还要经常吃药。我记得有个病人为了检验我们的医疗效果，回去通宵唱KTV，第二天打电话说又不行了。

第六，冠脉搭桥，原理跟放支架一样，就是把血管重新搭建起来。放支架的办法是，把原来的血管撑开，然后再放支架。搭桥不是这样的，这个血管假如堵了，我们主动脉分出一个分支来，这个血管就在你胸口上面，把这一节分流出来，接到你的心脏上去，这是你自身的血管，这是最好的桥，只是把它接在一起。另外，从你的手背动脉或者股动脉取一节动脉下来，接在出口大动脉和堵的血管中间，所以叫桥血管，这是静脉桥。有很多种办法，只要哪一个地方堵了，搭一个血管接起来。这是外部搭桥，当然这种方法风险高一些。

第七，体外反搏，在我们国家有30多年历史，是我们国家唯一一个在美国获得FDA认证的辅助冠心病治疗手段，在美国和20多个国家推广，这是我国医学界的骄傲。从示意图可以看到，有个工程师躺在床上，把血压计绑在下面，开始充气，把血流挤到上半身来，这样改善心脏供血、肾脏供血和大脑供血。体外反搏可以用于冠心病、心绞痛、急性脑中风、慢性脑中风的病人，还有冠心病的高危人群，比如说血脂高、血糖高、心血管高风险的病人，还有亚健康人群也可以用。

血压控制不好可能偏瘫

现在再来谈几个跟冠心病有关的危险因素。先看流行病调查得出的结果。比如，调查抽烟的人和不抽烟的人冠心病发病率的高低，研究抽烟跟冠心病有没有关系。

冠心病的危险因素分为可以控制因素和不可以控制因素。不可以控制因素是指哪些？一般年龄越大，冠心病发病率可能性越高。但现在发病出现低龄化的趋势，我见到患冠心病最年轻的人是29岁，华南理工大学金融专业的，刚刚毕业一年就得了冠心病，需要放支架，当然年龄越大越危险。另外是性别因素，男性比女性发病率高一点，这个也无法控制。可能因为女性雌激素多一些。还有冠心病家族遗传的因素，如果爷爷死于冠心病，我想跟遗传有点关系，但也不是必然的，可能发病率高一些。

可以控制的因素有哪些？高血压、血脂异常、血糖异常、过度肥胖、抽烟，还有A型性格，成天不想锻炼，这些都可以控制。

高风险病人是指哪种？高血压、高血脂、糖尿病、抽烟，这叫“三高一抽”。如果“三高一抽”你有的话，“四大恶人”都陪伴着你。糖尿病是“四大恶人”之首，你有糖尿病了，要高度预防冠心病，一定要定期去医院接受检查。

可控的危险因素里面，高血压现在已经认为是独立的危险因素。如果你血压高了，得冠心病的风险就高了。20年前，教科书上说，高压160就是高血压。现在血压标准提高了，高压超过140，低压超过90就算高血压了，这是根据最近几十年人们生活条件改善得出来的结论。高血压病人现在超过1.6亿了，而且每年以300多万人的速度在增长。三个家庭里面就有一个高血压患者。高血压在我们国家来讲防控方面远远是不令人满意的，患病率高、死亡率高、致残率高，特别是中风多。外国人患高血压经常造成跛子。下肢血栓、血管堵了，我们叫间歇性跛行，走路一跛一跛的，造成四肢行动有问题。中国人的高血压基本以中风为主，血压控制不好，可能导致偏瘫。

高血压这么危险，但中国人知晓率比较低。有一年我为父亲过生日，请一些亲戚吃饭。因为我是医生，每年回去就有亲戚们拉着我帮他们测量血压。第一个人血压是210，他说怪不得他头晕，还以为是感冒。第二个是180，第三个也是170～180，我就怀疑这个机器有问题，我就找年轻人来测，但机器是正常的。半年以后，结果血压210的那个亲戚死了。所以农村的病人，高血压常见的症状是头晕，以为就是感冒。知晓率不到三分之一。还有治疗率低，即使有高血压，很多农村病人没钱治疗。我跟亲戚讲，你去买降压药，很便宜。治疗以后的病人控制率也低。

这个高血压控制到什么样的标准比较好？一般人高压小于140，低压小于90，如果年纪大一点就把标准稍微压一压，150就可以了。如果有糖尿病、肾功能不好，要求就高一些，控制在130以下比较好。这是我们的目标。

高血压治疗要注意什么问题？跟冠心病差不多，就是改善生活方式，还有尽量找一些心血管专科医生提供治疗方案。如何改善生活方式呢？要低盐饮食、限制饮酒、多吃水果、适当减轻体重，等等。饮食里面的盐分，我们国家的标准是每天6克，但全国的心脏科医生还在调整，认为6克太多了。北方，特别是哈尔滨人，菜太咸了，所以北方的冠心病人特别多。通过生活方式的改善，看能不能不用药物把血压控制在合理范围内。如果不能控制，就开展药物治疗。到底是吃药还是仅仅改变一下生活方式就可以了，由医生来定。

减体重一定要禁止喝可乐

高血脂被称为无声的杀手。简单来讲，高血脂就是血液里面的黏稠度高了，血脂高了，血里面的油脂比较多，容易堵塞血管。血脂异常，不只是通过一个指标来判断，一般有三四个甚至六七个指标，但是最重要的是看低密度脂蛋白胆固醇、甘油三酯，高密度脂蛋白胆固醇。我国血脂不正常的人也有1.6亿。可能造成冠心病危害最大的是低密度脂蛋白胆固醇。为什么？低密度脂蛋白胆固醇从肝脏里的胆固醇转移到血管壁里，造成血管堵塞。高密度脂蛋白胆固醇则对血管比较好，把血管里面的胆固醇提取出来，又把它转移到肝脏里面去，然后代谢掉。所以低密度脂蛋白胆固醇是不好的指标，高密度脂蛋白胆固醇是好的指标。很可惜，中国人高密度脂蛋白胆固醇偏低。甘油三酯也会引起冠心病，要控制，主要来自食物。

调整血脂，运动很重要，还有要戒烟、结合饮食调整以及必要的药物治疗。医生告诉你哪些情况下一定要开始控制胆固醇。血脂高，调整血脂的水平不一样。如果你有糖尿病、有中风现象，一个脚走路不行，下肢血管堵了，控制血脂的水平一定又要提高一点，一般控制到100毫克/分升以下。

我们国家特别是儿童肥胖很多，儿童肥胖率已经超过8%了，当然总体来讲，中国人的体型还是比较优美的。我在美国几年，特别是在大街上等红绿灯，红灯一亮，十字路口全是胖子，特别是结婚的女子，我很奇怪外国人结婚之前身材很好，结婚之后就成了三角形，胖子特别多，在中国相对特别超重的不是很多，现在有2亿多人体重超标。体重怎么来衡量？通常以体重指数来衡量。比如，你的体重除以身高的平方，正常是19~24公斤/平方米，男的超过25就算超重了，如果超过28就是肥胖了。肥胖主要表现为腹型肥胖，这种肥胖对心血管很不好。中国人从腰围来看，男的超过90厘米，女的超过80厘米就可以称为腹型肥胖。

有些人为减体重，到健身房练一两个小时，结果喝一瓶可乐下去，所有的努力等于零了，这是经过专家们测算的。

糖尿病加重了心脏负担

糖尿病与冠心病是两兄弟。糖尿病跟冠心病比较起来，谁厉害？当然糖尿病厉害。为什么？糖尿病可以引起机体糖、脂肪和蛋白质代谢紊乱，可以直接或者间接加重心脏负担，因此，糖尿病可以使冠心病的症状加重，可以说糖尿病是冠心病的罪恶之手。但是冠心病对糖尿病的影响不明显。为什么糖尿病这么厉害？因为它影响视网膜，影响脑血管，影响心脏等血管系统，影响肢体时，让下肢堵塞，严重的需要截肢；影响肾脏，会引起肾功能衰竭，甚至要换肾。所以糖尿病的危害是全身性的，哪里有血管，就影响到哪里。

中国的糖尿病发病率是2.6%，全国糖尿病人有2000多万。糖尿病的治疗，药物治疗是很重要的方面，但最重要的还是饮食。其实做一个称职的糖尿病人也是需要有水平的。以前糖尿病病房住过一对母女，她们都有糖尿病，吃降糖药血糖降得太厉害了，容易晕倒，医生放了一点水果糖在枕头下面，母女俩为了争这个水果糖，差点打起来了。说明什么问题？饮食相当重要。血糖高的人饮食要控制。多半个馒头跟少半个馒头完全是两回事，嘴巴一定要管好。

饮食治疗方面，在吃药的同时多吃一些瓜果、蔬菜，少吃鱼、肉、蛋、奶制品，油、糖、盐类更要严格控制。

吸烟对健康直接的危害就是诱发癌症，引发的多为慢性病，如引发脑血管病、冠心病。吸烟的人患冠心病的比例相当高。以 50 年为周期观察，吸烟的人比不吸烟的人少活 10 年。有些人说，我活 100 岁少十年没关系，但是你活 60 岁，这十年就有蛮大的差别了。吸烟的人急性心肌梗死的风险增加 4 倍，冠心病的风险增加 2 倍，被动吸烟同样也有害，而且抽烟的人突然因为心脏病死亡的风险要比不抽烟的人差不多高 1. 3 倍。

抽烟造成冠心病的危害，除了刺激血管，影响血管收缩，最重要的是增加了血管里面斑块的形成，形成血栓堵塞血管，等于把“发动机”的“油路”堵住了，这是比较现实的问题。烟草当中的有害物质很多，今天不作为重点阐述。有一种观点认为，抽烟是一种病，产生烟瘾。中国现在每年死于吸烟相关疾病的人超过 100 多万，而我国吸烟人群超过 3 亿，被动抽烟人群达到 5. 4 亿。

戒烟有什么好处？从吸最后一根烟算起，20 分钟之内血压开始下降，体温、心跳恢复到正常，24 个小时之内心肌梗死的风险就开始降低，一年之内冠心病的风险已经降低了一半；五年之内脑中风的危险降到不吸烟人的水平，15 年之内更长远一点，冠心病的风险降到跟不吸烟的人同样的水平。

戒烟可以降低患心血管疾病的风险。按照成本来讲，戒烟比较经济，每挽救一条生命要付出的成本，戒烟只需要 2000 ~ 6000 美元，吃降血压药物 0. 9 ~ 2. 6 万美元，降血脂药物在 5 万美元以上。

我们国家的人对服用阿司匹林还不太习惯，观念没有更新。在美国超市，到处有阿司匹林出售，他们买菜的时候如果家里面没有了阿司匹林，就像买盐一样顺手买一点。45 岁以上的人都要考虑服阿司匹林，特别是有糖尿病、高血脂，有心血管风险的人都需要服用。

戒烟，国外的香烟包装上面用英文写着：吸烟引起喉癌、口腔癌，非常恐怖。可是中国的中华香烟，上面是神圣的天安门城楼，从宣传的效果来讲差了一些，所以戒烟需要靠大家普遍认识到其重要性。

从心血管疾病风险来看，包括有家族病史，有性别、年龄差异，这些都无法控制。可以控制的就是刚才我谈的吸烟、血脂高、血糖高、血压高等，这是可以控制的。对于心血管疾病来讲，在危险因素当中，如果有2到5项，你就处于中度危险，超过10项就是高度风险。

呕吐，注意别心肌梗死

流行病调查显示，冠心病可以控制、可以预防。十个心肌梗死案例中，9个可以被预测；6个心肌梗死中，5个可以被预防。心肌梗死为什么不可怕？只要在正确的时间，去正确的地点，找到正确的医生，得到正确的治疗，肯定会活下来！难的是如何掌握正确的时间以及正确的地点。海南有个院长是搞心脑血管研究的，他有一个朋友，下午两点半打电话跟他说，中午喝了一点酒，现在他想呕吐，胃不舒服，赶紧去了医院。因为呕吐，胃不舒服，护士一般把他分到消化科。但是这个病人直接找院长看门诊了。院长马上就安排人送他到监护室，要他做心电图检查，防止他心肌梗死，他刚刚躺到病床上就失常了，心脏乱跳，马上电击，抢救两次才抢救回来，后来又做了手术。如果他去了消化科，做一遍无关的检查，兜一圈之后后果不堪设想。

我们碰到一个牙痛的工程师，他牙痛得很厉害，就去门诊。牙痛肯定先看牙科，牙科医生检查后，没事，开一点消炎药给他。当天晚上他就休克了，救护车拉回中山医院，在路上就确定他心肌梗死了。所以心肌梗死表现并不是说一定痛得呼天抢地的，有时候是牙痛，有时候觉得喉咙塞了，像有人卡住他的脖子，这种现象是非常严重的。所以心肌梗死并不可怕，一定要在正规的医院，找正确的医生。不要找江湖医生，否则就没有机会了。

如果你有心血管疾病，我提几个建议。第一，向专科医生咨询；第二，小报和某些电视广告和游医一样不可靠；第三，网络健康宣传资料仅供就医参考，不了解不行，但是不要拿着这个当权威；第四，在正规医院进行针对性检查确诊，最关键的是搞清楚诊断，然后再去治疗；第五，及时开始正规的治疗方案；第六，及时获得医生的帮助。

我总提醒大家，不要随便通过打电话跟医生咨询，然后决定你的治疗方案。前不久有一个报道，北方有个城市女医生跳楼自杀了，原因就是，她有个好朋友的女儿发高烧，晚上打电话给她，这个医生就建议先要冰敷，自己物理降温，降不下来再去医院。结果降温了，第二天又发烧了，再到医院抢救，不到 24 个小时就死了，于是好朋友告这个医生耽误治疗。我说这种事情只有在中国发生，因为在欧美国家，医生不会通过电话给你提半个字的建议，因为说出话就要负法律责任。

最后一个建议就是，做称职的病人。第一，如果你有心血管疾病，要随诊，最好固定一个医生；第二，要健康自检。我提醒一下，特别是高血压患者边服药边要测血压，每天测两三次，但是有一些病人不需要测三次两次，一个星期三次就可以了。为什么？有些人太在乎自己的血压，每次吃药就想着要开始测血压，看效果怎么样，进入战备状态，以紧张的心情测血压，这种情况哪有正确的信息？很神经质，过分关注自己的血压，反而成为累赘，这样的病人不要天天测，一两个星期测一下就可以了，效果反而更好。

治疗时心理问题也很重要

还有心理调适问题。心血管病现在我们强调双“心”治疗，要治疗心脏问题，又要治疗心理问题。有一些教授很出名，自己得了冠心病，放了支架以后突然变得神经兮兮，焦虑得不得了。这个要注意。

患者要了解自己吃了什么药。有一些人吃了几十年的药，都不知道药的名字。每吃一种药，要注意有什么样的副作用，医治要有针对性，这很重要。有些人提一大包药，问他什么药，他竟然不知道。所以称职的病人，先要了解你吃了什么药。药物治疗有一个标准方案，A、B、C、D、E方案，要长期坚持，一些药只是作微调，在医生的监护之下服用。

在看门诊的时候要准备好病历，不要测试医生的记忆力，要让医生很快了解你的状况。

放了支架，冠状动脉搭桥以后，饮食怎么控制？大原则是低脂，尽量多纤维饮食，但是并不拒绝偶尔吃一次回锅肉，吃一块可以！补充一点感兴趣、爱好的食品，我认为问题不是很大。

称职的患者需要运动和康复。有定时运动和定距离运动，定时运动是走慢步，或者稍微快一点的散步。定距离运动有什么好处？举个例子，你家离这棵树是一公里，就走这个距离，大概走半个小时。有一天发现，半个小时走不到那里，需要走40分钟，或者走到一半就累了，气喘了，说明心脏有问题，这是自己测试心脏功能、运动耐量很好的办法。

医生是你的健康守护神，这点是毫无疑问的。但是医生是人，不是神。不要把他当成神仙，扁鹊、华佗也不是神，也是人，也会犯错误。

医生是高风险的职业，我一直这样认为，为你的疾病所做的每一次探索、努力是在给医生自己增加风险，除非他什么都不做。肝癌病人做手术，活的机会有55%，不做手术活的机会只有45%，你选择哪一个？现在医患关系这么紧张，其实是大家对医生的期望值太高，不明白医生每天做的工作其实每做一步都是冒风险，包括打针也是一样，因为存在药物过敏。我们读大学的时候，有这样一个案例：在火车上，有个妇女抱一个小孩，小孩撒尿撒在了旁边一个人的腿上，结果那个人过敏性休克死了。为什么？那个小孩刚好感冒，注射了青霉素，而旁边那个人青霉素过敏！所以医生、护士打针，理论上没有事，但是特别过敏体质就容易出现问题。所以医患要相互体谅。我觉得有一句话说得对：“医学无止境，医路无坦途，医患本一体”。医学是探索性的学科，之所以有医生在，是因为人太复杂了，所以大家要体谅医生。

我们国家几千年的历史就有尊重医学、尊重医生的传统。我们老家的人管医生都是叫老师，换句话说，医师是老百姓很尊重的职业，如果医生跟患者成为对立面，生病的人损失最大，因为对医生的不信任，影响了医生的工作情绪可以理解，其实最后还是患者吃亏。

从原始人回到“原始人”，进化赶不上变化。人类的基因还没有完全适应社会的变化，人类没有想到，从喝稀饭到吃海鲜的饮食结构，50 年就完成了，人的基因来不及变化，所以冠心病、高血压病患者特别多。如果大家回到原始人的状态，又像猿人一样在地上爬行，最时髦的做法就是吃草根、穿树皮，不穿衣服，我想人类的未来大概是这样的。开个玩笑，谢谢大家！

如何早期发现乳腺癌

王恩礼

王恩礼

国内乳腺科专家，主任医师。广东省医学会妇幼保健分会乳房保健学组副组长，深莞惠乳腺联盟加盟专家，曾主持“BRCA 基因检测在乳腺癌诊疗中的作用研究”等多项国家和省级课题。在国家级、省级杂志发表医学论文多篇。在乳腺微创治疗方面颇有建树，曾参与制定中国抗癌协会乳腺癌专业委员会主办的《乳腺微创活检诊疗规范》的制定工作。

乳腺癌与宫颈癌是女性最常见的两类恶性肿瘤。而目前乳腺癌在全世界的研究是最深入和彻底的，研究成果也是最丰富、最及时的。因此，在恶性肿瘤治疗方面，有很多的新方法、新观点，都是从乳腺癌的相关研究中吸取经验。

乳腺癌虽然也叫作恶性肿瘤，但是它与长在其他系统的恶性肿瘤是不同的。如果恶性肿瘤长在其他器官，如肝脏、肺脏等器官，或者白血病，也就是造血系统癌，它的恶性程度就会比较高。而乳腺癌的特点是生长周期特别长，而且大部分无症状。

因为乳腺是一个表浅、体表的器官，所以在癌肿发生之后，有一个很长的临床前期。在没有症状的时候，癌肿是可以通过客观的检查方法及时发现的，这就会在今后的诊断和治疗方面最终帮到病人，挽救病人的生命。由于乳腺癌患者的生存期长、治疗效果相对比较好，所以说乳腺癌的科研成果比较多，治疗也比较成熟。

乳腺癌的发病率，这几年都呈上升趋势。发病年龄方面，欧美人是45～50岁进入发病第一高峰，60～65岁又出现了第二高峰。但是中国女性的特点与欧美人的数据有很大的不同，发病年龄整整提前了10年左右。从40岁左右开始，中国女性的乳腺癌发病就出现了第一高峰，而第二高峰也比欧美国家要提前10年左右。

乳腺癌不是女性的专利，男性乳腺癌也占到全部乳腺癌发病率的1%。也就是说，男性中也有一部分人有可能患乳腺癌。为什么男性也会患乳腺癌？因为男性也存在乳房发育，同时也可能产生肿瘤。

我国乳腺癌的发病特点表现在以下几方面。第一，发病率和死亡率都在不断提升之中。第二，发病年轻化。第三，发病率城市高于农村。这听起来很奇怪，但确实是这样的。第四，欠发达地区的病人就诊时间相对比较晚。

患者成活15年以上的比例达到70%

先讲一个概念，叫作恶性肿瘤的三级预防。所谓一级预防就是病因学预防，简单地说就是让你不生病，让你了解这个病是怎么患的、是什么原因造成的，通过防止这些诱因在人身体上起作用，就可能不得病。当然这是最高境界。

接下来是二级预防。这是指发病期预防，对高风险人群进行筛查和早诊早治，而早诊早治的前提是提早发现，这样才可以对病人的病情进行干预。我们现在做的这个事情就是要通过宣教、筛查，把那种没有看到或者没有主观意识到的疾病筛查出来。这已经是目前医学界能够做到的一个比较理想的模式了。

三级预防是现在各个医院正在做的主要工作，就是你已经生病了，我们治疗你的病，预防或者减少一些严重并发症的发生，降低死亡率或者防止它复发。

世界卫生组织实验数据说明，通过二级预防的努力，可以明显降低患者的死亡率，对人类有贡献。世界卫生组织已经把每年的 10 月定为“粉红丝带乳腺癌防治月”，这项活动已经在几十个国家开展。

乳腺癌患者的总体成活率是多少？2007 年美国癌症协会的数据显示，病人诊断出患有乳腺癌以后，她们的生存率、存活率达到 5 年以上的占 90%，10 年以上的达到 80%，15 年以上的就只占 70% 左右。乳腺癌分很多期，这是指全部乳腺癌患者总的生存率。如果是早期癌，那就完全不同。

乳腺癌如果早发现了，会有什么好处？大家都知道现在的乳腺癌可以通过手术治疗，一般来说这是第一步。做什么手术？以往的手术基本上都是做根治手术，甚至 20 世纪 70、80 年代时做扩大根治手术。不光是患病一侧的乳房要切除，甚至连胸大肌、胸小肌都要切除，或者更大的器官都会被切除。我们能想到的手术有多大，就会有多大，当时的医生比的是谁做的手术大。但从 20 世纪 80 年代开始到 90 年代，做的比较多的是保留乳房手术。整个乳房只切除一部分，同样可以达到控制癌症肿瘤的目的。

早期发现癌症的第一个优点就是可以提高保乳率。因为病人的肿瘤发现得早，肿瘤比较小，我们能够控制它，所以能够增加保乳的机会，这对所有罹患乳腺癌的患者是一个很大的福音。

早诊断、早治疗的第二个优点是保功能。扩大根治术，一是损毁了身体的外形，对患者患侧上肢功能破坏非常严重，这种破坏会引起上肢的淋巴水肿，就是做完手术后，有时候患侧的上肢会肿得比腿还粗。两侧胳膊大小都不一样，当然会严重影响她的生活质量。早发现、早治疗之后，手术做得面积不用那么大，“保功能”就体现在这里。上肢功能可以最大程度得以保护，从而提高患者的生存质量。

第三个好处是最重要的，也是临床医生最看重的，这就是治愈率。有很多乳腺癌病人通过早期发现、早期治疗，可以达到彻底治愈的目的。什么是“治愈”？有人说癌肿不可能治愈，这是不对的。乳腺癌如果在早期被诊断出来，通过规范的治疗，手术、化疗或全身综合治疗后，很大一部分人可以被治愈。“治愈”的概念是，如30岁时发现乳腺癌，而患者甚至活到80岁，最后不是因为乳腺癌而去世。当它不再复发转移、不再致命的时候就是治愈了。这是医生最希望看到的结果，但它的前提就是早发现。

从社会成本方面来考虑，早发现所付出的经济代价也是最低的。

这里面有两个概念不一样，“早期乳腺癌”和“乳腺癌早期诊断”是不同的。“早期乳腺癌”是指乳腺癌的医学分期，乳腺癌大致可以分四期。如果是二期以内的乳腺癌都可以叫作早期乳腺癌，治疗成本比较低，治愈的概率也比较高。

乳腺癌的早期诊断与上述概念不同，它是指在乳腺癌发生以后，还没有发展到浸润癌或者早期浸润癌时就已经被检查出。如果能做到这一点，这是做医生的最高境界。

为什么？因为早期乳腺癌（DCIS）的解释叫作导管内癌，或者叫作乳腺原位癌（包括小叶原位癌），它理论上是不会发生转移的。为什么癌症可怕？因为只要是浸润性癌，就有机会转移到身体的其他器官。其实癌肿在局部生长的时候是不致命的，它不会威胁到患者的生命。

没有发现肿块之前作出诊断

乳腺癌到底会有什么症状，能让我们客观地发现和感知它呢？

大部分乳腺癌早期没有症状，但不代表没有体征，还是可以通过体征表现出来的。例如，第一个症状就是包块，乳腺中长了一块东西，有团块、实质性的包块。这时候里面肯定是有东西的，至于这个东西到底是什么，要通过进一步的检查才可以发现。

第二个症状是乳头溢液。这种液体可以是生理性的，也可以是病理性的。一般来说，如果乳头是血性溢液，特别是单侧的，就必须要引起高度重视。因为出现这样的症状，大部分都是有问题的。

第三个症状是乳腺不对称，结节。上帝造人的时候，把人造得都是比较对称的，所以我们所有的器官都是左右对称的，包括乳房也是这样，一左一右对称。这就给了我们一个客观的指标。当一侧某个部位出现异常的“包块”时，它是否是实质性的病灶？不好说，这要与另一侧的同一部位作客观的比较。因为每个人的乳房密度、指向与人的年龄等都有关，不同的人以及同一个人在不同的年龄阶段都是不同的。但是一个人的两侧乳房相对来说都是比较对称的，这种包块如果是不对称的，或者出现包块，应该引起注意。

第四个症状，乳头和乳房皮肤的改变。乳头应该是向外突起的，但是因为有些疾病的影响，有炎症或者有肿瘤，有时会波及乳头，造成乳头的改变。例如，乳头的方向两侧不对称，还有乳头出现了病理性的凹陷，也就是向回缩。一边是突出的，原本另一边也是突出的，而不是凹陷的。如果经过几个月或者一年、半年的时间后，乳头慢慢缩回去了，出现这种症状时，一定要引起警惕！这一定是乳房在乳头后面有些因素导致了它的改变。

还有乳房皮肤的改变。乳房里面是腺体，最外层是皮肤，在腺体和皮肤之间是脂肪层，脂肪间有很多穿梭的韧带，从腺体连到皮肤上去，这叫 coopers 韧带。这是一种生理结构。人体平时看不到它的存在，但是当某些疾病影响的时候，比如说慢性乳腺炎、炎性乳腺癌或者乳腺癌晚期时，形成了淋巴回流障碍时，癌肿侵犯 coopers 韧带，造成它的回缩、挛缩。皮肤就会被像降落伞的伞绳一样的韧带牵下来，所以在所有的 coopers 韧带引流的部位就会出现一个坑。同时又因为淋巴水肿的影响，就会产生一种特殊改变，叫做橘皮症。大家都看到过橘子皮，可以想象一下人体上出现这种症状，看到一次就不会忘记！这很形象。但是很遗憾地告诉大家，如果发现了这种情况，如果是炎症还好，如果最终界定为恶性肿瘤，那就一定是局部晚期乳腺癌，已经很严重了。

第五，腋窝肿块。我们现在在门诊看病时，经常会遇到这样的情况。现在的资讯很发达，很多人拿着 B 超单或者钼钯单，上面描写到“腋窝看到淋巴结”或者“看到包块”，也就是低回声结节，其实很大一部分都是淋巴结。很多人在媒体上、网络上看到很多所谓的常识，就会很紧张：“医生，我的腋窝已经有肿块了，我的病很严重吗？”在这种情况下，如果乳房中没有原发病，绝大部分都是一种生理现象。因为正常人的腋窝是有淋巴结存在的，是一种生理现象，大家不要因为它而紧张。

但是我现在说的“腋窝肿块”指的是实质性的肿块，是正常体质不应该有的。如果腋窝出现了它，大部分情况下是由乳房的肿瘤转移到腋窝去的。大家想一想，乳房的肿瘤已经转移到腋窝了，这也是一个晚期的标志！肿瘤已经从乳房转移到腋窝，很快就可以从腋窝通过淋巴导管进入静脉血到全身去，发生全身转移的概率就非常高了。所以说，腋窝肿块也是出现癌的一个症状。不无遗憾地说，这也是晚期的症状。

当然，这里还有一个不同的概念。有些人还有副乳腺，这是一种先天发育的异常。副乳腺中也可以长肿瘤，包括良性肿瘤、恶性肿瘤、副乳腺增生、副乳腺炎。

刚才说的这些症状，都是可能被我们感知或者发现的，从而促使我们去就诊、看医生。这时最起码还可以做到及时诊断。但是很遗憾，乳腺癌在发生的过程当中，在它治疗的最佳时间之内，往往是没有症状的。那怎么办？乳腺癌的整个病程，假如从乳腺癌单个病细胞的发生到产生客观的肿块到最后，在 2/3 的时间内，病人没有任何感知和不适症状。所以治疗乳腺癌的关键就是我们在患者没有发现肿块之前作出诊断。

定期体检通过筛查非常重要

没有包块，我们如何去诊断乳腺癌呢？要靠辅助检查，靠物理检查，包括影像检查、临床检查，还有穿刺或者手术才能证实。假如说你没有症状，通过这种检查才能发现乳腺癌，因为都是比较早期的，它发生转移的机会就低。患者多10年以上的生存率会明显提升。通过筛查查出的这类病人，或者体检时无意间发现乳腺癌的病人，往往比发现肿块的病人存活率要高很多。我们的终极目标就是早发现、早诊断，最后目的就是早治疗。

还有一个关键，如果能够直接到医院中检查是最好的。为什么这么说？这种观念的树立其实比发现症状以后再去看医生更重要。要定期检查，不是等你有任何不适的时候再去找医生，而是根据你的情况看医生，医生会给你一个合理的建议。比如说，某一项检查，医生建议你多长时间去查一次比较合适。大家如果能够树立这种意识，对于乳腺癌的早诊早治非常重要。

乳腺癌的筛查，欧美国家一般从40岁开始。我国因为发病年龄比欧美国家整整提前了10年时间，中国抗癌协会推荐从35岁左右或者从30岁左右就可以进入筛查年龄。如果是高危人群，可以提前到20岁进行筛查。要去咨询医生，根据自己的情况，让医生给你做一下客观的评估。

七种“高危人群”值得关注

所谓的“高危人群”，怎么理解？大部分的癌症发病原因到现在还没有搞清楚，但是有些公认的原因还是可以值得去探讨的。

第一，患过乳腺癌或者卵巢癌的患者，再患乳腺癌的机会一定比其他人群要高。例如，右侧乳房曾经患过乳腺癌，治疗过以后，左侧再发生乳腺癌的机会要高过没有患过肿瘤的人。临床上经常看到双侧乳腺癌的情况，有时是同时发生的。在临床中这几年也碰到很多病例。因为一侧乳房有问题来就诊，我们检查后常常发现她另外一边的乳房也有问题。这让病人受益很大。如果是双侧乳腺癌，只发现了一侧，漏了另外一边，这对病人来说是最大的灾难！

卵巢是人的生殖器官，是内分泌器官，与乳腺癌有着千丝万缕的联系。患过卵巢癌的患者将来罹患乳腺癌的机会和风险也远远高于正常人群。

第二，有乳腺癌家族史的人。在你的直系亲属中，有人患过乳腺癌，你的患病风险也比正常人高。

第三，饮食和环境因素。饮食源头上的不健康是个很大的问题。例如，我们现在吃的肉类制品，包括吃鸡肉、鱼肉、猪肉，现在很多养殖的禽畜都是喂养饲料，不像以前农村养猪，或者是走地鸡，是散养的。现在从工厂出来的大批禽畜都是用饲料喂大的。农村以前一年才养一头猪，现在可能只用三个月就可以了，猪就可以达到 200 多斤，这是催熟的。还有环境污染问题，包括工业污染、汽车尾气污染、家居环境的污染，这些客观因素都会导致人们罹患乳腺癌。

第四，病人原来接受过乳腺手术，病理诊断叫作“非典型增生”或者是“原位癌”，包括导管内癌、小叶原位癌等。这一类病人的风险也非常高。将来再发生实质性的乳腺恶性肿瘤，或最常见的乳腺浸润性导管癌的可能性要远远高于没做过手术，或者乳房没有发现类似病理改变的人群。我们在病人出院的时候就跟她讲清楚，你有什么风险，要多长时间回来复诊，查什么项目，我们都要对做出这类诊断的病人作如实、详细的告知。

第五，与月经有关。月经期越长，患乳腺癌的风险越大。假如你的月经初潮来得比较早，或者绝经比较晚，如初潮小于 12 岁，绝经超过 55 岁，这都是不利的因素。因为在月经来潮的年龄段，雌激素的分泌水平相对来说比较高。而乳腺癌的发病因素中，雌激素也起到了很关键的作用。因为乳腺的上皮细胞是受女性激素调节的，所以女同志都有这种切身体会。为什么女性在每个月月经来潮之前，乳房会胀痛？因为这时候乳房是充血的，上皮也处于增生的状态。因为激素的原因，等到月经干净了，激素水平下降之后，乳房充血和肿胀程度也会降低。如果你的月经来得比较早，绝经又比较晚，乳房受雌激素调节、刺激的机会也要比别人多很多，所以乳腺上皮细胞在增生、修复的过程中假如受到某个因素的干扰，就会造成某个细胞不可控的变异、突变，从而导致癌肿的发生。

第六，不生育和晚生育的人，也会造成乳腺癌发生的概率增加。

第七，全世界比较公认的乳腺癌 BRCA1 或者 BRCA2 乳腺癌基因，这种携带了乳腺癌发病基因的人群，她们的乳腺癌癌肿发病率非常高。

乳腺自检每个月可自己完成

乳腺癌的检查手段到底有哪些？

第一，体格检查，包括乳腺自检和临床医生的手诊。也就是自己检查和医生帮你检查。此外，就是客观一些的影像学检查，包括乳腺超声、彩超。其实后者更好，如果没有条件也可以做黑白超声。

第二，乳腺钼钯检查。也就是乳腺的 X 光摄影。

第三，经济条件好一点的人，可以做乳腺的核磁共振检查。

第四，如果有乳头溢液，可以做乳腺导管镜检查。

下面是关于乳腺细胞学检查。

第一，组织细胞学检查。从发生乳腺溢液的患者患处取到溢液标本、在显微镜下去看细胞有没有异型，或者看有没有发现癌细胞。

第二，组织学检查。也就是各种穿刺检查。

第三，还有大家比较熟悉的，也是以往做得比较多的，就是手术活检。如微创活检，它是通过一种真空负压的方式，取到一定量的组织送给病理科医生，做一个病理切片检查，从而作出精确的诊断。

关于以上几项内容，我分别给大家简单介绍一下。

乳房自检。美国癌症学会建议，没有症状的女性也要在 20 ~ 39 岁，每三年进行一次临床检查，乳腺自检在每个月可以自己完成。大于 40 岁的女性，每年要去临床医生处做钼钯侧片检查。

这里有一个问题。如果是自检，自己能摸到的所谓乳腺包块，大部分在检查的时候发现是假的。这里存在一个方法的问题。

究竟应该怎样检查？一是看，二是摸。怎么“看”和“摸”？要有正确的方法。大家如果掌握了它，对自己有帮助。

如果是“看”，要两边对比看。一看两边乳房是否对称，包括乳房大小、皮肤、乳头两侧是否对称，乳头有没有改变，颜色是否正常。我们用手轻轻去挤压乳头，看看是否有不正常的溢液出来，如果有，就需要做进一步的检查。

下面是触诊，即医生通过手指或触觉来进行体格检查的方法。这里有一定的方法。

触诊的时候最好是卧位，躺在床上。用我们的指腹去按摩你的乳房，不要用整个手掌，因为人的手指尖才是最敏感的。而且不能用整个手去抓捏，要轻轻地按，以我们的胸壁为着力点。假如这是乳房，这是胸壁，乳房在这里，我们以这个指腹按压乳房的时候，是这样做铺垫，而不是横着去压。然后顺着乳房的方向，要么从乳头向外侧依顺序摸，要么像时钟这样一圈一圈地摸。我们更习惯的是把乳房分四个象限，按照“内上—外上—内下—外下”的顺序去摸。可以用两只手去配合，用两侧的指腹去仔仔细细地摸每一个地方，查你的乳腺中到底有没有异常的、能够被手指尖端所感知到的异常结节。当然这个方法可能要经过一段时间的训练。如果长了纤维瘤，超过 1 厘米，而这个乳房不是很大，比较薄，按这种方法去查，大部分肿瘤能够发现。因为这样查起来，两侧会明显感觉到不同。查两侧是否对称，如果两侧比较起来不一样，那可能就有问题了。例如，两侧都是外上这个象限比其他象限硬，那么这种问题就不是太大。所以这个方法很重要。

大家在每个月月经干净了之后可以做自检。但是你的方法正确吗？如果正确，可能真的会在看医生之前发现很多问题。正常人群可能一年体检一次，也可能会发现一些问题。那么这种日常自我检查就显得很重要。例如，在一年两次检查之间，长出1～2厘米的肿瘤也是有的，如果你的方法正确，这种肿瘤被你发现也是有意义的。当然这与心理承受能力有关。如果做自我检查的同时额外造成了心理负担，那么这种工作还不如交给医生来做。

一般情况下主张做彩超检查

接下来给大家讲乳腺的第二种检查方法——乳腺超声。我们一般情况下主张做彩超，彩超不但可以看肿块，还可以看血流，而黑白超声是没办法看到血流情况的，肿块周围的血流信号只有在彩超中才可以看到。超声有什么优点？灵敏度较高，对乳腺的结构改变非常敏感。经过训练的超声科医生，3毫米以上的肿瘤就可以被发现，还可以根据病灶的形态、边界以及内部回声、后方回声、血流强弱、多少等超声的一系列表现，大致判断出这个肿瘤良性或恶性的可能性有多少。中国女性的乳房相对都比较致密，尤其是没有生过孩子或者35岁以下的女性，因为乳房比较致密，有的时候拍X片时反倒是分辨率还不如彩超。在能够发现真正病灶的机会方面，彩超更加有优势，尤其对中国人来说。

在超声检查时，可以鉴别这个包块是囊性还是实性，超声波探头发出去以后，是根据组织吸收反射波的程度来成像的，如果有囊肿，因为它里面是水，超声在透过水的时候，就几乎没有什么反射波打回来，所以囊肿在超声下表现的是无回声；而反过来，如果是实质性的包块，大部分是肿瘤，在超声下就不会是无回声了，它会有很多超声点反射过来，在超声下，我们把这叫作低回声。这是最明显的一种鉴别乳腺囊性肿块和实质性肿块的依据，也是超声不可取代的优势。

尤其是做钼钯测片，也就是做X光之后，与你的临床触诊不符合时，应该怎么判断？就是说，临床医生通过触摸发现你乳房有一侧不正常，而在X光下看不出两侧有明显不同，这个时候超声检查就显得尤为重要。在超声下如果看到可疑的病灶，那就可以确认异常病灶的存在。如果看不到，那就很可能是生理性的改变，很可能是乳腺增生造成的，因为增生在超声下没有肿块的改变，只有结构紊乱或者回声紊乱，看不到实质性的阴影。

超声的另外一个好处，就是对于做过美容手术的患者，在做乳房检查的时候更加有优势。因为做超声检查评估客观。比如说，乳房做的是硅胶植入、假体植入，放了一个有包膜的假体进去。因为有假体的存在，放射线没有办法穿透，所以拍出来的只是一个乳腺圆环，只有一小部分，而剩下大部分的腺体会被假体遮挡住，没有办法全部显示乳房影像上的改变。还有注射丰胸，这时乳房里面到处都是低回声区。我们在判断病灶范围时（全世界有几十万做过隆胸的患者），经常看到这些病人很痛苦，因为它经常发生一些继发的改变。当医生手术时，一定要用超声去定位。在超声的引导下，一边看超声，一边去取注射材料。这个时候，超声不可替代。

如何看超声报告单和钼钯报告单

如果做过乳腺检查，可能经常在超声报告单和钼钯报告单上看到BI-RADS分级。也就是报告中描写你乳腺的情况时，最后的结论写到BI-RADS分级。怎么来判读它？它一共分七个级别，从零级到六级。这是什么概念？

所谓的“零级”，就是没有办法作出评估的情况。做了检查以后，按照目前的检查没有办法把它分级，或者没有办法判断肿瘤是良性还是恶性，只能打零级。

一级，没有发现异常，也叫作阴性。这是最好的！零级不见得比一级好，因为无法评估，白做了一次检查，没有意义。如果患者在做了超声检查、钼钯检查后打了零级，这种检查对评估你的病情，医生是没有依据下结论的。一级不一样，这是最好的检查结果。在这个检查中，医生可以判定你没有问题，是正常的。

二级，就是比较倾向于或者基本上肯定是良性的肿瘤。有问题，但是是良性疾病，包括有囊肿、良性肿瘤等。一般来说半年到一年复查一次就可以了，有时医生也可能建议做手术。

三级，比良性向前走了一步。还是倾向于良性的，但是医生断定的底气没那么足，或者良性的可能性没有那么大了。比如说，乳房纤维瘤、囊性增生、复杂囊肿都可以归到三级中去。它的恶性风险度小于2%，也就是说，即使检查时定为三级，也可能有2%的患者最后被证实是恶性肿瘤。

四级，其中分了4A、4B、4C三类，每前进一步，恶性肿瘤的风险又增加了很多。例如，4A，可能有30%的病人是恶性肿瘤。如果是4B，就有60%的病人在做了手术之后证实是恶性肿瘤。到了4C，就更严重了，有可能将近90%的是恶性肿瘤。如果是临床上的四级病人，一定要做手术。因为恶性程度的百分比、概率很高。如果不做手术，就要冒很大的风险了。

五级，就是90%以上的可能是恶性肿瘤，必须要做手术。如果拿过报告单看到上面写五级，仅根据这种影像诊断，就基本上肯定是恶性肿瘤。当然这不是确诊，只是可以下这个诊断，医生有这个自信，高度怀疑病人患的是恶性肿瘤，或者有90%以上的把握认为你是恶性肿瘤。但这不是最终诊断，只是影像诊断，或者说是给临床医生的一个参考。

六级，有人说五级已经是最高的了，已经可以基本诊断了，怎么还有六级？临床上有这样的情况。患者已经做了局部活检、穿刺、针吸以后，而在第一时间没有去做手术。先做了活检，已经有病理诊断资料证实她患的是恶性肿瘤时，这时我们还要进一步判断病灶的范围，做临床分级，有时还会叫病人做相关的乳腺检查。

治疗乳腺癌有一种方法叫作新辅助治疗，先把乳腺癌的组织诊断通过穿刺的方法做出来以后，再进行化疗、全身治疗，这样肿瘤会缩小。然后到一定程度、一定时间后，会对这种肿瘤的化疗效果进行评估。如何评估？就是做影像检查，包括做彩超、钼钯、核磁。这个时候，影像科医生作出的诊断就可以先打成六级。因为这时病人已经有准确的诊断，如确诊是乳腺癌。这就是所谓的影像资料中的 BI-RADS 六级。而这个 BI-RADS 分级方法不是超声来的，最开始是用在钼钯检查的分级。

这就涉及乳腺检查的另外一个方法，就是乳腺钼钯。这是目前为止对于诊断乳腺癌灵敏度和特异性最高的检查手段，它对乳腺癌的诊断率可达到 85% ~90% 。假如这个人乳房中已经发现乳腺癌时，在查钼钯的时候 80% ~90% 是可以被发现的。所以说它的灵敏度和特异性最高。钼钯主要看什么？主要看影像下的肿块、钙化、结构扭曲、毛刺。

在临床上经常看到一些病人非常焦虑，拿着她的钼钯单和钼钯的 X 光片来找医生，说医生我的病是不是很严重，因为我的乳房中有钙化了！我问她为什么这样说，她说她在网上已经查了，钙化了就是癌了。我说如果这么简单，自己就可以做医生了，因为这种结论是错误的！乳房里面的钙化，也就是钼钯下可以看到的钙化，其实有 90% 以上都是因为良性疾病造成的，而不是由乳腺癌造成的。发现钙化不代表你的病情严重，更不代表你患了乳腺癌，大家不必因为发现钙化而紧张。但是乳腺癌患者在做钼钯检查时，为什么它的灵感度那么高呢？因为钙化的发现是钼钯检查发现乳腺癌一个很直接、很敏感的证据。可以这样说，钼钯下看钙化的好坏，就是你能不能通过看一张钼钯片就怀疑这个人是否患有乳腺癌，这是专科医生、临床医生、钼钯 X 光医生诊断最主要的指标。把钼钯影像拿出来，可能张医生说没问题，是良性的，但李医生说是恶性的。而最后如果证实了是恶性的，那么李医生是正确的，张医生还要继续修炼。所以从某一个方面可以说，对钼钯的阅片能力，是对一个专科医生的考验。普通民众如果在钼钯片中发现有钙化时，千万不要过分紧张，要把这个任务交给你的专科医生去回答，或者解读你的疑问。

乳腺钼钯器要摆在一个固定的房间中才可以做乳腺检查。乳房钼钯检查需要把一侧乳房拍两张片，一张是斜位，一张是正位，尽量把乳房的所有腺体包括的范围包含在乳房摄片的范围之内。

多发病灶时绝不做保乳手术

第四种检查就是乳腺核磁。假如你是致密乳腺，或者说放了假体，或者以前做过手术在这里有疤痕，有时候做钼钯检查，在看的时候会发现结构非常扭曲，容易造成钼钯医生的误判，没有办法区别这是疾病原因还是手术原因。但是乳腺核磁就有这方面的优势，而且可以发现隐性病灶和多中心病灶。现在我给大家提一个保乳概念，所谓的“保乳手术”，就是在保证安全、保留乳房外观，不全切除乳房的情况下做的手术。但是保乳的前提一定不能是多病灶的，这是绝对的禁忌。如果两个病灶根本不在乳房的同一个象限时，保乳手术没办法做。手术之前，我们通过影像学的检查方法，可以发现病灶的范围与多发病灶。到目前为止，乳腺的核磁共振检查是不可取代的！核磁共振在给保乳病人做检查时，是一定要列为常规检查的项目，我们推荐这样的检查！当然，如果你没有这个经济条件时，只能通过其他手段去仔细斟酌要不要做保乳。因为保乳的前提首先是要保证安全，在安全的基础上保美，保不了安全而保了美，那就是保不了命！

保乳要慎重！前10年的保乳手术，尤其是5年前，在全世界各个专科医院中，大家都在争相做保乳，但是现在又返回来了。保乳手术做得多了之后，尤其是当指征把握不太严谨的时候，就会带来一些病人的复发、转移。所以近5年以后，做保乳手术时，专家们在掌握这些指征方面会更加谨慎。核磁共振，对于那些携带有家族遗传基因的病人也是适合的。

另外一种乳腺的客观检查方法叫作乳管镜。它要解决的问题主要是乳头溢液的病人，尤其是乳头溢血的病人的检查。这类病人中恶性肿瘤的可能性很高。当然，乳头溢血的病人中大部分还是良性疾病造成的。比如说，乳管内乳头状瘤是最常见的导致乳头溢血的疾病，导管内癌或者乳腺浸润性癌也占有一定的比例。当你一侧的乳房，尤其是乳管单孔的血性溢液出现时，必须要做乳管镜检查，它在这种病人的确诊方面非常有意义！

乳管镜检查，可以查找病因，从而避免一些不必要的手术。比如，你是炎症造成的乳头溢液，医生没有发现明显的病灶，经过乳管镜下的冲洗之后，症状就缓解了，不再出现了，这个病人就避免了盲目的手术。另外，这种检查可以帮助医生在乳房体表上做标记，协助医生把手术范围标记出来。因为在乳管镜下有一个光源在那个地方，如果光源指到那个点上，我们可以在体表上标记好一个位置，在手术的时候只切那个范围就可以了。

筛查时可联合应用四联技术

以上说的这些都是无创检查，这种诊断只能说是作为一个参考，不是确认。如果要确认还要做手术，当然往大处说是手术，往小处说是做活检。而活检中可以有穿刺活检、针吸活检、手术活检等等。我简单地给大家介绍一下。

乳腺癌的最终诊断，必须拿到发生了乳腺癌病变的组织以后，交给病理科医生做组织诊断。现在做组织学诊断的方法，包括 FNA（细针穿刺）、CNB（粗针穿刺）、手术活检。这都是以往的方法。这些年，乳腺活检的方法层出不穷，一种是 B 超下的定位活检，还有一种是钼钯下的定位活检。比如，我刚刚说的这个人仅仅表现为 B 超下发现肿块，临床医生也没有摸到这个人的乳房中有肿块时，这时只有在 B 超下定位，把病灶拿出来之后才能作出准确的诊断。同样的道理，如果是在钼钯下仅仅看到一些钙化点，超声没有发现病灶，我们也只能在钼钯下去做这个事情。如果在乳管镜下看到这些病灶，也可以在乳管镜的辅助下去做这种活检。

第一，开放式手术。普外科医生或者大部分非专科医生做这方面的手术比较多，做手术、开放式活检，也就是在哪里发现肿瘤，就在哪里开个刀口，把标本取出来，交给病理科医生。因为这种手术开口比较大，要求具备手术室的条件。

第二，细针活检。只用一个注射器，找到病灶之后，通过注射器反复负压抽吸，会把目标病灶中的一些细胞吸到注射器中去，然后把注射器中的东西推到玻璃片上，我们再做一个细胞学的检查。

第三，粗针活检。取到的是组织，有组织学的诊断是最好的诊断。现在医院做的比较多的都是这种微创活检，它是一种真空负压的方式，只用一个很小的缺口，却能够把我们目标病灶上的组织取出来。它的优点是手术定位比较准确，相对来说比较简单，切口小，损伤小，还可以做日后的随访标记。

在做乳腺筛查的时候，我们建议通过四联技术的联合应用，提高乳腺癌的早期发现率。什么叫四联技术？就是超声、钼钯、乳管镜和活检。

今天给大家介绍的目的就是要求大家树立一种意识，乳腺疾病通过有意识的主动体验，可以在乳腺癌发病之后，在它没有症状的时候做到早期发现，早期诊断。

后　记

2012年，“深圳市民文化大讲堂”邀请了刘余莉、党圣元、郦波、刘笑敢、王鹤鸣、于平、王博、蒋述卓、王珮瑜、陈可石、黄孝慈等94位名家大儒，举办了文化强国、深圳学派、科学生活、休闲文化、民族文化、姓氏文化、广东精神·深圳观念、文学艺术、创意设计等方面的专题讲座共83场。这些讲座不仅内容广博、贴近生活，更凸显了鲜明的时代性和文化特色，在丰富市民的业余文化生活、培养市民良好文化习惯的同时，极大地推动了深圳社会科学普及事业的发展。

深圳市民文化大讲堂经过八年岁月的洗礼，如今愈加焕发了蓬勃的生机和活力。2012年，大讲堂继续秉持着务实创新的工作理念，在运作上主要体现了以个几个特色。

首先，每月设定两个主题系列。2012年，深圳市民文化大讲堂的讲座主题有所调整，即由原来每月设定一个讲座主题调整为每月两个讲座主题系列，如6月的民族文化·姓氏文化系列，9月的文学艺术·创意设计系列。主题的调整带动了讲座内容的多样化，这种调整在一定程度上避免了讲座内容的雷同和单一，激发了广大市民的参与热情。

其次，紧扣热点，推出“时事登堂”讲座。为了使大讲堂具有更强烈的时代特色，大讲堂2012年创造性地开启了时事登堂讲座。时事登堂讲座每月推出一期，主要以国内、国际实时发生的时事热点作为讲座的主题内容，邀请了陈冰、管姚、刘和平、胡野秋等多位资深时事评论员和著名军事专家在讲座现场进行时事点评。“时事登堂”的推出为大讲堂注入了新的生机和活力，吸引了更多年轻人的参与。

再次，推出广东精神·深圳观念系列讲座。邀请了陈实、陈金龙、李萍、王硕、吴灿新、李宗桂、刘若鹏等知识渊博，对“广东精神”和“深圳观念”有着丰富认知和独特理解的专家学者走进深圳市民文化大讲堂，请他们分别就广东精神的诞生背景、内涵、精神特质、现实意义、广东精神与深圳观念的共通点、广东精神与城市未来、广东的文化特点等方面为广大市民作了详细的解读，引发了广大市民关于践行“广东精神”，弘扬“深圳观念”的大讨论。

最后，开通深圳市民文化大讲堂官方微博。微博的开通是深圳市民文化大讲堂的一项创新之举，它方便了公众及时分享讲座时间、讲座内容、讲座嘉宾等信息，为公众提供了一条方便参与大讲堂的通道，在大讲堂理事会组织的“践行广东精神 弘扬深圳观念”有奖征微博活动中，广大市民积极参与、踊跃投稿，在社会上引起了强烈的反响。此外，借助微博这一具有较强时效性与分享力的传播平台，市民可以与现场专家进行双向互动，请专家为其答疑解惑。大讲堂官方微博的开通是大讲堂与时俱进、适应现实发展的一个有力举措。

《深圳市民文化大讲堂2012年讲座精选》由83场讲座文稿中精选出的45篇文章集结而成。《深圳商报》记者王光明同志对本书所选文稿进行了认真整理并付出了巨大辛劳。同时，各主讲嘉宾对本书的出版也给予了大力支持。在此，我们向所有参与本书选编和出版工作的同志表示深深的谢意！

图书在版编目(CIP)数据

深圳市民文化大讲堂. 2012 年讲座精选：全 2 册/张骁儒主编.
—北京：社会科学文献出版社，2014.6
ISBN 978 - 7 - 5097 - 6035 - 2

Ⅰ.①深… Ⅱ.①张… Ⅲ.①社会科学 - 文集 Ⅳ.①C53

中国版本图书馆 CIP 数据核字（2014）第 106449 号

深圳市民文化大讲堂（上、下册）
——2012 年讲座精选

主　　编 / 张骁儒

出 版 人 / 谢寿光
出 版 者 / 社会科学文献出版社
地　　址 / 北京市西城区北三环中路甲 29 号院 3 号楼华龙大厦
邮政编码 / 100029

责任部门 / 社会政法分社（010）59367156　　责任编辑 / 周永霞　曹长香
电子信箱 / shekebu@ssap.cn　　责任校对 / 王建龙　李文明
项目统筹 / 王　绯　　责任印制 / 岳　阳
经　　销 / 社会科学文献出版社市场营销中心（010）59367081　59367089
读者服务 / 读者服务中心（010）59367028

印　　装 / 三河市尚艺印装有限公司
开　　本 / 787mm×1092mm　1/16　　印　　张 / 46
版　　次 / 2014 年 6 月第 1 版　　字　　数 / 650 千字
印　　次 / 2014 年 6 月第 1 次印刷
书　　号 / ISBN 978 - 7 - 5097 - 6035 - 2
定　　价 / 168.00 元（上、下册）